Ihr MANZ Buch

Die Republik Österreich stellt Ihnen Buch und SbX für Ihre Ausbildung zur Verfügung.
Ihre Professorinnen und Professoren helfen Ihnen, den Stoff zu erlernen und so eine gute Basis für Ihr späteres Berufsleben oder Ihr Studium zu legen. Übernehmen Sie aber auch selbst Verantwortung für Ihren Lernerfolg und nutzen Sie die vielfältigen Möglichkeiten, die Ihnen dieses Buch und das zugehörige SbX zum Lernen, Üben, Sichern und Wissen bieten.

Buch-Nr. 170692

Autorinnen und Autoren:

ao. Univ.-Prof.
Dr. Bettina Greimel-Fuhrmann
Institut für Wirtschaftspädagogik an der WU Wien

Prof. Mag. Dr. Gerhard Geissler, MSc.
Institut für Wirtschaftspädagogik an der WU Wien
Vienna Business School Wien 1

Prof. Mag. Gabriele Andre
International Business College Wien 12

Prof. Mag. Elisabeth Scheicher-Gálffy
HLA Baden

MMag. Dr. Stefan Grbenic, StB, CVA
Fachhochschule Burgenland

Dir. HR Dkfm. Mag. Stefan A. Grbenic (†)

Wien 2015

Dieses Arbeitsbuch wurde vom Bundesministerium für Bildung und Frauen mit Bescheid vom 13. Februar 2015, Geschäftszahl 5.025/0034-B/8/2014, für den Unterricht im II. Jahrgang an Handelsakademien im Unterrichtsgegenstand Betriebswirtschaft für geeignet erklärt.

Printed in the EU, ISBN 978-3-7068-4964-7

Das vorliegende Buch wurde auf chlorfrei gebleichtem Papier gedruckt.

Umschlaggestaltung: buero8, Wien

MANZ

Herzlich willkommen im neuen Schuljahr!

Das innovative MANZ Lernpaket

Als führender Verlag im berufsbildenden Schulwesen wissen wir, dass Sie Lernpakete benötigen, die Sie zielgerecht zum Lernerfolg – zu Wissen und Kompetenz – führen. Wir wollen, dass Sie nach Abschluss Ihrer Ausbildung Ihre persönlichen Chancen am Arbeitsmarkt bestmöglich wahrnehmen können. Deshalb arbeiten wir täglich mit erfahrenen Schulbuchautorinnen und Schulbuchautoren sowie Wissenschaftlerinnen und Wissenschaftlern an der Produktion zeitgemäßer Lernpakete.

Ihr Lernpaket besteht aus einem übersichtlich gegliederten Schülerbuch und abwechslungsreichen Online-Ergänzungen inklusive des MANZ Lernraums im Rahmen von SbX-Schulbuch*Extra*.

Alle Teile des Lernpakets sind aufeinander abgestimmt und folgen dem MANZ 4-Schritte-Lernmodell.

Das MANZ 4-Schritte-Lernmodell

Dieses Buch ist ein speziell für Sie gestaltetes, modernes Lern- und Arbeitsbuch. Der Lernstoff ist in diesem Buch in Kapitel und innerhalb der Kapitel in Lerneinheiten gegliedert. Die Lerneinheiten sind nach dem MANZ 4-Schritte-Lernmodell aufgebaut und ein spezielles Leitsystem erleichtert die „Navigation" im Buch.

LERNEN **(Input)**
Information aufnehmen, Zusammenhänge erkennen, Theorie erfassen

ÜBEN **(Anwendung)**
Routine erwerben, Zusammenhänge verstehen, Erfahrung sammeln

SICHERN **(Festigung)**
Gelerntes zusammenfassen, Übersicht gewinnen, Inhalte wiederholen

WISSEN **(Kontrolle)**
Wissen testen, Kompetenz überprüfen, Können beweisen

SbX Zu diesem Lern- und Arbeitsbuch gibt es im Rahmen von SbX (Schulbuch*Extra*) unter **www.wissenistmanz.at** vielfältige Online-Ergänzungen sowie ein Lernmanagementsystem, den **MANZ Lernraum.** Auch die Online-Ergänzungen sind nach dem MANZ 4-Schritte-Lernmodell aufgebaut und ermöglichen Ihnen zusammen mit dem Buch abwechslungsreiches und nachhaltiges Lernen.

Was Sie schon gelernt haben, wird in dem Buch immer wieder aufgegriffen, ergänzt und vertieft und ist Basis für Neues. Quick-Checks mit Aufgaben und Fragen zu Themen, zu denen Sie schon etwas gelernt haben, sind mit diesem Symbol gekennzeichnet.

Dem Verlag MANZ ist es ein grundlegendes Anliegen, …

… Chancengleichheit wo immer möglich zu fördern. Frauen und Männer werden in den Texten und Beispielen dieses Buches gleichberechtigt behandelt. Um den Lesefluss nicht zu stören, wird aber – wo nötig – auf das Nebeneinander weiblicher und männlicher Formen verzichtet.

Das Schülerbuch

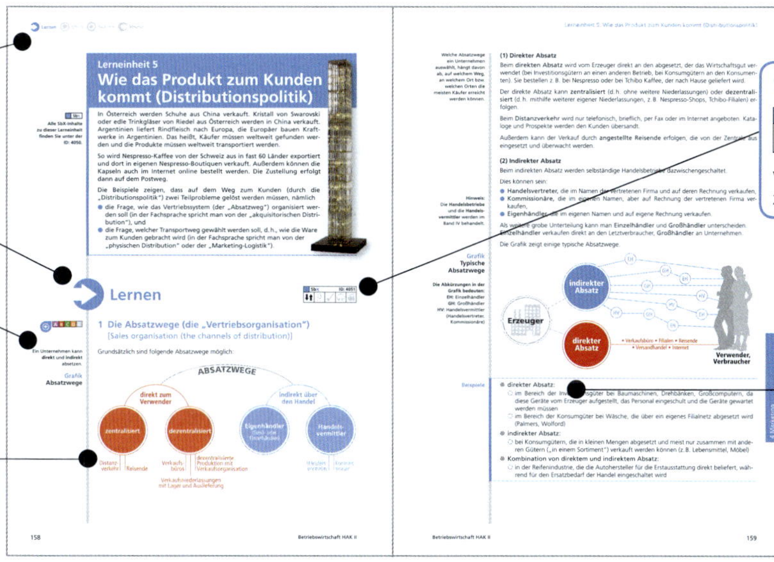

Lerneinheiten
führen Sie Schritt für Schritt durch den Lernstoff.

Marginalspalte
enthält Zusatzinformationen und Hinweise.

Anschauliche Grafiken
erleichtern das Lernen.

SbX-Leiste und SbX-ID
SbX ID: 0003
verweisen auf die SbX-Inhalte zu jedem Arbeitsschritt.

Beispiele
stellen die Verbindung zur Praxis her.

SbX – Schulbuch*Extra*

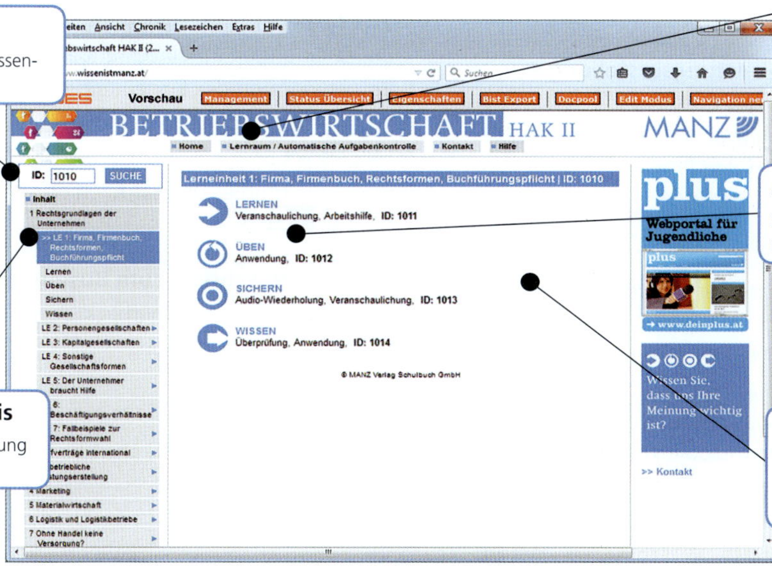

ID-Eingabe
führt direkt zu den passenden Online-Inhalten.

Inhaltsverzeichnis
übersichtliche Darstellung der Inhalte

MANZ Lernraum
effiziente Kommunikation in der virtuellen Klasse

Aufbau
SbX und Buch folgen demselben Aufbau.

Online-Ergänzungen
abwechslungsreiche Aufgaben und Tests sowie aktuelle Zusatzinformationen

SbX-Inhalte finden Sie online unter:

→ **www.wissenistmanz.at**

→ **Startcode: 00254964**

Inhaltsverzeichnis

Betriebswirtschaft HAK II

1 RECHTSGRUNDLAGEN DER UNTERNEHMEN

Worum geht's in diesem Kapitel?

Unternehmen schließen Verträge mit ihren Partnern ab und gehen dabei viele Verpflichtungen ein. Kaufverträge verpflichten beispielsweise zu liefern bzw. zu zahlen, Arbeitsverträge verpflichten zur Entlohnung der Mitarbeiter, Kredite müssen samt Zinsen zurückgezahlt werden etc. In einer funktionierenden Marktwirtschaft erhöhen rechtliche Regelungen das Vertrauen, dass Unternehmen diese Verpflichtungen ordnungsgemäß erfüllen.

Eine wichtige Grundlage für diese rechtlichen Regelungen stellt das Unternehmensgesetzbuch (UGB) dar. Von zentraler Bedeutung sind folgende Überlegungen:

- Was ist ein Unternehmen?
- Unter welchem Namen darf ein Unternehmen tätig werden?
- In welcher Rechtsform kann ein Unternehmen geführt werden?
- Wer darf Verpflichtungen für das Unternehmen eingehen?

Das Unternehmensgesetzbuch enthält Regelungen zu diesen Fragen. Aufgrund ihrer größeren Verantwortung im Wirtschaftskreislauf gelten für große Unternehmen umfangreichere und strengere Vorschriften als für kleinere Unternehmen.

Wenn Sie dieses Kapitel bearbeiten, erwerben Sie die folgenden in der Bildungs- und Lehraufgabe des Lehrplans angeführten Kompetenzen:

Sie können aus dem Bereich Rechtliche Grundlagen des Unternehmens

- **für Unternehmen eine begründete Rechtsformwahl treffen: Unterschiede zwischen Einzelunternehmen, Personen- und Kapitalgesellschaften anhand verschiedener Kriterien beschreiben,**
- **für Unternehmen eine begründete Entscheidung hinsichtlich Firmenbezeichnung und Eintragung ins Firmenbuch treffen sowie einem realen Firmenbuchauszug wesentliche Informationen entnehmen,**
- **in konkreten Fällen die Befugnisse von Bevollmächtigungen und Mitarbeiterinnen und Mitarbeitern eines Unternehmens erläutern,**
- **wesentliche Punkte eines Dienstvertrages aus Arbeitgebersicht beurteilen.**

Sie können durch den Einsatz von Fallstudien

- **Ihre erworbenen Fach-, Methoden-, Sozial- und Selbstkompetenzen vernetzt anwenden.**

A B C D E

In diesem Kapitel finden Sie Übungsaufgaben, praxisbezogene Fallbeispiele und Aufgaben zur Lernkontrolle zur Überprüfung Ihrer Kompetenzen auf den Handlungsebenen A **Wiedergeben,** B **Verstehen,** C **Anwenden** und D **Analysieren & Interpretieren.**

Dieses Kapitel umfasst folgende Lerneinheiten:

Quick-Check zum Thema:

Rechtsgrundlagen von Unternehmen

A B C D E

Die folgenden Aufgaben können Sie schon jetzt bearbeiten.

Ü 1.01: Merkmale der Marktwirtschaft A

Welche der folgenden Merkmale sind typisch für die Marktwirtschaft? (Mehrere Antworten können richtig sein.)

a) Eine staatliche Stelle entscheidet, welche Produkte und Dienstleistungen angeboten werden sollen.

b) Da sich Angebot und Nachfrage über den Markt koordinieren, sind Rechtssicherheit und Vertragswesen von zentraler Bedeutung.

c) Privateigentum an Produktionsmitteln ist nicht zulässig.

d) Unternehmen und Haushalte können frei entscheiden, was gekauft wird und was nicht gekauft wird.

e) Es gibt keinen Markt, das heißt, die Güter werden den Haushalten zugeteilt.

f) Es besteht die Möglichkeit, ein Unternehmen zu gründen, wenn die nötigen Voraussetzungen erfüllt werden.

Zur Erinnerung: **§ 1 UGB:** „Ein Unternehmen ist jede auf Dauer angelegte Organisation selbständiger wirtschaftlicher Tätigkeit, mag sie auch nicht auf Gewinn gerichtet sein."

Ü 1.02: Unternehmer/in laut UGB B

Entscheiden Sie in den folgenden Fällen, ob die genannten Personen aufgrund ihrer Tätigkeit Unternehmer/in im Sinn des UGB sind. Kreuzen Sie an und begründen Sie Ihre Entscheidung.

Sachverhalt	Unternehmer/in		Begründung
	Ja	Nein	
Frau Maier gibt seit einigen Jahren in ihrer Freizeit mehreren Schülern regelmäßig Nachhilfe in Rechnungswesen für 15 Euro/Stunde.			
Herr Neuhold ist Eigentümer einer Buchhandlung in der Grazer Innenstadt.			
Frau Reich schreibt Romane, die sie gegen Honorar an einen Verlag verkauft.			
Herr Ernst mäht für seine Nachbarin gelegentlich unentgeltlich den Rasen.			
Frau Klug ist Apothekerin. Sie ist Inhaberin einer Apotheke in Innsbruck.			
Auch Herr Salbe ist Apotheker. Er arbeitet als Angestellter von Frau Klug in deren Apotheke.			

Ü 1.03: Merkmale von Einzelunternehmen A

Welche Aussagen über Einzelunternehmen treffen zu? (Mehrere Antworten können richtig sein.)

a) Der Einzelunternehmer haftet für die Unternehmensschulden unbeschränkt, d. h., er haftet mit dem Unternehmensvermögen und seinem Privatvermögen.

b) Mehrere Personen bringen gemeinsam das nötige Eigenkapital auf.

c) Protokollierte Einzelunternehmer führen im Geschäftsleben neben ihrem Nach- und Vornamen auch den Zusatz „e. U.".

d) Nur große Einzelunternehmen dürfen in das Firmenbuch eingetragen werden.

e) Der erwirtschaftete Gewinn gehört zur Gänze dem Einzelunternehmer.

Ü 1.04: Bedeutung von Einzelunternehmen A

Wie hoch ist der prozentuelle Anteil an Einzelunternehmen bei neu gegründeten Unternehmen in Österreich?

a) 30 %
b) 50 %
c) 70 %
d) 90 %

Ü 1.05: Produktionsfaktoren A

Welche beiden Produktionsfaktoren braucht ein Unternehmen, um die betriebliche Leistung erstellen zu können?

Ü 1.06: Arten von Verträgen A

Nennen Sie mindestens vier verschiedene Vertragsarten.

Ü 1.07: Zustandekommen von Verträgen A

Unter welchen Voraussetzungen kommen Verträge gültig zustande? (Mehrere Antworten können richtig sein.)

a) Ein Vertrag kann auch unter Zwang abgeschlossen werden.
b) Wenn sich beide Vertragspartner einig sind, darf alles gekauft bzw. verkauft werden.
c) Verträge kommen durch übereinstimmende Willenserklärung zustande.
d) Beide Vertragsparteien müssen alt genug sein, um den Vertrag abschließen zu können.
e) Ein Vertrag kommt nur durch die Bezahlung zustande.

Lerneinheit 1

Firma, Firmenbuch, Rechtsformen, Buchführungspflicht

SbX Alle SbX-Inhalte zu dieser Lerneinheit finden Sie unter der ID: 1010.

Frau Rosa Wasserbauer betreibt das Strandbuffet „Sonnenoase" als Einzelunternehmerin. Ob die Bezeichnung „Sonnenoase" auch eine Firmenbezeichnung im gesetzlichen Sinn ist bzw. ob Frau Wasserbauer eine Firma führt, hängt von verschiedenen Faktoren ab.

Sollte Frau Wasserbauer die Möglichkeit haben, ihr Unternehmen zu vergrößern, z. B. ein weiteres Strandbuffet zu kaufen oder die „Sonnenoase" zu erweitern, könnten sie Geschäftspartner mit Kapital unterstützen und bei der Unternehmensführung entlasten.

Wenn das Unternehmen größer wird, stellt sich die Frage, ob Frau Wasserbauer eine doppelte Buchhaltung führen muss oder ob sie mit einfachen Aufzeichnungen auskommt.

Lernen

SbX ID: 1011

1 Firma und Firmenbuch

[Business name and register of companies]

Firma

„Die Firma ist der in das Firmenbuch eingetragene Name eines Unternehmers, unter dem er seine Geschäfte betreibt und seine Unterschrift abgibt."
Unternehmensgesetzbuch (§ 17 UGB)

Nicht jeder Unternehmer hat eine Firma.

Jeder kann **in das Firmenbuch Einsicht nehmen.** Gegen Gebühr erhält man Auszüge daraus.

- **Was ist das Firmenbuch?**

  Das Firmenbuch ist ein öffentliches Verzeichnis aller eingetragenen Unternehmen. Es dient dazu, wichtige rechtliche und wirtschaftliche Informationen über Unternehmen zu veröffentlichen. Das Firmenbuch wird elektronisch von Gerichten geführt.

Beispiele von Firmenbuchauszügen mit Aufgaben dazu finden Sie auf den Seiten 8 und 55–60.

- **Wer darf eingetragen werden?**

  Jeder Unternehmer darf sich in das Firmenbuch eintragen lassen.

  Die Eintragung ins Firmenbuch erhöht das Vertrauen in das Unternehmen. Deshalb dürfen sich auch kleine Unternehmen eintragen lassen.

SbX **Weitere Übung mit Firmenbuchauszug Ü 1.08 unter der ID: 1011**

- **Wer muss eingetragen werden?**

  Abgesehen von wenigen Ausnahmen müssen große Unternehmen in das Firmenbuch eingetragen werden. Große Unternehmen sind:

  - alle Unternehmen, die von mehreren Unternehmern gemeinsam betrieben werden (z. B. Personen- und Kapitalgesellschaften – vgl. die Lerneinheiten 2 bis 4 in diesem Kapitel)
  - Einzelunternehmen, die in zwei aufeinanderfolgenden Jahren mehr als € 700.000,– oder in einem Jahr mehr als € 1 Million Umsatz aufweisen

Was als „großes" Unternehmen gilt, bestimmt in diesem Fall der Gesetzgeber.

  Einzelunternehmer, die Land- und Forstwirtschaft betreiben oder einen freien Beruf ausüben (z. B. Arzt, Hebamme, Rechtsanwalt, Wirtschaftstreuhänder), müssen sich nicht eintragen lassen, auch wenn sie einen größeren Umsatz erzielen.

Welche Firmenbezeichnungen sind zulässig?

Prinzipiell sind Unternehmen bei der Wahl der Firmenbezeichnung frei. Die Firmenbezeichnung muss jedoch einen Hinweis auf die Rechtsform enthalten (§ 19 UGB – vgl. dazu auch die Lerneinheiten 2 bis 4).

Bei „eingetragenen Einzelunternehmern" lautet der Zusatz z. B. „e. U." (für eingetragenen Unternehmer/eingetragene Unternehmerin).

Beispiel

- Ein Imbissstand, der von Peter Reznicek als Einzelunternehmen geführt wird und in das Firmenbuch eingetragen wird, könnte z. B. folgende Firmen führen:
  - Imbiss zum lustigen Radfahrer e. U.
  - Peter's Jausenstation e. U.
  - Peter Rezniceks Snackbar e. U.

Die Firmenbezeichnung

- muss Unterscheidungskraft besitzen,
- darf nicht irreführend sein (§ 18 UGB),
- darf bei Einzelunternehmen oder Personengesellschaften nur den Namen des Einzelunternehmers bzw. die Namen von unbeschränkt haftenden Gesellschaftern enthalten. Es müssen jedoch keine Namen von Gesellschaftern im Firmenwortlaut enthalten sein.

Beispiele

In der Praxis werden die Bestimmungen bei der Eintragung durch das Firmenbuchgericht überprüft.

- Zur Unterscheidungskraft:
  Am gleichen Ort darf nicht zweimal für ein Gasthaus die Firmenbezeichnung „Zum langen Kochlöffel" gewählt werden.
- Zur Irreführung:
  - Für einen kleinen Imbissstand wird nicht die Bezeichnung „Autobahnraststätte Peter Reznicek e. U." gewählt werden dürfen.
  - Ein Buchhändler, der seinen Kunden nur kleine Snacks und Kaffee anbietet, wird nicht die Firma „Restaurant zur Bücherecke e. U." führen dürfen.
- Zur Verwendung fremder Namen und zur Weiterverwendung von Namen:
  Peter Reznicek darf seinen Imbissstand nicht unter Thomas Morgenstern's Snackbar eintragen lassen. Hätte aber Thomas Morgenstern die Snackbar bereits unter diesem Namen geführt, an Peter Reznicek verkauft und der Weiterverwendung des Namens zugestimmt, so könnte der Name beibehalten werden (§ 22 UGB). Es ist auch kein Hinweis wie z. B. „Nachfolger" erforderlich.

Hinweis:

Einzelunternehmen, die nicht ins Firmenbuch eingetragen sind, führen auch keine Firma im rechtlichen Sinn. Sie betreiben ihr Unternehmen unter ihrem Familiennamen und mindestens einem Vornamen.

2 Die Rechtsformen der Unternehmen [The legal forms of business]

Übersicht

Es gibt viele verschiedene Rechtsformen mit unterschiedlichen Regelungen.

Um als Wirtschaftsteilnehmer tätig werden zu dürfen, brauchen Unternehmen einen rechtlichen Rahmen, in dem sie handeln können. Die verschiedenen Rechtsformen der Unternehmen bilden dafür eine wichtige Grundlage. Je nach Rechtsform geben die Regelungen unterschiedliche Antworten auf rechtliche und betriebswirtschaftliche Fragen, die sich bei der Gründung und Führung jedes Unternehmens stellen:

- Soll man das Unternehmen allein oder mit anderen führen?
- Woher stammt das Kapital?
- Wer kontrolliert die Geschäfte?
- Wer haftet für die Schulden des Unternehmens?

Grafik
Rechtsformen der Unternehmen

Alle dargestellten Rechtsformen sind **privatrechtliche Unternehmen.** Ist der Unternehmer eine öffentlich-rechtliche Körperschaft (z. B. Bund, Länder, Gemeinden), handelt es sich um **öffentlich-rechtliche Unternehmen.**

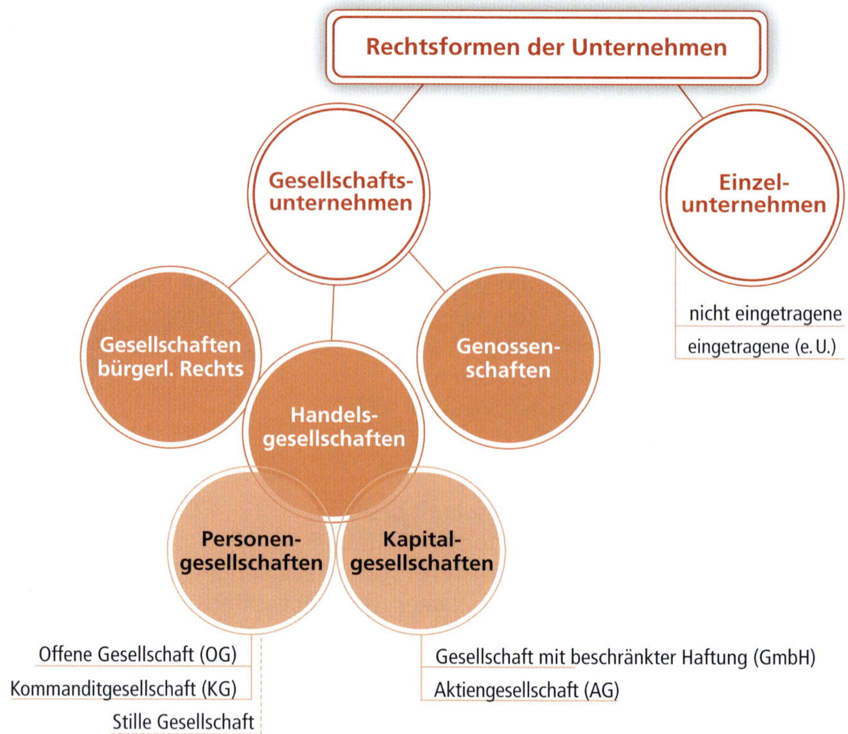

Die wichtigsten Regelungen zu den Rechtsformen der Unternehmen sind im UGB und im ABGB zu finden.

Zur Erinnerung: Die **Rechtsform des Einzelunternehmens** ist Ihnen schon aus dem I. Jahrgang bekannt.

- Bei **Einzelunternehmen** ist das Unternehmen Eigentum einer einzigen Person. Der Unternehmer entscheidet allein und haftet für das Unternehmen mit dem Unternehmensvermögen und seinem gesamten Privatvermögen.
- Bei **Gesellschaftsunternehmen** ist das Unternehmen Eigentum mehrerer Personen. Das Ausmaß der Haftung ist bei den verschiedenen Gesellschaftsformen unterschiedlich geregelt. Die Möglichkeiten zur Mitarbeit und Kontrolle hängen vom Ausmaß der Haftung ab. Je umfangreicher die Haftung, desto intensiver die Mitarbeit und umfassender die Kontrollmöglichkeit.

Die Kenntnis der rechtlichen Regelungen zu den verschiedenen Rechtsformen hilft dabei, eine passende Rechtsform für Unternehmen zu empfehlen.

Die Bedeutung der Rechtsformen in Österreich

2013 wurden in Österreich ca. 29 000 Unternehmen gegründet, davon etwa 80 % Einzelunternehmen und ca. 12 % Gesellschaften mit beschränkter Haftung. Die weitaus überwiegende Mehrheit der Einzelunternehmen (ca. 90 %) werden zunächst nicht ins Firmenbuch eingetragen („nicht eingetragene Einzelunternehmen").

3 Wer muss welche Bücher führen?
[Who needs to keep which accounts?]

Für wen ist eine doppelte Buchführung notwendig?

Ob ein Unternehmer eine doppelte Buchhaltung führen muss, hängt von der Unternehmensform, vom Unternehmensgegenstand und vom Umsatz ab.

Generell gilt:

- Kapitalgesellschaften und Genossenschaften müssen immer eine doppelte Buchhaltung führen.
- Einzelunternehmer und Personengesellschaften müssen nur dann eine doppelte Buchhaltung führen, wenn ihr Jahresumsatz in zwei aufeinanderfolgenden Jahren mehr als € 700.000,– oder in einem Jahr mehr als € 1 Million beträgt.
- Ausnahmen gibt es für freie Berufe und für Landwirte, die entweder als Einzelunternehmer tätig sind oder sich zu einer Personengesellschaft zusammengeschlossen haben. Sie müssen keine doppelte Buchhaltung führen, auch wenn sie die Umsatzgrenze überschritten haben.

Anmerkung: Steigt in einem Unternehmen der Umsatz in zwei aufeinanderfolgenden Jahren auf über € 700.000,–, muss erst im zweiten folgenden Jahr eine doppelte Buchhaltung geführt werden. Steigt der Umsatz in einem Jahr auf über € 1 Million, muss bereits im nächsten Jahr eine doppelte Buchhaltung geführt werden.

Alle Unternehmen, die nicht dazu verpflichtet sind, können freiwillig eine doppelte Buchhaltung führen.

Unternehmen, die keine doppelte Buchhaltung führen, ermitteln ihren Gewinn in der Regel durch eine „Einnahmen-Ausgaben-Rechnung". Außerdem ist es in bestimmten Fällen möglich, dass die Gewinnermittlung pauschaliert wird.

Üben – Anwenden

SbX ID: 1012

Ü 1.09: Firma, Firmenbuch, doppelte Buchhaltung C

A B C D E

Elfriede Buchegger hat die Handelsakademie absolviert und drei Jahre als Mitarbeiterin in einer Buchhandlung gearbeitet. Sie macht sich selbständig und eröffnet eine eigene Buchhandlung als Einzelunternehmen.

a) Wovon wird es abhängen, ob sie das Unternehmen in das Firmenbuch eintragen muss?

b) Nehmen Sie an, Frau Buchegger hat in den ersten zwei Jahren einen Umsatz von je € 500.000,– gemacht. Sie möchte sich in das Firmenbuch eintragen lassen. Ist das zulässig?

c) Der Umsatz von Frau Buchegger steigt so stark an, dass sie sich in das Firmenbuch eintragen lassen muss.
Da Frau Buchegger einen Teil ihres Sortiments der modernen Literatur widmet, kommt sie auf die Idee, den Firmennamen „Bücherecke Elfriede Jelinek e. U." zu wählen. Ist dies zulässig?

d) Nehmen Sie an, Frau Buchegger hat den Buchladen von Frau Hanna Speiser erworben. Der Buchhandel war in das Firmenbuch unter der Firmenbezeichnung „Bücherecke Hanna Speiser e. U." eingetragen worden.
Ist es für Frau Buchegger möglich, diese Firmenbezeichnung weiterzuführen? Wenn ja, unter welcher Bedingung, wenn nein, warum nicht?

e) Nehmen Sie an, der Umsatz beträgt seit mehreren Jahren rund € 500.000,– und das Unternehmen ist ins Firmenbuch eingetragen. Muss Frau Buchegger eine doppelte Buchhaltung führen?

f) Nehmen Sie an, Frau Buchegger ist nicht ins Firmenbuch eingetragen. Darf sie für ihr Unternehmen die Bezeichnung „Bücherecke Elfriede" führen?

Ü 1.10: Firmenbuch und Buchführungspflicht C

Franziska Berger ist Winzerin. Sie produziert Spitzenweine und erzielt einen Jahresumsatz von rund € 1.200.000,–.

a) Muss sich Frau Berger in das Firmenbuch eintragen lassen? Wenn ja, warum, wenn nein, darf sie sich freiwillig in das Firmenbuch eintragen lassen?

b) Könnte Frau Berger die Firmenbezeichnung „Zum fidelen Weinbottich e. U." führen?

c) Muss Frau Berger eine doppelte Buchhaltung führen?

d) Für welche Berufsgruppen gelten ähnliche Bestimmungen über die Eintragung ins Firmenbuch und über die Führung einer doppelten Buchhaltung wie für die Winzerin Berger?

Ü 1.11: Rechercheaufgabe: Firma und Rechtsform D

Bilden Sie Gruppen und wählen Sie in der Gruppe fünf Unternehmen aus, die Sie kennen (z. B. weil sie im Umkreis Ihrer Schule sind, weil Sie dort schon eingekauft oder im Internet bestellt haben). Recherchieren Sie dann gemeinsam (z. B. im Internet unter www.herold.at oder auf den Websites der Unternehmen), ob diese Unternehmen eine Firma haben und welche Rechtsform sie aufweisen.

Warum haben diese Unternehmen gerade diese Rechtsform? Was könnte der Grund dafür sein?

Welche Vor- und Nachteile bringt die Rechtsform für den/die Unternehmer bzw. für den/die Gesellschafter?

Ü 1.12: Firmenbuchauszug analysieren B

Analysieren Sie den unten abgebildeten Firmenbuchauszug und beantworten Sie die anschließenden Fragen.

Die Überschrift „Auszug mit aktuellen Daten" bedeutet, dass in dem Auszug nur die zum angegebenen Stichtag gültigen bzw. relevanten Daten angeführt sind. Eintragungen, z. B. die früherer Teilhaber oder ehemaliger Firmennamen etc., die gestrichen wurden, sind nicht angeführt.

Stichtag 02.05.2015 **Auszug mit aktuellen Daten** **FN 379886 s**

```
- - - - - - - - - - - - - - - - - - - - - - - - - - - - - - - - - -
Letzte Eintragung am 12.04.2015 mit der Eintragungsnummer 1
zuständiges Gericht Landesgericht Innsbruck
      FIRMA
  1      Definite Minds e. U.
      RECHTSFORM
  1      Einzelunternehmer
      SITZ in
  1      politischer Gemeinde Innsbruck
      INTERNESEITE
  1      www.definite-minds.eu
      GESCHÄFTSANSCHRIFT
  1      Schmerlingstraße 26/12
         6020 Innsbruck
      GESCHÄFTSZWEIG
  1      Kommunikationstraining
      INHABER
      A  Gernot Bauer, geb. 22.03.1977
  1      eingetragen
- - - PERSONEN - - - - - - - - - - - - - - - - - - - - - - - - - -
  1   A  Gernot Bauer, geb. 22.03.1977
  1      Schmerlingstraße 26/12
         6020 Innsbruck
- - - - - - - - - VOLLZUGSÜBERSICHT - - - - - - - - - - - - - - - -
Landesgericht Innsbruck
1 eingetragen am 12.04.2015          Geschäftsfall 22 Fr  1089/
Antrag auf Neueintragung einer Firma    eingelangt am 02.04.2015
```

Wer ist für die Führung der Geschäfte verantwortlich?

In welchem Bereich ist dieses Unternehmen tätig?

Wie haftet der Unternehmer für sein Unternehmen?

In welcher Rechtsform wurde dieses Unternehmen gegründet und wie heißt es?

Die Vorteile dieser Rechtsform sind …

Die Nachteile dieser Rechtsform sind …

Aus welchen Gründen könnte dieses Unternehmen ins Firmenbuch eingetragen worden sein?

Woher kommt das benötigte Eigenkapital für dieses Unternehmen?

SbX
Ü 1.13
Aufgabenblatt
ID: 1012

Weitere Übungsaufgabe im SbX

Ü 1.13: Rechercheaufgabe: Neugründung von Unternehmen D

Beantworten Sie Fragen zur Neugründung von Unternehmen unter Zuhilfenahme von Internetquellen!

Sichern

SbX ID: 1013

Unternehmen

Ein Unternehmen ist jede auf Dauer angelegte Organisation zur selbständigen wirtschaftlichen Tätigkeit, auch wenn sie nicht auf Gewinn ausgerichtet ist.

business organisation

The business organisation is a unit which conducts business independently over an extended period of time, whether for profit or not.

Firma

Die Firma ist der Name, unter dem ein Unternehmer in das Firmenbuch eingetragen ist.

business name

The business name is the name of the business owner recorded in the register of companies.

Firmenbuch

Das Firmenbuch ist ein öffentliches Buch, in das jedermann Einsicht nehmen darf.

Für Einzelunternehmer mit einem Jahresumsatz von über € 700.000,– besteht die Pflicht zur Eintragung (eingetragener Einzelunternehmer/eingetragene Einzelunternehmerin – e. U.).

Einzelunternehmer mit einem geringeren Jahresumsatz können sich freiwillig eintragen lassen.

Einzelunternehmer, die Land- und Forstwirtschaft betreiben oder einen freien Beruf ausüben (z. B. Arzt, Hebamme, Rechtsanwalt, Wirtschaftstreuhänder), müssen sich nicht eintragen lassen, auch wenn sie einen größeren Umsatz erzielen.

Eintragungspflicht besteht auch für alle Personen- und Kapitalgesellschaften sowie für Genossenschaften ohne Rücksicht auf den Umsatz.

register of companies

The register of companies is a public record, which anyone can access. Sole proprietors with an annual turnover of over € 700,000 must register with the register of companies.

Sole proprietors with a lower annual turnover can register voluntarily.

Sole proprietors who are engaged in agriculture and forestry, or freelancers (e. g.: doctors, midwives, lawyers, accountants) are not required to register even if they have a higher turnover.

All partnerships and limited liability companies as well as cooperatives are required to register regardless of their turnover.

Firmenbezeichnungen

Firmenbezeichnungen können frei gewählt werden. Die Firmenbezeichnung muss einen Hinweis auf die Rechtsform enthalten und muss die Firma von anderen Firmen eindeutig unterscheiden.

Unzulässig sind Firmennamen, die „irreführend" sind.

Es dürfen nur Namen von Personen im Firmennamen verwendet werden, die für die Schulden voll haften. Namen von Vorbesitzern, die bereits im Firmennamen enthalten sind, dürfen nur mit Zustimmung der Vorbesitzer weiterverwendet werden.

trading name

Trading names can be chosen freely. The trading name must indicate the legal form and be unique to the business.

Misleading names are prohibited.

Only the names of persons fully liable for any debts can be used in the trading name. The names of previous owners already included in the trading name can only continue to be used if the previous owners agree.

Rechtsformen der Unternehmen

Durch die Rechtsform der Unternehmen werden vor allem die Pflicht und das Recht zur Mitarbeit sowie die Haftung für die Schulden der Gesellschaft geregelt.

legal forms of business

The legal form of business primarily regulates the obligation and right to participate in running the business as well as the liability for debts of the business.

Einzelunternehmen und Personengesellschaften

Merkmale von Einzelunternehmen und Personengesellschaften sind:

- intensive Mitarbeit und Kontrolle durch die Gesellschafter
- großes Haftungsausmaß
- geringe Kapitelbeteiligung

sole proprietorships and partnerships

Characteristics of sole proprietorships and partnerships are:

- intensive participation and control by the partners
- high level of liability
- low level of owners' or equity capital

Kapitalgesellschaften

Merkmale von Kapitalgesellschaften sind:

- geringe Mitsprache und Kontrolle durch die Gesellschafter
- geringes Haftungsausmaß
- große Kapitalbeträge, die sich auf viele Gesellschafter verteilen können

limited liability companies

Characteristics of limited liability companies are:

- members have little say or control
- low level of liability
- high owners' or equity capital that can be contributed by many members.

Buchführungspflicht

Die Pflicht, eine doppelte Buchhaltung zu führen, besteht

- für alle Kapitalgesellschaften und Genossenschaften,
- für Einzelunternehmen und Personengesellschaften nur dann, wenn ihr Umsatz in zwei aufeinanderfolgenden Jahren € 700.000,– oder in einem Jahr € 1 Million überschreitet.

Land- und Forstwirte und freiberuflich Tätige müssen auch bei höheren Umsätzen nur dann eine doppelte Buchhaltung führen, wenn sie ihr Unternehmen in der Form einer Kapitalgesellschaft betreiben.

legal obligation to keep accounts

Double-entry bookkeeping is required

- for all limited liability companies and cooperatives
- for sole proprietorships and partnerships only if their turnover exceeds € 700,000.– for two consecutive years or € 1 million in one year.

Farmers, foresters and freelancers with a higher turnover are only required to use double-entry bookkeeping if they are a limited liability company.

SbX ID: 1013

Im SbX finden Sie die englische Zusammenfassung als Audio-Wiederholung sowie eine Bildschirmpräsentation mit den Grafiken dieser Lerneinheit.

Wissen

SbX ID: 1014

A B C D E

SbX

W 1.01–W 1.04, W 1.06 und W 1.09 mit automatischer Aufgabenkontrolle ID: 1014

W 1.01: Unternehmer, Firmenbuch, Buchführungspflicht C

Friedrich Berger verkauft in der warmen Jahreszeit in Fußgängerzonen regelmäßig Speiseeis aus seinem Eiswagen. Er erzielt einen Umsatz von € 25.000,–. Im Winter hilft er als Kellner in einem Gasthaus aus. Beantworten Sie die Fragen und begründen Sie Ihre Antworten!

a) Ist Friedrich Berger Unternehmer im Sinn des Unternehmensgesetzes?

☐ Ja ☐ Nein

b) Muss sich Friedrich Berger ins Firmenbuch eintragen lassen?

☐ Ja ☐ Nein

c) Kann sich Friedrich Berger freiwillig ins Firmenbuch eintragen lassen?

☐ Ja ☐ Nein

d) Muss Friedrich Berger eine doppelte Buchhaltung führen?

☐ Ja ☐ Nein

W 1.02: Beispiel: Wirtschaftstreuhänderin C

Die Wirtschaftstreuhänderin Kathrin Wendlinger führt ihr Büro als Einzelunternehmerin. Sie hat zwölf Angestellte und erzielt einen durchschnittlichen Jahresumsatz von € 900.000,–. Beantworten Sie die Fragen und begründen Sie Ihre Antworten!

a) Muss sie eine doppelte Buchhaltung führen?

☐ Ja ☐ Nein

b) Muss sie sich ins Firmenbuch eintragen lassen?

☐ Ja ☐ Nein

W 1.03: Beispiel: Forstwirt C

Der Forstwirt Ernst Berger gründet mit seiner Frau eine Gesellschaft mit beschränkter Haftung. Der Jahresumsatz beträgt im Durchschnitt € 1.200.000,–. Beantworten Sie die Fragen und begründen Sie Ihre Antworten!

a) Muss eine doppelte Buchhaltung geführt werden?

☐ Ja ☐ Nein

b) Muss das Unternehmen ins Firmenbuch eingetragen werden?

☐ Ja ☐ Nein

W 1.04: Beispiel: Modeboutique C

Die Schwestern Franziska und Erika Happel betreiben eine kleine Boutique mit Second-Hand-Mode in einer Fußgängerzone in der Rechtsform einer Offenen Gesellschaft. Ihr Jahresumsatz beträgt im Durchschnitt € 350.000,–. Beantworten Sie die Fragen und begründen Sie Ihre Antworten!

a) Müssen sie eine doppelte Buchhaltung führen?

☐ Ja ☐ Nein

b) Müssen sie sich ins Firmenbuch eintragen lassen?

☐ Ja ☐ Nein

W 1.05: Firmenname C

Die Schwestern Franziska und Erika Happel überlegen, eine Offene Gesellschaft zu gründen und die folgenden Firmennamen ins Firmenbuch eintragen zu lassen. Überlegen Sie, ob die Eintragung genehmigt werden wird. Begründen Sie bitte Ihre Antwort.

a) „Fetzenecke OG“

☐ Zulässig, weil

☐ Nicht zulässig, weil

b) „Österreichische Textilhandelskette OG"
- ☐ Zulässig, weil
- ☐ Nicht zulässig, weil

c) „Second Hand Maria Klatter OG". Die Schwestern haben die Boutique von Maria Klatter erworben, die bereits diesen Firmennamen geführt hat.
- ☐ Zulässig, wenn
- ☐ Nicht zulässig, wenn
- ☐ Nicht zulässig, weil

d) „Erikas Kleiderecke OG"
- ☐ Zulässig, weil
- ☐ Nicht zulässig, weil

W 1.06: Gesellschaftsformen A

Ordnen Sie die folgenden Vor- und Nachteile den Begriffen Personengesellschaft und Kapitalgesellschaft zu. Wäre eine Zuordnung zu beiden Gesellschaftsformen möglich, so wählen Sie jene Zuordnung, die eher zutrifft.

	Personen-gesellschaft	Kapital-gesellschaft
a) Intensive Mitarbeit der Gesellschafter		
b) Beschränkung der Haftung		
c) Geringere Kontrollmöglichkeiten der Gesellschafter		
d) Gründung auch mit geringem Kapital möglich		

W 1.07: Unternehmensgründungen in Österreich A

In welcher Unternehmensform werden neue Unternehmen in Österreich derzeit am häufigsten gegründet?

a) ☐ Eingetragenes Einzelunternehmen
b) ☐ Nicht eingetragenes Einzelunternehmen
c) ☐ Gesellschaft mit beschränkter Haftung
d) ☐ OG

W 1.08: Unternehmensgründungen A

Warum werden Einzelunternehmen bei der Gründung meist zunächst nicht ins Firmenbuch eingetragen?

W 1.09: Fallbeispiel: Modeboutique C

Ingrid Müller eröffnet eine Modeboutique als Einzelunternehmen. Sie stellt nur eine Verkäuferin an und schätzt den Umsatz in den nächsten Jahren auf etwa € 300.000,–.

Welche Regelungen gelten (Mehrfachlösungen möglich)?

a) Das Unternehmen muss sofort in das Firmenbuch eingetragen werden.
b) Das Unternehmen muss zwar nicht eingetragen werden, Ingrid Müller kann sich jedoch freiwillig eintragen lassen.
c) Ein Eintragung ist nicht möglich, da das Unternehmen zu klein ist.
d) Das Unternehmen muss eine doppelte Buchhaltung führen.
e) Das Unternehmen kann freiwillig eine doppelte Buchhaltung führen.

SbX
W 1.10–W 1.11
mit automatischer
Aufgabenkontrolle
ID: 1014

Weitere Aufgaben zur Lernkontrolle im SbX

W 1.10: Rechtsformen der Unternehmen A

Vervollständigen Sie die Übersicht zu den Rechtsformen der Unternehmen!

W 1.11: Gesellschaftsunternehmen A

Vervollständigen Sie die Übersicht zu den Rechtsformen der Gesellschaftsunternehmen!

H₂Ö MUSTERUNTERNEHMEN

SbX
H2Ö-Aufgabe
ID: 1014

H2Ö-Aufgabe: Unternehmer, Firma, Buchführungspflicht – der Firmenbuchauszug von H2Ö C

Bearbeiten Sie das Fallbeispiel zur H2Ö-GmbH im SbX.

Die Ausgangssituation

Die H2Ö-GmbH in Aflenz handelt mit österreichischem Quellwasser höchster Qualität, Fruchtsirupen aus biologischer Landwirtschaft und Erzeugnissen aus österreichischen Glasmanufakturen.

Ihre Aufgabe im Unternehmen

Sie arbeiten in den Sommerferien als Praktikant/in im Unternehmen H2Ö. Um sich mit dem Unternehmen vertraut zu machen, sollen Sie sich den Firmenbuchauszug näher ansehen.

Den Firmenbuchauszug und darauf bezogene Fragen zum Unternehmen H2Ö finden Sie im SbX.

English questions

E 1.01: What is the purpose of the register of companies?

E 1.02: When do a) sole proprietors b) partnerships and c) cooperatives need to be registered?

E 1.03: Robert Riff is a sole proprietor who owns a company which produces crisps and other snacks. His wife, Barbara Hall, helps him run the company but she does not own it. Are any of the following names possible for the company? Give reasons for your answer.

a) Riff Crisps
b) Hall Snacks
c) Rubber Ducks

E 1.04: What are the advantages of being a sole proprietor for Robert Riff? What is the biggest disadvantage in your opinion?

E 1.05: When is Robert Riff obliged to use double-entry bookkeeping?

Ein kurzer Kompetenz-Check, bevor's weitergeht!

Kompetenz-Check

	☺	😐	☹
Ich kann beurteilen, ob jemand als Unternehmer handelt oder nicht.			
Ich kann feststellen, wer eine Firma führen darf und welche Firmenbezeichnungen erlaubt sind.			
Ich kann erklären, welche Funktion das Firmenbuch hat und wer eingetragen werden kann bzw. eingetragen werden muss.			
Ich kann verschiedene Rechtsformen nennen und diese beschreiben.			
Ich kenne die Buchführungsgrenzen und kann anhand konkreter Beispiele die jeweilige Verpflichtung eines Unternehmens zur Buchführung ableiten.			

Lerneinheit 2

Personengesellschaften – Rechte und Pflichten werden zwischen mehreren Personen (Gesellschaftern) geteilt

SbX
Alle SbX-Inhalte zu dieser Lerneinheit finden Sie unter der ID: 1020.

Gernot Bauer ist Kommunikationstrainer, sein Unternehmen betreibt er als protokollierter Einzelunternehmer. Da sich die Geschäfte gut entwickeln, will Gernot Bauer sein Unternehmen vergrößern. Dazu braucht er mehr Kapital. Außerdem möchte er die Geschäfte nicht ganz allein führen. Daher braucht er passende Partner. Sein Freund Max und seine Studienkollegin Maria kennen die Branche der Kommunikationstrainer sehr gut und sind bereit, in das Unternehmen einzusteigen. Nun soll entschieden werden, in welcher Rechtsform die drei Gesellschafter zusammenarbeiten wollen.

Lernen

SbX ID: 1021

Merkmale von Personengesellschaften
[Characteristics of partnerships]

In Österreich betrug der Anteil der Personengesellschaften an den neugegründeten Unternehmen 2012 rund 17 %.

Bei Personengesellschaften schließen sich mehrere Personen zu einer Gesellschaft zusammen, um gemeinsam ein Unternehmen zu betreiben. Für diese Rechtsformen spricht, dass mehrere Personen zur Kapitalaufbringung beitragen, die Verantwortung auf verschiedene Personen verteilt werden kann und wichtige Entscheidungen abgesprochen werden können. Allerdings muss der erwirtschaftete Gewinn unter den Gesellschaftern aufgeteilt werden. Zudem muss zumindest eine Person das gesamte Risiko für Fehlentscheidungen tragen und mit ihrem gesamten Vermögen für die Unternehmensschulden haften.

Grafik
Personengesellschaften, Merkmale

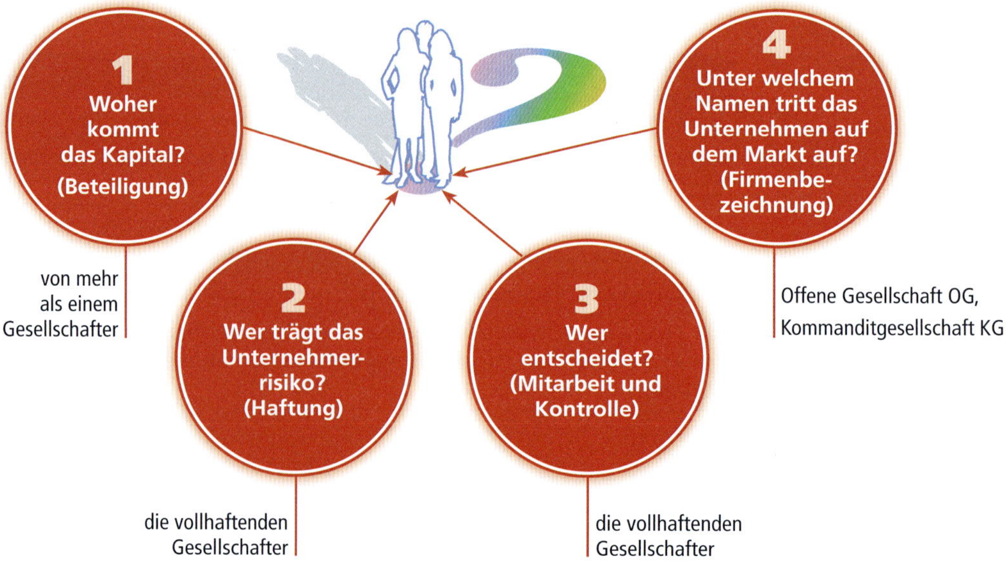

1 Woher kommt das Kapital? – Regelung der Beteiligung:

Das gesamte benötigte Eigenkapital kommt von den Gesellschaftern des Unternehmens. Dabei werden folgende Gesellschaftsformen unterschieden:

Grafik
Personengesellschaften, Kapitalbeteiligung

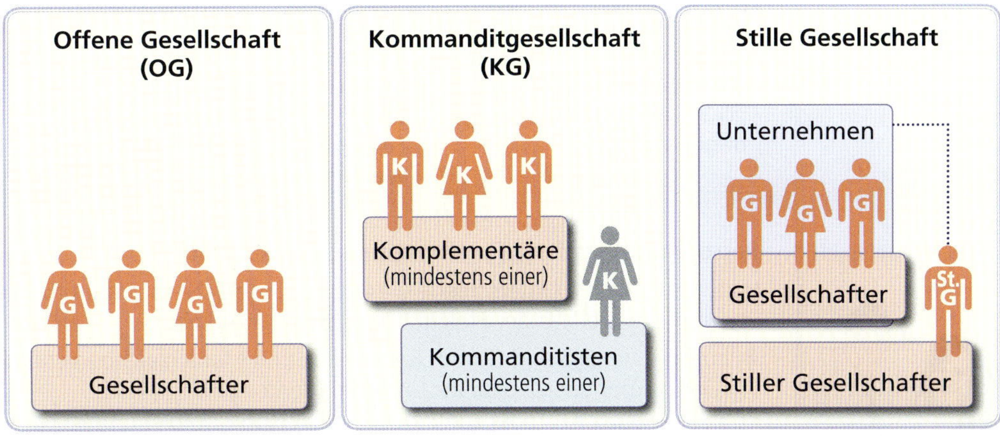

Das Kapital wird von mehreren gleichberechtigten Gesellschaftern gemeinsam aufgebracht.

Das Kapital wird von Komplementären (Vollhaftern) und Kommanditisten (Teilhaftern) gemeinsam aufgebracht.

Der Stille Gesellschafter bildet mit den Inhabern des Unternehmens eine eigene Stille Gesellschaft.

2 Wer trägt das Unternehmerrisiko? – Regelung der Haftung:

Im Gesellschaftsvertrag werden die Rechte und Pflichten der Gesellschafter festgelegt.

Offene Gesellschaft (OG)	Kommanditgesellschaft (KG)	Stille Gesellschaft
Alle Gesellschafter haften unbeschränkt (auch mit ihrem Privatvermögen) und solidarisch (die Gläubiger können jeden beliebigen Gesellschafter für den Gesamtbetrag der Verbindlichkeiten haftbar machen).	Die Komplementäre haften wie die OG-Gesellschafter unbeschränkt und solidarisch. Die Haftung der Kommanditisten ist beschränkt. Sie haften nur mit ihrer im Gesellschaftsvertrag vereinbarten und im Firmenbuch eingetragenen Einlage.	Die Haftung des Stillen Gesellschafters ist beschränkt. Er haftet nur mit seiner im Gesellschaftsvertrag vereinbarten Einlage.

3 Wer entscheidet? – Regelung von Mitarbeit und Kontrolle:

Alle unbeschränkt haftenden Gesellschafter sind zur Mitarbeit verpflichtet und haben volle Kontrollrechte.

Beschränkt haftende Gesellschafter sind zur Mitarbeit nicht verpflichtet und haben eingeschränkte Kontrollrechte. Im Gesellschaftsvertrag können diese gesetzlichen Regelungen abgeändert werden.

Offene Gesellschaft (OG)	Kommanditgesellschaft (KG)	Stille Gesellschaft
Alle Gesellschafter sind zur Mitarbeit berechtigt und verpflichtet (Abänderungen im Gesellschaftsvertrag sind möglich).	Komplementäre einer KG sind zur Mitarbeit berechtigt und verpflichtet (Abänderungen im Gesellschaftsvertrag sind möglich).	Stille Gesellschafter haben keine Mitarbeitspflicht bzw. kein Recht auf Mitarbeit.
Alle Gesellschafter haben volle Kontrollrechte, da sie ja auch unbeschränkt haften.	Kommanditisten haben keine Mitarbeitspflicht bzw. kein Recht auf Mitarbeit und nur beschränktes Kontrollrecht.	Das Kontrollrecht eines stillen Gesellschafters beschränkt sich auf den Anspruch auf Abschrift der Bilanz und Einsicht in die Bücher zur Kontrolle des Jahresabschlusses.

4 Unter welchem Namen tritt das Unternehmen am Markt auf? – Firmenbezeichnung:

Für OG und KG besteht eine Verpflichtung zur Eintragung in das Firmenbuch.

Offene Gesellschaft (OG)	Kommanditgesellschaft (KG)	Stille Gesellschaft
Die Gesellschaft muss mit dem Firmennamen und dem Zusatz „Offene Gesellschaft" (bzw. „OG") ins Firmenbuch eingetragen werden.	Die Gesellschaft muss mit dem Firmennamen und dem Zusatz „Kommanditgesellschaft" (bzw. „KG") ins Firmenbuch eingetragen werden.	Die Stille Gesellschaft scheint im Firmenbuch nicht auf.

Beispiel

Personengesellschaft für Kommunikationstraining

Was bedeuten die Unterschiede dieser drei Gesellschaftsformen für Gernot, Max und Maria in unserem Beispiel aus der Einleitung zu dieser Lerneinheit?

- Im Fall einer OG sind Gernot Bauer, Max und Maria gleichberechtigte Gesellschafter der OG. Alle drei bringen Kapital ins Unternehmen ein.
- Im Falle einer KG muss zumindest eine Person Komplementär sein. Diese Person bringt nicht nur Kapital in das Unternehmen ein, sondern sie haftet unbeschränkt (wie die Gesellschafter einer OG) und arbeitet auch im Unternehmen mit. Gernot, der sein Unternehmen weiterhin leiten und Entscheidungen treffen will, wird Komplementär sein. Mindestens eine Person muss Kommanditist sein. Wollen Max und Maria also nur Kapital einbringen und soll ihre Haftung auf diese Kapitaleinlage beschränkt bleiben, dann werden sie Kommanditisten. Die Höhe ihrer Kapitaleinlage ist ins Firmenbuch eingetragen, damit Gläubiger des Unternehmens wissen, bis zu welchem Betrag die Kommanditisten haften.
- Im Falle einer Stillen Gesellschaft stellt der Stille Gesellschafter (Max oder Maria) zwar Geld zur Verfügung, die Stille Gesellschaft scheint aber nach außen hin nicht auf, sie wird auch nicht ins Firmenbuch eingetragen.

Vorteile der jeweiligen Gesellschaftsform

Offene Gesellschaft (OG)	Kommanditgesellschaft (KG)	Stille Gesellschaft
○ Volle Kontrollmöglichkeit aller Gesellschafter (Mitunternehmer) ○ Erweiterte Finanzierungsmöglichkeiten im Vergleich zu Einzelunternehmen ○ Arbeitsteilung möglich	○ Für den Komplementär: Verbreiterung der Eigenkapitalbasis, ohne die Geschäftsleitung mit weiteren Gesellschaftern teilen zu müssen ○ Für den Kommanditisten: Beteiligung ohne Pflicht zur Mitarbeit, Beschränkung der Haftung	○ Beteiligung ohne Pflicht zur Mitarbeit, Beschränkung der Haftung ○ Geheimhaltung der Beteiligung gegenüber Unternehmensfremden, da keine Eintragung im Firmenbuch

Nachteile der jeweiligen Gesellschaftsform

Offene Gesellschaft (OG)	Kommanditgesellschaft (KG)	Stille Gesellschaft
○ Enge Bindung der Gesellschafter an das Unternehmen (Wettbewerbsverbot) ○ Unbeschränkte und solidarische Haftung aller Gesellschafter; diese gilt bis fünf Jahre nach dem Ausscheiden aus der Gesellschaft für Schulden, die beim Ausscheiden bestanden und eine Restlaufzeit von höchstens fünf Jahren hatten!	○ Für den Kommanditisten: beschränkte Kontrollmöglichkeit	○ Keine Beteiligung am Wertzuwachs des Unternehmens, d. h., scheidet der Stille Gesellschafter aus, so hat er nur Anspruch auf seine Einlage. ○ Beschränkte Kontrollmöglichkeit

Wettbewerbsverbot: Kein Gesellschafter darf ohne Zustimmung aller anderen Gesellschafter im gleichen Geschäftszweig tätig werden. Er darf auch nicht ohne Zustimmung als persönlich haftender Gesellschafter an einer Gesellschaft beteiligt sein, die im selben Geschäftszweig tätig ist.

Üben – Anwenden

A B C D E

Ü 1.14: Wahl der Rechtsform, Firmenbuch, Haftung C

Peter hat die HTL absolviert, Karin eine Handelsakademie. Beide haben bereits mehrere Jahre Praxis im Verkauf erworben. Sie wollen ein Unternehmen gründen, in dem gebrauchte Elektrogeräte (Fernseher, Waschmaschinen, Trockner) usw. angekauft, überprüft und wieder verkauft werden sollen.

1. Welche Gesellschaftsformen stehen zur Verfügung und welche Vor- und Nachteile haben sie, muss eine Eintragung ins Firmenbuch erfolgen, muss eine doppelte Buchhaltung geführt werden, wenn
   a) Peter und Karin gleichberechtigt die Geschäfte gemeinsam führen wollen?

      Gesellschaftsform:

      Vorteile:

      Nachteile:

      Eintragung ins Firmenbuch erforderlich? ☐ Ja ☐ Nein

      Doppelte Buchhaltung erforderlich, wenn

   b) nur Peter unbeschränkt haften soll, die Haftung von Karin nur bis zur Höhe ihrer Einlage gelten soll, Karin jedoch an der Wertentwicklung der Gesellschaft beteiligt sein will?

      Gesellschaftsform:

      Vorteile:

      Nachteile:

      Eintragung ins Firmenbuch erforderlich? ☐ Ja ☐ Nein

      Doppelte Buchhaltung erforderlich, wenn

   c) Peter ein Einzelunternehmen führen will und Karin sich nur mit einer Einlage beteiligen will? Karin will weder mitarbeiten noch unbeschränkt haften. Sie will nur Gewinnanteile erhalten.

      Gesellschaftsform:

      Vorteile:

      Nachteile:

      Eintragung ins Firmenbuch erforderlich? ☐ Ja ☐ Nein

      Eintragung ins Firmenbuch erforderlich, wenn

      Welche Gesellschaftsform scheint im Firmenbuch im Fall einer Eintragung auf?

      Kann Karin vertraglich von Verlusten ausgeschlossen werden? ☐ Ja ☐ Nein

2. Nehmen Sie an, Peter und Karin hätten eine Offene Gesellschaft gegründet. Peter hat eine Einlage von € 60.000,–, Karin von € 30.000,– geleistet. Nach acht Jahren will Karin die Gesellschaft verlassen.
   a) Ein Sachverständiger schätzt den Wert des Unternehmens auf € 150.000,–.

      Was erhält Karin?

   b) Die Gesellschaft hat zum Zeitpunkt des Ausscheidens von Karin Lieferantenschulden von € 60.000,– und eine in acht Jahren fällige Bankschuld in Höhe von € 100.000,–.

      Wofür haftet Karin und wie lange gilt diese Haftung?

3. Was würde Karin bei ihrem Ausscheiden erhalten, wenn sie sich als „Stille Gesellschafterin" am Einzelunternehmen von Peter mit € 30.000,– beteiligt und ihre Gewinnanteile immer entnommen hätte? Der Wert des Unternehmens wird auf € 150.000,– geschätzt.

4. Karin möchte zwar Stille Gesellschafterin sein, jedoch bei der Geschäftsführung mitwirken. Ist dies möglich? Wenn ja, in welcher Form?

   ☐ Nein ☐ Ja

5. Nehmen Sie an, Karin verunglückt bei einem Motorradunfall tödlich. Im Gesellschaftsvertrag wurde dieser Fall nicht vorgesehen. Welche Regelungen gelten, wenn
   a) Peter und Karin eine OG gegründet haben?
   b) Peter und Karin eine KG gegründet haben und Karin Kommanditistin war?
   c) Karin am Einzelunternehmen von Peter nur als Stille Gesellschafterin beteiligt war?

Ü 1.15: Offene Gesellschaft, Firmenbuch, Haftung C

Ernst Graner und Helga Karlik haben die Handelsakademie absolviert, dann studiert und die Prüfung zum Steuerberater abgelegt. Sie wollen gemeinsam eine Steuerberatungskanzlei aufmachen. Zu Beginn werden sie etwa drei Mitarbeiter/innen haben.

1. Dürfen sie für diesen Zweck eine OG gründen? ☐ Ja ☐ Nein
2. Muss eine OG ins Firmenbuch eingetragen werden?
   ☐ Ja ☐ Nein
3. Muss eine doppelte Buchhaltung geführt werden?

   ☐ Nein, weil .

   ☐ Ja, nur wenn .
4. Welcher der folgenden Firmennamen ist vermutlich unzulässig und warum?
   a) Ernst und Helga, Steuerberater, OG
   b) Karlik's Steuerberatung, OG
   c) Graner und Karlik – Steuerberatung weltweit, OG
   d) „Die Steuerberater", OG
5. Nach drei Jahren wird Hugo Tritscher als dritter Partner aufgenommen. Zu diesem Zeitpunkt hat die Steuerberatungsgesellschaft Bankschulden in der Höhe von € 120.000,–.
   Bei der Aufnahme von Hugo wird das Büro durch Ankauf der benachbarten kleinen Eigentumswohnung erweitert und es werden weitere drei Arbeitsplätze geschaffen.
   Für diese Investition wird der Bankkredit um € 100.000,– aufgestockt.

   Wofür haftet Hugo?
   a) Nur für die Schulden, die ab seinem Eintritt aufgenommen wurden
   b) Auch für die Schulden, die bei seinem Eintritt bereits bestanden

Sichern

SbX ID: 1023

Offene Gesellschaft

In einer „Offenen Gesellschaft" beteiligen sich mehrere Gesellschafter an einem Unternehmen. Alle sind zur Geschäftsführung berechtigt und verpflichtet. Sie haften unbeschränkt und solidarisch für die gesamten Verbindlichkeiten der Gesellschaft.

Für die Gesellschafter gilt Wettbewerbsverbot, d. h., sie dürfen ohne Zustimmung der anderen Gesellschafter nicht im gleichen Geschäftszweig tätig werden.

Die „Offene Gesellschaft" muss ins Firmenbuch eingetragen werden. Der Rechtsformzusatz in der Firmenbezeichnung lautet „OG".

Die „Offene Gesellschaft" muss eine doppelte Buchhaltung führen, wenn sie die Umsatzgrenze von € 700.000,– in zwei aufeinanderfolgenden Jahren (bzw. € 1 Million in einem Jahr) überschreitet. Dies gilt nicht für Unternehmen der Landwirtschaft und für „freie Berufe", die in dieser Rechtsform geführt werden.

general partnership

In a "general partnership" several partners form a business together. All the partners are entitled to, and required to, participate in running the business. They are all jointly and severally liable for any debts of the business. The business partners are required to sign a non-compete agreement, i. e., they are not allowed to work in the same line of business without the approval of the other partners. "General partnerships" must be registered in the register of companies. There is no standard English abbreviation for a general partnership, but GP is often used in the United States.

A "general partnership" must use double-entry bookkeeping when it exceeds the turnover limit of € 700,000 in two consecutive years (or € 1 million in one year). This does not apply to agricultural businesses and freelancers that are run as a general partnership.

Kommanditgesellschaft

Bei Kommanditgesellschaften gibt es zwei Arten von Gesellschaftern:

Komplementäre: Ihre Rechte und Pflichten entsprechen denen der Gesellschafter einer Offenen Gesellschaft.

Kommanditisten: Sie haften nur mit ihrer Einlage und haben nur bestimmte Kontrollrechte.

Die Kommanditgesellschaft muss ins Firmenbuch eingetragen werden. Der Firmenzusatz lautet „KG". Die Kommanditisten scheinen nur im Firmenbuch als Gesellschafter auf. Im Firmennamen scheinen sie nicht auf.

Bezüglich der Buchführungspflicht gelten die Regelungen für die „OG".

limited partnership

In a limited partnership there are two types of partners:

General partners: they have the same rights and responsibilities as the partners in a general partnership.

Limited partners: they are only liable for any debts to the extent of their investment and have limited rights to information and monitoring.

Limited partnerships must be registered in the register of companies. In Austria, their abbreviation is "KG." There is no standard English abbreviation for a limited partnership, but LP is often used in the UK. Limited partners only appear as partners in the register of companies. They are not included in the trading name.

The same rules for bookkeeping apply as for general partnerships.

Stille Gesellschaft

Der Stille Gesellschafter beteiligt sich am Vermögen eines Unternehmens durch eine Einlage.

Er haftet nur mit seiner Einlage und ist am Gewinn (in der Regel auch am Verlust) der Gesellschaft beteiligt. Er hat nur Kontrollrechte.

Scheidet der Stille Gesellschafter aus, erhält er nur seine Einlage. Er ist an einer Wertsteigerung des gesamten Unternehmens nicht beteiligt (Ausnahme: „atypische Stille Gesellschafter").

Die Stille Gesellschaft wird nicht ins Firmenbuch eingetragen und ist auch im Firmennamen nicht erkennbar.

silent partnership

Silent partners make capital investments in the business. They are only liable to the extent of their investment and share in the profits (and as a rule also in the losses) of the business. They only have a right to information and monitoring.

When silent partners leave the business, only their original investment is returned to them. They do not benefit in any increase in the value of the business (exception: atypical silent partners).

Silent partners are not recorded in the register of companies or listed in the business name.

SbX
ID: 1023

Im SbX finden Sie die englische Zusammenfassung als Audio-Wiederholung sowie eine Bildschirmpräsentation mit den Grafiken dieser Lerneinheit.

Wissen

SbX ID: 1024

A B C D E

SbX
W 1.12, W 1.14 und W 1.20–W 1.21 mit automatischer Aufgabenkontrolle ID: 1024

W 1.12: Rechte und Pflichten der Gesellschafter A

Erstellen Sie eine Übersicht zu den Rechten und Pflichten der Gesellschafter in den einzelnen Unternehmensformen. Kreuzen Sie die zutreffenden Kästchen an.

		Gesellschafter einer OG	Komplementär	Kommanditist	Stiller Gesellschafter
zur Mitarbeit berechtigt und verpflichtet	Ja				
	Nein				
Haftung	auch mit Privatvermögen				
	nur bis zur Höhe der Einlage				
Wettbewerbsverbot	Ja				
	Nein				
Unternehmer	Ja				
	Nein				

W 1.13: Kommanditisten und Stille Gesellschafter A

Welcher Unterschied besteht zwischen einem Kommanditisten und einem Stillen Gesellschafter?

W 1.14: Beteiligungsmöglichkeiten als Stiller Gesellschafter A

Kann ein Stiller Gesellschafter auch an einem Einzelunternehmen oder an einer KG beteiligt sein?

☐ Ja ☐ Nein

W 1.15: Wahl der Rechtsform C

Erika Schein will sich an der optischen Fabrik Franz Weigand & Co OG beteiligen. Sie will jedoch ihre Haftung auf ihre Einlage beschränken. Andererseits möchte sie entscheidend bei der Geschäftsführung mitwirken.

Ist das möglich? Begründen Sie Ihre Antwort.

☐ Ja, weil ☐ Nein, weil

W 1.16: Haftung der Gesellschafter C

Erich Wagner, Dieter Schneider und Berta Brunner sind Gesellschafter einer OG. Ein Kredit von € 65.000,– ist fällig und kann aus Gesellschaftsmitteln nicht zurückgezahlt werden.

Das Kreditinstitut verlangt Zahlung von Herrn Erich Wagner, obwohl laut Gesellschaftsvertrag Wagner, Schneider und Brunner zu je einem Drittel an der Gesellschaft beteiligt sind und obwohl nicht versucht wurde, den Betrag aus dem Vermögen der Gesellschaft abzudecken (z. B. durch Exekution).

Ist dies rechtlich möglich? Begründen Sie Ihre Antwort.

☐ Ja, weil

☐ Nein, weil

W 1.17: Regelungen nach Todesfall C

Die Kaufleute Walter Müller und Erika Schreier haben ein Textilimportunternehmen in Form einer OG geführt.

Erika Schreier stirbt. Ihre Erben haben vom Textilhandel keine Ahnung, sie möchten jedoch weiterhin an dem ertragreichen Unternehmen teilhaben.

a) Wird die OG durch den Tod von Erika Schreier auf jeden Fall aufgelöst?
b) Welche Gesellschaftsform würden Sie zur Fortführung der Gesellschaft unter Teilnahme der Erben vorschlagen?

W 1.18: Rechte des Komplementärs C

Franz Bammer ist Komplementär in einer Kommanditgesellschaft. Er will sich an einer Gesellschaft beteiligen, die genauso wie die Kommanditgesellschaft mit Baumaschinen handelt.

a) Ist dies prinzipiell möglich? Begründen Sie auch Ihre Antwort.

☐ Ja, weil ☐ Nein, weil

b) In welcher Form wäre es auf jeden Fall möglich?

W 1.19: Haftung ausgeschiedener Gesellschafter C

Franz Gutenbrunner war Gesellschafter einer OG. Er ist vor drei Jahren ausgeschieden. Es geht ihm eine Zahlungsaufforderung der Volksbank zu, einen fälligen Kredit der OG abzudecken.

Muss Franz Gutenbrunner auf jeden Fall zahlen? (Achtung!) Begründen Sie auch Ihre Antwort.

☐ Ja, weil ☐ Nein, weil

W 1.20: Arbeitsteilung in einer OG C

Georg Schneider und Birgit Wirth sind Gesellschafter einer OG. Sie vereinbaren, dass sich Wirth auf die innerbetrieblichen Probleme beschränkt, während Schneider den Vertrieb besorgt.

Wirth schließt dennoch selbständig einen Großauftrag ab, den Schneider für wenig gewinnbringend hält. Schneider teilt daher dem Abnehmer mit, dass der Vertrag ungültig ist, weil Wirth zum Abschluss nicht berechtigt war.

Ist eine derartige Arbeitsteilung in einer OG rechtlich möglich? (Achtung!)

☐ Ja ☐ Nein

W 1.21: Fallbeispiel: Modeboutique (Fortsetzung von W 1.09 aus Lerneinheit 1) C

Fünf Jahre nach Eröffnung der Modeboutique von Ingrid Müller beteiligt sich Erika Waller an dem Unternehmen. Die beiden Damen gründen eine Offene Gesellschaft.

Nach weiteren drei Jahren scheidet Erika Waller wieder aus. Für welche der folgenden Schulden haftet Erika Waller nach ihrem Ausscheiden?

a) Bei ihrem Eintreten bestand ein Bankkredit von € 40.000,–. In den letzten drei Jahren wurden nur die Zinsen gezahlt. Der Kredit soll nun in vier Jahresraten von je € 10.000,– zuzüglich Zinsen zurückgezahlt werden. Haftet Erika Waller?
   ☐ Nein, weil der Kredit bereits bei ihrem Eintreten bestand.
   ☐ Ja, weil sie auch für Schulden haftet, die bereits bei ihrem Eintreten vorhanden waren.
   Wenn ja, wie lange haftet Erika Waller?

b) Ein Jahr vor Austritt von Erika Wallner aus der Gesellschaft wurde ein weiterer Kredit in der Höhe von € 50.000,– aufgenommen, für den 8 Jahre lang nur die Zinsen bezahlt werden sollen. Erst danach wird mit der Rückzahlung begonnen.
   Wofür haftet Erika Waller?

SbX
W 1.22–W 1.24 mit automatischer Aufgabenkontrolle ID: 1024

Weitere Aufgaben zur Lernkontrolle im SbX

W 1.22: Kommanditgesellschaft: Quiz B

W 1.23: Stille Gesellschaft: Quiz B

W 1.24: Kommanditist und Stiller Gesellschafter: Erstellen Sie eine Übersicht! B

English questions

E 1.06: Harry Lord, Joan Hart and Wendy Farthing own a fitness studio together as a general partnership.

a) What are the responsibilities for each partner?
b) Who is liable if the company goes into debt?

E 1.07: What is the difference between a general partnership as in question E 1.06 and a limited partnership?

E 1.08: What is the function of a limited partner?

E 1.09: Is there any difference between a limited partner and a silent partner?

Ein kurzer Kompetenz-Check, bevor's weitergeht!

Kompetenz-Check

	☺	😐	☹
Ich kann erklären, was Personengesellschaften sind und welche Vor- bzw. Nachteile mit den unterschiedlichen Formen von Personengesellschaften verbunden sind.			
Ich kann die Rechte und Pflichten von Gesellschaftern einer OG bzw. KG beschreiben.			
Ich kann die Rechte und Pflichten von stillen Gesellschaftern beschreiben.			
Ich kann die Haftungsverpflichtungen von Gesellschaftern einer OG bzw. KG beschreiben.			

Lerneinheit 3

Kapitalgesellschaften – hier steht die Kapitalaufbringung im Vordergrund

SbX
Alle SbX-Inhalte zu dieser Lerneinheit finden Sie unter der ID: 1030.

Die Kommunikationstrainer Gernot, Max und Maria betreiben ihr Unternehmen als Offene Gesellschaft. Da das Unternehmen gut geführt ist und die Wachstumschancen groß sind, wollen einige Investoren in das Unternehmen einsteigen. An einer Mitarbeit sind sie nicht interessiert, die Haftung wollen sie soweit wie möglich ausschließen und ihre Geschäftsanteile sollen leicht übertragbar sein. Für Anforderungen dieser Art wurden Kapitalgesellschaften geschaffen, die durch besondere Gesetze (z. B. das Aktiengesetz oder das GmbH-Gesetz) geregelt werden.

Lernen

SbX ID: 1031

A B C D E

Merkmale der Kapitalgesellschaften

[Characteristics of limited liability companies]

In Österreich betrug der Anteil der Kapitalgesellschaften an den neugegründeten Unternehmen 2012 rund 17 %. Die Gesellschaft mit beschränkter Haftung ist die in Österreich am meisten verbreitete Form der Kapitalgesellschaft.

Bei Kapitalgesellschaften steht die Kapitalaufbringung durch viele Personen im Vordergrund. Die Gesellschafter, die das Kapital aufbringen, sind nicht unbedingt die Personen, die das Unternehmen führen. Um eine Kapitalgesellschaft gründen zu können, muss von den Gesellschaftern ein Mindestkapital aufgebracht werden können. Dafür ist die Haftung auf das Vermögen der Gesellschaft beschränkt. Die Gesellschafter riskieren höchstens den Betrag der Kapitaleinlage.

Grafik
Kapitalgesellschaften, Merkmale

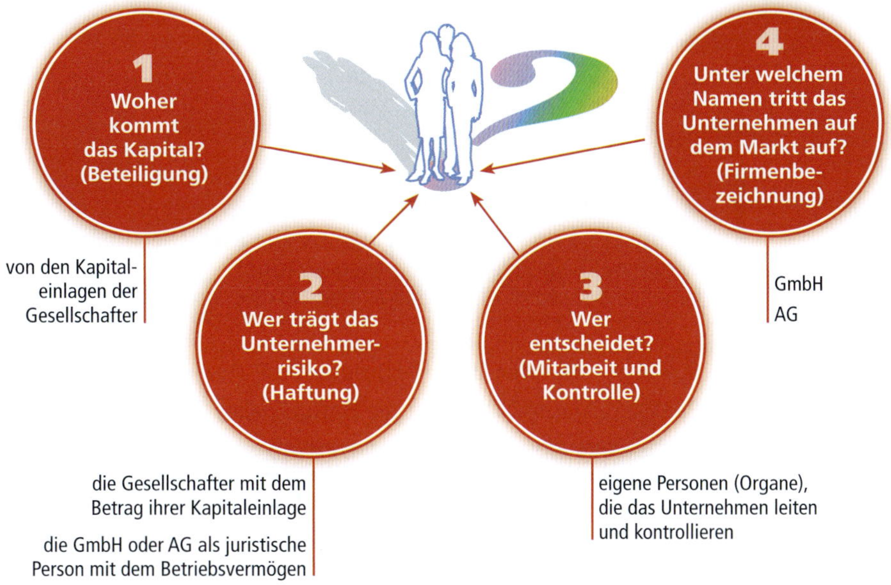

1 Woher kommt das Kapital? (Beteiligung)

In einer Kapitalgesellschaft soll eine schnelle und unkomplizierte Kapitalaufbringung sichergestellt werden. Im Gesetz für Gesellschaften mit beschränkter Haftung (GmbHG) und im Aktiengesetz (AktG) finden sich die entsprechenden Regelungen dazu.

Gesellschaft mit beschränkter Haftung (GmbH)	Aktiengesellschaft (AG)
Das Stammkapital einer GmbH wird in Stammeinlagen zerlegt und durch die Gesellschafter aufgebracht; diese sind Eigentümer ihres Geschäftsanteils. Die gesetzliche Mindesthöhe eines Geschäftsanteils beträgt € 70,–.	Das Grundkapital einer AG wird in Aktien zerlegt. Die Summe der Nennwerte aller Aktien ergibt das Grundkapital. Dieses wird durch die Aktionäre aufgebracht; sie sind Eigentümer einer oder mehrerer Aktien. Der Mindestnennwert einer Aktie beträgt € 1,–.

Grafik
Kapitalaufbringung GmbH, AG

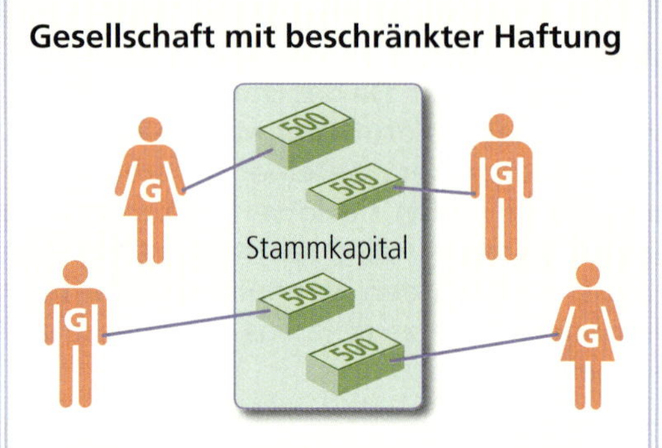

Das Stammkapital wird durch Stammeinlagen (Geschäftsanteile) der Gesellschafter aufgebracht.

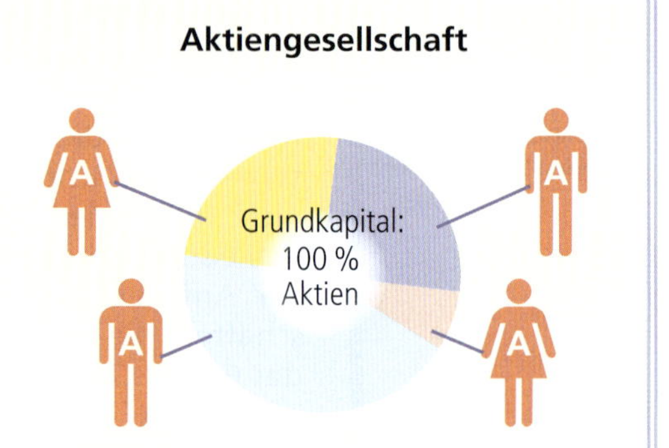

Das Grundkapital wird in Aktien zerlegt, die von den Aktionären gehalten werden.

Die Geschäftsanteile werden in einem Geschäftsanteilsbuch verzeichnet. Die Übertragung von Geschäftsanteilen auf neue Gesellschafter erfolgt durch einen Notariatsakt.

Zwischen 1.7.2013 und 28.2.2014 gab es die Möglichkeit, eine GmbH light mit einem Mindeststammkapital von € 10.000,– zu gründen. Die in diesem Zeitraum gegründeten GmbHs light müssen bis spätestens 1.3.2024 ihr Stammkapital auf € 35.000,– erhöhen.

Das Stammkapital beträgt mindestens € 35.000,–. Es muss nicht in voller Höhe, sondern nur zur Hälfte bar eingezahlt werden.

Die Gesellschafter haben das Recht auf einen Gewinnanteil und ein Stimmrecht auf der Generalversammlung.

§1 GmbHG: „Gesellschaften mit beschränkter Haftung können nach Maßgabe der Bestimmungen dieses Gesetzes zu jedem gesetzlich zulässigen Zweck durch eine oder mehrere Personen errichtet werden." (Für Versicherungen ist diese Gesellschaftsform verboten.)

Die GmbH ist eine Gesellschaft mit eigener Rechtspersönlichkeit, deren Gesellschafter mit Stammeinlagen am Stammkapital beteiligt sind, ohne persönlich für die Verbindlichkeit der Gesellschaft zu haften.

Das Grundkapital beträgt mindestens € 70.000,–. Es muss nicht in voller Höhe, sondern nur zur Hälfte bar eingezahlt werden.

Die Aktionäre haben das Recht auf einen Gewinnanteil (Dividende) und ein Stimmrecht auf der Hauptversammlung.

§1 AktG: „Die Aktiengesellschaft ist eine Gesellschaft mit eigener Rechtspersönlichkeit, deren Gesellschafter mit Einlagen auf das in Aktien zerlegte Grundkapital beteiligt sind, ohne persönlich für die Verbindlichkeiten der Gesellschaft zu haften."

Übungsbeispiel

Ü 1.16: Aktien und Dividende C

Nehmen Sie an, die Aktien einer Aktiengesellschaft haben einen Nennwert von € 100,–. Es wird eine Dividende von 8 % ausgeschüttet.
Wie viel bekommt ein Aktionär, der 100 Aktien besitzt?

2 Wer trägt das Unternehmerrisiko? (Haftung)

Bei Kapitalgesellschaften ist die Haftung aller Gesellschafter beschränkt.

Gesellschaft mit beschränkter Haftung (GmbH)	Aktiengesellschaft (AG)
Die Haftung der Gesellschafter ist auf den Geschäftsanteil (Höhe der gehaltenen Stammeinlagen) beschränkt. Die GmbH haftet als juristische Person mit ihrem gesamten Betriebsvermögen.	Die Haftung der Aktionäre ist auf die Einlage (= Höhe der gehaltenen Aktien) beschränkt. Die AG haftet als juristische Person mit ihrem gesamten Betriebsvermögen.

❸ Wer entscheidet? (Mitarbeit und Kontrolle)

Die Kapitalgesellschaft hat als juristische Person natürliche Personen zu bestellen, die sie im Geschäftsleben vertreten und für sie handeln. Die Kontrolle dieser Vertreter ist gesetzlich im GmbH-Gesetz (GmbHG) bzw. Aktiengesetz (AktG) geregelt:

Grafik
Organisation der GmbH und der AG

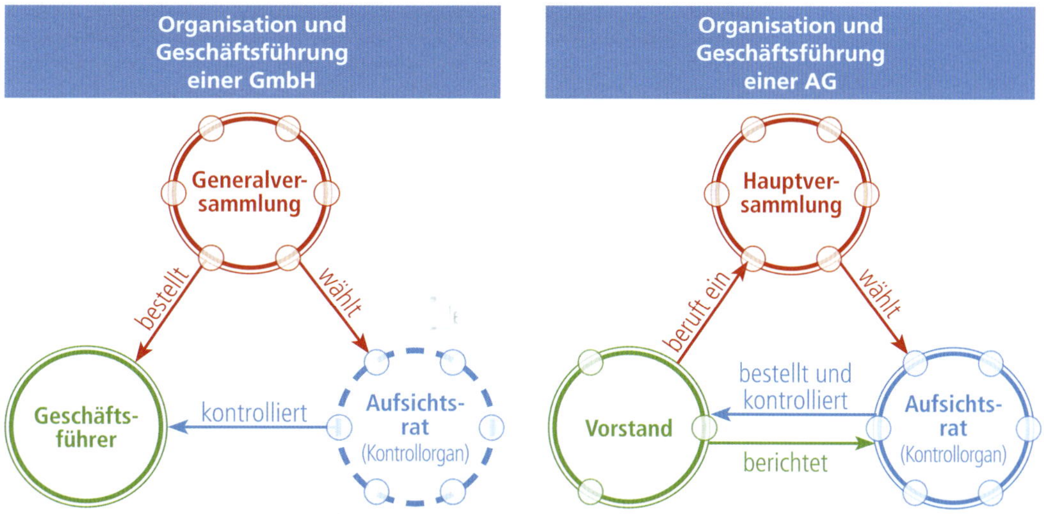

Generalversammlung (der Gesellschafter):

- wird jährlich vom Geschäftsführer einberufen
- besteht aus allen Gesellschaftern
- Das Stimmrecht hängt von der Höhe des Geschäftsanteils des jeweiligen Gesellschafters ab.
- Die Aufgaben der Generalversammlung der GmbH sind unter anderem, über Kapitalveränderungen, Änderungen des Gesellschaftsvertrags und die Bestellung und Abberufung von Geschäftsführern zu beschließen.
- In besonderen Fällen ist eine Dreiviertelmehrheit erforderlich.

Geschäftsführer (Geschäftsführung):

- führt die Geschäfte und vertritt die GmbH
- erstellt Jahresabschlüsse und Geschäftsberichte
- beruft die Generalversammlung ein
- Falls die GmbH über einen Aufsichtsrat verfügt, wird diesem regelmäßig berichtet.

Aufsichtsrat (Kontrollorgan):

Ein Aufsichtsrat muss erst dann gebildet werden, wenn

- das Stammkapital € 70.000,– übersteigt und mehr als 50 Gesellschafter beteiligt sind oder
- die Satzung einen Aufsichtsrat vorsieht oder
- die Zahl der Arbeitnehmer/innen (im Durchschnitt der letzten 12 Monate) 300 übersteigt.

Die Arbeitnehmer/innen müssen im Aufsichtsrat nach den gleichen Vorschriften vertreten sein wie bei der AG (für je zwei gewählte Aufsichtsräte ist ein Arbeitnehmervertreter zusätzlich in den Aufsichtsrat aufzunehmen).

Hauptversammlung (der Aktionäre):

- wird jährlich durch den Vorstand einberufen (in Ausnahmefällen durch den Aufsichtsrat oder durch eine bestimmte Anzahl von Aktionären)
- besteht aus allen stimmberechtigten Aktionären
- Jede Aktie gewährt in der Regel auch ein Stimmrecht (Ausnahme: Vorzugsaktie).
- Die Aufgaben der Hauptversammlung sind unter anderem, über Kapitalveränderungen und über die Umwandlung oder Auflösung der AG zu beschließen.
- In besonderen Fällen ist eine Dreiviertelmehrheit erforderlich.

Vorstand (Geschäftsführung):

- führt die Geschäfte und vertritt die AG
- erstellt Jahresabschlüsse und Geschäftsberichte
- beruft die Hauptversammlung ein
- berichtet dem Aufsichtsrat regelmäßig

(Vorstandsmitglieder dürfen nicht Mitglieder des Aufsichtsrates sein.)

Aufsichtsrat (Kontrollorgan):

- Wahl erfolgt für höchstens vier Jahre.
- Für je zwei Mitglieder ist auch ein Arbeitnehmervertreter zu entsenden.
(Beispiel: Hauptversammlung wählt fünf Mitglieder, zusätzlich werden drei Arbeitnehmervertreter bestellt – es wird aufgerundet.)

Alle Einreichungen zum Firmenbuch erfolgen elektronisch.

4 Unter welchem Namen tritt das Unternehmen am Markt auf? (Firmenbezeichnung)

Kapitalgesellschaften bekommen ihre eigene Rechtspersönlichkeit erst mit Eintragung ihres Firmennamens ins Firmenbuch. Der Firmenwortlaut einer Kapitalgesellschaft kann als Personen-, Sach- oder Fantasiefirma gewählt werden.

Gesellschaft mit beschränkter Haftung (GmbH)	Aktiengesellschaft (AG)
Im Firmennamen muss die Bezeichnung „Gesellschaft mit beschränkter Haftung" bzw. „GmbH" enthalten sein.	Im Firmennamen muss die Bezeichnung „Aktiengesellschaft" bzw. „AG" enthalten sein.

Vorteile

Gesellschaft mit beschränkter Haftung (GmbH)	Aktiengesellschaft (AG)
nicht so strenge Publizitäts- und Prüfungspflicht wie bei der AG (Jahresabschlüsse müssen beim Firmenbuch hinterlegt werden, aber nur die Berichte großer GmbHs müssen von Wirtschafttreuhändern geprüft werden.)	Durch Beteiligung vieler Aktionäre können große Kapitalsummen auch durch viele kleine Beträge aufgebracht werden.
Die Haftung der Gesellschafter ist auf ihren Geschäftsanteil beschränkt.	Die Haftung der Aktionäre ist auf ihre Aktienanteile beschränkt.
In der Praxis sind oft Gesellschafter in der Geschäftsführung vertreten, was Interessenskonflikte reduziert.	Aktien können im Normalfall schnell und unkompliziert übertragen werden.

Nachteile

Bei Bankkrediten ist es üblich, dass geschäftsführende Gesellschafter einer GmbH für den Kredit bürgen müssen und daher auch mit ihrem Privatvermögen haften.

Gesellschaft mit beschränkter Haftung (GmbH)	Aktiengesellschaft (AG)
geringere Kreditfähigkeit als bei der AG (vor allem bei kleineren GmbHs)	praktisch keine Bindung zwischen Aktionären und Geschäftsleitung und oft auch gegensätzliche Interessen von Vorstand und Aktionären
Geschäftsanteile können nur mittels Notariatsakt übertragen werden.	Kontrollrechte durch mangelnde Informationsrechte stark eingeschränkt
kostenintensive Gründung (notariatspflichtiger Gesellschaftsvertrag)	kostenintensive Gründung (notariatspflichtiger Gesellschaftsvertrag)
	kostenintensive Publizitäts- und Prüfungspflicht (Jahresabschlüsse müssen von Wirtschaftstreuhändern geprüft und beim Firmenbuch hinterlegt werden.)

Sonderform: Die Europäische Aktiengesellschaft (SE)

Registriert und überwacht wird die Europäische Aktiengesellschaft in jenem EU- bzw. EWR-Staat, in dem sie ihre Hauptverwaltung hat.

Die SE („Societas Europaea") ist eine Gesellschaftsform, die durch EU-Recht geregelt ist.
Sie kann überall in der EU tätig werden, ohne nach dem jeweiligen nationalen Recht Tochtergesellschaften gründen zu müssen.

Das Mindestkapital beträgt € 120.000,–.

Die Leitung kann durch einen Verwaltungsrat („Board") erfolgen, der sowohl die Funktionen des Vorstands als auch des Aufsichtsrats übernimmt.

Ein Beispiel für die Societas Europaea ist die STRABAG SE, einer der führenden Baukonzerne in Europa.

STRABAG

Üben – Anwenden

SbX ID: 1032

A B C D E

Ü 1.17: AG und GmbH im Vergleich A

Welche Vor- und Nachteile haben
a) Aktiengesellschaften?
b) Gesellschaften mit beschränkter Haftung?
Vergleichen Sie die Vor- und Nachteile beider Gesellschaftsformen.

Ü 1.18: Organe der AG C

Im Wirtschaftsteil der Tagespresse finden Sie folgende Mitteilung: „Herr Kommerzialrat Hagemüller wurde gestern zum Vorstandsdirektor und zum Mitglied des Aufsichtsrats der Sanko-Chemie AG gewählt."
Woran können Sie erkennen, dass diese Meldung falsch ist?

Ü 1.19: Aufsichtsrat einer GmbH C

Der Aufsichtsrat der REIWO-Reinigungs GmbH besteht aus sieben von der Generalversammlung gewählten Mitgliedern.
Wie viele Arbeitnehmervertreter müssen im Aufsichtsrat vertreten sein? Wie viele Personen umfasst der Aufsichtsrat insgesamt?

Ü 1.20: Haftung bei der GmbH C

Ein Wirtschaftsfachmann behauptet, die Aussage „Bei der GmbH ist die Haftung der Gesellschafter auf die Einlage beschränkt." treffe in der Wirtschaftspraxis häufig nicht zu.
Welche zwei Begründungen für diese Aussage kann man angeben?

Ü 1.21: Europäische Aktiengesellschaft A

Warum wurde die Rechtsform der Europäischen Aktiengesellschaft im Rahmen des EU-Rechts geschaffen?

SbX
Ü 1.22 mit automatischer Aufgabenkontrolle ID: 1032

Weitere Übungsaufgabe im SbX

Ü 1.22: Fallbeispiel: Rechtsform eines Unternehmens C

Beantworten Sie Fragen anhand eines Firmenbuchauszugs!

Sichern

SbX ID: 1033

Gesellschaft mit beschränkter Haftung (GmbH)

private limited companies (LTD)

Das Stammkapital der GmbH (mindestens € 35.000,–) wird in Stammeinlagen zerlegt. Jede Stammeinlage verbrieft einen Geschäftsanteil. Geschäftsanteile können ungleich groß sein.

Die Gesellschafter haften mit ihrer Einlage.

The equity capital of a private limited company (in Austria a minimum of € 35,000) is divided up according to the amount of the original capital investments by the members. Every capital investment represents an ownership stake in the company. The ownership stakes can be different in size. The members are liable to the extent of their investment. (Note: Private limited companies in the UK are based on shares (Aktien).)

Rechte der Gesellschafter der GmbH

rights of members of a private limited company (LTD)

Die Gesellschafter haben Stimmrecht in der Generalversammlung und das Recht auf Gewinnanteil.

The members have voting rights at the general meeting and a right to share in the profits.

Organe der GmbH

Die für die Organisation und Geschäftsführung zuständigen Organe der GmbH sind Generalversammlung, Geschäftsführer und eventuell Aufsichtsrat.

- Die Generalversammlung bestellt die Geschäftsführer und wählt bei größeren GmbHs den Aufsichtsrat.
- Die Geschäftsführer führen das Unternehmen (berichten dem Aufsichtsrat) und berufen die Generalversammlung ein.
- Ein Aufsichtsrat ist nur erforderlich, wenn das Stammkapital € 70.000,– übersteigt und mehr als 50 Gesellschafter beteiligt sind bzw. in den letzten 12 Monaten mehr als 300 Arbeitnehmer beschäftigt waren.
  Der Aufsichtsrat kontrolliert die Geschäftsführer.

(governing) bodies of a private limited company (LTD)

The general meeting, the directors and a possible supervisory board are the governing bodies responsible for the organisation and management of a private limited company.

- The general meeting appoints the managing directors and, in the case of larger private limited companies, elects the supervisory board.
- The managing directors run the company (report to the supervisory board) and call general meetings.
- A supervisory board is only necessary when the equity capital exceeds € 70,000 and there are more than 50 members or the company has employed more than 300 people in the last 12 months.

The supervisory board monitors the activities of the managing directors.

Aktiengesellschaft (AG)

Das Grundkapital der Aktiengesellschaft ist in Aktien zerlegt. Das Mindestgrundkapital beträgt € 70.000,–. Die Gesellschafter („Aktionäre") sind Eigentümer einer unterschiedlichen Anzahl an Aktien. Die Haftung ist auf die Einlage beschränkt.

public limited company (PLC)

The equity capital of a public limited company is divided up into shares. The minimum share capital is € 70,000 (in Austria). The members ("shareholders") can own different numbers of shares. Their liability is limited to the extent of their investment.

Rechte der Aktionäre

Die Aktionäre haben das Stimmrecht in der Hauptversammlung und das Recht auf einen Gewinnanteil im Verhältnis ihres Aktienbesitzes (Recht auf Liquidationserlös bei Auflösung der AG, Recht auf den Bezug „junger Aktien" bei Kapitalerhöhungen).

shareholder rights

Shareholders have a right to vote at the general meeting and a right to share in the profits in relationship to the number of shares they own (a right to liquidation proceeds if the company is dissolved, a right to new shares when there is an increase in share capital).

Organe der AG

Die für die Organisation und Geschäftsführung notwendigen Organe der AG sind Hauptversammlung, Aufsichtsrat und Vorstand.

- Die Hauptversammlung der Aktionäre wählt
- den Aufsichtsrat, dieser bestellt und kontrolliert
- den Vorstand, dieser besorgt die Geschäftsführung der AG, berichtet regelmäßig dem Aufsichtsrat, schlägt Gewinnverteilungen vor und beruft mindestens einmal jährlich die Hauptversammlung ein.

governing bodies of a public limited company (PLC)

The general meeting, the supervisory board and the management board are the governing bodies responsible for the organisation and management of a PLC.

- The general meeting of shareholders elects
- the supervisory board, which appoints and oversees
- the management board, which runs the PLC on a daily basis, regularly reports to the supervisory board, suggests profit distributions and calls for a general meeting at least once a year.

Vorteile der AG

Die Aktiengesellschaft hat folgende Vorteile:

- Die Haftung der Gesellschafter ist begrenzt.
- Es können große Eigenkapitalsummen aufgebracht werden.
- Die Aktien sind leicht übertragbar.

advantages of a public limited company (PLC)

A public limited company has the following advantages:

- limited liability for the members
- large amounts of equity capital can be raised
- shares are easily transferable

Nachteile der AG

Nachteile sind:

- die geringen Kontrollrechte der Aktionäre (vor allem der Kleinaktionäre),
- die gegensätzlichen Interessen von Vorstand und Aktionären (vor allem bei der Gewinnausschüttung).

disadvantages of a public limited company (PLC)

Disadvantages are:

- little right to information and monitoring by the shareholders (especially small shareholders)
- the conflicting interests of the management board and the shareholders (in particular in connection with the distribution of profits)

Prüfungs- und Publizitätspflicht der AG

Zwischenmitteilungen bzw. Quartalsberichte müssen veröffentlicht werden; die Jahresabschlüsse müssen von Wirtschaftsprüfern geprüft und im Firmenbuch zur öffentlichen Einsicht aufgelegt werden.

legal requirement for a PLC to audit and publish financial statements

Interim or quarterly financial statements must be published; annual financial statements must be audited and published in the register of companies for inspection by the general public.

Europäische Aktiengesellschaft (SE)

Die Europäische Aktiengesellschaft kann überall in der EU tätig werden, ohne eine Tochtergesellschaft gründen zu müssen, die dem nationalen Recht entspricht.

Das Mindestkapital beträgt € 120.000,–.

Ein Verwaltungsrat („Board") kann an die Stelle von Vorstand und Aufsichtsrat treten.

European public limited companies (SE)

A European public limited company can do business anywhere in the EU without having to establish a subsidiary company that operates under the respective national law.

The minimum share capital is € 120,000.

A board of directors can replace the management and supervisory boards.

SbX ID: 1033

Im SbX finden Sie die englische Zusammenfassung als Audio-Wiederholung sowie eine Bildschirmpräsentation mit den Grafiken dieser Lerneinheit.

Wissen

SbX ID: 1034

A B C D E

SbX **W 1.25 mit automatischer Aufgabenkontrolle ID: 1034**

W 1.25: AG und GmbH A

Stellen Sie die Unterschiede zwischen Aktiengesellschaft und Gesellschaft mit beschränkter Haftung übersichtlich zusammen:

	AG	GmbH
Anteilsrechte heißen: und sind verbrieft durch: Mindestnennwert:		
Das nominelle Eigenkapital heißt:		
Mindesthöhe des nominellen Eigenkapitals:		
Organe der Gesellschaft heißen: und werden bestellt (gewählt) durch:		
Welche Aufgaben haben die Organe der Gesellschaft?		
Haftung ist beschränkt auf:		

W 1.26: Aktiengesellschaft A

Stellen Sie fest, welche der folgenden Aussagen richtig bzw. falsch sind. Stellen Sie die falschen Aussagen richtig.

	Richtig	Falsch	Richtigstellung
a) Jeder Aktionär haftet nur bis zur Höhe seiner Einlage.			
b) Die Geschäftsführung von Aktiengesellschaften besorgt der Aufsichtsrat.			
c) Die Gesellschafterversammlung von Aktiengesellschaften heißt Generalversammlung.			
d) Das Mindestgrundkapital bei Aktiengesellschaften beträgt €100.000,–.			
e) Aktien müssen einen Mindestnennwert von € 100,– haben.			

W 1.27: GmbH A

Stellen Sie fest, welche der folgenden Aussagen richtig bzw. falsch sind. Stellen Sie die falschen Aussagen richtig.

	Richtig	Falsch	Richtigstellung
a) Jeder Gesellschafter einer GmbH haftet nur mit seiner Einlage.			
b) Jede GmbH hat einen Aufsichtsrat.			
c) Das Mindeststammkapital einer GmbH beträgt in Österreich € 35.000,–.			
d) Im Aufsichtsrat einer GmbH müssen mindestens 1/3 Arbeitnehmervertreter sitzen.			
e) Jeder Gesellschafter einer GmbH hat in der Generalversammlung das gleiche Stimmrecht.			

SbX
W 1.28–W 1.31
mit automatischer
Aufgabenkontrolle
ID: 1034

Weitere Aufgaben zur Lernkontrolle im SbX

W 1.28: Aktiengesellschaft B

Stellen Sie sich einem Quiz mit fünf Fragen zum Thema Aktiengesellschaft!

W 1.29: Gesellschaft mit beschränkter Haftung B

Stellen Sie sich einem Quiz mit fünf Fragen zum Thema Gesellschaft mit beschränkter Haftung!

W 1.30: Kapitalgesellschaften B

Ordnen Sie Aussagen zu den Organen der Kapitalgesellschaften richtig zu!

W 1.31: Test: Kapitalgesellschaften B

Überprüfen Sie mit diesem Test, ob Sie Ihr Wissen erfolgreich anwenden können!

English questions

E 1.10: **What is the minimum equity capital required for each type of limited company in Austria?**

E 1.11: **Describe what happens in a general meeting of a private limited company.**

E 1.12: **Martha Hoskins and James Rowan are the main shareholders in a private limited company based in Austria called HOSROW GmbH which produces crystal glasses. There are 18 other shareholders. The company employs 150 people and has equity capital of € 100,000. Does the company need a supervisory board? Give reasons for your answer.**

E 1.13: **Is HOSROW GmbH required to publish financial statements?**

E 1.14: **What would HOSROW Gmbh need to become a European public limited company? What would be the main advantage of having this legal form?**

Ein kurzer Kompetenz-Check, bevor's weitergeht!

Kompetenz-Check

	☺	😐	☹
Ich kann die Rechtsformen einer Aktiengesellschaft und einer Gesellschaft mit beschränkter Haftung beschreiben.			
Ich kenne die Vor- bzw. Nachteile von Gesellschaften mit beschränkter Haftung.			
Ich kann die Rechte von Gesellschaftern einer GmbH beschreiben.			
Ich kann die Aufgaben der Generalversammlung und der Geschäftsführung einer GmbH beschreiben.			
Ich kenne die Vor- bzw. Nachteile von Aktiengesellschaften.			
Ich kann die Rechte von Aktionären aufzählen.			
Ich kann die Aufgaben von Hauptversammlung, Aufsichtsrat und Vorstand von Aktiengesellschaften schildern.			

Lerneinheit 4

Sonstige Gesellschaftsformen

SbX
Alle SbX-Inhalte zu dieser Lerneinheit finden Sie unter der ID: 1040.

Neben den Personengesellschaften und den Kapitalgesellschaften gibt es noch weitere Gesellschaftsformen, die in der Wirtschaftspraxis eine Rolle spielen. Das sind vor allem die Genossenschaften. Sie sind durch eigene Gesetze geregelt.

Außerdem wird durch Kombinationsformen versucht, die Vorteile von Personengesellschaften und Kapitalgesellschaften zu vereinen.

Lernen

SbX ID: 1041

1 Die Erwerbs- und Wirtschaftsgenossenschaft (Gen.mbH) [Cooperative societies]

Hauptziel der Genossenschaften ist die Förderung ihrer Mitglieder.

(1) Übersicht

Die Genossenschaften werden durch das Gesetz über die Erwerbs- und Wirtschaftsgenossenschaften geregelt.

Genossenschaften

Genossenschaften sind Vereine von nicht geschlossener Mitgliederzahl zur Förderung des Erwerbs oder der Wirtschaft ihrer Mitglieder durch gemeinsamen Geschäftsbetrieb oder durch Kreditgewährung. Genossenschaften haben eigene Rechtspersönlichkeit. Sie sind juristische Personen.

Grafik
Genossenschaft

Genossenschaft
Verein mit **nicht geschlossener** Mitgliederzahl

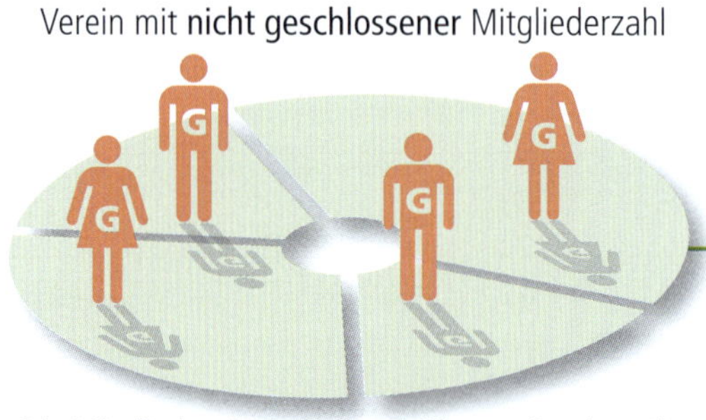

Die Mitglieder sind mit Geschäftsanteilen beteiligt. Mitglieder **können laufend aufgenommen werden bzw. ausscheiden.**

- Die Mitglieder haften mit ihrer Einlage und zusätzlich mit einem Betrag, der in der Satzung bestimmt wird.
- Eine Beschränkung der Haftung auf den Geschäftsanteil ist nur bei „Konsumgenossenschaften" möglich.
- Mitarbeit und Kontrolle hängen vom Zweck einer Genossenschaft ab.
- Genossenschaften werden durch einen Revisionsverband kontrolliert.

Friedrich Wilhelm Raiffeisen (1818 bis 1888), deutscher Sozialreformer und Mitbegründer der genossenschaftlichen Bewegung. Der österreichische Genossenschaftsverband wurde 1872 gegründet.

Genossenschaften weichen in ihrer Zielsetzung grundsätzlich von den bisher besprochenen Gesellschaften ab. Die Tätigkeit der Genossenschaften ist nicht in erster Linie auf Gewinn gerichtet, sondern auf die Förderung ihrer Mitglieder.

Aus der besonderen **Zielsetzung der Genossenschaften** ergibt sich eine **Doppelstellung ihrer Mitglieder.** Sie sind einerseits „Unternehmer", andererseits ihre eigenen Kunden.

Durch Zusammenschluss zu Genossenschaften suchen sich Kleinbetriebe und Konsumenten die Vorteile des Großbetriebs zu verschaffen („Selbsthilfeorganisationen").

Je nach der Art der Förderung der Mitglieder unterscheidet man:

Landwirtschaftliche Einkaufsgenossenschaften besorgen den Bezug von Dünger, Samen, Viehfutter usw.

- **Einkaufsgenossenschaften (Bezugs-, Rohstoffgenossenschaften)**

Durch den gemeinsamen Einkauf von Waren oder Rohstoffen in großen Mengen und Abgabe in kleinen Mengen an die Mitglieder wird der Bezug verbilligt.

Auf diese Weise wird es Kleingewerbetreibenden und Landwirten ermöglicht, billiger einzukaufen und dem Wettbewerb mit Großbetrieben besser begegnen zu können.

In der Landwirtschaft besorgen z. B. die **Absatzgenossenschaften** den Verkauf von Molkereiprodukten, Getreide usw.

- **Verkaufsgenossenschaften (Absatzgenossenschaften)**

Die Erzeugnisse der Mitglieder werden durch eine gemeinsame Verkaufsstelle vertrieben. Dies verringert die Kosten, weil das einzelne Mitglied nicht mehr gezwungen ist, selbst den Vertrieb zu besorgen, und weil ein gemeinsames Lager durch seine reichere Auswahl den Absatz der Waren erhöht. Auch wird dem Kleingewerbe eine stärkere Beteiligung an größeren Lieferungen (z. B. für Behörden oder große Unternehmungen) ermöglicht.

- **Verwertungsgenossenschaften**

Die Genossenschaften verarbeiten und verwerten die Produkte ihrer Mitglieder (Molkereigenossenschaften, Winzergenossenschaften, Obst- und Gemüseverwertungsgenossenschaften, Viehverwertungsgenossenschaften usw.).

Konsumgenossenschaften spielen in Österreich nach der Insolvenz des „Konsum Österreich" (1995) keine Rolle mehr. (Die danach noch bestehende „Konsumgenossenschaft Salzkammergut" wurde 2011 insolvent und musste aufgelöst werden.)

- **Nutzungsgenossenschaften**

Die Mitglieder nutzen bestimmte Anlagen und Einrichtungen gemeinsam (z. B. Nutzung von großen landwirtschaftlichen Maschinen, wie Mähdreschern, Traktoren usw.).

- **Produktionsgenossenschaften**

Gemeinsame Produktion von Handwerks- und Industrieerzeugnissen

- **Kreditgenossenschaften**

Zweck ist die Förderung der Wirtschaft der Mitglieder durch Kreditgewährung. Kreditgenossenschaften gewährten Kredite an ihre Mitglieder, die bei anderen Banken keinen Kredit bekommen hätten, weil die Beträge zu klein waren oder die Sicherheiten nicht ausreichten.

Man unterscheidet **Raiffeisenbanken** (nach dem Gründer benannt), deren Hauptaufgabe früher die Kreditgewährung an die bäuerlichen Kreise war, und **gewerbliche Kreditgenossenschaften** (auch als **Volksbanken** bezeichnet), deren Mitglieder hauptsächlich Kleingewerbetreibende waren.

Heute ist der Unterschied zwischen den Kreditgenossenschaften und den Geschäftsbanken gering. Geschäftstätigkeit und Geschäftsorganisation sind ähnlich. Nur der Kundenkreis ist teilweise verschieden.

Viele Wohnhäuser werden von Genossenschaften errichtet.

- **Bau- und Siedlungsgenossenschaften**

Diese haben den Zweck, den Mitgliedern den Erwerb von Grund und Boden und den Bau eines Eigenheimes zu erleichtern, oder sie befassen sich mit der Errichtung von Siedlungshäusern und Genossenschaftswohnungen.

Die Geschäftsanteile einer Genossenschaft können durch Urkunden verbrieft werden. Dies ist jedoch nicht unbedingt erforderlich.

(2) Der Geschäftsanteil einer Genossenschaft

Die Höhe und die Anzahl der Geschäftsanteile, die vom einzelnen Mitglied zu zeichnen sind, werden durch die Satzung bestimmt.

(3) Organisation der Geschäftsführung

Als juristische Person bedarf die Genossenschaft entsprechender Organe, die für sie handeln:

- **Generalversammlung** (Versammlung der Mitglieder),
  sie wählt den
- **Aufsichtsrat** (Kontrollorgan, das den Vorstand kontrolliert)
  und den
- **Vorstand** (die Geschäftsführung).

Die Aufgaben der verschiedenen Organe entsprechen grundsätzlich den Aufgaben bei AG und GmbH.

Generalversammlung:

Jedes Mitglied hat grundsätzlich eine Stimme (die Satzung kann jedoch auch eine andere Verteilung des Stimmrechtes vorsehen).

Aufsichtsrat:

Ein Aufsichtsrat ist zwingend vorgeschrieben, wenn die Genossenschaft dauernd mindestens 40 Arbeitnehmer/innen beschäftigt (Arbeitnehmervertreter wie bei AG).

Vorstand:

Vorstandsmitglieder **müssen** Mitglieder der Genossenschaft sein.

2 Die Gesellschaft bürgerlichen Rechts (GesbR) [Civil law partnership]

Gesellschaft bürgerlichen Rechts

Zwei oder mehrere Personen kommen überein, Leistungen bzw. Sachen (Geld, Güter, Arbeit) zum gemeinsamen Nutzen einzusetzen.

Bei großen Verkehrsbauten schließen sich mehrere Unternehmen zu einer Arbeitsgemeinschaft (ARGE) zusammen und bilden eine GesbR. Diese ist häufig nur koordinierend tätig und hat keine eigenen Einnahmen. Sie überschreitet daher die Umsatzgrenze von € 700.000,– nicht.

Gesellschaften bürgerlichen Rechts werden gegründet:

- als Arbeitsgemeinschaften (z. B. bei größeren Bauvorhaben)
- als Vorgesellschaften. Diese werden häufig vor Eintragung einer AG ins Firmenbuch gegründet. Eine Eintragung der AG in das Firmenbuch erfolgt erst dann, wenn die Gründer alle Aktien übernommen haben, die Satzungen beschlossen und Aufsichtsrat und Vorstand bestellt wurden.

Die Gesellschaft wird nicht ins Firmenbuch eingetragen. Sie kann keine „Firma" im Sinne des UGB führen.

Geschäftsführung, Dauer der Gesellschaft und Gewinnverteilung werden im Gesellschaftsvertrag geregelt.

Jährlich ist Rechnung zu legen. Jeder Gesellschafter hat Anspruch auf Einsicht in die Bücher.

Wurde die Gesellschaft auf unbestimmte Zeit eingegangen, so haben die Gesellschafter ein Kündigungsrecht.

Alle Gesellschafter **haften unbeschränkt** (d. h. auch mit ihrem Privatvermögen) und **solidarisch** (d. h. für die gesamten Schulden der Gesellschaft).

Überschreiten Gesellschaften bürgerlichen Rechts die Umsatzgrenze von € 700.000,– in zwei aufeinanderfolgenden Jahren (bzw. € 1 Million in einem Jahr), müssen sie als Offene Gesellschaften oder als Kommanditgesellschaften in das Firmenbuch eingetragen werden.

3 Die Privatstiftung [Private foundation]

Privatstiftung

Die Privatstiftung ist im Privatstiftungsgesetz (PSG) geregelt. Ein oder mehrere Stifter übertragen Teile ihres Vermögens oder das ganze Vermögen an eine eigene juristische Person, die Privatstiftung. Privatstiftungen gibt es in Österreich erst seit 1993.

Die Privatstiftung hat keine Eigentümer und wird von einem Stiftungsvorstand verwaltet und von Stiftungsprüfern geprüft.

Eine österreichische Privatstiftung muss ihren Sitz im Inland haben.

Der Zweck der Stiftung wird im Stiftungsvertrag vom Stifter festgelegt. Er kann gemeinnützig sein.

Beispiele

- Die Bildersammlung des Stifters soll erhalten werden und der Öffentlichkeit in einem Gebäude des Stifters zugänglich gemacht werden.
- Aus den Erträgen des Stiftungsvermögens soll die Krebsforschung gefördert werden.

Im Internet finden Sie unter dem Suchbegriff „Privatstiftung" viele ausführliche Darstellungen.

Eine Privatstiftung kann jedoch auch zur Versorgung des Stifters und dessen Familienangehörigen gegründet werden.

Häufig soll durch Privatstiftungen Familienvermögen erhalten und verhindert werden, dass ein größeres Vermögen (z. B. ein Unternehmen, ein großer landwirtschaftlicher Besitz, eine private Sammlung) durch Vererbung auf viele Nachkommen aufgeteilt wird und zerfällt oder dass die Nachkommen den Besitz veräußern.

Stiftungen dürfen zwar nicht unmittelbar gewerblich tätig sein, dürfen aber an Kapitalgesellschaften beteiligt sein. Zulässig ist außerdem die Beteiligung als Kommanditist und als Stiller Gesellschafter, nicht jedoch als unbeschränkt haftender Gesellschafter.

4 GmbH & Co KG und AG & Co KG
[Private limited companies & Co LP
and public limited companies & Co LP]

Es handelt sich bei diesen Gesellschaftsformen um Kommanditgesellschaften (also Personengesellschaften), bei denen der unbeschränkt haftende Gesellschafter eine Kapitalgesellschaft (eine GmbH oder eine AG) ist.

Grafik
GmbH & Co KG und AG & Co KG

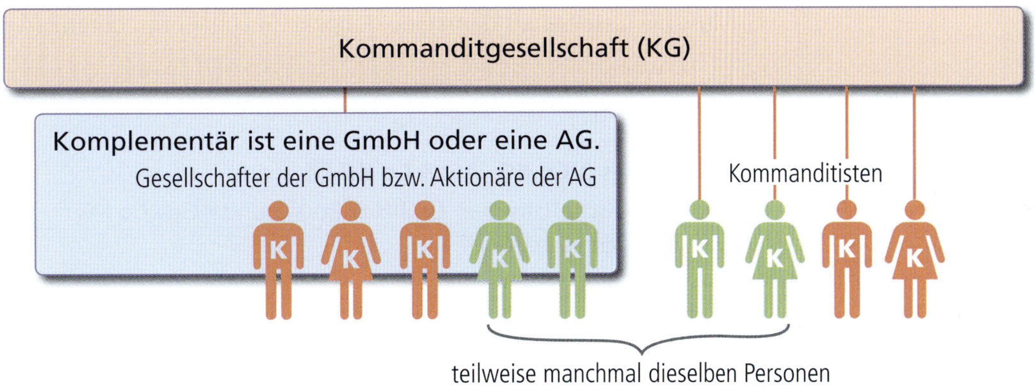

Die Gesellschaft ist eine Kommanditgesellschaft.
Der Komplementär ist eine GmbH bzw. eine AG (also eine juristische Person).
Die Kommanditisten sind natürliche Personen.

Beachten Sie:
Die GmbH & Co KG und AG & Co KG müssen eine doppelte Buchhaltung führen.

Durch diese Konstruktion sollen die Vorteile einer Personengesellschaft (unmittelbarer Einfluss auf die Geschäftsleitung) beibehalten, jedoch die unbeschränkte Haftung ausgeschaltet werden.

Üben – Anwenden

A B C D E

Ü 1.23: Vergleich von Genossenschaften und Kapitalgesellschaften A

In welchen wesentlichen Merkmalen unterscheiden sich Genossenschaften von Kapitalgesellschaften?

Ü 1.24: Genossenschaft, Vorstand C

Die Mitglieder einer landwirtschaftlichen Absatzgenossenschaft wollen die Bürgermeisterin des Ortes, die keinen Geschäftsanteil der Genossenschaft besitzt, zur Vorstandsdirektorin wählen. Ist das möglich?

☐ Ja, weil

☐ Nein, weil

Ü 1.25: Haftung der Genossenschaften A

Ist es richtig, dass die Mitglieder einer Genossenschaft nur mit ihrer Einlage haften? Begründen Sie Ihre Antwort!

☐ Ja, weil

☐ Nein, weil

Ü 1.26: Haftung bei der GesbR A C

Drei Landwirte gründen eine GesbR zum gemeinsamen Vertrieb ihrer Bioprodukte. Wer haftet in welcher Form für die Schulden der Gesellschaft?

Zusatzfrage: Welche Gesellschaftsform werden die Landwirte vermutlich wählen?

Ü 1.27: GesbR – Firmenbuch und Buchhaltung C

Nehmen Sie an, der Umsatz der GesbR der drei Biobauern überschreitet in zwei aufeinanderfolgenden Jahren € 700.000,–.

a) Muss die Gesellschaft in das Firmenbuch eingetragen werden?

☐ Ja, mit der Gesellschaftsform

☐ Nein, weil

b) Muss die Gesellschaft dann eine doppelte Buchhaltung führen? (Achtung!)

☐ Ja, weil

☐ Nein, weil

Ü 1.28: GmbH & Co KG, AG & Co KG A

Sind die Gesellschaftsformen GmbH & Co KG und AG & Co KG

☐ Personengesellschaften?

☐ Kapitalgesellschaften?

Ü 1.29: Haftung bei der Personengesellschaft C

Herr Peter Seisenbacher will eine Personengesellschaft gründen, an der keine weiteren Gesellschafter beteiligt sein sollen. Dennoch soll die Haftung beschränkt werden.

Überlegen Sie, wie Herr Seisenbacher vorgehen soll.

Ü 1.30: Stiftungen A

Ist es richtig, dass Stiftungen keine Eigentümer haben?

☐ Ja ☐ Nein

Ü 1.31: Stiftungen A

Warum werden Stiftungen gegründet?

Sichern

SbX ID: 1043

Erwerbs- und Wirtschaftsgenossenschaften (Gen.mbH)

industrial and provident societies (IPS)

Erwerbs- und Wirtschaftsgenossenschaften (Gen.mbH) dienen der Förderung des Erwerbs oder der Wirtschaft ihrer Mitglieder.

Die Mitgliederzahl ist veränderlich. Die Mitglieder haften mit ihrer Einlage und zusätzlich mit einem Betrag, der in der Satzung bestimmt wird.

Cooperative societies are established for the economic benefit of their members.

The number of members can change. The members are liable to the extent of their investment and an additional sum that is stated in the articles of association.

Organe der Gen.mbH

Die Organe der Gen.mbH sind:

- Generalversammlung
- Aufsichtsrat
- Vorstand, der aus Mitgliedern der Genossenschaft bestehen muss

governing bodies of an IPS

The governing bodies of a cooperative are:

- the general meeting
- the supervisory board
- the management board, which consists of members of the cooperative society

Beispiele für Gen.mbH

Beispiele sind Einkaufsgenossenschaften, Absatzgenossenschaften, Kreditgenossenschaften, Bau- und Siedlungsgenossenschaften.

examples of IPS

Examples are purchasing cooperatives, sales cooperatives, credit cooperatives, building societies and housing associations.

Gesellschaft bürgerlichen Rechts (GesbR)

Bei der Gesellschaft bürgerlichen Rechts (GesbR) haften alle Gesellschafter unbeschränkt und solidarisch.

Die Gesellschaft wird nicht ins Firmenbuch eingetragen. Die Gesellschafter haben ein Kündigungsrecht. Mitbestimmungs- und Kontrollrechte, die über die Einsicht in die Bücher hinausgehen, werden im Gesellschaftsvertrag geregelt.

Überschreitet der Umsatz € 700.000,– in zwei Geschäftsjahren hintereinander bzw. € 1 Million in einem Geschäftsjahr, muss die Gesellschaft als OG oder KG in das Firmenbuch eingetragen werden.

civil law partnerships

In civil law partnerships the members have full and joint liability.

The business is not recorded in the register of companies. Members have the right to withdraw. The voting rights and the rights to information and monitoring which go beyond access to the books are defined in the articles of association.

When the turnover exceeds € 700,000 in two consecutive years or € 1 million in one year, the business must be registered as a general or limited partnership.

Privatstiftung

Eine Privatstiftung wird dadurch gegründet, dass ein oder mehrere Stifter Teile ihres Vermögens einer Stiftung übertragen. Sie hat keinen Eigentümer und ist eine eigene juristische Person. Sie wird vom Stiftungsvorstand verwaltet und von den Stiftungsprüfern geprüft.

foundation/trust

A foundation is established by one or multiple founders that transfer some of their funds to the foundation. A foundation has no owner and is a legal entity in its own right. The foundation is managed by a board of trustees and is audited by foundation auditors.

Zweck von Stiftungen

Stiftungen können gemeinnützigen Zwecken dienen (z. B. Förderung der Krebsforschung). Sie können aber auch zur Versorgung des Stifters und seiner Angehörigen gegründet werden.

Stiftungen verhindern, dass große Vermögen im Rahmen der Erbfolge zerschlagen werden oder dass Unternehmen von den Erben verkauft oder aufgelöst werden.

reason(s) for a foundation/trust

Foundations can be established for charitable purposes (e. g.: supporting cancer research). They can also be created to provide for the founders and their relatives. These constructions prevent the destruction of capital and the dissolving or sale of a business by the heirs.

GmbH & Co KG und AG & Co KG

Die GmbH & Co KG und AG & Co KG sind Kommanditgesellschaften, bei denen der unbeschränkt haftende Gesellschafter eine GmbH oder eine AG ist.

Diese Konstruktion ermöglicht es, auch bei einer Personengesellschaft die Haftung zu beschränken.

Derartige Gesellschaften sind auf jeden Fall buchführungspflichtig.

private limited companies & Co LP and public limited companies & Co LP

These business forms are limited partnerships where the partner with unlimited liability is a private limited company or a public limited company.

This makes it possible to limit the liability of partnerships.

This type of business is legally obliged to keep records.

SbX
ID: 1043

Im SbX finden Sie die englische Zusammenfassung als Audio-Wiederholung sowie eine Bildschirmpräsentation mit den Grafiken dieser Lerneinheit.

Wissen

SbX ID: 1044

A B C D E

SbX
W 1.32–W 1.34 und W 1.36 mit automatischer Aufgabenkontrolle ID: 1044

W 1.32: Die Genossenschaft A

Stellen Sie fest, welche der folgenden Aussagen über die Genossenschaft richtig bzw. falsch sind. Stellen Sie die falschen Aussagen richtig.

	Richtig	Falsch	Richtigstellung
a) Die Haftung der Mitglieder einer Genossenschaft ist immer auf den Geschäftsanteil beschränkt.			
b) Die Zahl der Mitglieder einer Genossenschaft ist gesetzlich beschränkt.			
c) Jede Genossenschaft muss einen Aufsichtsrat haben.			
d) Im Aufsichtsrat von Genossenschaften müssen die Arbeitnehmer vertreten sein.			

W 1.33: GmbH & Co KG A

Welche Aussagen treffen auf die GmbH & Co KG zu? (Mehrfachlösungen möglich!)

a) ☐ Es liegt eine Kommanditgesellschaft vor.
b) ☐ Die Kommanditisten sind meist natürliche Personen.
c) ☐ Der Komplementär ist eine GmbH.
d) ☐ Die Gesellschaft ist eine Kapitalgesellschaft.
e) ☐ Die Gesellschaft muss unabhängig vom Umsatz eine doppelte Buchhaltung führen.

W 1.34: Haftung für Kredit C

Die Steuerberaterinnen Reisenegger und Gruber gründen eine GesbR zur gemeinsamen Beratung ihrer Klienten. Sie nehmen einen Bankkredit von € 100.000,– auf, den sie nicht zurückzahlen können.

Die Bank klagt nur Reisenegger, da diese über eine Eigentumswohnung verfügt, Gruber jedoch nur das Einkommen aus der Kanzlei bezieht.

Ist dies zulässig? ☐ Ja ☐ Nein

W 1.35: Firmenbuch und Buchführungspflicht C

Nehmen Sie an, die GesbR von Reisenegger und Gruber überschreitet in zwei aufeinanderfolgenden Jahren die Umsatzgrenze von € 700.000,–.

a) Muss die Gesellschaft in das Firmenbuch eingetragen werden?

☐ Ja, und zwar in Form von

☐ Nein, weil

b) Ist die Gesellschaft verpflichtet, eine doppelte Buchhaltung zu führen? (Achtung!)

☐ Ja, weil

☐ Nein, weil

W 1.36: Die Stiftung A

Welche der folgenden Aussagen treffen auf die Gesellschaftsform einer Stiftung zu? Bitte stellen Sie die falschen Aussagen richtig!

	Richtig	Falsch	Richtigstellung
a) Stiftungen haben keinen Eigentümer.			
b) Stiftungen dürfen nur für gemeinnützige Zwecke gegründet werden.			
c) Die Einbringung von Vermögen in eine Stiftung ist steuerfrei.			
d) Stiftungen werden von einem Stiftungsvorstand verwaltet.			

SbX
W 1.37–W 1.40 mit automatischer Aufgabenkontrolle
ID: 1044

Weitere Aufgaben zur Lernkontrolle im SbX

W 1.37: Die Rechtsformen der Unternehmen (verschiedene Formen) B

Stellen Sie sich einem themenübergreifenden Quiz mit fünf Fragen zu den Rechtsformen von Unternehmen!

W 1.38: Die Rechtsformen der Unternehmen (Grundlagen) B

Stellen Sie sich einem Quiz mit fünf Fragen zu den Unterschieden zwischen Einzelunternehmen, Personengesellschaften und Kapitalgesellschaften!

W 1.39: Erwerbs- und Wirtschaftsgenossenschaft B

Stellen Sie sich einem Quiz mit fünf Fragen zur Genossenschaft und zur GmbH & Co KG!

W 1.40: Die Rechtsformen der Unternehmen (Grundlagen) B

Lösen Sie ein Kreuzworträtsel mit Fragen zum Thema Rechtsformen der Unternehmen!

English questions

E 1.15: What are "cooperative societies"? Can you think of any examples here in Austria?

E 1.16: What reasons could you have to set up a foundation?

E 1.17: You have already met Harry Lord, Joan Hart and Wendy Farthing who own a fitness studio together as a general partnership. They have decided they would prefer to limit liability as much as possible. How could they do this? What legal obligations would they then have?

Ein kurzer Kompetenz-Check, bevor's weitergeht!

Kompetenz-Check

	☺	😐	☹
Ich kann die rechtliche Konstruktion und den Zweck von Genossenschaften erklären.			
Ich kann die Haftungsverhältnisse bei Genossenschaften erklären.			
Ich kann verschiedene Arten von Genossenschaften nach ihrem Zweck unterscheiden.			
Ich kann die Funktionen von Generalversammlung, Aufsichtsrat und Vorstand einer Genossenschaft beschreiben.			
Ich kann die rechtliche Konstruktion, den Zweck und die Haftungsbedingungen von Gesellschaften bürgerlichen Rechts erklären.			
Ich kann die rechtliche Konstruktion und die sonstigen rechtlichen Vorschriften für Privatstiftungen beschreiben.			
Ich kann die grundsätzliche rechtliche Konstruktion, die Haftungsverhältnisse und die Vorteile von GmbH & Co KG und AG & Co KG beschreiben.			

Lerneinheit 5

Der Unternehmer braucht Hilfe

SbX
Alle SbX-Inhalte zu dieser Lerneinheit finden Sie unter der ID: 1050.

Einkaufen, verkaufen, mit Behörden kommunizieren, kassieren, Kredite aufnehmen, ... in einem Unternehmen fallen viele unterschiedliche Tätigkeiten und Entscheidungen an, die der Unternehmer nicht alle allein durchführen kann.

Der Unternehmer kann Personen bevollmächtigen, bestimmte Tätigkeiten für ihn zu erledigen. In diesem Zusammenhang treten unter anderem folgende Fragen auf:

- Wie werden Vollmachten erteilt?
- Welchen Umfang haben sie?
- Muss Außenstehenden bekannt gemacht werden, welche Personen im Unternehmen welche Vollmachten haben und welche das Unternehmen nach außen vertreten?

Umfang und Arten von Vollmachten sind gesetzlich geregelt.

Lernen

SbX ID: 1051

A B C D E

1 Welche Vollmachten gibt es? (Übersicht)
[What powers of attorney exist? (Overview)]

Vollmachten

Das Unternehmensgesetzbuch sieht verschiedene **Vollmachten** vor. Grundsätzlich unterschieden werden **Prokura** und **Handlungsvollmacht.**
Bevollmächtigt werden können nicht nur Arbeitnehmer, sondern auch andere Personen (z. B. der Ehepartner, ein Kommanditist, ein Stiller Gesellschafter etc.).

Grafik
Vollmachten im Unternehmen

2 Die Prokura [Power of attorney]

Die Prokura ist die umfangreichste Vollmacht im Unternehmen.

(1) Der Umfang der Prokura

Die Prokura

Die Prokura ermächtigt zu allen Arten von gerichtlichen und außergerichtlichen Geschäften und Rechtshandlungen, die der Betrieb eines Unternehmens mit sich bringt (§ 49 UGB).

Ein Prokurist **darf** z. B.:

- Waren und Wertpapiere kaufen und verkaufen
- Angestellte und Arbeiter aufnehmen und Dienstverträge auflösen
- Handlungsvollmachten erteilen
- Kredite aufnehmen
- das Unternehmen bei Gericht vertreten

Beispiel

- Ein Prokurist einer Maschinenfabrik kann im Rahmen der Prokura auch Textilien kaufen oder Holzgeschäfte abschließen.

Über die gesetzlichen Einschränkungen der Prokura hinaus ist es in einem Unternehmen möglich, die Geschäfte eines Prokuristen durch **Weisungen** weiter einzuschränken, z. B. festzulegen, dass der Prokurist keine Kredite aufnehmen darf. Eine solche Weisung ist aber Dritten gegenüber (z. B. gegenüber dem Kreditinstitut) nicht wirksam.

Der Umfang der Prokura unterliegt folgenden gesetzlichen Beschränkungen:

Ein Prokurist **darf nicht:**

- Grundstücke belasten oder veräußern (außer mit besonderer Ermächtigung)
- das Unternehmen auflösen oder verkaufen
- einen Prokuristen bestellen oder die Prokura übertragen
- Anmeldungen zum Firmenbuch zeichnen
- Inventar und Bilanz unterschreiben

(2) Die Arten der Prokura

Liegen keine Einschränkungen durch das Unternehmen vor, so gilt die Prokura unbeschränkt (**Einzelprokura** ohne räumliche Einschränkungen).

Die Prokura kann jedoch beschränkt werden.

- **persönliche Beschränkungen**

Gesamtprokura: Der Prokurist ist nur gemeinsam mit einem oder mehreren anderen Prokuristen zeichnungsberechtigt (Kollektivprokura).

Gemischte Prokura: Der Prokurist ist nur gemeinsam mit einem geschäftsführenden Gesellschafter oder mit einem Vorstandsmitglied zeichnungsberechtigt.

Eine **örtliche Beschränkung der Prokura** ist nur dann möglich, wenn die Niederlassungen eines Unternehmens eine eigene Firma führen.

- **örtliche Beschränkung**

Filialprokura: Der Prokurist ist nur für eine oder für mehrere genau bestimmte Niederlassungen eines Unternehmens zeichnungsberechtigt.

Gültigkeit gegenüber Dritten

Alle Einschränkungen der Prokura gelten gegen Dritte nur dann, wenn sie im Firmenbuch eingetragen sind.

(3) Die Erteilung der Prokura

Die Prokura kann

- nur durch einen ins Firmenbuch eingetragenen Unternehmer,
- nur mittels ausdrücklicher Erklärung

erteilt werden.

Sie muss im Firmenbuch eingetragen werden.

Bei der Eintragung einer Prokura ins Firmenbuch hat der Prokurist seine Unterschrift zur Aufbewahrung beim Registergericht abzugeben.

Beispiele

Verlautbarungen im Amtsblatt zur Wiener Zeitung

- Klagenfurt, **Bauunternehmen Dipl.-Ing. Konrad Nitz GmbH,** 9020 Klagenfurt. Einzelprokurist: Dipl.-Ing. Franz Schwärzler, Villach. – 31. Jänner 20. .
- **Aichinger GmbH,** Linz (Hafnerstraße 29). Gesamtprokuristen: Dr. Herbert Strasser, Wels; Dr. Wolfgang Ennöckl, Linz; Josef Heger, Wels. Jeder von ihnen zeichnet gemeinsam mit einem zweiten Gesamtprokuristen. – 25. Februar 20. .

(4) Die Zeichnung des Prokuristen

Beispiele

Zeichnung: Unterschriftsleistung

Zeichnung des (der) Prokuristen

- Der Einzelprokurist der Firma A. Lassnig & Co OG, Herr Reiter, zeichnet:

A. Lassnig & Co OG	oder	*ppa* A. Lassnig & Co OG
ppa Reiter		*Reiter*

- Die Prokuristen Hetzel und Weber der Edelmetallwerke Aktiengesellschaft sind nur gemeinsam zeichnungsberechtigt (Kollektivprokura). Sie zeichnen daher:

Edelmetallwerke AG	oder	*ppa* Edelmetallwerke AG
ppa Hetzel *ppa Weber*		*Hetzel* *Weber*

SbX **Bildschirmpräsentation zu Arten der Zeichnung: ID: 1051**

Übungsbeispiel

Ü 1.32: Prokurist, Vollmachten C

Die Gesellschafter der Maier & Müller OG haben es ihrem Prokuristen untersagt, Wechsel zu unterzeichnen. Trotzdem unterschreibt der Prokurist einen Wechsel über € 10.000,–.

a) Muss der Wechsel von den Gesellschaftern der OG bezahlt werden?

b) Ist eine derartige Einschränkung der Prokura rechtlich möglich?

3 Die Handlungsvollmacht [Power of attorney to act]

(1) Umfang der Handlungsvollmacht

Die Handlungsvollmacht

Die Handlungsvollmacht berechtigt nur zu Geschäften und Handlungen, die ein bestimmtes Unternehmen gewöhnlich mit sich bringt.

Beispiel

- Der Handlungsbevollmächtigte einer Maschinenfabrik kann nicht Textilien oder Bauholz kaufen bzw. verkaufen.

Selbstverständlich können **Handlungsbevollmächtigte** für die ihnen allgemein untersagten Geschäfte im **Einzelfall** gesondert bevollmächtigt werden.

Neben den Geschäften, die auch den Prokuristen untersagt sind, dürfen Handlungsbevollmächtigte nicht:

- Wechselverbindlichkeiten eingehen
- Darlehen aufnehmen
- das Unternehmen vor Gericht vertreten

Je nach Art der Vollmacht sind jedoch weitere Einschränkungen möglich.

(2) Arten der Handlungsvollmacht

Häufig erhalten Generalbevollmächtigte auch die „Sondervollmacht", Wechsel für das Unternehmen zu zeichnen („Wechselvollmacht").

Generalvollmacht

Erstreckt sich auf alle Geschäfte und Rechtshandlungen, die der Betrieb

- eines bestimmten Handelsgewerbes
- gewöhnlich mit sich bringt.

Beispiel

- Ein Handlungsbevollmächtigter eines Elektrowarenimportunternehmens kann daher nicht Wertpapiere kaufen oder Abschlüsse über Lebensmittelimporte tätigen.

Artvollmacht

Ermächtigt zur Vornahme einer bestimmten Art von Geschäften

Beispiele

Artbevollmächtigte
- der Einkäufer (Er darf einkaufen.)
- der Verkäufer (Er darf verkaufen.)
- der Kassier (Er darf Zahlungen entgegennehmen.)

Ladenvollmacht (§ 56 UGB)

Wer in einem Laden (Geschäft) oder offenen Warenlager angestellt ist, gilt als ermächtigt zu Verkäufen und Empfangnahmen, die in einem derartigen Laden (Geschäft) oder Warenlager gewöhnlich geschehen.

Wenn also in einem Geschäft oder Lager nicht ausdrücklich angeschrieben ist, dass nur an den Kassier bezahlt werden darf, darf der Verkäufer auch Zahlungen entgegennehmen.

Spezialvollmacht (für Einzelfälle)

Ermächtigt nur zur Vornahme einer
- einzelnen und
- genau bestimmten Handlung

Beispiele

- Inkasso einer bestimmten Rechnung
- Einkauf bei einer ganz bestimmten Gelegenheit (z. B. auf einer Messe)

Durch eine Spezialvollmacht können daher Geschäfte, die sonst nur der Geschäftsführer (geschäftsführender Gesellschafter, Vorstand) durchführen darf, auch durch andere Personen durchgeführt werden.

(3) Erteilung der Vollmacht

Die Vollmacht kann durch
- Unternehmer,
- Prokuristen,
- Handlungsbevollmächtigte, die dazu besonders ermächtigt wurden,

erteilt werden.

Eine Eintragung ins Firmenbuch erfolgt nicht.

Wenn keine ausdrückliche Erklärung vorliegt, ist es im Einzelfall schwer festzustellen, ob eine Vollmacht besteht oder nicht.

Beispiele

Wie die nebenstehenden Beispiele zeigen, kann ein Dritter annehmen, dass eine Vollmacht vorliegt, wenn schon mehrmals die Handlungen des Dienstnehmers oder eines anderen Beauftragten des Unternehmers in diesem Umfang geduldet wurden **(„schlüssige" Vollmacht).**

- Ein Fleischeinkäufer, der normalerweise gegen Barzahlung einkauft, ist nicht bevollmächtigt, auf Kredit einzukaufen.
- Ein technischer Leiter einer Brauerei ist nicht automatisch zum Hopfeneinkauf berechtigt.
- Hat ein Vater seinem Sohn bereits mehrmals gestattet, Rechnungen zu kassieren, so gilt der Sohn Dritten gegenüber als zum Inkasso bevollmächtigt.
- Ein Verkäufer in einem Verkaufsraum gilt als zum Inkasso bevollmächtigt, wenn nicht angeschlagen ist, dass die Waren nur an der Kasse bezahlt werden dürfen.
- Handlungsreisende, die an Orten auftreten, an denen sich keine Niederlassung des Unternehmens befindet, gelten als bevollmächtigt:
  - zu kassieren
  - Rechnungen zu stunden
  - Mängelrügen entgegenzunehmen
  - etc.

SbX
Bildschirmpräsentation zu Arten der Zeichnung: ID: 1051

(4) Die Zeichnung des Handlungsbevollmächtigten

Die Zeichnung (Unterschriftsleistung) des Handlungsbevollmächtigten erfolgt in der Weise, dass er der Firma (dem Firmenstempel) seinen Namen mit einem die Vollmacht andeutenden Vermerk beisetzt (z. B. „i. V." = in Vollmacht, „i. A." = im Auftrag). Der Zusatz darf nicht auf eine Prokura hindeuten.

Beispiel

- Der bei der Firma L. Bauer & Co OG tätige Kassier Schober zeichnet:

L. Bauer & Co OG	oder	*i. V.* **L. Bauer & Co OG**
i. V. Schober		*Schober*

Wird eine Vollmacht einer einzelnen Person übertragen, so liegt eine **Einzelvollmacht** vor, wird sie mehreren Personen gemeinschaftlich erteilt, spricht man von einer **Gesamt-** oder **Kollektivvollmacht;** jeder Einzelne dieser Bevollmächtigten kann dann nur gemeinsam mit einem oder mehreren anderen Bevollmächtigten rechtsverbindlich handeln und unterschreiben.

Üben – Anwenden

A B C D E

Ü 1.33: Prokurist, Vollmachten A

Welche Geschäfte sind einem Prokuristen untersagt?

Ü 1.34: Generalbevollmächtigter, Vollmachten A

Welche Geschäfte sind einem Handlungsbevollmächtigten mit Generalvollmacht untersagt?

Ü 1.35: Prokurist, Generalbevollmächtigter, Bestellung A

Wer darf Prokuristen bestellen und wer darf Generalbevollmächtigte ernennen?

Ü 1.36: Prokura, Einschränkung A

Wie kann die Prokura eingeschränkt werden?

Ü 1.37: Prokurist, Handlungsbevollmächtigter, Zeichnung A

Wie zeichnet ein Prokurist und wie ein Handlungsbevollmächtigter?

Ü 1.38: Generalbevollmächtigter C

Der Handlungsbevollmächtigte mit Generalvollmacht der Texta AG hat mehrmals Kreditverhandlungen mit der örtlichen Volksbank geführt und Kreditverträge vereinbart und abgeschlossen.
Als er neuerlich einen Kredit aufnimmt, wendet der Vorstand der AG ein, dass ein Handlungsbevollmächtigter zur Kreditaufnahme nicht berechtigt sei.
a) Ist dieser Einwand generell richtig?
b) Ist dieser Einwand in diesem speziellen Fall erheblich?

Ü 1.39: Generalvollmacht, Umfang A

Ein Generalbevollmächtigter soll ein Unternehmen in einem Schadenersatzprozess vor Gericht vertreten. Darf er das?

Ü 1.40: Vollmacht C

Die Firma Müller OG liefert an die „Mediko-Elektro GmbH" medizinische Spezialgeräte. Die Geräte werden jener Person übergeben, die zum Zeitpunkt der Lieferung im Lager anwesend ist. Diese Person bestätigt die ordnungsgemäße Übernahme. Später wird von der „Mediko-Elektro GmbH" eingewandt, dass Packstücke fehlen und dass der Lagerist nicht zur Bestätigung der ordnungsgemäßen Übernahme bevollmächtigt gewesen sei.
Ist dieser Einwand im Streitfall rechtlich erfolgversprechend?

Ü 1.41: Prokura C

Welche Prokura liegt im folgenden Fall vor:

Reimer & Co OG

Ü 1.42: Einzelprokura C

Herr Walter Maierhofer gibt sich als Einzelprokurist der Firma „Romig & Co" aus. Wie können Sie feststellen, ob das stimmt, wenn Sie nicht bei der Firma „Romig & Co" rückfragen wollen? Wie wäre die Sachlage, wenn sich Herr Walter Maierhofer als Generalbevollmächtigter ausgäbe?

Sichern

SbX ID: 1053

Vollmachten

Unternehmer sind berechtigt, Mitarbeiter oder Dritte (z. B. Familienangehörige) zur Durchführung bestimmter Geschäfte zu bevollmächtigten. Die Vollmachten können unterschiedlichen Umfang haben.

power of attorney

Business owners or businesses can grant employees or third parties (e. g.: relatives) power of attorney relating to certain aspects of the business. These powers of attorney can differ in scope.

Prokura

Die Prokura darf nur von ins Firmenbuch eingetragenen Unternehmern erteilt werden. Die Prokura wird ebenfalls ins Firmenbuch eingetragen.

Der Prokurist darf im Rahmen des Unternehmens alle Geschäfte mit folgenden Ausnahmen tätigen:

- Grundstücke belasten oder veräußern
- Unternehmen auflösen oder veräußern
- Prokuristen bestellen
- Anmeldung zum Firmenbuch zeichnen
- Inventar und Bilanz unterschreiben

Die Prokura kann eingeschränkt und uneingeschränkt erteilt werden, woraus sich verschiedene Arten der Prokura ergeben.

comprehensive power of attorney

A power of attorney can only be granted by registered business owners.
A power of attorney must be entered in the register of companies.

The authorized representative may act on behalf of the business with the following exceptions:

- mortgage or sell land belonging to the business
- dissolve or sell the business
- grant a power of attorney to a third person
- sign the registration form for the register of companies
- sign the inventory records and annual accounts

A limited or unlimited power of attorney can be granted, resulting in different types of powers of attorney.

Einzelprokura

Bei der Einzelprokura darf der Prokurist (uneingeschränkt) alleine zeichnen.

unlimited power of attorney

An unlimited power of attorney grants the authorised representative unlimited power to sign documents on behalf of the business.

Gesamtprokura

Die Gesamtprokura berechtigt nur dazu, gemeinsam mit einem anderen Prokuristen zu zeichnen.

joint power of attorney

A joint power of attorney grants multiple authorised representatives unlimited rights to sign on behalf of the business. They must act together.

Gemischte Prokura

Bei der gemischten Prokura ist der Prokurist nur zusammen mit einem geschäftsführenden Gesellschafter oder mit einem Vorstandsmitglied zeichnungsberechtigt.

mixed power of attorney

A mixed power of attorney requires an authorised representative to sign documents together with the managing partners/directors.

Filialprokura

Die Filialprokura berechtigt nur zur Zeichnung für eine oder mehrere Niederlassungen.

power of attorney for a branch

A power of attorney for branches limits signatory rights to one or more branches.

Handlungsvollmacht

Von der Prokura zu unterscheiden ist die Handlungsvollmacht. Sie berechtigt zu bestimmten Geschäften und Handlungen, die ein bestimmtes Unternehmen gewöhnlich mit sich bringt.

Handlungsvollmachten können in jedem Unternehmen vom Unternehmer bzw. einem Prokuristen erteilt werden. Eine Eintragung ins Firmenbuch erfolgt nicht.

Auch die Handlungsvollmacht kann in vollem Umfang oder eingeschränkt erteilt werden.

power of attorney to act

A power of attorney to act is different from an unlimited power of attorney. It only grants certain rights to act or sign within the normal scope of business.

Powers of attorney to act can be granted by any business owners/partners or authorised representatives of a business. They are not recorded in the register of companies.

A power of attorney to act can grant full or limited powers within the normal scope of business.

Generalvollmacht

Die Generalvollmacht berechtigt zu allen Geschäften, die ein bestimmtes Unternehmen gewöhnlich mit sich bringt.

Dem Generalbevollmächtigten sind alle Geschäfte untersagt, die auch dem Prokuristen untersagt sind. Ferner darf er nicht:

- Wechselverbindlichkeiten eingehen
- Darlehen aufnehmen
- für das Unternehmen Prozesse führen

general power of attorney

A general power of attorney is granted for all activities which are part of the normal course of business. The prohibitions on certain actions apply to both the authorised representative and the holder of a general power of attorney. Furthermore they may not:

- incur any bill of exchange liabilities
- take out any loans
- conduct any legal proceedings on behalf of the business

Artvollmacht

Die Artvollmacht gilt nur für Geschäfte einer bestimmten Art (Beispiele: Einkäufer, Verkäufer, Kassier).

generic power of attorney

The generic power of attorney applies only to transactions of a certain type (examples: buyer, salesperson, cashier).

Ladenvollmacht

Die Ladenvollmacht gilt für in einem Laden oder Warenlager Tätige. Diese dürfen Waren entgegennehmen, verkaufen und auch kassieren, außer es ist deutlich angeschrieben, dass nur an der Kassa bezahlt werden darf.

premises power of attorney

The premises power of attorney applies only to those working in a shop or warehouse. They may accept, sell or take payment for goods, unless a sign is displayed stating that payments are only accepted at the cash desk.

Spezialvollmacht

Zusätzlich oder neben der Prokura und Handlungsvollmacht kann auch eine Spezialvollmacht für ganz bestimmte Geschäfte erteilt werden (z. B. Wechselvollmacht für den Generalbevollmächtigten oder Vollmacht für den Prokuristen, ein Grundstück zu belasten).

special power of attorney

Besides unlimited powers of attorney and powers of attorney to act a special power of attorney can be granted for very specific transactions (e. g.: bill of exchange power of attorney for those with a general power of attorney, or a power of attorney for an authorised representative to mortgage a property).

SbX
ID: 1053

Im SbX finden Sie die englische Zusammenfassung als Audio-Wiederholung sowie eine Bildschirmpräsentation mit den Grafiken dieser Lerneinheit.

Wissen

SbX ID: 1054

A B C D E

SbX
W 1.41–W 1.46
mit automatischer
Aufgabenkontrolle
ID: 1054

W 1.41: Die Prokura A

Welche der folgenden Aussagen treffen auf die Prokura zu? (Mehrfachlösungen möglich!)

a) Prokuristen können nur in Unternehmen bestellt werden, die ins Firmenbuch eingetragen sind.
b) Die Prokura muss ins Firmenbuch eingetragen werden.
c) Die Erteilung der Prokura muss dem Prokuristen schriftlich bekanntgegeben werden.
d) Ein Prokurist kann andere Prokuristen bestellen.
e) Zum Prokuristen können nur Angestellte des Unternehmens bestellt werden.

W 1.42: Die Handlungsvollmacht A

Welche der folgenden Aussagen treffen auf die Handlungsvollmacht zu? (Mehrfachlösungen möglich!)

a) Die Handlungsvollmacht kann auch von einem Prokuristen erteilt werden.
b) Eine Handlungsvollmacht kann auch von einem anderen Handlungsbevollmächtigten erteilt werden.
c) Die Namen der Handlungsbevollmächtigten sind im Firmenbuch ersichtlich.
d) Handlungsbevollmächtigte können auch in Unternehmen bestellt werden, die nicht ins Firmenbuch eingetragen sind.

W 1.43: Gesetzliche Beschränkungen der Prokura C

In der „Wiener Zeitung" ist folgende Notiz erschienen:
R. Radlingmaier, Bau GmbH, Linz (Uferstraße 12)
Einzelprokuristin: Mag. Ilse Iberer, Linz – 12. März 20..

Welche der folgenden Geschäfte darf Frau Iberer **nicht** tätigen? (Mehrfachlösungen möglich!)

Frau Iberer darf nicht:

a) ☐ ein Baugrundstück erwerben
b) ☐ für die Baugesellschaft Wertpapiere kaufen
c) ☐ im Rahmen eines Baumaschinenkaufes einen Wechsel unterschreiben
d) ☐ einen Hypothekarkredit aufnehmen und ein Firmengrundstück belasten lassen
e) ☐ ein Baugrundstück verkaufen
f) ☐ die Bilanz unterschreiben
g) ☐ das Unternehmen bei einem Prozess vertreten.

Zusatzfrage:
Was bedeutet „Einzelprokuristin"?

W 1.44: Zusätzliche Einschränkung der Prokura C

Die Gesellschafter der Firma Ranzinger & Pernerstorfer haben es ihrem Prokuristen untersagt, weitere Kredite aufzunehmen.
Der Prokurist nimmt trotz dieses Verbotes einen Bankkredit in Höhe von € 200.000,– im Namen des Unternehmens in Anspruch.

Welche der folgenden Aussagen ist richtig?

a) Die Firma ist nicht verpflichtet, den Kredit zurückzuzahlen, da sie dem Prokuristen die Kreditaufnahme untersagt hatte.
b) Die Firma ist nicht verpflichtet, den Kredit zurückzuzahlen, da ein Prokurist grundsätzlich nicht zur Aufnahme von Krediten ermächtigt ist.
c) Die Firma ist verpflichtet, den Kredit zurückzuzahlen, da eine Einschränkung der Prokura Dritten gegenüber nicht wirksam ist.
d) Die Firma ist verpflichtet, den Kredit zurückzuzahlen, da dem Prokuristen keine Geschäfte untersagt werden können, zu welchen ihn die Prokura ermächtigt.

W 1.45: Einschränkungen der Generalvollmacht C

Frau Maria Tiefenbacher ist Generalbevollmächtigte der COWA-ComputerhandelsgmbH, die mit Computern und Software handelt.

Welche der folgenden Handlungen darf Frau Tiefenbacher für die COWA-ComputerhandelsgmbH **nicht** vornehmen? (Mehrfachlösungen möglich!)

a) einen Posten Bauholz kaufen, der besonders preiswert angeboten wurde
b) beim Großeinkauf von Computern einen Wechsel unterzeichnen
c) 100 Computer im Wert von insgesamt € 150.000,– auf Ziel einkaufen
d) das Unternehmen bei einer Klage, die die Lieferung von Computern betrifft, vor Gericht vertreten
e) einen Angestellten der Firma bevollmächtigen, im Ausland Flachbildschirme einzukaufen

W 1.46: Handlungsvollmacht, Verkäufer C

Sie kaufen bei der Anna Reitsamer Installationsgroßhandels GmbH Installationsmaterial, das Sie sich im Verkaufsraum ausgesucht haben. Können Sie annehmen, dass der anwesende Verkäufer zum Inkasso bevollmächtigt ist?

a) Ja, da jeder im Verkaufsraum anwesende Verkäufer als inkassobevollmächtigt gilt.
b) Ja, aber nur dann, wenn kein besonderer Anschlag darauf hinweist, dass die Verkäufer nicht zum Inkasso berechtigt sind.
c) Nein, die Verkäufer sind nur dann zum Inkasso berechtigt, wenn durch einen besonderen Anschlag darauf hingewiesen wird.
d) Nein, nur in Einzelhandelsgesellschaften kann angenommen werden, dass Verkäufer zum Inkasso berechtigt sind.

SbX
W 1.47–W 1.48
mit automatischer
Aufgabenkontrolle
ID: 1054

Weitere Aufgaben zur Lernkontrolle im SbX

W 1.47: Vollmachten im Unternehmen B

Quiz mit fünf Fragen zum Thema Vollmachten im Unternehmen!

W 1.48: Vollmachten im Unternehmen B

Kreuzworträtsel zum Thema Vollmachten im Unternehmen!

English questions

E 1.18: What is a power of attorney?

E 1.19: Who is likely to be given a power of attorney?

E 1.20: Give three examples of processes a power of attorney could allow you to do.

E 1.21: Doris Weasley owns a furniture company. She has agreed to give a joint power of attorney to two of her managers, Sam Jones and John Grey.

a) Why do you think she wanted to give them a joint power of attorney and not another type?
b) How does this affect Sam and John's working day?

E 1.22: Samantha Dartry, John Bell and Alex Power have a partnership. They own five computer shops, each with a branch manager and two other employees. They cannot be present in each shop all the time. Decide what types of powers of attorney could be useful in this situation and who should get them.

Ein kurzer Kompetenz-Check, bevor's weitergeht!

Kompetenz-Check

	☺	😐	☹
Ich kann beschreiben, wer eine Prokura erteilen darf und in welcher Form dies erfolgen kann.			
Ich kann entscheiden, welche Geschäfte ein Prokurist im Rahmen seiner Vollmacht tätigen darf und welche nicht.			
Ich kann die verschiedenen Arten der Prokura unterscheiden.			
Ich kann die verschiedenen Arten der Handlungsvollmacht unterscheiden und erklären, wer die Handlungsvollmacht erteilen darf.			
Ich kann beschreiben, welche Geschäfte die verschiedenen Handlungsbevollmächtigten ausführen dürfen.			

SbX
Alle SbX-Inhalte zu dieser Lerneinheit finden Sie unter der ID: 1060.

Lerneinheit 6
Beschäftigungsverhältnisse

Die menschliche Arbeit ist der wichtigste Leistungsfaktor in einem Unternehmen. In den Beschäftigungsverhältnissen werden die Beziehungen zwischen dem Unternehmen und den Menschen, die ihre Arbeitskraft zur Verfügung stellen, vertraglich geregelt. Da Unternehmen zwischen unterschiedlichen Beschäftigungsformen wählen können, lassen sich verschiedene Arbeitsverträge unterscheiden. Dabei spielen neben den betriebswirtschaftlichen Überlegungen auch soziale Fragen eine wichtige Rolle.

Lernen

SbX ID: 1061

A B C D E

1 Welche Beschäftigungsformen gibt es?
[What forms of employment exist?]

Grafik
Beschäftigungsformen

Beschäftigungsformen unterscheiden sich im Wesentlichen nach folgenden Gesichtspunkten:

- Welche Leistung schuldet der Dienstnehmer bzw. Selbständige dem Dienstgeber bzw. Auftraggeber?
- Wie „frei" ist der Dienstnehmer in der Ausführung der Arbeitsleistung?
- Mit welchen Arbeitsmitteln (Werkzeugen etc.) arbeitet der Dienstnehmer?
- Welche Ansprüche hat der Dienstnehmer?
- Wer muss sich um die Versteuerung des Einkommens und um die Abführung der Sozialversicherungsabgaben kümmern?

Zur Erinnerung: Den **Dienstvertrag** und den freien Dienstvertrag haben Sie schon im I. Jahrgang kennengelernt. Hier wird das Thema aus der Sicht des Arbeitgebers wieder aufgegriffen. Zum besseren Verständnis werden die wichtigsten Bestimmungen wiederholt.

2 „Echter" Dienstvertrag [Contract of employment]

Beim Dienstvertrag wird der Dienstnehmer verpflichtet, für bestimmte (befristete) oder unbestimmte (unbefristete) Zeit Arbeitsleistungen für den Dienstgeber zu erbringen. Der Dienstgeber vereinbart mit dem Dienstnehmer die Arbeitszeit und den Dienstort, an dem der Dienstnehmer die Arbeitsleistung persönlich zu erbringen hat. Der Dienstgeber trägt die Dienstgeberanteile der Sozialversicherung (Krankenversicherung, Pensionsversicherung etc.) und führt die Lohnabrechnung durch.

Der Dienstnehmer schuldet nur das „Bemühen", aber nicht den Erfolg.

Beispiele

- Ein Kassier verursacht einen Kassenfehlbetrag (ein Kassenmanko), weil er nicht ausreichend in das Computerkassensystem eingeschult wurde.
- Ein neuer Verkäufer in einem Mediamarkt vertreibt Kunden durch unzureichende Beratung, weil er nicht ausreichend über das Sortiment und Besonderheiten des Angebots informiert wurde.

In beiden Fällen kann der Dienstgeber eventuell kündigen, aber er muss den Lohn bzw. das Gehalt bis zum Ende des Dienstverhältnisses bezahlen.

Der **Vertragsnehmer** ist **beim freien Dienstvertrag** nicht so stark an Weisungen gebunden wie ein „echter" Dienstnehmer. Bei welchem Ausmaß an Weisungsgebundenheit noch ein freier Dienstvertrag vorliegt, ist umstritten.

3 Freier Dienstvertrag [Freelance contract of employment]

Bei einem freien Dienstvertrag erfüllt der freie Dienstnehmer die Aufgabe im Wesentlichen persönlich, kann sich jedoch in Ausnahmefällen vertreten lassen. Der freie Dienstnehmer verwendet die Betriebsmittel des Arbeitgebers, kann jedoch auch eigene Arbeitsmittel verwenden. Er entscheidet über den Arbeitsablauf und den Ort weitgehend selbst, schuldet jedoch wie der Dienstnehmer nur das „Bemühen" und nicht den Erfolg.

Beispiele

- Der Vortragende einer Volkshochschule hält einen langweiligen Vortrag.
- Ein Kabarettist fällt mit seinem neuen Programm beim Publikum durch. Die Veranstaltungen sind schlecht besucht.

Die **Abgrenzung** zum „echten" Dienstvertrag ist **schwierig** und führt oft zu arbeitsrechtlichen Streitigkeiten und zu Streitigkeiten mit der Sozialversicherung. Dies gilt vor allem dann, wenn die Dienstzeit und der Dienstort vom „Dienstgeber" vorgeschrieben werden und die Weisungsgebundenheit hoch ist.

In beiden Fällen kann der „Dienstgeber" zwar den Vertrag beenden, er muss aber für die aufgewendete Zeit das vereinbarte Entgelt zahlen.

Der Vertragsnehmer enthält ein Entgelt für sein Bemühen genauso wie der Dienstnehmer im Rahmen des Dienstvertrags. Er wird üblicherweise nach Stunden bezahlt. Der Dienstgeber zahlt den Dienstgeberanteil der Sozialversicherung und rechnet die Arbeitnehmeranteile des freien Dienstnehmers für den freien Dienstvertrag ab. Der freie Dienstnehmer muss jedoch für die Versteuerung seiner Einkünfte selbst sorgen.

Der Vertragsnehmer hat keinen gesetzlichen Urlaubsanspruch und keinen Anspruch auf ein 13. und 14. Monatsgehalt. Er hat jedoch Anspruch auf Krankengeld von der Krankenkasse.

4 „Neue Selbständige" – Werkvertrag [New freelancers – Contract to provide services]

Neue Selbständige erzielen ihre Einkünfte auf Werkvertragsbasis.

Beim Werkvertrag verpflichtet sich der „Werkunternehmer" (der Neue Selbständige), ein bestimmtes Werk für den „Werkbesteller" (den Auftraggeber) zu erbringen. Er erhält das Entgelt nur dann, wenn er die Leistung laut Vertrag erstellt, d.h., er „schuldet den Erfolg" (nicht nur das Bemühen).

Neue Selbständige verwenden daher überwiegend eigene Betriebsmittel.

Es gibt keine persönliche Arbeitspflicht, der Neue Selbständige kann sich jederzeit vertreten lassen. Er ist nicht an bestimmte Arbeitszeiten und -orte gebunden.

Neue Selbständige haben keinen Urlaubsanspruch und keinen Anspruch auf Mutterschutz und Karenz sowie auf das 13. und 14. Monatsgehalt.

Beispiele

- Eine Physiotherapeutin betreut Kranke in deren Zuhause auf Honorarbasis.
- Ein Journalist schreibt Artikel und Beiträge für unterschiedliche Zeitungen nach Auftrag.

5 Geringfügig Beschäftigte [People in marginal employment]

Geringfügig beschäftigt ist, wer bei regelmäßiger Beschäftigung (Dienstverhältnis für einen Monat oder für unbestimmte Zeit) nicht mehr als € 405,98 im Monat verdient oder wer bei fallweiser Beschäftigung (Dienstverhältnis kürzer als ein Monat) nicht mehr als durchschnittlich € 31,17 pro Arbeitstag verdient (Stand 2015).

Regelmäßig geringfügig Beschäftigte haben Recht auf Urlaub, 13. und 14. Monatsgehalt sowie auf Entgeltfortzahlung im Krankheitsfall.

Unter der Geringfügigkeitsgrenze sind die Beschäftigten nur unfallversichert. Sie können sich aber freiwillig kranken- und pensionsversichern (€ 57,30 pro Monat, Stand 2015). Sie sind nie arbeitslosenversichert.

6 Lehrvertrag [Apprenticeship contract]

Ein Lehrverhältnis ist eine besondere Form des Arbeitsvertrags, in der der Ausbildungszweck im Vordergrund steht.

Das Lehrverhältnis ist immer befristet (auf 2 bis 4 Jahre, je nach Ausbildungsdauer des Lehrberufs).

Der Lehrberechtigte (der Dienstgeber) muss

- einen Lehrvertrag mit dem Lehrling abschließen (Ist der Lehrling unter 18 Jahre alt, muss der Lehrvertrag auch von den gesetzlichen Vertretern, den Eltern, unterschrieben werden.),
- den Lehrling vor Beginn des Lehrverhältnisses bei der Sozialversicherung anmelden,
- den Lehrling innerhalb von 2 Wochen nach Beginn des Lehrverhältnisses bei der Berufsschule anmelden,
- dem Lehrling ein Exemplar des Lehrvertrags aushändigen,
- dem Lehrling eine monatliche Lehrlingsentschädigung auszahlen.

Der Lehrling muss

- verpflichtend die Berufsschule besuchen,
- alle Pflichten eines gewöhnlichen Arbeitnehmers befolgen.

Übungsbeispiele

Ü 1.43: Unterschiedliche Vertragstypen C

Welcher Vertragstyp liegt in den folgenden Fällen vor:

a) Die Studentin Susanne Moser vereinbart mit der Boutique Gabi, dass sie samstags von 9:00 bis 17:00 Uhr zu einem Entgelt von € 360,– pro Monat als Verkäuferin tätig ist.
b) Der 15-jährige Zelko Ivkic möchte sich bei „HairFashion" zum Friseur ausbilden lassen.
c) Der 17-jährige Schüler Franz Gruber führt täglich zwischen 5 und 7 Uhr morgens im Auftrag einer Zeitung die Hauszustellung für Abonnenten durch (es sind unterschiedliche Vertragstypen denkbar). Bitte begründen Sie Ihre Antwort.
d) Eine Tennislehrerin gibt Tennisstunden nach Vereinbarung.
e) In der Boutique Gabi gibt es eine fix angestellte Verkäuferin, die 38 Stunden pro Woche arbeitet.

Ü 1.44: Unterschied Werkvertrag und Dienstvertrag A

Welche Unterschiede ergeben sich bezüglich der Sozialversicherungspflicht und der Einkommensteuer- bzw. Lohnsteuerpflicht zwischen einem Werkvertrag (Neue Selbständige) und einem Dienstvertrag?

Üben – Anwenden

A B C D E

Ü 1.45: Regelungen bei Arbeitsverträgen C

Recherchieren Sie auf der Website der Arbeiterkammer,

- in welcher Form ein Arbeitsvertrag ausgestellt werden kann,
- ob ein Dienstgeber das Recht hat, die Ausbildungskosten zurückzuverlangen, wenn der Dienstnehmer das Unternehmen verlässt,
- für wen arbeitsrechtliche Grundsätze gelten bzw. nicht gelten,
- welche Regelungen üblicherweise für Ferialpraktikanten gelten.

Ü 1.46: Geringfügige Beschäftigung B

Ein Dienstnehmer/Eine Dienstnehmerin arbeitet regelmäßig jeden Freitag Abend und Samstag als Verkäufer/in in einer Boutique und verdient im Monat € 250,00 brutto.

Hat er/sie Anspruch auf ein 13. und 14. Monatsgehalt (Urlaubs- und Weihnachtsgeld)?

Hat er/sie Urlaubsanspruch?

Ü 1.47: Lehrvertrag C

Ein Unternehmer/Eine Unternehmerin möchte eine Stelle für einen Kfz-Mechaniker-Lehrling (weiblich/männlich) ausschreiben. Er/Sie hat folgende Fragen an Sie. Recherchieren Sie Antworten zu diesen Fragen:

- Bekommt der Lehrling während der Ausbildung zum Kfz-Mechaniker eine Bezahlung?
- Gilt der Unterrichtsbesuch in der Berufsschule als Arbeitszeit?
- Muss der Lehrling in den Schulferien im Betrieb arbeiten oder hat er frei?
- Muss der Unternehmer/die Unternehmerin den Lehrling nach dem Ende der Lehrzeit behalten? Wie lange muss der Lehrling nach Beendigung der Lehre im selben Betrieb bleiben?

Sichern

SbX ID: 1063

Arbeitsverträge

„Echte Dienstverträge"

Der Dienstnehmer ist weisungsgebunden. Der Arbeitgeber legt den Arbeitsort und die Arbeitszeit (innerhalb der gesetzlichen Grenzen) fest. Der Arbeitnehmer schuldet nur das Bemühen und nicht den Erfolg.

Der Dienstgeber sorgt für die Abrechnung der Sozialversicherung und der Lohnsteuer.

„Freie Dienstverträge"

Der Vertragsnehmer ist in geringerem Ausmaß weisungsgebunden als beim echten Dienstvertrag. Er verwendet überwiegend die Arbeitsmittel des Dienstgebers und schuldet nur das Bemühen. Der „freie Dienstnehmer" hat keinen Urlaubsanspruch, erhält kein 13. und 14. Monatsgehalt und muss für die Versteuerung der Einkünfte selbst sorgen. Der Dienstgeber rechnet jedoch die Sozialversicherung ab und bezahlt auch den Arbeitgeberanteil. Der freie Dienstnehmer hat Anspruch auf Krankengeld von der Krankenkasse.

contracts of employment

"Standard contracts of employment"

The employee is bound by instructions from the employer. The employer decides on the workplace and working hours (within the legal limitations). The employee must make an effort, but there is no agreed outcome. The employer ensures that social security contributions and income tax are deducted.

"Freelance contracts of employment"

The employee is less bound by instructions from the employer compared to standard contracts of employment. The employee primarily uses the resources of the employer, but is only responsible for showing effort. The "freelancer" has no holiday entitlement, doesn't receive a 13th and 14th monthly salary and is responsible for declaring the income to the tax authorities. The employer is responsible for deducting social security contributions and pays the employer's contribution. The freelancer has a right to sick pay from the health insurance.

Werkvertrag/ Neue Selbständige

Bei Werkverträgen verpflichtet sich der Vertragsnehmer, ein bestimmtes „Werk" für den Werkbesteller/Auftraggeber zu erbringen. Der Werknehmer schuldet den Erfolg. Der Werknehmer ist Unternehmer („Neuer Selbständiger") und verwendet seine eigenen Betriebsmittel.

contract to provide services – new freelancers

In the case of contracts to provide services, the contractor agrees to provide certain services to the principal. The contractor agrees to achieve a specified outcome. The contractor is a business ("new freelancer") and uses its own resources.

geringfügige Beschäftigung

Geringfügig beschäftigt ist, wer bei regelmäßiger Beschäftigung nicht mehr als € 405,98 (2015) im Monat verdient.

people in marginal employment

A person in marginal employment is in regular employment but doesn't earn more than € 405,98 (2015) per month.

Lehrvertrag

Ein Lehrverhältnis ist eine besondere Form des Arbeitsvertrags, in der der Ausbildungszweck im Vordergrund steht. Lehrberechtigter und Lehrling haben daher besondere Pflichten.

apprenticeship contract

An apprenticeship contract is a special type of contract of employment, where training and education are the priorities. The instructor/trainer and the apprentice have special obligations.

SbX ID: 1063

Im SbX finden Sie die englische Zusammenfassung als Audio-Wiederholung sowie eine Bildschirmpräsentation mit den Grafiken dieser Lerneinheit.

Wissen

SbX ID: 1064

A B C D E

SbX W 1.52 mit automatischer Aufgabenkontrolle ID: 1064

W 1.49: Beschäftigungsformen A

Welche Beschäftigungsformen gibt es?

W 1.50: Beschäftigungsverhältnisse – Unterschiede A

Nach welchen Gesichtspunkten lassen sich die verschiedenen Beschäftigungsverhältnisse im Wesentlichen unterscheiden?

W 1.51: Unterschied Werkvertrag und Dienstvertrag B

Welche Unterschiede ergeben sich zwischen einem Werkvertrag (Neue Selbständige) und einem Dienstvertrag bezüglich folgender Aspekte:

a) Welche Leistung wird geschuldet – das Bemühen oder der Erfolg?
b) Wessen Arbeitsmittel werden im Wesentlichen verwendet?
c) Welche Ansprüche hat der Dienstnehmer?
d) Wie frei ist der Dienstnehmer in der Ausführung der Arbeitsleistung?

W 1.52: Vertragstypen B

Bitte geben Sie an, welche der folgenden Aussagen auf einen Dienstvertrag (DV), einen freien Dienstvertrag (FDV) und auf einen Werkvertrag (WV) zutreffen.

Beachten Sie bitte, dass manche Aussagen auf mehrere Vertragstypen und manche auf keinen Vertragstyp zutreffen können.

	DV	FDV	WV
a) Der Vertragsnehmer hat einen gesetzlichen Urlaubsanspruch.			
b) Der Auftraggeber („Dienstgeber") führt Dienstgeberbeiträge zur Sozialversicherung ab.			
c) Der Auftragnehmer („Dienstnehmer") muss die Sozialversicherungsbeiträge selbst mit der Krankenkasse verrechnen.			
d) Der Auftragnehmer („Dienstnehmer") ist für die Versteuerung selbst verantwortlich.			
e) Der Auftraggeber („Dienstgeber") rechnet die Lohn- bzw. die Einkommensteuer für den Vertragsnehmer ab und führt sie auch an das Finanzamt ab.			
f) Der Auftragnehmer („Dienstnehmer") schuldet nur das Bemühen, nicht jedoch den Erfolg.			
g) Der Auftragnehmer („Dienstnehmer") erhält das Entgelt nur bei erfolgreicher Ausführung des Auftrags.			
h) Der Auftragnehmer („Dienstnehmer") hat Anspruch auf Urlaubs- und Weihnachtsgeld.			

English questions

E 1.23: Decide in the following cases which type of contract the person has:

a) Tom wants to become a mechanic. He mostly works at the local car repair garage and also spends a few months in school every year.

b) Harriet works in an office. She has to be in the office from 8.30 am until 5.30 pm Monday to Friday. She gets 5 weeks holidays and she gets a payslip every month showing her pay and how much social insurance and taxes she has paid. She doesn't always get all the work done and her boss is not always pleased but she does her best.

c) Laura is an architect and has been asked to plan an office building for Vale Cars. She will be paid when the company has been given a finished plan and is happy with the result.

d) Kevin is a journalist who works for a large newspaper. He should write two stories a week and is free to choose the topic. He doesn't get holidays and would only be paid through health insurance if he were sick. The company gives him access to a computer, printer and other administration services and makes sure his social insurance is paid. Kevin must remember to pay his taxes himself at the end of each year.

e) Paula works a few hours a week in a shop. She doesn't have time to do more right now because she has to look after her sick mother. She only earns € 375.00 a month.

E 1.24: What is the difference between a "standard contract of employment" and "freelance contract of employment"?

E 1.25: What is the main difference between a "freelance contract of employment" and a "contract to provide services" (new freelancer)?

Ein kurzer Kompetenz-Check, bevor's weitergeht!

Kompetenz-Check

	☺	😐	☹
Ich kann die wichtigsten Beschäftigungsformen voneinander unterscheiden und beurteilen, was sie für den Dienstgeber bedeuten.			
Ich kann erklären, in welchen Aspekten sich ein Dienstvertrag von einem freien Dienstvertrag unterscheidet.			
Ich kann erläutern, bei welchen Vertragstypen der Dienstgeber für die Versteuerung und die Zahlung der Sozialversicherungsbeiträge verantwortlich ist.			
Ich kenne die Rechte, die ein Dienstnehmer/eine Dienstnehmerin als geringfügig Beschäftigte/r hat.			
Ich kann erklären, welche besonderen Rechte und Pflichten sich aus einem Lehrvertrag ergeben.			

Lerneinheit 7

Fallbeispiele

Üben – Anwenden

SbX ID: 1072

Ü 1.48: Fallbeispiel: Firmenbuchauszug einer OG C

Sehen Sie sich den nachstehenden Firmenbuchauszug an und beantworten Sie die Fragen:

a) Um welches Unternehmen handelt es sich?

b) Wie lautet die Firma dieses Unternehmens?

c) Wie viele Gesellschafter hat dieses Unternehmen? Unterscheiden sich die Unternehmer im Hinblick auf Haftung, Rechte und Pflichten?

d) Wieso findet man im Firmenbuch zu diesem Unternehmen keine Angabe zur Höhe des Kapitals des Unternehmens?

e) Wer darf das Unternehmen nach außen hin vertreten?

Firmenbuch

Stichtag 29.12.2014 | **Auszug mit aktuellen Daten** | **FN 260094 t**

```
Grundlage dieses Auszuges ist das Hauptbuch ergänzt um Daten aus der Urkunden-
sammlung.
Letzte Eintragung am 30.04.2009 mit der Eintragungsnummer    3
zuständiges Gericht Landesgericht Wiener Neustadt

       FIRMA
 3        Rupp & Gerdenitz OG

       RECHTSFORM
 2        Offene Gesellschaft

 1        Rechtsform besteht seit 18.03.2005

       SITZ in
 1        politischer Gemeinde Wiener Neustadt

       GESCHÄFTSANSCHRIFT
 1        Annagasse 1b
          2700 Wiener Neustadt

       GESCHÄFTSZWEIG
 1        Kraftfahrzeugtechnik, Handel

 1     Gesellschaftsvertrag  vom 14.03.2005                          001

 3     Firma gemäß UGB angepasst                                     002

       UNBESCHRÄNKT HAFTENDE/R GESELLSCHAFTER/IN
        A    Erwin Gerdenitz, geb. 03.03.1956
 1           vertritt seit 18.03.2005 selbständig
        B    Maximilian Rupp, geb. 18.10.1962
 1           vertritt seit 18.03.2005 selbständig


--- PERSONEN ---------------------------------------------------------------

 1      A    Erwin Gerdenitz, geb. 03.03.1956
 3           Stadionstraße 28/4/20
             2700 Wiener Neustadt
 1      B    Maximilian Rupp, geb. 18.10.1962
 1           Zehnergürtel 36
             2700 Wiener Neustadt
```

```
-------------------- VOLLZUGSÜBERSICHT ---------------------------------------

Landesgericht Wiener Neustadt

  1 eingetragen am 18.03.2005                  Geschäftsfall   8 Fr   819/05 k
      Antrag auf Neueintragung einer Firma  eingelangt am 15.03.2005
  2 eingetragen am 01.01.2007                  Geschäftsfall   8 Fr  5717/06 y
      Rechtsformänderung gemäß Unternehmensgesetzbuch
  3 eingetragen am 30.04.2009                  Geschäftsfall   8 Fr  1955/09 t

      Antrag auf Änderung  eingelangt am 28.04.2009


------------- INFORMATION DER ÖSTERREICHISCHEN NATIONALBANK ----------------

 zum 29.12.2014 gültige Identnummer: 6843158
```

Ü 1.49: Fallbeispiel Gründung einer GmbH für Eventmanagement: Merkmale einer GmbH – Vor- und Nachteile C

Evelyn Meyer war mehrere Jahre als eingetragene Einzelunternehmerin im Bereich Eventmanagement tätig, ihr Umsatz betrug ca. € 1.000.000,– jährlich. Nun hat sie eine GmbH gegründet, sie selbst ist geschäftsführende Gesellschafterin.

a) Hat sie für die Gründung der GmbH eine weitere Person als Gesellschafter benötigt?
b) Was hat sich durch den Wechsel der Rechtsform verändert, was nicht? Denken Sie dabei an die folgenden Merkmale:
   - Leitung des Unternehmens, Mitarbeit im Unternehmen
   - Haftung für die Verbindlichkeiten des Unternehmens
   - Eintragung ins Firmenbuch
   - Mindestkapitalerfordernis
   - Möglichkeiten, bei der Bank für das Unternehmen einen Kredit aufzunehmen
   - Möglichkeit, Personen im Unternehmen anzustellen
   - Führung einer doppelten Buchhaltung

Ü 1.50: Fallbeispiel Unternehmensgründung: Geschäft für Büro-, Computer- und Schulbedarf C

Emil Schmell und Sandra Hauser (beide 22 Jahre alt) haben die Handelsakademie erfolgreich abgeschlossen und bereits in verschiedenen Unternehmen gearbeitet. Nun möchten sie in der Nähe ihrer ehemaligen Schule ein Geschäft für Büro-, Computer- und Schulbedarf eröffnen. Sie möchten gerne eine Gesellschaft gründen, die ins Firmenbuch eingetragen werden kann.

Unternehmensgegenstand: Handel mit Büro-, Computer- und Schulbedarf
insgesamt zur Verfügung stehendes Kapital: € 40.000,– (davon € 25.000,– von Schmell und € 15.000,– von Hauser)
erwarteter Umsatz für das erste Geschäftsjahr: € 300.000,–

Beantworten Sie zu dieser geplanten Unternehmensgründung die folgenden Fragen:

1. Geben Sie **alle** Gesellschaftsformen an, die für **diese** Unternehmensgründung prinzipiell aus rechtlicher Sicht geeignet wären!
   Begründen Sie **bei jeder Gesellschaftsform,** warum die Wahl einerseits rechtlich möglich ist **und** was andererseits aus betriebswirtschaftlichen Überlegungen für diese Gesellschaftsform spricht!
2. Wählen Sie **eine** der unter 1. genannten Gesellschaftsformen aus und charakterisieren Sie diese anhand der folgenden Merkmale a) bis f):
   Ausgewählte Gesellschaftsform:
   a) Um welche **Art von Gesellschaft** handelt es sich?
   b) Gibt es eine Bestimmung zur **Mindestanzahl der Gesellschafter?** Wenn ja, wie lautet diese?
   c) Gibt es Bestimmungen zur **Höhe des Mindestkapitals?** Wenn ja, wie lautet diese?
   d) Welche Bestimmungen gibt es zur **Haftung** des Gesellschafters Schmell und der Gesellschafterin Hauser (welcher Gesellschafter/welche Gesellschafterin haftet in welchem Ausmaß)?
   e) Welche **Rechte und Pflichten** haben Schmell und Hauser in dieser Gesellschaft?
   f) Nennen Sie **zwei** mögliche Firmenwortlaute für die Gesellschaft von Schmell und Hauser bei der von Ihnen vorgeschlagenen Gesellschaftsform! Begründen Sie, warum diese Firmenwortlaute rechtlich möglich sind!

Ü 1.51: Firmenbuchauszug einer GmbH C

Sehen Sie sich den nachstehenden Firmenbuchauszug an und beantworten Sie die folgenden Fragen:

a) Um welches Unternehmen handelt es sich?

b) Wie lautet die Firma dieses Unternehmens?

c) Wie hoch ist das Kapital des Unternehmens in Euro? Wie wird das Kapital einer solchen Gesellschaft genannt?

d) Wer sind die Gesellschafter? Wer ist Geschäftsführer? Ist der Geschäftsführer auch Gesellschafter?

e) Unter „Personen" ist auch eine GmbH genannt. Ist es korrekt, ein Unternehmen als „Person" zu bezeichnen?

Firmenbuch

Stichtag 29.12.2014	Auszug mit aktuellen Daten	FN 56247 t

Grundlage dieses Auszuges ist das Hauptbuch ergänzt um Daten aus der Urkunden-sammlung.
Letzte Eintragung am 03.10.2014 mit der Eintragungsnummer 36
zuständiges Gericht Landesgericht Salzburg

1 früher Landesgericht Salzburg HRB 6135
Ersteintragung am 05.02.1987

FIRMA
17 Red Bull GmbH

RECHTSFORM
1 Gesellschaft mit beschränkter Haftung

SITZ in
4 politischer Gemeinde Fuschl am See

GESCHÄFTSANSCHRIFT
17 Am Brunnen 1
5330 Fuschl am See

GESCHÄFTSZWEIG
9 Verwertung der Marke RED BULL

KAPITAL
1 ATS 500.000

STICHTAG für JAHRESABSCHLUSS
4 31. Dezember

JAHRESABSCHLUSS (zuletzt eingetragen; weitere siehe Historie)
36 zum 31.12.2013 eingereicht am 29.09.2014

VERTRETUNGSBEFUGNIS
1 Die Generalversammlung bestimmt, wenn mehrere Geschäfts-führer bestellt sind, deren Vertretungsbefugnis.

1 Gesellschaftsvertrag vom 12.01.1987 001

4 Verschmelzungsvertrag vom 03.06.1996 002

4 Generalversammlungsbeschluss vom 03.06.1996 003
Diese Gesellschaft wurde als
übernehmende Gesellschaft mit der
RED BULL GmbH
(FN 33158 m)
als übertragender Gesellschaft verschmolzen.
Sitz der übertragenden Gesellschaft in Fuschl am See

4 Generalversammlungsbeschluss vom 03.06.1996 004
Änderung des Gesellschaftsvertrages in den Punkten Erstens, Zweitens, Fünftens und Neuntens.

9 Generalversammlungsbeschluss vom 15.06.1999 005
Neufassung des Gesellschaftsvertrages.

Fortsetzung des Auszugs siehe nächste Seite

GESCHÄFTSFÜHRER/IN (handelsrechtlich)
A Dietrich Mateschitz, geb. 20.05.1944
1 vertritt seit 05.02.1987 selbständig

PROKURIST/IN
C Rudolf Theierl, geb. 16.11.1949
3 vertritt seit 22.04.1996 gemeinsam mit
einem weiteren Prokuristen
H Walter Bachinger, geb. 10.09.1967
8 vertritt seit 05.05.1999 gemeinsam mit
einem weiteren Prokuristen
J Dr. Volker Viechtbauer, geb. 20.11.1964
11 vertritt seit 29.03.2000 gemeinsam mit
einem weiteren Prokuristen
L Dr. Roland Concin, geb. 10.02.1952
24 vertritt seit 22.04.2005 gemeinsam mit
einem weiteren Prokuristen
M Dr. Manfred Hückel, geb. 02.11.1966
29 vertritt seit 05.09.2007 gemeinsam mit
einem weiteren Prokuristen

	GESELLSCHAFTER/IN	STAMMEINLAGE	HIERAUF GELEISTET
	E Distribution & Marketing GmbH		
5	....	ATS 245.000	
5	....		ATS 245.000
	F TC Agro Trading Company Ltd. Handelsregister Hongkong Nr.122565		
5	....	ATS 245.000	
5	....		ATS 245.000
	G Chalerm Yoovidhya, geb. 03.09.1950		
5	....	ATS 10.000	
5	....		ATS 10.000
	Summen:	ATS 500.000	ATS 500.000

--- PERSONEN ---

3 A Dietrich Mateschitz, geb. 20.05.1944
17 Am Brunnen 1
5330 Fuschl am See
3 C Rudolf Theierl, geb. 16.11.1949
3 Gänsbichlstraße 1
5400 Hallein
5 E Distribution & Marketing GmbH
5 (FN 36878 h)

5 Alpenstr. 54
5020 Salzburg
5 F TC Agro Trading Company Ltd.
Handelsregister Hongkong Nr.122565
5 71 Mody Road Tower 1
HKG-306 South Sea CTR, FLAT/RM
6 G Chalerm Yoovidhya, geb. 03.09.1950
5 Ekachai Rd.,Bangbon
THA-39 Mu 8,Bangkok
8 H Walter Bachinger, geb. 10.09.1967
18 Am Brunnen 1
5330 Fuschl am See
11 J Dr. Volker Viechtbauer, geb. 20.11.1964
18 Am Brunnen 1
5330 Fuschl am See
24 L Dr. Roland Concin, geb. 10.02.1952
24 Am Brunnen 1
5330 Fuschl am See
29 M Dr. Manfred Hückel, geb. 02.11.1966
29 Am Brunnen 1
5330 Fuschl am See

--- INFORMATION DER ÖSTERREICHISCHEN NATIONALBANK ---

zum 29.12.2014 gültige Identnummer: 1074393

Ü 1.52: Firmenbuchauszug einer Aktiengesellschaft C

Sehen Sie sich den nachstehenden Firmenbuchauszug an und beantworten Sie die folgenden Fragen:

a) Um welches Unternehmen handelt es sich?

b) Wie lautet die Firma dieses Unternehmens?

c) Wie hoch ist das Grundkapital des Unternehmens?

d) Welchen Anteil am Unternehmen verbrieft eine Aktie?

e) Ist ersichtlich, wer an dieser AG als Aktionär(e) beteiligt ist?

f) Welche Personen sind/Welche Person ist im Vorstand der AG und wie viele Personen darf der Vorstand umfassen?

g) Welche Aufgaben hat der Vorstand einer AG im Vergleich zum Aufsichtsrat?

Firmenbuch

Stichtag 20.1.2015 | **Auszug mit aktuellen Daten** | **FN 251948 m**

Grundlage dieses Auszuges ist das Hauptbuch ergänzt um Daten aus der Urkunden-
sammlung.
Letzte Eintragung am 18.12.2014 mit der Eintragungsnummer 40
zuständiges Gericht Handelsgericht Wien

FIRMA
3 Palmers Textil Aktiengesellschaft

RECHTSFORM
1 Aktiengesellschaft

SITZ in
37 politischer Gemeinde Wien

GESCHÄFTSANSCHRIFT
37 Ares Tower
Donau-City-Straße 11
1220 Wien

KAPITAL
1 EUR 2.981.926,80

ART der AKTIEN
3 1.239.600 Stückaktien

STICHTAG für JAHRESABSCHLUSS
1 31. Jänner

JAHRESABSCHLUSS (zuletzt eingetragen; weitere siehe Historie)
40 zum 31.01.2014 eingereicht am 11.12.2014

VERTRETUNGSBEFUGNIS
3 Die Gesellschaft wird, wenn mehrere Vorstandsmitglieder
bestellt sind, durch zwei Vorstandsmitglieder gemeinsam oder
durch eines von ihnen gemeinsam mit einem Gesamt-
prokuristen vertreten.
Der Aufsichtsrat kann einzelnen Vorstandsmitgliedern
selbständige Vertretungsbefugnis erteilen.

SONSTIGE BESTIMMUNGEN
1 Der Vorstand besteht aus einer, zwei, drei oder vier
Personen.

ART DER BEKANNTMACHUNG
1 Die Bekanntmachungen der Gesellschaft erfolgen im
Amtsblatt zur Wiener Zeitung.

1 Satzung vom 24.08.2004 001

1 Hauptversammlungsbeschluss vom 23.08.2004 der 002
"P" Beteiligungs Aktiengesellschaft
(FN 103103 y)
als übertragende Gesellschaft.
Spaltung durch Übertragung von Vermögen (und zwar Aktien
an der Palmers Textil Aktiengesellschaft mit dem Sitz in
Wien, FN 42697 s) auf diese Gesellschaft als neu gegründete
gemäß Spaltungsplan vom 14.07.2004

3 Verschmelzungsvertrag vom 21.04.2005 003

3 Hauptversammlungsbeschluss vom 21.04.2005 004
Diese Gesellschaft wurde als
übernehmende Gesellschaft mit der
Palmers Textil Aktiengesellschaft
(FN 42697 s)
als übertragender Gesellschaft verschmolzen.
Sitz der übertragenden Gesellschaft in Wien.

3 Hauptversammlungsbeschluss vom 21.04.2005 005
Neufassung der Satzung.

4 Hauptversammlungsbeschluss vom 31.05.2005 006
Änderung der Satzung in § 1 Absatz (2)

10 Hauptversammlungsbeschluss vom 19.10.2006 007
Spaltung

10 zur Aufnahme in die 008
p2 Kosmetik GmbH
(FN 125361 f)
durch Übertragung
des Teilbetriebes Einzel- und Großhandel mit kosmetischen
Produkten, Parfümeriewaren und Produkten der Schönheits-
pflege aller Art unter der Marke "p2"
gemäß Spaltungs- und Übernahmsvertrag vom 19.10.2006
Sitz der übernehmenden Gesellschaft ist Wiener Neudorf.

VORSTAND
AB Mag. (FH) Wolfgang Neussner, geb. 28.01.1975
34 vertritt seit 01.10.2013 selbständig

PROKURIST/IN
Z Andreas Hammerl, geb. 24.05.1972
22 vertritt seit 01.04.2009 gemeinsam mit
einem Vorstandsmitglied oder einem weiteren Gesamt-
prokuristen

ALLEINAKTIONÄR/IN
O Palmers Holding GmbH
4 eingetragen

AUFSICHTSRATSMITGLIED
F Dkfm. Max Römer, geb. 09.09.1951
2 Vorsitzende/r
G Mag. Norbert Doll, geb. 25.07.1963
2 Stellvertreter/in des/der Vorsitzenden
H Dr. Burkhard Bonsels, geb. 07.02.1963
2 Mitglied
S Wolfgang Reiter, geb. 22.04.1964
9 Mitglied
V Richard Hofschneider, geb. 16.03.1970
13 Mitglied
W Francois Barbier, geb. 29.05.1965
16 Mitglied

-------------- INFORMATION DER ÖSTERREICHISCHEN NATIONALBANK ----------------

zum 20.01.2015 gültige Identnummer: 6576745

Ü 1.53: Prokura – Firmenbuchauszüge einer OG, einer GmbH und einer AG (Fortsetzung von Ü 1.48, Ü 1.51 und Ü 1.52) C

Sehen Sie sich die Firmenbuchauszüge der OG (in **Ü 1.48**), der GmbH (in **Ü 1.51**) und der AG (in **Ü 1.52**) nochmals an und beantworten Sie die folgenden Fragen:

a) Welche Unternehmen haben Prokuristen bestellt? Wie viele Prokuristen wurden bestellt?

b) Um welche Form der Prokura handelt es sich jeweils?

c) Nennen Sie drei Beispiele für Befugnisse, die diese Prokuristen haben!

Ü 1.54: Rechtsformwahl C

Sachverhalt

Sie sind im Betriebsgründungsservice der Wirtschaftskammer tätig. Ihrem Terminkalender entnehmen Sie, dass für heute Vormittag ein Beratungsgespräch mit 2 Kunden vereinbart wurde. Anlässlich der telefonischen Terminvereinbarung haben Sie bereits einige Notizen gemacht (Unterlage).

Aufgabe

Bereiten Sie sich auf das Beratungsgespräch vor. Geben Sie dabei eine fundierte Empfehlung für eine passende Rechtsform ab. Begründen Sie Ihre Empfehlung mithilfe geeigneter Kriterien.

Unterlage

AKTENNOTIZ

Entgegengenommen am: *21.9.20..* Termin vereinbart für: *25.9.20..*

Sachverhalt:

Herr Fritz Neubauer möchte sich gemeinsam mit seiner Gattin Sabine Neubauer selbständig machen.

Unternehmensgegenstand: Einzelhandel mit Lebensmitteln

Ein Geschäftslokal in der Innsbrucker Innenstadt mit ca. 70 m² wurde bereits gefunden.

Persönliche Daten:

Fritz Neubauer, Alter 28 Jahre, Mietwohnung in Innsbruck. verheiratet, zwei Kinder, Alleinverdiener, Gattin: Sabine Neubauer, 26 Jahre

Berufliche Ausbildung und Tätigkeit:

Herr Neubauer: Pflichtschule, Lehre als Einzelhandelskaufmann nach der Pflichtschule, seit 9 Jahren bei Billa, die letzten 2 Jahre als Filialleiter.

Frau Neubauer: Handelsschulabschluss, war in der Buchhaltung einer Sportartikelfirma tätig, seit 6 Jahren im Haushalt

Eigenmittel:

Ersparnisse ca. 50.000,–, keine Grundstücke, keine Wertpapiere

Schulden:

Kredit bei der Erste Bank über 8.000,– (Pkw-Kauf)

Bemerkungen:

Kapitalbedarf für die Gründung: 40.000,–, Anschaffung der Vorräte und Investitionsablöse für das Geschäftslokal, die vorhandene Geschäftsausstattung kann weiterverwendet werden.

starke Konkurrenz auf dem Lebensmittelsektor in Innsbruck

Keine Vermögenstrennung – Herr und Frau Neubauer besitzen Privatvermögen zu gleichen Teilen.

Beide wollen mitarbeiten.

H₂Ö MUSTERUNTERNEHMEN

Bearbeiten Sie die Fallbeispiele zum Unternehmen H2Ö im SbX.

Die Ausgangssituation

Die H2Ö GmbH in Aflenz handelt mit österreichischem Quellwasser höchster Qualität, Fruchtsirupen aus biologischer Landwirtschaft und Erzeugnissen aus österreichischen Glasmanufakturen.

H2Ö-Aufgabe: Offene Gesellschaft und Stille Gesellschaft C

Ihre Aufgabe im Unternehmen

Sie arbeiten in den Sommerferien als Praktikant/in bei der H2Ö GmbH. Um sich mit dem Unternehmen vertraut zu machen, sollen Sie sich die Website der H2Ö GmbH näher ansehen.

SbX H2Ö-Aufgabe ID: 1072

Einen Link zur Unternehmenswebsite und ein Arbeitsblatt mit verschiedenen Fragen zum Unternehmen finden Sie im SbX.

H2Ö-Aufgabe: Fragen zum Firmenbuchauszug der H2Ö GmbH C

Ihre Aufgabe im Unternehmen

Sie arbeiten in den Sommerferien als Praktikant/in bei der H2Ö GmbH. Um sich mit dem Unternehmen vertraut zu machen, sollen Sie sich den Firmenbuchauszug der H2Ö GmbH näher ansehen.

SbX H2Ö-Aufgabe ID: 1072

Den Firmenbuchauszug und ein Arbeitsblatt mit darauf bezogenen Fragen zum Unternehmen finden Sie im SbX.

H2Ö-Aufgabe: Vollmachten im Unternehmen C

Ihre Aufgabe im Unternehmen

Sie arbeiten in den Sommerferien als Praktikant/in bei der H2Ö GmbH. Da der Geschäftsleiter und die Geschäftsleiterin verreisen wollen, werden Sie gebeten, einen Vorschlag für die Erteilung einer Vollmacht für die Marketingleiterin Frau Mag. Yürük vorzubereiten.

SbX H2Ö-Aufgabe ID: 1072

Links zu dieser Aufgabe sowie ein Arbeitsblatt mit der Aufgabenstellung finden Sie im SbX.

2 KAUFVERTRÄGE IN DER INTERNATIONALEN GESCHÄFTSTÄTIGKEIT

Worum geht's in diesem Kapitel?

Die jeweils aktuellen Daten zum Außenhandel finden Sie unter **www.statistik.at/web_de/statistiken/aussenhandel/index.html.**

Österreich exportiert und importiert jährlich Waren im Wert von rund 130 Milliarden Euro, das ist um 70 % mehr als das gesamte österreichische Bundesbudget von rund 75 Milliarden Euro oder ca. 43 % des Bruttoinlandsprodukts (Stand 2014). Das heißt, ohne Außenhandel könnte die österreichische Wirtschaft nicht existieren.

Für den Außenhandel gilt natürlich alles, was Sie bereits im Band 1 zum Thema Kaufvertrag gelernt haben. Aber im Außenhandel werden Kaufverträge über größere Entfernungen, zwischen Staaten mit unterschiedlichen rechtlichen Vorschriften und zwischen Partnern, die einander weniger gut kennen und oft nicht die gleiche Sprache sprechen, abgeschlossen.

Kaufverträge im Außenhandel müssen daher genauer formuliert werden (meist schriftlich). Lieferung und Zahlung werden besser abgesichert, staatliche Regeln, wie Zölle, Einfuhrbeschränkungen, Devisenbestimmungen, sind zu beachten.

Wenn Sie dieses Kapitel bearbeiten, erwerben Sie die folgenden in der Bildungs- und Lehraufgabe des Lehrplans angeführten Kompetenzen:

Sie können aus dem Bereich Kaufvertrag

- **die in der internationalen Geschäftstätigkeit notwendigen Dokumente erläutern und realen Dokumenten wesentliche Informationen entnehmen,**
- **die wichtigsten Liefer- und Zahlungsbedingungen in der internationalen Geschäftstätigkeit erklären und anwenden.**

Sie können durch den Einsatz von Fallstudien

- **Ihre erworbenen Fach-, Methoden-, Sozial- und Selbstkompetenzen vernetzt anwenden.**

A B C D E

In diesem Kapitel finden Sie Übungsaufgaben, praxisbezogene Fallbeispiele und Aufgaben zur Lernkontrolle zur Überprüfung Ihrer Kompetenzen auf den Handlungsebenen A **Wiedergeben,** B **Verstehen,** C **Anwenden** und D **Analysieren & Interpretieren.**

Dieses Kapitel umfasst folgende Lerneinheiten:

1 Liefern über die Grenze

2 Zahlungsbedingungen im Außenhandel

3 Fallbeispiel

Quick-Check zum Thema:

Kaufverträge

A B C D E

Die folgenden Aufgaben können Sie schon jetzt bearbeiten.

Ü 2.01: Fallbeispiel Annas Bäckerei e. U.

Die Ausgangssituation:

Anna betreibt eine kleine Bäckerei im 5. Wiener Gemeindebezirk. Sie ist berühmt für ihre einzigartigen Semmeln, die sie jeden Morgen ab 4:00 Uhr für ihre Kundinnen und Kunden herstellt. Das Geschäftslokal öffnet um 6:30 Uhr. Ihre Kundinnen und Kunden sind vor allem Kinder und Berufstätige, die sich ihre Jause am Morgen kaufen, und 3 kleinere Restaurants in der Umgebung.

Anna verwendet nur Getreide und Zutaten aus biologischem Anbau, diese natürliche Qualität ist ihr wichtig. Ihre Hauptlieferanten kommen aus dem Waldviertel und aus der Steiermark. Anna gilt als „zähe" Verhandlerin. Als Leiterin eines kleinen Unternehmens muss sie besonders auf ihre Kosten achten.

Aufgaben:

1. Kaufvertrag – Übereinstimmende Willenserklärung C

Durch welche Form der **übereinstimmenden Willenserklärung** kommt der Kaufvertrag in den folgenden Fällen zustande?

Fall	Form der Willenserklärung
Anna kauft ein neues Verkaufslokal im 4. Wiener Gemeindebezirk.	
Eine Schülerin kauft jeden Morgen ein Kipferl für die Schuljause. Sie legt € 1,50 auf die Theke, Anna übergibt wortlos das Sackerl mit dem Kipferl.	
Ein Restaurantmanager ruft an und bestellt Brot und Gebäck für die kommende Woche.	
Eine Kundin bestellt per E-Mail fürs Wochenende 25 Semmeln für eine Geburtstagsfeier, die sie am Samstag Morgen abholen und bezahlen will.	

2. Kaufvertrag – gesetzliche Grundlagen B

Welche Gesetze gelten für die folgenden Kaufverträge? Bitte kreuzen Sie die richtige Lösung an. (Mehrfachlösungen möglich!)

	ABGB	UGB	KSchG	E-Commerce-Gesetz
Anna bestellt persönlich im Miele-Showroom einen neuen Backofen für ihre Wohnung.				
Anna bestellt schriftlich einen Backofen für das neue Verkaufslokal bei einem Bäckerei-Ausstatter.				
Anna lädt Weihnachtslieder von der Plattform „iTunes" herunter, die sie im Geschäftslokal zu Weihnachten im Hintergrund spielen will.				
Anna kauft über eBay von einem privaten Anbieter einen alten Plattenspieler für ihre LP-Sammlung.				

3. Zustandekommen des Kaufvertrags D

Überprüfen Sie für die folgenden Fälle, ob ein Kaufvertrag zustande kommt oder nicht. Kreuzen Sie die richtige Antwort an und begründen Sie Ihre Entscheidung:

Fall	Ja	Nein	Begründung
Anna erstellt ein unverlangtes Angebot – der Käufer, das Unternehmen HiTech OG, bestellt laut Angebot – Anna fertigt den Lieferschein aus.			
Anna versendet Werbeblätter an Haushalte der Umgebung – ein privater Käufer macht eine Bestellung – Anna liefert.			
Das Unternehmen HiTech OG macht eine allgemeine Anfrage – Anna sendet ihren Katalog – die HiTEch OG bestellt und sendet kurz darauf eine Änderung ihrer Bestellung – Anna sendet eine Auftragsbestätigung.			
Ein privater Kunde macht eine spezielle Anfrage – Anna sendet ein verlangtes Angebot – der Kunde bewahrt Stillschweigen.			

4. Arten von Angeboten B

Entscheiden Sie in den folgenden Fällen, ob es sich um ein Angebot im rechtlichen Sinn handelt bzw. welche Angebotsform es ist:

Fall	Ja/Nein	Angebotsform
a) Um die Kundenbeziehung aufrechtzuerhalten, versendet Anna jeden Monat aktuelle Angebote an ihre drei besten Kunden.		
b) Anna will ihre neue Wohnung einrichten. Sie geht in ein Möbelhaus und verlangt Prospekte.		
c) Anna hat bei der Firma Maier angerufen und um ein schriftliches Offert für zwei Fax-Geräte ersucht. Das Schreiben ist heute eingetroffen.		
d) Anna findet in ihrem Postkasten einen Flugzettel des Supermarkts „Merkur", in dem preisgünstige Lebensmittel angeboten werden.		

5. Lieferung von Bio-Marmelade: Liefer- und Zahlungsbedingungen C

Verkäufer: Die Markus Walser OG, Gars am Kamp
Käuferin: Annas Bäckerei e. U., Wien
Im Kaufvertrag wurde die Klausel „frachtfrei versichert Wien Hauptbahnhof" vereinbart, zahlbar 30 Tage nach Erhalt, bei Zahlung innerhalb von 10 Tagen 2 % Skonto.

a) Lieferbedingungen:

Fall 1: Die Markus Walser OG bringt die bestellte Ware mit dem betriebseigenen Lkw zum Bahnhof Gars. Während dieses Transports passiert ein Unfall, bei dem die Ware völlig zerstört wird.

Fall 2: Die Markus Walser OG lässt die Ware von ihrem Auslieferungslager in Gars durch ein Transportunternehmen abholen und zum Garser Bahnhof bringen. Während dieses Transports passiert ein Unfall, bei dem die Ware völlig zerstört wird.

Erläutern Sie für die Fälle 1 und 2, welche Konsequenzen dieser Unfall jeweils für die Markus Walser OG und für Annas Bäckerei hat.

b) Zahlungsbedingungen:

Wann muss Anna spätestens zahlen? Wo liegt der Erfüllungsort der Zahlung? Warum sollte Anna den Skonto ausnützen?

SbX
Alle SbX-Inhalte zu dieser Lerneinheit finden Sie unter der ID: 2010.

Lerneinheit 1
Liefern über die Grenze

Gerda hat vor kurzem einen Bio-Gemischtwarenhandel eröffnet und bestellt bei einem ungarischen Landwirt frisches Lammfleisch, da sie durch den Direktimport günstigere Preise erhält. Vereinbart wird die Lieferung bis zum Großmarkt Wien Inzersdorf.

Leider wartet Gerda vergeblich auf das Eintreffen der bestellten Ware zum vereinbarten Liefertermin. Erst durch umständliches Nachforschen erfährt sie, dass an der Grenze für das Lammfleisch keine Einfuhrgenehmigung erteilt wurde, da die Begleitpapiere mangelhaft waren. Durch die Lieferverzögerung war das Fleisch verdorben und nicht mehr zu verkaufen. Der Verkäufer weist jedes Verschulden seinerseits von sich und besteht auf Bezahlung der Ware.

Erst jetzt macht sich Gerda Gedanken: Wer hat sich um entsprechende Begleitpapiere zu kümmern? Gibt es vielleicht Lieferbedingungen, die im internationalen Handel verwendet werden können und Kosten und Risiko genau regeln?

Lernen

SbX ID: 2011

A B C D E

1 Die Bedeutung des Außenhandels für Österreich
[The importance of international trade for Austria]

Die Bedeutung des Außenhandels ist für kleinere Staaten wie Österreich größer als für große Staaten, da

- viele Rohstoffe und Agrarprodukte eingeführt werden müssen,
- viele Fertigprodukte aufgrund des kleinen Binnenmarkts nur zu sehr hohen Kosten hergestellt werden könnten und daher ebenfalls eingeführt werden müssen,
- aufgrund der großen Importabhängigkeit viel exportiert werden muss, um die Importe mit Devisen bezahlen zu können.

Beispiel

- Viele Jahre hindurch konnte Österreich die Devisen für die Pkw-Importe mit den Exporterlösen der Autozulieferindustrie (Motoren, Einspritzpumpen, Sitzüberzüge etc.) bezahlen.

Ein- und Ausfuhranteile – Österreich 2014 (in Mrd. Euro und in Prozent):

	Exporte		Importe	
	in Mrd. Euro	in Prozent	in Mrd. Euro	in Prozent
insgesamt	127,9	100	129,7	100
EU 28	88	68,8	92,5	71,3
EU 18 (Eurozone)	65,7	51,4	74,4	57,4
13 neue EU-Länder (ab 2004)	21,8	17	18,6	14,3
Deutschland	38	29,7	48,5	37,4
Italien	8,2	6,4	8	6,2
Frankreich	6,2	4,8	3,7	2,9
Schweiz	6,7	5,2	6,6	5,1
USA	7,8	6,1	4,5	3,5
China	3,4	2,7	7,2	5,6

Quelle: Statistik Austria, WKO

Die Tabelle zeigt,

- dass Österreich etwas weniger exportiert als importiert,
- dass rund 70 % des österreichischen Außenhandels mit der EU erfolgen,
- dass die neuen EU-Länder sehr wichtige Handelspartner darstellen, in die mehr exportiert als aus ihnen importiert wird,
- dass rund 30 % der Exporte nach und rund 38 % der Importe aus Deutschland erfolgen,
- dass aus China viel mehr importiert als nach China exportiert wird.

2 Risiken im Außenhandel
[The risks of international trade]

Unter einem **Risiko** versteht man die Gefahr, bei einer unternehmerischen Tätigkeit sein eingesetztes Kapital zu verlieren oder die geplanten Gewinne nicht zu erzielen.

Schon bei Kaufverträgen im Inland sind Käufer und Verkäufer verschiedenen Risiken ausgesetzt. So kann z. B. der Verkäufer nie sicher sein, ob der Kunde die Ware auch wirklich annehmen und zahlen wird, wenn er auf Ziel liefert. Genauso riskant ist es für den Käufer, darauf zu vertrauen, dass er mängelfreie Ware zum vereinbarten Zeitpunkt bekommt.

Bei grenzüberschreitenden Verträgen ist vieles riskanter.

Im Außenhandel kommen noch weitere Risiken hinzu:

Risiken für den Verkäufer/Exporteur		Risiken für den Importeur	
Marktrisiko	falsche Einschätzung des Auslandsmarkts: ungeeignetes Produkt, Fehleinschätzung der abzusetzenden Menge etc.	Lieferungsrisiko	Gefahr, dass der Lieferant die Lieferfrist, die vereinbarte Menge oder Qualität nicht einhält
Preisrisiko	Gefahr von Preisveränderungen		
Kredit-/Dubiosenrisiko	Gefahr, dass der Käufer bei der Gewährung von Lieferantenkrediten später als vereinbart oder gar nicht zahlt		
Annahmerisiko	Gefahr, dass der Käufer die Ware nicht annimmt oder Mängel beanstandet, die nur schwer zu überprüfen sind		
Länderrisiko	schwierige ökonomische, rechtliche, soziale und politische Rahmenbedingungen im geplanten Absatzland		
Kursrisiko	Gefahr, dass der Wechselkurs der vereinbarten Vertragswährung sinkt und der Verkäufer einen geringeren Umsatz macht	Kursrisiko	Gefahr, dass der Wechselkurs der vereinbarten Vertragswährung steigt und der Käufer für die Lieferung mehr bezahlen muss
Transportrisiko	Risiko der Beschädigung oder des Verlusts der Ware auf dem Transportweg (bei Lieferung frei Haus)	Transportrisiko	Risiko der Beschädigung oder des Verlusts der Ware auf dem Transportweg (bei Lieferung ab Werk)

Für Importeur und Exporteur ist es wichtig,

- diese Risiken rechtzeitig zu erkennen,
- sinnvolle und nicht zu teure Maßnahmen zur Absicherung gegen diese Risiken zu treffen.

Die Auswahl von geeigneten Liefer- und Zahlungsbedingungen und die Ausstellung von speziellen Dokumenten helfen bei der Minimierung dieser Risiken.

3 Dokumente im Außenhandel
[Documents in international trade]

Fakturen (Rechnungen) haben Sie bereits im I. Jahrgang kennengelernt.

Dokumente helfen dabei, die vertragsgemäße Lieferung nachzuweisen.

(1) Rechnungen (Fakturen) im Außenhandel

Zollrechnung:

Die Zollrechnung ist eine Rechnung, die mit einem Ursprungsvermerk versehen ist. Daraus ersieht man, aus welchem Land die Ware kommt. Die Zollrechnung ist die Grundlage für die Verzollung der Ware im Empfängerland.

Pro-Forma-Rechnung:

Die Pro-Forma-Rechnung ist eine vorläufige Rechnung, die vor Vertragsabschluss beziehungsweise vor Lieferung der Ware ausgestellt wird. Sie dient zur Beantragung einer eventuell erforderlichen Importlizenz.

(2) Ursprungsnachweise

Warenverkehrsbescheinigung:

Die Warenverkehrsbescheinigung weist den Ursprung von Waren nach. Die WVB ist erforderlich für die Inanspruchnahme von begünstigten Zöllen oder Zollbefreiungen und wird von den Zollbehörden beglaubigt.

Ursprungszeugnis:

Das Ursprungszeugnis weist ebenfalls den Ursprung von Waren nach und dient der Export- und Importkontrolle von Warenströmen (Kontingenten). Ursprungszeugnisse werden von den Handelskammern ausgestellt. Sie sind nur noch in wenigen Ländern zwingend erforderlich.

Übungsbeispiel

Ü 2.02: Dokumente im Außenhandel B

Überlegen Sie, ob es dem Exporteur Kosten verursacht, wenn er die angeführten Versanddokumente (zusätzlich zu den auch im Inland üblichen Frachtdokumenten) beibringen muss.

4 Die Lieferbedingungen im Außenhandel
[Terms of delivery in international trade]

Mithilfe von Kaufvertragsklauseln vereinbaren Verkäufer und Käufer den Kosten- und Risikoübergang.

Ist im Kaufvertrag nichts vereinbart worden, so gehen auch im internationalen Handel Kosten und Risiko bei der Niederlassung des Verkäufers auf den Käufer über.

Der Ort des Kostenübergangs bzw. der Ort des Risiko-(Eigentums-)Übergangs wird im Außenhandel im Kaufvertrag genau festgelegt.

Wie im Binnenhandel haben sich auch im Außenhandel Kurzformulierungen zur Regelung des Eigentums- und Kostenübergangs entwickelt (sogenannte „Preisklauseln").

4.1 Die Incoterms 2010 (Übersicht) [The Incoterms 2010 (Overview)]

Damit Preisklauseln nicht unterschiedlich ausgelegt werden, hat die Internationale Handelskammer in Paris (IHK) einheitliche Auslegungsregeln für 11 unterschiedliche Möglichkeiten veröffentlicht.

Das Hauptziel dieser Regelung ist es, Pflichten und Rechte von Verkäufer und Käufer eindeutig festzulegen.

Dazu zählen:

- Ort der Erfüllung der Lieferungsverpflichtung (= Ort des Risiko- bzw. Eigentumsübergangs)
- Ort, an dem die Kosten für Fracht, Versicherung etc. vom Verkäufer auf den Käufer übergehen (= Ort des Kostenübergangs)
- Regelung, wer für die Beschaffung von Transportmitteln und Transportpapieren verantwortlich ist (Wer muss, wer darf z. B. das Schiff oder die Fluggesellschaft auswählen?)
- Regelungen, wer die Ausfuhr-, Durchfuhr- und Einfuhrformalitäten einschließlich der Verzollung und der Nebengebühren besorgen bzw. bezahlen muss

Verbindlichkeit der Incoterms

Die Incoterms sind nicht allgemein verbindlich. Es muss daher von den Vertragspartnern **vereinbart werden,** dass diese Regelungen gelten.

Die Klauseln werden in vier verschiedene Gruppen eingeteilt.

Die Nummern in Klammer beziehen sich auf die Beschreibungen der wichtigsten Klauseln ab Seite 70.

Gruppe	Abkürzung	Risikoübergang	Kostenübergang
Gruppe E (E-Klauseln) (Käufer trägt die gesamten Kosten.)			
Ex Works (ab Werk)	EXW	ab Werk des Verkäufers	
Gruppe F (F-Klauseln) (Haupttransport vom Käufer bezahlt)			
Free Carrier (1) (frei Frachtführer)	FCA	bei Übergabe an den im Vertrag benannten Frachtführer	
Free Alongside Ship (frei Längsseite Seeschiff)	FAS	am Verladekai des vom Käufer benannten Seeschiffes im Verschiffungshafen	
Free on Board (2) (frei an Bord Seeschiff)	FOB	an Bord des vom Käufer benannten Seeschiffes im Verschiffungshafen	
Gruppe C (C-Klauseln) (Haupttransport vom Verkäufer bezahlt)			
Cost and Freight (3) (Kosten und Fracht bezahlt)	CFR	an Bord des Schiffes im Verschiffungshafen	an Bord des Schiffes im Bestimmungshafen
Cost, Insurance, Freight (4) (Kosten, Versicherung und Fracht bezahlt)	CIF	an Bord des Schiffes im Verschiffungshafen	an Bord des Schiffes im Bestimmungshafen
Carriage Paid to … (5) (frachtfrei … benannter Bestimmungsort)	CPT	bei Übergabe an den ersten Frachtführer	im genannten Bestimmungsort
Carriage and Insurance Paid to … (6) (frachtfrei versichert … benannter Bestimmungsort)	CIP	bei Übergabe an den ersten Frachtführer	im genannten Bestimmungsort
Gruppe D (D-Klauseln) (Verkäufer übernimmt Kosten und Risiko bis zum Bestimmungsort.)			
Delivered at Place (geliefert benannter Ort)	DAP	beim Lieferort	
Delivered at Terminal (geliefert Terminal)	DAT	an einem benannten Terminal im Bestimmungshafen oder -ort	
Delivered, Duty Paid (frei Bestimmungsort, verzollt)	DDP	im Bestimmungsort (verzollt)	

Hinweise:

- Bei den Klauseln der Gruppen E, F und D (siehe Übersicht) gehen Risiko und Kosten an einem Ort vom Verkäufer auf den Käufer über. Man spricht daher oft von sogenannten **„Einpunktklauseln"**.
- Bei den Klauseln der Gruppe C bezahlt der Verkäufer zwar den „Haupttransport", das Risiko geht jedoch bereits bei der Übergabe an den benannten Frachtführer auf den Käufer über. Risiko- und Kostenübergang erfolgen demnach an verschiedenen Orten. Man spricht von sogenannten **„Zweipunktklauseln"**.
- FAS, FOB, CIF und CFR werden ausschließlich für den Schiffsverkehr empfohlen.
- Alle anderen Klauseln bezeichnet man als **„Multimodalklauseln"**. Sie werden verwendet, wenn mehrere unterschiedliche Transportmittel genutzt werden.

4.2 Die wichtigsten Klauseln [The most important clauses]

Der Originaltext der Klauseln ist auf Englisch. Die deutsche Übersetzung wird jeweils in Klammer angegeben.

SbX

Folien mit grafischen Darstellungen der Klauseln im Außenhandel in der Bildschirmpräsentation zu dieser Lerneinheit: ID: 2011 Diese Folien entsprechen den Abbildungen im Schritt „Sichern" auf Seite 73 und 74.

(1) FCA – Free Carrier (frei Frachtführer, benannter Ort)

Verkäufer:

Der Verkäufer trägt alle Kosten und Gefahren bis zur Übergabe an den vom Käufer genannten Frachtführer am genannten Ort.

Käufer:

Der Käufer muss den Frachtführer (bzw. den Spediteur) nennen und trägt alle Kosten und Risiken ab der Übergabe.

Die Klausel kann im Land-, Luft- und Seetransport verwendet werden.

Anmerkung:

Bei Übergabe am Ort des Verkäufers hat dieser die Kosten für die Beladung zu tragen. Bei Übergabe an einem anderen Ort genügt es, wenn der Verkäufer die Ware unausgeladen auf dem Transportmittel bereitstellt, mit dem geliefert wurde.

Beispiel

- Verkäufer: Salzburg, Käufer: Berlin, Klausel: FCA Berlin

  Der Verkäufer trägt

  - das Transportrisiko und die Transportkosten bis zur Übergabe an den ersten Frachtführer.

  Der Käufer

  - muss den Frachtführer/Spediteur nennen und
  - trägt das Transportrisiko und die Transportkosten von der Übergabe an den ersten Frachtführer bis nach Berlin.

(2) FOB – Free on Board (frei an Bord des Seeschiffs im benannten Verschiffungshafen)

Verkäufer trägt:

- Kosten und Risiko des Transports bis zum Abgangshafen (einschließlich aller Formalitäten)
- Kosten der Verladung auf das vom Käufer benannte Schiff

Käufer trägt:

- alle weiteren Kosten und Risiken (Seetransport, Versicherung, Ausladen etc.)

Als Liefernachweis gilt das Board Receipt (Mate's Receipt = eine Bestätigung, dass die Ware in äußerlich gutem Zustand an Bord übernommen wurde).

Die Klausel wird nur im Schiffsverkehr verwendet.

Beispiel

- Verkäufer: Wien, Käufer: Chicago, Klausel: FOB Hamburg

  Der Verkäufer muss

  - Transportrisiken und Transportkosten bis Hamburg tragen,
  - die Ware zur Ausfuhr freimachen und alle bei der Ausfuhrabfertigung entstehenden Kosten und Abgaben tragen,
  - die Verladung besorgen und die Risiken der Verladung tragen.

  Der Vertrag ist erfüllt, wenn die Ware in äußerlich gutem Zustand in Hamburg die Reling des vom Käufer benannten Schiffes überschreitet.

Die Klauseln **CFR** und **CIF** werden **nur im See- und im Binnenschiffsverkehr** verwendet.

(3) CFR – Cost and Freight (Kosten und Fracht bezahlt)

(4) CIF – Cost, Insurance, Freight (Kosten, Versicherung und Fracht bezahlt)

Für CFR und CIF gilt:

Verkäufer:

Der Verkäufer trägt Kosten und Fracht bis zum benannten Bestimmungshafen, er hat im Versandhafen für die Verladung auf das vom Käufer benannte Schiff zu sorgen und trägt bei „CIF" zusätzlich die Kosten der Seeversicherung.

Der Verkäufer trägt das Risiko jedoch nur bis zur Verladung im Verschiffungshafen (exakt bis zum Übergang über die Reling des Schiffes).

Bei **„CFR"** muss der Käufer auch selbst für die Seeversicherung sorgen.

Käufer:

Der Käufer trägt die Kosten des Ausladens im Bestimmungshafen und alle weiteren Kosten (Verzollung, Weitertransport etc.).

Der Käufer trägt jedoch das volle Transportrisiko für den Seetransport (ab Übergang über die Schiffsreling), d. h., er muss sich im Schadensfall selbst mit der Versicherung auseinandersetzen.

Beispiel

Klagenfurt. Die Landeshauptstadt

CHICAGO ILLINOIS Simply Magnificent

- Verkäufer: Klagenfurt, Käufer: Chicago, Verschiffungshafen: Genua, Bestimmungshafen: New York, Klausel: CIF New York

  Der Verkäufer trägt
  - Kosten und Risiko einschließlich Verladung bis Genua,
  - Fracht- und Versicherungskosten bis New York.

  Der Käufer trägt
  - Risiko des Seetransportes von Genua nach New York (d. h., er hat sich im Schadensfall mit der Versicherung auseinanderzusetzen),
  - Kosten und Risiko des Ausladens in New York,
  - alle weiteren Kosten und Risiken (Zoll, Lagerung, Weitertransport).

  Wäre statt CIF New York CFR New York vereinbart worden, müsste der Importeur selbst für die Seeversicherung sorgen.

Die CIF- bzw. CFR-Klausel hat folgenden Sinn:

- Sie ermöglicht es dem Importeur, Angebote aus verschiedenen überseeischen Orten leicht miteinander zu vergleichen.

Beispiele

Einem Wiener Importeur werden gleichwertige Waren aus New York, Rio und Tokio angeboten. Für die Exporteure wäre es schwierig, Angebote frei Wien zu erstellen. Sie können jedoch z. B. CIF Genua anbieten.

Der Wiener Importeur kann nun die Angebote leicht miteinander vergleichen.

- Jeder Partner hat jene Handlungen durchzuführen, die näher bei seiner Niederlassung liegen.
  Der Versand ist Aufgabe des Exporteurs, die Übernahme und Kontrolle der Ware im Bestimmungshafen sind Aufgaben des Importeurs oder dessen Beauftragten.

(5) CPT – Carriage Paid to (frachtfrei … benannter Bestimmungsort)

(6) CIP – Carriage and Insurance Paid to (frachtfrei versichert … benannter Bestimmungsort)

Für CPT und CIP gilt:

Verkäufer:

Der Verkäufer trägt die Frachtkosten (bei CIP auch die Versicherungskosten) bis zum benannten Bestimmungsort. Das Risiko geht jedoch bereits bei der Übergabe an den ersten Frachtführer auf den Käufer über.

Käufer:

Der Käufer trägt somit das gesamte Transportrisiko, jedoch nicht die Transportkosten.

Beispiel

STADT : SALZBURG

Stadt Köln

- Verkäufer: Salzburg, Käufer: Köln, Klausel: CPT Köln, Bahnversand

  Der Salzburger Verkäufer
  - trägt die gesamten Transportkosten bis nach Köln,
  - trägt jedoch das Risiko nur bis zur Übergabe an den ersten Frachtführer (d. h., bringt er die Ware mit dem eigenen Lkw bis zum Salzburger Hauptbahnhof und handelt es sich um eine Wagenladung, dann muss er die Ware verladen und dann an die ÖBB übergeben; ab diesem Zeitpunkt trägt das Risiko der Kölner Käufer).

Der Kölner Käufer
- ○ trägt das Risiko der Bahnfracht (d. h., treten Schäden auf, so muss sich der Kölner Käufer mit der Versicherung oder mit der Bahn auseinandersetzen).

Wäre statt CPT Köln CIP Köln vereinbart worden, müsste der Exporteur die Transportversicherung abschließen und bezahlen.

Übungsbeispiele

SbX Ü 2.04 mit automatischer Aufgabenkontrolle ID: 2011

Ü 2.03: Incoterms – FCA C

Ein österreichischer Büromöbelerzeuger verkauft Büromöbel mit der Klausel FCA Wien-Ostbahnhof nach Prag. Noch auf österreichischem Gebiet werden die Waren bei einem Zugunglück beschädigt.
Wer muss sich mit der Eisenbahn wegen des Schadenersatzes auseinandersetzen?

Ü 2.04: Kosten- und Risikoübergang C

Ein Grazer Importeur importiert Kaffee aus Brasilien. Die Lieferung erfolgt von Rio de Janeiro über Genua nach Graz.
Bitte kreuzen Sie an, wer bei den Klauseln „CIF Genua" bzw. „FOB Rio" die einzelnen Kosten und Risiken trägt.

	CIF Genua		FOB Rio	
	Käufer (1)	Verkäufer (2)	Käufer (3)	Verkäufer (4)
a) Kosten der Verladung in Rio				
b) Kosten des Seetransports				
c) Risiko des Seetransports				
d) Kosten des Entladens in Genua				
e) Zoll an der österreichischen Grenze				
f) Transportkosten Genua – Graz				

Üben – Anwenden

A B C D E

Ü 2.05: Vertragsgestaltung im Außenhandel B

Ein Wiener Exporteur hat die Möglichkeit, nach Brasilien zu exportieren. Der brasilianische Abnehmer fordert den Abschluss eines Kontrakts in portugiesischer Sprache.
Welche Probleme könnte dies für den Österreicher mit sich bringen?

Ü 2.06: Incoterms – CPT C

Ein Grazer Werkzeugmaschinenerzeuger exportiert nach Rom. Es gilt die Klausel CPT Rom, Bahnversand per Wagenladung.
Der Grazer bringt die Werkzeugmaschinen mit eigenem Lkw zum Bahnhof in Graz. Bitte beschreiben Sie genau, wo das Transportrisiko auf den italienischen Importeur übergeht.

Ü 2.07: Incoterms C

Ein österreichischer Fahrradproduzent verkauft Fahrräder in die USA. Die Ware soll mit der Bahn nach Hamburg und von dort mit dem Schiff nach New York gehen und sodann mit Lkw nach Washington geliefert werden.
- a) Welche Kaufvertragsklauseln wären denkbar?
- b) Wer müsste sich mit wem auseinandersetzen, wenn die Fahrräder beim Seetransport infolge eines Schiffsbrandes vernichtet würden?
- c) Wen trifft bei den einzelnen Klauseln eine Erhöhung der Transportkosten zwischen Vertragsabschluss und Versendung, wenn nicht vereinbart wurde, derartige Preisänderungen zu berücksichtigen?

Sichern

SbX ID: 2013

Kaufverträge im Außenhandel

Wegen der besonderen Risiken ist es im Außenhandel wichtig, Kaufverträge sorgfältig zu gestalten und Lieferbedingungen genau festzulegen.

contracts of sale in international trade

Due to the special risks associated with international trade, it is important that contracts of sale are drafted carefully and the delivery terms are clearly stated.

Incoterms

Incoterms sind Lieferklauseln in Kurzform. Ihre Bedeutung wird von der Internationalen Handelskammer (IHK) in Paris festgelegt.

Manche Klauseln gelten für jede Transportart, manche nur für den Seeverkehr. Die folgenden Übersichten zeigen grafisch, welche Klauseln jeweils gelten.

Eine Hilfe zur Unterscheidung der verschiedenen Klauseln bieten die Bezeichnungen „Einpunktklauseln" und „Zweipunktklauseln". (Die Bezeichnungen sind umgangssprachlich, sie kommen in den Incoterms nicht vor.)

Incoterms

Incoterms are short forms for the terms of delivery. Their meaning is defined by the International Chamber of Commerce (ICC) in Paris.

Some clauses apply to all forms of transport; others only to sea and inland waterway transport. The following overview gives a graphic representation of which clauses apply in each case.

The descriptions "one-point clauses" and "two-point clauses" are a helpful way to distinguish the various clauses. These descriptions are used in everyday language but are not part of the official Incoterms.

Einpunktklauseln

Bei Einpunktklauseln gehen Kosten und Risiko (Eigentum) an einem Ort vom Verkäufer auf den Käufer über.

one-point clauses

In case of one-point clauses the costs and risk (ownership) are transferred from the seller to the buyer at one place.

Einpunktklauseln für jede Transportart, einschließlich kombiniertem Verkehr

FCA ist die wichtigste Klausel, sie kommt auch häufig im Luftverkehr vor.

one-point clauses for any form of transport, including combined transport

FCA is the most important clause that is also often used in air transport.

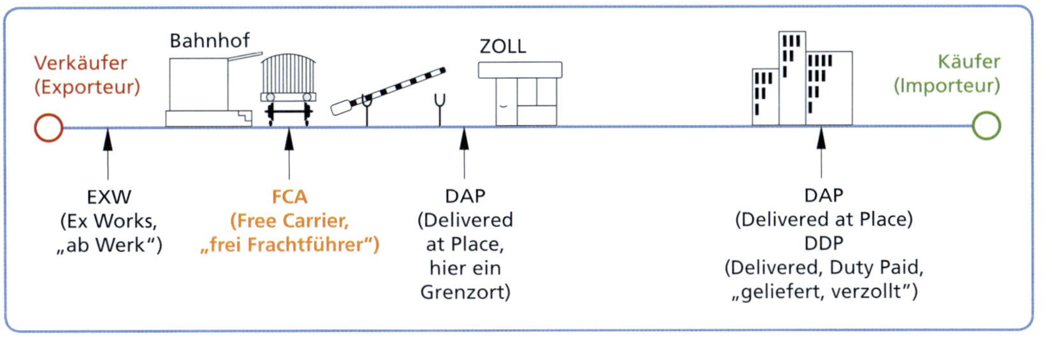

2 Kaufverträge in der IG

Einpunktklauseln für den Seeverkehr

one-point clauses for sea and inland waterway transport

FOB ist die wichtigste Einpunktklausel für den Seeverkehr.

FOB is the most important one-point clause used in sea and inland waterway transport.

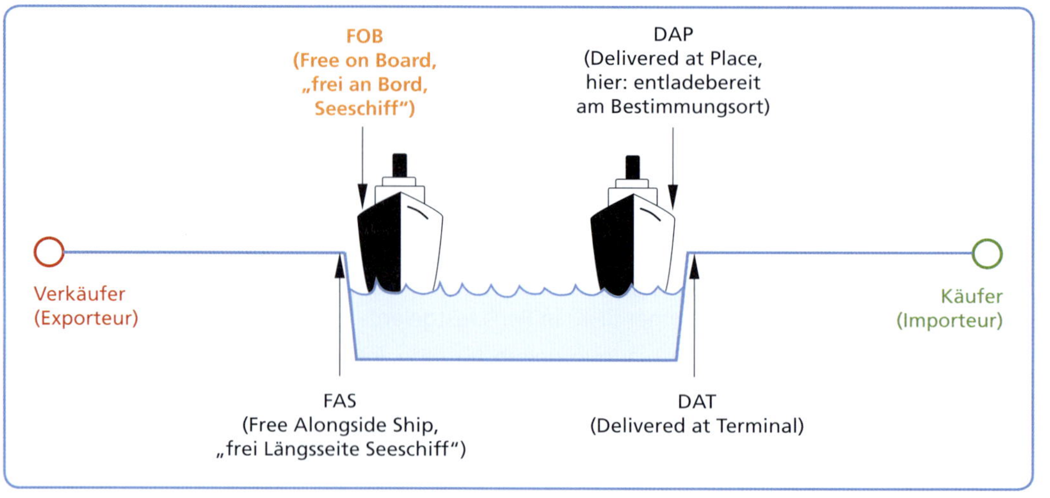

Zweipunktklauseln

two-point clauses

Bei Zweipunktklauseln gehen Kosten und Risiko (Eigentum) an verschiedenen Orten vom Verkäufer auf den Käufer über.

In case of two-point clauses the costs and risk (ownership) are transferred from the seller to the buyer at two different places.

Zweipunktklauseln für jede Transportart, einschließlich kombiniertem Verkehr

two-point clauses for any form of transport, including combined transport

CPT und CIP sind die wichtigsten Zweipunktklauseln für den kombinierten Verkehr.

CPT and CIP are the most important two-point clauses for combined transport.

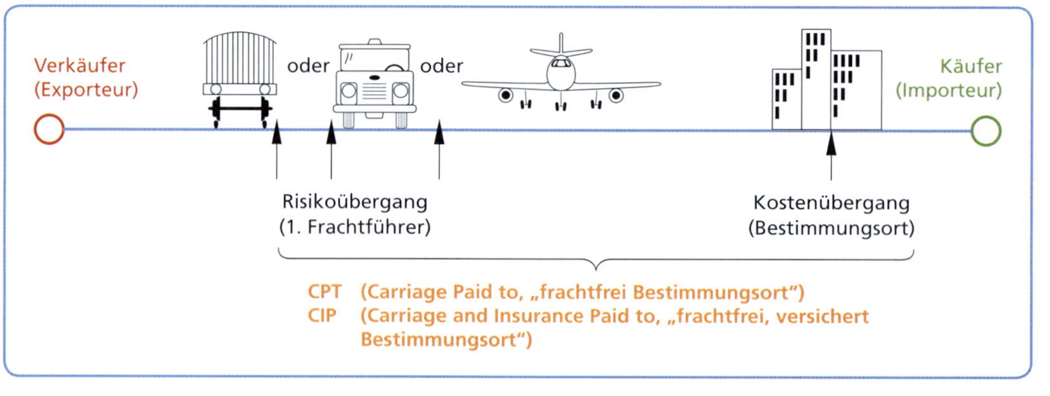

Zweipunktklauseln für den Seeverkehr

two-point clauses for sea and inland waterway transport

CIF und CFR sind die wichtigsten Zweipunktklauseln für den Seeverkehr.

CIF and CFR are the most important two-point clauses for sea and inland waterway transport.

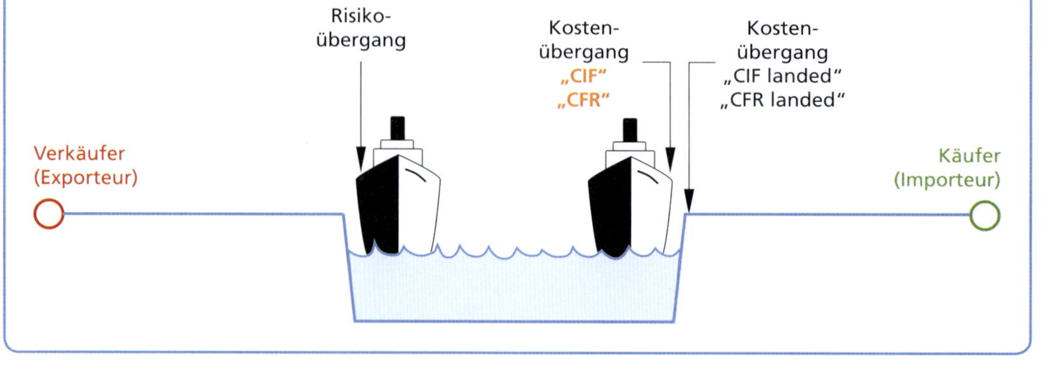

SbX
ID: 2013

Im SbX finden Sie die englische Zusammenfassung als Audio-Wiederholung sowie eine Bildschirmpräsentation mit den Grafiken dieser Lerneinheit.

Wissen

SbX ID: 2014

A B C D E
SbX
W 2.09
mit automatischer Aufgabenkontrolle
ID: 2014

W 2.01: Kaufverträge – Vertragssprache A
Welche Bedeutung hat die Vertragssprache im Außenhandel?

W 2.02: Dokumente im Außenhandel A
Was sind die wichtigsten Versanddokumente?

W 2.03: Incoterms 2010 A
Was sind „Incoterms", wo sind sie geregelt?

W 2.04: Kaufverträge im Außenhandel B
Warum werden im Außenhandel Kaufverträge fast immer schriftlich abgeschlossen?

W 2.05: Incoterms 2010 – Geltungsbereich B
Gelten die Incoterms automatisch für alle Außenhandelsgeschäfte?

W 2.06: Incoterms 2010 B
Warum spricht man von „Einpunktklauseln" und von „Zweipunktklauseln"?

W 2.07: CIF B
Warum ist die Regelung bei der Klausel „CIF" so kompliziert?

W 2.08: Kosten- und Risikoübergang B
Wo erfolgt der Kosten- und Risikoübergang bei den folgenden Klauseln?

FCA:
CIP:
FOB:
CPT:
CIF:

W 2.09: FCA C
Ein österreichischer Exporteur verkauft eine Wagenladung Trachtenstoffe nach Paris FCA Bregenz.

	Verkäufer (1)	Käufer (2)
a) Wer zahlt die Kosten der Verladung in Bregenz?		
b) Wer zahlt die Kosten der Zufuhr zum Bahnhof Bregenz?		
c) Wer trägt das Risiko der Fracht bis Paris?		

W 2.10: CPT C
Ein Salzburger Exporteur liefert Waren als Stückgut CPT Hamburg mithilfe eines Salzburger Straßenfrächters. Die Zulieferung zur Abfertigungsstelle des Straßenfrächters erfolgt mit dem Lkw des Exporteurs.
Wo geht das Transportrisiko und wo gehen die Kosten vom Verkäufer auf den Käufer über?

SbX
W 2.11
mit automatischer Aufgabenkontrolle
ID: 2014

Weitere Aufgabe zur Lernkontrolle im SbX

W 2.11: Lieferbedingungen B
Stellen Sie sich einem Quiz mit fünf Fragen zum Thema Lieferbedingungen!

H₂Ö MUSTERUNTERNEHMEN

H2Ö-Aufgabe: Kauf von Gläsern in Tschechien C

Bearbeiten Sie das Fallbeispiel zur H2Ö GmbH im SbX.

Die Ausgangssituation

Die H2Ö GmbH in Aflenz handelt mit österreichischem Quellwasser höchster Qualität, Fruchtsirupen aus biologischer Landwirtschaft und Erzeugnissen aus österreichischen Glasmanufakturen.

Ihre Aufgabe im Unternehmen

Sie arbeiten in den Sommerferien als Praktikant/in in der H2Ö GmbH. Im Zusammenhang mit der Planung und Vorbereitung eines Kaufs von Gläsern in Tschechien werden Sie ersucht, Fragen und Aufgabenstellungen zu den Rahmenbedingungen eines solchen Imports zu bearbeiten.

Die Aufgabenstellungen und Informationen für die Bearbeitung finden Sie im SbX.

SbX
H2Ö-Aufgabe
ID: 2014

English questions

E 2.01: **Ben has recently started working in the Export Department of Hans Gruber & Söhne, an Austrian wine merchant. He has learned that there are many special risks that have to be considered when dealing with international partners. What special risks in international trade can you think of?**

E 2.02: **Ben needs to take extra care and attention when drafting contracts of sale with international partners. He is also careful to include the appropriate Incoterm. How do these measures reduce the risk for his employer?**

E 2.03: **How many differences can you find between the Incoterms FCA and CIF?**

Ein kurzer Kompetenz-Check, bevor's weitergeht!

Kompetenz-Check

	☺	😐	☹
Ich kann die Bedeutung des Außenhandels für die österreichische Wirtschaft beschreiben.			
Ich kann die verschiedenen Risiken im Außenhandel charakterisieren.			
Ich kann die im Außenhandel üblichen Dokumente beschreiben.			
Ich kann den Kosten- und den Risikoübergang bei den verschiedenen Kaufvertragsklauseln laut Incoterms feststellen.			
Ich kann die Vor- und Nachteile bestimmter Kaufvertragsklauseln für Exporteure und Importeure beschreiben.			

Lerneinheit 2
Zahlungsbedingungen im Außenhandel

SbX
Alle SbX-Inhalte zu dieser Lerneinheit finden Sie unter der ID: 2020.

Im Außenhandel werden häufig Zahlungsbedingungen vereinbart, die auch im Inlandsgeschäft üblich sind (z. B. Lieferung gegen Ziel, ohne weitere Vereinbarung).

Je weiter die Partner aber voneinander entfernt sind und je weniger sie einander kennen, desto vorsichtiger sind sie bei der Vereinbarung der Zahlung.

Die Zahlungsbedingungen, die speziell für den Außenhandel entwickelt wurden, sollen nach Möglichkeit zwei Risiken ausschalten:

- das Annahmerisiko (Risiko, dass der Käufer die Annahme der Ware verweigert, obwohl rechtzeitig und in vereinbarter Menge und Qualität geliefert wurde),
- das Dubiosenrisiko (Risiko, dass der Käufer nicht rechtzeitig oder überhaupt nicht bezahlt).

Lernen

SbX ID: 2021

1 Welche Zahlungsbedingungen gibt es im Außenhandel?
[What terms of payment are used in international trade?]

A B C D E

Exportmärkte sind in der Regel **Käufermärkte mit starker internationaler Konkurrenz.** Es ist daher nicht immer leicht für den Verkäufer (Exporteur), günstige Zahlungskonditionen durchzusetzen.

Ob es gelingt, Zahlungsbedingungen durchzusetzen, die dem Verkäufer fast völlige Sicherheit geben, ist eine Frage der Marktstellung von Käufer und Verkäufer.

Die folgende Grafik zeigt sowohl jene Zahlungsbedingungen, die auch im Inland üblich sind, als auch jene, die speziell für den Außenhandel entwickelt wurden. Bei Letzteren wurde auch angegeben, welche Risiken vermieden oder vermindert werden können.

Grafik
Zahlungsbedingungen im Außenhandel

ZAHLUNGSBEDINGUNGEN IM AUSSENHANDEL

Vorauszahlung, Anzahlung, Nachnahme und offenes Ziel

sind als Zahlungsbedingungen bereits aus dem Inlandsgeschäft bekannt. Im Außenhandel haben sie folgende Bedeutung:

- **Vorauszahlungen** sind selten. (Käufermarkt!)
- **Anzahlungen** kommen gelegentlich bei Aufträgen für spezielle Produktionen mit langer Fertigungsdauer vor (Flugzeuge, Schiffe, Walzwerke etc.).
- **Nachnahme** ist in Mittel- und Westeuropa als Post-, Bahn- und Spediteurnachnahme üblich.
- **Offenes Ziel** ist im Außenhandel mit westeuropäischen Ländern üblich.

Die anderen Zahlungsbedingungen werden zunächst kurz beschrieben. Eine genaue Darstellung folgt in den nächsten Abschnitten.

Dokumentenakkreditiv

Ein Kreditinstitut sagt im Auftrag des Käufers zu,

- den Rechnungsbetrag
- gegen Übergabe der Dokumente (Frachtpapiere, Ursprungszeugnisse etc.)
- an den Verkäufer auszuzahlen.

Sowohl bei D/P als auch bei D/A besteht keine Sicherheit gegen das Annahmerisiko.

Bei D/A besteht zusätzlich die Gefahr, dass der Käufer den Wechsel nicht einlöst.

Dokumenteninkasso

- **Documents against Payment (D/P)**
  Die Dokumente brauchen nur gegen Zahlung übergeben zu werden.
- **Documents against Acceptance (D/A)**
  Die Dokumente brauchen nur gegen Akzeptleistung des Käufers ausgefolgt zu werden.

2 Das Dokumentenakkreditiv
[The documentary letter of credit]

Das Dokumentenakkreditiv gibt beiden Parteien eine gewisse Sicherheit.

Beachten Sie: Geprüft werden beim Akkreditiv nur die Dokumente, nicht jedoch die Ware selbst. **Abweichungen zwischen Dokumenten und Ware gehen daher zulasten des Käufers,** der Mängelrügen im internationalen Verkehr schwer durchsetzen kann, wenn bereits gezahlt wurde.

(1) Was ist ein Akkreditiv?

Ein Akkreditiv ist

- ein Auftrag des Käufers (Importeurs)
- an sein Kreditinstitut (seine „Hausbank"),
- gegen Nachweis der Lieferung (Übergabe der Dokumente)
- einen bestimmten Betrag (Rechnungsbetrag)
- auszuzahlen oder durch eine andere Bank auszahlen zu lassen.

- Der Verkäufer erhält den Rechnungsbetrag, wenn er rechtzeitig und vertragsgerecht liefert. Die Zahlung erfolgt „Zug um Zug".
- Der Käufer braucht nur zu bezahlen, wenn die Ware rechtzeitig eintrifft und die Dokumente den Vertragsbestimmungen entsprechen.

(2) Die Merkmale des Akkreditivs

Akkreditive sind **immer**

- **unwiderruflich** (sonst würden sie keine Sicherheit gegen das Annahmerisiko bieten),
- **befristet** (sonst könnte der Käufer nie mehr über den Betrag verfügen, wenn der Verkäufer nicht liefert).

Akkreditive können sich durch folgende Merkmale voneinander unterscheiden:

- **Bestätigung:** Wird die Eröffnung vom Kreditinstitut des Verkäufers **bestätigt** und nicht nur **mitgeteilt,** so haftet auch dieses Kreditinstitut für die Einlösung und nicht nur die Bank des Käufers.
- **Übertragbarkeit:** Nur wenn ein Akkreditiv von der eröffnenden Bank ausdrücklich als **„übertragbar"** bezeichnet wurde, darf es im Auftrag des Erstbegünstigten an andere Personen ausbezahlt werden (z. B. wenn jemand anderer als der ursprüngliche Lieferant liefern soll).
- **Teilbarkeit:** Zahlungen für Teillieferungen sind zulässig, wenn sie im Akkreditiv nicht ausdrücklich ausgeschlossen wurden.

Beispiel

- Im Holzexport werden in der Regel große Mengen geliefert. Sind Teillieferungen nicht ausgeschlossen, können innerhalb der Akkreditivfrist mehrere Teilmengen geliefert und das Akkreditiv stufenweise ausgenützt werden.

Fristen

Bei jedem Akkreditiv sind einige Fristen zu beachten:

Eine Verlängerung der Verfallfrist ist über Ansuchen des Verkäufers an den Käufer möglich.

- Verfallfrist

  Jedes Akkreditiv hat eine Verfallfrist. Bis zu diesem Zeitpunkt müssen die Dokumente bei der Bank eingelangt sein, sonst verfällt das Akkreditiv.

Beispiel

- „Befristet bis 22. Jänner 20 . ." heißt, dass die Dokumente spätestens am 22. Jänner vor Ende der Öffnungszeiten des Kreditinstituts eingelangt sein müssen.

Sie erfahren mehr über das Konnossement im Kapitel 6 LE 2 auf S. 278.

- **Vorlagefrist der Dokumente ab Ausstellungsdatum**

  Häufig ist eine genaue Frist festgesetzt, innerhalb welcher das Konnossement oder andere Frachtpapiere ab ihrer Ausstellung übergeben werden müssen.

  Wurde keine derartige Frist vereinbart, so weisen die Kreditinstitute in der Regel Frachtdokumente zurück, die älter als 21 Tage sind.

- Verladefrist

  Es kann auch angegeben werden, bis zu welchem Zeitpunkt die Ware verladen sein muss, um das Akkreditiv in Anspruch nehmen zu können. Die Verladefrist ist selbstverständlich kürzer als die Verfallfrist, da der Verkäufer die Dokumente erst nach der Verladung der Ware an die Bank weiterleiten kann.

(3) Die Abwicklung des Akkreditivs

Die Internationale Handelskammer (IHK) in Paris hat „Einheitliche Richtlinien und Gebräuche für Dokumenten-Akkreditive" (ERA) veröffentlicht. Diese werden von den Kreditinstituten der meisten Staaten anerkannt.

Grafik
Dokumenten-akkreditiv – Abwicklung

An einem Akkreditiv sind meistens beteiligt:

1. der Auftraggeber (Importeur)
2. die Akkreditivbank (Hausbank des Importeurs)
3. der Begünstigte (Exporteur)

meist noch

4. eine Korrespondenzbank (Bank im Land des Exporteurs = Zahlstelle)

Die Abwicklung eines **Dokumentenakkreditivs:**

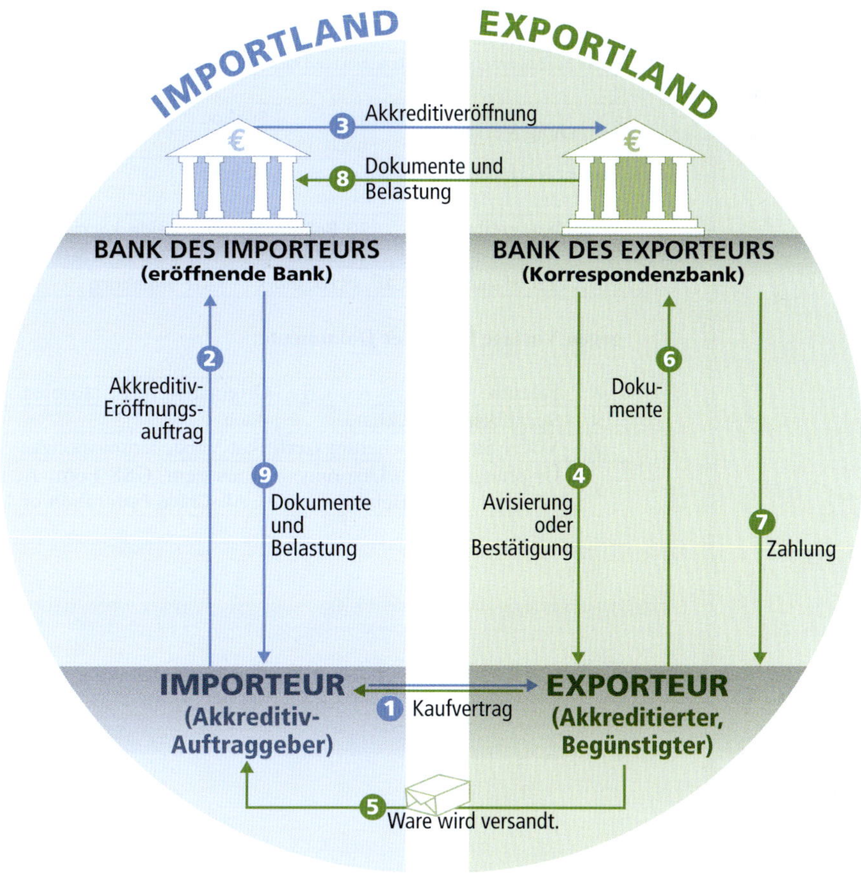

Das Akkreditiv ist (im Unterschied z. B. zu Scheck oder Wechsel) weder in Österreich noch in anderen Ländern gesetzlich geregelt.

Die Initiative geht beim Dokumentenakkreditiv vom Importeur aus, der seiner Bank den Akkreditiv-Eröffnungsauftrag erteilt.

Musterbeispiel

M 1: Akkreditiv-Eröffnungsauftrag (Seite 1)

An die BAWAG P.S.K. Bank für Arbeit und Wirtschaft und Österreichische Postsparkasse Aktiengesellschaft z.H. Dokumentengeschäft 1018 Wien, Georg-Coch-Platz 2 ü/Geschäftsstelle:	**DOKUMENTEN-AKKREDITIV-AUFTRAG** Ich/wir ersuche/n um Eröffnung des folgenden unwiderruflichen Dokumentenakkreditives mittels SWIFT:

Bitte Zutreffendes ankreuzen bzw. ergänzen:

Bank des Begünstigten/Korrespondenzbank:	Auftraggeber: M. Kogler KG Richard-Strauss-Str. 47 A-1230 Wien
	Bearbeiter: Friedl Telefon: 00431 665 23 44-17 Telefax: 00431 665 23 44-45

Das Akkreditiv ist:		übertragbar	X	nicht übertragbar

gültig bis: 27.1.20..	gültig bei:	X	BAWAG P.S.K., Wien
			Korrespondenzbank d. BAWAG P.S.K. in:

Begünstigter (Name und Anschrift): No. 1 Silk Factory 94 Nanmen Road Cang Lang District Suzhou 215007 China	Währung/Betrag: € 15.000,-		
	Zahlung fällig:	X	bei Sicht
			Tage nach Präsentation
			Tage nach Verladetermin
	zahlbar bei	X	BAWAG P.S.K.
			BAWAG P.S.K. Korrespondenzbank

Teilverladungen sind		gestattet	X	nicht gestattet
Umladungen sind	X	gestattet		nicht gestattet
(unter bestimmten Voraussetzungen sind laut ERA Umladungen generell gestattet!!)				

Verladung/Versand	von:	Suzhou
	nach:	Wien
Letzter Verladetermin:		12.1.20..

Warenbeschreibung:	10 Ballen (50 lfm.) Seide karminrot (No. 17) 10 Ballen (50 lfm.) Seide mitternachtsblau (No. 49)
Fracht/Preiskondition (CIF, FOB, etc.):	CIF Hamburg

gegen Vorlage folgender Dokumente:

X	Faktura:	1	Original +	2	Kopien
X	Spezifikation/Packliste		-fach		
X	Voller Satz Versicherungszertifikat/Versicherungspolizze				
X	Ursprungszeugnis/Ursprungszeugnis gem. GSP Form A, ausgestellt bzw. gegengezeichnet von (zuständige Behörde/Stelle): All-China Federation of Industry & Commerce				

Musterbeispiel

M 1 (Fortsetzung): Akkreditiv-Eröffnungsauftrag (Seite 2)

Frachtdokument: Versand mit / *despatch by :*

	Überseeschiff / *ocean vessel:* "voller Satz eines reinen an Bord Bills of lading, .../ *full set of clean on board Bill of Lading...."*
	LKW / *truck (camion):* "LKW-Frachtbrief (CMR), Exemplar für den Absender, gestempelt und original unterfertigt.../ *international truck waybill (CMR), copy for shipper, stamped and originally signed, ..."*
	Luftfracht / *airfreight*: "internationaler Luftfrachtbrief, 3. Original für den Absender .../ *international air waybill, 3rd original for shipper ...."*
	Eisenbahn / *railway:* „Frachtbriefduplikat bahnamtlich gestempelt, .../ *rail waybill duly stamped, ..."*
X	**verschiedenen Transportmitteln (mind.2) = multimodaler Transport /multimodales Transportdokument** *different modes of transport (minimum 2) = multimodal transport:"multimodal transport document...."*
	Kurierdienst oder Post / *courier or post:* "Kurierempfangsbestätigung oder Postaufgabeschein gestempelt oder authentisiert .../ *courier receipt or post office receipt duly stamped or authenticated..."*
	sonstige/*others:* "Spediteurbescheinigung (FCR, FCT..ect.), ausweisend den unwiderruflichen Versand.../ *Forwarding agents certificate (FCR, FCT etc..), evidencing irrevocable despatch of goods...."*

ausweisend/*evidencing:*

-	verladen an die Order / *consigned to the order of:*	
-	die Vermerke / *marked*	
-	Verständigungsadressat / *notify:*	
-	Versender, Absender / *shipper, consignor*:	
-	sonstige Angaben und Vermerke / *further details:*	

Außerhalb der BAWAG P.S.K. anfallende Kosten gehen	X	zu meinen/unseren Lasten.
		zu Lasten des Begünstigten.

Hinzufügung der Bestätigung seitens Ihres Korrespondenten erforderlich:	X	ja		nein

Überweisung zu Lasten meines/unseres Kontos IBAN:	AT62 6000 0000 7714 7415

Vorlagefrist für die Dokumente:	10	Tage nach Verladedatum

Dieses Akkreditiv unterliegt den Einheitlichen Richtlinien und Gebräuchen für Dokumenten-Akkreditive (=ERA) gemäß Publikation der Internationalen Handelskammer, Paris, soweit nicht im Ausland anderes Recht und andere Usancen maßgebend sind.

M. KOGLER KG
Richard-Strauss-Str. 47
A-1230 Wien

Wien, 22. November 20..
Ort/Datum

Firmenmäßige Zeichnung des Auftraggebers

(4) Dokumente beim Akkreditiv

- Verladedokumente (Frachtbriefdoppel, Konnossement)
- Versicherungsdokumente (z. B. Versicherungspolizze)
- Handelsrechnungen
- sonstige Dokumente (z. B. Ursprungszeugnisse – vor allem für Zollbegünstigungen)

(5) Auszahlung des Akkreditivbetrags

- Sichtzahlung: Zahlung sofort bei Übergabe der Dokumente
- hinausgeschobene Zahlung: erst nach einer bestimmten Frist (z. B. nach 4 Wochen)

(6) Vorteile und Probleme des Akkreditivs

Vorteile für den Exporteur:

Werden die Dokumente fristgerecht eingereicht, so erhält er prompte Zahlung. Das Akkreditiv sichert gegen das Annahme- und gegen das Dubiosenrisiko.

Probleme für den Exporteur:

Wird die Verladung aus verschiedenen Gründen verzögert, so verfällt das Akkreditiv. Es muss um Verlängerung angesucht werden.

Vorteile für den Importeur:

Die Zahlung erfolgt nicht eher, als die vorgeschriebenen Dokumente bei der Bank eingetroffen sind. Der Verkäufer wird bemüht sein, rechtzeitig zu liefern, da sonst das Akkreditiv verfällt.

Probleme für den Importeur:

Geprüft werden nur die Dokumente, aber nicht die Ware selbst. Mängelrügen sind schwer durchzusetzen, da der Rechnungsbetrag bereits ausgezahlt ist, wenn die Ware geprüft werden kann.

Übungsbeispiel

Ü 2.08: Akkreditiv C

Ein österreichischer Unternehmer importiert aus London Kinderbekleidung. Die Bank des Österreichers ist die Bank für Oberösterreich und Salzburg in Salzburg. Die Bank des Exporteurs ist die Barclay's Bank, London.

a) Stellen Sie den Ablauf des Akkreditivgeschäfts grafisch dar. Welche Dokumente könnten benötigt werden?
b) Ermöglicht das Akkreditiv dem Österreicher die bessere Durchsetzung von Mängelrügen?
c) Warum wird der Österreicher das Akkreditiv befristet erstellen?
d) Warum wird der Engländer ein unwiderrufliches Akkreditiv verlangen?
e) Der Engländer kann zum vereinbarten Termin nur einen Teil der vereinbarten Menge liefern. Ist es möglich, das Akkreditiv auch zum Teil auszunützen?

3 Das Dokumenteninkasso (D/P und D/A) [Documentary collections (D/P and D/A)]

(1) Was versteht man unter einem Dokumenteninkasso?

Im Unterschied zum Akkreditiv hat der Exporteur bei der Versendung der Ware **keine Sicherheit,** dass der Importeur die Ware annehmen wird. Die Vereinbarung eines Dokumenteninkassos ist daher für den Käufer (Importeur) bedeutend günstiger als für den Verkäufer (Exporteur).

Der Exporteur (Verkäufer)

- beauftragt seine Bank (Einreicherbank),
- die Dokumente über die versandte Ware
- an den Importeur nur auszufolgen,
- wenn gezahlt wird **(D/P – Documents against Payment)** oder
- wenn der Importeur einen Wechsel akzeptiert **(D/A – Documents against Acceptance).**

Es ergeben sich somit zwei Formen des Dokumenteninkassos:

- **D/P (Documents against Payment):** Die Dokumente werden nur gegen Zahlung ausgefolgt. Es handelt sich um ein Zug-um-Zug-Geschäft.
- **D/A (Documents against Acceptance):** Die Dokumente werden ausgefolgt, wenn der Importeur einen auf ihn gezogenen Wechsel akzeptiert. Der Exporteur gewährt dem Importeur ein Zahlungsziel gegen Wechselakzept.

Grafik
Dokumenten-inkasso – Abwicklung

(2) Abwicklung des Dokumenteninkassos

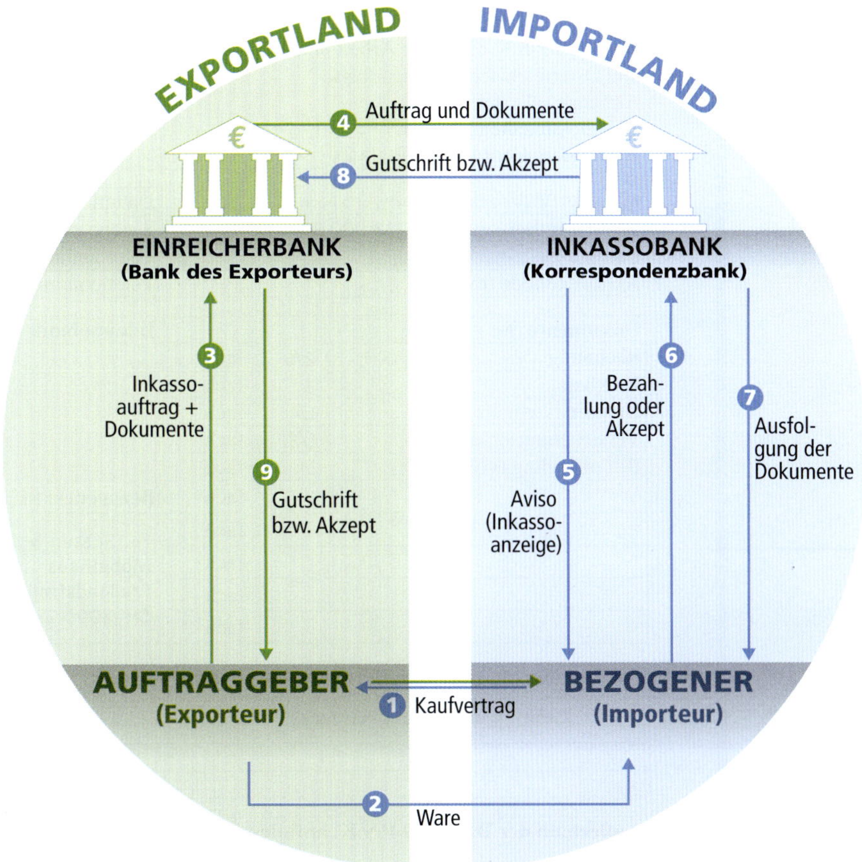

Die Initiative geht vom Exporteur (Verkäufer) aus. Die Ware wird versandt ohne Sicherstellung, dass der Importeur (Käufer) die Ware annimmt, zahlt oder akzeptiert.

Falls ein Akzept durch die Inkassobank einzuholen war (D/A), kann der akzeptierte Wechsel

- dem Aussteller zurückgesandt werden (vgl. die Grafik),
- bis zur Fälligkeit bei der Inkassobank bleiben, die ihn dann kassiert und den Betrag weiterleitet,
- durch die Inkassobank oder die Hausbank für Rechnung des Ausstellers diskontiert werden.

Übungsbeispiel

Ü 2.09: Dokumenteninkassoauftrag C

Die Firma Möbelmarkt in 1190 Wien verkaufte der Firma Süssen & Co in Zürich zwei Schlafzimmer. Die Zahlung erfolgt über ein Dokumenteninkasso, das der Verkäufer von der BAWAG P.S.K. durchführen lässt. Diese veranlasst durch die Inkassobank Credit Suisse First Boston in Zürich die Ausfolgung der Dokumente an den Bezogenen gegen Zahlung.

Aufgabe:

Analysieren Sie den auf der folgenden Seite abgebildeten Dokumenteninkassoauftrag.

a) Wer ist Exporteur, wer ist Importeur?
b) Wer erteilt den Inkassoauftrag?
c) Welche Banken werden eingeschaltet?
d) Welche Regelungen bezüglich der Spesen sind auf dem Formular vorgesehen?

Einschreiben An die BAWAG P.S.K. Bank für Arbeit und Wirtschaft und Österreichische Postsparkasse Aktiengesellschaft z.H. Dokumentengeschäft 1018 Wien, Georg-Coch-Platz 2	**DOKUMENTEN-INKASSO-AUFTRAG** Ich/wir ersuche/n Sie, die beiliegenden Dokumente wie folgt zum Inkasso weiterzuleiten, und den Erlös nach Eingang unserem unten angeführten Konto gutzuschreiben:

Bitte Zutreffendes ankreuzen bzw. ergänzen:

		Datum:	22. November 20..
Währung/Betrag:	€ 12.000,00	Sachbearbeiter:	Pigler
Fälligkeit:	Sicht	Telefonnummer:	
Aktionsperiode (evtl.):		Telefaxnummer:	

Dokumente (Art + Anzahl):			**Inkassobank** (Name/Anschrift/Telex-Nr./SWIFT):
Rechnung	2/6	-fach	
Packliste	2	-fach	
Ursprungszeugnis	1/4	-fach	
Versicherungsdokument	1/2	-fach	
Bill of Lading (voller Satz)	1	-fach	
		-fach	**Bezogener** (Name/Adresse/Telefon-Nr.):
		-fach	Fa. Süssen & Co. Möbelhaus Freilandstraße 53 CH-8000 Zürich
		-fach	
		-fach	
		-fach	

Die Dokumente sind dem Bezogenen auszufolgen gegen:

X	**Zahlung** des Inkassobetrages		**Akzeptierung** des beiliegenden Wechsels (bleibt zum Inkasso bei Inkassobank)
			Mit Protest im Falle der Nichtzahlung

Außerhalb der BAWAG P.S.K. anfallende Kosten gehen		zu meinen/unseren Lasten.
	X	zu Lasten des Bezogenen
		Bei Nichtzahlung der fremden Spesen **keine** Ausfolgung der Dokumente

Im Falle von Schwierigkeiten soll die Meldung an BAWAG P.S.K. erfolgen per:	X	Telex/SWIFT
		Brief

Überweisung des Inkassoerlöses an BAWAG P.S.K. soll erfolgen per:	X	Telex/SWIFT
		Brief

Bitte um Gutschrift des Erlöses auf mein/unser **Konto IBAN:**	AT62 6000 0000 7714 7415

Weitere Weisungen:

Dieses Inkasso unterliegt den Einheitlichen Richtlinien Inkassi gemäß Publikation der Internationalen Handelskammer, Paris, soweit nicht im Ausland anderes Recht und andere Usancen maßgebend sind.

MÖBELMARKT
Heiligenstädter Lände 89
1190 Wien

Wien, 22.11.20.. — i. A. Pracner

Ort/Datum — Firmenstempel und kontomäßige Zeichnung des Auftraggebers

Üben – Anwenden

SbX ID: 2022

A B C D E

Ü 2.10: Akkreditiv B

Kann man sagen, dass bei Zahlung mittels Akkreditivs ein Zug-um-Zug-Geschäft vorliegt?

Ü 2.11: Analyse eines Akkreditivauftrags C

Sehen Sie sich den abgebildeten Akkreditivauftrag auf den Seiten 80/81 an.
a) Wer sind die Akkreditivbeteiligten?
b) Welche Merkmale weist das Akkreditiv auf?
c) Welche Bedeutung kommt der Bedingung über den Versandtermin zu?
d) Welche Auswirkung hat die Zahlbarstellung des Akkreditivs in Wien für den Exporteur?
e) Welches Warengeschäft liegt dem Akkreditiv zugrunde?
f) Welche Dokumente werden für die Einlösung des Akkreditivs benötigt?

Ü 2.12: Dokumenteninkasso C

Nehmen Sie an, anstelle von D/P wird D/A vereinbart. Welches zusätzliche Risiko trifft den Exporteur?

Ü 2.13: Zahlungsbedingungen im Außenhandel C

Ein Exportmarkt ist stark umkämpft. Welche Zahlungsbedingung ist wahrscheinlicher – das Akkreditiv oder das Dokumenteninkasso? Warum ist das so?

SbX
Ü 2.14
Rechercheaufgabe
ID: 2022

Weitere Übungsaufgabe im SbX

Ü 2.14: Liefer- und Zahlungsbedingungen im Außenhandel C

Bearbeiten Sie Aufgabenstellungen zu Liefer- und Zahlungsbedingungen im Außenhandel unter Nutzung von Internetquellen!

Sichern

SbX ID: 2023

Zahlungsbedingungen

Im Außenhandel sind neben den Zahlungsbedingungen, die auch bei Inlandsgeschäften vereinbart werden, zwei weitere Zahlungsbedingungen üblich: das Dokumentenakkreditiv und das Dokumenteninkasso.

terms of payment

In international trade two further terms of payment are common in addition to the terms of payment used for domestic trade: the documentary letter of credit and documentary collections.

Dokumentenakkreditiv

Beim Dokumentenakkreditiv sagt ein Kreditinstitut im Auftrag des Käufers zu, den Rechnungsbetrag gegen rechtzeitige Übergabe der Dokumente (Frachtpapiere, Ursprungszeugnis) an den Verkäufer auszuzahlen.

the documentary letter of credit (L/C)

With the documentary letter of credit the financial institution (normally the bank) of the buyer agrees to pay the seller the amount of the invoice in exchange for timely receipt of the documents (transport documents, certificate of origin).

Merkmale von Akkreditiven

Akkreditive sind immer

befristet: damit der Verkäufer innerhalb einer bestimmten Frist liefern muss.
unwiderruflich: damit der Käufer innerhalb der Lieferfrist nicht widerrufen kann.

Akkreditive können sein

bestätigt: Auch die Bank des Verkäufers haftet.
übertragbar: Auch andere Lieferanten dürfen liefern.
teilbar: Teillieferungen sind möglich.

characteristics of letters of credit

Letters of credit are always

valid for a limited time: So the seller has to deliver within a certain period.
irrevocable: So the buyer cannot cancel the agreement within the delivery period.

Letters of credit can be

confirmed: Also the bank of the seller is liable.
transferable: A different supplier can also supply the goods.
divisible: Part-deliveries are possible.

Fristen

Folgende Fristen sind zu beachten:

Verfallfrist: Dokumente müssen bei der Bank einlangen.
Vorlagefrist: gilt ab Ausstellungsdatum der Dokumente
Verladefrist: Verladung muss erfolgt sein.

deadlines

The following deadlines apply

expiry date: The bank must receive the documents by this date.
submission date: valid from when the documents are issued
loading date: Shipment must have been loaded by this date.

Vorteile

Das Akkreditiv sichert den Verkäufer gegen Annahme- und Dubiosenrisiko. Es erhöht die Wahrscheinlichkeit, dass der Verkäufer rechtzeitig liefert.

advantages

The letter of credit protects the seller from the risk of non-acceptance and non-payment of the goods. It increases the probability that the seller will deliver on time.

Nachteile

Das Akkreditiv verfällt jedoch, wenn der Exporteur nicht rechtzeitig liefern kann (Verlängerung mit Zustimmung des Importeurs möglich).

Der Importeur kann beim Akkreditiv nur die Dokumente (und nicht die Ware) prüfen. Die Durchsetzung von Mängelrügen nach Bezahlung ist daher schwierig.

disadvantages

The letter of credit expires when the exporter can't deliver on time (extension possible if the importer agrees).

The importer can only check the documents (and not the goods) when letters of credit are used. Once payment has been made it is difficult to complain about any defects.

Dokumenteninkasso

Beim Dokumenteninkasso beauftragt der Exporteur seine Bank, die Dokumente über die versandte Ware nur dann an den Importeur auszufolgen, wenn dieser zahlt (D/P) oder einen auf ihn gezogenen Wechsel akzeptiert (D/A).

D/P sichert nur gegen Dubiosenrisiko, nicht gegen Annahmerisiko.

D/A verringert nur das Dubiosenrisiko, da Wechsel eher bezahlt werden als offene Forderungen.

documentary collections

In the case of documentary collections, the exporter instructs his bank to hand over the documents for the goods shipped only if the importer has paid (D/P) or has accepted a time draft (bill of exchange) drawn on them (D/A).

D/P protects only from the risk of non-payment, not from the risk of non-acceptance.

D/A only reduces the risk of non-payment, since a time draft (bill of exchange) is more likely to be paid than outstanding invoices – but the importer can fail to honour the draft.

SbX
ID: 2023

Im SbX finden Sie die englische Zusammenfassung als Audio-Wiederholung sowie eine Bildschirmpräsentation mit den Grafiken dieser Lerneinheit.

Wissen

SbX ID: 2024

A B C D E

SbX
W 2.12–W 2.15
mit automatischer
Aufgabenkontrolle
ID: 2024

W 2.12: Zahlungsbedingungen im Außenhandel B

Ordnen Sie die folgenden Zahlungsbedingungen nach dem Risiko, das der Exporteur bezüglich Zahlung und Annahme durch den Käufer eingeht.
Bezeichnen Sie die Zahlungsbedingung mit dem geringsten Risiko mit (1), die mit dem zweitgeringsten mit (2) usw.

D/P ☐
D/A ☐
Akkreditiv ☐

W 2.13: Merkmale eines Akkreditivs B

Welche zwei Merkmale treten bei der Akkreditiverstellung immer auf?

a) ☐ unwiderruflich
b) ☐ bestätigt
c) ☐ befristet
d) ☐ übertragbar
e) ☐ Teilverladung möglich

W 2.14: Dokumenteninkasso B

Ein Innsbrucker Exporteur liefert nach Boston, USA. Die Hausbank des Exporteurs ist die Bank für Tirol und Vorarlberg. Die Bank des amerikanischen Importeurs ist die Mellon-Bank.
Als Zahlungsbedingung wird D/A vereinbart. Wer sind die Beteiligten?

	Exporteur	Importeur	Mellon-Bank	Bank für Tirol und Vorarlberg
Wechselaussteller				
Bezogener				
Begünstigter				

W 2.15: Akkreditiv C

Wie beurteilen Sie die folgenden Aussagen:

a) Die Bestimmungen über das Akkreditiv sind in Österreich im Unternehmensgesetzbuch geregelt.

☐ Richtig ☐ Falsch, richtig ist:

b) Akkreditive sind immer befristet, da sonst der Käufer nie mehr über den Betrag verfügen könnte, wenn der Verkäufer nicht liefert.

☐ Richtig ☐ Falsch, richtig ist:

c) Ist ein Akkreditiv nicht bestätigt, haftet die eröffnende Bank nicht für die Einlösung.

☐ Richtig ☐ Falsch, richtig ist:

d) In einem Käufermarkt wird eher D/P vereinbart werden als ein Akkreditiv.

☐ Richtig ☐ Falsch, richtig ist:

SbX
W 2.16
mit automatischer
Aufgabenkontrolle
ID: 2024

Weitere Aufgabe zur Lernkontrolle im SbX

W 2.16: Zahlungsbedingungen im Außenhandel B

Stellen Sie sich einem Quiz mit fünf Fragen zu Zahlungsbedingungen im Außenhandel!

English questions

E 2.04: Ben now knows about two new methods of payment that are not used in domestic trade. What are these called? Why are special methods of payment needed in international trade?

E 2.05: What is the role of the buyer's bank in a documentary letter of credit? What must the exporter do in order to get paid?

E 2.06: Ben must prepare documents for each export shipment of wine. Which documents might he have to prepare?

E 2.07: Letters of credit have several important characteristics. Match the characteristic with the correct definition.

	Characteristic		Definition
1.	confirmed:	a)	If necessary, a different supplier can be chosen than was originally agreed.
2.	divisible:	b)	In order to obtain payment, the exporter must meet the deadline stated in the L/C.
3.	irrevocable:	c)	It is not necessary to send all the goods in one consignment.
4.	transferable:	d)	Not only the bank of the importer, but also the bank of the seller is obliged to pay if the importer fails to pay.
5.	valid for a limited time:	e)	The buyer cannot withdraw from the agreement without the consent of the seller.

E 2.08: Ben knows that there are three important dates in connection with the letter of credit: the expiry date, the submission date and the loading date. Read the following short conversation between Ben and the bank employee and identify the three dates for this particular consignment of wine.

Ben: Good morning, John! How are you?
John: Fine, thanks. How was your weekend?
Ben: Too short as usual! John, I just wanted to go over the details of the consignment of wine for Jamie Oliver's new restaurant in Hong Kong.
John: OK, let me just get the papers. Yes, what arrangements have you made?
Ben: Well, the forwarding agent will pick up the crates on 10 October, and has guaranteed that they will be loaded on the ship on the same day.
John: OK, that's fine.
Ben: This means we should be able to get the complete set of documents to you on 12 October. I think this means that we are well within the deadline stated in the letter of credit?
John: I see no problems there, Ben. The deadline in the L/C is actually ten days later, so you look good to go on that!
Ben: Thanks, John. Speak to you later. Bye!
John: Always a pleasure, Ben. Bye!

E 2.09: Ben understands that an L/C protects Hans Gruber against two main risks. What are they? However, there are potential disadvantages for the buyer and seller as well. Explain why.

Ein kurzer Kompetenz-Check, bevor's weitergeht!

Kompetenz-Check

	☺	😐	☹
Ich kann jene Zahlungsbedingungen nennen, die fast nur im Außenhandel eingesetzt werden.			
Ich kann die wesentlichen Merkmale eines Akkreditivs beschreiben.			
Ich kann charakterisieren, gegen welche Risiken das Akkreditiv den Verkäufer schützt.			
Ich kann die Abwicklung eines Akkreditivs beschreiben.			
Ich kann einen Akkreditiveröffnungsauftrag analysieren.			
Ich kann die Zahlungsbedingungen D/P und D/A unterscheiden.			
Ich kann charakterisieren, gegen welche Risiken D/P und D/A den Verkäufer schützen.			
Ich kann die Abwicklung von D/P und D/A beschreiben.			
Ich kann Aufträge zur Abwicklung von D/P und D/A analysieren.			
Ich kann die Problematik von Akkreditiv, D/P und D/A aus der Sicht des Käufers beurteilen.			

Lerneinheit 3
Fallbeispiel

Üben – Anwenden

A B C D E

Ü 2.15: Fallbeispiel Chocoletto GmbH: Materialeinkauf in China C

Ihr Unternehmen

Chocoletto GmbH
Industriestraße 2
2421 Kittsee

Chocoletto
Seit 1957

Sachverhalt

Sie arbeiten in der Materialwirtschaftsabteilung der Chocoletto GmbH. Heute finden Sie folgendes Memo vom geschäftsführenden Gesellschafter der Chocoletto GmbH auf Ihrem Schreibtisch:

MEMO

Chocoletto
Seit 1957

Wir haben einen neuen Praktikanten in unserer Abteilung. Bitte erklären Sie ihm, wie wir unsere internationale Geschäftstätigkeit mit China abwickeln. Zwei Unterlagen habe ich Ihnen schon auf den Schreibtisch gelegt.

Vielen Dank!
Carlo Ferrini

Aufgaben

Folgende Fragen wollen Sie mit dem neuen Praktikanten besprechen:

1. Wie ist der vorliegende Kaufvertrag zustande gekommen?
2. Welche Risiken der internationalen Geschäftstätigkeit sind mit diesem Akkreditiv für die Firma Yang Wang Food Co., Ltd. abgedeckt? (Begründung)
3. Welche Risiken der internationalen Geschäftstätigkeit sind mit diesem Akkreditiv für die Chocoletto GmbH abgedeckt? (Begründung)
4. Wann erhält die Yang Wang Food Co., Ltd. den Rechnungsbetrag?
5. Erläutern Sie die angeführten Dokumente.
6. Wer muss eine Erhöhung der Frachtkosten für den Schiffstransport bezahlen?
7. Wer trägt die Spesen für das Akkreditiv?
8. Warum könnte auf die Bestätigung des Akkreditivs verzichtet worden sein?
9. Wer muss sich mit der Versicherung auseinandersetzen, wenn die Ware auf dem Schiff beschädigt wird?
10. Welche Prokura hat P. Zivkovits? (Begründung)

Unterlagen

1. Unterlage: Auftragsbestätigung
   E-Mail: Posteingang vom 21.04.20..

Materialwirtschaft

Von:	Yang Wang – International Trade Department (jenny.zhang@yangwangfood.com)
Gesendet:	21.04.20..
An:	Materialwirtschaft@chocoletto.at
Betreff:	Order confirmation – Your order dated April 18, 20..

We confirm the receipt of your order dated April 18, 20..:

- Product: Fresh ginger
- Quantity: 1.000 Boxes
- Price: $ 130.00/Box
- Package: Cardboard box with plastic bag inside
- Storage: 13 °C
- Delivery: CIF Port Rotterdam
- (Yang Wang – port of shipment: Qingdao – port of destination: Rotterdam – Vienna)
- Payment: Irrevocable letter of credit

Best regards
Jenny Zhang

Yang Wang Food Co., Ltd.
East of He-Ping Road, Anqiu
Weifang 261000
China

2. Unterlage: Akkreditiveröffnungsauftrag

Bank Austria Member of UniCredit

Ich/Wir ersuche(n) um Eröffnung des folgenden **unwiderruflichen Dokumenten-Akkreditives:**

An die **UniCredit Bank Austria AG** zur Weiterleitung an **8813**	Auftraggeber Chocoletto GmbH Industriestraße 2, 2421 Kittsee, Austria
	Kontakt (Name/Telefonnummer) +43 2143 1234, P. Zivkovits
Bankverbindung des Begünstigten (falls bekannt)	Begünstigter (Name und genaue Anschrift) Yang Wang Food Co., Ltd. East of He-Ping Road, Anqiu Weifang 261000, China
Währung USD Betrag 130000	zirka (+/– 10 %) +/– %
Gültigkeitsdauer 21.05.20..	Gültigkeitsort

benutzbar
× bei Ihnen in Wien bei Ihrem Korrespondenten in

zahlbar
bei Sicht 28 Tage nach Präsentation × Verladedatum Versanddatum Diskontierung nicht gestattet[1]

Teilverladungen gestattet × nicht gestattet	Umladungen × gestattet nicht gestattet

Versand von Weifang, China via Rotterdam nach Wien spätestens am

Warenbezeichnung, Menge, Einzelpreis
1.000 Boxes of fresh ginger á USD 130,00

Frankatur und Preiskondition

Verlangte Dokumente

× See-Konnossement (voller Satz) Multimodales Transportdokument (für kombinierten Transport) Luftfrachtbrief (3. Original für den Absender) Frachtbriefduplikat, bahnamtlich gestempelt, nachnahmefrei CMR (Straßenfrachtbrief) Versand-/ × Übernahme-Bestätigung, ausgestellt von Spediteur	× unterfertigte Faktura × Ursprungszeugnis/Präferenzursprungszeugnis, Form A Versicherungs- Zertifikat/ × Polizze (voller Satz) deckend folgende Risken[1]:

Versand der Ware an die
Adresse Order Notify Ausschluss Artikel 14 (j) ERA600[1]

Die Dokumente sind innerhalb von 21 Tagen ab Verlade-/Versanddatum gemäß Transportdokument am Gültigkeitsort zu präsentieren.

Besondere Bedingungen

Inländische Bankspesen zahlt Auftraggeber × Begünstigter	Ausländische Bankspesen zahlt Auftraggeber × Begünstigter

Sollten die Spesen vom Begünstigten nicht eingezogen werden können, so sind sie uns in Rechnung zu stellen.

Das Akkreditiv ist von Ihrem Korrespondenten der begünstigten Firma
× **unverbindlich** anzuzeigen **verbindlich** zu bestätigen **unverbindlich** anzuzeigen und über deren Wunsch auch **verbindlich** zu bestätigen.

Die Abrechnung hat zu Lasten meines/unseres Kontos Nr. zu erfolgen.
Dokumentendispo-Konto Nr. 192837465

Für das Akkreditiv gelten die Einheitlichen Richtlinien und Gebräuche für Dokumenten-Akkreditive der Internationalen Handelskammer ERA600.	Ort Kittsee	Datum 21.04.20..
Bankvermerke/Unterschriftsprüfung	rechtsverbindliche Fertigung des Auftraggebers[1] Carlo Ferrini ppa. P. Zivkovits	

Die Abwicklung erfolgt gemäß den gegenwärtig gültigen „Allgemeinen Geschäftsbedingungen der UniCredit Bank Austria AG".

1) Mit der rechtsverbindlichen Fertigung des Auftrages bestätige(n) ich (wir), die Hinweise auf dem „Informationsblatt zur Eröffnung eines unwiderruflichen Dokumentenakkreditives" zur Kenntnis genommen zu haben.

3 DIE BETRIEBLICHE LEISTUNGSERSTELLUNG – EINE ÜBERSICHT

Worum geht's in diesem Kapitel?

Wenn wir uns eine Jeans kaufen, eine DVD in einem Webshop bestellen oder Bargeld bei der Bank beheben, nutzen wir das vielfältige Angebot verschiedener Unternehmen. Wie dieses Angebot entsteht, das unsere Kundenwünsche zufriedenstellt, und was Unternehmen konkret tun, um erfolgreich zu sein, sehen wir häufig nicht.

Mitunter erfahren wir aus den Medien, dass berühmte Modemarken in Asien fertigen lassen, Programmierarbeiten von Informatikern in Indien durchgeführt werden und Banken das Online-Banking forcieren. Welche Überlegungen Unternehmen dazu veranlassen, ihr Angebot auf diese Weise zu erstellen, und welche Wirkungen diese Entscheidungen haben, bleibt uns meist verborgen.

Wenn Sie dieses Kapitel bearbeiten, erwerben Sie die folgenden in der Bildungs- und Lehraufgabe des Lehrplans angeführten Kompetenzen:

Sie können aus dem Bereich Wirtschaft und Gesellschaft

- **Leistungserstellung und Marketing unter Berücksichtigung von Aspekten der Ethik und Nachhaltigkeit aus der Sicht von Unternehmen und Konsumentinnen und Konsumenten kritisch analysieren und beurteilen,**
- **die Aspekte von nachhaltigem Handeln erklären.**

Sie können aus dem Bereich Leistungserstellung im Handel und Fertigungsbetrieb

- **die betrieblichen Leistungsfaktoren sowie deren Zusammenspiel und Stellenwert in Unternehmen analysieren und bewerten.**

A B C D E

In diesem Kapitel finden Sie Übungsaufgaben, praxisbezogene Fallbeispiele und Aufgaben zur Lernkontrolle zur Überprüfung Ihrer Kompetenzen auf den Handlungsebenen A **Wiedergeben,** B **Verstehen,** C **Anwenden** und D **Analysieren & Interpretieren.**

Dieses Kapitel umfasst folgende Lerneinheiten:

Quick-Check zum Thema:

Die betriebliche Leistungserstellung

A B C D E

Die folgenden Fragen und Aufgaben können Sie schon jetzt bearbeiten.

Ü 3.01: Wirtschaftsteilnehmer A

Welche Aufgaben haben die Teilnehmer der Wirtschaft?

Ü 3.02: Ökosoziale Marktwirtschaft A

Nennen Sie drei Merkmale der ökosozialen Marktwirtschaft.

Ü 3.03: Betriebstypen B

Ordnen Sie die nachstehenden Betriebe den angeführten Betriebstypen zu. Tragen Sie die richtigen Buchstaben in die Tabelle ein.

	Nach erstellter Leistung P = Produktion D = Dienstleistung	Nach Branche G = Gewerbe I = Industrie H = Handel V = Verkehr T = Tourismus B = Banken V = Versicherung	Nach Betriebsgröße K = Kleinbetrieb M = Mittelstand G = Großbetrieb	Nach Abnehmern I = Investitionsgüterbetrieb K = Konsumgüterbetrieb
Tischlerei mit 3 Mitarbeitern				
selbständiger Einrichtungsberater				
Möbelhändler mit 10 Filialen				
Möbelfabrik				

Ü 3.04: Arbeitsteilung B

Möbel werden heute in verschiedenen Formen, von unterschiedlichen Herstellern und in unterschiedlichen Geschäften angeboten. Erklären Sie an diesem Beispiel,

a) was senkrechte Spezialisierung bedeutet,
b) welche waagrechten Spezialisierungen möglich sind,
c) wie ein Tischler die innerbetriebliche Arbeitsteilung organisieren könnte.

Ü 3.05: Unternehmen als Wirtschaftsteilnehmer C

Eine Linzer Tischlerei stellt mit 72 Mitarbeitern/Mitarbeiterinnen Küchenmöbel in unterschiedlicher Stückzahl her.

a) Welche Partner könnte diese Tischlerei haben?
b) Welche Anliegen und Interessen haben die Partner dieser Tischlerei?
c) Welche Abteilungen braucht die Tischlerei, um die Anliegen und Interessen der Partner zu bearbeiten?
d) Was machen die verschiedenen Abteilungen dieser Tischlerei?
e) Welche Leistungsfaktoren setzt das Unternehmen ein?
f) Was könnte das Unternehmen tun, um die Rentabilität zu erhöhen?
g) Wie könnte das Unternehmen die Liquidität sichern?
h) Welche Überlegungen sollte die Tischlerei anstellen, um die Wirtschaftlichkeit des Unternehmens zu verbessern?
i) Was könnte das Unternehmen tun, um marktorientiert zu entscheiden?
j) Von welchem betrieblichen Funktionsbereich sollte die Tischlerei ausgehen, wenn sie Planungen für das nächste Jahr erstellen möchte? Bitte begründen Sie Ihre Antwort!

Lerneinheit 1
Wie das Angebot der Unternehmen entsteht

SbX
Alle SbX-Inhalte zu dieser Lerneinheit finden Sie unter der ID: 3010.

Die Damenboutique MODA NOVA bietet neben einer kleiner Kollektion, die in der eigenen Werkstätte hergestellt wird, Modelle renommierter Modeproduzenten an und führt Typ- und Stilberatungen durch. Innerhalb des Unternehmens ist die Arbeit zwischen den beiden Geschäftsführerinnen klar aufgeteilt: Eine kümmert sich um die Herstellung, die andere kümmert sich um den Verkauf und um die Büroarbeiten. Seit einiger Zeit beschäftigen die beiden Unternehmerinnen eine Mitarbeiterin im Büro und einen Verkäufer, der auch als Typ- und Stilberater ausgebildet ist.

Lernen

SbX ID: 3011

A B C D E

1 Der Wertschöpfungsprozess der Unternehmen
[Value added process of businesses]

Unternehmen erbringen Leistungen für ihre Kunden. Sie produzieren Güter, handeln mit Waren oder erstellen Dienstleistungen. Damit stiften Unternehmen einen Nutzen für ihre Kunden, für den die Kunden bezahlen. Diesen Vorgang bezeichnet man auch als Wertschöpfung bzw. Wertschöpfungsprozess. Unabhängig von der Art des Betriebs lässt sich der Wertschöpfungsprozess in drei Phasen gliedern:

Grafik Wertschöpfungsprozess der Unternehmen

WERTSCHÖPFUNGSPROZESS DER UNTERNEHMEN

Input ▶ Leistungserstellung ▶ Output

Beispiele

Bäckerei – Produktionsbetrieb		
• Bäckergesellen • Rezepte • Backöfen • Mehl	• Teig anrühren • Backwaren formen – z. B. Semmeln • Brot backen	• Brot • Semmeln
Elektrogeschäft – Handelsbetrieb		
• Verkäufer/innen • Regale • Staubsauger, Rasierapparate, Kaffeemaschinen, Dampfgarer etc.	• Ware in die Regale schlichten und präsentieren • Ware lagern • Kunden beraten	• passender Rasierapparat für einen bestimmten Kunden
Fluglinie – Dienstleistungsbetrieb		
• Flugpersonal • Bodenpersonal • Flugzeuge • Passagiere und Fracht	• Passagiere einchecken • Passagiere zum Ziel bringen • Fracht transportieren • Flugzeuge warten	• transportierte Passagiere bzw. Fracht

Der Input wird über den Beschaffungsmarkt und über den Arbeitsmarkt bezogen.

Häufig werden Informationen ebenfalls als wichtiger Leistungsfaktor betrachtet.

Der Output wird über den Absatzmarkt verkauft.

Der **Input** besteht aus den Leistungsfaktoren „menschliche Arbeit" und „betriebliches Vermögen". Sie werden von den Partnern des Unternehmens bezogen und ermöglichen es dem Unternehmen, die Leistungserstellung vorzunehmen.

Zur optimalen Kombination der Leistungsfaktoren benötigt das Unternehmen zusätzlich Informationen. Diese umfassen das Wissen, die Erfahrung und das Know-how der Mitarbeiter sowie der vor- und nachgelagerten Unternehmen wie beispielsweise der Lieferanten oder Händler.

Beim **Output** handelt es sich um die Ergebnisse der betrieblichen Leistungserstellung, d. h. um alle produzierten Güter, gehandelten Waren oder erstellten Dienstleistungen. Sie werden an die Kunden des Unternehmens verkauft.

Die **Leistungserstellung** umfasst alle Aktivitäten, durch die aus dem Input ein Output hervorgebracht wird.

Übungsbeispiel

Ü 3.06: Leistungsfaktoren C

Überlegen Sie für die Damenboutique MODA NOVA, worin der Input, die Leistungserstellung und der Output besteht.

2 Prozesse und Funktionen in Unternehmen

[Processes and functions in a business]

Bei der Leistungserstellung sind viele Aufgaben zu erledigen. Diese Aufgaben werden auch als **Prozesse** bezeichnet. Prozesse fallen in verschiedenen Bereichen eines Unternehmens an. Man spricht auch davon, dass im Unternehmen verschiedene **Funktionen** bei der Leistungserstellung erfüllt werden müssen.

Prozesse in Unternehmen [Processes in a business]

Innerhalb eines Unternehmens lassen sich verschiedene Arten von Prozessen unterscheiden.

Grafik
Prozesse im Unternehmen

Der Begriff **Prozess** hat viele Bedeutungen. In der Betriebswirtschaft sind vor allem die **„Bewegung"**, der **„Verlauf"** bzw. die **„Entwicklung"** betrieblicher Aktivitäten gemeint.

Geschäftsprozesse

Geschäftsprozesse sind das Kernstück der Leistungserstellung. Durch sie vollzieht sich die Tätigkeit des Unternehmens. Geschäftsprozesse sind unmittelbar auf die Stiftung von Kundennutzen ausgerichtet und somit wertschöpfende Prozesse. Sie weisen folgende Merkmale auf:

- Geschäftsprozesse **beginnen** bei den **Lieferanten** und **enden** bei den **Kunden.**
- **Geschäftsprozesse schaffen** einen konkreten **Wert,** d. h., durch diese Prozesse entsteht die **Wertschöpfung.**
- Geschäftsprozesse sind eine **logische Abfolge von Aufgaben,** die bei der Erbringung der betrieblichen Leistung zu verrichten sind. Die **aneinandergereihten Prozesse** lassen sich als Prozesskette oder **Wertkette eines Unternehmens** darstellen.
- Die einzelnen Geschäftsprozesse haben einen klaren Anfang und ein klares Ende. Sie **verbrauchen** somit **Zeit.**

Vielfach wird die Zeit ebenfalls als wichtiger Wettbewerbsfaktor betrachtet.

Beispiel

- Bestellt eine durstige Kundin ein Glas Orangensaft in einer Saftbar, so fallen dabei unter anderem folgende Geschäftsprozesse an:

Grafik Geschäftsprozesse – Beispiel: Orangensaft

Managementprozesse

Managementprozesse umfassen alle Managementaufgaben, die dazu dienen, die Ziele des Unternehmens zu erreichen. Dazu zählen die Planung und Kontrolle sowie die Organisation und Führung. Managementprozesse verleihen der betrieblichen Tätigkeit Orientierung, geben die Entwicklungsrichtung für das Unternehmen vor und schaffen auf diese Weise die Rahmenbedingungen für die wertschöpfenden Geschäftsprozesse.

Beispiel

- Die Planung, welche Säfte angeboten werden sollen und ob dieses Angebot erfolgreich vermarktet werden kann, stellt für eine Saftbar einen Managementprozess dar.

Unterstützungsprozesse

Unterstützungsprozesse ermöglichen die Durchführung der Geschäfts- und Managementprozesse.

Beispiel

- Die Auswahl eines Mitarbeiters/einer Mitarbeiterin, die Bereitstellung von Vermögen (Kühlschrank, Messer, Orangenpresse, Gläser, Orangen) und von Informationen ist nötig, damit ein Glas Orangensaft hergestellt werden kann.

Funktionen in Unternehmen [Functions in a business]

Innerhalb eines Unternehmens lassen sich verschiedene Arten von **Funktionen** unterscheiden. Diese Funktionen sind spezialisierte **Teilbereiche des Unternehmens,** die für die **Erledigung der anfallenden Prozesse** verantwortlich sind.

Grafik Funktionen in Unternehmen

Marketing ist nicht alleine auf den Absatzmarkt beschränkt. **Marketinginstrumente** werden **auf allen Märkten** eingesetzt. Das heißt, es gibt auch ein **Beschaffungsmarketing,** ein **Finanzmarketing** oder ein **Personalmarketing.**

Das **Marketing** ist eine zentrale Funktion des Unternehmens. Angesichts zunehmender Wettbewerbsintensität ist es die Aufgabe des Marketings, den Absatz der Güter, Waren und Dienstleistungen zu sichern und die Nachfrage anzuregen.

Die Funktion des **Managements** besteht darin, das Unternehmen so zu gestalten, zu lenken und weiterzuentwickeln, dass es langfristig wettbewerbsfähig bleiben kann.

Die **übrigen Funktionsbereiche** leisten nötige Beiträge dazu, dass Unternehmen ein vermarktungsfähiges Angebot hervorbringen können.

3 Trends in der Leistungserstellung [Trends in transformation processes]

Jedes Unternehmen ist vielfältigen Einflüssen seines Umfelds ausgesetzt. Rationalisierung, Outsourcing, Globalisierung sowie der Einsatz von Informations- und Kommunikationstechnologien sind Schlagwörter unserer Zeit. Mit diesen Tendenzen müssen sich alle Unternehmen auseinandersetzen.

Rationalisierung [Rationalisation]

Die Leistungsfaktor „menschliche Arbeit" wird zunehmend durch den Leistungsfaktor „betriebliches Vermögen" ersetzt. Die wesentlichsten Entwicklungen sind:

- **Roboterisierung in der Industrie,**
- **Computerisierung in allen Bereichen,**
- **Rationalisierung der Organisation** durch Verringerung der Hierarchiestufen und Reduktion der reinen „Verwalter".

Die beiden letzten Aspekte betreffen nicht nur die industrielle Produktion, sondern auch die Leistungserstellung im Bürobereich.

Beispiele

- Wegfall von Schreibbüros: Sachbearbeiter schreiben mit computergespeicherten Textbausteinen selbst.
- Wegfall der reinen Dateneingabe in den Computer, z. B. durch computerlesbare Belege (bei Überweisung) oder Direkteingabe (z. B. durch Scannererfassung bei der Inventur, Electronic Banking, Bestellung über das Internet etc.)
- Erhöhung der Schnelligkeit von Kalkulationen durch Tabellenkalkulationsprogramme

Man rechnet im Durchschnitt damit, dass die Wirtschaft jährlich um ca. 2 bis 4 % wachsen muss, damit das Angebot an Arbeitsplätzen gleich bleibt.

Outsourcing [Outsourcing]

Unter Outsourcing versteht man, dass Leistungen, die Unternehmen bisher selbst erbracht haben, an andere Unternehmen vergeben werden.

Beispiele

In der Autoindustrie beträgt der Anteil der Zulieferer bereits 60 % der Gesamtkosten.

Outsourcing

- Outsourcing von EDV-Leistungen an Rechenzentren
- Outsourcing der Reinigung an Reinigungsfirmen
- Outsourcing von Teilen der Buchhaltung an Wirtschaftstreuhänder
- Outsourcing von Teilen der Produktion (z. B. in der Autoindustrie die Erzeugung von Einspritzpumpen für Dieselmotoren, die Erzeugung von Sitzüberzügen etc.) an Zulieferfirmen

Globalisierung [Globalisation]

Die Verbesserung der Transport- und Nachrichtensysteme und der Abbau der Handelshemmnisse führen dazu, dass große Firmen Leistungen dort erstellen lassen, wo es für sie am wirtschaftlichsten ist.

Beispiele

Globales Outsourcing

- Fluggesellschaften verlagerten ihr Rechnungswesen nach Indien.
- Berühmte Modemarken produzieren nur mehr in Asien.
- Argentinische Fleischproduzenten schlachten und verarbeiten ihre Rinder direkt auf den Transportschiffen.
- Aber auch kleinere österreichische Firmen verlagern Teile der Produktion in die angrenzenden Länder mit geringerem Lohnniveau, z. B. in die Slowakei, nach Tschechien oder Ungarn. So ist etwa ein Großteil der österreichischen Schiproduktion an internationale Konzerne verkauft und in benachbarte Staaten (z. B. Slowenien) ausgelagert worden.

Globalisierung der Wirtschaft bedeutet weltweite Nutzung von betrieblichen Leistungen und weltweites Verlagern von Produktionsstätten.

Durch die Globalisierung der Weltwirtschaft steigt auch die Abhängigkeit der Volkswirtschaften voneinander.

Beispiele

Globale Auswirkungen von Krisen

- Weit entfernte weltwirtschaftliche Krisenherde beeinflussen fast alle Volkswirtschaften.
  So wurde z. B. durch den Golfkrieg (1991), den Irakkrieg (2003) und durch Terroranschläge der internationale Tourismus getroffen, da die Reisetätigkeit abnahm.
  Jede politische Krise in den arabischen Ländern kann den Ölpreis verändern und damit auf viele Wirtschaftszweige durchschlagen (indirekt durch die Erhöhung der Transportkosten, der Stromkosten, da Strom teilweise mit Erdöl erzeugt wird, aber auch direkt – z. B. in der Kunststofferzeugung).

- Im Herbst 2008 leitete der Zusammenbruch amerikanischer Großbanken eine weltweit wirksame Finanzkrise ein, die negative Auswirkungen auf die gesamte Weltwirtschaft hat.
- Umweltprobleme sind global wirksam (z. B. schadhafte Atomkraftwerke, Abholzung des Regenwaldes, CO_2-Anstieg, Abnahme der Ozonschicht).

E-Business [E-Business]

Immer öfter setzen Unternehmen computerunterstützte **Informations- und Kommunikationstechnologien (IuK-Technologien)** wie Internet oder Mobilfunk zur Unterstützung ihrer Prozesse ein. Dies betrifft sowohl die Abwicklung der innerbetrieblichen Prozesse als auch die Beziehungen zu den Kunden und Lieferanten. Die systematische Verwendung von IuK-Technologien bewirkt somit Wettbewerbsvorteile. Dies lässt sich mithilfe von drei Argumenten begründen:

- Deutlich mehr Informationen können bearbeitet, übertragen und gespeichert werden. Dadurch sinken die Kosten.
- Die Abwicklung der innerbetrieblichen Prozesse kann vereinfacht, beschleunigt, optimiert und automatisiert werden. Dadurch verbessert sich die Wirtschaftlichkeit.
- Mithilfe von IuK-Technologien können die Beziehungen zu den Kunden und Lieferanten intensiviert und zielorientiert gestaltet werden.

Beispiel

- Scanner-Kassen im Lebensmitteleinzelhandel erfassen genau, wie viele Artikel zu welcher Tageszeit gekauft werden. Mit diesen Informationen können die Händler die Lagerbestände der Artikel steuern. Werden darüber hinaus auch Kundenkarten eingesetzt, sind die mit Scanner-Kassen erhobenen Informationen auch für kundenindividuelle Marketing-Maßnahmen wie Newsletter oder SMS sehr nützlich.

Nachhaltigkeit [Sustainability]

Diese Definition von Nachhaltigkeit wird auch als Brundtland-Definition bezeichnet. Sie wurde im Jahr 1987 von den Vereinten Nationen formuliert.

Immer öfter wird von Unternehmen gefordert, nachhaltig zu handeln. Die gängigste Auffassung über Nachhaltigkeit meint: „Eine nachhaltige Entwicklung ist eine Entwicklung, welche den Bedürfnissen der heutigen Generation entspricht, ohne die Möglichkeiten zukünftiger Generationen zu gefährden, ihre eigenen Bedürfnisse zu befriedigen."

In der Regel werden **drei Dimensionen von Nachhaltigkeit** unterschieden und als Nachhaltigkeitsdreieck dargestellt:

Grafik
Nachhaltigkeitsdreieck

- Durch die ökonomische Nachhaltigkeit soll ein stabiler Wohlstand für alle Wirtschaftsteilnehmer auf der Basis eines stabilen Wirtschaftswachstums gewährleistet werden.
- Die ökologische Nachhaltigkeit zielt auf die Erhaltung von Natur, Umwelt und natürlichen Ressourcen ab.
- Die soziale Nachhaltigkeit ist darauf ausgerichtet, einen menschengerechten Umgang in der Gesellschaft zu pflegen.

Die Symbolisierung als Dreieck zeigt, dass Nachhaltigkeit nur erreicht werden kann, wenn die drei Dimensionen gemeinsam berücksichtigt werden.

Beispiel

- Die SPAR Österreich-Gruppe greift das Thema Nachhaltigkeit auf ihrer Website wie folgt auf: „Die Zukunft liegt uns von SPAR am Herzen. Und wir haben es in der Hand, sie für nachfolgende Generationen zu gestalten. Mit zahlreichen Aktionen setzen wir von SPAR Zeichen für Klima und Umwelt, Gesundheit und Gesellschaft."

  Quelle: www.spar.at

Üben – Anwenden

A B C D E

Ü 3.07: Prozesse und Funktionen C

Überlegen Sie am Beispiel eines Pizza-Zustellers:
a) Wie muss der Pizzazusteller seine Geschäftsprozesse organisieren, um die Kundenzufriedenheit sicherzustellen?
b) Welche betrieblichen Funktionen sind zur Leistungserstellung nötig?

Ü 3.08: Produzieren, Absetzen C

Zeigen Sie am Beispiel einer Modeboutique, dass man die Funktionen „Produzieren" und „Absetzen" im Dienstleistungsbereich oft nicht trennen kann.

Ü 3.09: Rationalisierung C

Bringen Sie aktuelle Beispiele für den Arbeitsplatzabbau in Österreich und Deutschland durch Rationalisierungen und Outsourcing.

Ü 3.10: Globalisierung D

Zeigen Sie, wie teilweise auch lokale Dienstleistungen (z. B. in der Gastronomie oder im Handel) von der Globalisierung betroffen sind.

Ü 3.11: E-Business C

Mit welchen Argumenten würden Sie eine Modeboutique davon überzeugen, an die Kunden Kundenkarten auszugeben?

Ü 3.12: Nachhaltigkeit D

Recherchieren Sie nach Maßnahmen von Unternehmen, die der Nachhaltigkeit dienen, und berichten Sie darüber.

Sichern

SbX ID: 3013

Wertschöpfungsprozess
Der Wertschöpfungsprozess in Unternehmen erfolgt durch die Abfolge von Input, Leistungserstellung und Output.

value added process
The value added process of a business is a sequence of activities from input, through transformation processes to output.

Input
Der Input besteht aus den Leistungsfaktoren „menschliche Arbeit", „betriebliches Vermögen" und „Informationen".

input
Input consists of the factors of production: labour, capital and information.

Leistungserstellung
Leistungserstellung ist der Vorgang, durch den aus dem Input ein Output entsteht.

transformation processes
A transformation process is when input is turned into output.

Output
Der Output besteht in den angebotenen Gütern und Dienstleistungen eines Unternehmens.

output
Output consists of goods or services offered by a business.

Prozesse
Prozesse sind Aktivitäten, die in einem Unternehmen ausgeführt werden.

processes
Processes are the activities carried out in a business.

Geschäftsprozesse – Geschäftsprozesse sind auf die Stiftung von Kundennutzen ausgerichtet und wertschöpfend.

business processes – Business processes aim to create customer benefits and add value for the customer.

Managementprozesse – Durch Planung und Kontrolle, Organisation und Führung ermöglichen es die Managementprozesse, die Ziele des Unternehmens zu erreichen.

management processes – The management processes of planning and control, organisation and leadership enable the business to achieve its goals.

Unterstützungsprozesse – Unterstützungsprozesse ermöglichen die Durchführung von Geschäfts- und Managementprozessen.

support processes – Support processes make it possible to carry out business and management processes.

Funktionen – Funktionen sind genau bestimmte Aufgaben- und Verantwortungsbereiche in Unternehmen.

functions – Functions are clearly defined areas of duties and responsibilities in a business.

Rationalisierung – Rationalisierung bedeutet, dass menschliche Arbeit zunehmend durch Kapital ersetzt wird.

rationalisation – Rationalisation means that human labour is increasingly replaced by capital.

Outsourcing – Outsourcing bedeutet, dass bestimmte betriebliche Leistungen nicht mehr in den Unternehmen selbst erbracht, sondern von anderen Unternehmen zugekauft werden.

outsourcing – Outsourcing means that certain business processes are no longer carried out in the business itself, but instead purchased from other businesses.

Globalisierung – Unter Globalisierung versteht man in der Wirtschaft den Prozess der zunehmenden internationalen Verflechtung.

globalisation – Globalisation in business is the process of increasing international interdependence.

E-Business – Durch den Einsatz von Informations- und Kommunikationstechnologien kann die Verrichtung der Geschäftsprozesse unterstützt werden.

e-business – Information and communication technologies can be used to support business processes.

Nachhaltigkeit – Handeln Unternehmen nachhaltig, übernehmen sie Verantwortung gegenüber der Ökonomie, der Ökologie und sozialen Belangen.

sustainability – Sustainable businesses accept responsibility for the economy, the environment and social concerns.

SbX ID: 3013

Im SbX finden Sie die englische Zusammenfassung als Audio-Wiederholung sowie eine Bildschirmpräsentation mit den Grafiken dieser Lerneinheit.

Wissen

SbX ID: 3014

A B C D E

SbX W 3.04 mit automatischer Aufgabenkontrolle ID: 3014

W 3.01: Wertschöpfungsprozess A

In welchen drei Schritten erfolgt der Wertschöpfungsprozess von Unternehmen?

W 3.02: Leistungsfaktoren A

Häufig wird zusätzlich zu den Leistungsfaktoren menschliche Arbeitskraft und betriebliches Vermögen noch ein dritter Leistungsfaktor ergänzt, nämlich:

W 3.03: Prozesse in Unternehmen B

Wodurch unterscheiden sich die Prozesse in Unternehmen?

W 3.04: Betriebliche Funktionen B

Erika betreibt ein Straßenbuffet. Welche betrieblichen Funktionen erfüllt sie bei den folgenden Tätigkeiten?

a) Sie kauft eine neue Grillplatte für die Bratwürste.
b) Sie beantragt bei der Bank einen Kredit für einen neuen Verkaufswagen.
c) Sie zerschneidet eine Semmel und legt Leberkäse hinein.
d) Sie heftet selbst erstellte Plakate mit Öffnungszeiten und Preislisten an die Strommasten in der Umgebung ihres Straßenbuffets.
e) Sie fragt einen Kunden nach seinen Wünschen.
f) Sie überlegt, wie viel Leberkäse und wie viele Frankfurter sie für morgen einkaufen soll.
g) Sie teilt ihre Mitarbeiter für die Abendverkaufszeiten für Freitag, Samstag und Sonntag ein.

W 3.05: Wirtschaftsbereiche A

Welcher wirtschaftliche Bereich hat in den letzten Jahrzehnten durch Rationalisierung am stärksten abgenommen?

W 3.06: Globalisierung B

Geben Sie Beispiele für die Globalisierung im Dienstleistungsbereich.

W 3.07: Outsourcing B

Geben Sie Beispiele dafür, dass Outsourcing für Klein- und Mittelbetriebe eine Chance auf lokalen Märkten darstellen kann.

W 3.08: E-Business B

Welche Vorteile hat ein Unternehmen durch den Einsatz von Informations- und Kommunikationstechnologien?

W 3.09: Nachhaltigkeit B

Warum werden die drei Dimensionen von Nachhaltigkeit in einem Dreieck dargestellt?

English questions

E 3.01: What is the difference between the value added process and the transformation process?

E 3.02: What support processes are necessary for e-business?

E 3.03: What additional responsibilities do sustainable businesses accept?

Ein kurzer Kompetenz-Check, bevor's weitergeht!

Kompetenz-Check

	☺	😐	☹
Ich kann den Wertschöpfungsprozess von Unternehmen beschreiben und anhand konkreter Beispiele analysieren.			
Ich kann Management-, Geschäfts- und Unterstützungsprozesse unterscheiden.			
Ich kann die betrieblichen Leistungsfaktoren sowie deren Zusammenspiel und Stellwert in Unternehmen analysieren und bewerten.			
Ich kann verschiedene Funktionsbereiche eines Unternehmens beschreiben.			
Ich kann die wichtigsten Tendenzen bei der betrieblichen Leistungserstellung beschreiben und deren Auswirkungen auf die Arbeitswelt erklären.			
Ich kann die Aspekte von nachhaltigem Handeln erklären.			

Lerneinheit 2
Die Leistungserstellung auf den Prüfstand heben

SbX
Alle SbX-Inhalte zu dieser Lerneinheit finden Sie unter der ID: 3020.

„Toll", sagt die Steuerberaterin zur Unternehmensgründerin Mariana Ilicic. „Nach so kurzer Zeit haben Sie es geschafft: Die MODA NOVA hat im Vorjahr einen Gewinn gemacht. An zwei Erfolgsfaktoren Ihres Unternehmens könnten Sie aber noch arbeiten. Sie sollten die Wertschöpfung erhöhen. Und vergessen Sie nicht die Wirtschaftsethik. Gerade in der Modebranche achten die Kundinnen von heute auf so etwas." Nachdenklich geht Mariana Ilicic nach Hause und googelt die Begriffe Wertschöpfung und Wirtschaftsethik.

Lernen

SbX ID: 3021

1 Die Leistungserstellung mit Kennzahlen prüfen
[Evaluating transformation processes using ratios]

Kennzahlen zeigen, ob ein Unternehmen erfolgreich arbeitet. Sie helfen dem Management dabei, fundierte Entscheidungen im Unternehmen zu treffen. Im Zusammenhang mit der Leistungserstellung sind vier Kennzahlen aufschlussreich.

Grafik
Kennzahlen erfolgreicher Leistungserstellung

$$\text{Produktivität} = \frac{\text{mengenmäßige Ausbringung (Output)}}{\text{mengenmäßiger Einsatz (Input)}}$$

$$\text{Wirtschaftlichkeit} = \frac{\text{wertmäßiger Ertrag}}{\text{wertmäßiger Einsatz}}$$

$$\text{Rentabilität in \%} = \frac{\text{Gewinn x 100}}{\text{Kapitaleinsatz}}$$

$$\text{Wertschöpfung} = \text{Marktleistung} - \text{Vorleistung}$$

Beispiel

Produktivität, Wirtschaftlichkeit, Rentabilität, Wertschöpfung

- Die **Produktivität** einer Aluminiumerzeugung könnte an vielen verschiedenen Produktivitätskennzahlen gemessen werden.
  Zum Beispiel:
  - Tonnen pro Jahr und Mitarbeiter
  - Energieverbrauch in kWh pro Tonne
  - Rohstoffverbrauch je Tonne

  Das Beispiel zeigt auch, dass bei Produktivitätskennzahlen manchmal Zähler und Nenner vertauscht werden.

- Die **Wirtschaftlichkeit** wäre das Verhältnis von wertmäßigem Einsatz zu wertmäßigem Ertrag, d.h. das Verhältnis von Ertrag pro Tonne Aluminium zum Aufwand. Ein Vorgang ist somit nicht „wirtschaftlich", wenn kein Gewinn erzielt wird. Das heißt jedoch, dass die Produktivität gering, die Wirtschaftlichkeit dennoch hoch sein kann und umgekehrt. Produziert man z.B. Aluminium in Ländern mit geringen Lohnkosten, niedrigen Energiepreisen und geringen Umweltauflagen, kann trotz niedrigerer Produktivität eine höhere Wirtschaftlichkeit erzielt werden. Andererseits kann das Werk einen hohen Produktivitätsstandard haben, jedoch sind die Aufwendungen so hoch, dass die Produktion „unwirtschaftlich" ist.
- Die **Rentabilität** setzt den Überschuss der Erträge über die Aufwendungen, den Gewinn, zum eingesetzten Kapital in Beziehung. Erzielt unsere Aluminiumerzeugung mit einem Kapitaleinsatz von € 5 Milliarden einen Gewinn von € 400 Millionen pro Jahr, so beträgt die Rentabilität 8 %.
- Die **Wertschöpfung** ergibt sich aus dem Überschuss der Umsätze über die bezogenen Vorleistungen (z.B. Material, Energie, Miete). Sie zeigt den Wertzuwachs im Unternehmen an. Erzielt die Aluminiumerzeugung einen Umsatz von € 4 Milliarden und bezieht sie Vorleistungen in der Höhe von € 2,5 Milliarden, beträgt die Wertschöpfung € 1,5 Milliarden.

Immer häufiger wird die **Wertschöpfung** durch **Auslagerung (Outsourcing)** von Teilen der Produktion verringert, um Wirtschaftlichkeit und Rentabilität zu erhöhen (z.B. Zulieferungen aus Niedriglohnländern wie Vietnam oder Kambodscha in der Textilindustrie oder Auslagerung von EDV-gestützter Verwaltung nach Indien).

Vereinfacht entspricht die Summe der Wertschöpfung aller Unternehmen dem Bruttoinlandsprodukt einer Volkswirtschaft.

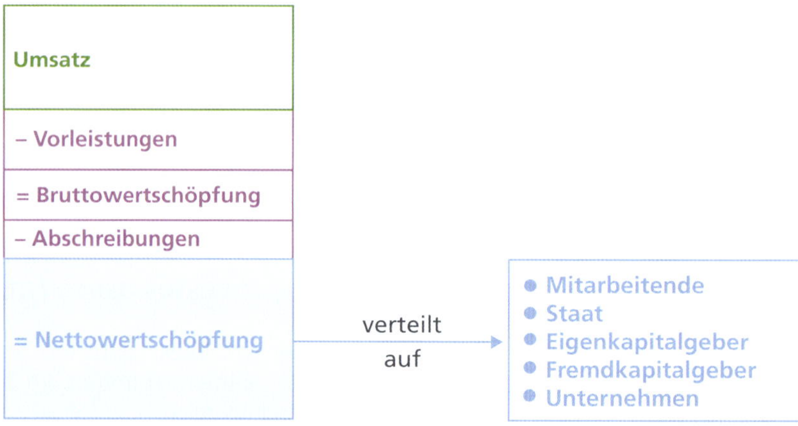

Wie das Beispiel zur Aluminiumerzeugung zeigt, ist die Berechnung einiger Kennzahlen in der Praxis nicht einfach.

- Werden in einem Unternehmen verschiedene Produkte erzeugt, z.B. viele verschiedene Typen von Pkw (z.B. Smart, Mercedes der A- und B-Klasse oder der S-Klasse), so kann die Produktivität nicht einheitlich gemessen werden.
- Berechnet man die Rentabilität, so kann man diese auf das Eigenkapital oder auf das Gesamtkapital beziehen. In der Praxis werden für die Berechnung auch verschiedene Gewinnbegriffe verwendet, z.B. der Gewinn vor und der Gewinn nach Steuern.

2 Die Leistungserstellung kritisch prüfen
[Critically evaluating transformation processes]

Grundsätzlich ist es das Ziel des Wirtschaftens, jene Güter und Leistungen bereitzustellen, die der Bedürfnisbefriedigung der Menschen dienen. Die Wirtschaft erfüllt damit eine gesellschaftliche Aufgabe. Bei der Erfüllung dieser Aufgabe stehen Unternehmen vor einem Problem. Sie sollen sowohl als Unternehmen erfolgreich sein als auch die Maßstäbe des guten und gerechten Zusammenlebens der Menschen in der Gesellschaft einhalten.

Die Wirtschaftsethik beschäftigt sich mit diesem Dilemma. Sie fordert dazu auf, alle Unternehmensentscheidungen mit vier Fragen kritisch zu prüfen:

- **Wer ist von einer Unternehmensentscheidung betroffen?**
  Ergebnis der Beantwortung diese Frage ist eine Liste oder Übersicht mit allen wichtigen Partnern, die von den Entscheidungen eines Unternehmens betroffen sind.
- **Wie umfassend ist die Betroffenheit der Unternehmenspartner durch eine Entscheidung?**
  Zur Beantwortung dieser Frage werden die Partner des Unternehmens aufgefordert, ihre Sichtweise darzulegen.

In diesem Lehrbuch werden Moral und Ethik auf folgende Weise unterschieden:

- **Moral** beschäftigt sich mit allen Normen und Werten, die in einer Gesellschaft als gültig betrachtet werden.
- **Ethik** beschäftigt sich mit dem Nachdenken über die geltenden Moralvorstellungen.
- **Wirtschaftsethik** denkt demnach über die geltenden Normen und Werte in der Wirtschaft nach.

- **Ist dem Unternehmen die Berücksichtigung der Ansprüche seiner Partner betriebswirtschaftlich zumutbar?**
  Hier geht es um die Frage, ob die respektvolle Würdigung der legitimen Ansprüche und Rechte der betroffenen Unternehmenspartner das Unternehmen in seiner Existenz gefährden.
- **Sind die Folgen einer Unternehmensentscheidung ethisch vertretbar?**
  Nachdem die Einzelinteressen aller Betroffenen und des Unternehmens selbst gegeneinander abgewogen worden sind, können die Entscheidungen nachvollziehbar begründet werden.

Das in diesem Lehrbuch vorgestellte Konzept der Wirtschaftsethik geht auf Peter Ulrichs Werk **„Integrative Wirtschaftsethik"** zurück.

Diese Vorgangsweise soll einen akzeptablen Ausgleich zwischen dem Unternehmen selbst und den Interessen der Partner des Unternehmens herbeiführen. Das heißt, die Tätigkeit eines Unternehmens soll wirtschaftlichen und gesellschaftlichen Ansprüchen genügen.

Beispiel

- Zu den bekanntesten Beispielen einer gelungen umgesetzten Wirtschaftsethik zählt das 1976 von Anita Roddick in Großbritannien gegründete Unternehmen „The Body Shop". Früh erkannte die Unternehmensgründerin die Bedeutung eines Dialogs mit den Anspruchsgruppen des Unternehmens. Daher wurden zunächst ausgewählte Partner gebeten, ihren Standpunkt zu ökologischen und sozialen Fragen sowie zum Thema Tierversuche schriftlich darzustellen.
- Als die wichtigsten Anliegen und Interessen erhoben waren, wurden die Unternehmensentscheidungen von „The Body Shop" anhand der Ansprüche der Partner überprüft. Die Ergebnisse dieser Überprüfung wurden von einer unabhängigen Organisation ausgewertet und anschließend veröffentlicht. Obwohl „The Body Shop" im Jahr 2006 an die Firma „L'Oréal" verkauft wurde, sind diese Auswertungsergebnisse bis zum heutigen Tag ein wesentlicher Bestandteil des Selbstverständnisses des Unternehmens. Sie können unter der Rubrik „Unsere Werte" auf der Website von „The Body Shop" nachgelesen werden.

3 Wirtschaftsethik ist eine Herausforderung für alle Wirtschaftsteilnehmer

[Business ethics are a challenge for all agents in the economy]

Alle Wirtschaftsteilnehmer treffen laufend Entscheidungen in Bezug auf ihre wirtschaftlichen Handlungen. Der Staat trifft Entscheidungen über die Gestaltung der Rahmenbedingungen einer funktionierenden Marktwirtschaft und wie stark er dabei in die Wirtschaft eingreifen soll. Konsumenten überlegen sich, zu welchem Preis sie Produkte kaufen bzw. Dienstleistungen in Anspruch nehmen. Auf der Suche nach Wettbewerbsvorteilen gegenüber Konkurrenten treffen Unternehmen Entscheidungen, die dabei helfen, das Überleben des Unternehmens langfristig zu sichern.

Alle Wirtschaftsteilnehmer stehen dabei vor einer doppelten Herausforderung. Einerseits wollen sie mit ihren Entscheidungen ihre wirtschaftlichen Zielsetzungen erfüllen. Andererseits sollen ihre wirtschaftlichen Handlungen gesellschaftlich akzeptiert sein. Nicht immer ist diese Herausforderung konfliktfrei zu bewältigen.

Beispiel

- In repräsentativen Umfragen befürworten die meisten Menschen die artgerechte Haltung von Nutztieren. Dennoch greifen viele Menschen bei preisgünstigen Fleischangeboten im Supermarkt zu. Sie machen sich nicht bewusst, dass so niedrige Preise trotz strikter staatlicher Vorschriften ohne mitunter fragwürdige Zustände bei der Massentierhaltung nicht möglich sind.

Der Staat bietet uns Bürgern Konzepte und Richtlinien für die Gestaltung der Wirtschaft zur Wahl an. Unternehmen bieten uns Konsumenten Güter und Dienstleistungen zur Befriedigung unserer Bedürfnisse zum Kauf an. Wenn wir diese Angebote annehmen und uns für staatliche Gestaltungsmaßnahmen bzw. Güter und Dienstleistungen entscheiden, gestalten wir mit unseren Entscheidungen die Wirtschaft mit.

Üben – Anwenden

A B C D E

Ü 3.13: Produktivitätsmessung C

Überlegen Sie am Beispiel eines Straßenfrächters, wie man die „Produktivität" messen könnte.

Ü 3.14: Kennzahlen der betrieblichen Leistung D

In einem Agrarland wird überlegt, einen Teil der Bananenproduktion zu vernichten, um die Preise erhöhen zu können. Welche Kennzahl wird dadurch verringert, welche erhöht?

Ü 3.15: Gesamtwirtschaftliche Betrachtung von Produktivität und Wirtschaftlichkeit D

Die Produktivität und Wirtschaftlichkeit von Arbeitskräften wird durch zahlreiche gesetzliche Schutzmaßnahmen eingeschränkt (Beschränkung von Überstunden, Zuschläge für Nacht- und Feiertagsarbeit, Mindesturlaub etc.). Manche Unternehmer behaupten, durch diese Maßnahmen würde die Wirtschaftlichkeit eingeschränkt.

Wie beurteilen Sie diese Behauptung aus gesamtwirtschaftlicher Sicht?

Ü 3.16: Wertschöpfung C

Eine Maßschneiderei hat im vergangenen Jahr unter anderem folgende Aufzeichnungen geführt (Angaben in Euro):

- Umsatz € 500.000,–
- Material € 200.000,–
- Löhne und Gehälter € 120.000,–
- Miete € 20.000,–
- Rechtsberatung € 5.000,–
- Abschreibungen € 15.000,–
- sonstiger Aufwand (Energie, Versicherung, Reinigung etc.) € 10.000,–
- Fremdkapitalzinsen € 10.000,–

a) Wie hoch war die Wertschöpfung der Schneiderei in Euro im vergangenen Jahr? Überlegen Sie, was alles zu den „Vorleistungen" zählen wird.

b) Wie hoch war die Wertschöpfung in Prozent des Umsatzes?

c) Ist es leicht oder schwierig, die Produktivität dieser Schneiderei zu messen?

Ü 3.17: Zu den vier kritischen Fragen D

Die Culina GmbH produziert Fertiggerichte. Kürzlich hat das Unternehmen den Auftrag erhalten, mehrere Schulbuffets zu beliefern. Damit ist der Fortbestand des Unternehmens für die nächsten Jahre gesichert. Ohne diesen Auftrag würde die Rentabilität der Culina GmbH sinken.

Die bisherigen Schulbuffetbetreiber wehren sich massiv gegen die Fertiggerichte, weil sie sich in ihrer Existenz bedroht sehen. Sie argumentieren, dass mehrere Mitarbeiter, die bisher in der Küche gearbeitet haben, gekündigt werden müssten.

Manche Eltern sorgen sich in Bezug auf die Qualität der Fertiggerichte. Sie befürchten, dass ihre Kinder nicht mehr ausreichend mit wichtigen Vitaminen und gesundem Essen versorgt werden.

Die regionale Schulverwaltung unterstützt die Schulbuffets finanziell. Da die Fertiggerichte preisgünstiger sind, könnten die freiwerdenden Mittel gezielt für Schulprojekte verwendet werden.

a) Wie soll die Culina GmbH mit diesem Auftrag unter wirtschaftsethischen Gesichtspunkten verfahren? Begründen Sie Ihre Ansicht.

b) Sind nur Unternehmen für Fragen der Wirtschaftsethik zuständig? Begründen Sie Ihre Ansicht.

Sichern

SbX ID: 3023

Kennzahlen der betrieblichen Leistungserstellung

Der Erfolg der betriebliche Leistungserstellung kann (zumindest) mit vier unterschiedlichen Kennzahlen gemessen werden:

Die Produktivität zeigt das Verhältnis zwischen Inputmenge und Outputmenge (z. B. Stromverbrauch in kWh pro Tonne Aluminium).

Die Wirtschaftlichkeit misst das Verhältnis von wertmäßigem Ertrag zu wertmäßigem Einsatz (z. B. Verkaufspreis pro Tonne Alumininium zu Kosten pro Tonne Aluminium).

Die Rentabilität misst das Verhältnis von Gewinn zum eingesetzten Kapital. Sie kann auf mehrere Arten berechnet werden (z. B. bezogen auf das Eigenkapital oder bezogen auf das Gesamtkapital).

Die Wertschöpfung misst die Wertzunahme eines Produkts/einer Leistung im Betrieb. Vom Ertrag werden die Vorleistungen (z. B. die zugekauften Materialien, die von Zulieferern erbrachten Leistungen, aber auch die Abschreibungen für die zugekauften Maschinen) abgezogen.

business ratios for transformation processes

The success of the transformation processes of a business can be measured using (at least) four different business ratios:

Productivity shows the relationship between the input amount and the output amount (e.g.: electricity consumption in kWh per tonne of aluminium).

Efficiency measures the relationship between income (return) and costs (e.g.: sales price per tonne of aluminium vs. cost per tonne of aluminium).

Profitability measures the relationship between profits and invested capital. It can be calculated in different ways (e.g.: based on equity capital or total capital).

Value added measures the increase in value of a product or service in a business. Direct and indirect costs (e.g.: purchased materials, services rendered by suppliers, but also the depreciation of machines bought) are subtracted from the profits.

Wirtschaftsethik

Wirtschaftsethik ist dem Versuch gewidmet, einen akzeptablen Ausgleich zwischen dem Unternehmen und den Interessen seiner Partner herbeizuführen.

business ethics

Business ethics aim to find a balance between the business and the interests of its partners.

vier kritische Fragen

Wer ist von der Unternehmensentscheidung betroffen?

Wie umfassend ist die Betroffenheit der Unternehmenspartner durch die Entscheidung?

Ist dem Unternehmen die Berücksichtigung der Ansprüche seiner Partner betriebswirtschaftlich zumutbar?

Sind die Folgen der Unternehmensentscheidung ethisch vertretbar?

four critical questions

Who is affected by the business decision?

To what extent are business partners affected by the decision?

Is it commercially viable for the business to consider the requirements of its partners?

Are the consequences of business decision-making ethically justified?

SbX ID: 3023

Im SbX finden Sie die englische Zusammenfassung als Audio-Wiederholung sowie eine Bildschirmpräsentation mit den Grafiken dieser Lerneinheit.

Wissen

SbX ID: 3024

A B C D E

W 3.10: Kennzahlen erfolgreicher Leistungserstellung B
Sie haben vier Kennzahlen für den Erfolg der wirtschaftlichen Tätigkeit kennengelernt. Ordnen Sie die folgenden Begriffe richtig zu.

Marktleistung, Gewinn, mengenmäßiger Einsatz, wertmäßiger Ertrag, Kapitaleinsatz, Vorleistung, mengenmäßige Ausbringung, wertmäßiger Einsatz

Produktivität:

Wirtschaftlichkeit:

Rentabilität in Prozent:

Wertschöpfung:

W 3.11: Wertschöpfung A
Auf wen wird die Nettowertschöpfung eines Unternehmens verteilt?

W 3.12: Vier kritische Fragen B
Mit welchen Fragen kann ein Unternehmen eine Entscheidung auf ethische Aspekte hin prüfen?

SbX
W 3.13
mit automatischer Aufgabenkontrolle
ID: 3024

Weitere Aufgabe zur Lernkontrolle im SbX

W 3.13: Kennzahlen der Leistungserstellung B
Ordnen Sie den Berechnungsformeln die richtigen Begriffe zu!

English questions

E 3.04: Taking a baker who bakes bread and rolls as an example, explain the terms productivity, efficiency, profitability and value added.

E 3.05: If an Austrian business decides to move some of its production to Hungary because labour costs are lower there, what ethical questions should it ask itself about this decision?

Ein kurzer Kompetenz-Check, bevor's weitergeht!

Kompetenz-Check

	☺	😐	☹
Ich kann die Bedeutung der wichtigsten Kennzahlen erfolgreicher Leistungserstellung einschätzen.			
Ich kann den Begriff Wirtschaftsethik beschreiben.			
Ich kann Unternehmensentscheidungen mithilfe von vier kritischen Fragen prüfen.			
Ich kann die Marktorientierung als Leitidee der Betriebswirtschaft aus der Perspektive der Unternehmerinnen und Unternehmer, Arbeitnehmerinnen und Arbeitnehmer sowie Konsumentinnen und Konsumenten kritisch hinterfragen.			
Ich kann die Leistungserstellung unter Berücksichtigung von Aspekten der Ethik und Nachhaltigkeit aus der Sicht von Unternehmen und Konsumentinnen und Konsumenten kritisch analysieren und beurteilen.			

4 MARKETING

Worum geht's in diesem Kapitel?

Vor allem seit Hollywoodstar George Clooney für Nespresso-Kaffee wirbt, ist der Verkauf der bunten Kaffeekapseln aus dem Nestlé-Konzern eine Erfolgsstory. Offensichtlich gelingt es Nespresso, Produkte anzubieten, die die Kaffeetrinker/innen nachfragen, zu Preisen, die diese bereit sind, zu bezahlen. Doch das Unternehmen wird auch heftig kritisiert: einerseits, weil die Kaffeekapseln aus Aluminum hergestellt werden, einem vergleichsweise energieaufwendig erzeugten Material, das oft nicht richtig entsorgt oder recycelt wird, zweitens, weil Nespresso immer wieder versucht, zu verhindern, dass andere Unternehmen günstigere und für Nespresso-Kaffeemaschinen passende Kapseln auf den Markt bringen. Unternehmen müssen sich daher auch der Frage stellen, wie ethisch ihr Marketing ist.

Wenn Sie dieses Kapitel bearbeiten, erwerben Sie die folgenden in der Bildungs- und Lehraufgabe des Lehrplans angeführten Kompetenzen:

Sie können aus dem Bereich Wirtschaft und Gesellschaft

- **die Marktorientierung als Leitidee der Betriebswirtschaft aus der Perspektive der Unternehmerinnen und Unternehmer, Arbeitnehmerinnen und Arbeitnehmer sowie Konsumentinnen und Konsumenten kritisch hinterfragen:**
- **Leistungserstellung und Marketing unter Berücksichtigung von Aspekten der Ethik und Nachhaltigkeit aus der Sicht von Unternehmen und Konsumentinnen und Konsumenten kritisch analysieren und beurteilen.**

Sie können aus dem Bereich Marketing

- **für Produkte ein stimmiges Marketingkonzept erstellen: Methoden der Marktanalyse einsetzen, eine Marketingstrategie entwickeln und Marketingziele operationalisieren, verschiedene Maßnahmen des Produkt-, Kontrahierungs-, Kommunikations- und Distributionsmanagements zielgruppenorientiert darstellen,**
- **einen Marketing-Mix aus Sicht der Konsumentin und des Konsumenten kritisch hinterfragen.**

Sie können durch den Einsatz von Fallstudien

- **Ihre erworbenen Fach-, Methoden-, Sozial- und Selbstkompetenzen vernetzt anwenden.**

A B C D E

In diesem Kapitel finden Sie Übungsaufgaben, praxisbezogene Fallbeispiele und Aufgaben zur Lernkontrolle zur Überprüfung Ihrer Kompetenzen auf den Handlungsebenen A **Wiedergeben,** B **Verstehen,** C **Anwenden** und D **Analysieren & Interpretieren.**

Dieses Kapitel umfasst folgende Lerneinheiten:

Ergänzungs-Lerneinheiten:

Quick-Check zum Thema:

Marktorientierung

A B C D E

Das folgende Fallbeispiel können Sie schon jetzt bearbeiten.

Ü 4.01: Fallbeispiel Nestlé Nespresso: Partner des Unternehmens und Marktorientierung D

1. Im I. Jahrgang haben Sie bereits vier marktorientierte Fragen kennengelernt, die sich jedes Unternehmen stellen muss. Wie würden diese Fragen für das Unternehmen Nestlé Nespresso lauten?
2. Erinnern Sie sich daran, dass jedes Unternehmen viele verschiedene Partner mit ganz unterschiedlichen Interessen hat. Nennen Sie zumindest drei Partner des Unternehmens Nestlé Nespresso und formulieren Sie deren Interessen!
3. Welche Möglichkeiten hat ein Unternehmen, mit seinen Kunden zu kommunizieren? Nennen Sie verschiedene Möglichkeiten und recherchieren Sie, welche davon Nespresso nutzt, um mit seinen Kunden zu kommunizieren!
4. Finden Sie heraus, wie viel eine Kaffeekapsel von Nespresso kostet und wie viel ein vergleichbares Produkt eines Mitbewerbers von Nespresso kostet. Wie erklären Sie sich den Preisunterschied?
5. Finden Sie heraus, wo und wie man Nespresso-Kaffeekapseln kaufen kann. Überlegen Sie, welche anderen Möglichkeiten es gäbe, das Produkt am Markt anzubieten, und warum Nespresso diese Möglichkeiten nicht nützt.

Lerneinheit 1
Marktorientierung entscheidet über den Unternehmenserfolg

SbX Alle SbX-Inhalte zu dieser Lerneinheit finden Sie unter der ID: 4010.

Unternehmerische Entscheidungen müssen immer den Markt berücksichtigen. Können die erzeugten Waren bzw. die angebotenen Dienstleistungen nicht abgesetzt werden, kann ein privatwirtschaftlich geführter Betrieb nicht überleben. Unternehmen müssen sich daher am Markt orientieren, d. h., sie müssen Marketing betreiben.

Aber auch gemeinnützige Betriebe betreiben Marketing (z. B. Sportvereine, Schulen oder Beratungsstellen, etwa gegen Drogenmissbrauch). Auch diese Betriebe verlieren ihre Existenzberechtigung, wenn ihre Produkte und Dienstleistungen nicht nachgefragt werden.

Ohne Marktorientierung ist daher weder die Führung eines privatwirtschaftlichen Unternehmens noch die eines gemeinnützigen Betriebs möglich.

Lernen

SbX ID: 4011

1 Marketing-Mix, was heißt das?
[Marketing mix – what does that mean?]

Alle Marketing-Maßnahmen eines Unternehmens werden aufeinander abgestimmt.

Die marktorientierte Unternehmensführung kombiniert mehrere Maßnahmen, die man als **„absatzpolitische Instrumente"** oder zusammengefasst als **„absatzpolitisches Instrumentarium"** bezeichnet.

Ausgangspunkt sind marktorientierte Fragen, die mithilfe der Marktforschung beantwortet werden können.

Grafik
Marktorientierte Fragen

SbX Eine Linkliste zu Grundbegriffen und aktuellen Themen des Marketings finden Sie unter der ID: 4011.

Grundlage der Absatzpolitik ist die **Marktforschung**. Die Marktforschung dient dazu, sich Informationen über die Marktverhältnisse, die Konkurrenz, die Kaufgewohnheiten der Abnehmer etc. zu verschaffen. So kann man die verschiedenen **Marketing-Maßnahmen** gezielt planen und zum **Marketing-Mix** kombinieren.

4 Marketing

Grafik
Marketing-Mix

Die vier **Marketing-Maßnahmen** werden auch als **marketing-** oder **absatzpolitische Instrumente** bezeichnet.

Im Englischen wird oft vereinfacht von den **4 Ps** gesprochen:
- **Product**
- **Price**
- **Place**
- **Promotion**

Viele Fachbegriffe im Marketing stammen aus dem Englischen.

Die Marketing-Maßnahmen beziehen sich auf die folgenden vier Bereiche:
- **Produkt- und Sortimentspolitik,** d.h. auf den Umfang des Produktprogramms bzw. des Sortiments, auf die Gestaltung der einzelnen Produkte und auf Zusatzleistungen, wie z.B. Service und Garantie
- **Preis- und Konditionenpolitik (Kontrahierungspolitik),** d.h. auf die Höhe der Preise, auf Rabatte, auf Liefer- und Zahlungsbedingungen
- **Distributionspolitik,** d.h. auf die Organisationsform, die ein Betrieb wählt, um seine Produkte abzusetzen (z.B. eigenes Verkaufsbüro, Verkauf durch Handelsvertreter, Verkauf über den Handel oder über das Internet)
- **Kommunikationspolitik,** d.h. auf Werbung, Verkaufsförderung, Öffentlichkeitsarbeit

„Produkt" ist im Marketing **ein weit gefasster Begriff.** Er umfasst neben Produkten im engeren Sinn auch Dienstleistungen (z.B. Urlaubsreisen oder Steuerberatung).

Werden alle diese Maßnahmen nicht fallweise oder einzeln eingesetzt, sondern systematisch aufeinander abgestimmt, so spricht man von **Marketing.**

Diese systematische Abstimmung ist nicht immer einfach.

Beispiel

- Ein exklusives Parfum hat oft einen hohen Preis, um die Exklusivität zu betonen. Ist es zu teuer, werden mögliche Käufer vielleicht doch ein anderes Produkt kaufen. Bietet man es in allen Drogeriemärkten zum Verkauf an, um möglichst viele Kunden zu erreichen, gilt es nicht mehr als exklusiv. Wird es nur in ausgewählten Fachgeschäften angeboten, muss man durch gezielte Werbung versuchen, Käufer darauf aufmerksam zu machen.

Selbstverständlich versucht Marketing auch, **den Bedarf für neue Produkte zu wecken.** Dies ist jedoch stets risikoreich (z.B. selbstfahrende Autos wie etwa das Google-Car, neue Cola-Getränke).

Merkmale des Marketings sind daher:
- **systematische Kombination des absatzpolitischen Instrumentariums zur bestmöglichen („optimalen") Bearbeitung des Markts und**
- **systematische Orientierung aller betrieblichen Bereiche an den Bedürfnissen und Wünschen des Kunden für den bestmöglichen Absatz der Produkte.**

Beispiele

- Die meisten Menschen haben ihr Fruchtjoghurt gerne süß, weshalb in allen Fruchtjoghurts Zucker oder Süßungsmittel enthalten sind.
- In der Autoindustrie werden nur so viele Sicherheitseinrichtungen bei der Konstruktion berücksichtigt, wie verkauft werden können. Das Auto mit maximaler Sicherheit wäre vermutlich für den Markt zu plump und zu teuer.
- In der Möbelindustrie richtet sich die Form häufiger nach dem Geschmack breiter Käuferschichten und seltener nach den Entwürfen berühmter Designer.
- Werbung für Lkw wird man eher in Fachzeitschriften machen als vor dem Hauptabendprogramm im Fernsehen.

In welcher Form und in welchem Umfang die absatzpolitischen Maßnahmen eingesetzt werden, hängt von den konkreten Marketingzielen, vom Marketingbudget und von der Betriebsgröße ab.

Beispiele
Kleine Lebensmitteleinzelhändler werden zusätzlich versuchen, mit besonders freundlicher Bedienung und individuellem Service (z. B. Aufschnittplatten, Geschenkkörbe) Stammkunden zu gewinnen.

- Ein kleines Lebensmittelgeschäft kann kaum selbständig **Marktforschung** betreiben:
  - Sein **Absatzweg** ist vorgegeben (es verkauft an einen Kundenkreis, der in der Nähe wohnt, eventuell kann es einen Zustellservice anbieten).
  - Seine **Werbemöglichkeiten** sind beschränkt (Schaufenstergestaltung, schnelle und höfliche Bedienung, Flugzettelwerbung, Website).
  - Innerhalb bestimmter Grenzen ist es ihm möglich, eine größere oder kleinere Zahl von Produkten anzubieten **(Sortimentspolitik).**
  - Bleibt im Wesentlichen die **Preispolitik,** bei der es zwischen „exklusiven Preisen" (z. B. Delikatessengeschäft), normalen Preisen (Greißler für die Nahversorgung) und Diskontpreisen (Kleindiskonter) wählen bzw. diese mischen kann (z. B. normale Preise und Sonderangebote zu Diskontpreisen).
- Einer Supermarktkette stehen hingegen alle absatzpolitischen Instrumente zur Verfügung.

2 Formen der Marktbearbeitung
[Developing a marketing strategy]

Durch Marktsegmentierung wird zielgruppenorientiertes Marketing erreicht.

Bedürfnisse und Kaufverhalten der verschiedenen Käufergruppen sind sehr unterschiedlich. Es ist daher meist nicht sinnvoll, Produkte für den Gesamtmarkt zu entwickeln und für jedes Produkt auf allen Märkten Marketing zu betreiben.

Der Markt wird in Käufergruppen (Zielgruppen) aufgeteilt. Dadurch kann man die Produktentwicklung, die Preise, die Absatzwege und die Werbung gezielter ausrichten.

Das zielgruppenorientierte Marketing erfolgt in drei Phasen.

Grafik
Zielgruppenorientiertes Marketing

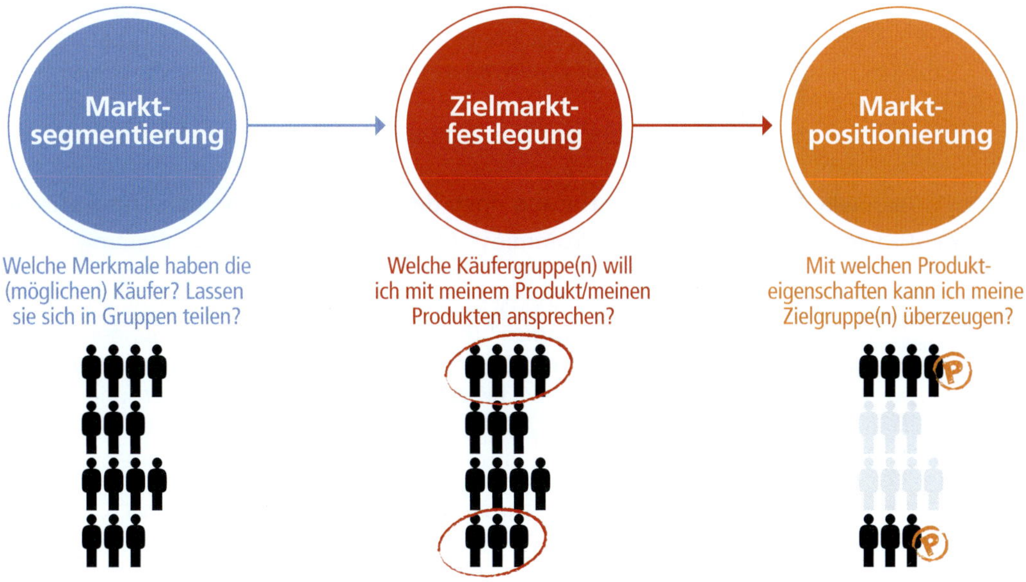

Marktsegmentierung [Market segmentation]

Bei der Marktsegmentierung wird der Gesamtmarkt in verschiedene Teilmärkte (Marktsegmente) zerlegt, die jeweils Käufer mit gleichen oder ähnlichen Merkmalen umfassen.

Dadurch kann man das Marketing den Ansprüchen und Erwartungen verschiedener Käuferschichten anpassen.

4 Marketing

Grafik
Kriterien der Marktsegmentierung

Die wichtigsten **Kriterien der Marktsegmentierung** zeigt die folgende Grafik:

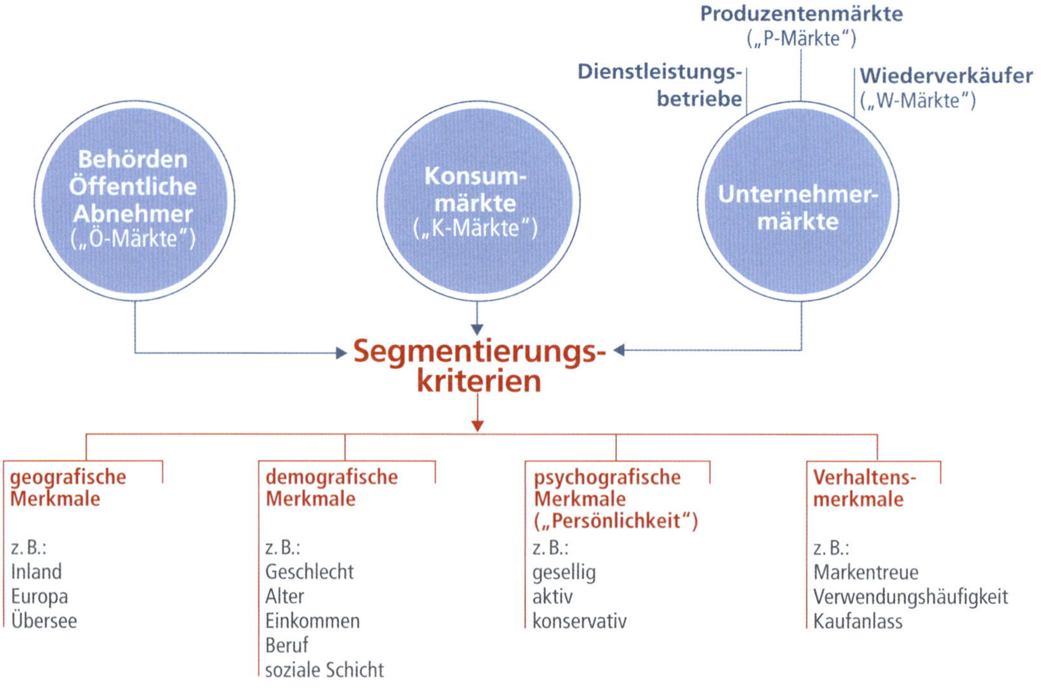

Diese Kriterien können nun vielfältig kombiniert werden, um den Zielmarkt festzulegen.

Beispiele

Marktsegmentierung

- Markt für Computerspiele für Mädchen und Burschen im Teenageralter, die neue Abenteuer erleben und Rätsel lösen wollen
- Markt für Scannerkassen für große Einzelhandelsbetriebe im Inland und in Europa
- Getränkemarkt für junge, aktive Sportlerinnen und Sportler
- Automarkt für Zweitwagenkäufer/innen im städtischen Bereich

Die Beispiele zeigen, dass nicht alle Kriterien für jede Marktsegmentierung von Bedeutung sind.

Beispiele

Vor allem in den USA ist der Trend, Konsummärkte nach **demografischen** und **psychografischen Merkmalen** zu segmentieren, sehr stark.

Marktsegmentierung nach demografischen und psychografischen Merkmalen

- **Markt der „Yummies"** (young upwardly moving mommy, also junge Mütter, die neben den Kindern eine berufliche Karriere anstreben): Für diese Zielgruppe wurden eigene Modelinien, von den Sportschuhen bis zum Sweatshirt, konzipiert und vermarktet.
- **Markt der „Puppies"** (Kinder der Yuppies, also des jungen, aufstrebenden Managernachwuchses): Für diese Zielgruppe wurden eigene intellektuell anregende Kinderzimmerumgebungen (vom Möbel bis zum Intelligenzspiel) konzipiert und vermarktet.

Ein weiteres Beispiel für diese Segmentierung ist der

- **Zeitschriftenmarkt:**
  Unterschiedliche Tageszeitungen haben häufig ein nach Einkommen und Bildungsstand unterschiedliches Leserpublikum.
  Wochen- und Monatszeitschriften sind noch stärker an individuellen Interessen und Eigenschaften ihrer Leser orientiert (Bastler, Köche, Autofans, Hausfrauen, junge Mädchen, EDV-Freaks etc.).

Selbstverständlich versucht man auch, durch Marktsegmentierung neue Märkte zu schaffen und zu bearbeiten.

Beispiele

swatch

Die Uhrenmarke Swatch bietet ein Beispiel, wie **durch Marktsegmentierung** traditionelle Vertriebswege verlassen und **neue Marktsegmente** erschlossen werden können.

Neue Märkte, die durch Marktsegmentierung erschlossen werden

- Uhrenmarkt:
  Viele Jahrhunderte lang wandten sich die Uhrenproduzenten an Käufer, die ein hochwertiges Produkt, häufig als Geschenk zu einem besonderen Anlass, suchten. Als Vertriebswege wurden daher Juweliere und Uhrenfachgeschäfte gewählt.
  „Swatch" schuf die preiswerte modische Uhr als Zweit- und Drittuhr und sprach ein völlig neues Käufersegment an. Vertrieben werden die Uhren auch in Warenhäusern und als Zusatzartikel bei Lebensmitteldiskontern.
  Schließlich wurden die Uhren auch zu Sammelobjekten; sie werden heute auch in ganzen Serien (ähnlich den Briefmarken) verkauft.
- Schokolademarkt:
  besondere Schokoladen für Zuckerkranke (Diabetiker), Diätbewusste, Kochschokolade etc.

Festlegung des Zielmarkts [Deciding on the target market]

Wurden die Marktsegmente festgelegt, ist zu entscheiden, ob der Gesamtmarkt oder Teilmärkte bzw. wie viele Teilmärkte bearbeitet werden sollen. Die Kriterien können nun vielfältig kombiniert werden, um den Zielmarkt festzulegen.

Grafik
Festlegung des Zielmarkts

- **undifferenziertes Marketing**
  Der gesamte Markt wird ohne Differenzierung nach Käufern bearbeitet. Diese Vorgangsweise ist geeignet für homogene Produkte, die möglichst viele Käufer ansprechen, z. B. nicht alkoholische Getränke, wie Almdudler oder Coca-Cola. Es ist eine Massenmarkt-Strategie („Schrotflinten-Konzept").
- **differenziertes Marketing**
  Der Markt wird in mehrere Teilmärkte aufgespalten. Diese Teilmärkte werden mit unterschiedlichen Angeboten und absatzpolitischen Maßnahmen bearbeitet, z. B. teure und billige Kameras, mit und ohne Erweiterungsmöglichkeit etc.
- **konzentriertes Marketing**
  Aus den Teilmärkten werden einzelne Teilmärkte ausgewählt und bearbeitet. In einem kleinen Segment soll mit einem maßgeschneiderten Angebot und Marketing-Mix ein großer Marktanteil erreicht werden, z. B. Sportwagen, Lodenmäntel, Stilmöbel.

Das Marketing kann sich an bestehenden Zielgruppen orientieren, aber auch versuchen, neue Zielgruppen anzusprechen und zu gewinnen.

4 Marketing

Marktpositionierung [Market positioning]

Die **Produktpositionierung** beschreibt, wie das Produkt in Hinblick auf wichtige Eigenschaften von den Konsumenten gesehen wird bzw. gesehen werden soll. Das Produkt soll sich deutlich und unverwechselbar von der Konkurrenz abheben und für die Zielgruppe besonders wünschenswert sein. In der Fachsprache sagt man, das Produkt soll eine

- **Unique Selling Proposition (USP)**

erlangen.

Die Positionierung kann erfolgen nach:

- Produkteigenschaften (dauerhaft, zuverlässig, elegant)
- Preis (billig, preiswert, exklusiver Preis)
- Nutzen (Prestige, arbeitserleichternd, gut riechend)

Beispiele

Werden in einem Zielmarkt **unterschiedliche Marktsegmente** bearbeitet, so werden meist mehrere Produkte entwickelt und **unter unterschiedlichen Produktnamen** vermarktet (vgl. **Waschmittelmarkt**).

Ansätze für eine USP einzelner Produkte

- Waschmittel
  - für die Handwäsche zwischendurch
  - Universalwaschmittel für alle Temperaturen
  - kuschelweich auch ohne Weichspüler
  - besonders für stark verschmutzte Wäsche („fasertief rein")
  - umweltschonend
- Autos
  - zuverlässig und elegant
  - preiswert, spritzig, modisch
  - kompakt und doch geräumig, bedienungsfreundlich
- Zahnpasta
  - für besonders weiße Zähne
  - gegen Karies
  - für ein festes Zahnfleisch

In besonderen Fällen gelingt es einem Produkt, zu einer Bezeichnung für eine ganze Produktgattung zu werden.

Beispiele

Obwohl Tixo seit 1985 nicht mehr produziert wird, weiß jede/r in Österreich, dass damit ein Klebeband gemeint ist.

Produktbezeichnung als Gattungsnamen

- Tixo für Klebeband
- UHU für Klebstoff
- Pampers für Wegwerfwindeln
- Googeln für Suchen im Internet

Üben – Anwenden

A B C D E

Ü 4.02: Marketingpolitische Instrumente: die 4 Ps C

Zeigen Sie am Beispiel eines Tennis-Shops, der sämtliche Tennisausrüstung zum Verkauf anbietet, welche marketingpolitischen Instrumente eingesetzt werden können.

Ü 4.03: Spitzenqualität und Marketing B

Bitte begründen Sie, warum nicht bei allen Produkten nur die beste Qualität angeboten wird! Denken Sie dabei zum Beispiel an Obst und Bio-Obst im Supermarkt, an verschiedene Notebook-Modelle, die man im Fachhandel erhält.

Ü 4.04: Segmentierungskriterien C

Welche Segmentierungskriterien könnten in den folgenden Fällen bedeutsam sein?

- Luxuskreuzfahrten
- Duschkabinen
- Goldmünzen (z. B. der Philharmoniker)
- Fahrräder

Ü 4.05: Segmentierungskriterien für Teilmärkte D

Sie wollen neue Märkte für Nintendo 3DS, das hauptsächlich von Kindern und Jugendlichen zum Spielen verwendet wird, finden. Veranstalten Sie in Kleingruppen (ca. 4 bis 6 Personen) ein Brainstorming und verwenden Sie die Segmentierungskriterien für Teilmärkte.

Ü 4.06: Produktpositionierung C

Wie könnte man folgende Produkte positionieren?

- Kleinauto mit Elektroantrieb und Solaraufladung
- Magermilchgetränk
- Betonmischmaschine der billigen Preisklasse

Ü 4.07: Projektaufgabe D

Analysieren Sie laufende Werbeaktionen (Fernsehen, Rundfunk, Plakate) und versuchen Sie, jeweils festzustellen,

- ob ein differenziertes oder ein undifferenziertes Marketing betrieben wird,
- welche Marktsegmente angesprochen werden,
- wie versucht wird, das beworbene Gut bzw. die Dienstleistung zu positionieren.

Ü 4.08: Fallbeispiel Swatch: Erfolg durch Marktsegmentierung D

Die Swatch ist vermutlich die bekannteste Armbanduhr der Welt. Swatch steht für eine Vielfalt an bunten, relativ günstigen Plastikuhren, die in halbjährlich wechselnden Kollektionen erscheinen. Die erste Swatch wurde am 1. März 1983 in Zürich präsentiert, entwickelt mit der Motivation, die Schweizer Uhrenindustrie gegen die fernöstliche Konkurrenz zu stärken und sie wieder zur Weltmarktführerin zu machen. Seit 1984 bis zum heutigen Tag ist die Swatch ein Verkaufsschlager, 1992 wurde die hundertmillionste Swatch-Uhr produziert. 14 Jahre später, im Jahr 2006, feierte Swatch die Produktion der 333-millionsten Swatch. Auch für Kinder gibt es eine eigene Produktlinie: Flik Flak, die seit 1987 erfolgreich auf dem Markt existiert.

Seit einigen Jahren engagiert sich Swatch stark für Trendsportarten wie zum Beispiel Beachvolleyball oder Snowboarding und bringt passend zu diesen Sportarten regelmäßig auch Uhren auf den Markt.

Die Marke Swatch auf andere Produkte zu übertragen, ist allerdings in einigen Fällen nicht gelungen. So gab es Swatch-Brillen, -Pager, -Telefone und -Anrufbeantworter, die nach einiger Zeit wieder vom Markt verschwanden. Das Swatch-Auto wurde als Smart von Mercedes realisiert, aber nicht in der ursprünglich geplanten Form.

Recherchieren Sie auf der Website von Swatch Österreich unter **www.swatch.com/de_at** und beantworten Sie die folgenden Fragen:

- Wie breit und tief ist das Sortiment von Swatch? Gibt es Produktgruppen? Wie vielfältig sind diese gestaltet?
- Welche USP sollen die Uhren von Swatch vermitteln?
- Welche verschiedenen Zielgruppen will das Unternehmen mit verschiedenen Uhren ansprechen?
- Werden auf der Website Zusatzleistungen erwähnt?

Sichern

SbX ID: 4013

4 Marketing

Marketing
Marketing ist die systematische Orientierung aller betrieblichen Bereiche an den Bedürfnissen und Wünschen der Kunden.

marketing
In marketing all operational areas of a business are oriented toward satisfying the needs and wishes of the customer.

absatzpolitische Instrumente
Die vier wichtigsten absatzpolitischen Instrumente sind die Produktpolitik („product"), die Preispolitik („price"), die Distributionspolitik („place") und die Kommunikationspolitik („promotion").

marketing tools

The four most important marketing tools are product policy, price policy, distribution policy ("place") and communication policy ("promotion").

Marketing-Mix

Marketing-Mix ist der abgestimmte Einsatz der absatzpolitischen Instrumente (auf der Basis der Ergebnisse der Marktforschung).

marketing mix

The marketing mix is the coordinated use of these marketing tools (based on the results of market research).

Formen bzw. Phasen der Marktbearbeitung

Folgende Formen bzw. Phasen der Marktbearbeitung sind zu unterscheiden.

Marktsegmentierung: Zerlegung des Gesamtmarkts in homogene Teilmärkte (z.B. nach geografischen, demografischen, psychografischen oder Verhaltensmerkmalen)

Zielmarktfestlegung: Entscheidung über die Zielmärkte und wie diese bearbeitet werden sollen. Es gibt folgende Möglichkeiten:

- Alle Zielmärkte werden gleich bearbeitet („undifferenziertes Marketing"),
- verschiedene Zielmärkte werden unterschiedlich angesprochen („differenziertes Marketing"),
- nur ein Zielmarkt oder ein paar ausgewählte Zielmärkte werden mittels „konzentriertem Marketing" bearbeitet.

phases of target marketing

We differentiate between the following phases of target marketing.

Market segmentation: dividing the market into homogenous segments (e.g.: according to geographic, demographic, psychographic or behavioural characteristics)

Target market definition: decisions about the target markets and how they should be approached. The following possibilities exist:

- the same marketing strategy is used for all target markets ("undifferentiated marketing")
- different marketing strategies are used for the different target markets ("differentiated marketing")
- a "concentrated marketing" strategy is used to target one or a few selected target markets

Marktpositionierung – USP

Positionierung des Produkts: Es wird überlegt, wie das Produkt (die Dienstleistung) durch Produkteigenschaften, Nutzen, Preis etc. in der Meinung der Zielgruppe verankert werden soll. Ziel ist eine Unique Selling Proposition (USP), eine Alleinstellung in einem Marktsegment.

market positioning – USP

Product positioning: Decisions are made about how to position the product (service) in the minds of the target group using product characteristics, benefits, price, etc. The goal is to develop a unique selling proposition (USP), making it the product of choice in a particular market segment.

SbX
ID: 4013

Im SbX finden Sie die englische Zusammenfassung als Audio-Wiederholung sowie eine Bildschirmpräsentation mit den Grafiken dieser Lerneinheit.

Wissen

SbX ID: 4014

A B C D E
SbX
W 4.02–W 4.04 mit automatischer Aufgabenkontrolle ID: 4014

W 4.01: Marketingpolitische Instrumente C

Der Computerhersteller DELL setzt nur über das Internet ab. Er wirbt mit günstigen Preisen, da er den Zwischenhandel ausschaltet. Im Internet kann sich der Kunde den gewünschten Computer und die gewünschten Programmpakete selbst zusammenstellen und sieht sofort den Preis für das Gesamtpaket. Damit die Internetadresse bekannt wird, wirbt DELL auch in Zeitschriften und im Fernsehen.

a) Welche marketingpolitischen Instrumente setzt DELL in welcher Form ein?
b) Wodurch versucht DELL, eine USP auf dem Computermarkt zu erlangen?

W 4.02: Segmentierungskriterien B

Eine Ernährungszeitschrift will vor allem gesundheitsbewusste Frauen und deren Töchter aus Familien mit mittlerem und höherem Einkommen im deutschsprachigen Teil Europas ansprechen.

Welche Segmentierungskriterien sind in dieser Aussage enthalten? Geben Sie auch jeweils die Oberbegriffe für diese Segmentierungskriterien an.

W 4.03: Märkte A

Ein Büromöbelhersteller setzt sowohl an Dienststellen des Bundes, der Länder und Gemeinden, an Privatunternehmen, aber auch an Wiederverkäufer, wie Möbelhäuser, ab. Wie bezeichnet man diese Märkte mit Kurzbezeichnungen?

W 4.04: Strategien der Marktbearbeitung C

Welche grundsätzlichen Strategien der Marktbearbeitung werden in den folgenden Fällen angewandt?

a) Zweiradproduzent, der Motorroller und schwere Motorräder herstellt
b) Produzent von Reisebussen
c) Produzent von Kartoffelchips

SbX
W 4.05
mit automatischer Aufgabenkontrolle
ID: 4014

Weitere Aufgabe zur Lernkontrolle im SbX

W 4.05: Festlegung des Zielmarkts A

Vervollständigen Sie die Übersicht zur Festlegung und Bearbeitung des Zielmarkts!

$H_2Ö$
MUSTERUNTERNEHMEN

H2Ö-Aufgabe: Marktorientierung der H2Ö GmbH C

Bearbeiten Sie das Fallbeispiel zur H2Ö GmbH im SbX.

Die Ausgangssituation

Die H2Ö GmbH in Aflenz handelt mit österreichischem Quellwasser höchster Qualität, Fruchtsirupen aus biologischer Landwirtschaft und Erzeugnissen aus österreichischen Glasmanufakturen.

Ihre Aufgabe im Unternehmen

Sie arbeiten in den Sommerferien als Praktikant/in in der Marketingabteilung der H2Ö GmbH. Um sich mit Ihrem Aufgabengebiet vertraut zu machen, sollen Sie den Marketing-Mix, die absatzpolitischen Instrumente der H2Ö-GmbH analysieren und für eine bestimmte Zielgruppe eine Marketingstrategie entwickeln.

Die Aufgabenstellungen und Informationen für die Bearbeitung finden Sie im SbX.

SbX
H2Ö-Aufgabe
ID: 4014

English questions

E 4.01: What is marketing?

E 4.02: Sandra Grey owns a sports shop. She sells all types of sports equipment. Her latest product is custom-made skateboards. Each customer can choose the design, the wheels, the shape and size of the skateboard according to their wishes.

a) What are the most important marketing tools Sandra will have to think of when marketing this product?
b) Can you describe the USP of this product?
c) What segments can you imagine for Sandra's custom-made skateboard?
d) What other possibilities are there for market segmentation apart from those you used in your answer to c)?

E 4.03: If Sandra uses the same marketing strategy to sell skis to all her customers, what is this called?

E 4.04: Sandra also sells bikes. Her customers are mainly young adults and older people who are already retired. When marketing her bikes to young adults, she highlights the fact that it is an eco-friendly way to get to work. For pensioners, she emphasises health issues and how it can enrich a holiday. What kind of target marketing is she using?

Ein kurzer Kompetenz-Check, bevor's weitergeht!

Kompetenz-Check

	☺	😐	☹
Ich kann eine Übersicht über das marketingpolitische Instrumentarium geben.			
Ich kann den Vorgang der Marktsegmentierung beschreiben.			
Ich kann Segmentierungskriterien anhand von ausgewählten Beispielen beschreiben.			
Ich kann die Möglichkeiten, den Zielmarkt festzulegen, beschreiben.			
Ich kann den Begriff USP beschreiben und typische Beispiele anführen.			

Lerneinheit 2

Herausfinden, was der Markt verlangt (Marktforschung)

SbX
Alle SbX-Inhalte zu dieser Lerneinheit finden Sie unter der ID: 4020.

Wer den Markt nicht laufend beobachtet und Entscheidungen über Produkte, Preise und Absatzwege „aus dem Bauch heraus" trifft, hat früher oder später erhebliche Schwierigkeiten, auf dem Markt erfolgreich zu sein.

Zum Beispiel traf der langjährige Marktführer für Computer, IBM, die Entscheidung, sich zunächst auf große Computer („Mainframes") zu konzentrieren, und erkannte viel zu spät den Trend zum PC und zum Laptop. Heute gehört die Computersparte von IBM einem chinesischen Unternehmen (Lenovo).

Die Marktentwicklung und die Wünsche der Kunden rechtzeitig zu erkennen, ist daher für jedes Unternehmen lebenswichtig.

Unternehmen wie Nestlé beobachten daher den Markt genau, um zu erkennen, welche Sorten Nespresso den Kaffeetrinkern am besten schmecken und wie sich der Markt entwickelt.

Lernen

SbX ID: 4021

1 Was untersucht die Marktforschung?

[What does market research investigate?]

Grafik
Arten der Marktforschung

Die österreichischen Marktforschungsinstitute sind im Verband der Marktforschungsinstitute Österreichs organisiert **(www.vmoe.at).**

Marktverhältnisse ändern sich häufig. Neben der zeitpunktbezogenen Analyse ist daher die ständige **Marktbeobachtung** notwendig. Nur so kann man die Entwicklung („den Trend") rechtzeitig erkennen und **eventuell vorausschätzen („Marktprognose").**

4 Marketing

Auch Nespresso muss den Markt laufend beobachten, um zu erkennen, was sich die Kunden wünschen, mit welchen neuen Kaffeesorten man den Umsatz noch steigern und die Kunden noch enger binden kann, damit sie nicht zu einem Produkt der Konkurrenz wechseln. Deshalb muss auch die Konkurrenz ständig beobachtet und ihre Angebote analysiert werden.

Untersucht werden:

- **Merkmale der** gegenwärtigen und der zukünftigen (potenziellen) **Abnehmer** (Geschlecht, Alter, Beruf, Einkommen)
- **Kaufmotive** (Warum wird ein Gut gekauft? Wegen des Gebrauchswerts? Wegen der schönen Form? Wegen des Prestiges?)
- **Reaktion der Abnehmer** auf die absatzpolitischen Maßnahmen (Erhöht die Werbung den Bekanntheitsgrad des Produkts? Wird der Preis als günstig oder als überhöht empfunden?)
- **Marktanteil** (absolut – z. B. 40 %; relativ – im Verhältnis zum stärksten Konkurrenten, z. B. wir haben 30 %, der Konkurrent 20 % – relativer Marktanteil 150 %)
- **Art und Ausmaß der Konkurrenz** (Zahl der Konkurrenten, Preispolitik, Sortiment, Werbemaßnahmen)

2 Wie untersucht die Marktforschung?
[How does market research investigate?]

Marktforschung kann auf unterschiedliche Arten betrieben werden.

Grafik
Methoden der Marktforschung

Die Primärforschung [Primary research]

Die Primärforschung wird auch **Feldforschung, engl. field research,** genannt.

(1) Einmalige Primärerhebung

a) Die Befragung

Die Befragung kann auf unterschiedliche Arten erfolgen:

- mündlich (persönlich)
- telefonisch
- schriftlich
- über das Internet

Jedes Vorgehen hat Vor- und Nachteile.

Im persönlichen Interview erhält man die meisten Informationen.

- **mündliche Befragung (persönliches Interview)**

  Vorteile:
  - hohe Antwortquote (Erreicht man die Person, die man befragen möchte, so bekommt man meist auch die Antwort.)
  - Auch eine größere Zahl von Fragen kann vorgelegt werden, da der Interviewer das Interesse aufrechterhält.
  - Der Interviewer kann ergänzende Beobachtungen anstellen (z. B. ob schnell oder zögernd geantwortet wird, wie der Interviewte wohnt etc.).

  Nachteile:
  - hohe Kosten, da geschulte Interviewer erforderlich sind
  - Keine anonyme Befragung; daher kann es sein, dass der Interviewte eher Antworten gibt, die nicht seiner wahren Meinung entsprechen.
  - Durch die Art der Fragestellung und der Gesprächsführung kann der Interviewer das Ergebnis beeinflussen.

Telefonische Befragungen werden professionell von Call-Centern durchgeführt.

- **telefonische Befragung**

  Vorteile:
  - rasch und billig durchzuführen

  Nachteile:
  - Es können nur Personen befragt werden, die über ein Telefon verfügen und im Telefonbuch stehen (dadurch wird die Auswahl der Befragten verzerrt).
  - Es kann nur eine beschränkte Zahl von Fragen vorgelegt werden (zu lange Telefongespräche mit einem unbekannten Anrufer würden starke Verzerrungen ergeben).

- **schriftliche Befragung**

  Vorteile:
  - keine Interviewer erforderlich (daher billig und kein Interviewereinfluss)
  - Räumliche Entfernung spielt keine Rolle.

  Nachteil:
  - geringe Rücklaufquote

Bei einer **schriftlichen Befragung** antworten nur etwa 15 bis 20 % der Angeschriebenen.

- **Befragung per E-Mail und Internet**

  Im Wesentlichen gelten hier dieselben Vor- und Nachteile wie bei der schriftlichen Befragung.

  Wichtig ist, dass der Fragebogen von den Befragten mit einem Klick zurückgesandt werden kann und keine Speicherung des Fragebogens beim Befragten notwendig ist.

  Zusätzlich entstehen folgende Vor- und Nachteile:

  Vorteile:
  - keine Portokosten
  - Bei geeigneter Gestaltung können die Befragten die Antworten direkt am Bildschirm eingeben. Die Ergebnisse können dann direkt in das Statistikprogramm übernommen werden, d. h., es ist keine zusätzliche Codierung der Ergebnisse erforderlich.

  Nachteile:
  - Bestimmte Bevölkerungsschichten sind über E-Mail nicht zu erreichen.
  - Bei der großen Anzahl der „nutzlosen Mails", die heute versandt werden, ist die Quote der Nichtbeantworter ebenfalls sehr hoch.

Es ist anzunehmen, dass die **elektronische Befragung** in Zukunft zwar die postalische Befragung, nicht aber das Interview ersetzen wird.

Ein **Nachteil der elektronischen Befragung** ist z. B., dass Senioren das Internet in geringerem Ausmaß als jüngere Menschen nützen.

Das Problem bei Befragungen

Bei jeder Befragung besteht das **Problem, dass die Befragten ihre tatsächlichen Einstellungen und Meinungen oft nicht bekanntgeben oder nur jene Ansichten, die allgemein für richtig gehalten werden,** aber nicht ihren wirklichen Einstellungen entsprechen. Zum Beispiel geben oft mehr Personen an, umweltfreundliche Produkte zu bevorzugen, als sich beim Kauf tatsächlich für diese Produkte entscheiden.

4 Marketing

Beobachtung und Experiment sind nicht scharf voneinander zu trennen.

b) Die Beobachtung und das Experiment

Bei der **„reinen Beobachtung"** wird das Verhalten von Personen (vor allem von Kunden) in einer Situation festgestellt, die nicht künstlich verändert wurde.

Beispiele

Reine Beobachtung in der Marktforschung

- Werden in einem Supermarkt eher die Regale rechts oder links von der Gehrichtung beachtet?
- Betrachten Kunden, bevor sie das Geschäft betreten, die Schaufensterdekoration oder betreten sie das Geschäft sofort?

Man unterscheidet **Laborexperimente** und **Feldexperimente.**

Beim **Experiment** wird die Situation, die beobachtet werden soll, künstlich hergestellt und meist verändert, um zu sehen, wie sich die Veränderungen auswirken.

Beim **Laborexperiment** findet die Beobachtung **nicht in der wirtschaftlichen Wirklichkeit** statt.

Beispiele

Laborexperiment

- Ausgewählten Versuchspersonen werden verschiedene Verpackungen vorgelegt. Sie sollen jene auswählen, die ihnen am besten gefällt.
- Versuchspersonen werden beim Zeitunglesen gefilmt. Es wird gemessen, welche Seiten am meisten beachtet werden (erste Seite, letzte Seite oder eine Seite mit einem ganz bestimmten Inserat etc.).

Beim **Feldexperiment** wird die Situation **in der wirtschaftlichen Wirklichkeit** untersucht.

Beispiele

Eine Sonderform des Experiments ist der **Testmarkt.** Bevor ein Gut auf den Markt gebracht wird, wird es in einem abgegrenzten Gebiet (z. B. in einem Bundesland) probeweise verkauft.

Feldexperiment

- Waren werden im Selbstbedienungsgeschäft an unterschiedlichen Stellen platziert (nahe der Kasse, nahe dem Eingang, in Augenhöhe, in Brusthöhe, über Augenhöhe). Beobachtet wird, wie häufig die Ware an den verschiedenen Aufstellungsorten beachtet wird (wie oft wird sie angesehen, angegriffen, gekauft).
- Das Verkäuferverhalten wird verändert und es wird beobachtet, wie sich der Kunde verhält. Zum Beispiel kann in einem Warenhaus der Kunde sofort angesprochen werden, wenn er eine Ware betrachtet, oder erst dann, wenn er sich mit der Ware näher vertraut gemacht hat (z. B. wenn er sie in die Hand genommen hat). Das zweite Verhalten hat sich im Experiment als erfolgreicher erwiesen.

(2) Laufende Primärerhebung (Panelverfahren)

Ein **Panel** ist eine gleichbleibende Gruppe von Haushalten oder Betrieben, denen in regelmäßigen Zeitabständen die gleichen Fragen vorgelegt werden. Aus den Veränderungen der Antworten kann auf die Entwicklung des Markts bzw. einzelner Faktoren geschlossen werden (z. B. Modetrends, Reisetrends).

Beispiele

Panelverfahren

- **Haushaltspanel:** Eine Zahl von Haushalten führt laufend Aufzeichnungen über die Einkäufe. Daraus kann z. B. ermittelt werden,
  - welche Geschäfte bevorzugt werden (Supermarkt, Bedienungsgeschäfte, Fachgeschäfte, Einkaufszentren etc.),
  - ob Markenartikel auch dann gekauft werden, wenn sie teurer sind als vergleichbare Waren ohne Marken,
  - welchen Einfluss Werbekampagnen auf die Kaufentscheidung haben (z. B. ob eine Kosmetikmarke oder eine Waschmittelmarke gewechselt wurde).
- **Einzelhandelspanel:** Eine gleichbleibende Zahl von Einzelhändlern wird über die Änderung der Verbrauchsgewohnheiten befragt:
  - Nimmt der Marktanteil abgepackter Lebensmittel zu oder ab?
  - Geht der Trend eher zu schmäleren oder zu breiteren Krawatten?
  - Werden beim Schikauf mehr oder weniger Diebstahl- und Schibruchversicherungen abgeschlossen?

Das **Einzelhandelspanel** wird meist stellvertretend für das Haushaltspanel verwendet, da langfristige Konsumgüter wie Schi oder Waschmaschinen von Haushalten nur selten erworben werden.

Eine wichtige **Quelle für interne Daten** sind z. B. die von den Scannerkassen erfassten Artikelnummern, die primär der Lagerbewirtschaftung dienen, und die Umsätze mit Kundenkarten.

Die Sekundärforschung [Secondary research]

Bei der Sekundärforschung werden bereits vorhandene Daten für Zwecke der Marktforschung ausgewertet:

- **interne Daten,** wie Umsatzstruktur (Welche Produkte werden mehr, welche weniger abgesetzt?), Preisentwicklung (Steigt nur der mengenmäßige Umsatz oder auch der wertmäßige Umsatz?) etc.
- **externe Daten,** z. B. Entwicklung der Einkommen in einer Region, Änderungen der Berufsstruktur, die Kinderzahl

Die Konkurrenzerkundung [Competitor analysis]

Ein Sonderproblem der Markterkundung stellt die Erforschung des Angebots, der Produktionsverfahren und vor allem der zukünftigen Absichten der Konkurrenz dar.

Folgende Methoden werden bei der Konkurrenzerkundung eingesetzt:

- Produkte der Konkurrenz werden gekauft und genau analysiert (z. B. die chemische Zusammensetzung von Kosmetika, die technischen Details von Sicherheitseinrichtungen bei Autos etc.).
- Mitarbeiter der Konkurrenz werden abgeworben, auch mit der Hoffnung, Produktionsdetails oder Details über die zukünftigen Marketingaktivitäten zu erfahren.
- Verkäufer bauen persönliche Beziehungen zu Händlern auf, die auch bei der Konkurrenz kaufen, und hoffen so, Informationen zu erlangen.
- Manchmal werden auch illegale Wege beschritten, z. B. Industriespionage.

Beispiel

- Ein hoher Manager wechselte von einem weltweit agierenden Autokonzern zu einem anderen. Es wurde Klage erhoben und behauptet, er hätte bei diesem Wechsel Entwicklungsdaten der neuen Modelle der Konkurrenz mitgeteilt.

3 Ausgewählte Daten der Marktforschung [Selected market research data]

Informationen über Marktanteil, Marktentwicklung und Käuferverhalten sind wichtig.

(1) Daten über Marktgröße und Marktanteil

Grafik
Marktpotenzial und Marktanteil

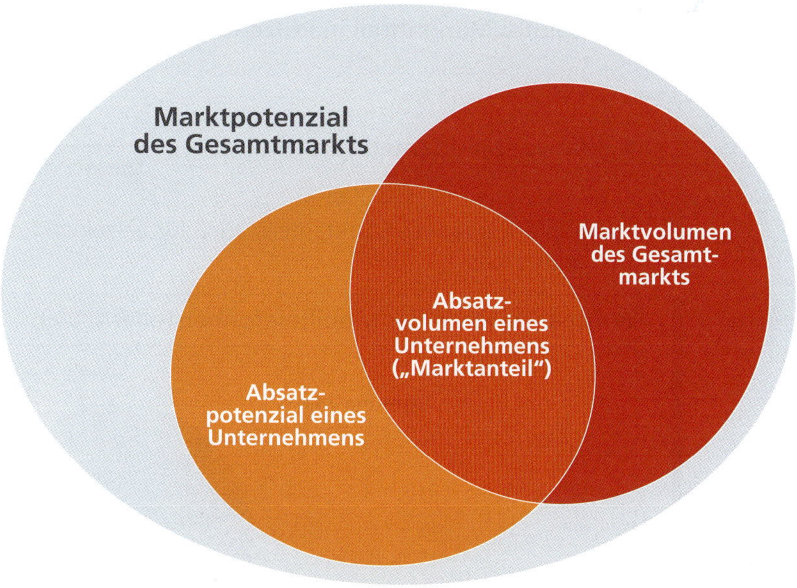

Bedeutung der Angaben und Berechnungen

Alle **Angaben** und **Berechnungen** können sich auf die **Menge** (z. B. auf Stück, Tonnen) oder auf den **Wert** (Euro, Dollar) beziehen.

Manchmal wird unter „Absatz“ die Menge und unter „Umsatz“ der Wert verstanden, jedoch wird diese Einteilung in der Praxis nicht durchgehalten.

a) Das Marktpotenzial („potenzielle Nachfrage“)

Unter Marktpotenzial versteht man die Maximalmenge, die der Markt für ein bestimmtes Produkt oder eine Produktgruppe aufnehmen kann. Um das Marktpotenzial abschätzen zu können, analysiert man:

- **die Zahl der potenziellen Bedarfsträger**

  Zum Beispiel ist die Zahl der Gaststätten, Restaurants und öffentlichen Einrichtungen wie Spitäler, Seniorenheime relevant für gewerbliche Kücheneinrichtungen.

- **die Marktsättigung**

  Man analysiert, welcher Anteil des potenziellen Markts bereits gesättigt ist. Ist ein Markt bereits weitgehend gesättigt, so spielt nur mehr die **Ersatznachfrage** eine Rolle (z. B. Radios, Kühlschränke, Waschmaschinen). Absatzsteigerungen sind für ein Unternehmen meist nur mehr zulasten der Konkurrenz möglich.

  Ist ein Markt noch ungesättigt, so ist auch die Schätzung der **Neunachfrage** für das Marktpotenzial wesentlich (z. B. Blu-Ray-Rekorder, Dampfgarer, Induktionsherde).

  Hinweis:

  Häufig wird versucht, gesättigte Märkte durch veränderte Produkte oder durch das Ansprechen neuer Käuferschichten wieder zu ungesättigten Märkten zu machen (z. B. Satellitenempfänger mit Festplatte, Plasmagroßbildfernseher).

Das Absatzpotenzial ist besonders schwer abzuschätzen, da es vom erfolgreichen Marketing-Mix und vom Marketing-Mix der Konkurrenten abhängt.

b) Das Absatzpotenzial

Als Absatzpotenzial eines Unternehmens für ein Produkt oder eine Produktgruppe bezeichnet man jene Absatzmenge, die das Unternehmen maximal zu erreichen hofft.

c) Das Marktvolumen

Das Marktvolumen ist der von **allen Mitbewerbern** tatsächlich erreichte Gesamtabsatz für ein Produkt oder die Produktgruppe.

Das Marktvolumen für den Pkw-Markt beträgt z. B. 2012 ca. 67 Mio. Stück. Das Absatzvolumen des VW-Konzerns beträgt ca. 9 Mio. Stück.

d) Das Absatzvolumen

Das Absatzvolumen ist der Absatz **eines Unternehmens** für ein bestimmtes Produkt oder eine Produktgruppe.

e) Marktanteil

Der Marktanteil eines Unternehmens für ein Produkt kann ebenfalls mengen- oder wertmäßig ermittelt werden.

Man unterscheidet:

- absoluter Marktanteil in Prozent: $\dfrac{\textbf{Unternehmensumsatz} \times \textbf{100}}{\textbf{Marktvolumen}}$

- relativer Marktanteil: $\dfrac{\textbf{Unternehmensumsatz}}{\textbf{Umsatz des größten Mitbewerbers}}$

Manchmal werden die Marktanteile auch für einzelne Produktgruppen und nicht für Unternehmen angegeben.

Beispiel

Weltmarktanteile der Mobiltelefonhersteller (2013)

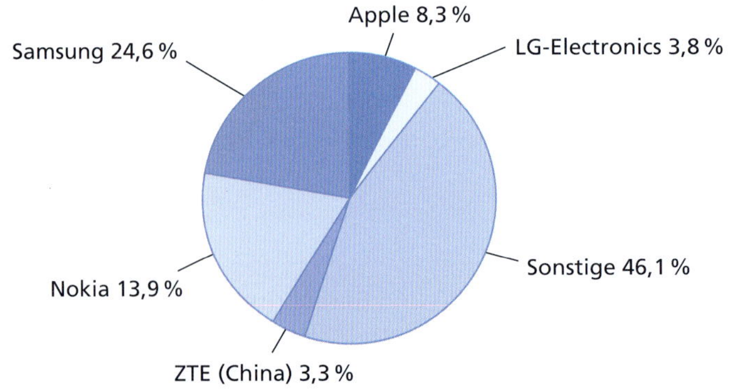

Quelle (Daten): www.wikipedia.org (Marktforschung: Gartner Inc.)

Beispiel

Audi und Skoda gehören zum VW-Konzern.

Marktanteile der Pkw-Marken (Österreich 2014)

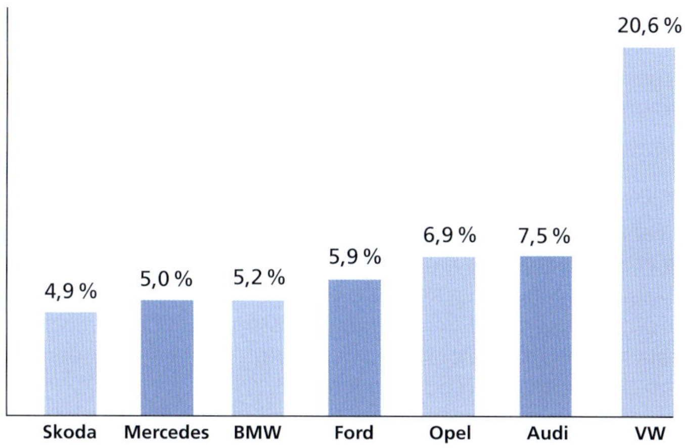

Quelle (Daten): Statistik Austria

Ein **relativer Marktanteil größer als eins** zeigt an, dass das Unternehmen der **Marktführer** ist.

Der **relative Marktanteil** von VW ist laut obiger Grafik 20,6 : 7,5 = 2,75 (275 %)

(2) Daten über das Konsumentenverhalten

Soll der Marketing-Mix optimal gestaltet werden, benötigt man auch Daten über das **Käuferverhalten.**

a) Modell des Konsumentenverhaltens bei der Kaufentscheidung

Grafik

Konsumentenverhalten bei der Kaufentscheidung (Beispiel: Mountainbike)

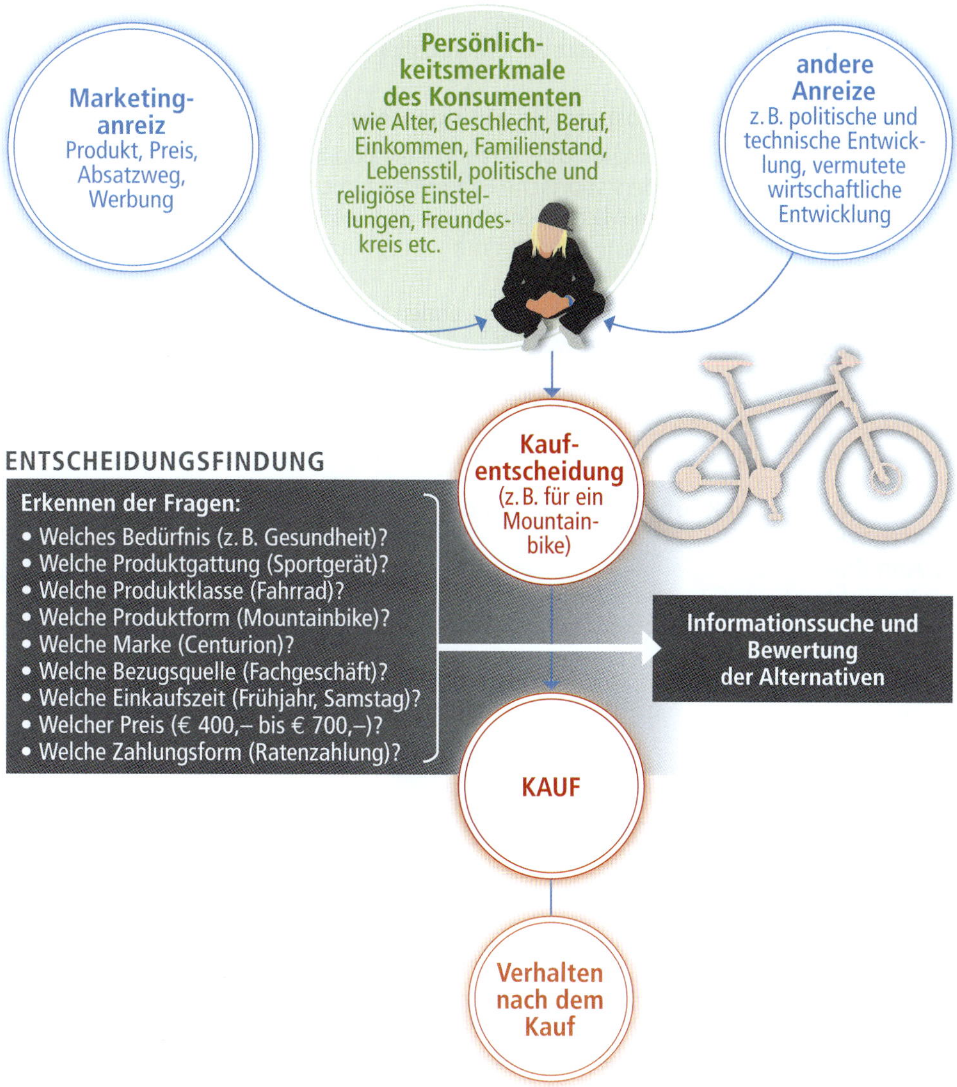

Damit ein bestimmtes Produkt um einen bestimmten Preis an einem bestimmten Ort gekauft wird, müssen **„Marketinganreize"** und **„andere Anreize"** aus der Umwelt auf den potenziellen Käufer einwirken.

Die Wirkung hängt dann von den **Persönlichkeitsfaktoren des Käufers** ab. Der Käufer durchläuft eine Reihe von Entscheidungen, als deren Ergebnis das gewünschte Produkt gekauft wird.

Bei dem gezeigten Beispiel (Kaufentscheidung für ein Mountainbike) können Sie sich leicht vorstellen, dass die Marketinganreize bei einem

- männlichen Single mit hohem Einkommen, technischem Interesse und Geschick, sportlich, im Alter zwischen 25 und 30, der verschiedene Sportarten in der Natur betreibt, und einem
- übergewichtigen Familienvater, zwischen 35 und 45, mit kleinen Kindern, mittlerem Einkommen, unsportlich, der jedoch abnehmen möchte,

sehr verschieden sein müssen.

An einigen Beispielen kann man dies zeigen:

- Der Familienvater wird sein Mountainbike vielleicht eher in einem Warenhaus aussuchen, in dem er mit der Familie einkauft, der Single wahrscheinlich eher im Sportfachgeschäft, wo er auch seine sonstigen Sportgeräte erwirbt.
- Der Familienvater wird sich in einem Massenblatt oder vielleicht in einer Autofahrerzeitschrift, die auch Tests über Mountainbikes bringt, informieren, der Single eher in Sportzeitungen, einem Männermagazin oder im Internet.
- Technische Sonderausstattungen werden für den Single eine größere Rolle spielen als für den Familienvater.
- Der Preis wird für den Familienvater wichtiger sein als für den Single.
- Den Familienvater wird man eher mit dem Hinweis auf die Steigerung seiner beruflichen Leistungsfähigkeit motivieren, den Single eher mit dem Hinweis auf die Verbesserung der Kondition etc.

Das **Verhalten nach dem Kauf** ist besonders wichtig. „Zufriedene Kunden sind die beste Werbung."

Als letzten Punkt zeigt die Grafik das **„Verhalten nach dem Kauf"**.

Sowohl der Familienvater als auch der Single werden ihre Erfahrungen mit dem Produkt und mit dem Vertriebsweg in ihrem Freundes- und Bekanntenkreis weitergeben.

Die Marketinganreize sollten daher nichts versprechen, was das Produkt nicht halten kann.

Beispiele

Nicht einlösbare Marketinganreize

- „Mit unserer Übersetzung bewältigen Sie auch Steigungen bis 18 %", wenn dies nur für besonders sportliche Fahrer/innen möglich ist.
- „Unsere Michuki-Schaltung ist absolut problemlos und funktioniert unter allen Bedingungen", wenn Schalten nur im Leerlauf möglich ist.

Wichtig für die **Kundenzufriedenheit** sind auch leicht lesbare Gebrauchsanweisungen und Verkäuferinnen und Verkäufer, die den Kunden auf wichtige Merkmale beim Gebrauch hinweisen.

Ferner sollten alle Reklamationen und Beschwerden der Kunden ernst genommen und Mängel kulant behoben werden.

Selbstverständlich kann nicht jede Persönlichkeitseigenschaft potenzieller Kunden und jede Phase des Entscheidungsprozesses bei jedem Produkt berücksichtigt werden, jedoch sollte bei der Marketingplanung über jeden Punkt nachgedacht werden.

b) Käuferverhalten bei der Einführung neuer Produkte

Grafik
Käuferkategorien bei der Annahme neuer Produkte

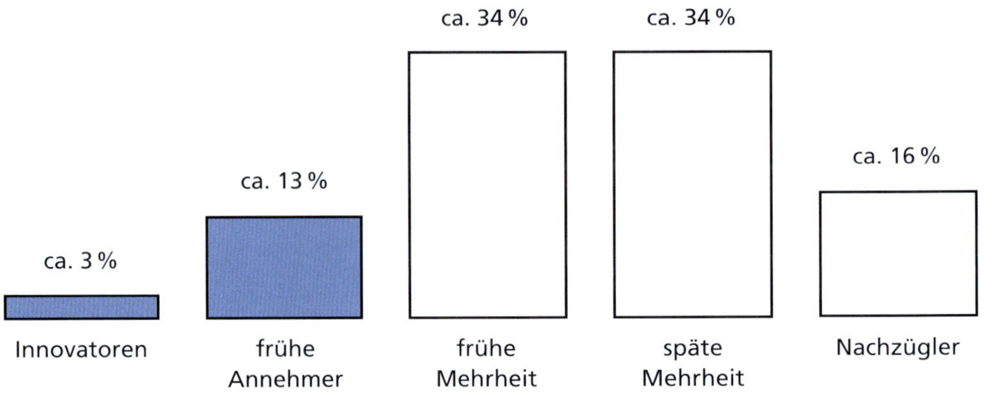

Etwa ein Sechstel der potenziellen Käufer/innen entschließt sich sehr früh zum Kauf eines neuen Produkts. Die Persönlichkeitseigenschaften dieses Sechstels sind sehr wichtig. Im Verlauf des „Produktlebenszyklus" (vgl. Kapitel 4, Lerneinheit 3, Abschnitt 2) sind auch die anderen Käufergruppen zu berücksichtigen.

Beispiel

„Innovatoren" und „frühe Annehmer"

- Manche neue Haushaltsmaschinen (z. B. Dampfgarer, Induktionsherde) werden häufig zunächst als Geschenk (Weihnachten, Muttertag) von technisch interessierten Familienvätern mittleren Alters und mittleren Einkommens erworben.

Innerhalb bestimmter Grenzen sind diese auch bereit, einen höheren Preis zu akzeptieren, falls sie davon überzeugt sind, dass das Gerät dauerhaft ist und tatsächlich die Arbeit erleichtert. Sind derartige Daten bekannt, können die Marketingaktivitäten darauf abgestellt werden.

c) Verhalten von Käufern in Unternehmermärkten und Behördenmärkten (Hinweise)

Ein Großteil der Kaufverhaltensforschung beschäftigt sich mit dem Konsumentenverhalten. Selbstverständlich sind in der Praxis die anderen Märkte (Unternehmermärkte für Wiederverkäufer, Produktionsbetriebe, Dienstleistungsbetriebe oder Behördenmärkte) genauso wichtig bzw. für viele Unternehmen weitaus wichtiger.

Eine ausführliche Darstellung dieser Märkte würde über den Rahmen dieses Buchs weit hinausgehen und entspricht auch nicht dem Lehrstoff. Einige Hinweise sollen jedoch die Unterschiede zwischen Unternehmermärkten und Konsummärkten aufzeigen:

- **Käufer aus Unternehmen und Behörden bevorzugen häufig vollständige Lösungen.**

Beispiele

- Computersysteme mit Software und Organisationssystem
- Lagerhallen mit kompletten Regalsystemen und technischen Fördereinrichtungen einschließlich der Finanzierung

- **Bei Käufen durch Unternehmen und Behörden ist es noch wichtiger als im Konsumbereich, zu wissen, wer an der Einkaufsentscheidung beteiligt ist.**

Beispiele

- Bei der Entscheidung für ein neues Kaffeemaschinensystem können in einem Unternehmen z. B. auch die Mitarbeiter befragt werden (z. B. über ihre Erfahrungen mit dem Vorgängermodell).
- Bei der Anschaffung und Gestaltung neuer Computerarbeitsplätze kann in einem Unternehmen auch der Betriebsrat oder der Betriebsarzt eine Rolle spielen.

(3) Markt- und Absatzprognosen

a) Langfristige Prognosen

Langfristige Prognosen sind für die „strategische Unternehmensplanung" erforderlich. Die wichtigsten Instrumente dieser Planung werden im Band III besprochen.

Möglichkeiten für die Erstellung langfristiger Prognosen sind auch:

- **Analyse der langfristigen politischen Vorgaben**

Beispiele

Autoindustrie

- Die EU will bis 2020 den durchschnittlichen CO_2-Ausstoß der Pkw auf 95 g/km senken. Der Durchschnitt beträgt derzeit rund 140 g/km. Dies wird nur mit Hybridautos (Autos, die im Mischbetrieb mit Elektroantrieb und Benzin bzw. Diesel fahren) möglich sein. Derzeit beträgt der Anteil der verkauften Hybridautos (inklusive der reinen Elektroautos) weniger als 1 %.
- Viele Autohersteller investieren daher in die Weiterentwicklung der Hybrid- und Elektroautos.
- In den USA soll der durchschnittliche Flottenverbrauch bis 2016 auf 5,7 Liter pro 100 Kilometer gesenkt werden. Dies macht z. B. Autobauern wie Porsche große Probleme. Vermutlich wird auch dieser Verbrauch nur mit Hybridmodellen zu erreichen sein.

Toyota war einer der ersten Pkw-Erzeuger, der marktfähige Hybridmodelle anbot.

- **Analyse von Technologietrends**

Beispiele

- Marktanteilsgewinne für recyclingfähige Materialien aller Art
- Zunahme des Marktvolumens für Computer ohne Festplatten

- **Analyse von Branchentrends**

Beispiele

- stagnierender bzw. rückläufiger Schimarkt
- expandierender Markt für Kaffeekapseln

- **Simulationsmodelle**

  Es wird versucht, die Einflüsse der einzelnen Umfeldfaktoren und Trends auf das Marktpotenzial mathematisch zu erfassen, um so quantitative Prognosen für „günstige", „wahrscheinliche" und besonders „ungünstige" Entwicklungen zu erhalten.

Am Computer kann man nun die einzelnen Kenngrößen („die Parameter des Modells") verändern und ausprobieren, welche Veränderungen sich ergeben („Sensitivitätsanalyse").

Besonders schwierig ist es dabei, die Wechselwirkung der einzelnen Faktoren zu berücksichtigen.

Beispiel

Pkw-Absatz

- Auf den Absatz von leistungsstärkeren Modellen wirken sich negativ aus: steigende Energiepreise, steigende Versicherungsprämien und steuerliche Belastungen, zunehmendes Umweltbewusstsein und Marktsättigung.
  Positiv wirken sich hingegen aus: steigende Einkommen, zunehmende Freizeit, Anstieg der Urlaubsauslandsreisen.
  Mathematisch muss jetzt versucht werden, diese Einflüsse zu quantifizieren und die Beziehungen in einer Gleichung auszudrücken.

Preistauglichkeit der Modelle

Der Umstand allein, dass etwas mit dem Computer berechnet wurde, sagt noch nichts über die Richtigkeit einer erstellten Prognose aus.

Derartige Modelle sind daher so richtig bzw. so falsch (d. h. so praxistauglich), wie es gelingt,

- die Einflüsse vollständig zu erfassen,
- die mathematischen Beziehungen möglichst praxisgerecht zu formulieren.

b) Kurzfristige Prognosen

Kurzfristige Prognosen werden in der Regel aus den Daten der Vergangenheit gewonnen. Grundlagen sind interne und externe Statistiken.

Beispiele

- Saisonale Absatzschwankungen wiederholen sich in der Regel jedes Jahr (Beispiel: Tourismus).
- Über die kurzfristige Wirkung von Aktionen, wie Preisausschreiben, Preissenkungen, Werbekampagnen etc., bestehen Erfahrungswerte aus der Vergangenheit.
- Änderungen von steuerlichen Investitionsbegünstigungen (z. B. für Solaranlagen, Wärmedämmung) können zum Vorziehen oder Aufschieben von Käufen führen.

Üben – Anwenden

SbX ID: 4022

A B C D E

SbX Ü 4.09 mit automatischer Aufgabenkontrolle ID: 4022

Ü 4.09: Marktbeobachtung, Marktanalyse/Primär- und Sekundärforschung B

Die Vorstandsdirektorin eines Unternehmens, das Kaffeekapselsysteme herstellt, gibt den Auftrag, den Verlauf der Preise der Konkurrenz und den eigenen Umsatz im kommenden Vierteljahr genau zu beobachten und einander gegenüberzustellen.
Spricht man dabei von Marktbeobachtung oder von Marktanalyse?
Werden die Daten durch Primärforschung oder durch Sekundärforschung festgestellt? (Achtung!)

Ü 4.10: Methoden der Marktforschung C

Ein Unternehmen, das Zahnpasta und Zahnbürsten herstellt, will eine Werbekampagne vorbereiten, um den Umsatz zu erhöhen. Dazu sollen die Zahnputzgewohnheiten der Bevölkerung erhoben werden.

Folgende Fragestellungen scheinen interessant:

- Wie oft werden die Zähne täglich geputzt?
- Wie oft wird eine neue Zahnbürste gekauft?
- Welcher Zahnpastageschmack wird bevorzugt?
- Wo werden Zahnpasta und Zahnbürste gekauft (Apotheke, Drogerie, Supermarkt etc.)?
- Spielt der Preis bei der Kaufentscheidung eine Rolle?

Welche Untersuchungsmethoden stehen zur Verfügung?
Welche Methoden sind für welche Fragestellungen geeignet?

Ü 4.11: **Marktanteile, Marktanalyse, Marktbeobachtung** C

Bei einer Marktanalyse stellt die Interemail AG fest, dass ihre Kochgeschirre für Induktionsherde einen Marktanteil von 30 % haben. Die nächstgrößeren Konkurrenten haben Marktanteile von 12 % und von 8 %.
Zeigen Sie an diesem Beispiel, warum es notwendig ist, Marktanalysen durch Marktbeobachtungen zu ergänzen.
Berechnen Sie den „relativen" Marktanteil der Interemail AG.

Ü 4.12: **Methoden der Marktforschung** C

Ein Unternehmen stellt digitale Videokameras her. Es soll eine Werbekampagne gestartet werden.

Dazu soll Folgendes festgestellt werden:

- Bei welchen Anlässen wird am häufigsten gefilmt?
- Warum wird oft nicht gefilmt, wenn man eigentlich filmen will?
- Werden hochtechnisierte Kameras oder einfache Modelle bevorzugt? Welche Käufer bevorzugen welche Modelle?
- Wo werden Kameras gekauft (Fachhandel, Warenhaus, Diskonter, Internet)?
- Welche Rolle spielt der Preis bei der Kaufentscheidung?
- Können viele Käufer die technischen Vor- und Nachteile von Kameras erkennen?

Welche Untersuchungsmethoden stehen zur Verfügung?
Welche Methoden sind für welche Fragestellungen geeignet?

Ü 4.13: **Panel** B

Sie lesen in der Zeitung, dass zur besseren Erfassung der Verbrauchsgewohnheiten bei Unterwäsche (Seide, Baumwolle, synthetische Fasern, Mischgewebe etc.) ein Panel geschaffen wurde. Was heißt das? Um welche Form des Panels könnte es sich dabei handeln?

Ü 4.14: **Bedeutung der Marktforschung** C

Überlegen Sie am Beispiel der Pkw-Erzeugung, warum die Erforschung der Kaufmotive für die Produzenten wesentlich sein könnte.

Ü 4.15: **Primär-, Sekundärforschung** C

Als bedeutsam für die Absatzchancen von Rasenmähern in einem Gebiet werden angesehen:

- Zahl der Eigenheimbewohner, Grundstücksgrößen, Einkommen der Eigenheimbesitzer, Alter der Eigenheimbesitzer

Welche Daten kann man vermutlich durch Sekundärforschung erhalten und für welche Daten ist eine Primärerhebung erforderlich?

Ü 4.16: **Konkurrenzerkundung** B

Ein großer Pkw-Hersteller stellt fest, dass er an den Marktführer laufend Marktanteile verliert. Die Situation könnte sich noch verschlechtern, wenn im nächsten Jahr die angekündigte neue Modellreihe des Marktführers auf den Markt kommt. Welche Maßnahmen zur Konkurrenzerkundung können ergriffen werden?

Ü 4.17: **Marktpotenzial** B

Stellen Sie die Unterschiede zwischen den Begriffen Marktpotenzial, Marktvolumen, Absatzpotenzial und Absatzvolumen dar.

Ü 4.18: **Konsumentenverhalten** C

Welche Aspekte des Konsumentenverhaltens könnten beim Schikauf eine Rolle spielen?
Wofür könnte auch das Verhalten nach dem Kauf aus der Sicht des Marketings interessant sein?

Ü 4.19: **Innovatoren, frühe Abnehmer** C

Ein Hersteller von Fernsehgeräten entwickelt tragbare LCD-Fernseher (diese haben Tragegriffe, etwa wie ein Koffer, und sind besonders leicht) mit eingebauten Satellitenantennen. Diese Fernseher können auch an Autobatterien angeschlossen werden und sind wassergeschützt. Wer könnten die Innovatoren und die frühen Abnehmer für dieses Produkt sein?

Ü 4.20: Langfristige Marktprognose D

Nehmen Sie an, Sie betreiben Ferienclubs der gehobenen Preisklasse für deutschsprachige Reisende an der griechischen und türkischen Küste. Die Anreise erfolgt in der Regel mit dem Flugzeug. In den letzten Jahren konnten Sie Ihren Absatz jährlich um ca. 5 % steigern. In der Hauptsaison sind Sie bereits zu 90 % ausgelastet. Manchmal müssen Sie sogar Kunden abweisen. In der Vor- und Nachsaison beträgt die Auslastung ca. 60 %.

a) Für Ihre Finanz- und Personalplanung wollen Sie die Auslastungen für die nächste Vor- und Nachsaison und für die Hauptsaison prognostizieren.
Wie werden Sie vorgehen? Welche Fehlerquellen könnten sich bei der kurzfristigen Prognose ergeben?

b) Sie überlegen, ob Sie weitere Clubs in den gleichen Lagen gründen sollen. Da für die Realisierung (Grundsuche, Grundkauf, Bau etc.) ca. 4 Jahre veranschlagt werden müssen und die Amortisationszeit dieser Investitionen bei guter Auslastung ca. 6 bis 8 Jahre beträgt, überlegen Sie, wie sich der Absatz derartiger Reisen langfristig entwickeln könnte.
Versuchen Sie, aus der gegenwärtigen Situation Trends herauszulesen, wie die Entwicklung verlaufen könnte. Welche externen Statistiken könnten Sie verwenden?

Ü 4.21: Kurzfristige Marktprognose C

Sie betreiben eine Autobahnraststätte und müssen für den Gemüse-, Brot- und Frischfleischeinkauf den Absatz des nächsten Wochenendes prognostizieren.
Welche Faktoren werden Sie berücksichtigen, wie werden Sie vorgehen, wodurch könnten sich Fehler ergeben?

Ü 4.22: Marktsegmente C

Ein Büromöbelhersteller entwirft Büromöbel mit einem besonders attraktiven Design.
Welche Segmente der Unternehmermärkte könnte er zunächst ansprechen? Worauf muss er beim Bearbeiten von Unternehmermärkten achten?

Sichern

SbX ID: 4023

Marktforschung
Die Marktforschung analysiert und beobachtet den Markt und versucht, die Entwicklung vorherzusagen. Untersucht werden vor allem die Merkmale und Wünsche der aktuellen und der möglichen zukünftigen Kunden.

market research
Market research analyses and observes the market to predict developments. In particular the characteristics and wishes of current and potential customers are examined.

Marktanalyse
Bei der Marktanalyse werden Daten zu einem bestimmten Zeitpunkt erhoben.

market analysis
Market analysis collects data at a certain point in time.

Marktbeobachtung
Bei der Marktbeobachtung werden Daten (über einen längeren Zeitraum) laufend erhoben.

market observation
In market observation data is collected continuously (over a longer period of time).

Marktprognose
Durch Marktprognose wird versucht, die Entwicklung des Markts vorherzusagen.

market forecast
Using market forecasts, businesses try to predict market developments.

Was wird erhoben?
Die Marktforschung untersucht und erhebt:
Merkmale der Abnehmer (z. B. Geschlecht, Beruf, Alter, Einkommen)
Kaufmotive (praktischer Nutzen, Design, Kauf von Geschenken etc.)
Reaktionen der Abnehmer (z. B. auf Werbung, auf Änderung des Designs)
Marktanteil (absolut, z. B. 40 %, relativ – im Verhältnis zum stärksten Konkurrenten)
Art und Ausmaß der Konkurrenz (Zahl der Konkurrenten, Preispolitik, Sortiment, Produktentwicklung bei der Konkurrenz)

what is collected

Market research examines and collects:
Characteristics of customers (e. g.: sex, occupation, age, income)
Buying motives (practical benefit, design, buying of presents, etc.)
Reactions of customers (e. g.: to advertising, to a change in design)
Market share (absolute, e. g.: 40 %, relative – in relation to the strongest competitor)
Type and extent of the competition (number of competitors, price policy, product range, product development by competitors)

Wie wird erhoben?

Die Methoden der Marktforschung sind:

Primärforschung: Daten werden eigens für die Marktforschung erhoben.

Einmalige Erhebungen:

- Befragung (mündlich, telefonisch, schriftlich per Post, via Internet)
- Beobachtung, Experiment (Labor- bzw. Feldexperiment)

Laufende Erhebungen (Panels):

- Haushaltspanels
- Einzelhandelspanels

Sekundärforschung: Vorhandene Daten werden für die Marktforschung ausgewertet (z. B. Bevölkerungsentwicklung, Einkommensentwicklung).

Konkurrenzerkundung: Fremde Produkte werden gekauft und analysiert, Händler werden befragt, Mitarbeiter der Konkurrenz werden abgeworben. Selbst Industriespionage (illegal) wird betrieben.

how data are collected

The market research methods are:

Primary research: Data is collected specifically for market research purposes.

One-time collection:

- Survey (oral, by phone, written by mail, by internet)
- Observation, experiment (lab or field experiment)

Continuous collection (panels):

- household panels
- retail panels

Secondary research: Existing data are analysed by market research (e. g.: population development, income development).

Competitor analysis: Competing products are bought and analysed, sellers are surveyed, employees of competitors are poached. Even industrial espionage (illegal) is carried out.

Daten über Marktgröße und Marktanteil

Um planen zu können, ist es wichtig, möglichst genaue Daten über die Marktgröße (das Marktpotenzial) und den eigenen Marktanteil zu erheben:

Marktpotenzial: ist die Maximalmenge, die der Markt aufnehmen kann. Sie ist abhängig von der Zahl der potenziellen Bedarfsträger und von der Marktsättigung.

Absatzpotenzial: ist die Absatzmenge, die ein Unternehmen noch erreichen kann

Marktvolumen: ist der von allen Unternehmen in einem Marktsegment erreichte Gesamtabsatz

Absatzvolumen: ist der Absatz eines Unternehmens für ein bestimmtes Marktsegment

Marktanteil: absolut (in % vom Marktvolumen), relativ (in % vom größten Mitbewerber)

data about market size and market share

In order to plan, it is important to collect data which are as exact as possible about market size (market potential) and a company's own market share:

Market potential: is the maximum amount (of products) that a market can absorb. It depends on the number of potential customers and market saturation.

Sales potential: is the sales volume that a company can still achieve

Market volume: is the total sales volume achieved by all companies within a market segment

Sales volume: is the sales of a company in a specific market segment

Market share: absolute (as a % of market volume), relative (as a % of the biggest competitor)

Modelle des Konsumentenverhaltens

Anhand von Modellen für das Konsumentenverhalten kann untersucht werden,

- welche Marketinganreize und welche anderen Anreize der Kaufüberlegung vorausgehen,
- welche Persönlichkeitseigenschaften die einzelnen Konsumentengruppen haben und
- wie die Kaufentscheidung abläuft (Problemerkennung, Informationssuche und Bewertung der Alternativen, Kauf, Verhalten nach dem Kauf).

Untersucht wird dabei auch, wie sich der Käufer bei der Einführung neuer Produkte verhält: Wer ist Innovator, früher Abnehmer, gehört zur frühen Mehrheit, gehört zur späten Mehrheit, wer ist Nachzügler?

models of consumer behaviour

Using models of consumer behaviour a business can examine

- which marketing initiatives and which other initiatives precede the buying decision,
- what personality characteristics the individual consumer groups have and
- what the steps in a buying decision are (problem recognition, information search, evaluation of alternatives, buying decision, post-purchase behaviour).

Businesses also examine how a buyer acts following the introduction of new products: Who is an innovator, an early adopter, belongs to the early majority, the late majority, who is a laggard?

Verhalten in Unternehmer- und Behördenmärkten

In Unternehmer- und Behördenmärkten werden Komplettlösungen bevorzugt (auch einschließlich Finanzierung).

Zu beachten ist, wer an der Entscheidung mitwirkt (z. B. Betriebsrat, einzelne Verwender).

behaviour in B2B and B2G markets

B2B (business-to-business) and B2G (business-to-government) markets prefer complete solutions (also including financing).

It is important to consider who is involved in the decision (e. g.: works' council, individual users)

SbX ID: 4023

Im SbX finden Sie die englische Zusammenfassung als Audio-Wiederholung sowie eine Bildschirmpräsentation mit den Grafiken dieser Lerneinheit.

Wissen

SbX ID: 4024

A B C D E

SbX

W 4.06–W 4.08, W 4.10, W 4.12 und W 4.13 mit automatischer Aufgabenkontrolle ID: 4024

W 4.06: Marktanalyse und Marktbeobachtung B

Ordnen Sie die folgenden Aussagen den Begriffen „Marktanalyse" und „Marktbeobachtung" zu:

	Marktanalyse	Marktbeobachtung
a) Ermittlung der Marktanteile für Zahnpasta im Jahr 20..		
b) Feststellung der Veränderungen der Konsumgewohnheiten bei fertigverpackten Lebensmitteln im Verlauf von 3 Jahren		
c) Erforschung von Alter, Geschlecht, Familiengröße und Einkommen der Käufer von Autos mit weniger als 70 kW im Jahr 20..		

W 4.07: Primärforschung B

Bei welchen der folgenden Untersuchungen im Rahmen der Marktforschung handelt es sich um Primärforschung? (Bitte haken Sie an.)

a) ☐ Ein Kaufhaus beobachtet, ob die Kunden zuerst nach roten oder zuerst nach blauen Verpackungen greifen, wenn Form und Inhalt der Verpackung gleich sind.

b) ☐ Der Autoimporteur Müller errechnet aus der Zulassungsstatistik den Marktanteil der von ihm importierten Automarke.

c) ☐ Ein Hersteller von Fertighäusern möchte damit werben, dass seine Preise in den vergangenen drei Jahren wesentlich weniger gestiegen sind als die übrigen Verbraucherpreise. Er beschafft sich daher die entsprechenden Unterlagen von der Statistik Austria.

d) ☐ Eine Textilhandelsgesellschaft möchte die Absatzentwicklung bei Baumwoll-, Seiden- und Kunststoffgeweben untersuchen. Sie wertet daher die Daten der Lagerentnahmescheine aus.

e) ☐ Ein Hersteller von Bauernmöbeln möchte wissen, aus welchen Berufen (Landwirte, freiberuflich Tätige, Privatangestellte etc.) seine Käufer kommen. Er führt daher in 10 Möbelhäusern, die diese Möbel verkaufen, Käuferinterviews durch.

W 4.08: **Methoden der Befragung** B

Ordnen Sie die folgenden Vor- und Nachteile den verschiedenen Methoden der Befragung zu. (Mehrfachzuordnungen sind möglich.)

a) hohe Antwortquote, b) größere Frageliste möglich, c) ergänzende Beobachtungen möglich, d) rasch und billig, e) Räumliche Entfernung spielt keine Rolle. f) keine anonyme Befragung möglich, g) Interviewereinfluss möglich, h) teuer, i) verzerrte Stichprobe, j) geringe Rücklaufquote wahrscheinlich, k) keine lange Frageliste möglich

Mündliche Befragung:

Vorteile:

Nachteile:

Telefonische Befragung:

Vorteile:

Nachteile:

Befragung per Post:

Vorteile:

Nachteile:

Internetbefragung:

Vorteile:

Nachteile:

W 4.09: **Sekundärforschung** B

Bringen Sie Beispiele für Daten, die durch Sekundärforschung erhoben werden können.

W 4.10: **Panelverfahren** C

Welche Marktdaten kann man gut durch Haushaltspanels, welche eher durch Einzelhandelpanels erheben?

a) Entwicklung der Kaufmotive bei Zahnpasta:

b) Bedeutung von Ausstattung und Preis bei Mountainbikes:

c) Farb- und Modelltrends bei Sitzgarnituren:

d) Entwicklung der Geschmacksrichtung bei Kaffee:

Begründen Sie, wann eher ein Haushaltspanel und wann eher ein Einzelhandelspanel gewählt werden sollte.

W 4.11: **Beobachtung und Experiment** B

Bringen Sie je ein Beispiel für eine Beobachtung, ein Feld- und ein Laborexperiment in der Marktforschung.

W 4.12: Marktpotenzial und Marktanteil B

Ein südkoreanischer Hersteller will Hybrid-Pkw (Autos mit Benzin und Elektromotor) auf den Markt bringen. In einer Marktforschungsstudie werden folgende Schätzgrößen für die nächsten 5 Jahre ermittelt: 300 000 Stück – 400 000 Stück – 800 000 Stück – 1 200 000 Stück.
Welche dieser Größen passt zu den folgenden Begriffen?

Absatzpotenzial des Unternehmens:

Marktvolumen des Gesamtmarkts:

Marktpotenzial des Gesamtmarkts:

Absatzvolumen des Unternehmens:

W 4.13: Absoluter und relativer Marktanteil C

Nach drei Jahren werden am Gesamtmarkt pro Jahr ca. 500 000 derartiger Hybrid-Pkw abgesetzt. Der Marktführer, ein japanisches Unternehmen, verkauft ca. 250 000. Der südkoreanische Anbieter verkauft rund 150 000.

Wie groß ist der absolute Marktanteil des Koreaners in Prozent?
Wie groß ist der relative Marktanteil des Koreaners in Prozent?

W 4.14: Käuferkategorien C

Sie haben verschiedene Käuferkategorien bei der Annahme neuer Produkte kennengelernt. Welche beiden Gruppen sind vermutlich für das Marketing von Hybridautos (vgl. **W 4.12** und **W 4.13**) besonders interessant?

Zusatzfrage: A
Welchen Anteil aller Käufer machen diese beiden Gruppen zusammen im Durchschnitt insgesamt aus? (Kreuzen Sie die richtige Lösung an.)

☐ a) 5 % ☐ b) 16 % ☐ c) 33 % ☐ d) 50 %

W 4.15: Absatzprognosen A

Wie beurteilen Sie die folgenden Aussagen über lang- und kurzfristige Absatzprognosen?

a) Langfristige Prognosen kann man auch erstellen, indem man die langfristigen politischen Vorgaben beobachtet.

☐ Richtig ☐ Falsch, richtig ist:

b) Langfristige Trends kann man am besten mit mathematischen Methoden vorhersagen.

☐ Richtig ☐ Falsch, richtig ist:

c) Kurzfristige Absatzentwicklungen, wie saisonale Absatzschwankungen, sind einigermaßen sicher aus den Zahlen der Vorperiode abzuleiten.

☐ Richtig ☐ Falsch, richtig ist:

SbX
W 4.17
mit automatischer Aufgabenkontrolle
ID: 4024

Weitere Aufgaben zur Lernkontrolle im SbX

W 4.16: Marktforschung D

Bearbeiten Sie Aufgabenstellungen unter Nutzung von Internetquellen!

W 4.17: Methoden der Marktforschung B

Ordnen Sie die Methoden der Marktforschung anhand von Beispielen zu!

H2Ö MUSTERUNTERNEHMEN

SbX
H2Ö-Aufgabe
ID: 4024

H2Ö-Aufgabe: Marktforschung bei der H2Ö GmbH C

Bearbeiten Sie das Fallbeispiel zur H2Ö GmbH im SbX.

Die Ausgangssituation

Die H2Ö GmbH in Aflenz handelt mit österreichischem Quellwasser höchster Qualität, Fruchtsirupen aus biologischer Landwirtschaft und Erzeugnissen aus österreichischen Glasmanufakturen.

Ihre Aufgabe im Unternehmen

Sie arbeiten in den Sommerferien als Praktikant/in in der Marketingabteilung der H2Ö GmbH. Um sich mit Ihrem Aufgabengebiet vertraut zu machen, sollen Sie Fragen zur Marktforschung bei der H2Ö GmbH bearbeiten.

Die Aufgabenstellungen und Informationen für die Bearbeitung finden Sie im SbX.

English questions

E 4.05: **Laura's Boutique sells women's fashion clothing. Laura wants to introduce menswear to her range. How could market research help her?**

E 4.06: **Laura also wants to make sure she buys the right clothes for women for the next season. Describe how market observation can help her with her decision.**

E 4.07: **How can Laura use market forecasts?**

E 4.08: **What information about customers could be useful to Laura?**

E 4.09: **Laura wants to open a second shop.**

a) What research would be important when choosing a location?

b) What data could she collect about market size and market share?

E 4.10: **How can Laura collect relevant information?**

E 4.11: **What is the difference between primary and secondary research?**

Ein kurzer Kompetenz-Check, bevor's weitergeht!

Kompetenz-Check

	☺	😐	☹
Ich kann die Begriffe Marktanalyse, Marktbeobachtung und Marktprognose unterscheiden.			
Ich kann die Methoden der Marktforschung beschreiben.			
Ich kenne die Vor- und Nachteile der verschiedenen Methoden der Marktforschung.			
Ich kann die Begriffe Absatzvolumen und Absatzpotenzial eines Unternehmens sowie Marktvolumen und Marktpotenzial des Gesamtmarkts unterscheiden.			
Ich kann den absoluten und den relativen Marktanteil eines Unternehmens berechnen.			
Ich kann das Konsumentenverhalten bei Kaufentscheidungen analysieren.			
Ich kann die Bedeutung des Verhaltens verschiedener Käufer bei der Einführung neuer Produkte beschreiben.			
Ich kenne die verschiedenen Möglichkeiten, die Marktentwicklung zu prognostizieren.			
Ich kann die verschiedenen Prognosemodelle kritisch analysieren.			

Lerneinheit 3

Wie entschieden wird, was produziert werden soll (Produkt- und Sortimentspolitik)

SbX
Alle SbX-Inhalte zu dieser Lerneinheit finden Sie unter der ID: 4030.

Ein neues Produkt zu entwickeln – z. B. einen neuen Pkw-Motor oder ein Medikament –, ist teuer. Ein zu umfangreiches Lager bei großer Produktvielfalt verursacht erhebliche Kosten. Produkte später als die Konkurrenz auf den Markt zu bringen oder nicht liefern zu können, verursacht oft einen noch größeren Schaden.

Produktionsbetriebe müssen daher ihre Produktpolitik langfristig planen, Handelsbetriebe genau überlegen, was sie in ihr Sortiment aufnehmen sollen.

Im Rahmen der Produkt- und Sortimentspolitik müssen folgende Entscheidungen getroffen werden:

- Welche Produkte bzw. wie viele verschiedene Produkte sollen erzeugt bzw. angeboten werden?
- Wie sollen die einzelnen Produkte gestaltet und am Markt positioniert werden, wie sollen sie im Verlauf der Zeit verändert werden und wann sollen sie aufgelassen werden?
- Welche Nebenleistungen (z. B. Service, erweiterte Garantie, Einschulung, Beratung) sollen angeboten werden?

Lernen

SbX ID: 4031

1 Was ist ein Produkt? [What is a product?]

Auch Dienstleistungen werden in der Marketingsprache als „Produkt" bezeichnet.

Jede auf dem Markt angebotene Leistung ist aus der Sicht des Marketing ein Produkt.

Ein MP3-Player oder eine 1,5-Liter-Einwegflasche für Almdudler ist aus der Sicht des Marketing genauso ein Produkt wie die Wertpapierdepotverwaltung der Kreditinstitute für Privatanleger oder ein Cluburlaub mit Vollpension und freier Nutzung aller Sportanlagen.

Jeder Käufer überlegt, welchen Nutzen ein Produkt hat. Wird der Nutzen eines Produkts beworben, so sind zu unterscheiden:

- Grundnutzen des Produkts

  z. B. Mountainbike zum Fahren außerhalb der üblichen Verkehrswege, an der frischen Luft für Sport und Freizeit, Kapselkaffeemaschinen zur raschen Kaffeeherstellung

- **Zusatznutzen** mit den beiden wichtigsten Aspekten:
  - Geltungsnutzen

    z. B.: Besitz eines teuren Mountainbikes verleiht Prestige, weist auf sportliche Lebensführung hin; man kann es sich leisten, teuren Kaffee zu trinken und verschiedene Sorten zu genießen.
  - Erlebnisnutzen

    z. B.: Mountainbike ist schön gestaltet, ermöglicht die Teilnahme an gemeinsamen Radausflügen.

Werden **bei der Positionierung eines Produkts am Markt** die verschiedenen Nutzenaspekte nicht berücksichtigt, können die Marketinganstrengungen vergeblich sein.

Beispiel

Grund- und Zusatznutzen eines Produkts

- Vor mehreren Jahren investierte Coca-Cola ca. € 6 Mio., um für ein neues Rezept Geschmackstests durchzuführen. In über 200 000 Tests wurde eine Rezeptur gefunden, die von der Mehrheit der Testpersonen im „Blindtest" (d. h., die Personen wussten nicht, welches der verschiedenen Rezepte sie verkosteten) sowohl dem alten Coca-Cola-Geschmack als auch der Konkurrenzmarke Pepsi vorgezogen wurde.

  In einer riesigen Werbekampagne propagierte man daraufhin das „New-Coke", es wurde jedoch ein „Flop".

  Im Nachhinein wurde festgestellt, dass man dabei nur den Grundnutzen (ein Erfrischungsgetränk mit gutem Geschmack) beachtet hatte. Der „Erlebnisnutzen" des traditionellen Coca-Cola wurde offenbar zu wenig berücksichtigt. Coca-Cola war eben nicht nur ein gut schmeckendes Erfrischungsgetränk, sondern ein Symbol für US-amerikanischen Lebensstil. Das Aufgeben des traditionellen „Coke" bedeutete daher für den Konsumenten sozusagen einen Wechsel des Lebensstils, zu dem viele nicht bereit waren.

  Coca-Cola kehrte zur alten Rezeptur zurück.

Auch bei Investitionsgütern ist der **Zusatznutzen** wichtig.

- Teure Büromöbel oder die neueste Computersoftware können erheblichen Geltungsnutzen verleihen.
- Werkzeugmaschinen und Computer werden von Industriedesignern gestaltet, um den Erlebnisnutzen zu erhöhen.

Das Beispiel zeigt auch die **Notwendigkeit, die Gestaltung des einzelnen Produkts mit der gesamten Programm- bzw. Sortimentsentscheidung abzustimmen.** Hätte Coca-Cola das „Coca-Cola Classic" parallel zum „New-Coke" im Sortiment behalten, wäre der Schaden geringer gewesen.

2 Produkte haben einen Lebenszyklus [Products have a life cycle]

Die „Lebensdauer" eines Produkts ist in der Regel begrenzt. Die Ursachen des wirtschaftlichen „Alterns" liegen

- im technischen Fortschritt,
- in der Intensität des Wettbewerbs,
- in den Änderungen des Verbraucherverhaltens.

Beispiele

Die Änderung der Verbrauchergewohnheiten wird **erheblich durch die Werbung beeinflusst.**

Altern von Produkten

- Altern durch technischen Fortschritt:
  - Ersatz von Handys durch Smartphones
  - Ersatz der Fotoapparate mit herkömmlichen Filmen durch digitale Fotoapparate
- Altern durch die Intensität des Wettbewerbs:
  - Fernreisen statt Inlandsurlaub
- Altern durch Änderung der Verbrauchergewohnheiten:
  - Änderung von Modefarben, Hosenschnitt, Kleiderschnitt, Kleiderlänge
  - Änderung von Modesportarten (z. B. Golf statt Tennis, Snowboarding statt Schifahren)

Ein „Altern" kann man nicht nur bei einzelnen Produktarten nachweisen, sondern auch bei Materialien (natürliche Materialien, Kunststoffe), Farben und Formen.

Relaunch

Häufig wird versucht, den Lebenszyklus eines Produkts durch eine Variation zu verlängern. Man spricht von einem „Neustart" des modifizierten Produkts. Dies wird in der Fachsprache als **„Relaunch"** bezeichnet.

Beispiele

Relaunch von Produkten

- Relaunch von Zeitungen oder Zeitschriften durch ein neues Layout
- Relaunch von Mineralwasser durch Verwendung neu gestalteter Flaschen
- Relaunch von Kühlschränken durch Einbau der Möglichkeit, gekühlte Getränke glasweise von außen zu entnehmen, bzw. durch verschiedene Kühlzonen mit höherer und mit niedrigerer Temperatur (z. B. Kellerzone für Getränke, Gemüsezone)
- Relaunch von Waschmitteln durch neue Zusätze, Nachfüllpackung etc.
- Relaunch von mechanischen Uhren als teure Prestigeobjekte

Die Länge und der Verlauf von Lebenszyklen sind je nach Produkt verschieden.

Grafik
Der Lebenszyklus eines Produkts mit Relaunch

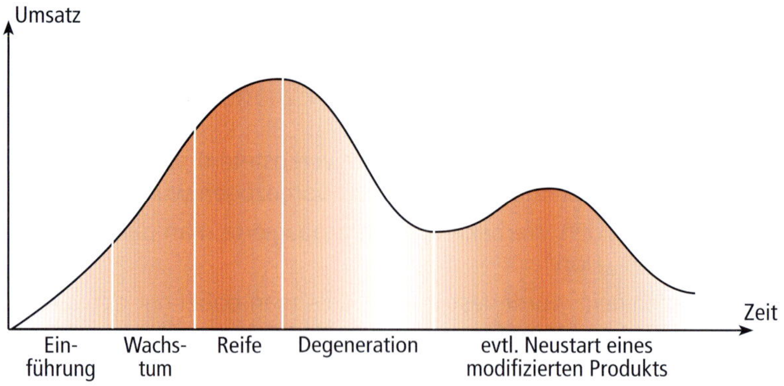

Beispiele

Unterschiedlicher Verlauf von Lebenszyklen

- Der Lebenszyklus von Automobilmodellen wird durch mehr oder weniger starke Variationen verlängert (z. B. Sondermodelle, Sonderzubehör, neue Ausstattungsmerkmale, neue Karosserie etc.). Dennoch werden die meisten Automobilmodelle nach einiger Zeit eingestellt.
- Gut eingeführte Waschmittel haben hingegen einen sehr langen Lebenszyklus mit einigen Neustarts (z. B. neuer Zusatz, neue Formel) und einer sehr langen Reifephase.

Waschmittel wie Ariel, Omo, Persil und Weißer Riese sind seit Jahrzehnten auf dem Markt.

3 Breite und Tiefe des Produktionsprogramms (des Sortiments) [Breadth and depth of the production programme (product range)]

Im Rahmen der Produktpolitik muss ein Ausgleich zwischen **Spezialisierung** und **Produktvielfalt** gefunden werden.

Breite des Produktionsprogramms (des Sortiments)

Die Breite gibt an, welche Produktgruppen angeboten werden.
Nespresso bietet z. B. neben Kaffeekapseln auch Kaffeegeschirr und Accessoires an.

Tiefe des Produktionsprogramms (des Sortiments)

Die Tiefe gibt an, wie viele Ausführungen (Typen, Modelle, Sorten, Größen etc.) eines Produkts angeboten werden.

Inzwischen gibt es z. B. 22 verschiedene Nespresso-Kaffeesorten.

Beispiel

Breite und Tiefe eines Produktionsprogramms

- Ein Hersteller von Elektrogeräten fertigt
  - Fernseher, CD-Player, DVD-Geräte, Handys und Radios (Breite des Produktionsprogramms).
  - Innerhalb der Produktgruppen werden verschiedene Ausführungen, Varianten, Modelle angeboten (Tiefe).

Die folgende Grafik soll diese Produktpolitik veranschaulichen (gezeigt werden zwei Produktgruppen – tatsächlich sind es mehr).

Auch bei Dienstleistungsanbietern (z. B. bei einem Schönheitssalon) unterscheidet man die Breite (Frisuren, kosmetische Behandlungen, Massagen) und die Tiefe (verschiedene Gesichtsbehandlungen, Pediküre, Maniküre etc.).

alle Produkte, die ein Unternehmen anbietet	**Breite:** verschiedene Produktgruppen	
	Fernseher	**DVD-Geräte**
Tiefe: verschiedene Ausführungen/Varianten/Modelle in einer Produktgruppe	verschiedene Bildschirmgrößen	nur Player oder Player mit Recorder
	verschiedene Bildschirmarten (LCD, Plasma ...)	zusätzliche Formate (DivX, HD)
	verschiedene Designs	mit oder ohne Festplatte
	verschiedene Extras	mit oder ohne eigenem Bildschirm

Eine geringe Programmbreite ermöglicht einen hohen Spezialisierungsgrad. Wenige Produkte können eventuell in größeren Serien kostengünstig hergestellt werden.

Ein schmales Produktionsprogramm hat jedoch auch erhebliche Nachteile: Das Risiko, dass der Absatz dieser wenigen Produkte zurückgeht, ist größer, als wenn viele Produkte erzeugt bzw. geführt werden.

4 Die Arten der Produktpolitik [The types of product policies]

Grafik
Arten der Produktpolitik

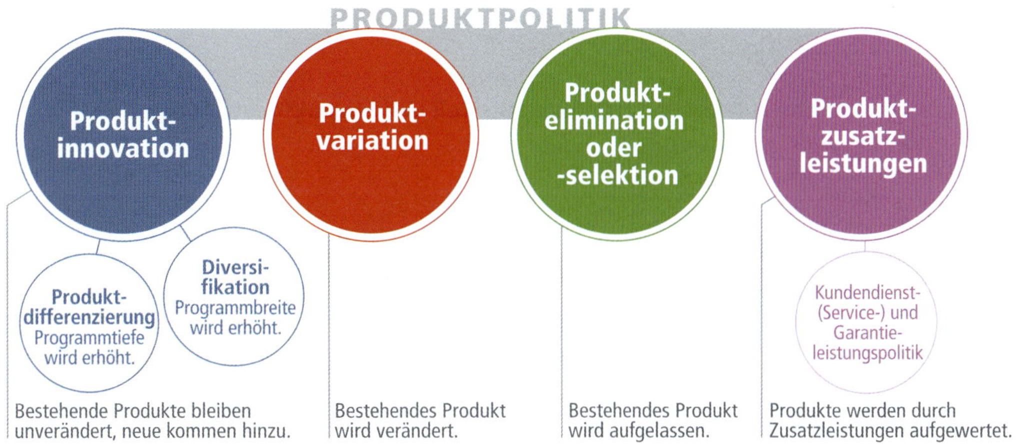

(1) Produktinnovation

Durch die **Produktdifferenzierung** soll das Produkt den unterschiedlichen Bedürfnissen und der unterschiedlichen Kaufkraft der Abnehmer angepasst werden.

Produktinnovation bedeutet, dass neue Produkte in das Erzeugungsprogramm (bzw. in das Sortiment) aufgenommen werden. Produktinnovationen treten als **Produktdifferenzierung** und als **Produktdiversifikation** auf.

Produktdifferenzierung (Sortimentsvertiefung)

Es wird die Programmtiefe erhöht. Die Breite bleibt unverändert. Ein Produkt wird in verschiedenen Ausführungen (Typen, Varianten) angeboten.

Beispiele

Produktdifferenzierung

- In der Autoindustrie werden Grundtypen (z. B. der VW-Golf) in vielen Varianten (Ausstattung, Motor, Karosserieform – Limousine, Kombi etc.) angeboten.
- Nespresso bietet immer wieder neue Kaffeesorten an.

Produktdiversifikation (Sortimentsverbreiterung)

Es wird die Programmbreite erhöht, d. h., es werden Produktgruppen erzeugt bzw. angeboten, die bisher nicht im Produktionsprogramm waren.

Beispiele

Produktdiversifikation

- Ein Schierzeuger produziert in Zukunft auch Schibekleidung und Tennisrackets.
- Nespresso bietet neben Kaffee auch Tee in Kapseln an.

Gründe für die Aufnahme neuer Produkte können sein:

- Beteiligung an wachsenden Märkten
- Wechseln von einem gleichbleibenden oder schrumpfenden Markt zu einem wachsenden Markt
- Ausnutzung vorhandener Produktionskapazitäten
- breitere Risikostreuung

(2) Produktvariation (Produktveränderung im Zeitablauf)

Die **Anzahl der Produkte** bzw. der **Produktgruppen bleibt bei der Produktvariation gleich.**

Bei der Produktvariation werden bestimmte Eigenschaften der bestehenden Produkte im Zeitablauf verändert, um sie damit den möglichen Konsumenten attraktiver erscheinen zu lassen.

Die Produktänderungen können sich beziehen auf:

- Funktionen (z. B. Touchscreen statt Tastensteuerung)
- Material (Kunststofffenster statt Holzfenster)
- Farbe und Form (Veränderung des Oberbelags eines Schimodells)
- Verpackung (andere Form, andere Aufmachung, andere Farbe)
- Bezeichnung (Zusatz wie „neu“, „neue Formel“ bei Waschmittel, Zahnpasta etc.)

Der Unterschied zur Produktdifferenzierung besteht darin, dass die verschiedenen Varianten/Typen bei der **Produktdifferenzierung gleichzeitig**, bei der **Produktvariation im Zeitablauf nacheinander** angeboten werden.

Zur Elimination von Produktvarianten oder Produktgruppen kommt es **auch im Rahmen der Spezialisierung.**

(3) Produktelimination (Ausscheiden von Produkten)

Produkte, deren Lebenszyklus zu Ende geht, müssen rechtzeitig aus dem Programm ausgeschieden werden. Dabei kann es sich um Produktvarianten oder auch um Produktgruppen (Grundtypen) handeln.

Eine wichtige Nebenleistung ist die verlängerte Garantie (z.B. bis 3 Jahre bei Pkw).

(4) Zusatzleistungen als Teil der Produktgestaltung

Nebenleistungen, wie

- Beratung,
- Montage,
- Einschulung,
- Wartung und Service,

können ebenfalls zur Produktgestaltung gezählt werden.

Im gesamten Bereich der technischen Produkte (langlebige Konsumgüter und Investitionsgüter) werden diese Nebenleistungen immer wichtiger.

Üben – Anwenden

A B C D E

Ü 4.23: Ausweitung des Produktionsprogramms C

Ein Hersteller von Flachbildfernsehern und Flachbildmonitoren beschließt, in Zukunft auch Dampfgarer und Induktionsküchenherde zu fertigen.

a) Wie würden Sie diese Ausweitung des Produktionsprogramms bezeichnen?
b) Welche Gründe könnten den Produzenten zu dieser Entscheidung veranlassen?

Ü 4.24: Veränderung eines Produkts C

Beim Übergang von den Modellen 2014 auf die Modelle 2015 werden an einem Kleinmotorrad folgende Veränderungen vorgenommen:

- Die Sitzbank wird verlängert,
- die Stärke des Moters wird erhöht,
- der Tank wird mit weißen Längsstreifen versehen.

a) Wie würden Sie diese Art der Produktveränderung bezeichnen?
b) Warum wird sie vorgenommen?

Ü 4.25: Auflassung von Produkten C

Ein Erzeuger von Computern und EDV-Zubehör hat derzeit Standgeräte, Bildschirme, Notebooks und Tablets im Programm. Er beschließt, in Zukunft nur noch Notebooks zu produzieren.

a) Welche Gründe könnten ihn dazu veranlassen?
b) Welche Probleme treten bei einer derartigen Entscheidung auf?
c) Durch welche anderen Maßnahmen der Produktgestaltung kann diese Maßnahme ergänzt werden?

Ü 4.26: Mehr Produktvielfalt C

Ein Erzeuger von Kühlschränken bietet ein Standardmodell mit einer Breite von 60 cm, das mit einem Gefrierfach ausgerüstet ist, in Zukunft auch mit einer Null-Grad-Zone an. Außerdem gibt es die Kühlschränke in Zukunft auch in den Farben Weiß, Blau und Rot.

a) Wie nennt man diese produktpolitische Maßnahme?
b) Warum wird sie vermutlich getroffen?

Sichern

SbX ID: 4033

Produkt
product

Jedes am Markt angebotene Gut bzw. jede Dienstleistung gilt im Marketing als ein Produkt.

Every good or service offered on the market is considered a product in marketing.

Produktnutzen

Entscheidend für den Käufer und für die Bewerbung ist der Produktnutzen. Es ist zwischen Grundnutzen und Zusatznutzen (Geltungsnutzen und Erlebnisnutzen) zu unterscheiden.

product benefits

A product's benefits are decisive for buyers and for promotion. We differentiate between core benefits and additional benefits (recognition and experiential benefits).

Marktpositionierung

Alle Nutzenaspekte gemeinsam dienen dazu, das Produkt am Markt zu positionieren und ihm eine möglichst unverwechselbare Marktstellung (USP – „Unique Selling Proposition") zu verschaffen.

market positioning

All benefit aspects are used to position the product on the market and provide it with a distinctive market positioning (USP – "unique selling proposition").

Lebenszyklus von Produkten

Nach einer Einführungsphase kommt es zu Wachstum und Reife und schließlich zur Degeneration. Dauer und Verlauf von Lebenszyklen sind bei verschiedenen Produkten sehr unterschiedlich.

product life cycle

The introductory phase is followed by growth and maturity and finally decline. Duration and progression of product life cycles are very different depending on the product.

Relaunch

Geht der Lebenszyklus eines Produkts dem Ende zu, ist ein Neustart (Relaunch) durch Produktvariation möglich.

relaunch

Once a product life cycle is approaching its end, a new start (relaunch) is possible with product modifications.

Produktionsprogramm

Das Produktionsprogramm kann unterschiedlich breit und unterschiedlich tief sein.
- Breite: Anzahl der erzeugten bzw. angebotenen Produktgruppen
- Tiefe: Anzahl der erzeugten bzw. angebotenen Ausführungen eines einzelnen Produkts

production programme

A production programme can differ in breadth and depth.
- Breadth: number of product groups offered or produced
- Depth: number of versions of an individual product offered or produced

Produktpolitik

Im Rahmen der Produktpolitik sind folgende Maßnahmen zu unterscheiden:

Produktinnovation: Entwicklung neuer Produkte durch „Produktdifferenzierung" oder „Diversifikation"

- Produktdifferenzierung: Das Sortiment wird durch Erhöhung der Programmtiefe erweitert (z.B. mehr Motorvarianten, mehr Farben bei Pkw).
- Diversifikation: Die Programmbreite wird erhöht (z.B. werden neben Fernsehern und DVD-Spielen in Zukunft auch Mobiltelefone produziert bzw. angeboten).

Produktvariation: Produkte werden im Zeitablauf verändert (Dieselmotor mit Partikelfilter statt Dieselmotor ohne Partikelfilter).

Produktelimination: Ausscheiden von Produkten (auch im Rahmen einer Spezialisierung)

Zusatzleistungen, wie Beratung, Montage, Service, verlängerte Garantie, sind ebenfalls Teile der Produktpolitik.

product policy

Product policy is made up of the following measures:

product innovation: development of new products using "product variation" or "diversification"

- product variation: The product range is expanded by increasing the programme depth (e.g.: more engine versions, more colour options for cars).
- diversification: The programme breadth is expanded (e.g.: in addition to TVs and DVD-players, mobile telephones will be also produced or offered in future).

product modification: Products are changed over time (diesel engines with particulate filters instead of diesel engines without particulate filters).

product elimination: Product is no longer produced or sold (also possible as a part of greater specialisation).

Additional services such as advice, assembly, service and extended warranties are also part of product policy.

SbX ID: 4033

Im SbX finden Sie die englische Zusammenfassung als Audio-Wiederholung sowie eine Bildschirmpräsentation mit den Grafiken dieser Lerneinheit.

Wissen

SbX ID: 4034

A B C D E

SbX W 4.18 und W 4.20–W 4.21 mit automatischer Aufgabenkontrolle ID: 4034

W 4.18: Arten der Produktpolitik B

Bitte ordnen Sie die Begriffe Produktvariation, Produktdifferenzierung, Diversifikation und Elimination den folgenden Beispielen zu.
Um welche Arten der Produktpolitik handelt es sich?

Ein Hersteller von Foto- und Videokameras trifft folgende Entscheidungen:

a) Die Fotokamera SX 120 wird in Zukunft in drei verschiedenen Varianten SX 121, SX 122 und SX 123 angeboten, die mit unterschiedlichen Zoomobjektiven ausgestattet sind.

Es handelt sich um:

b) In Zukunft werden nur mehr digitale Kameras erzeugt, die Herstellung von analogen Kameras wird aufgelassen.

Es handelt sich um:

c) Als Speichermedium für die Videokamera A 25 wird in Zukunft nicht mehr die Digitalkassette, sondern eine eingebaute Festplatte verwendet.

Es handelt sich um:

d) Die Videokamera A 25 ist in Zukunft sowohl mit Festplatte als auch mit einer austauschbaren Speicherkarte erhältlich.

Es handelt sich um:

e) Es wird beschlossen, in Zukunft auch transportable Blu-Ray-Player herzustellen.

Es handelt sich um:

W 4.19: Nebenleistungen C

Zeigen Sie am Beispiel eines Computerhändlers, welche Nebenleistungen Teil der Produkt- bzw. Sortimentspolitik sein könnten.

W 4.20: Produktvariation A

Mit welchen Phasen des Lebenszyklus von Produkten ist der Begriff Produktvariation verbunden?

W 4.21: Lebenszyklus von Produkten A

Ist die folgende Aussage richtig oder falsch? Ist sie falsch, stellen Sie die Aussage richtig.

Der Lebenszyklus von Produkten verläuft bei den meisten Produkten sehr ähnlich.

☐ Richtig ☐ Falsch, richtig ist:

SbX
W 4.22
mit automatischer Aufgabenkontrolle
ID: 4034

Weitere Aufgabe zur Lernkontrolle im SbX

W 4.22: **Produktpolitik** A

Vervollständigen Sie die Übersicht zu den Arten der Produktpolitik!

$H_2Ö$
MUSTERUNTERNEHMEN

H2Ö-Aufgabe: Die Produktpolitik der H2Ö GmbH C

Bearbeiten Sie das Fallbeispiel zur H2Ö GmbH im SbX.

Die Ausgangssituation

Die H2Ö GmbH in Aflenz handelt mit österreichischem Quellwasser höchster Qualität, Fruchtsirupen aus biologischer Landwirtschaft und Erzeugnissen aus österreichischen Glasmanufakturen.

Ihre Aufgabe im Unternehmen

Sie arbeiten in den Sommerferien als Praktikant/in in der Marketingabteilung der H2Ö GmbH. Auf Ihrem Schreibtisch finden Sie ein Ansuchen der Grazer Messe Partner GmbH um Angebotslegung für die Belieferung einer Konferenz mit H2Ö-Quellwasser und Biofruchtsäften.

SbX
H2Ö-Aufgabe
ID: 4034

Das Ansuchen und Aufgaben zum Vertragsabschluss finden Sie im SbX.

English questions

E 4.12: **Peter Hall produces football boots in all sizes. The model "Kicker" has been produced with the teenage market in mind.**

a) Describe the product life cycle in this case. Name each phase and include a realistic time frame for each phase.
b) How can Peter extend the life of "Kicker" when it approaches the end of its life?
c) At the moment, Peter Hall only produces many different types of football boots and nothing else. How would you describe his range?
d) How could the addition of fashion shoes and accessories such as bags and belts to his range be described (term)?

E 4.13: **Rachel Brown makes chocolate bars in many different flavours.**

a) She has decided to add a new flavour of white chocolate with dried raspberry bits in it. Is this "product diversification" or "product variation"? Why?
b) Rachel will stop producing "lemon & ginger" next month because it is not selling well. What is this process called?

Ein kurzer Kompetenz-Check, bevor's weitergeht!

Kompetenz-Check

	☺	😐	☹
Ich kann Grundnutzen und Zusatznutzen von Produkten unterscheiden und deren Bedeutung für den Absatz charakterisieren.			
Ich kenne die unterschiedlichen Ursachen für den Verlauf des Lebenszyklus von Produkten.			
Ich kann den Begriff „Relaunch“ mit praktischen Beispielen erklären.			
Ich kann die Breite und die Tiefe von Produktionsprogrammen bzw. Sortimenten erläutern.			
Ich kann die Begriffe Produktdifferenzierung, Produktdiversifikation, Produktvariation unterscheiden.			
Ich kann die Gründe für die Strategien der Produktpolitik nennen und mit praktischen Beispielen erläutern.			
Ich kann Umfang und Bedeutung der Nebenleistungen für die Produktpolitik einschätzen.			

Lerneinheit 4

Preise und Konditionen sind oft entscheidend

SbX
Alle SbX-Inhalte zu dieser Lerneinheit finden Sie unter der ID: 4040.

Gelingt es, über die Unique Selling Proposition eine sehr gute Marktposition zu erlangen, spielt der Preis eine geringere Rolle. Dies ist z.B. bei exklusiven Modemarken, Parfums oder Designermöbeln der Fall. Auch eine Tasse Nespresso-Kaffee kostet zwischen 30 und 40 Cent, während eine Tasse herkömmlicher Espresso weniger als 10 Cent kostet. Bei diesen Produkten gilt der hohe Preis auch als Zeichen von Qualität und erhöht für den Käufer den „Geltungsnutzen" – „Seht her, ich kann es mir leisten."

Konkurrieren auf dem Markt jedoch viele Produkte und Dienstleistungen, deren Nutzen für die Abnehmer etwa gleich ist, dann spielt die Preispolitik eine entscheidende Rolle. Dies gilt z.B. für viele Lebensmittel, für Arbeitskleidung, für Flugreisen oder für Handytarife.

Preispolitik ist daher zwischen „Hochpreispolitik" und „Diskontpreispolitik" angesiedelt.

Zusätzlich sind die Zahlungskonditionen wichtig. Muss man gleich bezahlen oder erst in zwei bis drei Monaten? Bekommt man bei Sofortzahlung einen Preisnachlass („Skonto"), gibt es einen Preisnachlass, wenn man größere Mengen kauft („Mengenrabatt")?

Die Preis- und Konditionenpolitik wird auch als **Kontrahierungspolitik** bezeichnet.

Die Preis- und Konditionenpolitik ist daher ein besonders wichtiger Aspekt des Marketing-Mix.

Lernen

SbX ID: 4041

1 Wodurch die Preispolitik beeinflusst wird [What influences price policy]

Der Preis wird nicht nur durch Angebot und Nachfrage bestimmt.

(1) Wovon hängt der Marktpreis ab? (Übersicht)

Welchen Spielraum der Unternehmer bei der Preispolitik hat, hängt von zahlreichen Faktoren ab. Die wichtigsten sind:

- **Verhältnis von Angebot und Nachfrage**
  Wird mehr Ware angeboten als Nachfrage besteht oder übersteigt die Nachfrage das Angebot?
- **Marktform und Marktverhalten**
  Wie viele Anbieter bzw. Nachfrager gibt es und wie verhalten sie sich?
- **Informationsstand der Marktteilnehmer**
  Sind Nachfrager und Anbieter über Qualitäten, Preise, Liefer- und Zahlungsbedingungen voll informiert?

- **Vorlieben („Präferenzen") der Marktteilnehmer**
  Häufig bestimmen Vorlieben für einen Geschäftspartner oder ein Produkt die Kaufentscheidung.
- **Preiselastizität der Nachfrage nach der Ware**
  Wird der Absatz der Ware durch eine Preisänderung stark oder schwach beeinflusst?
- **Kosten**
  Lassen die Kosten genügend Spielraum für die Preispolitik?
  Welche Kosten müssen durch den Preis unbedingt abgedeckt werden?

Grafik
Faktoren der Preispolitik

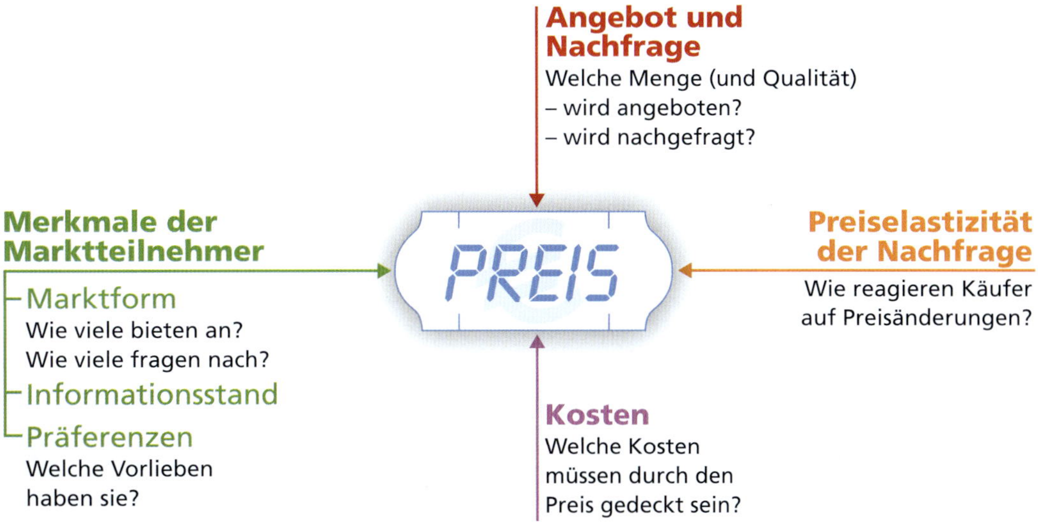

Die **Idealvostellung der Preisbildung durch Angebot und Nachfrage:** Da hohe Preise zu einer Zunahme des Angebots (und einer Abnahme der Nachfrage) und niedrige Preise zu einer Abnahme des Angebots (und einer Zunahme der Nachfrage) führen, müsste langfristig ein sogenannter **„Gleichgewichtspreis"** entstehen, also ein Preis, bei dem die Nachfrage ungefähr dem Angebot entspricht.

(2) Das Verhältnis von Angebot und Nachfrage

- **Verkäufermarkt**

  Übersteigt die Nachfrage das Angebot, so haben es die Verkäufer leichter, den Preis zu beeinflussen, als die Käufer. Die Preise werden daher steigen und man spricht von einem Verkäufermarkt.

  Dies führt jedoch in der Regel dazu, dass mehrere Produzenten das gewünschte Gut produzieren und dass die Preise wieder fallen, da das Angebot die Nachfrage übersteigt. Es entsteht ein ...

- **Käufermarkt**

  Da das Angebot die Nachfrage übersteigt, können die Käufer die Preise beeinflussen. Die Preise werden so lange fallen, bis einige Anbieter (Verkäufer) um diesen Preis nicht mehr verkaufen bzw. produzieren. Das Angebot wird zurückgehen und die Preise werden wieder steigen.

Diese sehr einfache Überlegung stimmt jedoch nur unter folgenden (idealen) Voraussetzungen:

- Einer großen Zahl von Anbietern steht eine große Zahl von Nachfragenden gegenüber. Der Einzelne hat somit keine Möglichkeit, den Preis zu beeinflussen.
- Es gibt keine Möglichkeiten zu Absprachen (Preisabsprachen, Käuferstreik).
- Alle Marktteilnehmer verfügen über alle Informationen, wer welche Ware wo zu welchem Preis wann verkauft („vollkommene Marktübersicht" – „Markttransparenz").
- Kein Marktteilnehmer hat bestimmte irrationale Vorlieben (Präferenzen) für einen bestimmten Verkäufer oder für ein bestimmtes Produkt (z. B. für eine bestimmte Automarke).
- Die Produkte zur Befriedigung eines bestimmten Bedürfnisses (z. B. Regenmantel als Regenschutz) sind völlig gleich („homogen").
- Alle Verkäufer und alle Käufer verhalten sich so, dass für sie der maximale Nutzen (maximaler Gewinn) entsteht.

Diese Voraussetzungen sind in der wirtschaftlichen Wirklichkeit nicht gegeben. Es gibt daher zahlreiche weitere Einflussgrößen, durch die der Marktpreis beeinflusst wird.

Grafik
Marktformen

Jede Marktform auf der Angebotsseite (Angebotsmonopol, -oligopol, -polypol) **kann mit jeder Marktform der Nachfrageseite** (Nachfragemonopol, -oligopol, -polypol) **zusammentreffen.**

(3) Marktformen und Marktverhalten

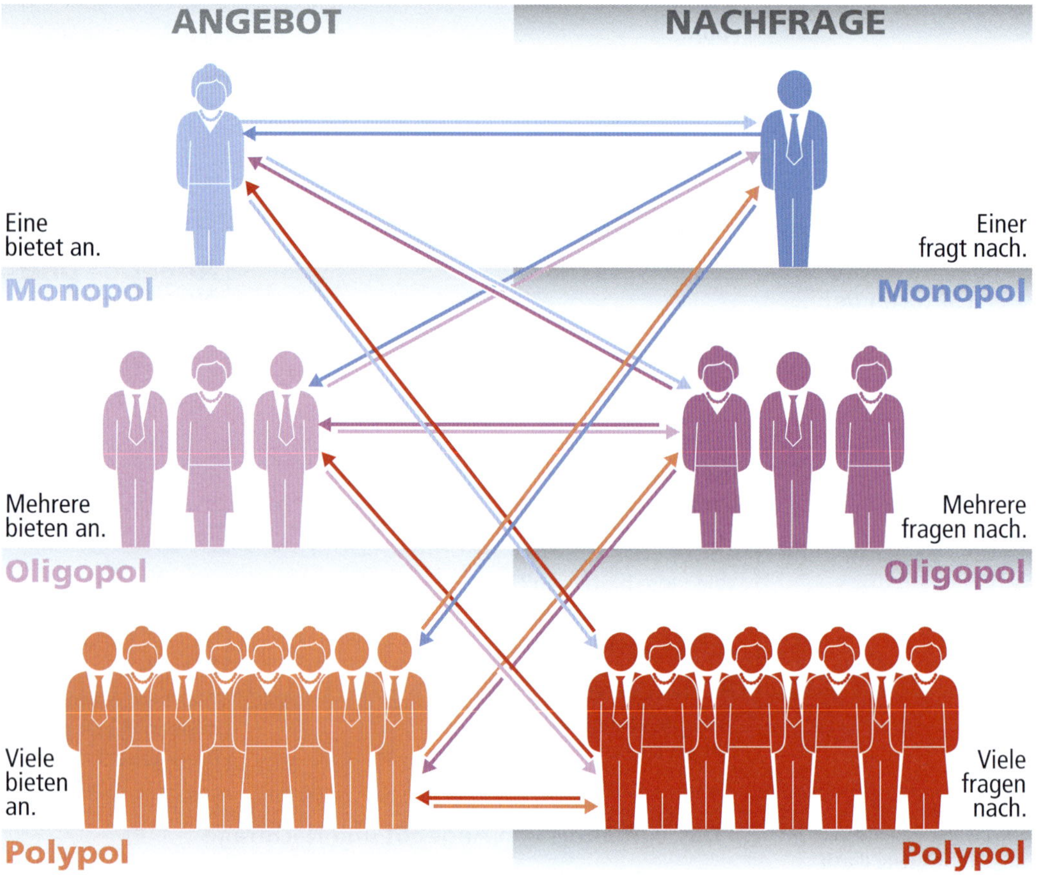

Die **nationalen und internationalen Regelungen** über Kartelle versuchen, Absprachen auf der Angebotsseite zu verhindern.

Grundsätzlich ist die Möglichkeit zur Preisbeeinflussung umso größer, je stärker die eigene Position als Monopolist ist. Daher werden die Partner versuchen, von der ungünstigen Polypolsituation in eine Oligopolsituation oder in eine Monopolsituation zu wechseln.

Einige Möglichkeiten dazu sind:

- **auf der Angebotsseite:**
  - Absprachen über Preise, Produktionsmengen, Liefer- und Zahlungsbedingungen (z. B.: Absprache der Erdölproduzenten über die Produktionsmengen)
  - Entwicklung marktbeherrschender Technologien (z. B.: Nespresso-Kaffeemaschinen werden derzeit so konstruiert, dass sie nur mit echten Nespressokapseln funktionieren.)
  - Aufkaufen kleinerer Unternehmen durch einige Großunternehmen (z. B.: Verschwinden mittlerer und kleinerer Automobilproduzenten)
- **auf der Nachfrageseite:**
  - Zusammenschluss zu Einkaufsringen oder Einkaufsgenossenschaften

SbX

Im SbX finden Sie ein Informationsblatt zum Verbot von Kartellen. ID: 4041

Marktformen und Marktverhalten

Es kommt jedoch für die Preispolitik nicht nur auf die **Marktform,** sondern auch auf das **Marktverhalten** an.

Beispiel
Viele **Staatsbetriebe** hatten früher Angebotsmonopole (Post, Telefon, Bahn). Durch **Privatisierungen** wurden und werden diese Monopole zu Oligopolen.

- Ein Unternehmen besitzt ein Angebotsmonopol. Es versucht dennoch nicht, den maximalen Gewinn zu erzielen. Folgende Gründe sind dafür denkbar:
  - Die Unternehmenspolitik ist nur auf einen angemessenen Gewinn ausgerichtet und nicht auf den maximalen Gewinn.
  - Es bestehen Befürchtungen vor dem Druck der öffentlichen Meinung.
  - Das Unternehmen befindet sich in öffentlichem Besitz und ist nur auf Kostendeckung und auf Sicherung der Arbeitsplätze ausgerichtet und nicht auf Gewinnerzielung.

(4) Informationsstand der Marktteilnehmer

Die Annahmen über die Preisbildung durch Angebot und Nachfrage gehen immer davon aus, dass alle Marktteilnehmer über das Marktgeschehen vollkommen informiert sind. Das trifft weder auf die Verkäufer noch auf die Käufer zu.

Die Verkäufer besitzen keine genauen Informationen

- über das Angebot der Konkurrenz und
- über das Verhalten der Käufer.

Je geringer der **Informationsstand** der Käufer ist, desto eher wird die Kaufentscheidung von anderen Faktoren als dem Preis bestimmt.

Die Käufer besitzen ebenfalls keine genauen Informationen

- über alle Güter, die zur Befriedigung eines bestimmten Bedürfnisses zur Verfügung stehen,
- über die Preise, Liefer- und Zahlungsbedingungen dieser Güter und
- über die tatsächlich bestehende Marktform und das Marktverhalten der Verkäufer.

Sowohl Käufer als auch Verkäufer versuchen daher, ihre Informationen zu verbessern, z. B. durch:

- Besuch von Messen und Ausstellungen
- systematische Marktforschung (Erforschung der Kundenwünsche, Erforschung der Konkurrenzsituation, Ermittlung der Marktanteile, exakte Preisvergleiche, Internetrecherchen etc.)

(5) Präferenzen (Vorlieben)

Präferenzen spielen vor allem bei Kaufentscheidungen von Letztverbrauchern eine große Rolle. Typisch dafür sind Kaufentscheidungen bei Kleidung und bei Parfums.

- **persönliche Präferenzen**
  - für einen bestimmten Anbieter (z. B.: Eine Kundin lässt sich nur von einem bestimmten Friseur die Haare schneiden, weil ihr der Friseur sympathisch ist.)
  - für einen bestimmten Käufer (z. B.: Der Exporteur liefert nur an einen bestimmten Importeur im Partnerland, weil er ihn von Messebesuchen kennt.)
- **sachliche Präferenzen**
  - für ein bestimmtes Produkt (z. B.: Eine Autofahrerin kauft immer wieder Autos eines bestimmten Herstellers, ohne andere Automarken in Erwägung zu ziehen; jemand trinkt z. B. nur Nespresso-Kaffee.)
  - für eine bestimmte Art der Bedürfnisbefriedigung (Schutz gegen Regen durch einen Regenmantel und nicht durch einen Schirm)

Preispolitik, Produktpolitik und Werbung dienen daher auch dazu, solche Präferenzen zu erzeugen.

(6) Preiselastizität der Nachfrage

Ändert man die Preise, so wird sich meist auch die Nachfrage verändern.

- **elastische Nachfrage**

  Von einer elastischen Nachfrage spricht man, wenn das Ausmaß der Nachfrageänderung (in Prozent) größer ist als das Ausmaß der Preisänderung (in Prozent).

- **unelastische Nachfrage**

  Von einer unelastischen Nachfrage spricht man, wenn das Ausmaß der Nachfrageänderung (in Prozent) geringer ist als das Ausmaß der Preisänderung (in Prozent).

Beispiel

- Der Preis für ein Markenparfum wird um 10 % gesenkt.
  Steigt die Absatzmenge um mehr als 10 %, spricht man von einer **elastischen Nachfrage.**
  Steigt die Absatzmenge um weniger als 10 %, so spricht man von einer **unelastischen Nachfrage.**

Irrationale Einflussfaktoren

Vor allem der **Geltungsnutzen** und der **Erlebnisnutzen** von Produkten führen zu irrationalen Effekten bei der Kaufentscheidung.

Theoretisch wird der Absatz bei Preissenkungen steigen und bei Preiserhöhungen sinken. Es gibt jedoch verschiedene **irrationale Einflussfaktoren,** die genau das Gegenteil bewirken können:

- **Snob-Effekt** (Das teurere Gut wird gekauft, um zu zeigen, dass man es sich leisten kann.)
- **Mitläufer-Effekt** (Das teurere Gut wird gekauft, weil es andere auch kaufen.)
- **Preis als Qualitätsmaßstab** (Das teurere Gut wird gekauft, weil man vermutet, dass es besser ist als billigere Produkte.)

(7) Kosten

Die Kosten engen den Spielraum der Preispolitik ein. Auf lange Sicht müssen die Kosten durch den Preis gedeckt werden. Wie und in welcher Form die Kosten die Preisentscheidung beeinflussen, wird in späteren Bänden und im Rechnungswesen besprochen.

2 Preispolitik in der Praxis [Price policy in practice]

Preise werden nach unterschiedlichen Kriterien festgelegt.

(1) Kostenorientierte Preispolitik

Sind Güter oder Dienstleistungen schwer vergleichbar und haben die Abnehmer keine Übersicht über den Markt, orientiert sich die Preispolitik stark an den Kosten.

Je nach Auslastung wird ein höherer oder geringerer Gewinnzuschlag berücksichtigt.

Beispiel

- Reparaturen und Instandhaltungen durch Handwerker (z. B. Anstreicher, Tapezierer, Kfz-Reparatur). In der Regel holt der Abnehmer nur einen oder nur einige Kostenvoranschläge ein. Die Qualität derartiger Dienstleistungen ist auch schwer vergleichbar, d. h., den Kunden fehlt die Markttransparenz.

(2) Konkurrenzorientierte Preispolitik

Kleine Unternehmungen orientieren ihre Preispolitik häufig an der Konkurrenz (z. B. kleine Lebensmittelhändler bieten jene Waren billig an, die der benachbarte Supermarkt gerade in Aktion hat).

Aber auch bei Angebotsoligopolen spielt die konkurrenzorientierte Preispolitik eine große Rolle (Lebensmittelketten, Autoerzeuger, Mobilfunkbetreiber).

Die Preispolitik der Mineralölkonzerne wird häufig kritisiert, weil die Preise zu Zeiten hoher Nachfrage oft hinaufgesetzt werden (z. B. zu Ferienbeginn).

(3) Nachfrageorientierte Preispolitik

Ist die Nachfrage hoch, werden die Preise erhöht, sinkt die Nachfrage, so werden die Preise wieder gesenkt.

Beispiele

- Ansteigen der Preise für Blumen zu Allerheiligen, zum Muttertag usw.
- hohe Gemüsepreise bei geringer Anlieferung und hoher Nachfrage
- hohe Preise für bestimmte Metalle, wenn die Nachfrage der Rüstungsindustrie in Kriegszeiten ansteigt

Zur nachfrageorientierten Preispolitik zählen auch die **Last-Minute-Preise bei Reiseangeboten.**

Präferenzen sollen z. B. auch durch die verschiedenen **Kundenkarten** erzeugt werden (vgl. dazu in diesem Kapitel Lerneinheit 8).

(4) Preispolitik als Präferenzpolitik

Durch niedrige Aktions- und Einführungspreise wird versucht, Kunden für das Produkt zu gewinnen. Man hofft, dass Präferenzen entstehen und dass der Kunde das Produkt weiterhin kauft, auch wenn die Preise wieder steigen.

Beispiele

- Einführung einer Kaffeesorte durch niedrige Preise (Kunde soll sich an eine Kaffeesorte gewöhnen.)
- Autohersteller/-produzent senkt die Preise für eine bestimmte Zeitspanne, um neue Kunden zu gewinnen (Pkw-Besitzer kaufen häufig „markentreu").

(5) Besondere Maßnahmen der Preispolitik

a) Preisdifferenzierung

Um die Nachfrage bei verschiedenen Käuferschichten voll auszuschöpfen, wird das gleiche Gut zu verschiedenen Preisen verkauft.

McDonald's hat z. B. unterschiedliche Preise in verschiedenen Ländern.

Folgende Arten der Preisdifferenzierung sind möglich:

- **regionale Preisdifferenzierung**
  (unterschiedliche Inlands- und Auslandspreise, niedrigere Preise in Entwicklungsländern und höhere Preise in Industriestaaten usw.)

- **zeitliche Preisdifferenzierung**
  (Vorsaison- und Hochsaisonpreise im Tourismus, niedrigere Heizölpreise im Sommer und höhere im Winter usw.)
- **Preisdifferenzierung nach Abnehmern**
  (unterschiedliche Preise für gewerbliche und für private Abnehmer, z. B. bei Strom und Gas)

b) Kalkulatorischer Ausgleich

Güter, die stärker belastbar sind, werden mit einem höheren Aufschlag auf die Kosten verkauft. Güter, die geringer belastbar sind, werden mit niedrigeren Aufschlägen auf die Kosten verkauft.

Beispiele

- Lebensmittelhandel
  Grundnahrungsmittel, wie Brot und Butter, werden mit geringeren Aufschlägen, teilweise mit Verlust verkauft. Alkoholische Getränke und Konserven mit Spezialitäten werden mit höheren Aufschlägen verkauft.
- Textilhandel
  Modellkleidung wird mit hohen Aufschlägen verkauft, Konfektionskleidung mit geringeren Aufschlägen.

Beachten Sie: Der Preis ist nur **ein** absatzpolitisches Instrument unter anderen.

Je stärker sich ein Produkt mithilfe anderer Mittel, wie z. B. Qualität, Design, Werbung, Service von den Erzeugnissen oder Waren anderer Hersteller oder Händler unterscheidet, desto größer ist der Spielraum für die Preispolitik. Ein typisches Beispiel ist die Modeindustrie.

3 Die Zahlungsbedingungen spielen eine Rolle (Hinweise)
[Terms of payment play a role]

Zur Entscheidung über die Zahlungsbedingungen gehören die Rabatt- und Skontopolitik und die Kreditpolitik. Das heißt, der Unternehmer überlegt,

- welche Preisnachlässe er gewährt,
  - wenn größere Mengen auf einmal oder im Verlauf eines Jahres abgenommen werden (Mengenrabatte, Treuerabatte),
  - wenn sofort gezahlt wird („Skonto"),
- oder ob er gegen spätere Zahlung („auf Ziel") liefern soll,

um Kunden zu gewinnen.

Diese Zahlungsbedingungen wurden bereits im ersten Band behandelt.

Üben – Anwenden

A B C D E

Ü 4.27: Preispolitik C

Ein österreichisches Reisebüro hat als einziges Unternehmen in Österreich eine Flugreise nach Madagaskar im Programm. Es gibt viel mehr Interessenten als Plätze im Flugzeug. Das Reisebüro erhöht den Reisepreis dennoch nicht.

a) Welche Marktform liegt auf der Angebotsseite und welche Marktform liegt auf der Nachfrageseite vor?
b) Warum, glauben Sie, erhöht das Reisebüro den Reisepreis nicht?

Ü 4.28: Marktform C

In Österreich werden Eisenbahnschwellen nur von den Österreichischen Bundesbahnen gekauft. Eisenbahnschwellen werden jedoch von mehreren Unternehmen hergestellt und angeboten.

a) Welche Marktform liegt auf der Angebots- bzw. auf der Nachfrageseite vor?
b) Was könnten die Produzenten der Eisenbahnschwellen unternehmen, um ihre Marktstellung zu verbessern?

Ü 4.29: Nicht nur der Preis beeinflusst die Kaufentscheidung C

Ein Süßwarenhändler deckt seinen Bedarf immer bei einem bestimmten Produzenten, obwohl die Preise für vergleichbare Waren dort eigentlich höher sind als bei der Konkurrenz. Was könnte den Süßwarenhändler dazu veranlassen?

4 Marketing

Ü 4.30: Marktformen auf der Angebotsseite C

Bringen Sie Beispiele für Angebotsoligopole und für Angebotspolypole bei Gütern des täglichen Bedarfs.

Ü 4.31: Marktform, Verbesserung der Marktposition C

In Österreich werden Traktoren von einigen Firmen angeboten, jedoch von vielen Bauern nachgefragt.

a) Welche Marktform liegt auf der Angebotsseite vor, welche Marktform liegt auf der Nachfrageseite vor?
b) Wie könnten die Bauern ihre Marktposition verbessern?

Ü 4.32: Preiselastizität der Nachfrage B

Ein Hersteller von Markenschi senkt die Preise für seine Durchschnittsmodelle um 15 % und bewirkt damit eine mengenmäßige Nachfragesteigerung um 20 %.
Erklären Sie anhand dieses Beispiels den Begriff „Elastizität der Nachfrage".

Ü 4.33: Einflussfaktoren bei der Nachfrage B

Der gleiche Schierzeuger erhöht die Preise seiner Spitzenmodelle um 8 %. Trotzdem nimmt die Nachfrage zu. Welche Gründe könnten dafür maßgeblich sein?

Ü 4.34: Preisdifferenzierung C

Versuchen Sie, Beispiele für Preisdifferenzierungen bei Konsumgütern zu finden:

a) für räumliche Preisdifferenzierung
b) für zeitliche Preisdifferenzierung
c) für Preisdifferenzierung nach Abnehmern

Ü 4.35: Präferenzpolitik C

Viele Güter haben eher eine unelastische Nachfrage, d. h., die Nachfrage steigt bei einer Preissenkung geringer, als es der Preissenkung entspricht.
Warum werden dann so häufig Preissenkungsaktionen durchgeführt?

Ü 4.36: Kalkulatorischer Ausgleich C

In großen Einzelhandelsbetrieben (z. B. Supermärkten) wird häufig folgendermaßen vorgegangen:
Manche Artikel (z. B. Waschmittel) werden wesentlich billiger verkauft als in anderen Einzelhandelsgeschäften. Viele Artikel werden jedoch zum gleichen, manchmal auch zu einem höheren Preis verkauft als in anderen Einzelhandelsgeschäften.

a) Welche Faktoren werden durch diese Preispolitik ausgenützt?
b) Welche Maßnahmen könnten die Käufer ergreifen?

Sichern

SbX ID: 4043

Einflussgrößen der Preispolitik

Es gibt verschiedene Einflussgrößen für die Preispolitik:

Der Spielraum für die Preisfestsetzung wird für die Unternehmer durch mehrere Faktoren bestimmt.

Angebot und Nachfrage werden oft als die wesentlichen Einflussfaktoren auf den Preis bezeichnet. In der Praxis gibt es jedoch viele weitere Einflussgrößen.

factors influencing price policy

Various factors influence price policy:

To what extent businesses are free to set prices is determined by various factors.

Supply and demand are often considered (to be) factors that greatly influence price. In practice, however, many other factors exist.

Marktformen und Marktverhalten

Es gibt unterschiedliche Marktformen:

- viele Anbieter bzw. Nachfrager (Angebots- bzw. Nachfragepolypol)
- einige Anbieter bzw. Nachfrager (Angebots- bzw. Nachfrageoligopol)
- ein Anbieter bzw. Nachfrager (Angebots- bzw. Nachfragemonopol)

Und es gibt unterschiedliches Marktverhalten:

Nicht alle Monopolisten nützen ihre Marktstellung zur Gewinnmaximierung (d. h., das Marktverhalten muss nicht nur durch die Marktform veranlasst sein). Die nationalen und internationalen Kartellbestimmungen versuchen, Marktbeherrschung durch ein oder wenige Unternehmen zu verhindern.

market forms and market behaviour

There are several different market forms:

- many sellers or buyers (perfect competition or polypoly)
- some sellers or buyers (oligopoly or oligopsony)
- one seller or buyer (monopoly or monopsony)

Market behaviour also varies:

Not all monopolists use their position in the market to maximise profit (this means that market behaviour isn't necessarily determined by the market structure). National and international anti-trust regulations try to prevent only one or a few businesses from dominating the market.

Informationsstand der Marktteilnehmer

Der Markt ist bei vielen Produkten nicht „transparent". Das heißt, Anbieter und Nachfrager verfügen nicht über alle Informationen bezüglich der Preise, der Qualität und der Zuverlässigkeit der Partner. Dies gilt vor allem für Dienstleistungen.

level of information among market participants

A market with many products isn't "transparent". This means that sellers and buyers do not have all the information about prices, quality and the reliability of partners. This especially applies to services.

Präferenzen

Käufer und Verkäufer haben oft eine Vorliebe (Präferenz) für einen bestimmten Partner. Käufer bevorzugen bestimmte Lieferanten, bestimmte Marken (z. B. bei Autos) oder bestimmte Arten der Bedürfnisbefriedigung (z. B. Inlandsurlaub statt Auslandsurlaub).

preferences

Buyers and sellers often prefer a certain partner. Buyers prefer certain suppliers, certain brands (e. g.: car brands) or certain ways to satisfy needs (e. g.: domestic instead of international travel).

Preiselastizität

Die Nachfrage kann elastisch oder unelastisch auf Preisänderungen reagieren:

- elastische Nachfrage: Eine bestimmte prozentuelle Preisänderung bewirkt eine stärkere prozentuelle Änderung der mengenmäßigen Nachfrage.
- unelastische Nachfrage: Eine bestimmte prozentuelle Preisänderung bewirkt eine schwächere prozentuelle Änderung der mengenmäßigen Nachfrage.

Bei einer unelastischen Nachfrage ist der Preisspielraum der Unternehmer höher (z. B. Medikamente, Benzin). Bei einer elastischen Nachfrage ist er geringer (z. B. Flugreisen).

Snob-Effekt, Mitläufer-Effekt und die Deutung eines hohen Preises als Qualitätsmaßstab führen manchmal zu einer Absatzerhöhung bei hohen Preisen (z. B. Parfum, Designermode).

price elasticity of demand

Demand can be elastic or inelastic in response to changes in price:

- elastic demand: A certain percentage change in price causes a greater percentage change in demand.
- inelastic demand: A certain percentage change in price causes a lower percentage change in demand.

If demand is inelastic, businesses have more leeway when it comes to price (e. g.: medication, petrol). In case of elastic demand they are less flexible (e. g.: flights). Snob effect, bandwagon effect and taking high prices as a measure of quality sometimes lead to increased sales despite high prices (e. g.: perfume, designer clothing).

die Preispolitik in der Praxis

Die Preispolitik in der Praxis orientiert sich an verschiedenen Kriterien:

price policy in practice

Price policy in practice is based on various criteria:

kostenorientiert
Vor allem bei schwer vergleichbaren Gütern (z.B. Einzelanfertigungen) und Dienstleistungen (Reparaturen etc.) ist die Preispolitik kostenorientiert.

cost-based
Especially in the case of goods where comparison is difficult (e.g.: custom-made goods) and services (repairs, etc.) the price policy is cost-based.

konkurrenzorientiert
Bei Kleinbetrieben, die in Bereichen von Großbetrieben anbieten (z.B. kleine Bäcker, kleine Lebensmittelhändler), ist sie konkurrenzorientiert.

Konkurrenzorientierte Preispolitik gibt es auch bei Angebotsoligopolen (Lebensmittelketten, Autoerzeuger, Mobilfunkbetreiber).

competition-based
Small businesses that are competing with large businesses (e.g.: small bakeries, small supermarkets) are competition-based.

Competition-based price policy is also common for supply oligopolies (supermarket chains, car manufacturers, mobile network operators).

nachfrageorientiert
Bei hoher Nachfrage werden die Preise erhöht, bei geringerer Nachfrage vermindert.

demand-based
When demand is high, prices are raised, when demand is lower, they are reduced.

präferenzorientiert
Durch Preisaktionen wird versucht, Vorlieben für ein Produkt zu erzeugen.

preference-based
Special price offers are used to create preferences for a product.

Preisdifferenzierung
Durch Preisdifferenzierung werden unterschiedliche Preise in verschiedenen Märkten festgelegt (z.B. räumlich: Inland, Ausland; zeitlich: Vor- und Hauptsaison; nach Abnehmern: privat und gewerblich).

price differentiation
Price differentiation is used to set different prices in different markets (e.g.: geographical: domestic, international; seasonal: low or high season; according to customers: private or business).

kalkulatorischer Ausgleich
Verschiedene Teile des Sortiments werden mit unterschiedlichen Aufschlägen auf die Kosten belastet (z.B. Designermode und Konfektionsmode; Grundnahrungsmittel und Spitzenweine).

sales mix break-even-point pricing
Individual items in the product range have different mark-ups (e.g.: designer clothing and mass-produced clothing; staple foods and top wines).

Konditionenpolitik
Skonto-, Rabatt- und Kreditpolitik (Verkauf auf Ziel) ergänzen die Preispolitik.

price policy and terms of payment
Cash and other discounts, credit policies (sales on credit) make up the terms of payment.

SbX
ID: 4043

Im SbX finden Sie die englische Zusammenfassung als Audio-Wiederholung sowie eine Bildschirmpräsentation mit den Grafiken dieser Lerneinheit.

Wissen

SbX ID: 4044

A B C D E

SbX
W 4.24 und
W 4.27–W 4.31
mit automatischer
Aufgabenkontrolle
ID: 4044

W 4.23: Angebot und Nachfrage B

Beurteilen Sie die folgende Aussage: „Der Preis hängt nur von Angebot und Nachfrage ab."

W 4.24: Preispolitik A

Sind die folgenden Aussagen zur Preispolitik richtig oder falsch? Ist die Aussage falsch, stellen Sie diese richtig.

a) Je mehr Informationen die Marktteilnehmer über den Markt besitzen, desto größere Bedeutung hat der Preis für die Kaufentscheidung.

☐ Richtig ☐ Falsch, richtig ist:

b) Bei hohen Preisen ist die mengenmäßige Nachfrage immer geringer als bei niedrigen Preisen.

☐ Richtig ☐ Falsch, richtig ist:

c) Wenn das Angebot höher ist als die Nachfrage, spricht man von einem Käufermarkt.

☐ Richtig ☐ Falsch, richtig ist:

d) Wenn es am Markt nur einige Anbieter, aber viele Nachfrager gibt, spricht man von einem Nachfrageoligopol.

☐ Richtig ☐ Falsch, richtig ist:

W 4.25: Verkäufermarkt und Preise A

Liegt ein Verkäufermarkt vor, so steigen die Preise, langfristig werden die Preise jedoch in diesem Fall wieder sinken. Wie wird diese Ansicht begründet?

W 4.26: Kalkulatorischer Ausgleich B

Erklären Sie den Ausdruck „kalkulatorischer Ausgleich" anhand von Beispielen.

W 4.27: Elastische Nachfrage? C

Ein Glaserzeuger hat die Preise für eine bestimmte Sorte von Industrieglas von € 10,– auf € 9,50 pro Quadratmeter gesenkt. Er registriert einen Umsatzanstieg von 10 000 auf 11 000 m².
Ist die Nachfrage nach dieser Sorte Industrieglas elastisch? Begründen Sie bitte auch Ihre Antwort.

☐ Ja, weil

☐ Nein, weil

W 4.28: Preisdifferenzierung B

Welche Form der Preisdifferenzierung liegt in den folgenden Fällen vor?

a) Ein Treibstoffkonzern beliefert aus Konkurrenzgründen Ostösterreich billiger als Westösterreich.
b) Ein Salzburger Hersteller von Reiseandenken gewährt deutschen Reisegruppen einen Preisnachlass von 10 %.
c) Eine Fluglinie bietet günstige Flugreisen an, wenn Hin- und Rückflug zwischen Samstagmittag und Sonntagmittag einer beliebigen Woche stattfinden.

W 4.29: Preisdifferenzierung C

In welchem der in Aufgabe **W 4.28** angeführten Fälle ist die Preisdifferenzierung am leichtesten durchzusetzen?

☐ a) ☐ b) ☐ c)

Begründen Sie bitte auch Ihre Antwort:

W 4.30: Markteinführung und Preis C

Wird man bei der erstmaligen Einführung von radierbaren Kugelschreibern zunächst eher eine Hoch- oder eine Niedrigpreispolitik verfolgen? Begründen Sie Ihre Ansicht stichwortartig.

W 4.31: Marktformen C

Versuchen Sie festzustellen, welche Marktformen bei den folgenden Gütern und Dienstleistungen auf der Angebots- und auf der Nachfrageseite bestehen. Denken Sie darüber nach, ob diese Güter in der Praxis von einem, von einigen oder von sehr vielen Unternehmen bzw. Personen angeboten und nachgefragt werden.

	Angebot			Nachfrage		
	Monopol	Oligopol	Polypol	Monopol	Oligopol	Polypol
a) Waschmittel						
b) Verkehrsflugzeuge für Luftfahrtgesellschaften						
c) Semmeln						
d) Personenkraftwagen						
e) Briefbeförderung						

H2Ö MUSTERUNTERNEHMEN

SbX H2Ö-Aufgabe ID: 4044

H2Ö-Aufgabe: Marktsituation und Preispolitik der H2Ö GmbH C

Bearbeiten Sie das Fallbeispiel zur H2Ö GmbH im SbX.

Die Ausgangssituation

Die H2Ö GmbH in Aflenz handelt mit österreichischem Quellwasser höchster Qualität, Fruchtsirupen aus biologischer Landwirtschaft und Erzeugnissen aus österreichischen Glasmanufakturen.

Ihre Aufgabe im Unternehmen

Sie arbeiten in den Sommerferien als Praktikant/in in der Marketingabteilung der H2Ö GmbH. Damit Sie sich mit Ihrem Aufgabengebiet vertraut machen, werden Sie ersucht, Fragen zur Marktsituation und zur Preispolitik der H2Ö GmbH zu bearbeiten.

Die Aufgabenstellungen und Informationen für die Bearbeitung finden Sie im SbX.

English questions

E 4.14: **Which market form is most likely in your opinion? Give reasons for your answer.**

E 4.15: **Rachel Brown makes chocolate bars in many different flavours. She set the price fairly low at the beginning to attract custom. At the beginning of this year, she decided to raise the price by 10 %. Her sales figures show that she has sold 5 % less chocolate bars since she raised the price. Is this elastic or inelastic demand?**

E 4.16: **Laura won't raise the prices for dresses in her shop, Laura's Boutique, because of elastic demand for the product. What does this mean?**

E 4.17: **Laura's Boutique has to compete with larger fashion chain stores such as H&M. What general pricing policy is Laura likely to have for her products?**

E 4.18: **Laura's basic range of T-shirts has a mark-up of 20 % while designer jeans have a mark-up of 60 %. What kind of pricing policy is this?**

E 4.19: **Sandra Grey, who owns a sports shop, is selling custom-made skateboards amongst other things. Each customer can choose the design, the wheels, the shape and size of the skateboard according to their wishes. If you were Sandra, what pricing policy would you use? Give reasons for your answer.**

E 4.20: **There is a large open-air festival in Vienna at the end of June every year (Donauinselfest). Hotels in the area take advantage of this by raising the prices for rooms during this particular weekend. Otherwise they are priced normally. How would you describe this pricing policy?**

Ein kurzer Kompetenz-Check, bevor's weitergeht!

Kompetenz-Check

	☺	😐	☹
Ich kann die wesentlichen Einflüsse auf die Preispolitik beschreiben und mithilfe von Beispielen erklären.			
Ich kann die Begriffe Marktformen und Marktverhalten unterscheiden und mit Beispielen erläutern.			
Ich kann die wesentlichen Bestimmungen der geltenden kartellrechtlichen Regelungen beschreiben.			
Ich kann die Bedeutung des Informationsstandes der Marktteilnehmer für die Preispolitik charakterisieren.			
Ich kann die Bedeutung von Präferenzen und die Möglichkeiten der Präferenzpolitik mit Beispielen erläutern.			
Ich kann den Begriff Preiselastizität erläutern und in konkreten Fällen feststellen, ob die Nachfrage elastisch oder unelastisch ist.			
Ich kann erläutern, welche Formen der Preispolitik in welchen wirtschaftlichen Situationen sinnvoll sind.			
Ich kann die Begriffe Preisdifferenzierung und kalkulatorischer Ausgleich beschreiben und mit konkreten Beispielen erläutern.			

Lerneinheit 5

Wie das Produkt zum Kunden kommt (Distributionspolitik)

SbX
Alle SbX-Inhalte zu dieser Lerneinheit finden Sie unter der ID: 4050.

In Österreich werden Schuhe aus China verkauft. Kristall von Swarovski oder edle Trinkgläser von Riedel aus Österreich werden in China verkauft. Argentinien liefert Rindfleisch nach Europa, die Europäer bauen Kraftwerke in Argentinien. Das heißt, Käufer müssen weltweit gefunden werden und die Produkte müssen weltweit transportiert werden.

So wird Nespresso-Kaffee von der Schweiz aus in fast 60 Länder exportiert und dort in eigenen Nespresso-Boutiquen verkauft. Außerdem können die Kapseln auch im Internet online bestellt werden. Die Zustellung erfolgt dann auf dem Postweg.

Die Beispiele zeigen, dass auf dem Weg zum Kunden (durch die „Distributionspolitik") zwei Teilprobleme gelöst werden müssen, nämlich

- die Frage, wie das Vertriebssystem (der „Absatzweg") organisiert werden soll (in der Fachsprache spricht man von der „akquisitorischen Distribution"), und
- die Frage, welcher Transportweg gewählt werden soll, d. h., wie die Ware zum Kunden gebracht wird (in der Fachsprache spricht man von der „physischen Distribution" oder der „Marketing-Logistik").

Lernen

SbX ID: 4051

A B C D E

1 Die Absatzwege (die „Vertriebsorganisation")

[Sales organisation (the channels of distribution)]

Ein Unternehmen kann **direkt** und **indirekt** absetzen.

Grundsätzlich sind folgende Absatzwege möglich:

Grafik
Absatzwege

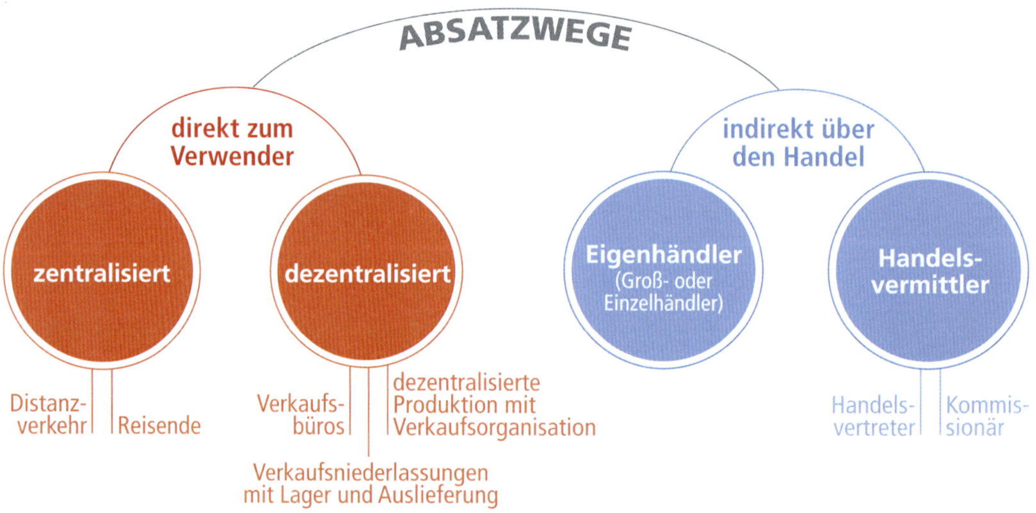

Welche Absatzwege ein Unternehmen auswählt, hängt davon ab, auf welchem Weg, an welchem Ort bzw. welchen Orten die meisten Käufer erreicht werden können.

(1) Direkter Absatz

Beim **direkten Absatz** wird vom Erzeuger direkt an den abgesetzt, der das Wirtschaftsgut verwendet (bei Investitionsgütern an einen anderen Betrieb, bei Konsumgütern an den Konsumenten). Sie bestellen z. B. bei Nespresso oder bei Tchibo Kaffee, der nach Hause geliefert wird.

Der direkte Absatz kann **zentralisiert** (d. h. ohne weitere Niederlassungen) oder **dezentralisiert** (d. h. mithilfe weiterer eigener Niederlassungen, z. B. Nespresso-Shops, Tchibo-Filialen) erfolgen.

Beim **Distanzverkehr** wird nur telefonisch, brieflich, per Fax oder im Internet angeboten. Kataloge und Prospekte werden den Kunden übersandt.

Außerdem kann der Verkauf durch **angestellte Reisende** erfolgen, die von der Zentrale aus eingesetzt und überwacht werden.

(2) Indirekter Absatz

Beim indirekten Absatz werden selbständige Handelsbetriebe dazwischengeschaltet.

Hinweis: Die **Handelsbetriebe** und die **Handelsvermittler** werden im Band IV behandelt.

Dies können sein:

- **Handelsvertreter,** die im Namen der vertretenen Firma und auf deren Rechnung verkaufen,
- **Kommissionäre,** die im eigenen Namen, aber auf Rechnung der vertretenen Firma verkaufen,
- **Eigenhändler,** die im eigenen Namen und auf eigene Rechnung verkaufen.

Als weitere grobe Unterteilung kann man **Einzelhändler** und **Großhändler** unterscheiden. **Einzelhändler** verkaufen direkt an den Letztverbraucher, **Großhändler** an Unternehmen.

Die Grafik zeigt einige typische Absatzwege.

Grafik Typische Absatzwege

Die Abkürzungen in der Grafik bedeuten:
EH: Einzelhändler
GH: Großhändler
HV: Handelsvermittler (Handelsvertreter, Kommissionäre)

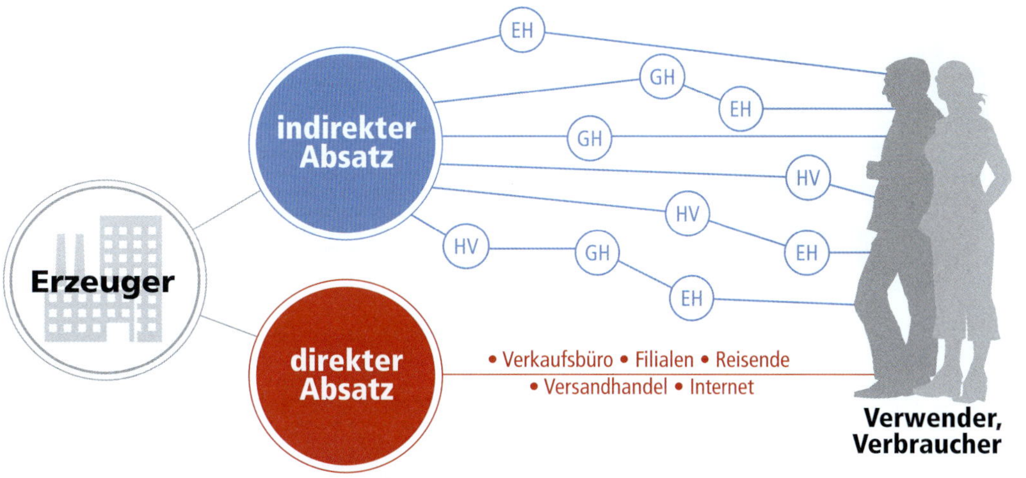

Beispiele

- direkter Absatz:
  - im Bereich der Investitionsgüter bei Baumaschinen, Drehbänken, Großcomputern, da diese Geräte vom Erzeuger aufgestellt, das Personal eingeschult und die Geräte gewartet werden müssen
  - im Bereich der Konsumgüter bei Wäsche, die über ein eigenes Filialnetz abgesetzt wird (Palmers, Wolford)
- indirekter Absatz:
  - bei Konsumgütern, die in kleinen Mengen abgesetzt und meist nur zusammen mit anderen Gütern („in einem Sortiment") verkauft werden können (z. B. Lebensmittel, Möbel)
- Kombination von direktem und indirektem Absatz:
  - in der Reifenindustrie, die die Autohersteller für die Erstausstattung direkt beliefert, während für den Ersatzbedarf der Handel eingeschaltet wird

Übungsbeispiel

SbX
Ü 4.37
mit automatischer Aufgabenkontrolle
ID: 4051

Ü 4.37: Das Vertriebssystem bei Tchibo D

Viele Unternehmen kombinieren mehrere Vertriebswege. Ein Beispiel dafür ist das nachstehend beschriebene Vertriebsnetz von Tchibo:

Suche

Über Tchibo/Eduscho
Zahlen & Fakten
Historie
› **Vertriebssystem**
FAQ

Verantwortung
Qualität
Sortiment
Karriere
Presse
Kontakt

Erfolgreiches Vertriebssystem

Filiale

Der Duft gemahlener Bohnen, das Aroma frisch gebrühten Kaffees und die spannende Erlebniswelt. Hier, in der Filiale finden Sie es. Hier schlägt das Herz von Tchibo/Eduscho. Hier wird die Faszination „Kaffee" erlebbar gemacht. In Wien wurde 1969 die erste Eduscho Filiale eröffnet und es blieb nicht die letzte: Heute gehören rund 150 Tchibo/Eduscho Filialen zum vertrauten Anblick in den österreichischen Innenstädten.

Depots

Tchibo/Eduscho ist im Lebensmittel- und Facheinzelhandel flächendeckend in Österreich vertreten. Im bewährten „Shop-in-Shop-System" bieten Lebensmittelhändler die Kaffeesortimente der Marken Tchibo und Eduscho an. Bei etwa einem Drittel der Verkaufsstellen kann der Kunde auch die Non Food Produkte kaufen.

Tchibo direct

Seit 1997 ist Tchibo im World Wide Web aufzurufen. Unter www.tchibo.at kann man bequem von zuhause aus dem Röst-Kaffee Sortiment der Marken Tchibo und Eduscho sowie dem wöchentlich wechselnden Non Food Angebot wählen. Das Design, die Funktionalität der Website und der begleitende Service werden ständig aktualisiert und so zählt Tchibo heute zu den stärksten Anbietern auf dem Online-Markt.

Coffee Service

Das Tchibo Coffee Service ist ein wahrer Experte für die professionelle Rundum-Versorgung außer Haus. Es versorgt Gastronomie, Hotellerie, Betriebsrestaurants genauso wie Krankenhäuser, Seniorenheime oder Cateringunternehmen mit idealen Heißgetränkelösungen mit erstklassigem Kaffee. Für zuverlässigen und wirtschaftlichen Kaffeegenuss bietet der Tchibo Coffee Service maßgeschneiderte Konzepte.
Weitere Informationen zum Tchibo Coffee Service finden Sie auf www.tchibo-coffeeservice.at

Links für Journalisten
› Presseinformationen
› Media Center

Services
› Filialfinder
› Karriere

Tchibo/Eduscho Shop
› tchibo.at

Qualität
› tchibo-qualitaet.at

Nachhaltigkeit
› tchibo-nachhaltigkeit.com

Vertriebssystem
Kaffeesortiment
Media Center
Historie
CoffeeBar
Nachhaltigkeit
Produktqualität

Kreuzen Sie in der nachstehenden Tabelle an, welche Absatzwege Tchibo für sein Vertriebssystem nutzt.

Absatzwege von Tchibo	Distanzverkehr	Reisende	Verkaufsniederlassung mit Lager	Dezentralisierte Produktion mit Verkauf	Handelsvertreter	Kommissionär	Eigenhändler
Tchibo-Filiale							
Fachhandel (andere Handelsunternehmen)							
Lebensmittelgeschäfte							
Tchibo direct (Versand)							
Coffee Service							

Oft ist bei einem Geschäft nicht ersichtlich, ob es sich um eine eigene **Filiale** oder um einen **Franchisenehmer** handelt (Beispiel: Palmers).

Franchising

Franchising ist ein Absatzweg, den vor allem Unternehmen mit hohem Bekanntheitsgrad wählen. Der **Franchisegeber** erlaubt dem **Franchisenehmer** gegen Bezahlung einer **Franchisegebühr** (meist Fixbetrag plus Umsatzbeteiligung), seinen Markennamen und sein „Marketing-Know-how" zu verwenden.

Der Franchisenehmer ist wirtschaftlich und rechtlich selbständig. Er muss jedoch das Erscheinungsbild seiner Verkaufsgeschäfte den Vorschriften des Franchisegebers anpassen und darf nur das Sortiment des Franchisegebers führen.

Beispiele

In Österreich: McDonald's, Obi-Baumärkte

Unterstützt werden alle Verkaufsaktivitäten durch eine Anzahl von absatzfördernden Einrichtungen, wie Ausstellungen, Messen, Börsen.

2 Die Transportwege (Marketing-Logistik) [Transport options (marketing logistics)]

Der Transport kann bis zu 60 % der Gesamtkosten verursachen.

Marketing-Logistik

Hinweis: Die Materialwirtschaft wird im Kapitel 5, der Transport im Kapitel 6 näher besprochen.

Die **Marketing-Logistik** soll dafür sorgen, dass

- die Ware zu optimalen Kosten in der richtigen Menge und zur richtigen Zeit an jenen Ort gelangt, an dem sie nachgefragt wird.

Kurze Lieferzeiten und **zuverlässige Lieferung** sowie **Servicebereitschaft** sind wichtige Verkaufsargumente. Zu beachten sind jedoch **die zusätzlichen Kosten,** wenn die Lieferbereitschaft erheblich verbessert und die Lieferzeit stark verkürzt werden soll.

Folgende Entscheidungen sind zu treffen, durchzuführen und zu kontrollieren:

- **Transportwesen**
  - Transport durch das eigene Unternehmen (Eigentransport) oder durch andere, die dazu beauftragt werden (Fremdtransport)
  - Minimierung der Transportkosten
  - optimale Wahl des Transportmittels in Übereinstimmung mit den Kundenwünschen (z. B.: Muss die Ware express gesandt werden oder reicht ein gewöhnlicher Transport?)
- **Lagerhaltung**
  - Kontrolle der Lieferbereitschaft (Kontrolle der Qualität, Kontrolle der Mengen, optimale Bestellmengen und Bestellzeiten)
  - Entscheidung über Verkaufslager (z. B. dezentrale Lager, um die Lieferzeiten zu verkürzen)
- **Servicebereitschaft**
  - Optimierung der Lagerhaltung von Ersatzteilen und des Einsatzes der Serviceabteilung

Beispiele

- Wenn Sie ein Paket mit Ersatzteilen nicht mit einfacher Post, sondern mit einem Expressbotendienst zustellen, kann das die Transportkosten vervielfachen.
- Eine Paketsendung mit der Post von 5 kg nach Deutschland kostet normal ca. € 19,– (Transportzeit 3–4 Tage). Mit Expressmail (EMS) und Samstagzustellung beträgt der Tarif ca. € 100,–.
- Wenn Sie alle Ersatzteile für alle Modelle der letzten 10 Jahre vollständig auf Lager haben statt nur jene 20 %, die am häufigsten verlangt werden, und den Rest bei Bedarf nachbestellen, kann sich der Lagerwert um 100 % und mehr erhöhen.

4 Marketing

Üben – Anwenden

A B C D E

Ü 4.38: Absatzwege C

Die Konstrukta AG erzeugt Einfamilien-Fertighäuser. Welche Absatzwege werden bevorzugt werden?

Ü 4.39: Verschiedene Absatzwege C

Die Dicht und Schön GmbH erzeugt Fenster und Türen. Sie setzt an Baufirmen durch angestellte Reisende und über Kataloge und Internet ab. Private Hausbesitzer, die ihre Fenster und Türen erneuern wollen, werden von selbständigen Handelsvertretern besucht. Welche Absatzwege liegen vor? Warum werden sie gewählt?

Ü 4.40: Verschiedene Absatzwege C

Ein Erzeuger von Drogeriewaren entwickelt eine Linie von Biokosmetika, die er auch damit bewirbt, dass sie ohne Tierversuche getestet werden.
Er will über verschiedene Absatzwege vertreiben. Welche sind sinnvoll?

Ü 4.41: Lagerhaltung und Transportwege C

Frau Huber hat ihre Waschmaschine 2012 gekauft, Frau Berger hat eine andere Marke im Jahre 2014 erworben. Bei beiden Maschinen fällt die Elektronik für die Programmsteuerung aus.
Bei Frau Huber hat die lokale Servicestelle das Ersatzteil lagernd. Bei Frau Berger wird das Ersatzteil telefonisch bestellt und langt per Bahnfracht innerhalb von vier Tagen ein.
Welche unterschiedlichen Entscheidungen der Marketing-Logistik kann man an diesem Beispiel zeigen? Warum haben sich die Unternehmen vermutlich so entschieden?

Sichern

SbX ID: 4053

Distributionspolitik

Im Rahmen der Distributionspolitik sind zwei Fragen zu klären:

- Wie soll der Absatzweg organisiert werden? Wo wird das Produkt angeboten?
- Welcher Transportweg soll gewählt werden?

distribution policy

Distribution policy deals with two questions:

- How should the distribution channel be organised? Where will the product be offered?
- Which transport option should be selected?

Absatzwege („akquisitorische Distribution")

Im Hinblick auf die Absatzwege ist zu entscheiden, ob direkt oder indirekt abgesetzt wird.
Der direkte Absatz kann zentralisiert oder dezentralisiert organisiert werden.
Der indirekte Absatz erfolgt über Handelsvertreter, Kommissionäre, Groß- oder Einzelhändler.

channels of distribution (distribution to customers)

In terms of distribution channels, a decision must be made whether to sell directly or indirectly.
Direct distribution can be centralised or decentralised.
Indirect distribution is carried out using sales representatives, commission agents, wholesalers or retailers.

Franchising

Beim Franchising wird über selbständige Händler abgesetzt, die gegen eine Franchisegebühr Markennamen und Know-how des Franchisegebers verwenden und Sortiment und Ladengestaltung nach dessen Vorschriften ausrichten.

Häufig werden verschiedene Absatzwege kombiniert.

franchising

Franchising involves selling through independent merchants, who use the brand name and know-how of the franchisor in exchange for a franchise fee. The franchisee must keep to the franchisor's conditions about the range of products and shop design.

Often different distribution channels are combined.

Internet

Das Internet ist zu einem wichtigen Absatzweg geworden (vgl. dazu Kapitel 6).

internet

The internet has become an important distribution channel (see Chapter 6).

Transportwege („Marketing Logistik")

Mit der Entscheidung über die Transportwege hängt auch die Entscheidung über die Lagerhaltung und die Servicebereitschaft zusammen.

Schnelle Transportwege (z. B. Flugzeug) und hohe Servicebereitschaft (z. B. ein umfangreiches Ersatzteillager) sind wichtige Verkaufsargumente, verursachen jedoch zusätzliche Kosten.

transport options ("marketing logistics")

Deciding on transport options is also connected with decisions about warehousing and service level.

Fast transport options (e.g.: by air) and high service level (e.g.: extensive stock of replacement parts) are important sales arguments, but cause additional costs.

SbX ID: 4053

Im SbX finden Sie die englische Zusammenfassung als Audio-Wiederholung sowie eine Bildschirmpräsentation mit den Grafiken dieser Lerneinheit.

Wissen

SbX ID: 4054

A B C D E

SbX W 4.32 und W 4.33 mit automatischer Aufgabenkontrolle ID: 4054

W 4.32: Direkter oder indirekter Absatz C

Werden die nachfolgenden Erzeuger eher direkt oder eher indirekt absetzen?
Begründen Sie Ihre Antwort in kurzer Form.

a) Erzeuger von Tür- und Fensterbeschlägen

b) Erzeuger von Aufzügen

c) Großgärtnerei

W 4.33: Franchising B

Wie beurteilen Sie die folgende Aussage?
„Beim Franchising erwirbt der Franchisenehmer gegen eine Gebühr das Recht, den Markennamen und/oder das Fertigungs-Know-how des Franchisegebers zu verwenden. Der Franchisenehmer kann jedoch die Produkte des Franchisegebers in der Regel in jeder beliebigen Form und zu beliebigen Konditionen vertreiben."

☐ Richtig ☐ Falsch, weil:

W 4.34: Transport per Flugzeug B

Versuchen Sie, zwei Beispiele zu finden, bei denen als Transportweg das Flugzeug sinnvoll erscheint.

W 4.35: Lieferfristen B

Eine hohe Lieferbereitschaft und ein hoher Servicegrad sind wichtige Verkaufsargumente. Warum haben dennoch viele Güter relativ lange Lieferfristen (z.B. Schlafzimmermöbel, Sitzgarnituren etc.)?

H2Ö MUSTERUNTERNEHMEN

H2Ö-Aufgabe: Absatzwege und Marketing-Logistik der H2Ö GmbH C

Bearbeiten Sie das Fallbeispiel zur H2Ö GmbH im SbX.

Die Ausgangssituation

Die H2Ö GmbH in Aflenz handelt mit österreichischem Quellwasser höchster Qualität, Fruchtsirupen aus biologischer Landwirtschaft und Erzeugnissen aus österreichischen Glasmanufakturen.

Ihre Aufgabe im Unternehmen

Sie arbeiten in den Sommerferien als Praktikant/in in der Marketingabteilung der H2Ö GmbH. Damit Sie sich mit Ihrem Aufgabengebiet vertraut machen, werden Sie ersucht, Fragen zur Vertriebsorganisation und zur Marketing-Logistik der H2Ö GmbH zu bearbeiten.

SbX H2Ö-Aufgabe ID: 4054

Die Aufgabenstellungen und Informationen für die Bearbeitung finden Sie im SbX.

4 Marketing

English questions

E 4.21: What are the two main channels of distribution a company can choose?

E 4.22: How would each of them be organised? (Think about where the product should be stored before sale.)

E 4.23: Should the following companies, in your opinion, choose to sell their products directly or indirectly? Give reasons for your answer.

a) Robert Riff is a sole proprietor who owns a small company which produces crisps and other snacks (not fresh).

b) Doris Weasley owns a furniture company. She buys all kinds of furniture from Italy and sells it in Austria.

c) Janet Lane is a fashion designer. She employs one seamstress to sew her creations.

d) William Watts owns a factory which produces cleaning agents such as washing powder and washing up liquid.

e) Geronimo offers adventure holidays. Children or adults learn a little about canoeing, sailing, rock-climbing and survival techniques in one week.

E 4.24: Franchising is a special form of distribution.

a) Explain briefly how franchising works.
b) Think of 3 companies you know which might be franchises and say why you think so.
c) Check out the companies you chose in the internet to see if you are right.

Ein kurzer Kompetenz-Check, bevor's weitergeht!

Kompetenz-Check

	☺	😐	☹
Ich kann die unterschiedlichen Formen der Vertriebsorganisation (die „Absatzwege“) beschreiben.			
Ich kann in konkreten Fällen begründen, warum welche Absatzwege sinnvoll sind.			
Ich kann die Bedeutung der Länge der Transportwege, des Umfangs der Lagerhaltung und der Servicebereitschaft für die Marketingstrategie beschreiben.			
Ich kann den Einfluss von Transportweg, Lagerhaltung und Servicebereitschaft auf die Kostensituation des Unternehmens charakterisieren.			
Ich kann in konkreten Fällen begründen, warum welche Transportwege gewählt werden.			

Lerneinheit 6
Wie der Kunde von unserem Angebot erfährt (Kommunikationspolitik)

SbX Alle SbX-Inhalte zu dieser Lerneinheit finden Sie unter der ID: 4060.

Das Unternehmen Nestlé Nespresso wurde 1986 gegründet. Wirklich bekannt ist die Marke Nespresso aber erst seit 2005, seit George Clooney in Nespresso-Werbespots dafür Werbung macht. Binnen zwei Jahren hat sich der Umsatz dadurch verdoppelt. Das zeigt, wie wichtig Werbung für den Absatz ist. Werbung ist ein wesentlicher Teil des Marketings und der Kommunikationspolitik eines Unternehmens.

Zur Kommunikationspolitik gehören auch der Auftritt des Unternehmens im Internet mit eigener Website und in sozialen Netzwerken, Videos und Spiele, die mit dem Produkt zu tun haben und die wegen ihres Unterhaltungswerts sehr populär werden können, aber auch das Verhalten der Verkäufer/innen („Personal Selling") und Verkaufsaktionen, wie Gratiskostproben im Lebensmittelmarkt oder die Vorführung von Haushaltsmaschinen an eigenen Ständen in Shoppingcentern („Verkaufsförderung").

Geworben wird jedoch nicht nur für bestimmte Produkte, sondern auch für ganze Unternehmen, z. B. von Versicherungen oder Banken oder von Aktiengesellschaften bei Aktionären (vergleichen Sie z. B. den Link „Investor Relations" auf den Websites diverser Aktiengesellschaften). Man spricht von „Public Relations".

Die Kommunikationspolitik hat auch im „Non-Profit-Bereich" große Bedeutung. Denken Sie an Spendenwerbung, Gesundheitswerbung (nicht rauchen, nicht trinken, Werbung für Zeckenimpfung) oder die Wahlwerbung.

In dieser Lerneinheit wird vor allem die Absatzwerbung behandelt.

Lernen

SbX ID: 4061

1 Die Absatzwerbung [Marketing communication]

(1) Übersicht

Um Werbung erfolgreich zu gestalten, müssen folgende Bereiche berücksichtigt werden.

Grafik **Entscheidungsbereiche der Werbung**

(2) Werbeziele

a) Allgemeine Werbeziele können sein,

- ein Produkt einzuführen (**„Einführungswerbung“**),
- den Umsatz, den Absatz bzw. den Marktanteil zu erhalten (**„Erhaltungs- und Erinnerungswerbung“**),
- die Bedrohungen durch die Konkurrenz abzuwehren (**„Stabilisierungswerbung“**),
- den Marktanteil, den Umsatz, den Absatz zu erweitern (**„Expansionswerbung“**).

b) Spezielle Werbeziele

Soll der Werbeerfolg gemessen werden, müssen aus den allgemeinen Werbezielen spezielle Werbeziele entwickelt werden, die auch beobachtbar sind.

- **ökonomische Werbeziele**
  - Ein bestimmter Umsatz (wertmäßig) oder ein bestimmter Absatz (mengenmäßig) pro Quartal, Jahr, Gebiet, Filiale etc. soll erreicht werden.
  - Ein bestimmter Marktanteil soll erreicht werden.

Wird **vor** und **nach** der Werbekampagne interviewt, kann auch noch untersucht werden,

- ob der **Bekanntheitsgrad der Marke** gestiegen ist,
- ob sich das **Interesse am Produkt** erhöht hat (z. B. „Beabsichtigen Sie, einen Festplattenrekorder zu kaufen?“).

- **kommunikative Werbeziele**

  Es hängt nicht nur von der Werbung ab, ob ökonomische Zielgrößen erreicht werden, sondern auch von den anderen Marketingmaßnahmen, vom Verhalten der Konkurrenz, von der allgemeinen wirtschaftlichen Lage etc. Daher wird der Werbeerfolg häufig an kommunikativen Werbezielen gemessen.
  - **Werbeberührung** (Wie viele Zielpersonen und welcher Anteil der Zielpersonen wurden von der Werbebotschaft erreicht, lesen eine bestimmte Zeitung, sehen zu einem Zeitpunkt fern etc.?)
  - **Werbebeeindruckung** (Wie viele Zielpersonen haben die Werbung wahrgenommen?)
  - **Werbeerinnerung** (Wie viele Personen können sich noch an die Werbung erinnern?)

(3) Werbeobjekte

Geworben werden kann für

- ein Einzelprodukt (**Produktwerbung**)

Beispiel

- „Wenn die kan Almdudler hab'n ...“

- eine Produktgruppe (**Produktgruppenwerbung**)

Beispiel

- „Ja! Natürlich.“ (Produktgruppe bei Billa)

- für das gesamte Produktprogramm bzw. Sortiment (**Unternehmenswerbung, Firmenwerbung**)

Beispiele

- „Jede Woche eine neue Welt“ (Tchibo)
- „Weil es dein Zuhause ist.“ (IKEA)
- „IHRE SORGEN MÖCHTEN WIR HABEN.“ (Versicherung)
- „Nespresso. What else?“

(4) Werbepartner

Grafik
Werbung mit und ohne Partner

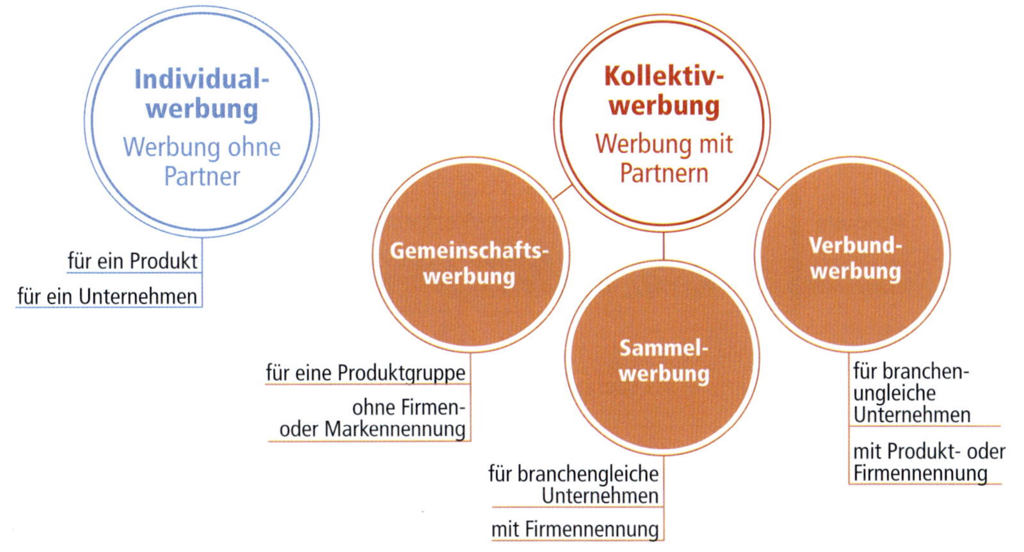

Die Kollektivwerbung tritt in verschiedenen Formen auf:

- **Gemeinschaftswerbung**
  Der Name der an der Werbung beteiligten Unternehmen wird nicht genannt.

Beispiele

- Werbung für Milch („Milch trinken – dazugehören.")
- Werbung für Schuhe („Man kann nie genug Schuhe haben.")
- Werbung für Produkte von Tischlern („Ihr Tischler macht's persönlich.")

- **Sammelwerbung**
  Der Name der an der Werbung beteiligten branchengleichen Unternehmen wird genannt.

Beispiele

- Werbung der Vertragshändler einer bestimmten Automarke in einem Gebiet
- Werbung der Blumenhändler einer Stadt

- **Verbundwerbung**
  Der Name der an der Werbung beteiligten branchenfremden Unternehmen wird genannt.

Beispiele

- Werbung aller Einzelhändler einer Einkaufsstraße
- gemeinsame Werbung von Reiseveranstaltern, Fluggesellschaft und Fotounternehmen

Verbundwerbung der Einzelhändler der Wiener Neubaugasse, der „Straße der Spezialisten"

(5) Werbesubjekte

Die Werbung soll möglichst genau jene Personen (Zielgruppe) erreichen, die als mögliche Käufer infrage kommen.

Die **Einzelwerbung** richtet sich an einzelne Personen, z. B. durch Werbebriefe.

Die **Massenwerbung** spricht einen großen Personenkreis anonymer Verbraucher durch Zeitungsanzeigen, Fernsehspots etc. an.

(6) Werbebotschaft

Aufgabe der Werbebotschaft ist es, den „einzigartigen Produktnutzenvorteil" herauszustellen, den nur das beworbene Produkt aufweist und der es vom Konkurrenzprodukt abhebt **(„Unique-Selling-Proposition-Ansatz").**

Es kann sowohl der **Grundnutzen** wie auch der **Zusatznutzen** betont werden.

Beispiele

- **Betonung des Grundnutzens**
  „Verlässlichkeit für viele Jahre" (Haushaltsgeräte)
  „Reinigt kraftvoll, ohne zu kratzen" (Küchenreiniger)
  „Gesund für Ihren Hund" (Hundenahrung)

- **Betonung des Zusatznutzens**
  „Den hätten wohl alle gern" (Autowerbung)
  „Macht den Mädchen Beine" (Strumpfwerbung)
  „Weil ich es mir wert bin" (Kosmetikwerbung)

Häufig wird nur versucht, Aufmerksamkeit zu erregen, um das Produkt bzw. die Marke fest im Gedächtnis der Umworbenen zu verankern.

Beispiele

In der österreichischen Werbelandschaft wurden mehrfach ausgezeichnet:

- „Wenn die kan Almdudler hab'n, geh' i wieda ham"
- „Red Bull verleiht Flüüügel"

Wie Sie aus der täglichen Fernsehwerbung wissen, werden unterschiedliche Formen verwendet, um die Werbebotschaft im Gedächtnis der Umworbenen zu verankern.

Beispiele

RÖMERQUELLE
belebt die Sinne

- **Lebensstil:** Es wird gezeigt, wie gut das Produkt zu einem bestimmten Lebensstil passt („Römerquelle belebt die Sinne").
- **Beweisführung durch Empfehlung:** Bekannte Persönlichkeiten (Schauspielerinnen, Spitzensportler etc.) empfehlen das Produkt.
- **technische Sachkenntnis:** Kompetenter Fachmann klärt z. B. über die Umweltfreundlichkeit eines Waschmittels auf.

Seit 2005 ist George Clooney „brand ambassador" (Markenbotschafter) für Nespresso.

- **Persönlichkeitssymbol:** Es wird eine Persönlichkeit geschaffen, die das Produkt repräsentiert. Dies kann auch eine Trickfigur sein (z. B. bei Toilettenpapier oder Weichspüler).
- **musikalisches Symbol:** Tonfolge, die sofort mit dem Produkt identifiziert wird (z. B. T-Mobile)

(7) Werbemittel und Werbeträger

a) Arten von Werbemitteln und Werbeträgern

Als **Werbemittel** bezeichnet man die Gestaltungsform der Werbebotschaft. **Werbeträger oder Streumedien** sind die Übermittlungsinstrumente, mit deren Hilfe die Werbemittel an die Werbesubjekte (Zielgruppen) herangetragen werden.

Beispiele

Zusammenhang Werbemittel – Werbeträger

Werbemittel	Werbeträger
Anzeigen (Inserate)	Tages- und Wochenzeitschriften, Illustrierte, Fachzeitschriften, Veranstaltungsprogramme, Telefonbücher etc.
TV-Spots, Radiospots	Fernsehen, Hörfunk
Werbefilme, Werbedias	Kinos, Theater, Veranstaltungen etc.
Plakate, Werbetafeln	Plakatwände, Litfaßsäulen, öffentliche Verkehrseinrichtungen, Sportplätze etc.
Werbebriefe, Flugblätter, Prospekte, Kataloge	Post, gewerbsmäßige Verteiler, bei Veranstaltungen, als Zeitungsbeilage etc.
Mitteilungen, Blogs, Foren etc.	Social Media wie Facebook oder Twitter

Social-Media-Marketing wird in Lerneinheit 8 näher besprochen.

Weitere Möglichkeiten, Werbemittel zu platzieren, sind:

- **Direktwerbung:** Zustellung und Verteilung von Katalogen, Flugzetteln etc. durch die Post oder durch Privatfirmen
- **Product Placement:** Einsatz von Markenprodukten als Requisiten in Filmen (z. B. Uhren, Autos, Zigaretten, Computer)
- **Schaufensterwerbung**
- **Werbung auf Straßenbahnwagen, Autobussen, Lkw etc.**

Wird die Werbung in **mehreren Medien** geschaltet (z. B. TV, Radio), kommt es zu einer **„Überstreuung"**. Andererseits werden die Zielgruppen **intensiver** erreicht, da sich die Reichweiten der einzelnen Medien überschneiden.

b) Kriterien der Medienauswahl

Kriterien für die Medienauswahl sind

- die zielgruppenspezifische **Reichweite** und der
- **Nutzungspreis,** um 1000 Personen der Zielgruppe zu erreichen.

- **Reichweite**

  Die Reichweite gibt an, welcher Anteil der Zielgruppe durch das Medium erreicht wird.

  - **Räumliche Reichweite:** Welches geografische Gebiet wird abgedeckt? (Wo wird die Zeitung gekauft, der Sender gehört, das Plakat plakatiert?)
  - **Qualitative Reichweite:** Welcher Teil der Zielgruppe wird erreicht? (Wie viele Hundehalter werden z. B. durch die Werbung für Hundefutter erreicht?)

  Es wird versucht, die Zielgruppe vollständig zu erreichen **(„Vollstreuung").** Um dies zu erreichen, werden meist mehrere Werbeträger kombiniert (z. B. Plakat-, Zeitungs-, Radio- und TV-Werbung).

  Die Ermittlung der Reichweiten, bezogen auf eine bestimmte Zielgruppe, ist schwierig. Spezielle Media-Analysen untersuchen jedoch die Reichweiten bestimmter Medien.

Beispiel

Media-Analysen gliedern die Daten auch nach **demografischen Merkmalen** wie Alter, Einkommen etc. auf.

Detaillierte Daten finden Sie unter **www.media-analyse.at** und **http://mediaresearch.orf.at.**

Medienreichweite, bezogen auf die Gesamtbevölkerung, in Prozent (Auswahl 2013/14)

ORF – Hörfunk		**Zeitungen**	
Ö 1	6,0	Krone	32,0
Ö 3	31,0	Kurier	7,9
Privatradios Inland	24,0	Kleine Zeitung	11,6
Fernsehen		Österreich (Gratiszeitung)	9,8
ORF 1	12,4	Standard	5,7
ORF 2	21,5	Die Presse	4,1
RTL und SAT 1 je	5,4	Heute (Gratiszeitung)	13,1

- **Nutzungspreis**

  Die Kosten werden in der Regel als Tausenderpreis angegeben. (Was kostet es, 1000 Personen der Zielgruppe zu erreichen?)

  Bei **Zeitungen** kann unterschieden werden nach

  - Preis pro 1000 verkaufte Exemplare,
  - Preis pro 1000 Leser,
  - Preis pro 1000 Leser der Zielgruppe.

  Die Preise für die Werbung in Zeitschriften sind je nach Auflagenzahl sehr unterschiedlich. Eine Seite in auflagenstarken Tageszeitungen kostet rund **€ 30.000,– bis € 50.000,–.**

Die Inseratpreise variieren je nach **Platzierung** (erste, letzte Seite) und Wochentag.

Beispiel

Für wiederholte Einschaltungen gibt es hohe Rabatte.

Tausenderpreis

Ein Halbseiteninserat kostet € 15.000,–, Auflage 400 000, davon verkauft 300 000
Leser pro verkauftes Exemplar 2,2, davon Zielgruppe 40 %
Leser der Zielgruppe daher 300 000 × 2,2 × 0,4 = ca. 264 000

Tausenderpreise:

pro 1000 verkaufte Exemplare	15.000,– : 300 = € 50,–
pro 1000 Leser	15.000,– : 660 = € 23,–
pro 1000 Leser der Zielgruppe	15.000,– : 264 = € 57,–

Beispiele

Der Preis für **Fernsehwerbezeiten** ist je nach **Werbeblock** und Jahreszeit verschieden.

Alle Tarife unter **http://enterprise.orf.at**

Tarif pro Sekunde TV-Werbung, ORF 2 (2015)

Vor der Wetteransage
Sonntag, November: € 460,–, Dienstag, August: € 250,–

Vor der ZIB 2
Freitag, Jänner: € 90,–, August: € 120,–
(zuzüglich 10 % Anzeigenabgabe und 20 % USt)

Die Ausstrahlung eines Werbespots von 20 Sekunden kostet daher (ohne USt und ohne Produktionskosten) € 1.800,– bis € 9.200,–.

Beispiele

Werbekosten im Rundfunk pro Sekunde (2015)

Regionalsender: € 7,– bis € 20,– (je nach Sendezeit und Bundesland)
Ö 3: € 5,– (Spätabendprogramm) bis € 153,– (Donnerstag bis Freitag, 8:00–9:00 Uhr im April)

(8) Zeitliche Verteilung des Werbeeinsatzes

Folgende Teilentscheidungen sind zu treffen:

- Zahl der Botschaften pro Tag (z. B. im Radio in mehreren Werbeblöcken)
- Verteilung der Botschaften über die Werbeperiode (ansteigend, abfallend, gleichmäßig bzw. regelmäßig oder mit Unterbrechungen)

Beispiele

Je nach Werbeziel werden **unterschiedliche Strategien** verwendet.

Zeitliche Verteilung des Werbeeinsatzes

- **Einführung eines neuen Produkts:**
  Zunächst nur geringer Werbeeinsatz (z. B. Plakate mit dem noch unbekannten Produktnamen und einem Fragezeichen: „Teaser?")
  Je näher der Einführungstermin kommt, desto mehr wird der Werbeeinsatz erhöht.
- **Stabilisierungswerbung:**
  Es wird mit Unterbrechungen geworben.

Antizyklische Werbung kann jedoch auch weitgehend wirkungslos sein (z. B. Werbung für Bademoden im Herbst oder für Schi im Frühjahr).

Ein Sonderproblem stellt die Diskussion dar, ob

- **antizyklisch** (d. h. bei sinkender Konjunktur, sinkendem Absatz, außerhalb der Saison)

oder

- **prozyklisch** (d. h. bei ansteigender Konjunktur, steigendem Absatz, in der Saison)

geworben werden soll.

Die Praxis neigt grundsätzlich zu einem **prozyklischen** Werbeverhalten.

Durch **antisaisonales** Werbeverhalten wird jedoch häufig versucht, die Saison zu verlängern (Werbung für Speiseeis im Herbst, Werbung für Wedelwochen im Dezember) oder Umsatzschwankungen auszugleichen (z. B. Autowerbung im November).

(9) Werbebudget

Zur Bestimmung des Werbebudgets sind in der Praxis folgende Methoden gebräuchlich:

- **Umsatzanteil-(Gewinnanteil-)Methode**

  Ein bestimmter Teil des vorangehenden oder des erwarteten Umsatzes wird für die Werbung budgetiert.
  Dies führt zu einem stark prozyklischen Werbeverhalten. Die Methode ist sehr verbreitet. Kritisiert wird, dass der Umsatz die Werbeausgaben bestimmt und nicht umgekehrt.

- **Konkurrenz-Paritätsmethode**

  Geworben wird, wenn die Konkurrenz auch wirbt. Hier überlässt man die Entscheidung meist dem Marktführer und reagiert nur auf dessen Maßnahmen.

- **werbezielabhängige Budgetierung**

  Richtig wäre es eigentlich, das Budget auf die Werbeziele abzustellen.

Das Werbebudget ist in verschiedenen Branchen sehr unterschiedlich. Es erreicht aber auch in sehr werbeintensiven Branchen kaum 3 % des Umsatzes.

Die Tabelle zeigt die Wichtigkeit der Zeitungswerbung.

Die hohen Wachstumsraten der Internetwerbung haben abgenommen.

Verteilung der Werbeausgaben – Österreich 2013 Gesamtausgaben rund € 4,1 Milliarden	
Presse (davon ca. die Hälfte Tageszeitungen)	43,9 %
Direkt Marketing (Prospekte, Werbemails, Zeitungsbeilagen)	16,5 %
Fernsehen insgesamt	21,0 %
Radio insgesamt	4,6 %
Außenwerbung (Plakate etc.)	5,3 %
Gelbe Seiten – Telefonbuch	3,6 %
Internet	4,6 %

Quelle (Daten): Focus-Research **(www.at.focusmr.com)**

(10) Werbeerfolgskontrolle (Hinweis)

Die Werbeerfolgskontrolle orientiert sich an den Werbezielen (vgl. Punkt (2)). Unter Punkt (2) wurden auch die Möglichkeiten zur Messung des ökonomischen und des außerökonomischen Werbeerfolgs besprochen.

2 Sonstige Maßnahmen zur Absatzförderung [Other promotional measures]

(1) Verkaufsförderung („Sales Promotion")

Die Verkaufsförderung hat die Aufgabe, den Absatz zu unterstützen.

Beispiele

- Verkäuferschulungen, Verkaufswettbewerbe für den eigenen Außendienst („Staff Promotion")
- Förderung des Handels (Merchandising) durch Warenpräsentationen, Händlerschulungen, eigene Verkaufshilfen, wie Verkaufsständer, Aufkleber
- besonderes Ansprechen der Konsumenten in den Handelsbetrieben („Consumer Promotion"): Produktproben, Zugaben, Gewinnspiele

(2) Öffentlichkeitsarbeit („Public Relations")

Ein wesentlicher Teil der Öffentlichkeitsarbeit erfolgt über die Website.

Durch Public Relations sollen die Bekanntheit eines Unternehmens und das Vertrauen in das Unternehmen als Ganzes und damit natürlich der Absatz gefördert werden.

Maßnahmen der Public Relations sind:

- Pressekonferenzen (z. B. bei Neuentwicklungen, bei der Bekanntgabe der Quartals- oder Jahresergebnisse, bei Übernahmen anderer Unternehmen)
- nicht bezahlte oder bezahlte positive Berichte in der Presse
- attraktiv gestaltete Geschäftsberichte
- Tag der offenen Tür
- Förderung wissenschaftlicher oder kultureller Projekte – „Sponsoring" (z. B. Förderung von Forschungsprojekten, Förderung von jungen Künstlern, Förderung von Sportvereinen)

(3) Persönlicher Verkauf (Personal Selling – Hinweis)

Die Planung und Durchführung von Verkaufsgesprächen wurde im Unterrichtsgegenstand „Persönlichkeitsbildung und soziale Kompetenz" im I. Jahrgang besprochen und geübt.

Auch in Zeiten des Internets und des Versandhandels ist das persönliche Ansprechen des Kunden eine der wichtigsten absatzfördernden Maßnahmen.

Dies gilt vor allem für Güter, die einer Erklärung bedürfen, wie teurere Gebrauchsgüter (z. B. Computer, Kameras, Schi, Einbauküchen), und bei langfristigen Investitionsgütern, wie Drehbänken, Kränen, Büroeinrichtungen.

Üben – Anwenden

A B C D E

Ü 4.42: Werbeplan C

Formulieren Sie wahlweise die wichtigsten Punkte eines Werbeplans für „koffeinfreien Kaffee", „Sportmopeds", „Stereoanlagen der gehobenen Preisklasse", „Alarmanlagen für Eigenheime", „Baukräne".

Ü 4.43: Erfolg von Werbung C

Sie werben für Gartengeräte. Trotz eines umfangreichen Werbefeldzugs steigt der Umsatz nur unwesentlich an.

a) Muss daran der schlecht geplante Werbefeldzug schuld sein?
b) Wie könnten Sie den Erfolg der Werbung kontrollieren?

Ü 4.44: Wahl des Werbeträgers C

Sie wollen für Betonmischmaschinen werben und entscheiden sich für Anzeigenwerbung in Zeitungen und Zeitschriften. Welche Hilfsmittel stehen Ihnen zur Verfügung, um geeignete Werbeträger aus dem Kreis der Zeitschriften auszuwählen?

Ü 4.45: Streuverlust bei Werbung C

Katzen- und Hundefutterwerbung ist fast täglich Teil der TV-Werbung. Gleichzeitig wird auch mit Plakaten und in Zeitungen geworben. Dadurch werden einerseits zahlreiche Personen erreicht, die keine Hunde oder Katzen halten, andererseits werden Personen der Zielgruppe mehrfach erreicht.
Warum nimmt man diese Streuverluste in Kauf?

Ü 4.46: Werbemedien A

Welche Werbemedien haben in Österreich die größte Reichweite?

Sichern

SbX ID: 4063

geworben wird für alles

Geworben wird nicht nur für den Absatz von Produkten und Dienstleistungen, sondern auch für ganze Unternehmen („Public Relations"), für gesellschaftliche Ziele (Gesundenuntersuchung, Impfungen), politische Ziele (Wahlwerbung) und für die öffentliche Wohltätigkeit (Spendenaufrufe).

everything is promoted

Not only products and services are promoted but also entire organisations ("public relations"), social objectives (health checks, vaccinations), political objectives (election campaigning) and charitable activities (donation drives).

Werbeziele

Werbeziele können ökonomisch (im Hinblick auf Marktanteil bzw. Umsatzhöhe) oder außerökonomisch (im Hinblick auf Werbeberührung, -beeindruckung, -erinnerung bzw. auf die Bekanntheit von Marken und Produkten) formuliert und kontrolliert werden.

promotional objectives

Promotional objectives can be defined and evaluated in economic terms (measured by market share and/or level of turnover) or non-economic terms (measured by exposure, impact, recall, or brand and product recognition).

Werbeobjekte

Werbeobjekte sind Einzelprodukte, Produktgruppen, ganze Unternehmen, branchengleiche Unternehmen (Sammelwerbung), Unternehmen verschiedener Branchen (Verbundwerbung).

what is advertised?

Advertising can be used to promote individual products, product groups, entire organisations, organisations in the same industry (collective advertising), organisations from different industries (cooperative advertising).

Werbesubjekte

Werbesubjekte sind die Personen der Zielgruppe.

who is the advertising aimed at?

The advertising is aimed at the people who make up the target group.

Werbebotschaft

Die Werbebotschaft kann den Grundnutzen oder den Zusatznutzen bewerben. Sie soll die USP (Unique Selling Proposition) stärken.

what is the advertising message?

The advertising message is used to promote core benefits or additional benefits. It should reinforce the USP (Unique Selling Proposition).

Werbemittel (Werbeträger)

Werbemittel (Werbeträger) sind:

- Anzeigen (Zeitungen, Telefonbücher, Veranstaltungsprogramme)
- TV- und Radiospots (Fernsehen, Hörfunk)
- Plakate (Plakatwände, Plakatsäulen)
- Werbebriefe, Flugblätter, Kataloge (Post, gewerbsmäßige Verteiler, Zeitungsbeilage)
- Internetwerbung
- Social-Media-Marketing in sozialen Netzwerken wie z. B. Facebook

advertising media (advertising vehicles)

Advertising media (advertising vehicles) are:

- advertisements (newspapers, telephone books, event brochures)
- TV and radio spots (television, radio)
- posters (billboards, advertising pillars)
- sales letters, flyers, catalogues (mail, mailing lists, newspaper supplement)
- internet advertising
- social media marketing on social networks such as e. g.: facebook

Kriterien der Medienauswahl

Kriterien der Medienauswahl sind die räumliche und die qualitative Reichweite sowie der Nutzungspreis (z. B. der Tausenderpreis).

criteria for media selection

The criteria for media selection are the geographical and qualitative reach, as well as the cost per thousand (CPT).

zeitliche Verteilung des Werbeeinsatzes

Der Werbeeinsatz kann zeitlich unterschiedlich verteilt werden:

- zyklisch (knapp vor der Saison, in der Saison, bei steigenden Umsätzen) – das ist die häufigste Form
- antizyklisch (außerhalb der Saison, bei sinkenden Umsätzen) – meist nur zur Verlängerung einer Absatzperiode

frequency and timing of advertising

Advertising can be timed in different ways:

- cyclical (just before a season, during a season, when turnover is rising) – this is the most common form
- anti-cyclical (off-season, when turnover is dropping) – generally only to extend a sales period

Werbebudget

Das Werbebudget kann nach folgenden Methoden festgelegt werden:

- als Prozentsatz vom Umsatz oder Gewinn abhängig
- nach der Konkurrenz-Paritätsmethode (Man wirbt, wenn auch die Konkurrenz wirbt.)
- werbezielabhängig (selten)

advertising budget

The following methods can be used to decide on an advertising budget:

- as a percentage of turnover or profit
- using the competitive parity method (advertise when the competition advertises)
- depending on the advertising goal (rare)

Werbeerfolgskontrolle

Der Werbeerfolg wird an ökonomischen oder außerökonomischen Zielen kontrolliert. Außerökonomische Ziele können nur durch Befragungen kontrolliert werden (vgl. dazu den Abschnitt über die Marktforschung).

monitoring advertising success

Advertising success is measured by how far economic or non-economic goals were achieved. Non-economic goals can only be checked by surveys (see the section on market research).

Weitere Maßnahmen der Absatzförderung (außer der Werbung) sind:

Further promotional measures (besides advertising) include:

Sales Promotion

Verkaufsförderung durch:

- Verkäuferschulung und Verkaufswettbewerbe
- Förderung der Handelsbetriebe durch Warenpräsentationen, Händlerschulungen, Displays

sales promotion

Sales promotion by:

- training of sales staff and competitions for sales staff
- supporting retailers with product presentations, retailer training, displays

Public Relations

Steigerung des Bekanntheitsgrads des Unternehmens z. B. durch Pressekonferenzen, unbezahlte und bezahlte Presseberichte, Tage der „offenen Tür", Events und Sponsoring

public relations

Increasing public awareness of the business e.g.: through press conferences, unpaid or paid press reports, open days, events and sponsoring

persönlicher Verkauf

Psychologisch richtig geführte Verkaufsgespräche zählen ebenfalls zur Kommunikationspolitik eines Unternehmens.

personal selling

Sales pitches with a psychologically effective structure are also part of a business's communication policy.

SbX ID: 4063

Im SbX finden Sie die englische Zusammenfassung als Audio-Wiederholung sowie eine Bildschirmpräsentation mit den Grafiken dieser Lerneinheit.

Wissen

SbX ID: 4064

A B C D E

SbX W 4.37–W 4.39, W 4.42–W 4.43 und W 4.46 mit automatischer Aufgabenkontrolle ID: 4064

W 4.36: Planung eines Werbefeldzugs A

Welche Entscheidungen müssen bei der Planung eines Werbefeldzuges getroffen werden?

W 4.37: Einzelprodukt A

Kann nur für ein Einzelprodukt geworben werden?

W 4.38: Werbemittel und Werbeträger A

Welche Werbemittel und Werbeträger sind Ihnen bekannt?

W 4.39: Werbebudgets in der Praxis A

Welche Möglichkeiten, das Werbebudget festzulegen, sind in der Praxis üblich?

W 4.40: Erfolgsermittlung von Werbung A

Warum verwendet man nicht nur die Umsatzentwicklung, um den Erfolg der Werbung zu messen?

W 4.41: Werbeerfolgskontrolle A

Welche Methoden der außerökonomischen Werbeerfolgskontrolle kennen Sie?

W 4.42: Public Relations und Sales Promotion B

Welche der folgenden Begriffe passen eher zu Public Relations (PR) und welche eher zu Sales Promotion (SP)?

a) Tag der offenen Tür: b) Kunstsponsoring: c) Händlerschulung:

d) Gewinnspiele: e) Kostproben: f) Pressekonferenz:

W 4.43: Marktanteile von Werbeträgern A

Welche der folgenden Werbeträger haben die beiden höchsten Marktanteile? Versehen Sie den Werbeträger mit dem höchsten Marktanteil mit 1 und den mit dem zweithöchsten Marktanteil mit 2.

- ☐ Fernsehen
- ☐ Plakate
- ☐ Internet
- ☐ Radio
- ☐ Tageszeitungen
- ☐ Direktwerbung

W 4.44: Product Placement A

Erklären Sie schlagwortartig, was man unter „Product Placement" versteht.

W 4.45: Rollen der Werbung C

Die Kosmetik AG plant die Einführung einer neuen Kinderzahnpasta. Umworben werden sollen vor allem die Eltern von Kindern zwischen zwei und zwölf Jahren. Für die Werbung soll ein Fernsehkurzfilm angefertigt werden, der täglich vor „Zeit im Bild" eingesetzt werden soll.

Aufgabe (1): Geben Sie bitte an, wer Werbesubjekt, wer Werbeträger, was Werbeobjekt und was Werbemittel ist.

a) Werbeobjekt:

b) Werbesubjekt:

c) Werbemittel:

d) Werbeträger:

Aufgabe (2): Was muss noch geplant werden, um einen vollständigen Werbeplan zu erstellen? Führen Sie hier die bei *Aufgabe (1)* nicht genannten Punkte an.

W 4.46: Werbeerfolgskontrolle B

Ein Fahrraderzeuger wirbt in einer Jugendzeitschrift für ein neues Mountainbike, das vor allem für 14- bis 18-jährige Burschen und Mädchen entworfen wurde.
Kurz nach Erscheinen der Jugendzeitschrift wird bei Burschen und Mädchen, die diese Jugendzeitschrift abonniert haben, erhoben, ob sie das Inserat bemerkt haben.

Aufgabe (1): Welche Art der Werbeerfolgskontrolle wird hier durchgeführt?

a) ökonomische
b) außerökonomische

Aufgabe (2): Wie bezeichnet man die Größe, die in diesem Fall gemessen wird?

a) Werbeberührung
b) Werbebeeindruckung
c) Werbeerinnerung

SbX
W 4.47, W 4.49 und W 4.50 mit automatischer Aufgabenkontrolle
W 4.48 Rechercheaufgabe
ID: 4064

Weitere Aufgaben zur Lernkontrolle im SbX

W 4.47: Marketing B

Lösen Sie ein Kreuzworträtsel mit acht Begriffen zum Thema „Marketing"!

W 4.48: Kommunikationspolitik D

Bearbeiten Sie Aufgabenstellungen zur Kommunikationspolitik unter Nutzung von Internetquellen!

W 4.49: Werbebereiche B

Ordnen Sie den Entscheidungsfragen der Kommunikationspolitik die entsprechenden Werbebereiche zu!

W 4.50: Test: Marketing-Mix – Themenübergreifender Test zu den Lerneinheiten 1 bis 6 B

Überprüfen Sie mit diesem Test, ob Sie Ihr Wissen erfolgreich anwenden können!

H2Ö
MUSTERUNTERNEHMEN

H2Ö-Aufgabe: Werbeplan für die H2Ö GmbH C

Bearbeiten Sie das Fallbeispiel zur H2Ö GmbH im SbX.

Die Ausgangssituation

Die H2Ö GmbH in Aflenz handelt mit österreichischem Quellwasser höchster Qualität, Fruchtsirupen aus biologischer Landwirtschaft und Erzeugnissen aus österreichischen Glasmanufakturen.

Ihre Aufgabe im Unternehmen

Sie arbeiten in den Sommerferien als Praktikant/in in der Marketingabteilung der H2Ö GmbH. Sie sollen sich mit den Werbestrategien der H2Ö GmbH vertraut machen und werden ersucht, Vorschläge für einen Werbeplan für die Einführung einer neuen Produktvariante zu erarbeiten.

Die Aufgabenstellungen und Informationen für die Bearbeitung finden Sie im SbX.

SbX
H2Ö-Aufgabe
ID: 4064

4 Marketing

English questions

E 4.25: What types of product can be promoted? Think of one example for each category you have named.

E 4.26: What is the difference in promotion between goals defined in
a) economic terms and
b) non-economic terms?

E 4.27: You plan a promotion campaign for an energy drink called "Bell" aimed at young people and sporty people. You want to increase sales by 5 % in the next six months and you want "Bell" to make an impact on as many people as possible. The unusual thing about „Bell" is that there are no artificial ingredients in it at all. You must present the plan to your boss. What terms will you use to describe the following elements?
a) energy drink
b) young people
c) sporty people
d) increase sales by 5 %
e) make an impact on as many people as possible
f) there are no artificial components in it

E 4.28: When you present your goals to your boss for the energy drink called "Bell", she asks you to describe your advertising plan.

E 4.29: What types of media will you use (choose 3)?

E 4.30: Give reasons for each of your choices, naming important criteria in your opinion.

E 4.31: In this case, how would you decide the frequency and timing of advertising?

E 4.32: Have you got any more promotional ideas to present to your boss for the energy drink called "Bell" (think of 3 suitable different ones)?

E 4.33: How will your boss decide whether to adopt your promotional and advertising campaign or not?

Ein kurzer Kompetenz-Check, bevor's weitergeht!

Kompetenz-Check

	☺	😐	☹
Ich kann die Entscheidungsbereiche der Werbung beschreiben.			
Ich kann ökonomische und kommunikative Werbeziele unterscheiden und formulieren.			
Ich kann Einzelwerbung, Werbung für Produktgruppen, Unternehmenswerbung, Gemeinschaftswerbung, Sammelwerbung und Verbundwerbung unterscheiden und durch Beispiele erläutern.			
Ich kann unterschiedliche Werbebotschaften unterscheiden.			
Ich kann unterschiedliche Werbemittel und Werbeträger unterscheiden.			
Ich kann die Kriterien der Medienauswahl anwenden.			
Ich kenne die ungefähre Höhe der Werbekosten in unterschiedlichen Medien.			
Ich kenne die ungefähre Höhe der Werbeausgaben in Österreich und deren Verteilung auf die unterschiedlichen Werbeträger.			
Ich kann sonstige Maßnahmen der Absatzförderung, wie Sales Promotion, Public Relations und Personal Selling, unterscheiden.			

Lerneinheit 7
Wie ethisch ist Marketing?

SbX
Alle SbX-Inhalte zu dieser Lerneinheit finden Sie unter der ID: 4070.

Die Einführung des digitalen Fernsehens und der Kauf von LCD- und Plasmagroßbildschirmen führten dazu, dass viele funktionsfähige Fernseher (hoffentlich wenigstens umweltgerecht) entsorgt wurden.

Sport Utility Vehicles (SUV) sind seit einigen Jahren ein wesentlicher Trend am Automobilmarkt. Sie brauchen mehr Treibstoff, stoßen mehr CO_2 aus und fährt man damit wirklich ins Gelände, ist dies auch nicht besonders umweltfreundlich.

Immer neue Generationen von Computerspielen führen zu neuen Konsumwünschen.

Viele Konsumenten lassen sich vom Marketing zu unnötigen und unüberlegten Käufen verleiten und verschulden sich in einer Höhe, die sogar zum Privatkonkurs führen kann.

Der Ruf, Marketing „ethischer" zu gestalten, wird daher immer lauter.

Lernen

1 Die Kritik am Marketing
[Criticism of marketing]

Kritik: Überflüssige Bedürfnisse werden geweckt und die Verschwendung wird gefördert.

Die Kritik am Marketing hat folgende Schwerpunkte:

(1) Kritik an der Produktpolitik

- technische und wirtschaftliche Veralterung durch Produktdifferenzierung und Produktvariation

Beispiele

- **Handys** werden mit MP3-Playern, Video-, Fernseh- und Internetfunktionen ausgerüstet.
- **Damenmode** wird halbjährlich geändert (Farben, Längen, Stil).

Die unterschiedliche Ausstattung der Produkte durch **Produktdifferenzierung** verhindert auch einen exakten **Preisvergleich** (z. B. bei Pkw durch Sonderlackierungen, Navigationsgeräte, Klimaanlagen).

- **Verarbeitung gesundheitsgefährdender Produkte** (vgl. z. B. die Diskussion um gesundheitsschädliche Holzkonservierungsmittel oder die Verwendung von Weichmachern bei Kinderspielzeug)
- **mangelhafte Produktsicherheit** (z. B. von Kindersitzen in Pkw)
- **mangelhafte Kennzeichnung** (Beimischungen, Ablaufdatum, Genfreiheit)
- **mangelhafte Bereitschaft, Altprodukte zu entsorgen** (z. B. Leuchtstoffröhren, Energiesparlampen, Autoreifen, Batterien, Altöle etc.)
- **Verpackungspolitik** (umweltbelastende Mehrfachverpackungen, Einwegverpackungen bei Getränken)

Beispiel

- Nespresso wird häufig dafür kritisiert, dass die Kaffeekapseln aus Aluminium hergestellt werden. Die Aluminiumproduktion ist sehr energieintensiv. Zwar investiert Nespresso in ein Recyclingsystem, das es auch bewirbt, aber viele Aluminiumkapseln landen trotzdem im Restmüll.

4 Marketing

In Einzelfällen wird auch das Verhalten **im persönlichen Verkauf** kritisiert (z. B. Haustürgeschäfte von Zeitschriftenvertretern, von Verkäufern von Schallschutzfenstern, von Versicherungsvertretern, Überredung zum Kauf von Zusatzartikeln im Modebereich etc.).

(2) Kritik an der Kommunikationspolitik

Die Kritik richtet sich vor allem gegen die Werbung:

- **zu geringer Informationsgehalt** (Geltungs- und Erlebnisnutzen werden betont.)
- **Werbung unterstütze die künstliche Veralterung** (vgl. Produktpolitik).
- **Werbung wecke den Bedarf nach Gütern,** die der Konsument überhaupt nicht benötigt.
- **Werbebehauptungen seien übertrieben** oder sogar unwahr.
- **Werbung werde an Kinder und Jugendliche gerichtet.**
- **Gesundheitsgefährdende Produkte werden beworben** (z. B. stark zuckerhältige Getränke, Alkohol).
- **Durch Werbung verdrängen Großunternehmen Kleinunternehmen vom Markt** (z. B. Lebensmittel, Drogeriewaren).
- **Werbung verteuere die Waren erheblich.**

Als Gegenargumente werden vorgebracht:

- In Systemen ohne Werbung, wie z. B. in den ehemaligen planwirtschaftlichen Systemen des Ostblocks, waren sowohl der wirtschaftliche Wohlstand als auch das Ausmaß des Umweltschutzes weitaus geringer.
- Produktdifferenzierung und Produktvariation ermöglichen es, Bedürfnisse der Konsumenten individuell zu befriedigen. In demokratischen Systemen kann man davon ausgehen, dass Konsumenten in der Lage sind, selbständig auszuwählen.
- Die Waren werden durch Werbung nicht verteuert. Die Werbekosten betragen nur bei wenigen Gütern mehr als 1 bis 3 % vom Umsatz. Erst die Werbung hat jene Großserienproduktion ermöglicht, durch die die Preise für viele Güter niedrig gehalten werden konnten.

Vergleicht man die Preisentwicklung bei vielen langfristigen Gebrauchsgütern in den letzten 20 Jahren (z. B. bei Kühlschränken, Waschmaschinen, Fernsehern), so zeigt sich, dass fast alle billiger geworden sind. Selbstverständlich muss man die Inflation berücksichtigen.

2 Konsumerismus („Consumerism") [Consumerism]

(1) Was ist „Konsumerismus"?

Die Bewegung des **Konsumerismus** hat sich zum Ziel gesetzt, den Missbrauch von Marketingmaßnahmen zu verhindern und die Stellung der Konsumenten gegenüber den Unternehmern durch zahlreiche Maßnahmen zu verbessern.

Die Verbraucher sollen vor den Auswüchsen des Marketings geschützt werden.

Die wichtigsten Maßnahmen sind:

- **verbesserte Verbraucherinformation** über die Kosten-Nutzen-Verhältnisse von Produkten (z. B. durch Verbraucherzeitschriften, wie das Testmagazin „Konsument") und über Missstände und Gefahren (z. B. durch Rundfunk- und Fernsehsendungen, wie „Help", „Volksanwalt")
- **verbesserter Konsumentenschutz** (durch Gesetze, Verordnungen, Erlässe und durch Förderung der Selbstkontrolle der Unternehmen)
- **verbesserte Verbraucherbildung** (Erziehung zur bewussten Konsumwahl und zum Konsumverzicht durch Schulunterricht, Kurse in Volkshochschulen oder durch die Arbeiterkammer, Informationen in allen Massenmedien etc.)

VKI

Verein für Konsumenteninformation (VKI)

Verbraucherinformationen gibt es auch im Internet. Zum Beispiel kann die **Zeitschrift „Konsument"** auch online abonniert werden. Teilweise sind die Informationen frei zugänglich **(www.konsument.at).**

In Österreich wird der Verbraucherschutz überwiegend von folgenden Organisationen betrieben:

- Konsumentenschutzsektion im Bundesministerium für Arbeit, Soziales und Konsumentenschutz
- Verein für Konsumenteninformation (VKI), der auch die Testzeitschrift „Konsument" herausgibt
- Arbeiterkammer und Gewerkschaft
- Redaktionsabteilungen in vielen Zeitungen, im Rundfunk und im Fernsehen

Zunehmend gelingt es, die Wirtschaft zu Maßnahmen der freiwilligen Selbstkontrolle zu veranlassen.

Anmerkung:
Auf die Darstellung eines Vergleichstests wird aus Gründen der Aktualität verzichtet. Bitte achten Sie auf Vergleichstests in Tageszeitungen oder analysieren Sie die letzten Nummern des „Konsument".

(2) Verbraucherinformation

Laufend werden vergleichende Testergebnisse in eigenen Testzeitungen (in Österreich der „Konsument" des VKI) veröffentlicht. Die Ergebnisse werden auszugsweise auch von anderen Medien übernommen.

Vergleichende Produkttests werden oft auch von anderen Zeitschriften durchgeführt (z. B. Vergleich von Schi, von Tennisschlägern, von Autos).

Außerdem wird Einfluss auf Prospektgestaltung, Vertragsformulare, Gebrauchsanweisungen etc. genommen.

(3) Konsumentenschutz

Das Konsumentenschutzgesetz (KSchG) und viele weitere Gesetze enthalten Bestimmungen zum Schutz der Konsumenten vor unüberlegten Geschäften und Risiken beim Abschluss von Geschäften.

Wichtige Beispiele für solche Gesetze:

- **Gesetz gegen den unlauteren Wettbewerb (UWG)**

  Es verbietet z. B.
  - die wahrheitswidrige Anpreisung (z. B. ist die Behauptung, ein Kleidungsstück fühle sich „wie Leder" an, bei Kunstleder unzulässig, ebenso ist die Bezeichnung „reine Wolle" bei reiner Baumwolle und bei Kunstfaserbeimischungen unzulässig),
  - Leerräume in Verpackungen, soweit sie nicht produktionsbedingt sind.

- **Fernabsatzgesetz**

  Das Fernabsatzgesetz hat die Rechtsstellung des Konsumenten bei Käufen über das Internet wesentlich verbessert.
  - Anbieter müssen den Firmennamen und die genaue Anschrift bekannt geben.
  - Der Konsument hat ein Rücktrittsrecht von 14 Tagen. Allerdings gibt es viele Ausnahmen, da bei diesen Geschäften eine Rücktrittsfrist das Geschäft praktisch unmöglich machen würde.
    Dazu zählen Hauszustellungen (z. B. Pizza, Lebensmittel), Versteigerungen, Freizeitdienstleistungen (z. B. Kartenbestellungen), Software und CDs, wenn die Versiegelung aufgebrochen wurde, und Finanzdienstleistungen (z. B. Wertpapiergeschäfte).
  - Die Lieferfrist darf 30 Tage nicht überschreiten, es sei denn, sie wird gesondert vereinbart.
  - Die unverlangte Zusendung von Werbungen durch Massen-E-Mails ist verboten. Daher werden Sie auch bei vielen Registrierungen im Internet gefragt, ob Sie an der Zusendung von „Newsletters" interessiert sind.

Das **Rücktrittsrecht im Fernabsatz** verlängert sich um ein Jahr, wenn der Konsument vom Verkäufer nicht darüber informiert wurde.

(Näheres zum Onlineshopping finden Sie unter **www.ombudsmann.at** und unter **www.internet4jurists.at**.)

- **Produkthaftungsgesetz**

  Der **Hersteller** haftet 10 Jahre für Schäden, die durch das Inverkehrbringen von fehlerhaften Produkten entstehen.

  Der **Konsument** muss nur beweisen, dass das Produkt fehlerhaft war und dadurch ein Schaden entstanden ist. Der Hersteller bzw. der Importeur oder Händler haftet dann grundsätzlich verschuldensunabhängig. Der Unternehmer kann sich von dieser Haftung nur befreien, wenn es ihm gelingt, nachzuweisen, dass der Fehler nicht durch ihn entstanden ist, dass das Produkt bei Lieferung keinen Fehler aufwies bzw. dass mit aller notwendigen Sorgfalt gearbeitet wurde.

  Das heißt, nicht der Käufer muss die Schuld des Herstellers beweisen, sondern der Hersteller muss nachweisen, dass er den später aufgetretenen Fehler nicht verursacht hat bzw. nicht erkennen konnte („Umkehr der Beweislast").

Kann bei einem Schaden durch ein fehlerhaftes Produkt der **Hersteller** nicht mehr ermittelt werden (z. B. Import aus Südamerika), haftet der **Importeur.** Kann dieser nicht mehr belangt werden, haftet der **Händler.**

Beispiel

Umkehr der Beweislast

- Ein Autoreifen platzt, es kommt zu einem Unfall mit schwerem Sach- und Personenschaden. Der Konsument muss nur beweisen, dass es nur zum Unfall kam, weil der Reifen platzte (und dass nicht etwa der kaputte Reifen erst eine Folge des Unfalls war).
  In der Praxis wird der Fehler mithilfe eines Sachverständigen bewiesen. Der Hersteller haftet dann grundsätzlich verschuldensunabhängig.
  Er kann sich von dieser verschuldensunabhängigen Haftung nur dadurch befreien, wenn er nachweist, dass Qualitätskontrollen nach dem Stand der Wissenschaft und Technik vorgenommen wurden und bei diesen Qualitätskontrollen ein Fehler des Reifens nicht erkannt werden konnte.

- **Kennzeichnungsverordnung**
  Für zahlreiche Produkte gibt es Vorschriften über die richtige Kennzeichnung (z. B. Wasch- und Reinigungsmittel, Textilien, Lebensmittel).

Beispiel

Der Strich unter dem Symbol kennzeichnet eine mildere Behandlung (z. B. Schongang für Pflegeleichtartikel). Der doppelte Strich kennzeichnet Pflegestufen mit besonders schonender Behandlung.

Textilpflegekennzeichnung

Quelle: Österreichische Arbeitsgemeinschaft für Textilpflegekennzeichnung, WKO, **http://portal.wko.at**

- **Preisgesetz**
  Es regelt die Preisauszeichnungspflicht und die Möglichkeit, Höchstpreise amtlich festzusetzen (z. B. für Maschinsemmeln, bestimmte Wurstsorten).
- **Beschränkung der Rundfunk- und Fernsehwerbung**
  Beschränkung der Werbezeiten im öffentlich-rechtlichen Fernsehen, Verbot der Werbung für Tabakwaren und harte alkoholische Getränke im Fernsehen

(4) Selbstbeschränkung der österreichischen Werbewirtschaft

- **Richtlinien der österreichischen Werbewirtschaft**
  Der Ausschuss für Wirtschaftswerbung und der Fachverband für Werbung und Marktkommunikation erarbeiten laufend Richtlinien für die Gestaltung von Werbeaussagen. Themen sind z. B.: „Werbung ohne Brutalität", „Mann und Frau in der Werbung", „Wahrheit in der Werbung", „Kind und Werbung", wie die folgenden Beispiele zeigen:

Beispiele

Richtlinien zum Thema „Kind und Werbung"

- Kind und Werbung
  Kinder verfügen nicht über die Erfahrung und Urteilskraft von Erwachsenen. Aus diesem Grund stellt unsere Rechtsordnung Kinder und Jugendliche unter besonderen Schutz.

Auf diese Tatsache soll auch die Gestaltung der Werbung Rücksicht nehmen und „sich nicht die natürliche Leichtgläubigkeit der Kinder oder den Mangel an Erfahrung von Jugendlichen zunutze machen oder ihr Anhänglichkeitsgefühl ausnutzen" (Verhaltensregeln der Internationalen Handelskammer für die Werbepraxis).

- **Werbung mit Kindern**
  Wird das Kind in der Werbung als Mitglied der Familie oder in einer anderen der Welt des Kindes entsprechenden natürlichen Umgebung gezeigt, ist dagegen nichts einzuwenden.
- **Werbung für Kinder**
  Ein direkter Appell bzw. eine direkte Aufforderung an Kinder, bestimmte Waren zu erwerben oder andere Personen entsprechend zu beeinflussen, ist abzulehnen. Auf Kinder soll weder psychologischer noch sozialer Kaufzwang ausgeübt werden.
  Zum Beispiel:
  - Kindern soll nicht eingeredet werden, dass Besitz oder Genuss eines bestimmten Produkts als Ziel an sich anzusehen ist.
  - Kinder dürfen nicht deswegen als minderwertig oder Eltern als nachlässig dargestellt werden, weil sie ein bestimmtes Produkt nicht erwerben oder besitzen.
  - Das Anhänglichkeitsgefühl zwischen Erwachsenen und Kindern untereinander soll nicht im Sinne eines Produkterwerbs ausgenützt werden.
  - Kinder dürfen nicht dazu angeregt werden, ihre Sicherheit und Gesundheit zu gefährden oder anderen ein schlechtes Beispiel zu sein.
  - Die Werbung soll Kinder nicht dazu verleiten, ihre Pflichten zu vernachlässigen oder ein unerwünschtes Sozialverhalten an den Tag zu legen.

- **Robinson-Liste**

  Die Liste wird vom Fachverband für Werbung geführt. Konsumenten, die sich in die Liste eintragen lassen, erhalten keine Massenpostsendungen.

- **internationale Verhaltensregeln**

  Die Internationale Handelskammer in Paris hat einen umfassenden Katalog von Verhaltensregeln für die Werbepraxis erstellt. Ihre Einhaltung wird vom Österreichischen Werberat überwacht.

Genauere Informationen zu Verhaltensregeln in der Werbung und zahlreiche Beispiele für Beschwerden und Entscheidungen des Werberats finden Sie unter **www.werberat.or.at.**

(5) Verbraucherbildung

Einrichtungen der Erwachsenenbildung (Volkshochschulen, Bildungsveranstaltungen der Arbeiterkammer, der Gewerkschaften, der Kirchen) versuchen, die Menschen zu „mündigen" Verbrauchern weiterzubilden.

Einen wesentlichen Beitrag zur Verbraucherbildung leistet auch der Verein für Konsumenteninformation (VKI, **www.konsument.at**).

Üben – Anwenden

A B C D E

Ü 4.47: Diskussionsaufgabe Verbraucherschutz D

Diskutieren Sie über folgende Aussagen:

a) Eine weitere Verstärkung des Verbraucherschutzes ist nicht erforderlich, da mündige Staatsbürger in der Lage sein müssen, richtige Entscheidungen zu fällen. Schließlich dürfen sie auch frei wählen und die politischen Parteien bedienen sich ebenso der marketingpolitischen Instrumente wie die Unternehmen.
b) Die wichtigste Maßnahme des Verbraucherschutzes wäre eine ausreichende Verbrauchererziehung, dann wären weitere gesetzliche Maßnahmen nicht so wichtig.
c) Alle Produkte sollten so vollständig beschrieben und auf Preisangemessenheit kontrolliert sein, dass der Konsument jedes Produkt bedenkenlos ohne weitere Prüfung der Produktdeklaration und der Preisangemessenheit kaufen kann.

Ü 4.48: Projektaufgabe Produktinformation D

Verwenden Sie zuerst einen vergleichenden Warentest in einer Zeitung. Sammeln Sie dann zu den verglichenen Produkten Produktinformationen (Werbeaussagen, Prospekte etc.). Vergleichen Sie die Angaben und überprüfen Sie die Wahrheit der Prospekt- und Werbeaussagen.

Ü 4.49: Projektaufgabe Schädigungen durch Produkte D

Sammeln Sie Aussagen über tatsächliche oder vermeintliche Schädigungen aus Konsumentenmagazinen in Rundfunk oder Fernsehen und stellen Sie diese den Reaktionen der betroffenen Unternehmen gegenüber.
Analysieren Sie, wie viele dieser Schädigungen durch eine entsprechende Verbraucherbildung hätten vermieden werden können.

Sichern

SbX ID: 4073

Kritik am Marketing

Kritisiert wird am Marketing, dass es überflüssige Bedürfnisse weckt und die Verschwendung fördert. Das betrifft besonders die Produktpolitik und die Kommunikationspolitik.

criticisms of marketing

Marketing is criticised for creating superfluous needs and for promoting waste. This applies particularly to product policy and communication policy.

Kritik an der Produktpolitik

An der Produktpolitik werden folgende Punkte kritisiert:

- unnötig beschleunigte Veralterung von Produkten und Verminderung der Markttransparenz durch Produktdifferenzierung und Produktvariation
- Verarbeitung gesundheitsschädlicher Stoffe und mangelnde Produktsicherheit
- mangelhafte Kennzeichnung der Produkte
- mangelhafte Bereitschaft zur Entsorgung von Altprodukten

criticisms of product policy

The following aspects of product policy are criticised:

- unnecessarily accelerated obsolescence of products and reduced market transparency due to product differentiation and product variation
- use of harmful materials and insufficient product safety
- insufficient product labelling
- insufficient willingness to dispose of old products

Kritik an der Kommunikationspolitik

Die Kritik an der Kommunikationspolitik betrifft vor allem folgende Punkte:

- Bedarfsweckung für überflüssige Produkte durch übertriebene Werbung
- mangelhafter Informationsgehalt (Betonung von Geltungs- und Erlebnisnutzen statt von Grundnutzen)
- Werbung für gesundheitsgefährdende Produkte (Alkohol etc.)
- Verteuerung der Waren durch Werbung
- Verdrängung kleinerer Unternehmen vom Markt

criticisms of communication policy

In particular the following aspects of communication policy are criticised:

- creating a need for unnecessary products with excessive advertising
- insufficient informational content (emphasis on recognition and experiential benefits instead of core benefits)
- advertising of harmful products (alcohol etc.)
- rise in price of products because of advertising
- crowding out of smaller businesses from the market

Gegenargumente

Gegenüber dieser Kritik werden vor allem folgende Gegenargumente vorgebracht:

- In planwirtschaftlichen Systemen ohne Werbung war der Wohlstand geringer und der Umweltschutz weitaus schlechter als in marktwirtschaftlichen Systemen.
- Der mündige Verbraucher ist in der Lage, frei zu entscheiden.
- Erst die Massenproduktion ermöglicht es, Güter billig herzustellen.
- Werbung hat nur einen sehr geringen Anteil an den Gesamtkosten.

counterarguments

In particular, the following counterarguments are made in response to these criticisms:

- In planned economies without advertising prosperity was lower and environmental protection far worse than in free market economies.
- Informed consumers are able to decide freely.
- Only since the introduction of mass production has it become possible to produce goods more cheaply.
- Advertising only makes up a small part of the total costs.

Konsumerismus

Der Konsumerismus ist bestrebt, Marketingmissbrauch zu verhindern und die Stellung des Verbrauchers zu verbessern, und zwar durch:

- Verbraucherinformation (Warentests, Einfluss auf die Prospektgestaltung)
- Konsumentenschutz (Konsumentenschutzgesetz, Gesetz gegen unlauteren Wettbewerb, Fernabsatzgesetz, Produkthaftungsgesetz, Beschränkung der Rundfunk- und Fernsehwerbung etc.)
- Einfluss auf die Selbstbeschränkung der Unternehmen (Richtlinien für die Werbewirtschaft)
- Verbraucherbildung (Weiterbildung durch Volkshochschulen, Arbeiterkammer, Kirchen)

consumerism

Consumerism aims to prevent abuse of marketing and improve the position of consumers by providing:

- consumer information (product testing, influence on brochure design)
- consumer protection (consumer protection act, laws against unfair competition, distance selling law, product liability law, restriction of radio and television advertising etc.)
- influence on the self-limitation of businesses (guidelines for the advertising industry)
- consumer training (further education through adult education centres, the Chamber of Labour, churches)

SbX
ID: 4073

Im SbX finden Sie die englische Zusammenfassung als Audio-Wiederholung.

Wissen

SbX ID: 4074

A B C D E

W 4.51: Veralterung von Produkten C

Bringen Sie drei Beispiele für die (unnötig) beschleunigte Veralterung von Produkten durch die Produktpolitik.

SbX
W 4.52 mit automatischer Aufgabenkontrolle ID: 4074

W 4.52: Kritik an der Kommunikation B

Zahlreiche Kritikpunkte wurden im Zusammenhang mit der Kommunikationspolitik vorgebracht. Zu welchen Kritikpunkten gibt es bereits gesetzliche Maßnahmen oder freiwillige Beschränkungen? Führen Sie, wenn möglich, Beispiele an. Gibt es nach Ihrer Meinung noch keine gesetzlichen Maßnahmen, haken Sie den Punkt nicht an.

a) ☐ Es wird für gesundheitsschädliche Produkte geworben.
b) ☐ Altprodukte werden von den Verkäufern nicht zurückgenommen.
c) ☐ Es wird überwiegend der Erlebnis- und der Geltungsnutzen betont.
d) ☐ Werbung richtet sich an Kinder.
e) ☐ Werbung weckt überflüssige Bedürfnisse.
f) ☐ Es werden Mogelpackungen verwendet.

W 4.53: Gegenargumente B

Welche Gegenargumente werden von den Werbeunternehmen und von den Marketern gegen die folgenden Kritikpunkte vorgebracht?

a) Werbung verteuere die Waren erheblich.
b) Produktdifferenzierung und -variation vermindere die Markttransparenz.
c) Werbung wecke überflüssige Bedürfnisse.

SbX
W 4.54
Rechercheaufgabe
ID: 4074

Weitere Aufgabe zur Lernkontrolle im SbX

W 4.54: Marketing-Ethik und Verbraucherschutz D

Bearbeiten Sie Aufgabenstellungen zur Marketing-Ethik unter Nutzung von Internetquellen!

English questions

E 4.34: One of the biggest criticisms of marketing is that it creates superfluous needs.

a) What does this mean?
b) Can you think of a product which fits here?

E 4.35: How can marketing promote waste for the following products?

a) winter jacket
b) mobile phone
c) coffee machine

Refer to typical product policies in your answer.

E 4.36: Communication policies are designed to have more sales as the result. However, these policies can have a negative impact, too.

a) In the case of the following products, what negative impact is possible?
- large department store advertises a pair of jeans for € 12.00
- organic make-up is advertised in beautiful packaging

b) Are there also positive aspects? What could they be?

E 4.37: How can consumerism influence the purchase choices made by the public?

Ein kurzer Kompetenz-Check, bevor's weitergeht!

Kompetenz-Check

	☺	😐	☹
Ich kann die wichtigsten Kritikpunkte an der Werbung beschreiben und diskutieren.			
Ich kann den Begriff Konsumerismus beschreiben.			
Ich kann die wichtigsten Maßnahmen zum Verbraucherschutz nennen und mit Beispielen erläutern.			
Ich kann die wichtigsten Maßnahmen zur Verbesserung der Verbraucherbildung beschreiben.			
Ich kann die Regeln zur Selbstbeschränkung von Werbemaßnamen beschreiben und mit Beispielen erläutern.			

Lerneinheit 8
Trends im Marketing

SbX
Alle SbX-Inhalte zu dieser Lerneinheit finden Sie unter der ID: 4080.

Die Trends, die sich auch auf das Marketing auswirken, sind vielfältig: Gesünder leben (nicht rauchen, ins Fitnesscenter gehen, auf Wellnessurlaub fahren), ökologischer konsumieren (Biolebensmittel, Biomöbel, Biokosmetika verwenden), Outsourcing von Dienstleistungen (vom EDV-Service bis zur Reinigung und zur Mietwäsche), Eindringen großer Ketten in die traditionellen Bereiche von Klein- und Mittelbetrieben (wie Fleischhauer, Bäcker, Schuhreparatur). Damit sind nur einige der Entwicklungen genannt, die die Wirtschaft verändern.

Dazu kommen viele Produktinnovationen, die sich manchmal viel schneller als prognostiziert (z.B. Mobiltelefone), manchmal viel langsamer als vorhergesehen (z.B. Videotelefonie, Elektroauto) und manchmal gar nicht (z.B. Überschallverkehrsflugzeuge) auf dem Markt durchsetzen.

Lernen

1 Neue Produkte [New Products]

Nicht jede Produktinnovation ist erfolgreich.

Für die Entwicklung und die weltweite Vermarktung von Produkten sind meist lange Planungszeiträume erforderlich. In der Zwischenzeit kann sich ein Trend geändert haben.

Neue Pkw-Typen erfordern z.B. einen Entwicklungszeitraum von drei Jahren und mehr.

Positive und negative Fallbeispiele:

- Elektroauto

  Seit vielen Jahren wird an der Entwicklung und an der Markteinführung gearbeitet.

  Obwohl das Elektroauto dem allgemeinen Trend der Ökologisierung entspricht, kann es sich noch nicht durchsetzen. Offensichtlich decken sich derzeit die Konstruktionsmerkmale des Elektroautos noch nicht mit den Konsumentenwünschen und es fehlt eine für den Betrieb ausreichende Infrastruktur:

  - Die Reichweite ist zu gering.
  - Für den Batterietausch gibt es noch kein „Tankstellennetz".
  - Familientaugliche Elektroautos sind immer noch viel zu schwer.
  - Autos mit Benzin- und Elektroantrieb (Hybridmodelle) sind noch zu teuer. (Allerdings bieten einige Firmen Hybridmodelle an, z.B. Toyota.)

Das Umweltbundesamt prognostiziert, dass ab 2025 die Mehrheit der zugelassenen Pkw Elektroautos sein sollen. Andere Prognosen sprechen von maximal 10 %.

- Überschallverkehrsflugzeuge

  Die Entwicklung und der Einsatz der Concorde wurden vor ca. 25 Jahren als großer Erfolg gefeiert. Die Flugzeit zwischen Paris und New York konnte halbiert werden. Man glaubte, den langfristigen Trends (mehr Fernreisen, kürzere Flugzeiten) zu entsprechen.

  Die Weiterentwicklung wurde jedoch gestoppt, da

  - aufgrund der Lärmbelästigung viele Flughäfen Landeverbote erließen oder zumindest Landungen in der Nacht untersagten,
  - Concordeflüge schon zum Normaltarif mehr als doppelt so teuer waren wie normale Linienflüge und ein Vielfaches der Spezialtarife (APEX, PEX etc.) kosteten.

  Anfang 2004 fand der letzte Flug einer Concorde statt.

Der Absturz einer Concorde im Jahr 2000 trug zusätzlich zur endgültigen Einstellung des Überschalllinienflugverkehrs bei.

4 Marketing

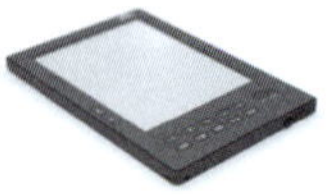

E-Book-Reader

Faxgerät

In Österreich gibt es bereits mehr Mobiltelefone als Einwohner/innen.

- **E-Books**

  Im Jahr 2013 hatten bereits ca. zwei Drittel aller Verlage auch E-Books im Angebot. Der Umsatzanteil von E-Books im deutschsprachigen Raum betrug ca. 3,9 % des Gesamtumsatzes der Branche (Quelle: **www.boersenverein.de**). Zwar wird das E-Book das klassische Buch in absehbarer Zukunft nicht verdrängen, aber die Bedeutung dürfte in den nächsten Jahren noch steigen.

- **Faxgeräte**

  Bevor die elektronischen Medien Einzug in den Büroalltag hielten, waren Faxgeräte für eine schnelle und billige Übermittlung von allen Arten von Dokumenten sehr wichtig. Mittlerweile werden sie zunehmend durch Scannen und E-Mailen verdrängt.

- **Mobiltelefone**

  Mobiltelefone waren die Umsatzüberraschung schlechthin. Die Entwicklung übertraf alle Prognosen. Prognostiziert wurde eine Marktsättigung in Österreich bei etwa fünf Millionen registrierten SIM-Cards für 2010. Tatsächlich waren es fast 9 Millionen. Im 2. Quartal 2014 wurden rund 13,1 Millionen SIM-Cards genutzt.

  Die schnelle Marktdurchdringung führt jedoch zur Marktsättigung und zur Krise der Geräteerzeuger. Die Hoffnung auf einen starken Relaunch durch UMTS, Videotelefonie, Fernsehen am Handy und M-Commerce hat sich zunächst nicht erfüllt.

2 Neue Märkte, neue Anbieter [New markets, new suppliers]

Teilweise herrscht völlige Uneinigkeit, ob die neuen Märkte eher eine Chance oder die neuen Anbieter eher eine Gefahr für die Unternehmen in der EU darstellen.

Beispiele

Die österreichische Außenhandelsbilanz mit Osteuropa ist positiv (Importe ca. 19 Mrd., Exporte ca. 21 Mrd.), mit China ist sie jedoch negativ (Exporte rund 3 Mrd., Importe ca. 6,4 Mrd.).

Im Außenhandel zu Bulgarien, Kroatien, Polen, Rumänien und Slowenien übersteigen die Ausfuhren die Einfuhren bei weitem. Bei der Slowakei und der Tschechischen Republik ist es umgekehrt. Einigermaßen ausgeglichen ist der Außenhandel zu Ungarn.

Neue Märkte

- **Nachfolgestaaten der UdSSR**
  Unmittelbar nach dem Fall des Eisernen Vorhangs wurde der Markt der UdSSR als riesige Chance eingeschätzt. Die politische Instabilität durch den Zerfall der UdSSR in zahlreiche, teilweise miteinander kriegführende Nachfolgestaaten hat die Entwicklung stark verlangsamt. Zahlreiche mittel- und westeuropäische Unternehmen (z. B. Baufirmen) gerieten in Schwierigkeiten, weil sie zu schnell versuchten, in diesen Markt zu investieren.
- **neue EU-Mitglieder (frühere Comeconstaaten)**
  Kurz nach dem Fall des Eisernen Vorhangs waren diese Staaten beliebte Abnehmer der Waren aus dem Westen. Bald jedoch zogen Tschechien, Slowakei, Ungarn, Polen wegen des niedrigen Lohnniveaus (ca. 1 : 4 bis 1 : 10) und des hohen Bildungsniveaus der Bevölkerung Produktionsstätten aus West- und Mitteleuropa an sich (z. B. Verlagerung der letzten Produktionsstätte von Semperit nach Tschechien, VW-Produktion in der Slowakei, Schiproduktion in Slowenien).
- **Ostasien**
  China ist ein Markt von 1,4 Milliarden Menschen mit einem hohen Nachholbedarf an Investitions- und Konsumgütern. Andererseits führen das niedrige Lohnniveau (unter € 1,– pro Stunde) und das relativ hohe Bildungsniveau dazu, dass immer mehr europäische Firmen Produktionen nach China auslagern oder Joint Ventures organisieren, in denen nur wenige Europäer Arbeitsplätze finden. Gleiches gilt für Indien (rund 900 Millionen Einwohner) und Indonesien (ca. 200 Millionen).
  Länder wie Südkorea, Malaysia und Taiwan treten mittlerweile auch mit technisch hochwertigen Produkten (Computer, Autos) erfolgreich auf dem europäischen Markt auf.

Die sozialen Folgen der Rationalisierung werden oft fälschlich der EU zugeschrieben, sind aber auf die Globalisierung zurückzuführen.

Generell führt der Rationalisierungsdruck durch diese Entwicklungen zum Verlust von Arbeitsplätzen und zum Sozialabbau im EU-Raum (weniger Überstunden- und Feiertagszuschläge, Kürzung der Lohnfortzahlung im Krankheitsfall, Kurzarbeit etc.).

Die Verringerung der Masseneinkommen könnte jedoch auch zu einer Verringerung der Kaufkraft und damit zu einer Depression führen. Die Prognosen über die langfristige Konjunkturentwicklung sind daher widersprüchlich.

3 Neue Werbemedien [New advertising media]

Auch TV am Handy wird zum Werbemedium.

(1) Zunahme der TV- und Rundfunkkanäle

Private Fernseh- und Rundfunkkanäle nehmen zu. Satellitenkanäle konkurrieren mit Kabelkanälen und mit digitalen Sendern, die nur mit speziellen Modems und teilweise nur gegen Bezahlung empfangen werden können.

Die Einschaltquoten pro Sender nehmen ab. Die Sendungen werden immer stärker auf ein bestimmtes Zielpublikum abgestimmt.

Der Entscheidung, auf welchen Sendern geworben wird, kommt daher immer größere Bedeutung zu.

Beispiel

„Werbekrieg" zwischen Sendern

- Einige Zeit setzten die österreichischen Fernsehsender ORF 1 und 2 dieselben Filme zur selben Zeit an wie die deutschen Privatsender. Da in Österreich die Filme nicht durch Werbung unterbrochen werden, erhoffte man sich höhere Einschaltquoten und damit höhere Aufmerksamkeit für die vorhergehende und nachfolgende Werbung.
  Im Gegenzug versuchten die Privatsender, die Exklusivrechte für interessante Filme zu bekommen.

Meist wird beim **Direktmarketing über das Fernsehen** behauptet, dass die Produkte nur kurze Zeit und exklusiv nur im Rahmen dieser Show bestellt werden können.

(2) Direktmarketing über eigene Fernsehkanäle

In eigenen Fernsehshows werden Produkte wie auf Verkaufsständen vorgeführt. Über Telefonnummern kann man sofort bestellen.

Die Vorführungen haben meist einen hohen Unterhaltungswert und schildern mehr oder minder neue Produkte, wie Tischtücher, die keine Flecken bekommen, Spezialdampfreiniger, mit denen alle Reinigungsarbeiten viel leichter fallen, neue Fitnessgeräte, die bei kürzeren Trainingszeiten besser wirken etc.

(3) Gratiszeitungen

In Großstädten werden in öffentlichen Verkehrsmitteln Gratiszeitungen aufgelegt, die ihre Einnahmen nur aus der Werbung beziehen.

Die Internetwerbung steigt stark an, ist aber insgesamt noch nicht sehr bedeutend (vgl. Lerneinheit 6).

(4) Social-Media-Marketing

Social-Media-Marketing (SMM) bezeichnet Marketingaktivitäten, in der Regel Werbung und PR, eines Unternehmens in sozialen Medien wie z.B. Facebook und Twitter. Die Öffentlichkeitsarbeit mittels Social Media wird Social Media Relations genannt. Soziale Medien haben in den letzten Jahren enorm an Bedeutung gewonnen, die Nutzerzahlen sind um ein Vielfaches gestiegen. Unternehmen können über soziale Medien daher mit einer Vielzahl von (potenziellen) Kunden Kontakt aufnehmen, ihre Produkte vorstellen, ihre Botschaften kommunizieren und positive Stimmung für sich und ihre Produkte machen.

Beispiel

- Starbucks, eine international tätige Kaffeehauskette, wird häufig als ein Unternehmen gesehen, das eine der besten Social-Media-Strategien umgesetzt hat. Es nutzt Facebook, YouTube, Flickr, Twitter und betreibt zusätzlich ein eigenes Unternehmensblog „My Starbucks Idea". Die Aktivitäten des Unternehmens zielen auf die Bedürfnisse, Neigungen und die Vorlieben seiner Kunden ab.

Da konventionelle Werbung oft nicht mehr wirkt, wird zunehmend mit anderen Mitteln geworben, v. a. im Internet. „Virales Marketing" hat für Unternehmen den Vorteil, dass es sich wie ein Virus selbst immer weiter verbreitet. So werden z. B. Videos oder Spiele fürs Internet entwickelt, die mehr oder weniger offensichtlich mit dem Produkt zu tun haben, das beworben werden soll. Videos oder Spiele, die man mag, sendet man an viele Freunde weiter, die sie wiederum an ihre Freunde weitersenden: So verbreitet sich die Werbebotschaft rasch an eine große Anzahl von Menschen.

Social-Media-Marketing hat verschiedene Vorteile, die für Unternehmen besonders attraktiv sind:

- Es ist vergleichsweise kostengünstig.
- Es kann mit ähnlichen Software-Werkzeugen verschiedene Plattformen bespielen und findet so schnell weite Verbreitung.
- Die Unternehmen bekommen vergleichsweise direktere Rückmeldungen ihres Zielmarkts als bei anderen Formen der Werbung.

Das ist vor allem für kleine und mittlere Unternehmen oder für Unternehmen im Gründungsstadium, die ein beschränktes Werbebudget haben, besonders interessant.

4 Marketing

4 Veränderung der Käuferstrukturen
[Changes in customer demographics]

(1) Demografische Veränderungen

Die Geburtenrate fiel einige Jahre. Sie steigt jedoch seit 2008 wieder leicht an.

Die Alterspyramide verändert sich dramatisch.

Die Zahl der Neugeborenen betrug in Österreich 1963 138 000 und lag 2014 etwa bei 82 000. Gleichzeitig steigt die Lebenserwartung. Aufgrund dieser Entwicklung werden die Konsumausgaben der kleiner werdenden Gruppe der 30- bis 40-Jährigen in den nächsten Jahren um etwa 15 % fallen und die der 50- bis 60-Jährigen um etwa 35 % steigen. Dies ist z. B. für Hersteller von Babynahrung, Windeln, Spielsachen etc. ein Problem.

Lösungen wären Umsteigen bzw. Ergänzen durch Nahrungsmittel speziell für Singles, Gesundheitsnahrung, Spiele für Erwachsene etc.

Die Haushaltseinkommen polarisieren sich stärker.

Eine Steigerung der Konsumausgaben wird eher im Bereich der hohen Einkommen (ca. € 3.500,– im Monat und höher) erwartet.

Der Anteil der Zuwanderer und deren Nachkommen steigt.

Für typische Produkte entwickeln sich eigene Märkte (z. B. im Nahrungs- und im Textilbereich).

Handelsketten versuchen, zusätzlich zu den Markenwaren ihre eigenen **Handelsmarken** zu forcieren. Der Anteil dieser Handelsmarken am Markenartikelumsatz wird auf etwa 30 bis 40 % steigen.

Marktsättigung

Durch die Überalterung der Bevölkerung gibt es für viele traditionelle Produkte (Waschmaschinen, Geschirrspüler, Herde etc.) nur mehr Ersatzbedarf. Neuumsätze sind nur bei innovativen Produkten möglich (Heimkino, LCD- und Plasmafernseher, Dampfgarer, Smartphones, Tabletcomputer).

(2) Änderung des Konsumverhaltens

Die Bedeutung der Marktsegmentierung im Konsumbereich nimmt ab.

Der „Smart Shopper" mischt z. B. bei der Kleidung hochpreisige Markenware (z. B. Schuhe) mit markenlosen Jeans und im Ausverkauf erworbenen Marken-T-Shirts.

In Folge dieser Entwicklung nimmt die Bedeutung der starken Spitzenmarken einerseits und der „generics", der markenlosen Produkte, andererseits zu.

Verlierer sind die schwächeren, weniger bekannten Marken.

Als Gegenstrategie gegen die zunehmende Flexibilität der Konsumenten werden **Kundenbindungsprogramme** verstärkt (vgl. dazu auch im folgenden Abschnitt 5 den Punkt (4) Kundenbindungsprogramme).

Der Informationsstand der Käufer nimmt zu.

Das Internet ermöglicht es den Käufern, sich besser als bisher zu informieren. Auch in den Bereichen, in denen der Kauf selbst nicht über das Internet stattfindet, läuft ein erheblicher Teil der Informationssuche über das Internet.

Beispiele

- Unter **www.peugeot.at** können die Kunden zusätzliche Ausstattung für bestimmte Modelle anklicken und erfahren sofort den Endpreis.
- Eigene Internetseiten informieren über Preisvergleiche (z. B. **www.geizhals.at, www.preiszeiger.eu, www.spritpreisrechner.at**).

Damit nimmt auch die Markentreue ab.

5 Neue Formen der Kommunikationspolitik [New forms of communication policy]

Der Marketing-Mix wird immer wieder um neue Formen erweitert, die nicht eindeutig in die marketingpolitischen Instrumente einzuordnen sind.

WWF for a living planet®

Als neue Form hat sich das **„Ökosponsoring"** entwickelt.

Beispiele:

- Sponsoring von Aufforstungsmaßnahmen
- Sponsoring von Greenpeace oder des World Wildlife Fund

(1) Sponsoring

Unter Sponsoring versteht man die Förderung gemeinnütziger Aktivitäten im Rahmen der Öffentlichkeitsarbeit.

Die drei großen Felder des Sponsorings sind

- **Sport** (Förderung von Vereinen, meist von Mannschaftssportarten oder von Sportveranstaltungen – z. B. offizielle Sponsoren von Olympischen Spielen)
- **Kunst und Kultur** (Sponsoring von Ausstellungen, Theatern und Konzerten oder von Kunstwettbewerben)
- **Sozialbereich** (Förderung von sozialen Maßnahmen in Notfällen – z. B. für Kriegsopfer, Hochwasseropfer –, Förderung der Behindertenarbeit – z. B. Einrichtung von Behindertenwerkstätten, Behindertenwohnungen –, Förderung von Kindern und Jugendlichen – z. B. von Kindergärten und Ausbildungsplätzen)

Alle Sponsoringmaßnahmen stehen meist in engem Zusammenhang mit der Werbung, da die gesponserten Aktivitäten und Einrichtungen gleichzeitig als Werbemedien verwendet werden.

Beispiele

- Dressenwerbung und Bandenwerbung bei Sportveranstaltungen
- Werbung auf Ankündigungsplakaten bei kulturellen Veranstaltungen
- Sponsorhinweise bei sozialen Einrichtungen

Vorteile des Sponsorings:

- Das Image von Personen und Organisationen kann unmittelbar auf das eigene Unternehmen übertragen werden (z. B. „dynamische" Sportler werben für dynamische Unternehmen in der Autoindustrie, Sportartikelindustrie). Die Förderung von gemeinnützigen Vereinen soll dem Image einen gemeinnützigen Aspekt verleihen (z. B. Förderung von Behindertenaktivitäten durch Kreditinstitute).
- Gesponsert werden meist Aktivitäten, die hohe Aufmerksamkeit erregen und eine hohe Medienpräsenz des Sponsors bewirken (z. B. Behindertenolympiade – „Paralympics").
- Auch Personen, die der Kommunikation durch Werbung ausweichen, können erreicht werden (z. B. Sponsoring von Kultursendungen im Fernsehen, Nennung der Sponsorfirmen auf Plakatwerbung für Konzerte).

Probleme des Sponsorings:

- Die gesponserten Aktivitäten können bei einem Teil der Adressaten auf Ablehnung stoßen (z. B. Misserfolg von gesponserten Sportlern oder Sportvereinen, Ablehnung bestimmter kultureller Richtungen – z. B. Popkonzerte).
- Die gesponserten Aktivitäten könnten zu wenig Aufmerksamkeit erregen (z. B. bestimmte Sportarten, Sponsoring kleiner Vereine oder von Schulen).

Die Idee des **Eventmarketings** ist eigentlich uralt, sie entspricht den Jahrmärkten früherer Jahrhunderte.

(2) Eventmarketing

Es handelt sich um „erlebnisorientierte Veranstaltungen, die einen starken Aktivierungsprozess" beim Kunden auslösen sollen. Sie sollen die Aufmerksamkeit auf ein bestimmtes Unternehmen, eine bestimmte Produktgruppe oder ein bestimmtes Ereignis richten.

Beispiele

- Modeschauen werden nicht nur durch das Vorführen von Modellen, sondern durch viele Nebeneffekte gestaltet. Die Models treten in Gruppen auf, bewegen sich rhythmisch nach einer Choreografie. Die Vorführung findet an ungewöhnlichen Orten wie Museen, öffentlichen Plätzen etc. statt.
- Messeveranstaltungen aller Art werden als Events mit zahlreichen Vorführungen und Vergnügungen organisiert. Ziel ist es, viele Besucher anzuziehen und deren Aufmerksamkeit zu erreichen. Typische Beispiele sind Computermessen, Reisemessen, Hi-Fi-Messen.

Neben der unmittelbaren **Erregung von Aufmerksamkeit** führen Marketingevents in der Regel auch zu einem größeren **Medienecho** in Presse, TV und Radio.

- Ausstellungseröffnungen und Geschäftseröffnungen werden ebenfalls häufig als Events vermarktet. Es spielen bekannte Musikgruppen, bekannte Künstler oder Sportler geben Autogramme, es werden Quiz mit bekannten Quizmastern veranstaltet, bei denen attraktive Preise gewonnen werden können.
- Große Sportveranstaltungen (wie Formel-1-Grand-Prix, Fußballeuropameisterschaften oder Schiweltmeisterschaften) werden als Events mit großem Rahmenprogramm vermarktet.

(3) Database-Marketing

Mithilfe von elektronisch gespeicherten Adressendateien, die viele Merkmale der Kunden enthalten (Alter, Beruf, Einkommen, Vorlieben), können Textbausteine zielgruppengenau kombiniert werden. Beim Angesprochenen entsteht daher der Eindruck, dass sich der Anbieter mit ihm persönlich befasst hat.

Beispiele

- Ein Versandhaus speichert die Bestellungen seiner Kunden nach verschiedenen Kriterien. Es weiß z. B., dass ein Kunde mehrmals Campingartikel bestellt hat, und kann nun gezielt ein neues, besonders leichtes Campingzelt anbieten und einen Spezialkatalog für Camping- und Wanderausrüstung mitschicken.
- Reisebüros speichern die Geburtsdaten, die Berufe, die üblichen Urlaubswünsche ihrer Kunden und können dadurch gezielt anbieten (z. B. Abenteuerreisen oder Sonderangebote für die Nachsaison).

(4) Verstärkung der Kundenbindungsprogramme („Customer Relationship Management" – „CRM")

Es ist weitaus billiger, alte Kunden zu halten, als neue zu gewinnen.

In den Unternehmer- und Behördenmärkten ist es selbstverständlich, dass wichtige Kunden durch Key-Account-Manager persönlich betreut werden. In Konsummärkten ist dies weitaus schwieriger.

Es wird daher durch unterschiedliche Programme versucht, die Kunden an die Marke oder an das Unternehmen zu binden. Dies erfolgt mit **Kundenkarten** und mit **Kundenklubs.**

Die Anreize können sein:

Bonusprogramme sind die älteste Form der Kundenbindung.

- **Bonusprogramme**

  Halbjährlich oder jährlich wird auf die getätigten Umsätze ein Bonus gutgeschrieben.

  In der Regel werden diese Rabatte von den Kunden nur mitgenommen, belasten den Gewinn und führen nicht zu einer erhöhten Kundentreue.

  Eine Variante ist die Auszahlung des Bonus durch Gutscheine, die beim Unternehmen eingelöst werden müssen. Dadurch wird der Kunde veranlasst, das Geschäft zu betreten, und es besteht die Chance auf Zusatzverkäufe (z. B. im Palmers-Internetshop **www.palmers.at**).

- **Rabattprogramme**

  Clubmitglieder bzw. Kundenkarteninhaber erhalten auf bestimmte Artikel Rabatte (z. B. Family Club von Ikea – **www.ikea.at**).

- **Mehrwertprogramme**

  Clubmitglieder bzw. Karteninhaber erhalten zusätzliche Leistungen zu ermäßigten Preisen.

Beispiel

- Clubs der Banken, die ihren Clubmitgliedern Konzert-, Kabarettkarten etc. zu ermäßigten Preisen anbieten, und die Clubs großer Tageszeitungen, die zusätzlich Sonderangebote auf Elektrogeräte, Urlaubsreisen etc. im Programm haben

Selbstverständlich können die einzelnen Ansätze gemischt werden:

Beispiel

- **Miles-and-More-Programm** der Star-Alliance-Fluglinien, zu denen auch die Lufthansa und die AUA gehören. Als Bonus werden Gratisflüge gewährt, als Mehrwert erhalten Vielflieger eine bevorzugte Abfertigung am Flughafen und den Zutritt zu Flughafenlounges, in denen Getränke und hochwertige Imbisse kostenlos gereicht werden.

Durch die Kundenkarte bzw. die Klubmitgliedschaft können die einzelnen Umsätze dem Kunden zugeordnet werden. Er wird immer mehr zum „gläsernen Kunden" und kann auch mit individuellen Angeboten über das Internet oder durch Mailings versorgt werden.

6 Public and Politics (Hinweise) [Public and Politics]

Zu den 4 Ps (Price, Product, Place, Promotion) treten zwei weitere wichtige Faktoren: die Gesellschaftsorientierung („Public") und der Versuch, auf die Politiker Einfluss zu nehmen („Politics").

7 Ökologisierung des Marketings [More ecological marketing]

Ökologie ist nicht nur eine Werbelinie, sondern auch ein Marktsegment.

Der stärkste Trend ist wohl der Trend zur Ökologisierung. Verstöße gegen Grundprinzipien ökologischen Handelns können, zumindest kurzfristig, zu erheblichen Verlusten von Marktanteilen führen.

Beispiele

Kampagnen von Greenpeace führen immer wieder zu teils erheblichen Marktverlusten von Unternehmen, die massiv gegen Grundprinzipien des ökologischen Handelns verstoßen.

- **Versuch einer Ölgesellschaft, eine Bohrinsel durch Versenken im Meer zu „entsorgen"**
  Eine internationale Kampagne von „Greenpeace" führte zu erheblichen Marktverlusten der Ölgesellschaft.
- **französische Atomversuche im Südpazifik**
  Auch in diesem Fall führte eine internationale Kampagne kurzfristig zu Marktverlusten von französischen Waren (z. B. Käse, Champagner).
- **Trend gegen Edelhölzer**
  Da Edelhölzer noch überwiegend durch Abholzen der Regenwälder gewonnen werden, hat ein Trend gegen Edelhölzer und für europäische Holzsorten (Fichte etc.) eingesetzt.

Kritiker behaupten allerdings, die Konsumenten sind nur dann zu derartigen Reaktionen bereit, wenn es nicht mit Unannehmlichkeiten verbunden ist. (Man kann leicht eine andere Benzinmarke tanken oder Käse aus einem anderen Land kaufen.)

Sicher ist, dass viele Firmen zunehmend auf ökologische Produkte oder zumindest auf Ökomarketing, d.h. auf die Betonung des Umweltaspekts im Marketing, setzen.

Beispiele

Obst aus biologischer Landwirtschaft wird erfolgreich angeboten.

In Europa wird derzeit weniger Holz geschlägert als nachwächst (**„nachhaltige Waldnutzung"**).

- **ökologische Lebensmittel**
  Ökologische (ohne Kunstdünger und Spritzmittel gezogene) Lebensmittel werden von Supermarktketten erfolgreich als eigene Linie geführt.
  Eier von Hühnern, die nicht in Legebatterien gehalten werden, können zu höheren Preisen abgesetzt werden.
- **ökologische Kosmetika**
  Kosmetikketten vertreiben ökologische Cremen, Lippenstifte etc., die nur aus Naturprodukten hergestellt werden.
- **ökologische Möbel**
  Möbel, die aus europäischem Vollholz und nicht aus Spanplatten gefertigt und nur mit Wasserbeizen oder natürlichen Ölen eingelassen werden
  Viele Möbelhausketten vertreiben bereits eigene „Ökomöbellinien".
- **ökologische Baustoffe**
  Die Erkenntnis, dass jahrelang Fertigteilbauten, Dachdeckungen, Wärmedämmungen etc. mit schadstoffverseuchten Materialien (Asbest, Formaldehyd etc.) errichtet wurden, führte z. B. zum Relaunch von Ziegeln und Holz als Baustoff. Wobei bei Holzbauten auch der Alterungsschutz viele Jahre mit gesundheitsschädlichen Mitteln durchgeführt wurde. Auch diese Konservierungsmittel wurden ökologisch verbessert.
- **Energiesparen als ökologischer Trend**
  Vor allem das passive Energiesparen (Wärmedämmungen an den Außenmauern und zum Dach, Glas mit geringerer Wärmeleitfähigkeit) hat sich als preiswertes Angebot im ökologischen Bereich durchgesetzt.
  Die alternative Energiegewinnung (Solaranlagen, Wärmepumpen, Photovoltaik, Windenergie) trägt hingegen nur in geringem Ausmaß zum Energiesparen bei. Die Anschaffungskosten sind hoch, die Amortisationszeit überschreitet meist die Lebensdauer und in der Regel muss „bivalent" geheizt werden, d. h., neben der alternativen Energiequelle muss eine konventionelle Energiequelle (Gas, Erdöl) vorgesehen werden. Die photovoltaische Stromerzeugung (z. B. für Beleuchtung, Elektrogeräte etc.) ist besonders teuer.

Auch die Bauvorschriften für Neubauten fördern das passive Energiesparen und sehen strengere Richtlinien für die Wärmedämmung vor.

Energiesparhäuser, die völlig mit Alternativenergie betrieben werden, gibt es derzeit in einigen Musterprojekten und sie werden als „Passivhäuser" mit erhöhter Wärmedämmung errichtet.
Breitere Anwendung gibt es nur im Bereich der Warmwasserbereitung und vor allem bei der Schwimmbadheizung im Sommer.
Offensichtlich haben die Kritiker recht, die behaupten, der Konsument ist nur dann ökologisch orientiert, wenn es nur wenig mehr kostet oder wenn es seiner Gesundheit nützt. Dass dies nicht so falsch ist, zeigte sich auch daran, dass eine Erhöhung der steuerlichen Förderung für Energiesparinvestitionen zu einer Verstärkung dieser Investitionen in den privaten Haushalten führt.

- **ökologische Zertifizierung**
  Ökologisch orientierte Betriebe demonstrieren ihre Umweltorientierung auch durch eine Zertifizierung nach **EMAS** oder **ISO 14000.**

EMAS

Betriebe, die nach EMAS zertifiziert wurden, dürfen mit dem **EMAS-Symbol** werben.

Die EMAS-Verordnung der EU

EMAS steht für „Eco-Management and Audit Scheme". Die Verordnung regelt detailliert, wie Unternehmen freiwillig vorgehen können, um von zugelassenen Umweltgutachtern nach EMAS zertifiziert zu werden.

Die Vorgangsweise ist folgende:

Umweltpolitik festlegen
Gemeinsam mit den Mitarbeitern sollen die Ziele der Umweltpolitik festgelegt werden.
erste Umweltprüfung durchführen
Alle relevanten Daten werden erhoben (Energieverbrauch, Input von Rohstoffen, Output von Schadstoffen und Abfällen, Einhaltung von Umweltvorschriften, Gefährdung von Mitarbeitern durch Chemikalien etc.), Schwachstellen werden dokumentiert.
Umweltprogramm erstellen
Ökologische Qualitätsziele werden formuliert (z. B. Richtlinien für das Verhältnis von Rohstoffverbrauch und Abfällen, Ziele für Schadstoffreduzierung, Ziele für die Reduzierung von Energieverbrauch oder Wasserverbrauch). Fristen für die Erreichung der Ziele werden festgelegt.
Umweltmanagementsystem aufbauen
Alle organisatorischen Maßnahmen sind vorzusehen und in einem Handbuch zu dokumentieren. (Zum Beispiel: Wer prüft wie, wann und wo den Schadstoffgehalt der Abluft oder den Energieverbrauch für die Raumkühlung?)
Umweltprüfung durch amtlich zugelassene Umweltgutachter („Öko-Audit")
Die Erreichung der Ziele wird überprüft. Der Umweltgutachter stellt eventuelle Mängel fest und überprüft deren Beseitigung.
Umwelterklärung abfassen
Die Umwelterklärung dient der Information der Öffentlichkeit und muss ihr zugänglich gemacht werden. Die Stichhaltigkeit der Umwelterklärung wird ebenfalls von den Umweltgutachtern überprüft.

Das **Umweltprogramm** kann auch **schon vor der ersten Umweltprüfung** erstellt werden.

Über die **Zulassung von Umweltgutachtern** und über die **Führung des Standortverzeichnisses** der zertifizierten Betriebe wurde in Österreich ein eigenes Gesetz erlassen (Umweltgutachter- und Standorteverzeichnisgesetz – UGStVG).

Der Öko-Audit sollte etwa alle drei Jahre wiederholt werden.

ISO 14000

Die **International Organization for Standardization** (ISO) hat mit der ISO-14000-Normenreihe einen weltweiten Umweltstandard festgelegt, der ebenfalls von geprüften Gutachtern zertifiziert werden kann. Dieser Standard ist derzeit weniger weitreichend als die EMAS-Verordnung. Man nimmt daher an, dass sich in der EU eher der EMAS-Standard durchsetzen wird.

Generell dienen diese Öko-Standards drei Zwecken:

- Gesamtwirtschaftlich soll der Umweltschutz auf freiwilliger Basis durchgesetzt werden.
- Einzelwirtschaftlich führen die „ökologisch sinnvollen Maßnahmen" häufig auch zu einer Kosteneinsparung, die eine schnelle Amortisation der Investitionen ermöglicht (z. B. amortisieren sich manche Energiesparinvestitionen, wie Energierückgewinnung aus der Abluft, effizientere Heizkessel etc. manchmal in 3 bis 5 Jahren).
- Marktbezogen kann mit der Zertifizierung, ähnlich wie mit der Qualitätszertifizierung nach der ISO-9000-Normenserie, geworben werden.

Die **Glaubwürdigkeit** eines ökologisch ausgerichteten Unternehmens wird durch **Zertifizierung** verstärkt.

Die Umwelterklärung nach EMAS kann für die Öffentlichkeitsarbeit verwendet werden.

Erfolgreiches ökologisches Marketing

Nur eine exakte Abstimmung von Produkt, Preis, Absatzwegen und Kommunikationspolitik einschließlich der Öffentlichkeitsarbeit führt zum **Erfolg ökologischer Produkte.** Die Produkte müssen nicht nur tatsächlich „ökologisch" sein, sie müssen auch am Markt glaubhaft als „ökologisch" positioniert werden.

8 „Political Correctness" im Marketing [Political correctness in marketing]

Eine Vielzahl von Beispielen und Entscheidungen zur Political Correctness finden Sie unter **www.werberat.or.at.**

Unter „Political Correctness" versteht man eine gesellschaftliche Bewegung, die jede Diskriminierung aus Gründen des Geschlechts, der Rasse, der Religion, der sexuellen Orientierung verbietet. Dies gilt vor allem für die Werbung.

Die Bewegung ist vor allem in Ländern mit zahlreichen Minderheiten und Rassen sehr ausgeprägt (z. B. in den USA). In Österreich ist diese Bewegung nicht sehr stark.

Beispiele

- Proteste von Frauengruppen gegen die freizügigen Unterwäsche- und Strumpfwerbungen sind in Österreich selten erfolgreich.
- Ein Protest gegen die Uhrenwerbung: „Fast so kompliziert wie eine Frau, aber pünktlich" war erfolgreich. Die Werbung wurde zurückgezogen.

9 Politisches Lobbying als Teil des Marketingkonzepts [Political lobbying as part of the marketing concept]

Der Zusammenschluss zu großen Wirtschaftsblöcken (z. B. EU, NAFTA) verstärkt das politische Lobbying in den Zentralen dieser Zusammenschlüsse. In der Regel geht es darum, dass die eigenen Produkte in diesen großen Märkten zugelassen werden (dass z. B. Sicherheitsvorschriften geändert, Regeln für die chemische Zusammensetzung genehmigt oder nur bestimmte Bezeichnungen als zulässig erklärt werden).

Andererseits ist man bestrebt, sich gegen fremde Märkte abzuschirmen.

Beispiele

- Agrarmarkt in der EU
- Erschwerung der Importe von Solarzellen aus China

Lobbying bei den Entscheidungsträgern wird oft von Spezialisten betrieben, die Informationen verbreiten, die für die Ziele bestimmter Unternehmen günstig sind.

Beispiel

- Streit um die Gentechnologie, die für einzelne Produzenten ein Vorteil, für andere ein Nachteil wäre und über deren ökologische Folgen eine umfangreiche Diskussion im Gange ist. Die unterschiedlichen Informationen werden den Entscheidungsträgern sowohl innerhalb Österreichs, aber auch in Brüssel von Lobbyisten zur Verfügung gestellt.

Gleiches gilt für die Diskussion um den Atomstrom.

Üben – Anwenden

A B C D E

Ü 4.50: Trends im Marketing – Medienberichte D

Sammeln Sie Berichte in den Medien zu ausgewählten Trends im Marketing und berichten Sie darüber. Vielleicht finden Sie auch Informationen, die den angeführten Trends widersprechen. Berichten Sie über Ihre Erhebungen und diskutieren Sie die Auswirkungen auf die österreichische Wirtschaft.
Überlegen Sie, welche Marketingmaßnahmen die negativen Entwicklungen abschwächen bzw. die positiven Entwicklungen verstärken könnten.

Ü 4.51: Sponsoring C

Finden Sie Beispiele für Sponsoringmaßnahmen aus dem Fernsehen und aus den Zeitungen. Stellen Sie fest, ob diese Maßnahmen tatsächlich den Bekanntheitsgrad erhöhen.
Erheben Sie z.B., wie viele Ihrer Bekannten wissen, welche Fußballmannschaften von welchen Unternehmen gesponsert werden, welches Unternehmen welches Popkonzert sponsert oder welche Sportler mit welchen Schiern oder mit welchen Tennisschlägern ausgestattet werden.

Ü 4.52: Eventmarketing C

Erheben Sie Beispiele für „Eventmarketing". Über welche Events wird in Zeitungen bzw. im Fernsehen berichtet? Welche Maßnahmen werden von den Veranstaltern getroffen, um die Aufmerksamkeit zu erhöhen?

Ü 4.53: TV-Verkaufsshows C

Haben Sie Zugang zu Satelliten- oder Kabelfernsehen, dann stellen Sie fest, welche Produkte in TV-Verkaufsshows angeboten werden. Analysieren Sie die Verkaufsstrategie. Machen Sie nach Möglichkeit Preisvergleiche mit ähnlichen Produkten, die im Handel angeboten werden. Erkunden Sie, welche Produkte in Ihrem Bekanntenkreis bei solchen Shows erworben wurden.

Ü 4.54: Database-Marketing C

Versuchen Sie, in den fast täglich einlangenden Mailings Beispiele zu finden, die typisch auf Database-Marketing beruhen.

Ü 4.55: Kundenbindungsprogramme C

Stellen Sie in Ihrem Bekanntenkreis fest, bei welchen Kundenklubs Mitgliedschaften bestehen, welche Kundenkarten gehalten werden und welche Vergünstigungen angeboten und welche genutzt werden.

Ü 4.56: Sponsorensuche D

Versuchen Sie, für eine Schulveranstaltung nach Wahl möglichst viele Sponsoren zu finden. Mit welchen Argumenten könnten Sie Sponsoren interessieren?
Durch welche Maßnahmen könnten Sie die Schulveranstaltung als „Event" vermarkten?
Könnte man für eine Schulveranstaltung Telefonmarketing machen? Welche Datenbasis sollten Sie anlegen, damit Sie beim Telefonmarketing darauf Rücksicht nehmen können?

Ü 4.57: Öko-Audit D

Prüfen Sie die Möglichkeiten für ein Öko-Audit in Ihrer Schule. Im Bundesministerium für Bildung und Frauen gibt es dafür ein Handbuch.

Sichern

SbX ID: 4083

Wie in der Wirtschaft insgesamt gibt es auch im Marketing viele neue Trends. Die folgenden Hinweise geben nochmals einen Überblick über die wichtigsten Entwicklungen.

Many new trends are developing not only in the economy in general, but also in marketing. The following sections give another overview of the most important developments.

neue Produkte

Nicht alle neuen Produkte sind erfolgreich. Erfolgsprognosen sind schwierig. Die Durchsetzung am Markt erfolgt manchmal langsam oder gar nicht (Elektroauto, Videotelefonie) oder viel schneller als erwartet (Faxgeräte, Mobiltelefon).

new products

Not all new products are successful. Predicting success is difficult. The market adopts new products slowly or not at all (electric car, video telephony), or much faster than expected (fax machines, mobile telephones).

neue Märkte, neue Anbieter

Vor allem die asiatischen Länder bieten große Chancen am Absatzmarkt, werden aber in fast allen Marktsegmenten auch zu großen Konkurrenten.

new markets, new suppliers

In particular Asian countries offer great market opportunities, but in turn become strong competitors in almost all market segments.

neue Werbemedien

Das Direktmarketing durch spezielle Fernsehsendungen und Gratiszeitungen bietet neben dem Internet neue Werbemöglichkeiten.

Social-Media-Marketing nützt soziale Medien für Werbung und PR.

new advertising media

Direct marketing on special television shows and in free newspapers offers new advertising possibilities as well as the internet.

Social media marketing uses social media for advertising and PR.

veränderte Käuferstrukturen

Die Bevölkerung wird älter, Haushaltseinkommen polarisieren sich, Zuwanderer mit unterschiedlichen Konsumgewohnheiten bilden neue Marktsegmente. Der Informationsstand der Käufer nimmt zu (Internet), die Markentreue nimmt ab.

changing customer demographics

The population is aging, household income is polarising, immigrants with different consumption habits are forming new market segments. Buyers are more informed (internet), brand loyalty is decreasing.

neue Formen der Kommunikationspolitik

Sponsoring und Eventmarketing erweitern den Bereich der Kommunikationspolitik. Database-Marketing und Verstärkung der Kundenbindung durch Kundenbindungsprogramme (CRM – Bonusprogramme, Rabattprogramme, Mehrwertprogramme) werden von immer mehr Unternehmen praktiziert.

new forms of communication policy

Sponsoring and event marketing are expanding the field of communication policy. Database marketing and an increase in customer retention through customer loyalty programmes (CRM – bonus programmes, discount programmes, added value programmes) are being used by more and more businesses.

Ökologisierung

In vielen Marktsegmenten bietet die Ökologisierung neue Chancen (vor allem bei Lebensmitteln, Kosmetik, Möbeln, Baustoffen und Produkten, die das Energiesparen unterstützen).

Durch die ökologische Zertifizierung soll die Produktionspolitik ökologisch orientiert und damit glaubhafter werden.

greening the economy

In many market segments increased environmental awareness offers new opportunities (in particular with food, cosmetics, furniture, building materials and energy-efficient products).

The aim of ecological certification is to make production policy more ecologically oriented and, as a result, more credible.

Political Correctness

Auf Political Correctness wird immer mehr geachtet. Vor allem in der Werbung sollen diskriminierende Aussagen bezüglich Geschlecht, Rasse etc. vermieden werden. Beschwerden sind in Österreich beim Werberat möglich.

political correctness

More and more attention is paid to political correctness. Especially in advertising discriminatory statements about sex, race, etc. should be avoided. In Austria complaints can be made to the Advertising Standards Authority.

politisches Lobbying

Lobbying wird betrieben, um gesetzliche Vorschriften zugunsten bestimmter Produzenten oder Branchen zu beeinflussen (z. B. Gentechnik, Atomenergie). Es wird zunehmend von eigenen Spezialisten ausgeübt.

political lobbying

Lobbying is used to influence legal regulations in favour of certain producers or industries (e. g.: genetic engineering, atomic energy). It is carried out more and more by lobbying specialists.

SbX
ID: 4083

Im SbX finden Sie die englische Zusammenfassung als Audio-Wiederholung.

Wissen

SbX ID: 4084

A B C D E

W 4.55: Trends im Marketing B

Nennen Sie drei typische Trends im Marketing und illustrieren Sie diese mit Beispielen.

SbX
W 4.56, W 4.61 und W 4.63 mit automatischer Aufgabenkontrolle
ID: 4084

W 4.56: Entwicklungen im Konsumverhalten B

Welche der folgenden Entwicklungen für das Konsumverhalten wird für die kommenden Jahre vermutet? Begründen Sie Ihre Antwort.

(1) Bedeutung der Jugendlichen für den Konsum ☐ Nimmt zu ☐ Nimmt ab

Begründung:

(2) Bedeutung der Marktsegmentierung ☐ Nimmt zu ☐ Nimmt ab

Begründung:

(3) Informationsstand der Käufer ☐ Nimmt zu ☐ Nimmt ab

Begründung:

W 4.57: Social-Media-Marketing B

Was bedeutet Social-Media-Marketing und warum ist es für viele Unternehmen attraktiv?

W 4.58: Customer Relationship Management B

Als ein wesentlicher Trend im Marketing wurde das „Customer Relationship Management" bezeichnet.

Nennen Sie drei grundsätzliche Programme, die dem CRM dienen, und bringen Sie dazu je ein praktisches Beispiel.

W 4.59: Ökologisierung A

Nennen Sie drei Branchen, in denen die Ökologisierung zu eigenen Produktlinien geführt hat.

W 4.60: Political Correctness A

Was versteht man unter Political Correctness im Marketing?

W 4.61: Aussagen zur Political Correctness A

Welche der folgenden Aussagen für den Bereich Political Correctness im Marketing sind für Österreich richtig?

a) Für die Political Correctness im Marketing gibt es eindeutige gesetzliche Vorgaben.

☐ Richtig ☐ Falsch, richtig ist:

b) Die Political Correctness von Marketingaussagen wird vom Werberat nur dann überprüft, wenn es zu Beschwerden kommt.

☐ Richtig ☐ Falsch, richtig ist:

W 4.62: Lobbying B

Was versteht man unter politischem Lobbying im Rahmen des Marketings?

Zusatzfrage: Nennen Sie zwei typische Beispiele für Bereiche, in denen politisches Lobbying betrieben wird.

W 4.63: Aussagen zum Lobbying A

Welche der folgenden Aussagen zum politischen Lobbying als Marketingmaßnahme sind richtig?

a) Politisches Lobbying ist gesetzlich verboten. Derartige Aktivitäten sind daher gesetzwidrig.

☐ Richtig ☐ Falsch, richtig ist:

b) Politisches Lobbying wird sowohl auf nationaler als auch auf internationaler Ebene (z. B. bei der EU in Brüssel) von Spezialisten betrieben.

☐ Richtig ☐ Falsch, richtig ist:

$H_2Ö$ MUSTERUNTERNEHMEN

SbX H2Ö-Aufgabe ID: 4084

H2Ö-Aufgabe: Marketingaktivitäten der H2Ö GmbH C

Bearbeiten Sie das Fallbeispiel zur H2Ö GmbH im SbX.

Die Ausgangssituation

Die H2Ö GmbH in Aflenz handelt mit österreichischem Quellwasser höchster Qualität, Fruchtsirupen aus biologischer Landwirtschaft und Erzeugnissen aus österreichischen Glasmanufakturen.

Ihre Aufgabe im Unternehmen

Sie arbeiten in den Sommerferien als Praktikant/in in der Marketingabteilung der H2Ö GmbH. Sie sollen sich mit den Marketingaktivitäten der H2Ö GmbH vertraut machen und werden ersucht, Vorschläge für neue Formen der Kommunikationspolitik zu erstellen und eine Frage zur Ökologisierung des Marketings bei der H2Ö GmbH zu bearbeiten.

Die Aufgabenstellungen und Informationen für die Bearbeitung finden Sie im SbX.

English questions

E 4.38: There are new products on the market all the time. Why do you think some are successful and others are not?

E 4.39: There are many new market opportunities today.

a) Where are we likely to find such opportunities?
b) What disadvantage could this have for Europe in the long term?

E 4.40: There are several new types of advertising media to be found today which did not exist in Austria 50 years ago.

a) Name 2 of them.
b) Name 2 products you think could be sold using new forms of media and explain why.

E 4.41: Demographics can play a large role in advertising policies.

a) Explain the term "demographics".
b) How are changing customer demographics affecting market segments?
c) Can you name one concrete example?

E 4.42: How does increased environmental awareness offer new opportunities?

E 4.43: Political correctness has become very important in advertising. How has it changed the way companies advertise their products?

E 4.44: Who could benefit from political lobbying, particularly on an EU level?

Ein kurzer Kompetenz-Check, bevor's weitergeht!

Kompetenz-Check

	☺	😐	☹
Ich kann erfolgreiche und weniger erfolgreiche Produktinnovationen nennen.			
Ich kann die Bedeutung der neuen Märkte in Osteuropa und Asien für den österreichischen Außenhandel beschreiben.			
Ich kann Beispiele für neue Werbemedien nennen und beschreiben.			
Ich kann die Bedeutung der Veränderung der Käuferstrukturen für das Marketing beschreiben und Beispiele nennen.			
Ich kann die Bedeutung von Eventmarketing und Sponsoring beschreiben.			
Ich kann die Bedeutung und die Spielarten von Kundenbindungsprogrammen beschreiben.			
Ich kenne die wichtigsten Trends des Ökomarketings und kann die Chancen dieser Entwicklung beurteilen.			
Ich kann die Bedeutung von „Political Correctness" in der Werbung einschätzen und durch Beispiele erläutern.			
Ich kenne die Bedeutung des Begriffs „politisches Lobbying" und kann die Bedeutung dieser Bestrebungen einschätzen.			

Lerneinheit 9
Fallbeispiel

Üben – Anwenden

A B C D E

Ü 4.58: Fallbeispiel IKEA D

Der Erfolg von IKEA, einem schwedischen Einrichtungshaus, ist erstaunlich. In ein paar Jahrzehnten ist IKEA von einem einzelnen Geschäft in Schweden zu einem erfolgreichen international tätigen Möbelhändler geworden, der in mehr als zwei Dutzend Ländern vertreten ist und im Geschäftsjahr 2014 in 315 Geschäften einen Umsatz von 28,7 Milliarden Euro erzielt hat. Der Gewinn betrug 2014 3,3 Mrd. Euro. Was ist die Basis dieses Erfolgs?

IKEA hat eine klare marketingorientierte Unternehmensphilosophie: „Wir bieten eine große Auswahl von Einrichtungsgegenständen mit gutem Design und guter Funktion zu so niedrigen Preisen, dass sich die Mehrheit der Leute die Produkte leisten kann". Diese Botschaft wird auch in den Werbespots vermittelt.

Auf der Website des Unternehmens heißt es zur Geschäftsidee: „Ein breites Sortiment formschöner und funktionsgerechter Einrichtungsgegenstände zu Preisen anzubieten, die so günstig sind, dass möglichst viele Menschen sie sich leisten können. Wir arbeiten hart daran, unseren Kunden Qualität zu erschwinglichen Preisen zu bieten, indem wir unsere gesamte Produktion optimieren, langfristige Beziehungen zu Lieferanten aufbauen und in hoch automatisierte Produktion und die Herstellung großer Mengen investieren."

Durch diese großen Mengen und einfache Selbstbausysteme können die Kosten niedrig gehalten werden und dennoch modischere Designs verkauft werden, als es die Konkurrenz kann. Die Produkte reichen von Einrichtungsgegenständen bis zu Haushaltsartikeln und Haushaltswäsche. IKEA bietet rund 12 000 verschiedene Produkte an, die von IKEA designt werden, jedoch in verschiedenen Ländern produziert werden. Diese Kombination von modern designten Produkten und einer großen Auswahl zu niedrigen Preisen richtet sich an Personen mittleren Einkommens, IKEAs vorrangiges Zielpublikum.

IKEA bietet in seinen Geschäften auch Spielräume für 3- bis 7-jährige an, ein Kinderkino, einen „babycare"-Raum und Kinderwagen, um Paare mit kleinen Kindern anzuziehen. Sie führen auch Familienrestaurants mit schwedischen Spezialitäten und einen Schwedenshop mit Produkten wie Keksen, Marmeladen und Fisch, um das Einkaufserlebnis noch zu steigern. Schließlich bieten sie auch ein Zustellservice an.

Die Geschäfte sind meistens groß und außerhalb einer Stadt gelegen. Ihre Philosophie besagt, dass die Expansion vorsichtig erfolgen sollte. Deshalb werden neue Geschäfte erst eröffnet, wenn die bereits bestehenden erfolgreich geführt werden.

Aufgabe

Analysieren Sie, welchen Marketing-Mix IKEA umsetzt, und beschreiben Sie die verschiedenen Maßnahmen in den Bereichen der 4 Ps:

1. Welche Informationen finden Sie im Text zur Produkt-, Preis-, Distributions- und Kommunikationspolitik?
2. Wer ist die Zielgruppe von IKEA? Wie eindeutig lässt sie sich bestimmen?
3. Vergleichen Sie den Marketing-Mix von IKEA mit dem von anderen Möbeleinzelhändlern, die in Österreich tätig sind. Finden Sie deutliche Unterschiede zu den 4 Ps von IKEA?
4. Haben sie die gleiche Zielgruppe wie IKEA oder sprechen sie eine andere Zielgruppe an?
5. Welche USP hat IKEA, welche USPs haben die Mitbewerber von IKEA?

Zusatzaufgabe zur Vertiefung dieser Fragestellung

Sammeln Sie verschiedene kommunikationspolitische Maßnahmen von IKEA und Mitbewerbern auf dem Markt (Postwurfsendungen, TV-Werbung, Werbung in Printmedien, Internetauftritt, Social-Media-Marketing) und vergleichen Sie!

SbX
Download der Lerneinheit LE 10: ID: 4105

Ergänzungs-Lerneinheit 10
Befragungen entwerfen, durchführen, auswerten

Die Ergänzungs-Lerneinheit 10 steht im SbX als PDF-Datei zum Download zur Verfügung.

SbX
Download der Lerneinheit LE 11: ID: 4115

Ergänzungs-Lerneinheit 11
Werbebriefe gestalten

Die Ergänzungs-Lerneinheit 11 steht im SbX als PDF-Datei zum Download zur Verfügung.

5 MATERIALWIRTSCHAFT

Worum geht's in diesem Kapitel?

Selbst mit aggressiven Marketingmaßnahmen ist es in den meisten Branchen mittlerweile schwierig, absatzseitig die Gewinne zu erhöhen. Beispielsweise gelingt es dem Textilhandel in Österreich trotz intensiver Werbung oder häufiger Rabattaktionen schon seit Jahren kaum, das Wachstum zu steigern.

Die Unternehmen versuchen daher systematisch, Einsparungen in den Bereichen Beschaffung und Lagerhaltung zu erzielen. So kauft das Modehaus C&A weltweit bei den günstigsten Lieferanten ein. Mit dieser Global-Sourcing-Strategie gelingt es, die Einkaufskosten niedrig zu halten.

Die Materialwirtschaft trägt auf diese Weise wesentlich zum Erfolg eines Unternehmens bei.

Wenn Sie dieses Kapitel bearbeiten, erwerben Sie die folgenden in der Bildungs- und Lehraufgabe des Lehrplans angeführten Kompetenzen:

Sie können aus dem Bereich Wirtschaft und Gesellschaft

- Materialwirtschaft und Logistik unter Berücksichtigung von Aspekten der Ethik und Nachhaltigkeit aus der Sicht von Unternehmen und Konsumenten analysieren und beurteilen.

Sie können aus dem Bereich Materialwirtschaft

- Ziele der Materialwirtschaft operationalisieren,
- Beschaffungsprozesse optimieren,
- ein Beschaffungsmarketingkonzept erstellen,
- verschiedene Strategien der Beschaffung und Lagerorganisation unterscheiden,
- die wesentlichen Kostenarten der Materialwirtschaft und deren Zusammenhänge beschreiben,
- eine Lageranalyse mithilfe geeigneter Kennzahlen und Methoden durchführen und aus den Ergebnissen Schlussfolgerungen zur Optimierung ziehen.

Sie können durch den Einsatz von Fallstudien

- Ihre erworbenen Fach-, Methoden-, Sozial- und Selbstkompetenzen vernetzt anwenden.

A B C D E

In diesem Kapitel finden Sie Übungsaufgaben, praxisbezogene Fallbeispiele und Aufgaben zur Lernkontrolle zur Überprüfung Ihrer Kompetenzen auf den Handlungsebenen A **Wiedergeben,** B **Verstehen,** C **Anwenden** und D **Analysieren & Interpretieren.**

Dieses Kapitel umfasst folgende Lerneinheiten:

Quick-Check zum Thema:

Materialwirtschaft

A B C D E

Das folgende Fallbeispiel können Sie schon jetzt bearbeiten.

Ü 5.01: Fallbeispiel: Die Socke GmbH

Die Socke GmbH

(A) Das Unternehmen

Die Socke GmbH positioniert sich als Spezialgeschäft in Graz. Das schmale, aber tiefe Sortiment richtet sich an Grazer Männer, die großen Wert auf korrektes Auftreten legen und mindestens 2 Mal pro Jahr ihre Socken ersetzen. Mehr als 60 % des Umsatzes erzielt Die Socke GmbH mittlerweile mit dem Onlineshop bzw. mit einem Sockenabonnement, bei dem die Kunden automatisch 2-mal pro Jahr eine bestimmte Anzahl neuer Socken zugestellt bekommen.

Aufgrund der hohen Nachfrage nach Funktionssocken sucht das Unternehmen neue Lieferanten.

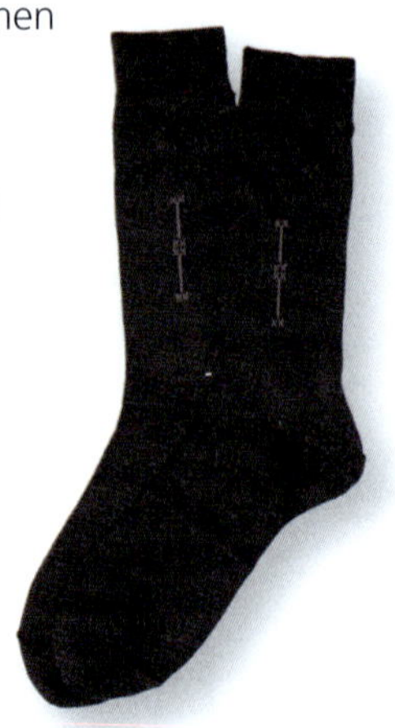

(B) Aufgaben

1. Zu welchen Vermögensgütern zählen die gelagerten Socken? Kreuzen Sie an. (Mehrfachlösung sind möglich.) C
   - a) ☐ Anlagevermögen
   - b) ☐ Umlaufvermögen
   - c) ☐ Finanzanlagevermögen
   - d) ☐ Sachanlagevermögen
   - e) ☐ Rohstoff
   - f) ☐ Hilfsstoff
   - g) ☐ Handelsware
2. Welche Verträge schließt Die Socke GmbH mit den Lieferanten ab? Begründen Sie Ihre Antwort. C
3. Welche Aufgaben erledigt die Materialwirtschaft bei Die Socke GmbH? A
4. Welche Entscheidungen hat Die Socke GmbH bei der Beschaffung von Socken zu treffen? B
5. Über mögliche Lieferanten von Funktionssocken hat Die Socke GmbH keinerlei Informationen. Wie könnte das Unternehmen bei der Suche nach Lieferanten vorgehen? C
6. Die Socke GmbH hat erfolgreich Kontakt zu verschiedenen Lieferanten aufgenommen. Mehrere Angebote liegen vor. Nach welchen Überlegungen könnte Die Socke GmbH eine Lieferantenauswahl vornehmen? C
7. Welche aktuellen Entwicklungen der betrieblichen Leistungserstellung sind für Die Socke GmbH von Bedeutung? B
8. Welche Überlegungen kann Die Socke GmbH im Bereich der Materialwirtschaft anstellen, um die Rentabilität des Unternehmens zu erhöhen? C

Lerneinheit 1
Was macht die Materialwirtschaft?

SbX
Alle SbX-Inhalte zu dieser Lerneinheit finden Sie unter der ID: 5010.

Der Möbelhändler Lutz betreibt in Österreich über 100 Standorte unter verschiedenen Möbelhausnamen wie z. B. XXXLutz, Möbelix oder Mömax. Die über 40 000 Artikel im Sortiment des Unternehmens werden zwischen Italien und Indonesien zu günstigen Konditionen eingekauft. Der Großteil der Artikel wird in Sattledt (OÖ) zentral gelagert und von dort – je nach Bedarfsmeldung – an die verschiedenen Filialen verteilt. Auf diese Weise sind sowohl die Verfügbarkeit der Waren als auch wettbewerbsfähige Preise als tragende Säulen des Erfolgs gesichert.

Lernen

SbX ID: 5011

1 Die Aufgaben der Materialwirtschaft
[The functions of materials management]

Aufgabe der Materialwirtschaft

Die Materialwirtschaft hat die Aufgabe, das Unternehmen mit allen nötigen Gütern und Leistungen zu versorgen.

Dabei fallen folgende Tätigkeiten an:

Grafik
Tätigkeiten in der Materialwirtschaft

DIE VERSORGUNG DES UNTERNEHMENS

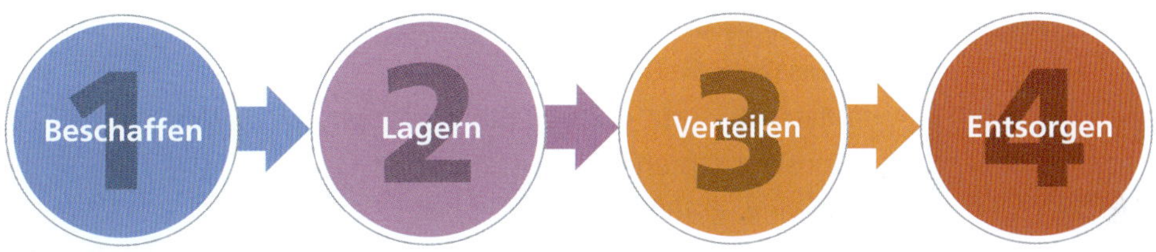

Beispiel

- Mit dem Einkauf von ungefärbtem Stoff und Stofffarbe erfüllt die Materialwirtschaft eines internationalen Textilherstellers die Beschaffungsaufgabe. Bis zur Verwendung in der Produktion lagern die Stoffe und die Farben im Beschaffungslager. Werden T-Shirts, Blusen, Hemden und andere Textilien an verschiedenen Standorten produziert, müssen die Stoffe und Farben an die Produktionsstätten verteilt werden. Stoffreste und nicht verbrauchte Stofffarben werden entsorgt.

Die einzelnen Aufgaben der Materialwirtschaft werden in der Regel von verschiedenen Abteilungen („Beschaffungsabteilung“, „Lagerabteilung“ etc.) wahrgenommen. Dabei ist eine sorgfältige Abstimmung nötig.

2 Die Zielsetzungen der Materialwirtschaft
[The objectives of materials management]

Die Materialwirtschaft hat die Versorgung des Unternehmens so vorzunehmen, dass die benötigten Güter und Leistungen

- in der richtigen Qualität,
- in der richtigen Menge,
- zum richtigen Zeitpunkt,

- am richtigen Ort,
- unter Minimierung der Kosten sowie
- unter Berücksichtigung ethischer und nachhaltiger Überlegungen

zur Verfügung stehen.

Zur Optimierung der Materialwirtschaft müssen widersprüchliche Zielsetzungen ausgeglichen werden. Entscheidungen in der Materialwirtschaft orientieren sich einerseits am Prinzip der **Wirtschaftlichkeit der Versorgung** und andererseits am Prinzip der **Sicherheit bei der Versorgung.**

Beispiele

- Kauft man mehr ein, bekommt man bessere Preise, wodurch die Wirtschaftlichkeit steigt. Größere Einkaufsmengen erfordern ein größeres Lager, wodurch die Versorgungssicherheit steigt. Allerdings verursacht ein größeres Lager höhere Kosten z. B. für Lagerraum oder Kapitalbindung, wodurch die Wirtschaftlichkeit sinkt.
- Hat man ein kleineres Lager, besteht die Gefahr, dass bestimmte Materialien nicht zur Verfügung stehen, wenn man sie benötigt, und Produktion und Absatz stocken. Dafür hat man geringere Lagerkosten.

3 Die Bedeutung der Materialwirtschaft [The importance of materials management]

Die Materialwirtschaft gewinnt in den Unternehmen der meisten Branchen zunehmend an Bedeutung. Dies hat zwei Gründe:

- Die Waren- und Materialkosten sind sehr hoch. Bei Handelsbetrieben machen sie bis zu 80 %, bei Produktionsbetrieben oft 40 bis 60 % des Umsatzes aus.
- In den verschiedenen Branchen beträgt der Anteil der Vorräte etwa 20 bis 30 % der Bilanzsumme. Aus diesem Grund sind die Lagerkosten für die Vorräte sehr hoch.

Der Gewinn eines Unternehmens kann daher leichter über Einsparungen beim Einkauf als durch Erhöhung des Absatzes gesteigert werden.

Beispiel

- Ein Büroartikelhändler weist folgende Zahlen auf:

  Umsatz: € 10.000.000,–

  Materialeinsatz: € 8.000.000,–, das sind 80 % vom Umsatz

  Sonstige Kosten: 16 % vom Umsatz

  Gewinn: € 400.000,–

  Können die Materialkosten aufgrund gezielter Einkaufsverhandlungen um 1 % gesenkt werden, steigt der Gewinn um € 80.000,– auf € 480.000,–.

  Das entspricht einer Steigerung um 20 %.

  Soll der Gewinn absatzseitig auf € 480.000,– erhöht werden, müsste der Umsatz um 20 % steigen.

  In der aktuellen Wettbewerbssituation ist eine Senkung der Materialkosten um ein Prozent leichter zu erzielen als eine Erhöhung des Umsatzes um 20 %.

SbX
Materialwirtschafts-Manager
ID: 5042

Materialwirtschaft und Wirtschaftsinformatik (Hinweis)

Die Informationswirtschaft unterstützt viele Entscheidungen in der Materialwirtschaft. Zu diesem Kapitel finden Sie in der Lerneinheit 4 Aufgaben, die Sie in drei Varianten lösen können:

1. Sie können den **Materialwirtschafts-Manager** im SbX (EXE-Datei) nutzen.
2. Sie können mit „Papier und Bleistift" arbeiten.
3. Oder Sie versuchen, die Aufgaben selbständig im Programm Excel zu programmieren.

Darüber hinaus finden Sie im SbX einen speziellen **Materialwirtschafts-Trainer,** mit dem Sie ein umfangreiches Fallbeispiel aus der Beschaffungsabteilung eines Unternehmens bearbeiten können.

Üben – Anwenden

A B C D E

Ü 5.02: Aufgaben der Materialwirtschaft C

Stellen Sie dar, wie die Aufgaben der Materialwirtschaft bei einem Blumenhändler wahrgenommen werden, der in mehreren Filialen ausschließlich Schnittblumen verkauft.

Ü 5.03: Vorratshaltung D

Ein Kartoffelchips-Hersteller meint: „Um den Absatz und den Gewinn zu sichern, müssen die Vorräte stets groß gehalten werden." Nehmen Sie Stellung zu dieser Ansicht.

Sichern

SbX ID: 5013

Aufgaben der Materialwirtschaft

Die Materialwirtschaft versorgt das Unternehmen mit allen nötigen Gütern und Leistungen. Dabei fallen folgende Tätigkeiten an:

- Beschaffen
- Lagern
- Verteilen
- Entsorgen

functions of materials management

Materials management provides the business with all the goods and services it requires. This involves the following tasks:

- purchasing
- storage/warehousing
- distribution
- disposal

Zielsetzungen der Materialwirtschaft

Die nötigen Güter und Leistungen sollen

- in der richtigen Qualität,
- in der richtigen Menge,
- zum richtigen Zeitpunkt,
- am richtigen Ort,
- unter Minimierung der Kosten sowie
- unter Berücksichtigung ethischer Überlegungen

zur Verfügung stehen.

objectives of materials management

The goods and services required should be provided

- in the right quality
- in the right quantity
- at the right time
- in the right place
- minimising any costs
- considering any ethical concerns.

Zielkonflikte in der Materialwirtschaft

Entscheidungen in der Materialwirtschaft gleichen die widersprüchlichen Ziele der

- Versorgungswirtschaftlichkeit und der
- Versorgungssicherheit

aus.

conflicting objectives in materials management

Decisions in materials management reconcile the conflicting objectives of

- cost effectiveness in purchasing and
- a safe and consistent supply of goods or services.

Bedeutung der Materialwirtschaft

meaning of materials management

Im aktuellen Wettbewerb ist es leichter, Gewinne über Kostensenkungen in der Materialwirtschaft zu erzielen als über Umsatzsteigerungen.

In the current competitive environment it is easier to be profitable by cutting costs in materials management than increasing turnover.

SbX ID: 5013

Im SbX finden Sie die englische Zusammenfassung als Audio-Wiederholung sowie eine Bildschirmpräsentation mit den Grafiken dieser Lerneinheit.

Wissen

A B C D E

W 5.01: Tätigkeiten in der Materialwirtschaft B

Welche Tätigkeiten fallen in der Materialwirtschaft an?

W 5.02: Ziele der Materialwirtschaft A

Welche Ziele verfolgt die Materialwirtschaft?

W 5.03: Zielkonflikte B

Wodurch kommt es zu Zielkonflikten in der Materialwirtschaft?

W 5.04: Bedeutung der Materialwirtschaft B

Welche Bedeutung hat die Materialwirtschaft eines Unternehmens?

English questions

E 5.01: Sarah has recently found a job in the Purchasing Department of Hauer GmbH, which produces and sells meat products of all types, e.g.: steak, sausages, smoked ham. In her first few days of training, she is given a general overview of materials management. Can you help her answer the following basic questions?

1. Why is good materials management a high priority for any business?
2. If you work in materials management, you will sometimes be faced by difficult decisions. What conflicting goals will you have to deal with?

Ein kurzer Kompetenz-Check, bevor's weitergeht!

Kompetenz-Check

	☺	😐	☹
Ich kann die Tätigkeiten in der Materialwirtschaft beschreiben.			
Ich kann die Ziele der Materialwirtschaft erklären.			
Ich kann die Zielkonflikte in der Materialwirtschaft darstellen.			
Ich kann die Bedeutung der Materialwirtschaft eines Unternehmens erläutern.			

Lerneinheit 2
Beschaffen und Entsorgen

SbX
Alle SbX-Inhalte zu dieser Lerneinheit finden Sie unter der ID: 5020.

Eine alte kaufmännische Weisheit lautet: „Im Einkauf steckt der halbe Gewinn." Die Beschaffung ist daher die Hauptfunktion der Materialwirtschaft. Damit die Beschaffungsabteilung ihre Potenziale ausschöpfen kann, stimmt sie sich sowohl unternehmensintern mit anderen Abteilungen als auch extern mit den Partnern des Unternehmens ab. Unternehmensintern koordiniert sich die Beschaffungsabteilung vor allem mit der Produktion und dem Marketing bzw. dem Absatz. Schließlich kann nur produziert und verkauft werden, was vorher beschafft wurde. Unternehmensextern gestaltet die Beschaffungsabteilung die Geschäftsbeziehungen zu den Lieferanten, um die optimale Versorgung des Unternehmens zu sichern.

Lernen

SbX ID: 5021

A B C D E

1 Aufgaben der Beschaffung [Functions of purchasing]

Die Aufgaben der Beschaffung gliedern sich in verschiedene Bereiche:

Grafik
Aufgabenbereiche der Beschaffung

Die Beschaffungsdurchführung und die Beschaffungskontrolle betreffen das Alltagsgeschäft der Materialwirtschaft, welches mit den Lieferanten des Unternehmens abgewickelt wird.

Alltagsgeschäft

Das **„Alltagsgeschäft"** betrifft regelmäßig wiederkehrende Entscheidungen. Sie werden auch „operative Entscheidungen" genannt.

Die Beschaffungsplanung schafft unternehmensintern die Voraussetzungen, damit die Beschaffung durchgeführt werden kann.

Zur Erinnerung: Diese Themenbereiche haben Sie schon im I. Jahrgang unter den Titeln „Kaufverträge vorbereiten, anbahnen und abschließen" sowie „Ordnungsgemäße Erfüllung des Kaufvertrags" und „Vertragswidrige Erfüllung des Kaufvertrags" gelernt.

Bei der Planung sind folgende Fragen zu klären:

- Welche Güter und Leistungen sollen
- in welcher Qualität,
- in welcher Menge,
- zu welchem Zeitpunkt,
- an welchem Ort,
- zu welchen Kosten

beschafft werden?

Diese bei der Beschaffungsplanung notwendigen Entscheidungen sind häufig langfristig ausgerichtet. Sie werden auch **„strategische Entscheidungen"** genannt.

Beispiel

- Bei der Entwicklung neuer Autos ist immer auch die Materialwirtschaft eingebunden. Ziel ist es, die Autos so zu konstruieren, dass die kostengünstige Gestaltung der Beschaffungsteile schon im Entwicklungsprozess gesichert ist. Häufig werden daher auch die künftigen Lieferanten in die Entwicklung miteinbezogen, um deren Know-how zu nutzen.

Beschaffungsmarketing [Supplier Marketing]

Ähnlich wie die **vier Ps** im Marketing kann und soll man auch im Beschaffungsbereich die **vier Fragen** aufeinander abstimmen:

① WAS wird
② zu welchem PREIS
③ WIE und von WEM eingekauft?
④ WIE PRÄSENTIERT man sich dabei als Käufer?

Grafik
Beschaffungspolitisches Instrumentarium

Wie beim Absatzmarketing das absatzpolitische Instrumentarium gibt es beim Beschaffungsmarketing **das beschaffungspolitische Instrumentarium.**

Die Beschaffungsmarktforschung stellt dem Beschaffungsmarketing die nötigen Informationen zur Verfügung.

(1) Beschaffungsmarktforschung

Die Beschaffungsmarktforschung analysiert und beobachtet den Beschaffungsmarkt und versucht, die zukünftigen Entwicklungen zu prognostizieren.

Zunehmend werden **Lieferanten** auch in den **Prozess der Produktentwicklung** eingebunden.

Die Daten werden gewonnen durch:

- **Sekundärforschung,** d.h. durch die Auswertung unternehmensinterner Unterlagen, wie Lieferantendatei, Lagerstatistik, oder externer Quellen, wie u.a. amtliche Statistiken, Lieferantenveröffentlichungen (Preislisten, Prospekte, Kataloge), Fachzeitschriften
- **Primärforschung,** d.h. durch Befragung und Beobachtung. Die wichtigsten Informationsquellen sind Messen und Ausstellungen, Anfragen bei Lieferanten, Auskünfte von Banken, Verbänden, Fachkollegen.
- **Internet:** Das Internet ist eine wichtige Quelle für die Beschaffungsmarktforschung. Es gibt spezielle Internetadressen, mit denen gezielt nach Lieferanten gesucht werden kann (z.B. **www.tradezone.com** oder **www.beschaffung.at**). Große Unternehmen haben auch eine eigene Einkaufs-Website.

Beispiel

Artikeldatei (Bezugsquellendatei)

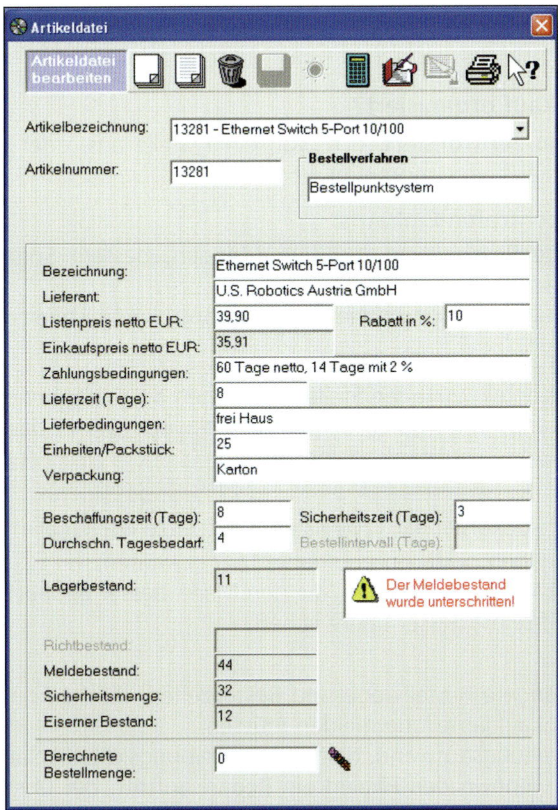

Die Informationen werden in der Praxis in Dateien gesammelt. Die Daten können in zwei Richtungen gestaltet werden:

- nach Artikel und Artikelgruppen: Welche Artikel können zu welchen Konditionen von wem bezogen werden?
- nach Lieferanten: Welche Artikel liefert ein bestimmter Lieferant zu welchen Konditionen?

Selbstverständlich sind diese Informationen laufend zu kontrollieren und zu ergänzen.

Große Abnehmer beeinflussen auch das Produktionsprogramm ihrer Zulieferer (z. B. Pkw-Erzeuger).

(2) Beschaffungsprogrammpolitik

Entschieden wird,

- welche Güter und Dienstleistungen
- in welcher Menge gekauft werden.

Diese Entscheidungen sind abhängig vom Produktionsprogramm bzw. vom Sortiment. Das heißt, sie werden wesentlich von der Produktpolitik im Rahmen des Marketings (vgl. Kapitel 4) bestimmt.

(3) Beschaffungspreis- und -konditionenpolitik

Das beschaffende Unternehmen versucht, Einfluss auf den Beschaffungspreis, Rabatte, Liefer- und Zahlungsbedingungen und auf eine eventuelle Kreditgewährung zu nehmen.

Zwei Strategien sind möglich:

- **passive Preis- und Konditionenpolitik**
  Auswahl der günstigsten Preise und Konditionen aufgrund der Angebote
- **aktive Preis- und Konditionenpolitik**
  Versuch, die angebotenen Preise und Konditionen durch Verhandlungen zu verbessern (z. B. durch Zusage größerer Abschlüsse, Zusage über Exklusivabnahme, Betonung von Preis- und Konditionenvergleichen)

Wie beim Absatz unterscheidet man auf den Beschaffungsmärkten **drei Marktformen: Monopol, Oligopol, Polypol.**

Die Möglichkeit, Einfluss auf den Beschaffungspreis auszuüben, hängt von der **Marktkenntnis** und dem **Verhandlungsgeschick der Einkäufer** ab. Außerdem spielt die **Marktform,** die für die Marktstellung des beschaffenden Unternehmens bestimmend ist, eine Rolle.

(4) Beschaffungsmethodenpolitik

Zu klären sind die Fragen:

- **Wer kauft ein?**
  Infrage kommen **betriebseigene** (Einkaufsabteilung, Reisende) oder **betriebsfremde** Einkäufer (Handelsvertreter).
  Je größer das Unternehmen, desto eher wird die Beschaffung durch eine eigene Einkaufsabteilung vorbereitet und durchgeführt.

- **Wo wird eingekauft?**

  Es kann **direkt** beim Produzenten oder **indirekt** über den Handel eingekauft werden. Damit verbunden ist auch das Problem der Lieferantenauswahl (vgl. dazu Abschnitt 2 in dieser Lerneinheit).

- **Wie ist der Einkauf organisiert?**

  Der Einkauf kann **zentralisiert,** d.h. von einer Stelle aus, oder **dezentralisiert,** d.h. von mehreren Stellen aus, vorgenommen werden.

  Vorteile eines zentralen Einkaufs:
  - kostengünstige Beschaffung (größere Mengen, bessere Spezialisierung der Einkäufer, genaue Beobachtung des Markts)
  - bessere Marktübersicht und daher bessere Kontrollmöglichkeit

  Nachteile eines zentralen Einkaufs:
  - schwächerer Kontakt zu jenen Stellen, an denen die Güter benötigt werden
  - mehr Verwaltungsarbeit durch längere Bestellwege, wenn das Unternehmen nicht über eine automatisierte Lagerverwaltung verfügt

Beispiel

- Ein Lebensmitteldiskonter hat 120 Filialen. Kauft er zentral für alle 120 Filialen ein, so kann er
  - größere Mengen bestellen und daher billiger kaufen,
  - eigene Einkäufer beschäftigen, die den Markt besser beobachten können,
  - den Einkauf selbst besser überwachen.

  Dafür hat er
  - eventuell längere Bestellwege und Bestellzeiten, da die Filialleiter den Bedarf an die zentrale Einkaufsabteilung melden müssen,
  - mehr Verwaltungsaufwand, da für einen reibungslosen Ablauf gesorgt werden muss,
  - Probleme, wenn in den Filialen ein Bedarf auftritt, der über den normalen Umfang hinausgeht.

Eine **optimale Beschaffungsmarktpolitik** ist stets eine **Kombination aus den beschaffungspolitischen Instrumenten**.

(5) Beschaffungskommunikationspolitik

Sie dient dazu, ein gutes Image des Unternehmens als Einkäufer aufzubauen, z.B. durch regelmäßige Bestellungen und pünktliche Zahlung.

Übungsbeispiele

Ü 5.04: Instrumente des Beschaffungsmarketings C

Eine Baufirma benötigt für Dachdeckungen regelmäßig Dachplatten in größeren Mengen. Die Platten wurden bisher von einem Unternehmen im selben Ort bezogen. Der Firmeninhaber hat auf einem Weiterbildungsseminar etwas von Beschaffungsmarketing gehört. Erklären Sie an diesem Beispiel, welche Instrumente des Beschaffungsmarketings verwendbar wären.

Ü 5.05: Aktive und passive Preis- und Konditionenpolitik B

Ein Industriebetrieb erneuert jährlich etwa 10 Büroarbeitsplätze in seinen Verwaltungsabteilungen.

a) Erklären Sie an diesem Beispiel, was man unter aktiver und unter passiver Preis- und Konditionenpolitik versteht.
b) Welche der beiden Formen kommt in diesem Fall eher in Betracht?

Ü 5.06: Zentrale und dezentrale Beschaffung und Lagerung C

Die Licht- und Wärmehandels GmbH verkauft Zentralheizungskörper und Zentralheizungszubehör, Heizlüfter und Beleuchtungskörper aller Art. Der Verkauf erfolgt in der Zentrale und in drei Filialen in anderen Städten, die rund 50 bis 70 km von der Zentrale entfernt liegen. Der Umsatz ist an allen Standorten ungefähr gleich hoch. Bisher wurde die Beschaffung und die Lagerung zentral vorgenommen. Da jedoch der Umsatz in den Filialen stark ansteigt, wird überlegt, ob nicht Beschaffung und Lagerung dezentralisiert werden sollen.
Welche Überlegungen sollten zu diesem Problem angestellt werden?

Beschaffungsprinzipien [Principles of Purchasing]

Drei Prinzipien der Materialbeschaffung sind möglich:

Grafik
Prinzipien der Materialbeschaffung

Vorratsbeschaffung ist auch notwendig, wenn ein Kunde die Ware besichtigen will, wie z. B. beim Uhren- und Teppichhandel, oder probieren will, wie z. B. beim Modeeinzelhandel.

(1) Vorratsbeschaffung

Der Bedarf für eine längere Zeitperiode wird auf einmal eingekauft. Das Lager dient als Puffer.

Vorteile dieses Prinzips:

- ständige Lieferbereitschaft beim Handelsbetrieb bzw. keine Gefahr der Produktionsunterbrechung beim Produktionsbetrieb
- kostengünstiger Einkauf in größeren Mengen
- Es kann ein günstiger Einkaufszeitpunkt abgewartet werden.

Nachteile:

- hohe Kapitalbindung
- hohe Zins- und Lagerkosten
- Gefahr der Veralterung und der Qualitätsminderung der Bestände

(2) Einzelbeschaffung im Bedarfsfall

Die Beschaffung erfolgt erst dann, wenn der Auftrag eingegangen ist.

Vorteile:

- kurze Lagerdauer
- geringe Kapitalbindung

Nachteile:

- Liefer- bzw. Produktionsbereitschaft nicht immer gesichert. Einzelbeschaffung ist daher nur möglich, wenn der Kunde bereit ist, Wartezeiten in Kauf zu nehmen.

Beispiele

Einzelbeschaffung

- meist bei Einzelfertigung, z. B.: Ein Tischler kauft Holz erst nach der Bestellung der Einbaumöbel, ein Baumeister kauft Material erst nach dem Bauauftrag.
- bei langfristigen Konsumgütern, wie z. B. bei Möbelhändlern, die nur Muster ausstellen (z. B. Einbauschränke, Betten, Küchen) und die Ware erst bestellen, wenn der Auftrag erteilt wurde

Je besser die **Informationen über den prognostizierten Absatz der Produkte** eines Unternehmens sind, desto besser kann die Materialwirtschaft **die Beschaffungsmenge** und die **Beschaffungstermine** planen.

(3) Absatz- bzw. fertigungssynchrone Beschaffung („just in time“)

Die benötigten Waren oder Materialien werden möglichst knapp vor ihrem Verkauf oder ihrer Verarbeitung angeliefert („just in time“). Das Lager wird auf möglichst geringe Sicherheitsbestände beschränkt.

Es werden Rahmenverträge über große Mengen abgeschlossen und meist hohe Konventionalstrafen für die Nichteinhaltung der sehr kurzen Abruffristen vereinbart.

Dadurch sollen die Vorteile der Vorratsbeschaffung und der Einzelbeschaffung im Bedarfsfall kombiniert werden.

Probleme ergeben sich bei diesem Beschaffungsprinzip, wenn der Bedarf unregelmäßig anfällt.

Beispiele

Just-in-time-Beschaffung

- Viele Lebensmitteldiskonter lassen die Ware direkt in den Verkaufsraum liefern und haben außerhalb des Verkaufsraums keine Lagerhaltung. Es kann daher zu Engpässen z. B. im Wochenendverkauf kommen (z. B. keine Milch, kein Fruchtsaft, kein Mineralwasser einer bestimmten Marke).
- Autoerzeuger verpflichten ihre Zulieferer, die notwendigen Teile an bestimmten Tagen und zu einer bestimmten Stunde direkt an das Montageband zu liefern.

Die **sichere Versorgung** des Unternehmens **mit den benötigten Mengen zum richtigen Termin** zählt zu den zentralen Aufgaben der Beschaffungsplanung.

Beschaffungsmenge und Beschaffungstermine
[Order quantities and order points]

Zunächst ist zu klären:

- Wie viel wird in der gesamten Produktionsperiode benötigt?
- Wie lange dauert es bis zur Lieferung?

Dann kann entschieden werden:

- Wie viel soll auf einmal bestellt werden?
- Wann soll bestellt werden?

(1) Waren- bzw. Materialbedarf („Wie viel wird benötigt?")

Basis für die Bedarfsermittlung ist der geplante Absatz bzw. die geplante Produktionsmenge. Als Entscheidungshilfen stehen Stücklisten, Kundenaufträge, Marktforschungsergebnisse etc. zur Verfügung.

(2) Beschaffungszeit („Wie lange dauert es bis zur Lieferung?")

Als Beschaffungszeit wird der Zeitraum von der Bedarfsmeldung an die Einkaufsabteilung bis zum Zeitpunkt, an dem die Materialien zur Verfügung stehen, verstanden. Sie setzt sich aus folgenden Teilen (Zeitbestandteilen) zusammen:

Zeitbestandteile	Beschreibung des Zeitbedarfs
Beschaffungsvorbereitungszeit	Zeit von der Bedarfsmeldung an den Einkauf bis zur Bestellung
Lieferzeit des Lieferanten	Zeit, die der Lieferant benötigt, um die Ware bereitzustellen
Transportzeit	Zeit für den Transport vom Lieferanten zum Kunden
Prüfzeit	Zeit für die Kontrolle der Ware beim Kunden

(3) Beschaffungsmenge („Wie viel soll auf einmal bestellt werden?")

Die Beschaffungsmenge soll so gewählt werden, dass die Summe aus Preis, Lagerkosten und Bestellkosten minimiert wird. Es ist zu entscheiden, ob

- kleine Mengen häufiger bestellt werden oder
- große Mengen seltener bestellt werden.

- **Kleine Beschaffungsmengen** und häufigere Bestellungen führen zu niedrigeren Lagerkosten, aber zu höheren Bestellkosten und oft auch zu höheren Einkaufspreisen (höhere Verwaltungskosten, ungünstigere Rabattsätze).
- **Große Beschaffungsmengen** führen umgekehrt zu höheren Lagerkosten und zu niedrigeren Bestellkosten und niedrigeren Einkaufspreisen.

Ist man keinen Beschränkungen unterworfen, so wird man jene Beschaffungsmenge in Auftrag geben, bei der die Kosten am geringsten sind (= optimale Bestellmenge).

Die Formel ist sehr begrenzt anwendbar, da sie einen gleichmäßigen Verbrauch über einen längeren Zeitraum annimmt und die Kosten pro Bestellung schwer zu ermitteln sind.

Manchmal wird versucht, die optimale Bestellmenge mit einfachen Formeln zu ermitteln.

Eine Formel lautet:

$$\text{optimale Bestellmenge} = \sqrt{\frac{200 \times \text{Jahresbedarf} \times \text{feste Bestellkosten pro Bestellung}}{\text{Preis pro Mengeneinheit} \times (\text{Zinssatz} + \text{Lagerkostensatz})}}$$

Beispiel

- Jahresbedarf: 6400 Stück
  feste Bestellkosten: € 162,– pro Bestellung
  Preis pro Einheit: € 144,–
  Kapitalzinsen: 6 % pro Jahr
  Lagerkosten: 3 % pro Jahr

$$\text{optimale Bestellmenge} = \sqrt{\frac{200 \times 6400 \times 162}{144 \times (6 + 3)}} = 400 \text{ Stück}$$

$$\text{Anzahl der Bestellungen pro Jahr} = \frac{\text{Jahresbedarf}}{\text{optimale Bestellmenge}} = \frac{6400}{400} = 16$$

Das heißt, es sollten 16-mal jährlich je 400 Stück bestellt werden.

In der Praxis werden die Bestellsysteme **durch die EDV** unterstützt.

Neben den Beschaffungs- und Lagerkosten hängt die Bestellmenge noch von zahlreichen anderen Faktoren ab:

- branchenübliche Mindestbestellmengen (z. B. Einheiten zu je 1000 Stück),
- Ausnutzung des Frachtraums (z. B. Spezialwagen, Lkw- bzw. Schiffsladungen),
- drohende Materialengpässe (Sicherheitskäufe),
- Preissteigerungen auf den Beschaffungsmärkten (zu erwartende Preissteigerungen führen zur Erhöhung des Lagers),
- Nachfrageverschiebungen, Modeänderungen (Vorsicht bei langfristiger Beschaffung),
- erforderliche Liquidität.

(4) Beschaffungstermin („Wann soll bestellt werden?")

a) Übersicht

Beschaffungstermin – Wann soll bestellt werden?

Zur Bestimmung des Bestellzeitpunkts gibt es folgende Möglichkeiten:

Grafik
Bestimmung des Bestellzeitpunkts

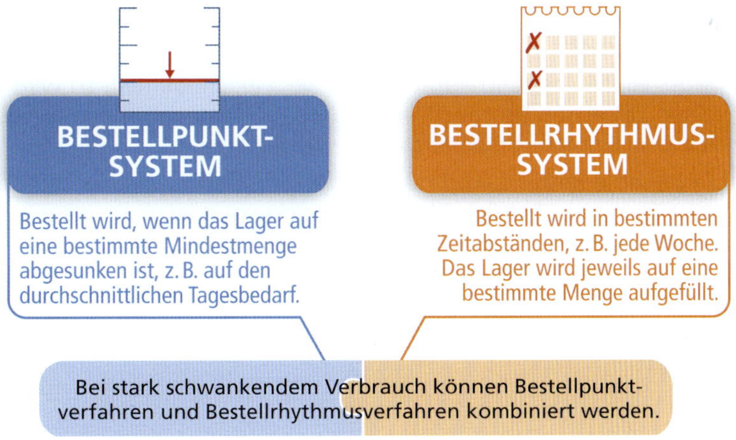

b) Bestellpunktsystem

Es wird ein bestimmter **Mindestbestand (Meldebestand)** festgelegt. Wird dieser Mindestbestand unterschritten, wird die **Bestellmenge** bestellt.

Möglichkeiten zur Bestimmung des Meldebestandes:

- Bestellung erst nach vollständigem Verbrauch

  Die Meldemenge beträgt null. Bestellt wird, wenn der Vorrat völlig aufgebraucht ist.

  Diese Vorgangsweise ist nur möglich,

  - wenn die Lieferanten sehr schnell liefern,
  - wenn die Fehlmengenkosten sehr gering sind.

Je größer der Sicherheitsbestand ist, desto höher sind die Kosten für die Lagerhaltung.

- **Bestellung nach Erreichen des Sicherheitsbestands**

  Der Sicherheitsbestand wird so groß gewählt, dass
  - bei durchschnittlichem Verbrauch und
  - bei durchschnittlicher Beschaffungszeit

  keine Lücke in der Versorgung auftritt.

Beispiel

Textilfabrik:

- Eine Textilfabrik verbraucht pro Tag 200 Ballen eines bestimmten Wollstoffs.
  ø Tagesverbrauch eines Wollstoffs = 200 Ballen
  ø Beschaffungszeit = 10 Tage
  Sicherheitsbestand = ø Tagesverbrauch × Beschaffungszeit = 200 × 10 = 2000 Ballen

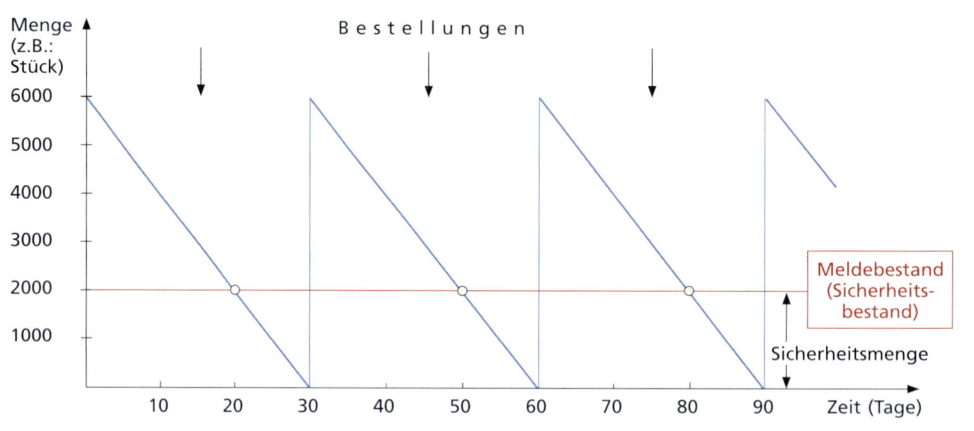

Bestellung nach Erreichen eines Sicherheitsbestands

Auch bei diesem Verfahren besteht die Gefahr, dass es zu Fehlbeständen kommt:
- Der tägliche Bedarf kann während der Beschaffungszeit über dem Durchschnitt liegen.
- Die durchschnittliche Beschaffungszeit kann vom Lieferanten überschritten werden.

- **Bestellung nach Erreichen eines Sicherheitsbestands, der um einen „eisernen Bestand" erhöht wird**

  Muss ein Fehlbestand auf jeden Fall vermieden werden, so wird der Sicherheitsbestand um einen **„eisernen Bestand"** erhöht (z. B. bei Materialien und fertigbezogenen Teilen, ohne die die Produktion nicht weitergeführt werden könnte).

  Der eiserne Bestand wird nur dann angegriffen, wenn der tägliche Bedarf während der Beschaffungszeit über den Durchschnitt ansteigt oder wenn die durchschnittliche Beschaffungsdauer überschritten wird.

Beispiel

Fortsetzung

- Der „eiserne Bestand" soll den Verbrauch für weitere 5 Tage decken.
  Meldebestand
  = Sicherheitsbestand (Sicherheitsmenge) + eiserner Bestand
  = (200 × 10) + (200 × 5)
  = 3000 Ballen

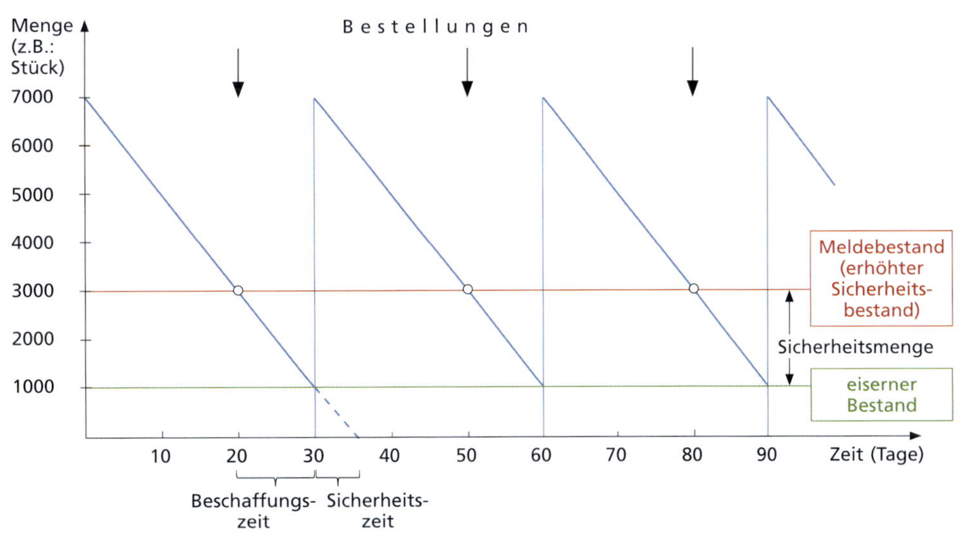

Bestellung nach Erreichen eines erhöhten Sicherheitsbestands

Übungsbeispiel

SbX Arbeitshilfe Excel-Vorlage: ID: 5021

Setzen Sie zur Berechnung die richtigen Formeln ein!

Ü 5.07: Notebook-Übung (Bestellung nach Erreichen eines Sicherheitsbestands) C

Im Zentrallager einer Buchhandlungskette werden u. a. die Bücher laut untenstehender Tabelle gelagert. Berechnen Sie die Sicherheitsbestände und die Meldebestände zur **Beschaffungsplanung** für die verschiedenen Bücher mit einem Tabellenkalkulationsprogramm (z. B. Excel). Verwenden Sie als Vorlage das folgende Schema. Führen Sie die Berechnungen in den grau unterlegten Zellen durch.

	A	B	C	D	E	F
1	**Bestandsermittlung für Buchhandlungskette**					
2						
3	**Hinweis:**					
4	Sicherheitsbestand = durchschnittlicher Tagesverbrauch x Beschaffungszeit					
5	Meldebestand = Sicherheitsbestand					
6						
7		**Artikel**				
8		Roman	Skriptum (Netzwerk)	Fachbuch (BW)	Sachbuch	Fachbuch (Medizin)
9	durchschnittlicher Tagesverbrauch	180	60	85	145	32
10	Beschaffungszeit (Tage)	10	12	14	7	14
11	Sicherheitsbestand					
12	Meldebestand					

Übungsbeispiel

SbX

Arbeitshilfe Excel-Vorlage: ID: 5021

Setzen Sie zur Berechnung die richtigen Formeln ein!

Ü 5.08: Notebook-Übung (Bestellung nach Einreichen eines erhöhten Sicherheitsbestands) C

Die Buchhandlungskette (siehe **Ü 5.07**) hält zur Sicherheit zusätzlich einen eisernen Bestand. Berechnen Sie die eisernen Bestände, die Sicherheitsmengen und die Meldebestände für die verschiedenen Bücher mit einem Tabellenkalkulationsprogramm (z. B. Excel). Verwenden Sie als Vorlage das folgende Schema. Führen Sie die Berechnungen in den grau unterlegten Zellen durch.

	A	B	C	D	E	F
1	**Bestandsermittlung für Buchhandlungskette**					
2						
3	**Hinweis:**					
4	Sicherheitsmenge = durchschnittlicher Tagesverbrauch x Beschaffungszeit					
5	eiserner Bestand = durchschnittlicher Tagesverbrauch x Sicherheitszeit					
6	Meldebestand = eiserner Bestand + Sicherheitsmenge					
7						
8		**Artikel**				
9		Roman	Skriptum (Netzwerk)	Fachbuch (BW)	Sachbuch	Fachbuch (Medizin)
10	durchschnittlicher Tagesverbrauch	180	60	85	145	32
11	Beschaffungszeit (Tage)	10	12	14	7	14
12	Sicherheitszeit (Tage)	5	8	10	3	12
13	eiserner Bestand					
14	Sicherheitsmenge					
15	Meldebestand					

c) Bestellrhythmussystem

Das Bestellrhythmussystem ist häufig im Handel anzutreffen. Dort sind kurze Wiederbeschaffungszeiten durch Lieferungen aus Zentrallagern möglich.

Es wird in bestimmten Zeitabständen – in einem bestimmten **Bestellrhythmus** – bestellt. Festgelegt werden:

- der Zeitabstand, in dem bestellt wird (z. B. jede 2. Woche)
- die Menge, auf welche das Lager aufgefüllt werden soll (der **„Richtbestand"**)

Außerdem muss der Verbrauch für die Beschaffungszeit berücksichtigt werden.

Beispiel

Bestellrhythmussystem

- Bestellrhythmus: 30 Tage
  Richtbestand: 1000 Stück
  Beschaffungszeit: 5 Tage
  ø Verbrauch pro Tag: 20 Stück

  Nach der ersten Bestellperiode sind noch 300 Stück auf Lager – bestellt werden daher (1000 – 300) + 5 × 20 = 800 Stück.

  Nach der zweiten Bestellperiode sind noch 450 Stück auf Lager – bestellt werden daher (1000 – 450) + 5 × 20 = 650 Stück.

  Selbstverständlich könnte man den Bedarf für die Beschaffungszeit sofort zum Richtbestand hinzuzählen. Im Beispiel ginge man dann von einem Richtbestand von 1100 Stück aus.

Übungsbeispiel

SbX

Arbeitshilfe Excel-Vorlage: ID: 5021

Setzen Sie zur Berechnung die richtigen Formeln ein!

Ü 5.09: Notebook-Übung (Bestellung nach dem Bestellrhythmussystem) C

Ein Möbelhändler führt das Regal „TECHNO" in seinem Sortiment. Die Bestellung erfolgt nach dem Bestellrhythmussystem, das Bestellintervall beträgt 30 Tage. Der Verbrauch pro Tag beträgt durchschnittlich 35 Stück, die Beschaffungszeit 8 Tage. Das Lager soll mit jeder Bestellung auf einen Richtbestand von 1200 Stück aufgefüllt werden.
Berechnen Sie den Lagerabgang, den Verbrauch während der Beschaffungszeit und die Bestellmenge für die einzelnen Bestellperioden auf Basis der aktuellen Lagerbestände in einem Tabellenkalkulationsprogramm (z. B. Excel). Verwenden Sie als Vorlage das folgende Schema. Führen Sie die Berechnungen in den grau unterlegten Zellen durch.

	A	B	C	D	E
1	**Ermittlung der Bestellmenge für einen Möbelhändler**				
2					
3	**Hinweis:**				
4	Lagerabgang = Richtbestand - aktueller Lagerbestand				
5	Verbrauch während der Beschaffungszeit = durchschn. Tagesverbrauch * Beschaffungszeit				
6	Bestellmenge = Lagerabgang + Verbrauch während der Beschaffungszeit				
7					
8	Durchschnittlicher Tagesverbrauch:		35		
9	Beschaffungszeit (Tage):		8		
10	Richtbestand:		1.200		
11					
12		**Bestellperioden (TECHNO)**			
13		1. bis 30. Tag	31. bis 60. Tag	61. bis 90. Tag	91. bis 120. Tag
14	aktueller Lagerbestand	462	449	436	405
15	Lagerabgang				
16	Verbrauch während der Beschaffungszeit				
17	Bestellmenge				

d) Optionalsystem

Bei stark schwankendem Verbrauch können Bestellpunktverfahren und Bestellrhythmusverfahren kombiniert werden.

Beispiel

Beim **Optionalsystem** wird in bestimmten Zeitabständen bestellt. Wird jedoch vorher ein bestimmter Mindestbestand unterschritten, wird früher bestellt.

Optionalsystem

- Bestellt wird alle 30 Tage oder wenn ein Lagermindestbestand von 300 Stück unterschritten wird.
- Der Richtbestand beträgt 1200 Stück.
- Für die Bestelldauer werden der Bestellung 100 Stück zugeschlagen.

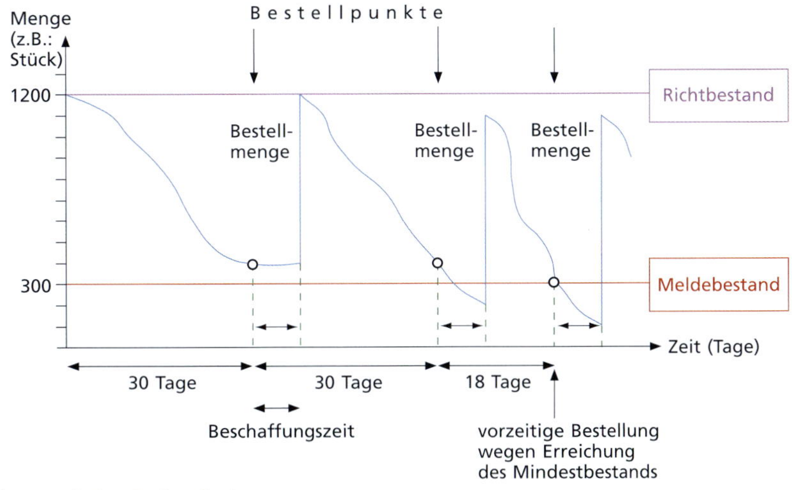

Bestellung nach dem Optionalsystem

In der 1. und 2. Bestellperiode wird im „Bestellrhythmus" bestellt, da der Mindestbestand nicht unterschritten wird. In der 3. Bestellperiode kommt es zu einer vorzeitigen Bestellung, da der Meldebestand vor Ablauf von 30 Tagen erreicht wurde.

Beachten Sie:
Bei unregelmäßigem Verbrauch wird der Richtbestand nicht bei jeder Bestellung genau erreicht werden. Der Bedarf für die Beschaffungszeit beruht ja nur auf Durchschnittswerten.

Übungsbeispiele

Ü 5.10: Bestellmenge wählen, Bestellzeitpunkt festlegen C

Ein Baumaterialhändler will Beschaffung und Lagerung von Bauzement kostengünstig gestalten.

a) Welche Daten braucht er, um die Bestellmenge günstig zu wählen?
b) Welche Möglichkeiten gibt es, den Bestellzeitpunkt festzulegen, und welche Vor- und Nachteile haben diese Möglichkeiten?

Ü 5.11: Meldebestand C

Ein Erzeuger von Luxussportwagen bezieht die Felgen (die Räder ohne Reifen) von einem Zulieferer. Abzüglich Wochenenden, Feiertagen und Werksferien wird 200 Tage im Jahr gearbeitet. Der Tagesbedarf an „Felgen" beträgt 360 Stück.
Die Beschaffungszeit beträgt 15 Tage. Um die Fertigung nicht zu gefährden, soll ein eiserner Bestand für 10 Tage gehalten werden. Wie hoch soll der Meldebestand sein?

2 Lieferantenmanagement [Supplier management]

Lieferantenmanagement

Das **Lieferantenmanagement** umfasst die Auswahl neuer Lieferanten und die Beziehungspflege zu bereits vorhandenen Lieferanten. Ziel ist es, mit den besten Lieferanten langfristige Lieferantenbeziehungen aufzubauen.

Lieferantenauswahl [Supplier selection]

Bei der Lieferantenauswahl geht es darum, den besten Lieferanten auszuwählen. Folgende wichtige Auswahlkriterien werden dabei herangezogen:

Zur Erinnerung: Diese **Auswahlkriterien** haben Sie schon im I. Jahrgang kennengelernt.

- Preis
- Qualität
- Lieferkonditionen
- Lieferzuverlässigkeit
- Nebenleistungen

Abhängig von der Branche wird dieser Kriterienkatalog auf die spezifischen Erfordernisse der Branche abgestimmt. Beispielsweise spielt der Service eines Lieferanten von Aufzügen oder Sesselliften bei der Auswahl eine bedeutende Rolle.

Abhängig vom Unternehmen sind die Kriterien unterschiedlich wichtig. Deshalb werden die einzelnen Faktoren zunächst bewertet und dann gemäß ihrer Bedeutung gewichtet.

Beispiel

Beachten Sie: Lieferantenbewertungen nach Bewertungstabellen setzen voraus, dass Mindestkriterien vorhanden sind. Zum Beispiel darf keine Bewertung schlechter als 2 sein. Damit werden Lieferanten ausgeschlossen, die zwar einige sehr gute Bewertungen, jedoch auch besondere Schwächen haben.

Entscheidungswerttabelle

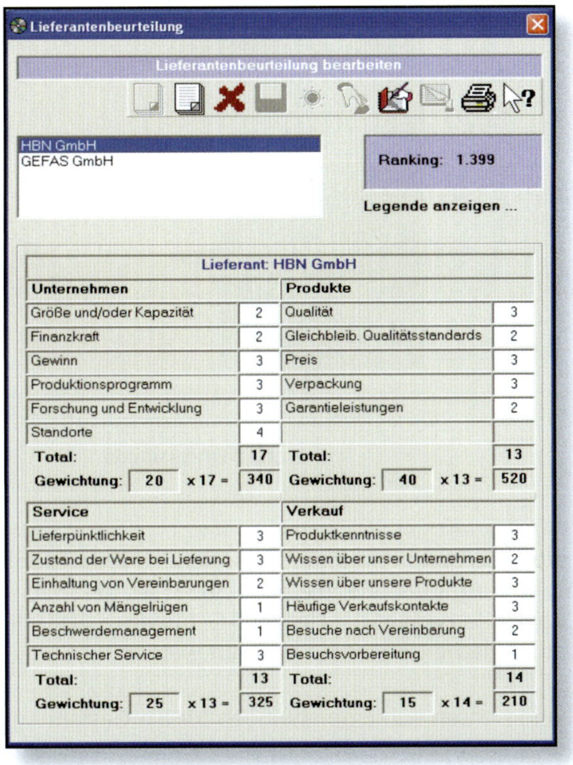

Lieferant: HBN GmbH			
Unternehmen		**Produkte**	
Größe und/oder Kapazität	2	Qualität	3
Finanzkraft	2	Gleichbleib. Qualitätsstandards	2
Gewinn	3	Preis	3
Produktionsprogramm	3	Verpackung	3
Forschung und Entwicklung	3	Garantieleistungen	2
Standorte	4		
Total:	17	**Total:**	13
Gewichtung: 20 x 17 =	340	**Gewichtung:** 40 x 13 =	520
Service		**Verkauf**	
Lieferpünktlichkeit	3	Produktkenntnisse	3
Zustand der Ware bei Lieferung	3	Wissen über unser Unternehmen	2
Einhaltung von Vereinbarungen	2	Wissen über unsere Produkte	3
Anzahl von Mängelrügen	1	Häufige Verkaufskontakte	3
Beschwerdemanagement	1	Besuche nach Vereinbarung	2
Technischer Service	3	Besuchsvorbereitung	1
Total:	13	**Total:**	14
Gewichtung: 25 x 13 =	325	**Gewichtung:** 15 x 14 =	210

Kommentar:

Der Einkäufer bewertet den Lieferanten nach vier Hauptkriterien, die jeweils in Unterkriterien aufgespaltet werden (vgl. den Screenshot). 4 bedeutet die beste Bewertung, 1 die schlechteste.

Da nicht alle Kriterien gleich wichtig sind, werden sie mit Gewichtungsfaktoren versehen. Die Bewertung des Unternehmens als Ganzes erhält eine Gewichtung von 20 %, die Bewertung der Produkte 40 %, die Bewertung des Service 25 % und die Bewertung der Verkaufsabteilung 15 %. Natürlich ist diese Gewichtung subjektiv.

Die Punktesummen für die einzelnen Hauptkriterien werden mit den Gewichtungen multipliziert und so ein Gesamtwert errechnet. Je höher der Gesamtwert, desto besser ist der Lieferant. Natürlich könnte man die Bewertung auch umdrehen und 1 als beste und 4 als schlechteste Punktezahl vergeben.

Übungsbeispiel

Ü 5.12: Auswahl von Lieferanten C

Ein Unternehmen bewertet zwei verschiedene Lieferanten (A und B) mit folgenden Punktzahlen (wobei die Höchstpunktezahl 6 beträgt). In der Klammer finden Sie jeweils die Gewichtung für das Merkmal.

- Die Bewertung der Unternehmen als Ganzes: A: 5 Punkte, B: 3 Punkte (Gewichtung 15 %)
- Die Bewertung der Produkte der Unternehmen: A: 4 Punkte, B: 6 Punkte (Gewichtung 50 %)
- Lieferpünktlichkeit und Service: A: 4 Punkte, B: 5 Punkte (Gewichtung 25 %)
- Betreuung durch die Verkaufsabteilung: A 6 Punkte, B 3 Punkte (Gewichtung 10 %)

Welchem der beiden Lieferanten ist der Vorzug zu geben?

A, weil ______________________________.

B, weil ______________________________.

Lieferantenbeziehungen [Supplier relationships]

Die Pflege der Lieferantenbeziehungen wird auch Supplier Relationship Management genannt.

Die Beschaffungsabteilung strebt langfristige Beschaffungspartnerschaften mit wenigen, aber wichtigen Lieferanten an. Aus den beiden Prinzipien der Materialwirtschaft **Versorgungswirtschaftlichkeit** und **Versorgungssicherheit** können Kriterien zur Bestimmung dieser Lieferanten gewonnen werden:

- Die **Versorgungswirtschaftlichkeit** wird durch den **Beschaffungswert** der Güter und Leistungen beeinflusst. Je höher der Beschaffungswert, desto höher ist die Auswirkung auf den Gewinn.
- Die **Versorgungssicherheit** wird durch das **Beschaffungsrisiko** beeinflusst. Je höher das Risiko, desto größer ist die Wahrscheinlichkeit, dass ein Lieferant ausfällt und die Versorgung mit den nötigen Gütern und Leistungen nicht funktioniert.

Grafik
Kriterien der Lieferantenbeziehungen

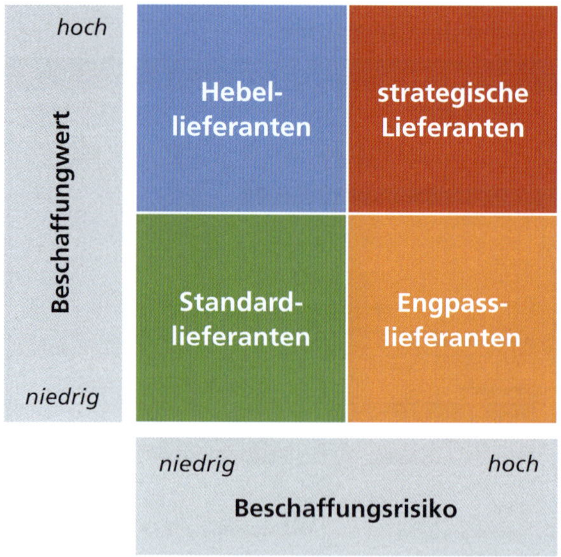

Beispiel

- Die Henkel AG produziert und vermarktet verschiedene Wasch- und Reinigungsmittel. Basis dieser Produkte sind fünf Rohstoffe, die etwa 30 % des gesamten Beschaffungswerts ausmachen. Diese Rohstoffe bezieht die Henkel AG von etwa 10 Lieferanten, die im Lieferantenportfolio als strategische Lieferanten definiert werden.

Aus dieser Klassifikation lassen sich Empfehlungen für die Gestaltung der Lieferantenbeziehungen ableiten:

Arten von Lieferanten	Maßnahmen
strategische Lieferanten	• Eine langfristige Zusammenarbeit auf partnerschaftlicher Basis ist erstrebenswert, um die Versorgung mit wichtigen Materialien sicherzustellen. • Strategische Lieferanten sollten soweit wie möglich in die Geschäftstätigkeit des Unternehmens integriert werden. Dazu braucht es ein besonderes Vertrauensverhältnis, regelmäßigen Datenaustausch und eine intensive Beziehungspflege.
Engpasslieferanten	• Der Abschluss längerfristiger Verträge ist empfehlenswert, um Versorgungsengpässe zu vermeiden. • Zusätzliche Vertragsabschlüsse können mit weiteren Lieferanten abgeschlossen werden. Diese sollten so flexibel sein, dass sie bei Bedarf liefern können, wenn ein Lieferant ausfällt.
Hebellieferanten	• Aus zwei Gründen kann bei Hebellieferanten auf langfristige Verträge verzichtet werden: Das Versorgungsrisiko ist gering, weil es genügend Lieferanten gibt. Da der Beschaffungswert hoch ist, kann sich das Unternehmen flexibel für den jeweils günstigsten Lieferanten entscheiden. Intensive Beziehungsmaßnahmen sind daher nicht nötig.
Standardlieferanten	• Standardlieferanten liefern Produkte, die leicht und kostengünstig zu beschaffen sind. Besondere Beziehungsmaßnahmen sind nicht erforderlich.

3 Entsorgung [Disposal]

Das Thema wird in der Lerneinheit 5 „Trends in der Materialwirtschaft" vertieft.

Das Entsorgen ist eine junge Funktion der Materialwirtschaft. Ihre Bedeutung ist aber im Steigen, weil der Umweltschutz immer wichtiger wird. Häufig wird der Entsorgungsaspekt bereits bei der Produktentwicklung berücksichtigt.

Beispiel

- Mercedes-Benz versucht, möglichst viele Naturmaterialien wie Baumwolle, Kokos oder Sisal in Türverkleidungen oder Sitzen zu verarbeiten. Viele Autobauteile wie Abdeckleisten oder Ölfilter werden aus recycelbaren Kunststoffen hergestellt.

Üben – Anwenden

A B C D E

Ü 5.13: Aufgaben der Beschaffung B

„Die Beschaffungsabteilung kauft nicht nur ein, sondern ist ein Gestalter von Geschäftsbeziehungen." Mit welchen Argumenten können Sie dieser Aussage zustimmen? Kreuzen Sie an. Mehrfachlösungen möglich.

a) Der Wareneinsatz/Materialeinsatz macht maximal 30 % aller Kosten aus.
b) Die Beziehungspflege begünstigt die Senkung von Beschaffungskosten, weil die Kommunikation mit den Lieferanten reibungsloser erfolgen kann.
c) Reduzierte Bestellkosten verbessern die Wettbewerbsfähigkeit.
d) Die Beziehungspflege ist ein wichtiges Instrument der Beschaffungsmethodenpolitik.

Ü 5.14: Produkteinführung und Beschaffung in einer Molkerei D

Eine österreichische Molkerei plant, unter der Produktbezeichnung „Topfencreme" eine neue Dessert-Creme in drei Varianten in 0,25-Liter-Bechern auf den Markt zu bringen:

- Topfen-Erdbeer
- Topfen-Orange
- Topfen-Chili

Marktforschungsergebnisse zeigen ein ausreichend großes Marktpotenzial für diese Produkte. Der geplante Einführungspreis liegt bei € 7,60 pro Liter.

Erdbeeren und Orangen werden bereits mit anderen Produkten der Molkerei verarbeitet. Die Rücksprache mit den vorhandenen Lieferanten hat ergeben, dass sie in der Lage sind, die erforderlichen Mengen zu liefern. Gespräche mit einem Lieferanten für die Verpackung sind bereits erfolgreich geklärt worden. Für die Variante mit Chili gibt es noch keine Lieferantenkontakte.

Aufgabe

Zeigen Sie anhand dieses Beispiels auf, welche Überlegungen die Beschaffung im Zusammenhang mit der Einführung neuer Produkte anstellen muss.

Berücksichtigen Sie dabei auch, was Sie im I. Jahrgang zu den Themen „Kaufverträge vorbereiten", „Beschaffungsplanung" und „Lieferantenauswahl" gelernt haben.

Ü 5.15: Beschaffungstermine C

Ein Geschirrhändler verkauft durchschnittlich 15 Teeservice pro Tag. Die Beschaffungszeit dauert durchschnittlich 20 Tage.

a) Nach welchem Bestellsystem werden die Teeservice in diesem Fall beschafft?
b) Bei welchem Meldebestand müssen die Teeservice bestellt werden?
c) Durch welche Maßnahmen kann die Beschaffungszeit in diesem Fall gezielt verkürzt werden?
d) Welche Vorteile hätte die Verkürzung der Beschaffungszeit für den Geschirrhändler?

Ü 5.16: Fallbeispiel: Lieferantenmanagement C

Ihr Unternehmen

Die Brille

Die Brille GmbH
Kindlerstraße 14
4020 Linz

Das 1980 gegründete Unternehmen produziert und bietet optische Brillen aus Kunststoff an. Die Produkte werden ausschließlich über den exklusiven Fachhandel vertrieben.

Sachverhalt

Seit einiger Zeit arbeiten Sie in der Materialwirtschaftsabteilung von Die Brille GmbH. Als Sie heute Ihr Büro betreten, finden Sie folgendes Memo von Ihrem Chef:

Die Brille

memo

Wie Sie wissen, ist einer unserer wichtigsten Lieferanten für hochwertigen Kunststoff in Konkurs gegangen. Der Beschaffungswert von Kunststoff dieser Güte liegt bei 32 %. Momentan haben wir noch genug Kunststoff auf Lager, ohne dieses Material müssten wir die Produktion unterbrechen.

Als Ersatz kommen nur die Lieferanten Donato GmbH und Konrad & Co infrage – sehr viele gibt es ja in diesem Bereich leider nicht. Ich habe mir schon Gedanken gemacht, wie wir die Auswahl vornehmen können, und ein Lieferantenbeurteilungsblatt entwickelt. Allerdings bin ich nicht ganz fertig geworden. Soweit verfügbar, habe ich Ihnen einige Informationen über diese beiden Lieferanten auf den Tisch gelegt.

Vielen Dank! Klaus Schmied

Aufgaben

1. Um welche Art von Lieferant handelt es bei dem Kunststofflieferanten von Die Brille GmbH? Kreuzen Sie an und begründen Sie Ihre Auswahl.
   a) ☐ strategischer Lieferant
   b) ☐ Engpasslieferant
   c) ☐ Hebellieferant
   d) ☐ Standardlieferant

   Begründung:

2. Stellen Sie das Lieferantenbeurteilungsblatt fertig und entscheiden Sie sich für einen Lieferanten.
3. Welche Maßnahmen empfehlen Sie, damit Die Brille GmbH künftig nicht wieder vom Konkurs eines wichtigen Lieferanten überrascht wird?

Unterlagen

Unternehmenssteckbriefe	
Donato	Konrad & Co
Das Produktionsprogramm ist vergleichbar mit dem Programm von Konrad & Co.	Das Produktionsprogramm ist vergleichbar mit dem Programm von Donato.
Donato verfügt über ein Forschungsbudget von 3 % vom Umsatz. Das Unternehmen gilt als eher konservativ und ist im Sektor nicht besonders gut vernetzt.	Konrad & Co gilt als Pionier der Kunststoffforschung und verfügt über ein Forschungsbudget von 8 % vom Umsatz.
bisher eher schlechte Erfahrungen mit dem Beschwerdemanagement	etwas besser als Donato, aber auch noch nicht gut

Lieferantenbeurteilungsblatt			
Unternehmen	Donato GmbH	**Gesamtwert**	
Unternehmen	Konrad & Co	**Gesamtwert**	

	sehr gut (4)	gut (3)	eher schlecht (2)	schlecht (1)		sehr gut (4)	gut (3)	eher schlecht (2)	schlecht (1)
Unternehmen					**Produkte**				
Größe und/oder Kapazität		K	D		Qualität	KD			
Finanzkraft			K	D	gleichbleibende Qualitätsstandards			KD	
Gewinn			K	D	Preis			KD	
Produktionsprogramm			KD		Verpackung			KD	
Forschung und Entwicklung					Garantieleistungen			KD	
technische Einrichtungen		K	D		***T(otal): K und D = 12***				
Standorte		K	D						
Management		K	D		**Verkaufspersonal**				
soziales Klima			K	D	*1. Kenntnisse*				
Kontakte			KD		sein Unternehmen			D	K
T(otal): K = ; D =					sein Produkt			K	D
21 x T : K = ; D =					unser Unternehmen			KD	
Service					unser Produkt			K	D
Lieferpünktlichkeit		KD			*2. Verkaufskontakte*				
Zustand der Ware bei Lieferung		KD			häufige Besuche			D	K
Einhaltung von Vereinbarungen			D	K	Besuche nach Vereinbarung				KD
Anzahl von Mängelrügen				KD	Besuchsvorbereitung			K	D
Beschwerdemanagement		KD			hohe Ergebnisorientierung			K	D
technischer Service		K	D		*3. Verkaufsservice*				
Hilfe bei Notfällen				KD	Auftragsverfolgung			D	K
Versorgung mit Katalogen etc.				KD	Beschleunigung der Lieferzeit			K	D
rasche Mitteilung von Preisänderungen				KD	Beschwerdemanagement				
T(otal): K = 16; D = 17					***T(otal): K = ; D =***				
23 x T : K = 368; D: 391					***15 x T : K = ; D:***				

Sichern

SbX ID: 5023

Aufgaben der Beschaffung

Die Beschaffung erfüllt operative und strategische Aufgaben. Die operativen Aufgaben beziehen sich auf die Durchführung und Kontrolle der Beschaffung. Die strategischen Aufgaben schaffen die Voraussetzungen zur Durchführung und Kontrolle der Beschaffung.

functions of purchasing

Purchasing performs operational and strategic functions. The operational functions include the execution and monitoring of purchasing. The strategic functions create the conditions for effective execution and monitoring of purchasing.

Beschaffungsmarketing

Das Beschaffungsmarketing umfasst die Bereiche Beschaffungsmarktforschung, Beschaffungsprogrammpolitik, Preis- und Konditionenpolitik, Beschaffungsmethodenpolitik und Beschaffungskommunikationspolitik.

supplier marketing

Supplier marketing includes the areas of supplier market research, purchasing programme policy, pricing policy and terms of payment, purchasing methods policy, and purchasing communication policy.

Beschaffungs-marktforschung	Die Beschaffungsmarktforschung beschafft Informationen für die Frage: Wer liefert was in welcher Qualität zu welchem Preis wie schnell?
purchasing market research	Purchasing market research collects information about: Who supplies what, of what quality, at which price, how fast?
Beschaffungs-programm	Das Beschaffungsprogramm stammt aus der Beschaffungsplanung. Dabei ist auch eine aktive Produktgestaltung möglich, bei der ein Lieferant veranlasst wird, die Produkte auf den Bedarf des Käufers abzustellen.
purchasing plan	The purchasing plan originates from the purchasing planning. This enables active product development by the supplier based on the needs of the buyer.
Preis- und Konditionenpolitik	Die Preis- und Konditionenpolitik kann passiv oder aktiv erfolgen. passiv: die besten Anbieter auswählen aktiv: Preise und Konditionen verhandeln
policies for pricing and conditions	Policies for pricing and conditions can be developed actively or passively. passively: by selecting the best suppliers actively: by negotiating prices and conditions
Beschaffungs-methoden	Bei der Beschaffungsmethodenpolitik wird entschieden, ob die Produkte über eigene oder fremde Einkäufer bezogen werden, direkt oder indirekt eingekauft werden bzw. zentral oder dezentral beschafft werden.
purchasing methods	Purchasing methods policies decide whether products are purchased using the company's own buyers or external buyers, directly or indirectly, or centrally or decentrally.
Kommunikations-politik	Die Beschaffungskommunikationspolitik erfolgt vor allem durch PR-Maßnahmen.
communication policies	Purchasing communication policies mainly consist of PR measures.
Beschaffungs-prinzipien	Als Beschaffungsprinzipien kommen infrage: Vorratsbeschaffung, Einzelbeschaffung oder absatz- bzw. fertigungssynchrone Beschaffung.
purchasing principles	Purchasing principles can be: purchasing for stock, individual purchasing or "just-in-time" purchasing.
Vorrats-beschaffung	Die Vorratsbeschaffung verursacht hohe Lagerkosten, andererseits wird die Liefer- und Produktionsbereitschaft gesichert.
purchasing for stock	Purchasing for stock results in high storage costs, however the business can always supply its customers and continue to produce.
Einzel-beschaffung	Die Einzelbeschaffung verursacht geringe Lagerkosten. Sie ist vor allem bei der Auftragsfertigung, aber auch bei manchen Konsumgütern (z. B. größere Möbel, Autos mit Spezialausstattung) üblich.
individual purchasing	Individual purchasing results in low storage costs. It is mainly used for contract manufacturing, but also for some consumer goods (e.g.: larger furniture, cars with custom features).
„just in time"	Die absatz- bzw. fertigungssynchrone Beschaffung („just in time") ist kostenoptimal. Bei schwankendem Bedarf ist sie schwer zu realisieren. Zulieferer von Großbetrieben werden meist vertraglich zu Just-in-time-Lieferungen verpflichtet.
"just-in-time" (JIT)	"Just-in-time" purchasing optimises costs. It is hard to use when demand fluctuates. Suppliers of large businesses are generally contractually obliged to make just-in-time deliveries.
Beschaffungs-menge	Werden kleine Mengen öfter bestellt, sinken die Lagerkosten, Beschaffungskosten und Preise steigen. Werden größere Mengen seltener bestellt, steigen die Lagerkosten, Bestellkosten und Preise werden jedoch günstiger. In der Praxis wird die Entscheidung EDV-gestützt getroffen.

order quantities

If smaller quantities are ordered more regularly, storage costs fall, and purchasing costs and prices rise.

If larger quantities are ordered less often, storage costs rise while purchasing costs and prices fall. In practice, the decision is made with the help of computer programmes.

Beschaffungstermine

Zur Bestimmung der Beschaffungstermine stehen das Bestellpunktsystem, das Bestellrhythmussystem und das Optionalsystem zur Wahl.

- Beim Bestellpunktsystem wird bestellt, wenn der Meldebestand unterschritten ist.
- Beim Bestellrhythmussystem wird in bestimmten Zeitabständen bestellt, die Menge ergibt sich aus dem Verbrauch – das Lager wird „aufgefüllt".
- Beim Optionalsystem wird in bestimmten Zeitabständen bestellt, wird der Meldebestand vorher unterschritten, wird früher bestellt.

order points

The order point system, fixed order interval system or combined system can be used to determine the order dates:

- with the order point system, orders are placed when the stock reaches a certain level
- with the fixed order interval system, orders are placed at regular intervals, the quantity is based on the quantity used – stock is brought back to its original agreed level
- with the combined system, orders are placed at regular intervals, unless the recorder level is reached first, in which case orders are placed sooner

Lieferantenmanagement

Das Lieferantenmanagement kümmert sich um die Auswahl geeigneter Lieferanten und um das Beziehungsmanagement zu den Lieferanten.

supplier management

Supplier management is concerned with selecting suitable suppliers and managing the relationships with suppliers.

Lieferantenauswahl

Bei der Lieferantenauswahl sind folgende Kriterien zu berücksichtigen: Qualität, Preis, Lieferzuverlässigkeit, Nebenleistungen.

supplier selection

The following criteria are considered in supplier selection: quality, price, reliability, and additional services.

Lieferantenbeziehungen

Je nach Klassifikation der Lieferantenbasis eines Unternehmens werden unterschiedliche Maßnahmen ergriffen. Unterschieden werden: strategische Lieferanten, Engpasslieferanten, Hebellieferanten und Standardlieferanten.

supplier relationships

Depending on the type of supplier base, different relationship policies are followed. Suppliers can be segmented as follows: strategic suppliers, bottleneck suppliers, leverage suppliers and routine suppliers.

Entsorgung

Die Materialentsorgung soll die umweltschonende Beseitigung des Abfalls sicherstellen.

disposal

Disposal of materials aims to ensure that all materials are removed in an environmentally friendly way.

SbX
ID: 5023

Im SbX finden Sie die englische Zusammenfassung als Audio-Wiederholung sowie eine Bildschirmpräsentation mit den Grafiken dieser Lerneinheit.

Wissen

SbX ID: 5024

A B C D E

SbX
W 5.07, W 5.12 und W 5.13 mit automatischer Aufgabenkontrolle
ID: 5024

W 5.05: Beschaffungspolitische Instrumente A

Welche beschaffungspolitischen Instrumente kennen Sie?

W 5.06: Vor- und Nachteile dezentraler Beschaffung A

Nennen Sie Vor- und Nachteile einer zentralen bzw. dezentralen Beschaffung.

W 5.07: Preise und Konditionen B

Beurteilen Sie, ob die nachfolgenden Aussagen richtig oder falsch sind. Sind die Aussagen falsch, stellen Sie sie richtig.

a) Unter „aktiver Preis- und Konditionenpolitik" versteht man die Auswahl der günstigsten Preise und Konditionen aufgrund der Ergebnisse der Beschaffungsmarktforschung.

☐ Richtig ☐ Falsch, richtig ist:

b) Unter „primärer Beschaffungsmarktforschung" versteht man vor allem die Auswertung unternehmensinterner Unterlagen wie Lieferantendateien, Lagerstatistiken oder externer Quellen, z. B. amtliche Statistiken sowie Preislisten und Kataloge der Lieferanten.

☐ Richtig ☐ Falsch, richtig ist:

c) Die Entscheidung, ob man zentral oder dezentral einkaufen soll, ist eine Frage der Beschaffungsmethodenpolitik.

☐ Richtig ☐ Falsch, richtig ist:

W 5.08: Materialbeschaffung A

Welche Prinzipien der Materialbeschaffung sind Ihnen bekannt?

W 5.09: Vorratsbeschaffung A

Welche Vor- und Nachteile hat die Vorratsbeschaffung?

W 5.10: Beschaffungszeit A

Wie setzt sich die Beschaffungszeit zusammen?

W 5.11: Bestellpunkt- und Bestellrhythmusverfahren A

Worin besteht der Unterschied zwischen Bestellpunkt- und Bestellrhythmusverfahren?

W 5.12: Arten der Beschaffung B

Überlegen Sie, welche der in der Tabelle genannten Unternehmen am ehesten einem der angegebenen Beschaffungsprinzipien folgen werden. Kreuzen Sie an.

	Vorratsbeschaffung	Einzelbeschaffung	Absatz- bzw. fertigungs-synchrone Beschaffung
Großproduzent von Mittelklasseautos			
Baufirma, die überwiegend Einfamilienhäuser baut			
Maßschneider			
Apotheke			

W 5.13: Bestellpunkt- und Bestellrhythmussystem B

Überprüfen Sie die Richtigkeit der folgenden Aussagen. Sind die Aussagen falsch, stellen Sie sie richtig.

a) Beim Bestellpunktsystem wird monatlich an einem bestimmten Zeitpunkt jeweils die gleiche Menge nachbestellt.

☐ Richtig ☐ Falsch, richtig ist:

b) Beim Bestellrhythmussystem wird in bestimmten Zeitabständen jeweils die gleiche Menge nachbestellt.

☐ Richtig ☐ Falsch, richtig ist:

c) Beim Optionalsystem wird prinzipiell in bestimmten Zeitabständen so viel bestellt, dass der Solllagerbestand erreicht wird. Die Bestellung erfolgt jedoch früher, wenn die Meldemenge vor den festgelegten Zeitpunkten unterschritten wird.

☐ Richtig ☐ Falsch, richtig ist:

W 5.14: Kriterien der Lieferantenauswahl A

Welche Auswahlkriterien sind bei der Lieferantenauswahl wichtig?

W 5.15: Lieferantenbeziehungen A

Welche Arten von Lieferanten lassen sich unterscheiden?

W 5.16: Entsorgung B

Warum wird die Entsorgung als Aufgabenbereich der Materialwirtschaft immer wichtiger?

English questions

E 5.02: Sarah has now been with Hauer GmbH for several weeks, and has learned more about the supplier side of purchasing. She is trying to organize all she has learned in sections. Help her by answering the following questions.

1. What activities make up Hauer's purchasing market research programme?
2. Hauer uses both an active and a passive pricing and conditions policy. When do they use them?
3. Sarah has learned that there are three main purchasing principles.
4. Sarah has learned that Hauer must decide whether to order products in large or small quantities. What factors will influence Hauer's decisions?
5. Sarah knows that Hauer can use three systems to decide on order dates. Can you explain to her the differences between the systems?
6. What factors will be important to Hauer when choosing a supplier?
7. Hauer has developed different relationships with its various suppliers depending on the products needed. What are the four groups which are relevant here?

Ein kurzer Kompetenz-Check, bevor's weitergeht!

Kompetenz-Check

	☺	😐	☹
Ich kann die Aufgaben der Beschaffung beschreiben.			
Ich kann die verschiedenen Teile des Beschaffungsmarketings beschreiben und durch Beispiele erläutern.			
Ich kann die verschiedenen Beschaffungsprinzipien und ihre Vor- und Nachteile erklären.			
Ich kenne die Möglichkeiten zur Bestimmung des Bestellzeitpunkts.			
Ich kann Bestellzeitpunkt und Bestellmenge nach unterschiedlichen Verfahren berechnen.			
Ich kenne die Kriterien für die Auswahl von Lieferanten.			
Ich kann Lieferanten mit einer Entscheidungswerttabelle auswählen.			
Ich kann die Bedeutung der Beschaffungskontrolle erklären.			
Ich kann die Lieferanten nach wichtigen Überlegungen klassifizieren und Maßnahmen der Beziehungspflege auf die Klassifikation abstimmen.			
Ich kann die Bedeutung der Entsorgung für die Materialwirtschaft erläutern.			

Lerneinheit 3
Lagern und Verteilen

SbX
Alle SbX-Inhalte zu dieser Lerneinheit finden Sie unter der ID: 5030.

Für die Kundenorientierung ist es wichtig, dass z. B. in einem Jeans-Shop die wichtigsten Modelle und Größen auf Lager sind.

In anderen Wirtschaftsbereichen ist das Lager noch wichtiger. Denken Sie z. B. an landwirtschaftliche Produkte, die nur einmal im Jahr geerntet werden und bei schlechter Lagerung verderben. Oder an Industriebetriebe, deren Produktion stockt, nur weil ein wichtiges Teil nicht auf Lager ist.

Lernen

1 Lagerfunktionen [Storage functions]

Gelagert wird immer für einen bestimmten Zweck.

Nach der Warenannahme und Prüfung erfolgt die Einlagerung der Güter. Das Lager hat dabei zwei Funktionen zu erfüllen:

- **Ausgleich:** Überbrückung zwischen Beschaffung und Verwendung bzw. Verwendung und Entsorgung
- **Umformung:** Materialien werden im Lager in einen anderen Zustand gebracht – z. B. Trocknen von Holz, Reifen von Käse oder Wein

Bei **gefährlichen Stoffen** ist auch für eine **sichere Lagerung** zu sorgen, z. B. für chemische Erzeugnisse, Explosivstoffe oder radioaktive Substanzen gibt es spezielle Lagerungstechniken.

2 Lagerorganisation [Storage organisation]

Jedes Lagersystem hat Vor- und Nachteile.

Die Lagerorganisation soll dafür sorgen,

- dass das Lager gut ausgenützt wird (wenig Leerflächen),
- dass die gelagerten Güter schnell gefunden und leicht wieder weitertransportiert werden können,
- dass Güter mit Ablaufdatum rechtzeitig gemeldet werden (z. B. Medikamente).

Bei der Organisation des Lagers sind folgende Überlegungen zu beachten:

(1) Guter Anschluss an außerbetriebliche und innerbetriebliche Transportsysteme

Beispiele

- leichte Zufahrtsmöglichkeit
- Laderampen in der Höhe der Ladeflächen
- eventuell Anschlussgleise für den Eisenbahntransport
- Zufahrtsmöglichkeiten für Hubstapler zur Laderampe
- Lagerstraßen, die für die internen Transportmittel breit genug sind

(2) Gestaltung der Lagerordnung

Für die Lagerordnung gibt es zwei Möglichkeiten:

Das **Festplatzsystem** ist nach dem Prinzip **„Gleiches zu Gleichem"** organisiert.

- **das Festplatzsystem**

  Jedes Lagergut erhält einen festgelegten und reservierten Lagerplatz. Dadurch ist das Lager sehr übersichtlich und erleichtert die Arbeit bei der Einlagerung und Kontrolle der Bestände. Eine systematische Kennzeichnung der Lagerorte ermöglicht es, jedes gelagerte Gut schnell aufzufinden.

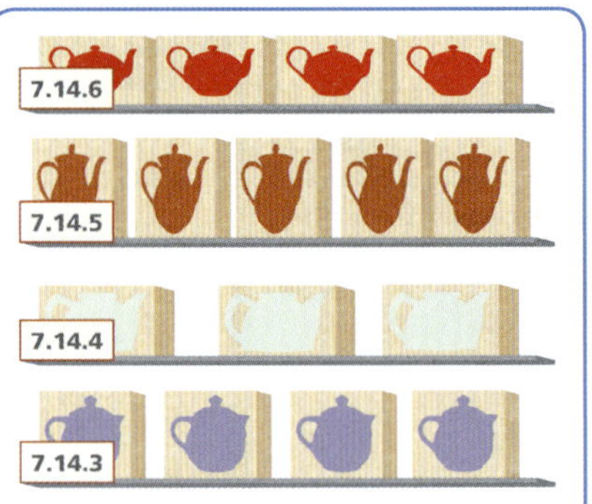

Festplatzsystem

Beispiel

- Symbol 7.14.3 könnte heißen: 7. Lagerstraße, 14. Regal, 3. Fach.

Häufig benötigte Waren werden an besser erreichbaren Orten gelagert als weniger häufig benötigte.

Beispiel

- Im Handel spricht man z. B. von
  - „schnell drehenden Waren", die z. T. täglich umgeschlagen werden und daher meist direkt im Verkaufsraum gelagert werden (Brot, Mehl, Milch etc.), und
  - „langsam drehenden Waren", die selten umgeschlagen werden (Möbel, Sanitärwaren etc.). Von diesen werden im Verkaufsraum nur Muster gezeigt.

Bei verderblichen Gütern oder Gütern, die schnell veralten (z. B. Modeartikel), wird man besonders darauf achten, dass die zuerst eingelagerten Güter bei Bedarf auch wieder zuerst ausgelagert werden, damit keine „Ladenhüter" entstehen.

Wichtigster Nachteil des Festplatzsystems ist der hohe Raumbedarf. Für eine Organisation nach dem Festplatzsystem eignen sich hauptsächlich Produktions- und Ersatzteillager mit einem großen Sortiment.

Das chaotische System wird auch als **„Open Warehouse System"** bezeichnet.

- **das chaotische System**

  Bei der chaotischen Lagerung wird der jeweils nächstliegende freie und geeignete Lagerplatz belegt. Die Entnahme erfolgt von jenem Standort aus, der am günstigsten liegt. Eine Materialart kann auf diese Weise über mehrere Lagerplätze verteilt sein.

  Das chaotische Lagersystem ist raumsparend. Es erfordert ein schnelles und gut funktionierendes Verwaltungssystem und ist immer EDV-gesteuert. Diese Organisation wird hauptsächlich in automatischen Hochregallagern, Umschlag- und Versandlagern benutzt.

(3) Transport- und Stapeleinheiten sollen erhalten bleiben

Das Lagersystem ist dann optimal, wenn Einlagerung, Lagerung und Auslagerung in den gleichen Stapeleinheiten erfolgen können.

Beispiele

- In vielen Lebensmittelsupermärkten werden die Waren auf Paletten eingelagert und auf den gleichen Paletten in die Verkaufsräume gebracht, von wo sie der Kunde direkt entnimmt (z. B. Getränke).
- Baumaterial (Zementsäcke, Ziegel etc.) wird ebenfalls nach Möglichkeit vom Produzenten über den Handel bis zur Baustelle auf derselben Palette transportiert und gelagert.

(4) Kontrolle unter Beachtung der Wirtschaftlichkeit

Mit der Verwendung von **Strichcodes** („Barcodes") wird die Lagerbewirtschaftung erheblich erleichtert.

Die Materialzu- und -abgänge sollen lückenlos überwacht werden. Das heißt, jeder Lagerzu- bzw. -abgang soll erfasst werden (Wareneingangsbelege, Materialentnahmescheine etc.). Dazu dienen auch:

- Lagerfachkarten (mengenmäßige Kontrollkarten in den Lagerregalen) und
- Lagerkarteikarten (mengen- und wertmäßige Lagerbuchhaltung zur Erstellung der Unterlagen für die Hauptbuchhaltung).

Die Kontrollmaßnahmen vor allem bei Einlagerung und Auslagerung sollen jedoch dem Wert des Gutes angemessen sein.

Beispiel
Eine genaue Kontrolle sichert auch die rechtzeitige Nachbestellung.

- Es ist wenig sinnvoll, die Lagerung von Schrauben, die in kleinen Mengen verbraucht werden, durch Materialeingangsmeldungen und Materialentnahmescheine in dreifacher Ausfertigung zu kontrollieren.

Die Lagerorganisation ist eng mit der Lagerausstattung verbunden. Soweit keine Speziallager erforderlich sind, geht die Tendenz zu

- **Hochregallagern,** in denen die Güter auf
- **Paletten** mittels
- **Hubstapler** ein- und ausgelagert werden.

3 Zentrales oder dezentrales Lager?
[Centralised or decentralised storage]

Große Unternehmen wie z. B. Tchibo unterhalten ein großes Zentrallager und mehrere kleinere Regionallager, von denen aus die verschiedenen Filialen beliefert werden.

Die Frage ergibt sich nur

- bei Betrieben mit mehreren Produktionsstätten oder Verkaufsstellen oder
- bei Industriebetrieben mit flächenmäßig ausgedehnten Produktionsstätten.

Vorteile eines zentralen Lagers:

- geringere Mindestbestände pro Warenart und damit insgesamt geringerer Kapitalbedarf
- günstigere Raumausnützung
- wirtschaftlicher Personaleinsatz
- wirtschaftlicher Einsatz von Großgeräten (Hubstapler, Förderbänder)

Nachteile eines zentralen Lagers:

- Längere Zustellwege (wenn der Verbrauch dezentral erfolgt); dies bedeutet längere Zeiten zwischen Anforderung und Zustellung der Güter aus dem Zentrallager und zusätzliche Zustellkosten.
- Eventuell größerer Verwaltungsaufwand, da der Bedarf immer an die Zentrale gemeldet werden muss. Dies spielt jedoch bei integrierter, EDV-gestützter Materialbewirtschaftung nur eine geringe Rolle.

Die Anforderungszeiten können durch Internetanbindungen verkürzt werden, der **Transport** muss jedoch **körperlich** vorgenommen werden.

Die Vor- und Nachteile von dezentralen Lagern sind entgegengesetzt.

Beispiel

- Die Handelskette SPAR verfügt in Wels über eines der größten vollautomatischen Zentrallager Österreichs. Über 11 000 verschiedene Artikel werden in den 30 Meter hohen Regalen gelagert. Etwa 120 000 Posten werden täglich eingelagert, kommissioniert und an die SPAR-Märkte in ganz Österreich ausgeliefert.

In der Praxis findet man in der Regel eine Kombination von zentraler und dezentraler Lagerung. Außerdem gibt es in jedem Betrieb „Handlager", die ständig benötigte Materialien oder Kleinwerkzeuge enthalten.

4 Materialverteilung und Materialentsorgung
[Materials distribution and materials disposal]

In der Praxis wird die Materialverteilung auch als **Disposition** bezeichnet.

Bei der **Materialverteilung** fallen verschiedene Transport- und Umschlagtätigkeiten an:

- vom Lieferanten zum Betrieb
- innerhalb eines Betriebs
- vom Betrieb zum Absatzmarkt

Das Thema **„Entsorgen"** wird in Kapitel 6 „Logistik und Logistikbetriebe" vertieft.

Das **Entsorgen** ist eine junge Funktion der Materialwirtschaft. Ihre Bedeutung ist aber im Steigen, weil allgemein Umweltschutzbemühungen stärker und gesetzliche Vorschriften zum Umweltschutz immer strenger werden.

Üben – Anwenden

A B C D E

Ü 5.17: Tendenz, die Lagerhaltung zu zentralisieren C

Weltweit zeigt sich bei großen Handelsunternehmen die Tendenz, die Lagerhaltung zu zentralisieren.

a) Recherchieren Sie im Internet, wie große österreichische Lebensmittelhändler die Lagerhaltung organisieren. Präsentieren Sie Ihre Recherche-Ergebnisse.

b) Wie lässt sich die Entwicklung zur Zentralisierung aus betriebswirtschaftlicher Sicht begründen?

Ü 5.18: Fallbeispiel bauMax D

Im Zentrallager der bauMax AG sind ca. 200 Mitarbeiter beschäftigt, die in zwei Arbeitsschichten über 37000 Artikel verwalten. Die bauMax AG ist um „eine zentralisierte Abwicklung bestrebt – aber nur solange sie vernünftig ist". D. h., etwa die Hälfte aller bauMax-Märkte wird von den Lieferanten beliefert, die andere Hälfte vom Zentrallager aus. „Für viele Lieferanten ist es einfach zu aufwendig, viele kleine Ladungen direkt an die bauMax-Märkte zu senden", sie liefern daher zuerst ins Zentrallager und von dort aus werden die über 160 Märkte in neun verschiedenen Ländern beliefert.

Damit ein so großes, chaotisch organisiertes Lager funktioniert, braucht es eine gute IT-Unterstützung. Nur so ist ein einigermaßen optimiertes Lager garantiert.

Aufgabe

a) Stellen Sie die Vor- und Nachteile eines zentralen Lagers am Beispiel von bauMax dar.

b) Welche Tendenzen in der Lagerhaltung können Sie bei bauMax feststellen?

c) Warum kann das Lager von bauMax trotz IT-Unterstützung nur „einigermaßen" und nicht völlig optimiert werden?

Ü 5.19: Lagerordnung C

Überlegen Sie, welche Lagerordnung Sie in den folgenden Fällen empfehlen würden. Begründen Sie Ihre Ansicht.

a) Medikamente in einer Apotheke

b) Fahrrad-Ersatzteillager eines Großhändlers

Sichern

SbX ID: 5033

Lagerfunktionen

Lager können grundsätzlich zwei Funktionen erfüllen:

Ausgleichen zwischen Beschaffung und Verwendung bzw. Entsorgung
Umformen (z. B. Trocknen, Reifen)

storage functions

Storage facilities can fulfil two functions:

bridging the gap in time between purchase and use or use and disposal of the material
allowing the material time to reach the point where it can be used or sold (e.g.: drying, ripening)

Lager-organisation

Die Lagerorganisation soll sicherstellen:

- schnelles Auffinden der gelagerten Güter
- gute Ausnützung der Lagerflächen
- Vermeiden von Schwund und Verderb (z. B. Melden des Ablaufdatums)

storage organisation

Storage organisation should ensure that:

- the goods stored can be found quickly
- the storage space is used efficiently
- waste and spoilage is avoided (e. g.: notification of expiry dates)

Lagerordnung

Für die Lagerordnung gibt es folgende Systeme:

- Festplatzsystem oder chaotische Lagerhaltung

storage system

Storage space can be organized in two ways:

- fixed place system or chaotic system

weitere Anforderungen

Außerdem soll die Lagerorganisation sicherstellen:

- Erhaltung von Transport- und Stapeleinheiten
- Kontrolle unter Beachtung der Wirtschaftlichkeit

additional requirements

A storage system should also ensure:

- transport and stacking units are kept intact
- efficient monitoring of the goods stored

zentrales oder dezentrales Lager

Lager können zentral oder dezentral angelegt sein. Zentrale Lager

- ermöglichen geringere Lagerbestände, günstigere Raumausnützung, wirtschaftlicheren Personaleinsatz,
- verursachen jedoch höhere Verteilungskosten vor allem durch den körperlichen Transport der Güter und vermindern die Lieferbereitschaft in den Teilbetrieben oder Filialen.

centralised or decentralised storage

The storage function can be centralised or decentralised.

- Centralised storage keeps inventory levels to a minimum, improves use of the space, and allows efficient allocation of staff.
- However it causes higher distribution costs, mainly due to the need to transport goods to distribution points, and reduces the service level provided to customers by the operating units or branches of the business.

SbX
ID: 5033

Im SbX finden Sie die englische Zusammenfassung als Audio-Wiederholung.

Wissen

SbX ID: 5034

A B C D E

SbX
W 5.19 und W 5.20 mit automatischer Aufgabenkontrolle
ID: 5034

W 5.17: Zentrale Lagerung A

Welche Vor- bzw. Nachteile hat eine zentrale Lagerung?

W 5.18: Organisation des Warendurchlaufs A

Welche Grundsätze sollen bei der Organisation des Warendurchlaufs beachtet werden?

W 5.19: Chaotisches Lagersystem A

Welche Aussagen treffen auf ein „chaotisches Lagersystem" zu (Mehrfachantworten möglich)?

a) Die gleiche Warenart wird je nach freiem Raum an unterschiedlichen Stellen gelagert.
b) Das chaotische Lagersystem spart im Vergleich zum Festplatzsystem Raum.
c) Die Organisation eines chaotischen Lagersystems ist nur EDV-gestützt möglich.
d) Als chaotisch bezeichnet man Lagersysteme, in denen viele Güter nicht mehr aufgefunden werden können.
e) Chaotische Lagersysteme entstehen meist durch Softwarefehler in der EDV-gestützten Lagerorganisation.

W 5.20: Dezentrale Lagerhaltung A

Welche Merkmale treffen auf dezentrale Lagerhaltung im Vergleich zu einem zentralen Lager zu?

a) ☐ Die Mindestbestände müssen höher sein.
b) ☐ Die Raumausnützung ist ungünstiger.
c) ☐ Der Personalaufwand ist geringer.
d) ☐ Die Kapitalbindung ist insgesamt höher.

SbX
W 5.21
mit automatischer Aufgabenkontrolle
ID: 5034

Weitere Aufgabe zur Lernkontrolle im SbX

W 5.21: Materialbeschaffung für Wellness-Joghurts C

Beantworten Sie die Fragen zur Materialbeschaffung einer Molkerei für Wellness-Joghurts!

English questions

E 5.03: Sarah has now moved on to the storage and distribution area of purchasing. She has been asked to analyse Hauer's storage system and look for potential for improvement.

1. Sarah needs to remember that there are two main reasons why goods need to be stored. What could these be for Hauer? Give examples for Hauer.
2. When analysing the storage system used by Hauer, what are the three goals Sarah must remember?
3. What additional requirements should Hauer's storage system meet?
4. Sarah thinks a centralised storage system would meet Hauer's needs best. What are the advantages and disadvantages of a centralised storage system?

Ein kurzer Kompetenz-Check, bevor's weitergeht!

Kompetenz-Check

	☺	😐	☹
Ich kann die Lagerfunktionen erklären.			
Ich kann die wichtigsten Kriterien für die Lagerorganisation beschreiben und mit praktischen Beispielen erläutern.			
Ich kann Tendenzen in der Lagerwirtschaft beschreiben.			
Ich kann die Vor- und Nachteile zentraler und dezentraler Lager gegenüberstellen.			

Lerneinheit 4

Die Materialwirtschaft optimieren

SbX

Alle SbX-Inhalte zu dieser Lerneinheit finden Sie unter der ID: 5040.

Ein Fliesenhändler überlegt: Einerseits soll er kostengünstig einkaufen, das bedeutet, dass er größere Mengen einkaufen müsste. Andererseits sollen die Lagerhaltungskosten nicht zu hoch sein, das bedeutet, dass wenig auf Lager liegen soll.

Einerseits sollte genau kontrolliert werden, was eingelagert und ausgelagert wird, andererseits sollen die Verwaltungskosten nicht zu hoch werden.

Eine optimale Lösung für diese Probleme des Fliesenhändlers gibt es nicht. Allerdings gibt es einige Verfahren, mit denen er sich dem Ziel der Kostenoptimierung nähern kann.

Lernen

SbX ID: 5041

1 ABC- und XYZ-Analyse als Grundlage [The ABC and XYZ analysis as a basis]

Es geht darum, festzustellen, welche Güter wirklich wichtig sind.

Will man für alle Güter, die beschafft und gelagert werden müssen, die Bestellmengen optimieren und den Lagerzu- und Lagerabgang vollständig kontrollieren, wäre dies sehr teuer. Bei Analysen in der Praxis hat sich jedoch herausgestellt, dass ein Großteil des Werts der zu beschaffenden Güter auf relativ wenige Artikel entfällt.

Um festzustellen, welche Artikel das sind, stehen zwei Methoden zur Verfügung, die auch kombiniert werden können, die **ABC-Analyse** und die **XYZ-Analyse.**

Beispiele

ABC-Analyse

- Bei einem Textilerzeuger, der sich auf die Produktion von Hemden und Blusen spezialisiert, zeigt eine ABC-Analyse, dass die Stoffe den höchsten Wertanteil an den Hemden und Blusen haben. Die Nähseide bzw. die Knöpfe machen den geringsten Wertanteil aus. Stoffe sind daher A-Güter, Nähseide und Knöpfe sind C-Güter.
- Bei einem Tischler ist Holz das A-Gut. Schrauben und andere Kleinteile sind C-Güter.

Die ABC-Analyse [The ABC analysis]

Mithilfe der ABC-Analyse wird eine Einteilung der Güter nach ihrem **relativen Anteil am Gesamtwert** in A-Güter, B-Güter und C-Güter vorgenommen.

Die Durchführung der Analyse erfolgt in mehreren Schritten:

- **Erfassung** der Artikelgruppen mit ihrem Stückwert und ihrem Jahresverbrauch (aus der Lagerbuchhaltung)
- **Sortierung:** Ermittlung des Verbrauchswerts (Stückwert mal Jahresverbrauch) für jede Artikelgruppe und Sortierung der Artikelgruppen nach ihrem Verbrauchswert
- **Berechnung** der Summe aller Verbrauchswerte sowie Berechnung des prozentuellen Anteils jeder Artikelgruppe am Gesamtverbrauchswert und Berechnung des kumulierten Anteils
- **Auswertung:** Zuordnung der Artikelgruppen zu den Wertkategorien A, B oder C

Beispiel

Industriebetrieb

- A-Güter: Anteil am Gesamtwert 80 %, Anteil an der Gesamtzahl 15 %
  B-Güter: Anteil am Gesamtwert 15 %, Anteil an der Gesamtzahl 35 %
  C-Güter: Anteil am Gesamtwert 5 %, Anteil an der Gesamtzahl 50 %

Rang	Artikelgruppe	Stückwert EUR	Verbrauch (Stück)			Verbrauchswert			Wert-kategorie
			absolut	%-Anteil	kumulierter %-Anteil	absolut	%-Anteil	kumulierter %-Anteil	
1	Antriebe	430,00	340	1,6%	1,6%	146.200,00	20,2%	20,2%	A
2	Kupplungen	210,00	1.200	5,5%	7,1%	252.000,00	34,9%	55,1%	A
3	Lagerblöcke	100,00	1.800	8,2%	15,3%	180.000,00	24,9%	80,0%	A
4	Wellen	21,00	2.300	10,5%	25,8%	48.300,00	6,7%	86,7%	B
5	Zahnräder	14,00	2.500	11,5%	37,3%	35.000,00	4,8%	91,5%	B
6	Halterungen	10,00	2.800	12,8%	50,1%	28.000,00	3,9%	95,4%	B
7	Schellen	8,60	1.000	4,6%	54,7%	8.600,00	1,2%	96,6%	C
8	Scharniere	4,70	2.500	11,5%	66,2%	11.750,00	1,6%	98,2%	C
9	Dichtungen	2,90	3.000	13,7%	79,9%	8.700,00	1,2%	99,4%	C
10	Schrauben/Muttern	0,90	4.400	20,1%	100,0%	3.960,00	0,6%	100,0%	C
Gesamt			21.840,00	100,0%		722.510,00	100,0%		

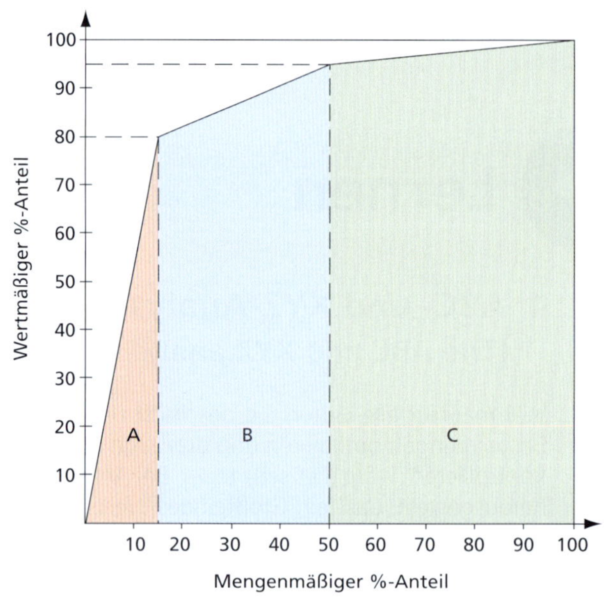

Man spricht auch vom **„Pareto-Prinzip"** oder der **80/20-Regel.**

Das heißt, man kann oft mit **20 %** des Aufwands **80 %** der Ziele **erreichen.**

In der Lagerwirtschaft kann man z. B. **80 % des Werts** kontrollieren, wenn man **20 % der Güter** kontrolliert.

- Das Diagramm zeigt sehr deutlich, dass nur 15 % der Lagerarten 80 % des Werts, 50 % der Lagerarten 95 % des Werts und die restlichen 50 % der Lagerarten nur 5 % des Werts ausmachen. Diese Erkenntnis kann sowohl im Einkaufs- wie im Lagerbereich zu wesentlichen Rationalisierungseffekten führen.

Hinweis:

Die angegebenen Grenzen sind als Richtwerte für Industriebetriebe anzusehen. In anderen Branchen ergeben sich andere Wertgrenzen, z. B.:

Branche	Wertkategorie	Anzahl der Artikel (in Prozent)	Verbrauchswert der Artikel (in Prozent)
technische Artikel	A B C	5 % 15 % 80 %	85 % 10 % 5 %
Großhandel	A B C	15 % 25 % 60 %	60 % 30 % 10 %
Einzelhandel	A B C	20 % 30 % 50 %	40 % 35 % 25 %

Für eine optimale Gestaltung der Materialwirtschaft bedeutet dies:

A-Güter:

Das Hauptgewicht der Beschaffungs-, Lagerhaltungs- und Kontrolltätigkeiten wird auf die A-Güter gelegt, z. B.:

- intensive Beschaffungsmarktanalyse
- exakte Bestimmung der Bestellmengen
- sorgfältige Prüfung der Preise und Konditionen
- Wahl zuverlässiger Lieferanten
- Minimierung der Beschaffungszeiten
- genaue Festlegung und Überwachung der Bestände (Meldebestände, Sicherheitsbestände, eiserne Bestände)
- Minimierung der Lagerzeiten
- Ausnutzung des Skontos
- genaue Aufzeichnung der Lagerbewegungen
- Setzen von Maßnahmen zur Vermeidung von Lagerverlusten

C-Güter:

Die Bewirtschaftung von C-Gütern wird von Großbetrieben zunehmend an Spezialisten ausgelagert.

Die C-Güter werden wegen ihres geringen Wertes großzügiger verwaltet, z. B.:

- Einkauf in großen Mengen bzw. einmaliger Einkauf des gesamten Periodenbedarfs zu Beginn der Periode
- geringerer Aufwand bei der Beschaffungsmarktforschung
- eventuell nur indirekte Erfassung des Wareneinsatzes (vgl. Rechnungswesen)
- dezentrale Lagerung

B-Güter:

Die B-Güter nehmen eine Mittelstellung ein. Sie sollten genauer als die C-Güter, aber mit geringerem Aufwand als die A-Güter verwaltet werden. Über den Umfang der Beschaffungs-, Lagerhaltungs- und Kontrolltätigkeiten ist im Einzelfall zu entscheiden.

Hinweis:

Die ABC-Analyse kann man auch auf Kunden und Lieferanten anwenden:

- Lieferanten der Kategorie A sind zahlenmäßig gering, bei ihnen wird aber ein großer Teil der Einkäufe getätigt. Auf sie müssen sich daher die Beschaffungsaktivitäten besonders konzentrieren.
- Kunden der Kategorie A sind zahlenmäßig gering, mit ihnen wird aber ein großer Teil der Umsätze getätigt. Auf sie müssen sich daher die Marketingaktivitäten besonders konzentrieren (z. B. Betreuung durch Key-Account-Manager).

Die XYZ-Analyse als Ergänzung der ABC-Analyse

[The XYZ analysis complements the ABC analysis]

Manchmal wird die ABC-Analyse um die XYZ-Analyse ergänzt. Dabei geht es um die Möglichkeit, den voraussichtlichen Materialbedarf vorherzusagen.

- **X-Güter** sind Güter, deren Verbrauch konstant ist. Der Bedarf kann daher relativ genau vorhergesagt werden.
- **Y-Güter** sind Güter, deren Verbrauch stärkeren Schwankungen unterliegt. Der Bedarf hat daher eine mittlere Vorhersagegenauigkeit.
- **Z-Güter** sind Güter mit völlig unregelmäßigem Verbrauch. Der Bedarf hat daher eine niedrige Vorhersagegenauigkeit.

Beispiel

- Ein österreichischer Kosmetikproduzent bietet Tagescremen, Sonnencremen und medizinische Gesichtscremen an.

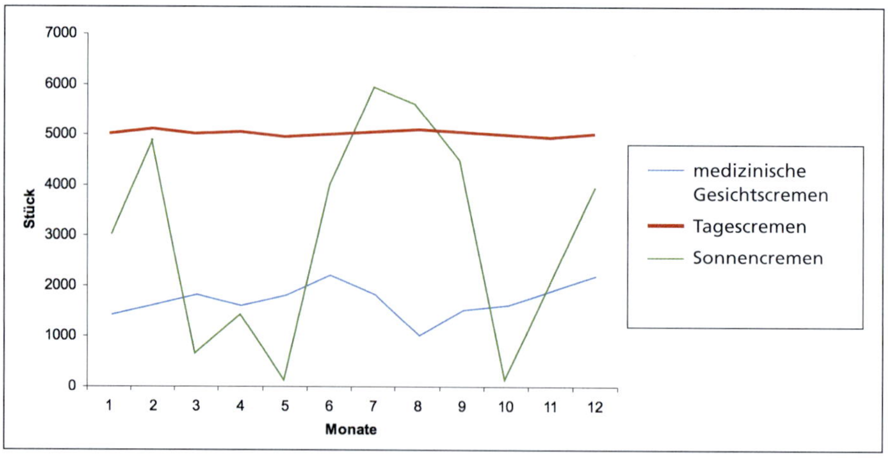

- Tagescremen sind X-Güter, der Verbrauch ist konstant.
- Medizinische Gesichtscremen sind Y-Güter, der Verbrauch weist regelmäßige Schwankungen auf.
- Sonnencremen sind Z-Güter, der Verbrauch weist starke Schwankungen auf.

Die Kombination von ABC- und XYZ-Analyse
[Combining the ABC and XYZ analyses]

Zusammen bilden die ABC- und XYZ-Analyse eine wichtige Grundlage für die Gestaltung der Materialwirtschaft.

Vorhersagegenauigkeit \ Wertigkeit	A	B	C
X	hoher Wertanteil konstanter Bedarf hohe Vorhersagegenauigkeit	mittlerer Wertanteil konstanter Bedarf hohe Vorhersagegenauigkeit	niedriger Wertanteil konstanter Bedarf hohe Vorhersagegenauigkeit
Y	hoher Wertanteil schwankender Bedarf mittlere Vorhersagegenauigkeit	mittlerer Wertanteil schwankender Bedarf mittlere Vorhersagegenauigkeit	niedriger Wertanteil schwankender Bedarf mittlere Vorhersagegenauigkeit
Z	hoher Wertanteil unregelmäßiger Bedarf niedrige Vorhersagegenauigkeit	mittlerer Wertanteil unregelmäßiger Bedarf niedrige Vorhersagegenauigkeit	niedriger Wertanteil unregelmäßiger Bedarf niedrige Vorhersagegenauigkeit

AX-Güter, AZ-Güter und CZ-Güter sind besonders zu beachten:

AX-Güter

AX-Güter müssen in Bezug auf Menge und Termin besonders genau geplant werden. Bei der Lieferantenauswahl wird auf langfristige Kooperationsverträge Wert gelegt. Die Lieferungen erfolgen möglichst fertigungssynchron.

AZ-Güter

AZ-Güter sind in der Planung schwierig, weil unbekannt ist, wann man sie in welcher Menge brauchen wird. Da es sich um wertvolle Güter handelt, muss die Beschaffung aber sorgfältig erfolgen.

CZ-Güter

CZ-Güter können großzügiger geplant werden. Mit dem Lieferanten werden Rahmenverträge (z. B. Kauf auf Abruf) ausgehandelt. Wegen des geringeren Wertes können größere Mengen auf Vorrat gehalten werden.

Übungsbeispiele

SbX

Arbeitshilfe Excel-Vorlage: ID: 5041

Setzen Sie zur Berechnung die richtigen Formeln ein!

Ü 5.20: Notebook-Übung C

Der Lagerbuchhaltung eines Unternehmens entnehmen Sie die Zahlen laut anschließender Tabelle.

	A	B	C	D	E	F	G	H	I	J
1	ABC-Analyse									
2										
3	Rang	Artikelgruppe	Stückwert EUR	Verbrauch (Stück)			Verbrauchswert			Wert-kategorie
4				absolut	%-Anteil	kumulierter %-Anteil	absolut	%-Anteil	kumulierter %-Anteil	
5		Gruppe 1	9,00	12.000						
6		Gruppe 2	27,00	6.000						
7		Gruppe 3	1.200,00	1.500						
8		Gruppe 4	80,00	6.500						
9		Gruppe 5	1,40	14.000						
10		Gruppe 6	18,00	8.500						
11		Gruppe 7	290,00	3.600						
12		Gruppe 8	14,00	10.000						
13		Gruppe 9	22,00	7.000						
14		Gruppe 10	4,50	17.000						
15	Gesamt		-			-			-	-
16										
17	Wertkategorie		Mengenmäßiger %-Anteil		Kumulierter mengenmäßiger %-Anteil		Wertmäßiger %-Anteil		Kumulierter wertmäßiger %-Anteil	
18										
19	A									
20	B									
21	C									

a) Erstellen Sie die ABC-Analyse laut Tabelle in einem Tabellenkalkulationsprogramm (z. B. Excel). Verwenden Sie das obige Schema als Vorlage. Ergänzen Sie bzw. führen Sie die Berechnungen in den grau unterlegten Zellen durch.

b) Erstellen Sie eine Grafik, in der der prozentuelle Anteil an den geführten Artikelgruppen dem prozentuellen Verbrauchswert gegenübergestellt wird.

c) In welcher Branche ist das Unternehmen vermutlich tätig?

Ü 5.21: XYZ-Analyse C

Einem Elektrohändler liegen für das vergangene Halbjahr folgende Verbrauchsdaten in Stück vor:

	Toaster	Zitruspressen	Küchenmaschinen
Jänner	7	36	12
Februar	9	2	16
März	8	28	8
April	10	3	15
Mai	7	37	9
Juni	9	31	20

a) Ordnen Sie diese Produkte den drei Gruppen X, Y und Z zu.

b) Welche Schlussfolgerungen für die Gestaltung der Materialwirtschaft soll der Elektrohändler aus der XYZ-Analyse ziehen, wenn die Toaster A-Güter und die Zitruspressen C-Güter sind?

2 Die optimale Gestaltung der Materialwirtschaft
[The optimal design for materials management]

Kosten der Materialwirtschaft [Costs of materials management]

Die Materialwirtschaft gliedert sich in folgende Bereiche: Beschaffen, Lagern, Verteilen und Entsorgen. In jedem Bereich fallen Kosten an. Die höchsten Kosten entstehen beim Beschaffen und beim Lagern:

Grafik
Kosten der Materialwirtschaft

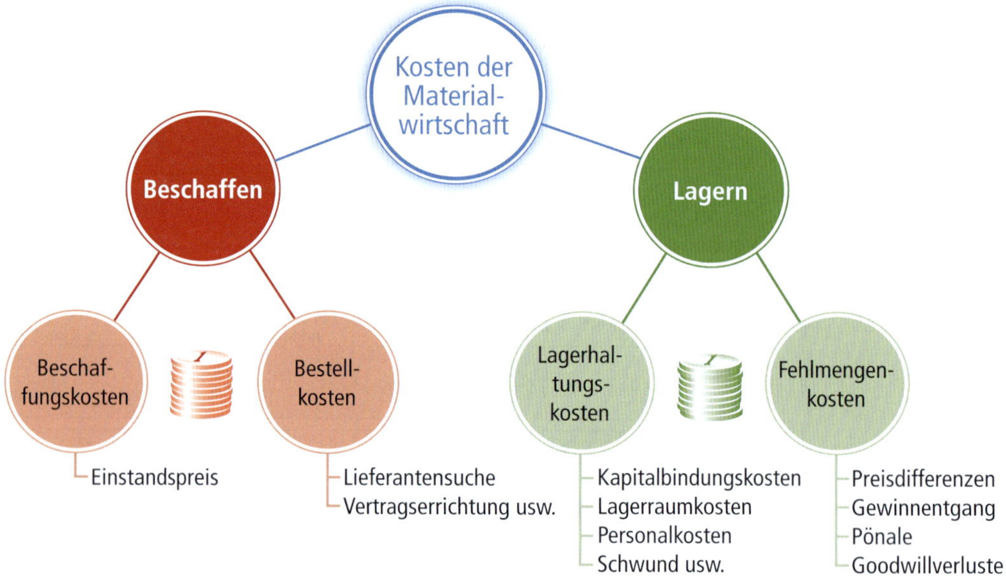

(1) Beschaffungskosten

Die unmittelbaren Beschaffungskosten können über eine **aktive Konditionenpolitik** gesenkt werden.

a) Die **unmittelbaren Beschaffungskosten** ergeben sich aus

Beschaffungsmenge × Beschaffungspreis pro Einheit
- – Rabatte
- + Mindermengenaufpreis
- + Transportkosten, Versicherungskosten etc.

b) Zu den **mittelbaren Beschaffungskosten** gehören vor allem die Bestellkosten, d. h. die Sach- und Personalkosten der Angebotseinholung, Bestellung, Terminüberwachung etc.

(2) Lagerhaltungskosten

Zu den Lagerhaltungskosten zählen auch Personalkosten.

Die Lagerhaltungskosten umfassen:

- **Kapitalbindungskosten:** Kosten des in den Materialvorräten gebundenen Kapitals
- **Lagerraumkosten:** Lagerraum und Lagerraumausstattung ziehen folgende Kosten nach sich: Abschreibung, eventuell Miete, Verzinsung, Versicherung (z. B. Feuer, Diebstahl), Beleuchtung, Beheizung, Instandhaltung
- **Lagerpersonalkosten**
- **Wertminderung** durch Schwund, Verderb, Veralterung, Preisverfall

(3) Fehlmengenkosten

Die **Höhe der Fehlmengenkosten** ist sehr schwer festzustellen.

Durch fehlendes Material bzw. durch fehlende Handelswaren können Kosten aus folgenden Gründen entstehen:

- **mögliche Preisdifferenzen** (bei schneller Beschaffung von Ersatzgütern)
- **entgangene Gewinne** (weil Umsätze verlorengehen)
- **Konventionalstrafen** (weil Liefertermine nicht eingehalten werden)
- **Goodwillverluste** (Der Ruf des Unternehmens leidet.)
- in Erzeugungsbetrieben zusätzlich die **Kosten** eines **Produktionsstillstands** (Personalkosten bei Unterbeschäftigung, Kosten bei Wiederanlaufen der Produktion etc.)

Übungsbeispiele

Ü 5.22: Kosten der Materialwirtschaft B

Neben den Beschaffungskosten zählen zu den Lagerkosten die „Lagerhaltungskosten" und die „Fehlmengenkosten".

Geben Sie für jede der beiden Kostenpositionen zwei Beispiele:

(1) Lagerhaltungskosten:

(2) Fehlmengenkosten:

SbX
Arbeitshilfe Excel-Vorlage: ID: 5041

Ü 5.23: Notebook-Übung C

Die KRAMMER GmbH ermittelt für das 1. Quartal 20.. die Lagermengen laut anschließender Tabelle.

Berechnen Sie die Lagerkosten im 1. Quartal in einem Tabellenkalkulationsprogramm (z. B. Excel). Verwenden Sie als Vorlage das folgende Schema. Führen Sie die Berechnungen in den grau unterlegten Zellen durch.

	A	B	C	D	E	F	G	H	I
1	**Lagerkosten KRAMMER GmbH 1. Quartal 20..**								
2									
3	**Hinweis:**								
4	durchschnittlicher Lagerbestand = (Anfangsbestand + Endbestand) / 2								
5	gebundenes Kapital = durchschnittlicher Lagerbestand x Stückpreis								
6	Fehlmengenkosten = Stückpreis x Fehlmenge x Preisdifferenz in Prozent								
7	Kapitalbindungskosten = gebundenes Kapital x Kapitalzinsen								
8									
9	**Artikel**	**Kapitalbindungskosten**					**Fehlmengenkosten**		
10		**Anfangs-bestand**	**Endbestand**	**durchschn. Lagerbestand**	**Stückpreis**	**gebundenes Kapital**	**Fehlmenge**	**Preisdifferenz in Prozent**	**Kosten**
11	Material A-100	2.400	2.600	2.500	13,70	34.250,00	310	8%	339,76
12	Material A-200	1.650	1.580		18,65		0	5%	
13	Material A-300	930	930		42,50		180	12%	
14	Material B-50X	2.900	3.140		21,10		670	5%	
15	Material B-70N	3.610	3.530		7,35		0	5%	
16	Material B-80F	1.990	1.960		11,90		0	7%	
17	Gesamt	-	-	-	-		-	-	
18									
19	Kapitalbindungskosten:								
20	gebundenes Kapital								
21	x Kapitalzinsen		6%						
22	Fehlmengenkosten:								
23	Lagerraumkosten:			3.245,00					
24	Lagerpersonalkosten:			4.800,00					
25	**Lagerkosten**								

Kennzahlen der Materialwirtschaft [Ratios in materials management]

Kennzahlen werden vor allem im **Controlling** verwendet. „To control" bedeutet „steuern" bzw. „lenken".

Kennzahlen dienen als Entscheidungshilfen. Es handelt sich um aussagekräftige Werte, die für Planungs- und Kontrollzwecke eingesetzt werden. Kennzahlen gibt es für verschiedene Unternehmensbereiche. In der Materialwirtschaft sind Kennzahlen zum „Beschaffen" und zum „Lagern" von Bedeutung:

(1) Übersicht

Grafik
Kennzahlen der Materialwirtschaft

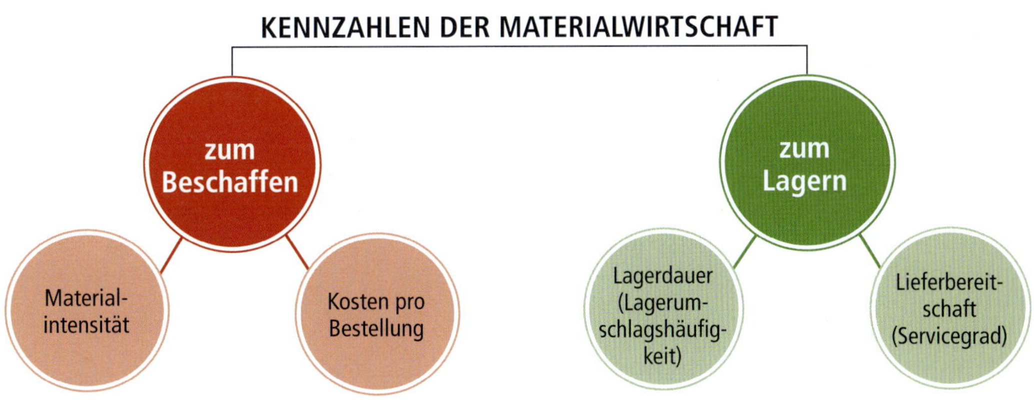

(2) Die Berechnung der Beschaffungskennzahlen

$$\text{Materialintensität} = \frac{\text{Wareneinsatz} \times 100}{\text{Umsatz}}$$

$$\text{Kosten pro Bestellung} = \frac{\text{Bestellkosten}}{\text{Anzahl der Bestellungen}}$$

Beispiel

Als Basis wird bei der Berechnung der Umsatz ohne Umsatzsteuer verwendet.

- Materialeinsatz: € 8.000.000,–
  Umsatz: € 12.000.000,–
  Bestellkosten: € 350.000,–
  Anzahl der Bestellungen: 7.000

$$\text{Materialintensität} = \frac{8.000.000 \times 100}{12.000.000} = 67\,\%$$

Das Ergebnis zeigt, dass 67 % des Umsatzes für den Materialeinsatz aufgewendet werden müssen.

$$\text{Kosten pro Bestellung} = \frac{350.000}{7.000} = € \ 50,– \text{ pro Bestellung}$$

(3) Die Bedeutung der Beschaffungskennzahlen

Die **Materialintensität** gibt an, wie hoch der Wareneinsatz gemessen am Umsatz ist. Diese Kennzahl ist vor allem in ihrer Entwicklung über einen längeren Zeitraum interessant. Sie zeigt, wie abhängig das Unternehmen von seinen Lieferanten bzw. von Materialpreissteigerungen ist.

Die **Kosten pro Bestellung** zeigen im Zeit- und Branchenvergleich Ansatzpunkte zur Rationalisierung der Beschaffungsorganisation auf.

(4) Die Berechnung der Lagerkennzahlen

Erfassung der Verkäufe mittels Scannerkasse

$$\text{Häufigkeit des Lagerumschlags (Umschlagskoeffizient)} = \frac{\text{Wareneinsatz}}{\text{Durchschnittslager}}$$

Da sich der Lagerbestand im Laufe eines Jahres ständig ändert, muss ein Durchschnittsbestand berechnet werden.

Vereinfacht wird der Durchschnittsbestand nur aus dem Anfangs- und aus dem Endbestand berechnet.

Genauere Berechnungen setzen Zwischeninventuren oder eine laufende Ermittlung des Lagerbestands durch direkte Erfassung der Lagerentnahmen (z. B. Scannerkassen) voraus.

Je mehr Zwischenstände in die Berechnung eingehen, desto genauer wird sie.

$$\text{Durchschnittslager} = \frac{\text{Anfangsbestand} + \text{Endbestand}}{2}$$

oder

$$\text{Durchschnittslager} = \frac{\tfrac{1}{2}\text{ Anfangsbestand} + 11 \text{ Monatsbestände} + \tfrac{1}{2}\text{ Endbestand}}{12}$$

$$\text{Lagerumschlagsdauer} = \frac{365\ (360)}{\text{Umschlagshäufigkeit}} = \frac{\text{Durchschnittslager} \times 365\ (360)}{\text{Wareneinsatz}}$$

Eine **mengenmäßige Rechnung** ist selbstverständlich **nur für gleichartige Waren** möglich.

Alle Kennzahlen können

- mengenmäßig und wertmäßig
- für das gesamte Lager oder für Teilbereiche (z. B. Artikelgruppen)

berechnet werden.

Beispiel
Die vereinfachte Berechnung ist sehr ungenau, da Jahresanfangs- und Jahresendbestände oft saisonal verzerrt sind.

- Anfangsbestand: € 500.000,–
  Endbestand: € 700.000,–
  Wareneinsatz: € 9.000.000,–
  Durchschnittlicher Lagerbestand:
  $$\frac{500.000 + 700.000}{2} = 600.000$$
  Lagerumschlagshäufigkeit:
  $$\frac{9.000.000}{600.000} = 15$$
  Durchschnittliche Lagerdauer:
  $$\frac{365}{15} = 24 \text{ Tage}$$
  (Das heißt, das Lager wird jährlich 15-mal umgeschlagen und die Ware bleibt durchschnittlich 24 Tage auf Lager.)

$$\textbf{Lieferbereitschaft (Servicegrad)} = \frac{\textbf{Anzahl der erfüllten Abfassungen}}{\textbf{Anzahl der angeforderten Abfassungen}} \times \textbf{100}$$

Beispiel

- Anzahl der erfüllten Abfassungen: 4800
  Anzahl der angeforderten Abfassungen: 6000
  $$\text{Lieferbereitschaft (Servicegrad)} = \frac{4800}{6000} \times 100 = 80\,\%$$
  Eine Lieferbereitschaft (Servicegrad) von 80 % sagt aus, dass das Lager den Bedarf in 80 von 100 Bedarfsfällen abdecken kann.

(5) Die Bedeutung der Lagerkennzahlen

Lagerumschlagshäufigkeit und Lagerdauer

Je größer die Umschlagshäufigkeit bzw. je kürzer die Umschlagsdauer, desto geringer ist der Lagerbestand. Daraus ergeben sich eine Reihe von Vorteilen, die mit einer niedrigen Lagerhaltung verbunden sind:

- geringerer Kapitalbedarf (damit geringere Zinskosten)
- geringere Raumkosten
- geringere Wartungskosten
- geringeres Risiko (Verderb, Schwund, Modeänderung, Preisverfall etc.)

Schließlich wirken diese Faktoren

- auf den Gewinn (auf die Rentabilität) und
- auf die Konkurrenzfähigkeit (da bei geringeren Kosten zu niedrigeren Preisen verkauft werden kann).

Möglichkeiten, den Lagerumschlag zu erhöhen, sind:

In manchen Branchen ist die durchschnittliche Lagerdauer fast ein Jahr – z. B. Uhrenhandel, Juweliere, Teppichhandel.

- **Lagerverminderung** durch
  - **Einschränken des Sortiments:** Waren mit geringem Umschlag werden ausgeschieden. Dabei ist zu beachten, dass Waren mit geringem Umschlag zum Gesamtgewinn beitragen können, wenn sie mit entsprechend hohem Aufschlag verkauft werden (z. B. Konservenspezialitäten in einem Lebensmittelgeschäft).
    Zu beachten ist auch, dass ein Sortiment von zu geringer Breite und Tiefe zum Kundenverlust führen kann.
  - **Herabsetzen der durchschnittlichen Lagermenge pro Warenposition** (vgl. „absatz- bzw. fertigungssynchrone Beschaffung und die damit verbundenen Gefahren")
  - **Verkürzung der Beschaffungszeit** durch Verkürzung von Beschaffungsvorbereitung, Lieferzeit, Transportzeit und Prüfzeit

Lieferbereitschaft (Servicegrad)

Der Servicegrad gibt an, wie viel Prozent der Bestellungen (Anforderungen) vom Lager auch tatsächlich erfüllt werden können. Das heißt, er misst die Lieferbereitschaft des Lagers.

$$\textbf{Servicegrad} = \frac{\textbf{erfüllte Abfassungen}}{\textbf{angeforderte Abfassungen}} \times 100$$

Der Servicegrad beeinflusst die Zukäufe und den erforderlichen Meldebestand:

- Um den Servicegrad zu erhöhen, muss mehr gekauft und der Meldebestand erhöht werden.
- Will man den Servicegrad z. B. aus Kostengründen senken, kauft man weniger und senkt den Meldebestand.

Die Höhe der Lieferbereitschaft beeinflusst die Höhe der Kosten der Lagerhaltung. Ist die Lieferbereitschaft zu hoch, entstehen hohe Lagerhaltungskosten, ist die Lieferbereitschaft zu niedrig, entstehen hohe Fehlmengenkosten. Für die Festlegung der Lieferbereitschaft wird daher in der Regel eine ABC- und eine XYZ-Analyse erstellt. Für A-Güter wird der Lieferbereitschaftsgrad höher sein müssen als für B- und C-Güter.

Übungsbeispiele

Ü 5.24: Materialintensität und Bestellkosten C

Die Entwicklung der Beschaffungskennzahlen eines Möbelhändlers zeigt folgendes Bild:

	2011	2012	2013	2014	2015
Materialintensität	60 %	62 %	68 %	73 %	76 %
Kosten pro Bestellung	€ 150,–	€ 140,–	€ 80,–	€ 75,–	€ 64,–

a) Wie ist die Entwicklung der Materialintensität zu interpretieren?
b) Ist es sinnvoll, für die Berechnung der Materialintensität den gesamten Wareneinsatz zum gesamten Umsatz in Beziehung zu setzen? Bitte begründen Sie Ihre Antwort.
c) Worauf könnte die Senkung der Kosten pro Bestellung zurückzuführen sein?

Ü 5.25: Lagerumschlagshäufigkeit, Lagerdauer C

Der Bestand an Schiern betrug bei einem großen Sportartikelhändler am 1. Jänner 800 Paar, am 31. Dezember desselben Jahres 1200 Paar. Während des Jahres wurden insgesamt 6000 Paar Schi verkauft.

a) Berechnen Sie die Lagerumschlagshäufigkeit und die durchschnittliche Lagerdauer.
b) Warum wird in diesem Fall die Berechnung aufgrund der gegebenen Daten nicht besonders genau sein?

Ü 5.26: Lagerumschlagshäufigkeit, Lagerdauer C

Einem Fotohändler stehen folgende Daten für zwei Kameratypen zur Verfügung. Anfangs- und Endbestand beziehen sich auf Anfang und Ende des Kalenderjahres.

	Olympus Digital (Stück)	Nikon Digital (Stück)
Anfangsbestand	30	14
Zukäufe	40	122
Verkäufe	50	120
Endbestand	20	16

Einstandspreis pro Stück: Olympus Digital € 100,–, Nikon Digital € 150,–

a) Berechnen Sie die Lagerumschlagshäufigkeit sowie die Lagerdauer. Welche Folgerungen ziehen Sie aus dem Rechenergebnis? Werden diese Größen sehr genau sein? Welche weiteren Daten würden Sie für eine genauere Berechnung benötigen?
b) Ist es sinnvoller, in diesem Fall pro Stück oder in Euro zu rechnen?
c) Nehmen Sie an, die durchschnittlichen Lagerkosten betragen 12 % pro Jahr. Welche kostenmäßige Belastung bedeutet dies pro verkauftes Stück?

Ü 5.27: Lieferbereitschaft C

Ein Sportartikelhändler ermittelt für sein Unternehmen eine Lieferbereitschaft von 60 %. In der Branche sind 90 % üblich.

Welche Vor- und Nachteile hat der Sportartikelhändler damit im Vergleich zur Branche?

Ü 5.28: Notebook-Übung C

SbX
Arbeitshilfe Excel-Vorlage: ID: 5041

Setzen Sie zur Berechnung die richtigen Formeln ein!

Ein Getränkegroßhändler führt u. a. das Mineralwasser „Feel-Good" im Sortiment. Aus der Lagerbuchhaltung sind die folgenden Lagerbewegungen laut untenstehender Tabelle (Verpackungseinheit = Palette) bekannt. Der Meldebestand beträgt 140 Paletten, der Lagerbestand vor dem 1. 3. beträgt 15 Paletten.

a) Berechnen Sie die Lagerbestände, die Fehlmengen und die Spaltensummen in einem Tabellenkalkulationsprogramm (z. B. Excel). Verwenden Sie als Vorlage das folgende Schema. Führen Sie die Berechnungen in den grau unterlegten Zellen durch.

	A	B	C	D	E	F
1	**Lagerberechnungen für einen Getränkegroßhändler**					
2						
3	**Datum**	**Zugang**	**Abfassung**	**Lagerbestand**	**Anforderung**	**Fehlmenge**
4	1.3	700	582		582	
5	8.3	700	653		653	
6	15.3	700	845		845	
7	22.3	700	735		782	
8	29.3	700	674		674	
9	5.4	700	726		775	
10	12.4	700	648		648	
11	19.4	700	752		850	
12	26.4	700	700		813	
13	3.5	700	666		666	
14	10.5	700	668		668	
15	17.5	700	766		776	
16	24.5	700	700		862	
17	31.5	700	669		669	
18	7.6	700	731		803	
19	Summe			-		
20						
21	**Servicegrad:**					

b) Welchen Servicegrad erreicht der Getränkegroßhändler? Berechnen Sie diesen in der vorgesehenen Zelle.

c) Stellen Sie die Entwicklung des Lagerbestands in einem Liniendiagramm dar.

d) Stellen Sie die Abfassungen und die Anforderungen in einem Liniendiagramm dar. Erklären Sie, wie die Fehlmengen aus dem Diagramm ersichtlich sind.

e) Der Getränkegroßhändler verkauft eine Palette Mineralwasser um € 288,80. Welchen Verlust (= Fehlmengenkosten) erleidet er durch die Fehlmenge in der angegebenen Periode? Hinweis: Gehen Sie davon aus, dass alle nicht belieferten Kunden ihren Bedarf anderweitig decken.

f) Von welchem durchschnittlichen Tagesverbrauch (5 Werktage pro Woche) geht der Getränkegroßhändler aus?

g) Welche Menge müsste der Getränkegroßhändler (insgesamt und pro Woche) kaufen, wenn er einen Servicegrad von 100 % erreichen will? Wie hoch wäre in diesem Fall der Meldebestand, wie hoch die Fehlmenge?

h) Aufgrund der hohen Lagerkosten überlegt der Getränkegroßhändler, sich mit einem Servicegrad von 85 % zufriedenzugeben. Wie viele Paletten müsste er in diesem Fall (insgesamt und pro Woche) kaufen? Wie hoch wäre in diesem Fall der Meldebestand?

Üben – Anwenden

SbX ID: 5042

ABCDE

Ü 5.29: ABC-Analyse C

In einem Industriebetrieb soll geprüft werden, ob sich die Beschaffungs- und Lagerkosten für die Werkstoffe W 1 bis W 10 verringern lassen. Dazu werden von der Einkaufsabteilung zunächst folgende Daten aus dem Vorjahr zusammengestellt:

Nr.	Artikel	Verbrauch pro Periode (Stück)	Bezugspreis pro Stück
1	W 1	5350	60,00
2	W 2	2400	2,10
3	W 3	6000	250,00
4	W 4	300	43,00
5	W 5	72000	3,00
6	W 6	4400	435,00
7	W 7	3600	30,00
8	W 8	30000	6,00
9	W 9	6000	32,40
10	W 10	120000	0,50

a) Ordnen Sie die 10 Werkstoffe den drei Gruppen A, B und C zu.
b) Aus den Ergebnissen der ABC-Analyse sollen im Betrieb Folgerungen für die Beschaffungs- und Lagerhaltungspolitik gezogen werden. Schlagen Sie Maßnahmen vor für: Vorratshaltung und Sicherheitsbestand, Bestellhäufigkeit, Lagerbuchführung und Bestandskontrollen.

Zusatzfrage:
Könnte man die Idee der ABC-Analyse auch im persönlichen Bereich verwenden (z. B. Sparen im Haushalt, Verbessern der Zeiteinteilung)?

Ü 5.30: Notebook-Übung B

In den verschiedenen Branchen ergeben sich unterschiedliche Wertgrenzen für die Wertegruppen A, B und C. Erstellen Sie eine Grafik, in der der prozentuelle Anteil an den Artikelgruppen dem prozentuellen Verbrauchswert gegenübergestellt wird (Branchen: Industrie, technische Artikel, Großhandel und Einzelhandel). Verwenden Sie die Tabellen von S. 236.

Materialwirtschafts-Manager im SbX

Das folgende Fallbeispiel **Ü 5.31** sowie die Fallbeispiele **Ü 5.34** und **Ü 5.35** können Sie mit dem Materialwirtschafts-Manager bearbeiten. Dieser wird unter der **ID: 5042** zum Download angeboten.

SbX
Materialwirtschafts-Manager
ID: 5042

Ü 5.31: Fallbeispiel „Infeld & Co." C

Der Möbelerzeuger Infeld & Co. plant die Lagerhaltung für das nächste Jahr. Die bisher geplanten Daten wurden bereits erfasst. Durch die Detailplanung ergeben sich noch einige Änderungen laut der folgenden Aktennotiz (Ausschnitt):

> Glaselemente: Erhöhung des Verbrauchs auf 17000
> Rollen: Erhöhung des Verbrauchs auf 55000
> Metallschienen: Erhöhung des Stückwerts auf € 22,00
> Holzelemente: Reduktion des Verbrauchs auf 118000
> Ersetzen der Klebestreifen durch Dübel: Stückwert = € 0,90, Verbrauch = 190000

Hinweise zur Programmbedienung finden Sie online im Programm.

a) Rufen Sie die ABC-Analyse auf und nehmen Sie die Änderungen laut Aktennotiz vor.
b) Sortieren Sie die Artikelgruppen.
c) Ordnen Sie die Artikelgruppen den verschiedenen Wertkategorien zu. Der Möbelerzeuger ist dem Industriesektor zuzuordnen.
d) Drucken Sie die ABC-Analyse aus.
e) Beschreiben Sie in Stichworten, wie Sie bei den Glaselementen, den Metallschienen und den Dübeln vorgehen werden.

Ü 5.32: Notebook-Übung C

SbX
Arbeitshilfe Excel-Vorlage: ID: 5042

Setzen Sie zur Berechnung die richtigen Formeln ein!

Ein Papiererzeuger produziert in 5 verschiedenen Werken in Mitteleuropa. Berechnen Sie die Materialintensität und die Kosten pro Bestellung in einem Tabellenkalkulationsprogramm (z. B. Excel). Verwenden Sie als Vorlage das folgende Schema. Führen Sie die Berechnungen in den grau unterlegten Zellen durch.

	A	B	C	D	E	F
1	**Kennzahlen für den Beschaffungsbereich: Papiererzeuger**					
2						
3		**Leoben**	**Krems**	**Győr**	**Brünn**	**Marburg**
4	Anzahl der Bestellungen	520	860	320	670	220
5	Wareneinsatz	8.460.000,00	11.780.000,00	2.950.000,00	5.470.000,00	9.410.000,00
6	Umsatz	12.840.000,00	17.210.000,00	4.070.000,00	7.250.000,00	13.520.000,00
7	Bestellkosten	28.700,00	54.600,00	22.590,00	24.370,00	10.990,00
8	**Materialintensität**					
9	**Kosten pro Bestellung**					

SbX
Arbeitshilfe Excel-Vorlage: ID: 5042

Ü 5.33: Notebook-Übung C

Ein Sportartikel-Großhändler führt u. a. die folgenden 5 Artikel in seinem Sortiment. Berechnen Sie den durchschnittlichen Lagerbestand, die Lagerumschlagshäufigkeit, die Lagerumschlagsdauer (1 Jahr = 365 Tage) und den Servicegrad für die verschiedenen Artikel in einem Tabellenkalkulationsprogramm (z. B. Excel). Verwenden Sie als Vorlage das folgende Schema. Führen Sie die Berechnungen in den grau unterlegten Zellen durch.

	A	B	C	D	E	F
1	**Lagerkennzahlen: Sportartikel-Großhändler**					
2						
3	**Hinweis:**					
4	Wareneinsatz = Abfassungen					
5						
6		**Laufbänder**	**Mountain-Bikes**	**Fußbälle**	**Tennis-schläger**	**Schwimm-brillen**
7	Anfangsbestand	245	522	2.710	2.113	891
8	Endbestand	237	538	2.684	2.275	913
9	Abfassungen	1.398	2.694	15.959	9.651	5.060
10	Anforderungen	1.640	2.959	15.959	10.178	5.060
11	**Durchschn. Lagerbestand**					
12	**Lagerumschlagshäufigkeit**					
13	**Lagerumschlagsdauer (Tage)**					
14	**Servicegrad**					
15						

SbX
Ü 5.34 Aufgabenblatt ID: 5042

SbX
Ü 5.35: Fallbeispiel Alle Daten und Arbeitsanweisungen zu diesem Fallbeispiel finden Sie im Materialwirtschafts-Manager unter der ID: 5042.

Rufen Sie nach Installation und Start des Materialwirtschafts-Managers den darin enthaltenen Materialwirtschafts-Trainer auf!

Weitere Übungsaufgaben im SbX

Ü 5.34: Fallbeispiel „Moto-Import GmbH" C

Laden Sie sich das Aufgabenblatt (PDF-Datei) mit den Angaben für das Fallbeispiel herunter und bearbeiten Sie es mit dem Materialwirtschafts-Manager!

Ü 5.35: Themenübergreifendes Fallbeispiel „Arbeiten in einer Beschaffungsabteilung" – Materialwirtschafts-Trainer C

Ihr Unternehmen: Autohaus Brenner GmbH, Schiffmühlenstraße 38,1220 Wien. Sie sind für die Verwaltung des Materiallagers und die Durchführung der Beschaffung zuständig.
Das Fallbeispiel enthält sechs Einzelfälle, die zum Teil aufeinander aufbauen. Bearbeiten Sie die einzelnen Fälle in der vorgegebenen Reihenfolge. Sie können die Übung jederzeit unterbrechen und später fortsetzen (Menüpunkt: Datei > Session unterbrechen). Am Ende wird Ihre Arbeit durch eine Auswertung dokumentiert und Ihre Leistung beurteilt und Sie können die Auswertung ausdrucken (Menüpunkt: Auswertung > Auswertung drucken).

Bearbeiten Sie das Fallbeispiel im Materialwirtschafts-Manager.

Sichern

SbX ID: 5043

Optimieren der Materialwirtschaft

Um die Materialwirtschaft zu optimieren, können die ABC-Analyse und die XYZ-Analyse eingesetzt werden.

optimising materials management

The ABC analysis and XYZ analysis can be used to optimise materials management.

ABC-Analyse XYZ-Analyse

Bei der ABC-Analyse erfolgt die Einteilung der Lagergüter nach Lagerwert und Lagermenge, bei der XYZ-Analyse nach der Regelmäßigkeit ihres Verbrauchs.

ABC analysis XYZ analysis

The ABC analysis classifies stock according to stock value and stock amount, the XYZ classifies it according to regularity of use.

Kosten der Materialwirtschaft

Die Kosten der Materialwirtschaft setzen sich aus folgenden Kostenarten zusammen:

- Beschaffungskosten (Einstandspreis zuzüglich Bestellkosten)
- Lagerhaltungskosten (Zinskosten, Lagerraumkosten einschließlich Lagerausstattung)
- Personalkosten (Wartung etc.)
- Kosten des Schwundes und des Qualitätsverlustes
- Fehlmengenkosten (Gewinnentgang, Goodwillverlust, Konventionalstrafen etc.)

costs of materials management

The costs of materials management are:

- acquisition costs (net price plus ordering costs)
- storage costs (interest expense, warehousing costs including equipment)
- personnel costs (maintenance, etc.)
- cost of shrinkage and loss of quality
- stockout costs (loss of profit, loss of goodwill, penalties for breach of contract)

Kennzahlen der Materialwirtschaft

Zur Steuerung der Materialwirtschaft werden Kennzahlen eingesetzt. Die wichtigsten sind:

- Kennzahlen der Beschaffung
  - Materialintensität
  - Kosten pro Bestellung
- Kennzahlen der Lagerhaltung
  - Lagerumschlagshäufigkeit
  - Lagerdauer
  - Lieferbereitschaft (Servicegrad)

ratios in materials management

Ratios are used to monitor materials management. The most important ones are:

- Ratios relating to purchasing
  - material intensity
  - order costs
- Ratios relating to storage
  - stock turnover
  - storage period
  - service level

SbX ID: 5043

Im SbX finden Sie die englische Zusammenfassung als Audio-Wiederholung sowie eine Bildschirmpräsentation mit den Grafiken dieser Lerneinheit.

Wissen

SbX ID: 5044

A B C D E

SbX
W 5.24 und W 5.25 mit automatischer Aufgabenkontrolle ID: 5044

W 5.22: ABC-Analyse A

Wozu wird eine ABC-Analyse durchgeführt?

W 5.23: XYZ-Analyse A

Was versteht man unter XYZ-Analyse?

W 5.24: C-Güter B

Bei der ABC-Analyse werden die Güter in A-Güter, B-Güter und C-Güter eingeteilt.
Beurteilen Sie, ob die folgende Aussage richtig oder falsch ist. Ist sie falsch, stellen Sie sie bitte richtig.
C-Güter sind jene Güter, die einen Großteil der gelagerten Artikel ausmachen, jedoch nur einen geringen Teil des Lagerwerts.

☐ Richtig ☐ Falsch, richtig ist:

W 5.25: Z-Güter B

Bei der XYZ-Analyse erfolgt die Einteilung der gelagerten Güter nach dem voraussichtlichen Verlauf des Materialbedarfs.
Beurteilen Sie, ob die folgende Aussage richtig ist. Ist sie falsch, stellen Sie sie bitte richtig.
Z-Güter sind jene Güter, deren Verbrauch relativ konstant ist. Der Bedarf kann daher ziemlich genau vorausgesagt werden.

☐ Richtig ☐ Falsch, richtig ist:

W 5.26: Kosten der Materialwirtschaft A

Geben Sie eine Übersicht über die Kosten der Materialwirtschaft.

W 5.27: Kennzahlen der Materialwirtschaft A

Welche Kennzahlen werden in der Materialwirtschaft verwendet?

W 5.28: Lagerkennzahlen C

Für ein bestimmtes alkoholfreies Getränk liegen folgende Daten vor:

Anfangsbestand zu Jahresbeginn: 1200 Flaschen
Endbestand zu Jahresende: 400 Flaschen
Verkauft wurden 64 000 Flaschen.

Berechnen Sie folgende Kennzahlen: das Durchschnittslager, die Lagerumschlagshäufigkeit und die durchschnittliche Lagerdauer in Tagen (gehen Sie dabei von einem Jahr mit 360 Tagen aus).

Zusatzfrage: Welche Daten würde man benötigen, um diese Kennzahlen genauer ermitteln zu können?

SbX
W 5.29–W 5.31 mit automatischer Aufgabenkontrolle ID: 5044

Weitere Aufgaben zur Lernkontrolle im SbX

W 5.29: Materialwirtschaft ABC-Analyse C

Beantworten Sie Fragen zur ABC-Analyse in der Materialwirtschaft und beurteilen Sie Ihre Antworten selbst!

W 5.30: Kosten der Materialwirtschaft B

Ergänzen Sie eine Übersicht zu den Kosten der Materialwirtschaft!

W 5.31: Kennzahlen der Materialwirtschaft B

Ergänzen Sie eine Übersicht zu den Kennzahlen der Materialwirtschaft!

English questions

E 5.04: Sarah is continuing her investigation of Hauer's storage and materials management. She is looking for potential for improvement.

1. Sarah has decided the use of two analytical tools. What forms of analysis can be used in stock control?
2. Sarah knows that Hauer must watch the costs of its materials management carefully. What are the main costs involved?
3. Hauer could also use so-called ratios to monitor its materials management. Which ratios could Sarah suggest using?

Ein kurzer Kompetenz-Check, bevor's weitergeht!

Kompetenz-Check

	☺	😐	☹
Ich kann die ABC- und die XYZ-Analyse bei der Optimierung der Materialwirtschaft einsetzen.			
Ich kann ABC- und XYZ-Analyse kombinieren.			
Ich kann die wichtigsten Kostenarten in der Materialwirtschaft beschreiben.			
Ich kann wichtige Kennzahlen der Materialwirtschaft berechnen und interpretieren.			
Ich kann aus den Kennzahlen Maßnahmen zur Optimierung der Materialwirtschaft ableiten.			

SbX
Alle SbX-Inhalte zu dieser Lerneinheit finden Sie unter der ID: 5050.

Lerneinheit 5
Trends in der Materialwirtschaft

Die Materialwirtschaft ist aktuell doppelt gefordert:

- Von der Materialwirtschaft wird ein Beitrag zur nachhaltigen Stärkung der Wettbewerbsfähigkeit der Unternehmen erwartet. Voraussetzung einer optimierten Materialwirtschaft ist eine gute Organisation, die zunehmend durch das E-Business unterstützt wird.
- Die immer lauter werdende Forderung nach „ethischer" Gestaltung des Marketings kann nur durch eine entsprechend „ethische" Gestaltung der Materialwirtschaft eingelöst werden.

Lernen

SbX ID: 5051

1 E-Business in der Materialwirtschaft [E-business in materials management]

E-Business-Anwendungen unterstützen die Materialwirtschaft vor allem in den Aufgabenbereichen Beschaffen und Lagern sowie in der Kommunikation zwischen Beschaffung und Lagerhaltung:

Grafik
E-Business in der Materialwirtschaft

E-BUSINESS IN DER MATERIALWIRTSCHAFT

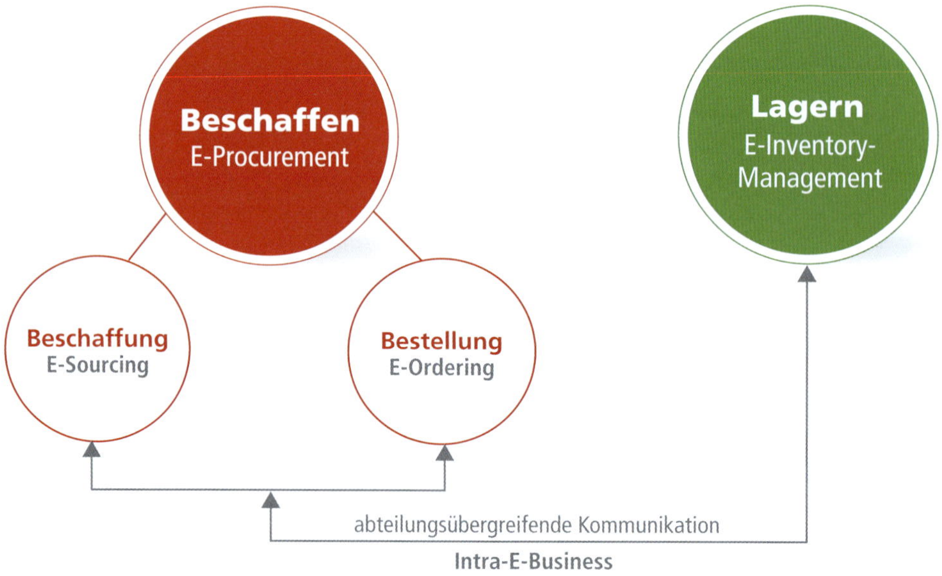

E-Procurement [E-purchasing]

E-Procurement ermöglicht die vollelektronische Abwicklung des Aufgabenbereichs Beschaffen. Ziel ist die Vereinfachung und Standardisierung der Beschaffungs- und Bestellvorgänge durch **E-Sourcing** bzw. **E-Ordering.**

Sourcing umfasst die Bestimmung der benötigten Waren und Güter, die Suche und Auswahl von geeigneten Lieferanten bzw. die Verhandlungen sowie den Aufbau von Geschäftsbeziehungen mit den Lieferanten. Mit E-Sourcing erfolgt dies webbasiert:

- Wie bei der ABC- und XYZ-Analyse kann ein Unternehmen die benötigten Waren und Güter elektronisch bestimmen und klassifizieren, um die Beschaffungsstrategien und Lagerbestände zu optimieren.

Zu den bekanntesten elektronischen Marktplätzen zählen Covisint **(www.covisint.com)** und Ariba **(de.ariba.com)**.

- Im Rahmen der Beschaffungsmarktforschung unterstützen die IuK-Technologien die Gewinnung und Analyse von Markt- und Lieferantendaten. Dadurch wird die Suche nach leistungsfähigen Lieferanten und deren Auswahl erheblich erleichtert.
- Geben die Verkäufer ihr Angebot bzw. die Käufer ihre Nachfrage in Datenbanken bzw. E-Kataloge ein, können sie über Plattformen bzw. elektronische Marktplätze miteinander kommunizieren, über den Preis verhandeln und Verträge abschließen. E-Kataloge sind elektronische Kataloge, die wichtige Informationen über die Produkte und Dienstleistungen beinhalten. Auf Plattformen werden die E-Kataloge entweder von Verkäufern (Angebotskatalog bzw. Sell Side) oder von Käufern (Nachfragekatalog bzw. Buy Side) bereitgehalten. E-Kataloge können auch durch dritte Unternehmen, die als Vermittler zwischen Käufer und Verkäufer agieren, auf elektronischen Marktplätzen angeboten werden.

E-Sourcing trägt wesentlich zur Senkung der Beschaffungskosten bei.

Ordering ist die Abwicklung einer Bestellung bei einem Lieferanten. Bei E-Ordering erfolgt dies webbasiert. Dabei kann die Beschaffungsabteilung auf die E-Kataloge von Lieferanten zugreifen und elektronisch bestellen und bezahlen. E-Ordering trägt wesentlich zur Senkung der Bestellkosten bei. Dies trifft vor allem auf die C-Güter lt. ABC-Analyse zu, weil deren Beschaffungswert relativ gering ist und die Bestellkosten relativ hoch sind.

Beispiel

- C-Güter machen etwa 80 % des Bestellvolumens eines Unternehmens aus. Der Beschaffungswert liegt bei etwa 8–10 %. Da die C-Güter in der Regel Bestellvorgänge bei vielen verschiedenen Lieferanten benötigen, kann eine Automatisierung der Bestellvorgänge die Kosten um bis zu 90 % senken.

E-Inventory-Management [E-inventory management]

Das Inventory-Management zeichnet alle Lagerein- und Lagerausgänge auf. Beim E-Inventory-Management erfolgt dies automatisiert. Dabei kommen vor allem zwei Systeme zum Einsatz:

- Beim Strichcodesystem sind die gelagerten Güter mit Etiketten versehen, auf denen ein Strichcode aufgedruckt ist. Die im Strichcode verschlüsselte Information wird mit speziellen Lesegeräten optisch abgetastet und auf diese Weise der Lagereingang bzw. Lagerausgang erfasst.
- Beim RFID-System wird jeder Lagereingang bzw. Lagerausgang automatisch abgescannt.

RFID steht für radio-frequency identification.

Intra-E-Business [Intra business e-commerce]

E-Businesslösungen beschränken sich nicht nur auf die Kommunikation zwischen Unternehmen. Das Intra-E-Business erlaubt eine kostengünstige und zeitnahe Kommunikation zwischen den Abteilungen innerhalb eines Unternehmens. Von besonderer Bedeutung ist dies in der Materialwirtschaft für die Kommunikation zwischen der Lagerabteilung und der Beschaffungsabteilung.

Beispiel

Großer Einzelhandelsbetrieb

- Die Verkäufe werden mengenmäßig und wertmäßig am „Point of Sale" (an der Kassa) erfasst, zum Beispiel durch Eingabe der Artikelnummer in die Computerkasse, durch „Scanner", die Etiketten mit Strichcodes lesen können etc. Der Lagerbestand wird laufend um die Verkäufe vermindert.
- Bei Gütern, die über längere Zeit verkauft werden, werden bei Erreichen der Bestellmenge automatisch Bestellungen gedruckt oder sofort online weitergeleitet.
- Bei Gütern, die nicht dauernd im Sortiment sind, werden Meldungen angezeigt oder ausgedruckt und Bestellvorschläge gemacht. Diese können dann vom zuständigen Sachbearbeiter bestätigt, geändert oder nicht berücksichtigt werden.
  Gleichzeitig werden die Verkaufsmengen mit den Sollzahlen oder mit den Zahlen der Vorperiode verglichen.
- Umschlagshäufigkeiten werden errechnet und Güter mit geringem Umschlag angezeigt.
- ABC-Analysen werden automatisch durchgeführt und dienen als Entscheidungsunterlage.
- Bestellungen werden automatisch verwaltet, d. h., wenn der Bestelltermin überschritten ist, werden entweder Meldungen ausgedruckt oder es wird automatisch gemahnt.
- Selbstverständlich ist bei sogenannten „integrierten" Systemen die Materialwirtschaft mit der Buchhaltung verbunden. Das heißt, die angelieferten Waren werden automatisch gebucht.
- Täglich oder wöchentlich werden Zahlungsvorschläge für die offenen und fälligen Rechnungen ausgedruckt. Die Zahlungsvorschläge werden von der EDV auf die Liquiditätssituation abgestellt.

Denkbar ist auch, dass automatisch eine Zahlung zum letzten Termin, zu dem ein Skontoabzug möglich ist, veranlasst wird.
Beträge ohne Skontoabzug werden selten automatisch bezahlt.

- Die Ein- und Auslagerung in Palettenhochregallagern erfolgt mittels computergesteuerter Hubstapler.

2 Ethik und Nachhaltigkeit in der Materialwirtschaft
[Ethics and sustainability in materials management]

Unternehmen sollen ökologische, ökonomische und gesellschaftliche Verantwortung übernehmen und dies im Rahmen ihrer Entscheidungen berücksichtigen. Die Materialwirtschaft kann diese Forderung besonders in den Aufgabenbereichen Beschaffen und Entsorgen erfüllen.

Ethik und Nachhaltigkeit beim Beschaffen
[Ethics and sustainability in purchasing]

Zur Erinnerung: Den Begriff der **integrativen Wirtschaftsethik** haben Sie schon im Kapitel „Betriebliche Leistungserstellung" kennengelernt.

Nachhaltige Beschaffungsstrategien konzentrieren sich vor allem auf die Lieferantenauswahl. Dabei werden die wichtigen Auswahlkriterien Kosten, Qualität und Zeit um den Aspekt der Nachhaltigkeit bei der Lieferantenauswahl ergänzt. Im Sinne der integrativen Wirtschaftsethik soll sich das beschaffende Unternehmen aber nicht nur auf die Lieferantenauswahl beschränken, sondern die Lieferanten in der Entwicklung ihrer Nachhaltigkeit unterstützen.

Verschiedene Studien zeigen, dass die nachhaltige Beschaffung besonders drei Wettbewerbsvorteile bringt:

- Achten die Einkäufer auf die Nachhaltigkeit ihrer Lieferanten, verbessert sich die Leistungsfähigkeit der Lieferanten in Bezug auf Qualität oder Termintreue.
- Die Kooperation mit nachhaltigen Lieferanten begünstigt die Innovationsfähigkeit der Lieferanten.
- Die nachhaltige Beschaffung verbessert das Image des beschaffenden Unternehmens.

Beispiele

- Die Telekom Austria Group beachtet bei der Auswahl ihrer Lieferanten verstärkt die Einhaltung ökologischer und sozialer Grundsätze. Dafür wurden Verhaltensrichtlinien für die Einkäufer der Telekom Austria Group formuliert, die auch den Lieferanten des Unternehmens eine Orientierung für ein faires und aufrichtiges Verhalten bieten. Quelle: www.telekomaustria.at
- Iglo Österreich betreibt eine intensive Lieferantenentwicklung. Beispielsweise ermutigt das Unternehmen seine Lieferanten, sich als Arbeitgeber gegenüber den Arbeitnehmern fair zu verhalten. Quelle: www.iglo.at

Ethik und Nachhaltigkeit beim Entsorgen
[Ethics and sustainability in waste disposal]

Das Thema **Entsorgung** wird im IV. Jahrgang vertieft.

Die Entsorgungsfunktion der Materialwirtschaft umfasst ein Maßnahmenbündel in Bezug auf **Abfall, Abluft, Abwasser und Leergut.** Dabei ist eine Reihe von Umweltvorschriften zu beachten. Ethik und Nachhaltigkeit beim Entsorgen geht allerdings über die Einhaltung gesetzlicher Vorschriften hinaus. Die wichtigsten Entsorgungsstrategien umfassen folgende Überlegungen:

Entsorgungsprinzip	Beschreibung	Beispiel
Vermeidung	Abfälle sollen nicht entstehen.	Vermeidung von unnötigem Verpackungsmaterial
Reduzierung	ressourcenschonender Umgang mit Materialien	bessere Materialausnutzung zur Reduktion von Abfall
Wiederverwendung	erneute Verwendung von Materialien	Mehrwegverpackungen
Weiterverwendung	Verwendung gebrauchter Materialien für einen anderen Zweck	Aus alten Autoreifen kann Gummimehl hergestellt werden, das dem Straßenasphalt beigemengt wird.
Wiederverwertung	erneuter Einsatz des Materials	Altglas- und Altpapierrecycling
Beseitigung	endgültige Abfallentsorgung	Deponierung, Verbrennung

Beispiel

- Der deutsche Automobilhersteller BMW weist darauf hin, dass 95 % der in einem neuen Auto verwendeten Materialien wiederverwertet werden können. Quelle: www.bmw.de

Die Entsorgung ist eine junge Funktion in der Materialwirtschaft, die noch nicht von allen Unternehmen angemessen wahrgenommen wird.

Beispiel

- Zu den bekanntesten Missständen zählt der Export von Elektroschrott nach Afrika. In diesem Zusammenhang stehen vor allem Elektrohändler im Mittelpunkt der Kritik, weil sie gebrauchte Elektrogeräte vielfach über undurchsichtige Wege in Entwicklungsländern entsorgen lassen.

Üben – Anwenden

A B C D E

Ü 5.36: E-Business C

Ein Wiener Bürofachmarkt bietet unter anderem verschiedene Büroartikel wie Heftklammern, Locher, Lineale etc. sowohl in drei Filialen als auch in einem Onlineshop an. Nur Unternehmen können sich auf der Website des Bürofachmarkts registrieren lassen und aus dem E-Katalog des Bürofachmarkts diverse Büroartikel zu günstigen Preisen bestellen.

a) Um welche E-Katalog-Lösung handelt es sich in diesem Fall? Begründen Sie Ihre Ansicht.
b) Welcher Kategorie der ABC-Analyse ordnen Sie Büroartikel aus der Sicht der einkaufenden Unternehmen zu? Begründen Sie Ihre Ansicht.
c) Welche Kennzahlen der Materialwirtschaft der einkaufenden Unternehmen beeinflusst die Bestellung von Büroartikeln aus dem E-Katalog des Bürofachmarkts? Begründen Sie Ihre Ansicht.
d) Alle Lagereingänge und Lagerausgänge werden beim Bürofachmarkt automatisch mittels Lesegerät erfasst. Welche Vorteile sind mit dieser Technologie für den Bürofachmarkt verbunden?

Ü 5.37: E-Business: Buy Side C

Recherchieren Sie im Internet nach E-Katalogen, die von einkaufenden Unternehmen ins Internet gestellt werden, und berichten Sie darüber.

Ü 5.38: Nachhaltigkeit und Ethik in der Beschaffung C

Mit welchen Argumenten würden Sie den Einwand eines Einkäufers entkräften, wenn er meint: „Nachhaltigkeit und Ethik in der Beschaffung ist nichts für uns, das ist zu teuer."?

Sichern

SbX ID: 5053

E-Procurement – Bei E-Procurement handelt es sich um eine E-Business-Anwendung für die Materialwirtschaft.

e-purchasing – E-purchasing is an e-business application used in materials management.

E-Sourcing – E-Sourcing unterstützt die Beschaffung durch webbasierte Lösungen.

e-sourcing – E-sourcing supports purchasing through web-based solutions.

E-Ordering – E-Ordering unterstützt die Bestellung durch webbasierte Lösungen.

e-ordering – E-ordering supports ordering through web-based solutions.

E-Inventory-Management – E-Inventory-Management unterstützt die Lagerbewirtschaftung.

e-inventory management

E-inventory management supports stock management.

Intra-E-Business

Intra-E-Business ist eine E-Business-Anwendung für die unternehmensinterne Kommunikation.

intra business e-commerce

Intra business e-commerce is a business application for internal business communication.

Ethik und Nachhaltigkeit beim Beschaffen

Durch die Erweiterung der Kriterien der Lieferantenauswahl können ethische und nachhaltige Aspekte des Beschaffens berücksichtigt werden.

ethics and sustainability in purchasing

By expanding the criteria for selecting suppliers, ethical and sustainability aspects of purchasing can be considered.

Ethik und Nachhaltigkeit beim Entsorgen

Durch verschiedene Entsorgungsüberlegungen können ethische und nachhaltige Aspekte beim Entsorgen berücksichtigt werden.

ethics and sustainability in waste disposal

Through different approaches to waste disposal, ethical and sustainability aspects can be integrated in the waste disposal function.

SbX
ID: 5053

Im SbX finden Sie die englische Zusammenfassung als Audio-Wiederholung sowie eine Bildschirmpräsentation mit den Grafiken dieser Lerneinheit.

Wissen

A B C D E

W 5.32: E-Procurement B

In welche Teilaspekte lässt sich E-Procurement gliedern?

W 5.33: Kostensenkung durch E-Procurement B

Welche Kosten können durch E-Procurement gesenkt werden?

W 5.34: Intra-E-Business B

Wie unterstützt Intra-E-Business die Materialwirtschaft?

W 5.35: Ethik und Nachhaltigkeit in der Materialwirtschaft B

In welchen Bereichen kann die Materialwirtschaft „ethisch" und „nachhaltig" agieren?

English questions

E 5.05: Sarah has been asked to work together with the IT department to check that Hauer's materials management systems are being used effectively.

Sarah starts by listing all the areas in which these electronic systems can be used. What would this list look like?

Ein kurzer Kompetenz-Check, bevor's weitergeht!

Kompetenz-Check

	☺	😐	☹
Ich kann die Begriffe E-Procurement, E-Sourcing, E-Ordering, E-Inventory-Management und Intra-E-Business beschreiben.			
Ich kann Vorteile der Anwendung von E-Business im Bereich der Materialwirtschaft nennen.			
Ich kann die Themen Ethik und Nachhaltigkeit für den Bereich der Materialwirtschaft darstellen.			

Lerneinheit 6
Fallbeispiele

Üben – Anwenden

Ü 5.39: **Pinboard GmbH**

Das Unternehmen

Pinboard GmbH – Handel mit Seminar-Equipment

Sachverhalt

Barbara Centa ist Assistentin in der Materialwirtschaft der Pinboard GmbH – Handel mit Seminar-Equipment. Sie bereitet sich soeben auf eine Abteilungsleitersitzung vor. Mit einem schnellen Check der zur Verfügung stehenden Unterlagen überprüft sie die aktuelle Lage der Abteilung und erarbeitet Verbesserungsvorschläge. Viel Zeit hat sie nicht, die Sitzung wird in knapp 50 Minuten stattfinden.

Die Pinboard GmbH

Das 2005 gegründete Unternehmen ist auf die Ausstattung von Seminaren spezialisiert.

Das breit angelegte Sortiment umfasst Produkte wie Büromöbel, Flipchartständer, diverse Papiersorten, Whiteboard-Marker und vieles mehr.

Seitens der Geschäftsleitung ist geplant, künftig auch Bürolampen im Sortiment zu führen.

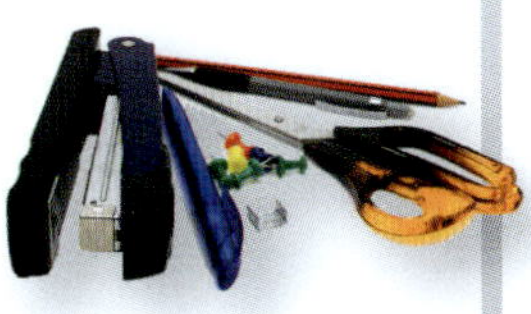

Die Pinboard GmbH, bekannt für ihren hohen Servicegrad, beliefert von der Wiener Zentrale aus verschiedene Seminaranbieter, Seminarhotels oder Großunternehmen, die das Seminar-Equipment für firmeninterne Schulungen benötigen. Die Einrichtung eines Webshops ist in Planung.

Die Materialwirtschaft der Pinboard GmbH

Das zentrale Lager der Pinboard GmbH ist nach einem strengen Festplatzsystem organisiert. Die Lagerarbeiter kommissionieren die Kundenbestellungen, die Zustellung erfolgt über verschiedene KEP-Dienstleister wie z. B. UPS. Die Lagerverwaltung erfolgt grundsätzlich nach dem Bestellpunktsystem. Manchmal geht die Ware aus, weil die Lagerarbeiter vergessen, den Bestand zu melden.

Die Beschaffung, durchgeführt von Barbara Centa, erfolgt hauptsächlich indirekt bei spezialisierten Großhändlern, mit denen bereits seit Jahren zusammengearbeitet wird. Die Lieferanten bieten üblicherweise Staffelrabatte an. Diese können aber nicht immer in Anspruch genommen werden, weil die Bestellmengen der Pinboard GmbH zu gering sind. Neue Lieferanten werden vor allem auf verschiedenen Fachmessen gewonnen.

Die Zahlen aus der Materialwirtschaft der Pinboard GmbH

1. Branchenvergleichswerte

Kennzahl	Werte gut geführter Unternehmen
Materialintensität	60 %
Bestellkosten	€ 2,–
Lagerdauer	20 Tage
Lagerumschlagshäufigkeit	18 ×
Servicegrad	90 %

2. ABC-Klassifizierung

ABC	Anteil am Wareneinsatz	Anteil am Vorrat	Anteil am Umsatz	Beispiele
A	80 %	40 %	90 %	Büromöbel
B	15 %	10 %	4 %	Flipchartständer
C	5 %	50 %	6 %	Papier, Stifte

3. Auszüge aus dem Rechnungswesen des Vorjahrs

a) GuV-Rechnung

	€
Umsatzerlöse	400.000,–
Wareneinsatz	320.000,–
Personal	40.000,–
Abschreibungen	10.000,–
sonstiger betrieblicher Aufwand	25.000,–
Betriebserfolg	5.000,–
Zinserträge	4.800,–
Zinsaufwand	4.000,–
Finanzerfolg	800,–
Ergebnis der gewöhnlichen Geschäftstätigkeit	5.800,–

b) Vorräte

	01.01.	31.12.
Bestände	50.000,–	70.000,–

c) Sonstige Informationen

Anteil der Bestellkosten am sonstigen Aufwand	5 %
Anzahl der Bestellungen	375

Aufgaben

1. Berechnen und interpretieren Sie alle Kennzahlen, die sich aus der Materialwirtschaft der Pinboard GmbH ermitteln lassen. D
2. Leiten Sie aus den Ergebnissen Ihrer Berechnungen Maßnahmen zur Verbesserung der Materialwirtschaft der Pinboard GmbH ab. Konzentrieren Sie sich dabei auf die A-Güter des Unternehmens. D
   Berücksichtigen Sie dabei folgende Punkte:
   a) Beschaffungsmarketing
   b) Beschaffungszeit
   c) Lagerbuchführung
   d) Vorratshaltung
   e) Bestellhäufigkeit
   f) Vertragsgestaltung
3. Welche Konsequenzen haben Ihre Empfehlungen für das Marketing der Pinboard GmbH? Begründen Sie Ihre Ansicht. D

Ü 5.40: Lieferantenauswahl

Ihr Unternehmen

Steinberg Professional
Bonaristraße 27
5020 Salzburg

Telefon: 0043 662 62 00 30
E-Mail: steinberg@office.at
Website: www.steinberg.com

FN: 31245 b
UID: ATU 22113462
Gerichtsstand: Salzburg

Sie arbeiten erst seit einiger Zeit in dem Unternehmen und erhalten folgende Informationen:

Seit mehr als 80 Jahren produziert die Steinberg GmbH Sportmode. Unter der Marke **Steinberg Professional** wird das Thema zeitgemäß und innovativ umgesetzt.

Da die verarbeiteten Materialien die Basis jeder gelungenen Kollektion sind, wird auf die Beziehungspflege zu den renommierten Lieferanten aus Österreich, Deutschland, Italien und Frankreich größter Wert gelegt. Aufgrund der verfolgten Prämienpreisstrategie erfolgt der Vertrieb ausschließlich über den gehobenen Fachhandel sowie über einen Flagshipstore in Salzburg.

In den strategischen Zielen des Unternehmens finden sich Pläne zur Erhöhung der Exportquote auf 80 %. Um dieses Ziel zu erreichen, wird die Expansion nach Asien angedacht.

Leider reicht die Kapazität unserer aktuellen Stofflieferanten nicht aus, die zusätzliche Produktionsmenge zu bewältigen. Nach Durchsicht unserer Lieferantendatei haben wir Anfragen an verschiedene Lieferanten versendet; die Angebote sowie Stoffmuster liegen vor, drei Lieferanten sind in die engere Wahl gekommen.

Aufgaben

1. Entscheiden Sie sich für einen geeigneten Lieferanten. Begründen Sie Ihre Vorgangsweise bei der Auswahl. D
2. Überlegen Sie, wie Sie das E-Business in eine langfristige Partnerschaft mit dem neuen Lieferanten integrieren können. D

Unterlagen

Zusammenfassung der Angebote			
Firma	**Spadoni S.p.A. Mailand/Italien**	**Cresson S.A. Bordeaux/Frankreich**	**Rural Fashion Ltd. Leeds/Großbritannien**
Preis/100-m-Stoffballen	€ 2.200,–	€ 2.300,–	£ 1.510,–
Stoffqualität*)	1	1 +	1 –
Mindestabnahmemenge	100 Ballen	70 Ballen	50 Ballen
Rahmenvertrag	möglich	möglich	nicht möglich
E-Procurement	nicht möglich	möglich	nicht möglich
Frachtgrundlage	FCA Milano	CIP Salzburg	DDP Salzburg
Lieferzeit	10 Tage	12 Tage	14 Tage
Zahlungsbedingungen	unteilbares, nicht übertragbares 3-Monats-Akzeptakkreditiv	teilbares, übertragbares Dokumentenakkreditiv	D/P

*) Internes Qualitätsrating: 1: sehr gut – 5: sehr schlecht

Unternehmensbeschreibungen aus der Lieferantendatei

Spadoni S.p.A.

Die Steinberg GmbH hat die Spadoni S.p.A. schon mehrmals für Lieferungen herangezogen. Dabei kam es zu keinen Terminüberschreitungen. Auch bei der Einhaltung der Mengen- und Qualitätszusagen gab es keine Beanstandungen. An Serviceleistungen bietet Spadoni S.p.A. Beratung und Mitarbeit bei der Verbesserung unserer Produkte an. Keinerlei Kapazitätsprobleme.

Cresson, S.A.

Das Unternehmen gehört seit längerer Zeit zu den Lieferanten der Steinberg GmbH und ist daher Partner am Supply Chain Programm „Loom Web".
Die bisherigen Lieferungen gaben wenig Anlass zu Reklamationen. Termin-, Qualitäts- und Mengenzusagen wurden in der Regel eingehalten. Allerdings musste bei Cresson S.A. immer frühzeitig geordert werden, weil die Kapazität des Unternehmens aufgrund der weltweiten Verpflichtungen gut ausgelastet ist.

Rural Fashion Ltd.

Rural Fashion Ltd. ist ein mittelständisches Unternehmen. Nach anfänglichen Schwierigkeiten bei der Einhaltung der Lieferzeiten haben sich die Geschäftsbeziehungen zwischen Rural Fashion Ltd. und der Steinberg GmbH gut entwickelt. Rural Fashion Ltd. ist den Lieferverpflichtungen in den letzten Jahren stets zuverlässig nachgekommen. Seit das Unternehmen mit dem Baldridge Award für überragende Leistungen im Bereich TQM ausgezeichnet wurde, ist auch die Qualität sehr gut.

6 LOGISTIK UND LOGISTIKBETRIEBE

Worum geht's in diesem Kapitel?

„Jede Woche eine neue Welt" – so lautet das Motto von Tchibo.

Jährlich entwickelt Tchibo rund 2000 verschiedene Produkte, wöchentlich werden rund 55 000 Verkaufsstellen in Europa versorgt. Dies ist eine große Herausforderung für Tchibo. Eigene Trendscouts aus der Marketingabteilung bestimmen, welche Produkte verkauft werden sollen. Für jede Verkaufsstelle wird geschätzt, wie viele Produkte einer „Wochenwelt" verkauft werden können. Die Beschaffungsabteilung kümmert sich um geeignete Lieferanten. Sie müssen in der Lage sein, die Produkte kostengünstig herzustellen und die fertigen Produkte pünktlich ins Zentrallager in Bremen (Norddeutschland) zu liefern. Von Bremen werden die Produkte zu verschiedenen kleineren Regionallagern transportiert. Nach kurzer Zwischenlagerung wird die Lieferung einer „Wochenwelt" in den Regionallagern für die Verkaufsstellen zusammengestellt. Sollte eine Verkaufsstelle mehr von den Produkten einer „Wochenwelt" benötigen, kommt innerhalb von 36 Stunden eine weitere Lieferung. Übriggebliebene Waren kommen über die Regionallager wieder ins Zentrallager nach Bremen – bis sie für die nächste „Wochenwelt" benötigt werden.

Wenn Sie dieses Kapitel bearbeiten, erwerben Sie die folgenden in der Bildungs- und Lehraufgabe des Lehrplans angeführten Kompetenzen:

Sie können aus dem Bereich Wirtschaft und Gesellschaft

- **Materialwirtschaft und Logistik unter Berücksichtigung von Aspekten der Ethik und Nachhaltigkeit aus der Sicht von Unternehmen und Konsumenten analysieren und beurteilen.**

Sie können aus dem Bereich Logistik und Supply Chain Management

- **Maßnahmen im Rahmen einer Wertschöpfungskette analysieren.**

Sie können aus dem Bereich Logistikbetriebe

- **das Angebot verschiedener Logistikbetriebe analysieren,**
- **die Transportmittelwahl unter verschiedenen Aspekten analysieren,**
- **die wichtigsten Dokumente im Frachtverkehr beschreiben und realen Dokumenten wesentliche Informationen entnehmen.**

Sie können durch den Einsatz von Fallstudien

- **Ihre erworbenen Fach-, Methoden-, Sozial- und Selbstkompetenzen vernetzt anwenden.**

A B C D E

In diesem Kapitel finden Sie Übungsaufgaben, praxisbezogene Fallbeispiele und Aufgaben zur Lernkontrolle zur Überprüfung Ihrer Kompetenzen auf den Handlungsebenen A **Wiedergeben,** B **Verstehen,** C **Anwenden** und D **Analysieren & Interpretieren.**

Dieses Kapitel umfasst folgende Lerneinheiten:

Quick-Check zum Thema:

Logistik und Logistikbetriebe

A B C D E

Das folgende Fallbeispiel können Sie schon bearbeiten.

Ü 6.01: Fallbeispiel: Hollys Cake Pops C

Das Unternehmen

Seit zwei Jahren ist Holly Moser erfolgreiche Herstellerin von Cake Pops. Die Kunden können die „Kuchen am Stiel“ der Online-Bäckerei über die Website oder telefonisch bestellen und nach nur wenigen Stunden direkt in Hollys winziger Backstube abholen.

Bei der Herstellung von Cake Pops werden Kuchenbrösel mit verschiedenen Zutaten gemischt, zu kleinen Kugeln geformt, phantasievoll dekoriert und auf Holzstiele aufgespießt.

Aufgaben

1. Welche Prozesse können in Hollys Cake Pops Online-Bäckerei unterschieden werden?
2. Welche Vorteile hat das Unternehmen durch den Einsatz von IuK-Technologien?
3. Im Vergleich zu anderen Bäckereien weist die Online-Bäckerei von Holly Moser eine doppelt so hohe Lagerumschlagshäufigkeit auf. Welche Kostenvorteile ergeben sich daraus?
4. Holly Mosers Standardlieferanten produzieren qualitativ hochwertiges Mehl. Stellen Sie an diesem Beispiel die vertikale Arbeitsteilung dar.
5. Welche Entscheidungen im Bereich der Absatzlogistik trifft Holly Moser für ihre Online-Bäckerei?

Lerneinheit 1

Was heißt Logistik und Supply Chain Management?

SbX
Alle SbX-Inhalte zu dieser Lerneinheit finden Sie unter der ID: 6010.

Wer heute ein Fertigteilhaus kauft, kann sein Wunschmodell aus verschiedenen Grundrissen, Ausstattungsmerkmalen und Ausbaustufen zusammenstellen. Ist der Kaufvertrag unterschrieben, muss die Materialwirtschaft des Produzenten die nötigen Teile, die nicht auf Lager sind, beschaffen. Dann werden die Materialien in der Fertigung verarbeitet. Schließlich werden die Einzelteile zum Grundstück des Käufers transportiert, wo das Haus nach den Vorstellungen des Kunden errichtet wird.

Kundenwünsche lösen innerhalb eines Unternehmens einen Materialfluss aus, der sich von der Beschaffung über die Fertigung bis hin zum Absatz erstreckt. Der Übergang zwischen den einzelnen Abteilungen muss koordiniert werden.

Da Unternehmen einkaufen, was sie zur Befriedigung der Kundenwünsche benötigen, lösen sie auch in anderen, vorgelagerten Unternehmen Materialflüsse aus. Der Übergang zwischen den einzelnen Unternehmen sollte koordiniert werden.

Lernen

SbX ID: 6011

1 Logistik [Logistics]

Zur Erinnerung: Die Unterscheidung zwischen Management-, Geschäfts- und Unterstützungsprozessen haben Sie schon im Kapitel „Die betriebliche Leistungserstellung – eine Übersicht" kennengelernt.

Die Leistungserstellung eines Unternehmens vollzieht sich durch die Geschäftsprozesse. Diese Prozesse werden innerhalb eines Unternehmens in verschiedenen Funktionsbereichen (bzw. Aufgabenbereichen) geleistet.

Dieser Zusammenhang lässt sich in der Form einer **Wertkette** darstellen. **„Wertkette"** bedeutet, dass dabei im Unternehmen ein Wertschöpfungsprozess stattfindet.

Die Wertkette wird auch als „Value Chain" bezeichnet.

Beispiel

Wertkette eines Elektrohändlers

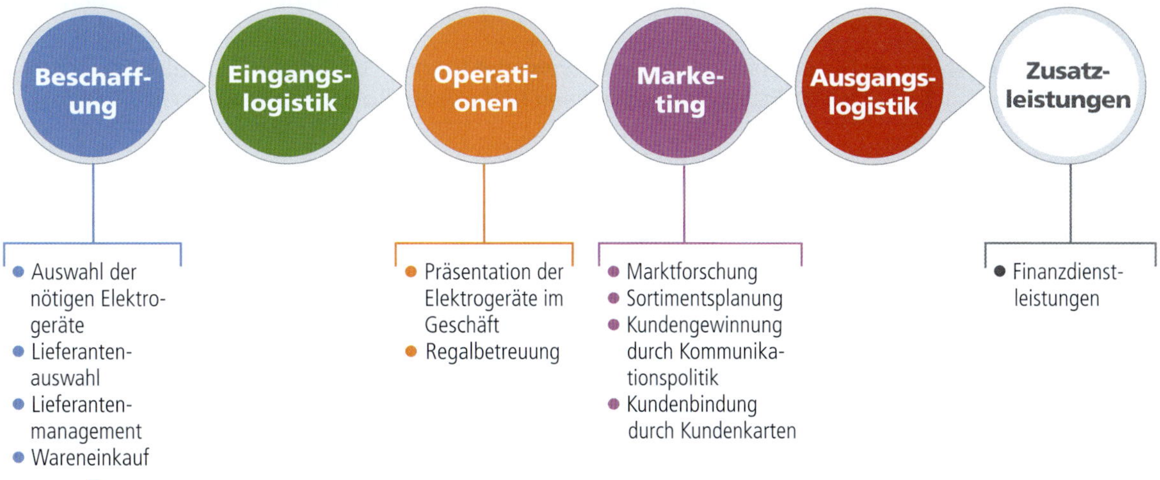

Es gibt mehrere Ursprünge für den **Begriff Logistik.** Im Altgriechischen bedeutete Logistikē die praktische Rechenkunst. Später, z. B. in den napoleonischen Kriegen, wurde Logistik für das militärische Nachschubwesen verwendet (französisch: logistique). Für die Betriebswirtschaft ist auch die Herkunft aus der römischen Antike interessant. Als „logistika" wurde der Staatsbeamte für Finanz- und Nahrungsmittelgüterverwaltung bezeichnet.

Innerhalb der Wertkette gewährleistet die Logistik, dass

- das richtige Material und
- die richtigen Informationen
- zur richtigen Zeit
- am richtigen Ort
- zu optimalen Kosten sowie
- unter Berücksichtigung ethischer und nachhaltiger Überlegungen

tatsächlich vorhanden ist/sind.

Bereiche der Logistik [Areas of logistics]

Die wichtigsten Logistikbereiche sind:

- Beschaffungslogistik
- Fertigungslogistik
- Absatzlogistik

Grafik
Bereiche der Logistik

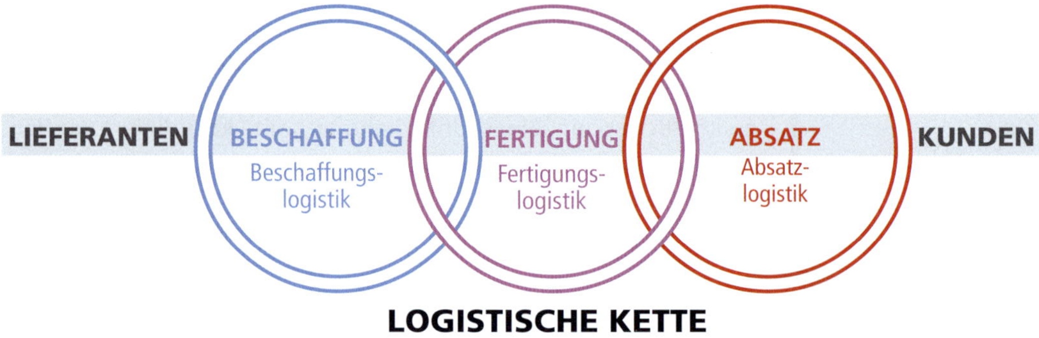

Die Höhe der Logistikkosten wird in Industrieländern auf durchschnittlich 5 % aller Kosten geschätzt.

(1) Beschaffungslogistik

Die Beschaffungslogistik umfasst:

- **Organisation der Eingangstransporte**
  - Transport durch das eigene Unternehmen (Eigentransport) oder durch andere, die dazu beauftragt werden (Fremdtransport)
  - optimale Wahl der Transportmittel und -wege in Übereinstimmung mit den Bedürfnissen der Materialwirtschaft (z. B. Müssen die Ersatzteile express geliefert werden oder reicht ein gewöhnlicher Transport? Wann ist Luftfracht notwendig? etc.)
- **Warenannahme und -eingangskontrolle**
  - Überprüfung der gelieferten Güter auf Mängel
  - Weiterleitung der gelieferten Ware an das Lager, an die Produktion (Roh- und Hilfsstoffe) oder an den Absatz (Handelswaren)
- **Organisation der Lagerhaltung**
  - Kontrolle der Lieferbereitschaft (vgl. Kennzahlen der Materialwirtschaft)

Beispiel

- Die Beschaffungslogistik verwendet für den Einkauf ein Computerprogramm, das den optimalen Transportweg für einen bestimmten Rohstoff berechnet.

(2) Fertigungslogistik

Das Thema Fertigungslogistik wird im III. Jahrgang vertieft.

Die Fertigungslogistik beschäftigt sich mit den Waren- und Informationsflüssen innerhalb des Unternehmens. Die wichtigsten Entscheidungen sind:

- Gestaltung des Produktionsstandorts
- Optimierung des Fertigungsprozesses

Beispiel

- Ein Computerprogramm koordiniert die einzelnen Arbeitsgänge auf Hundertstelsekunden genau.

- Planung der optimalen Lagerbestände zwischen einzelnen Produktionsschritten

(3) Absatzlogistik

Die Absatzlogistik regelt den Weg der Güter vom Unternehmen zum Kunden.

Beispiel

Die Aufgaben der Absatzlogistik haben Sie bereits im Kapitel Marketing kennengelernt.

- Die Kunden der Festo AG (ein weltweit tätiges Unternehmen in der Automationstechnik) können unter mehr als 20 000 Produkten wählen. Für eine rasche Auftragsabwicklung wurde ein EDV-System eingeführt und ein automatisiertes Versandzentrum errichtet, von dem aus ganz Europa beliefert wird. Durch dieses Konzept ist es möglich, dass ein Kundenauftrag nach durchschnittlich 2,5 Stunden versandbereit ist.

Ziele und Maßnahmen der Logistik [Goals and instruments of logistics]

Die Logistik strebt in allen Bereichen folgende Ziele an:

- Verringerung der Durchlaufzeiten
- Senkung der Lagerbestände
- Erhöhung der Produktivität
- schnelle Anpassung des Unternehmens an Nachfrageschwankungen
- Verbesserung der Qualität

Um diese Ziele zu erreichen, werden verschiedene Maßnahmen ergriffen. Die wichtigsten sind:

Das Just-in-time-Konzept hat auch Auswirkungen, die über den einzelnen Betrieb hinausgehen. So wird dadurch ein erhöhtes Straßenverkehrsaufkommen verursacht.

- **Just-in-time-Konzept**
  - Um die Lagerbestände klein zu halten, werden möglichst alle für die Produktion eines Guts nötigen Rohstoffe oder Teile zum spätestmöglichen Zeitpunkt zur Produktionsstätte angeliefert.
  - Dadurch reduzieren sich die Kapitalbindungskosten.
  - Die Lagerflächen können verkleinert werden.
  - Das Lagerhaltungsrisiko wird reduziert.
- **interner und externer EDV-Verbund**
  - Der Online-Verbund mit Kunden und Lieferanten ermöglicht rasche Kommunikation über den Bedarf von Rohstoffen, Produktteilen oder Produkten. Werden die Beschaffungsprozesse über das Internet abgewickelt, spricht man von E-Procurement (siehe Kapitel 5 E-Business in der Materialwirtschaft).
  - Die Fertigung erfolgt unter weitgehendem Einsatz von Computersystemen (diese Thematik wird im Band IV behandelt).
- **Verbesserung von Kooperation und Koordination**
  - unternehmensintern, zwischen einzelnen Abteilungen („Simultaneous Engineering")
  - intensive Zusammenarbeit mit den Kunden bzw. den Lieferanten
  - Entwicklung und Koordination von Outsourcing-Maßnahmen

2 Supply Chain Management („SCM") [Supply chain management]

Die Supply Chain optimiert den gesamten Materialfluss.

Die Supply Chain umfasst alle Unternehmen, die an der Herstellung eines Erzeugnisses beteiligt sind. Sie beginnt beim Rohstoff und endet beim Verkauf des Produkts an den Endverbraucher. In jedem der beteiligten Unternehmen gibt es eine Wertkette. Fasst man alle Wertketten aller beteiligten Unternehmen zusammen, ergibt sich eine Wertschöpfungskette, die Supply Chain.

Beispiel

Grafik
Supply Chain

- Eine Supply Chain für Jeans könnte folgende Wertschöpfungsschritte aufweisen:

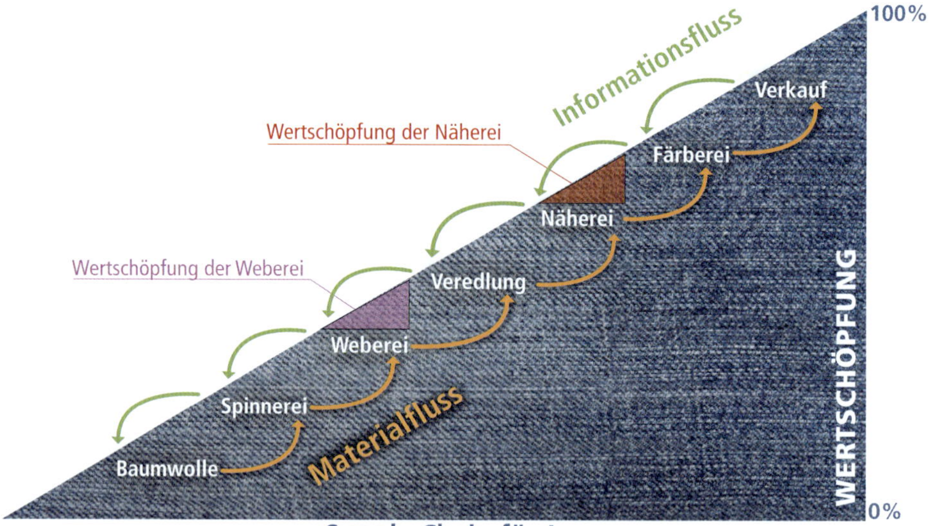

Supply Chain für Jeans

Die wichtigste Ursache für die Entwicklung von Supply Chain Management ist der verschärfte Wettbewerb. Die Kundenanforderungen an Qualität und Service sind in den letzten Jahren stark gestiegen.

Unternehmungen verstärken daher die Zusammenarbeit mit ihren jeweiligen Lieferanten und Abnehmern.

Beispiel

- Procter & Gamble ist bei der Abstimmung von Produktion und Nachfrage von Pampers-Windeln auf den sogenannten **Bullwhip-Effekt** aufmerksam geworden: Geringe Nachfrageschwankungen der Kunden können sich entlang der Stufen einer Supply Chain – vom Einzelhändler über Großhändler und Produzenten bis hin zu einer manchmal großen Zahl von Zulieferern – drastisch aufschaukeln.

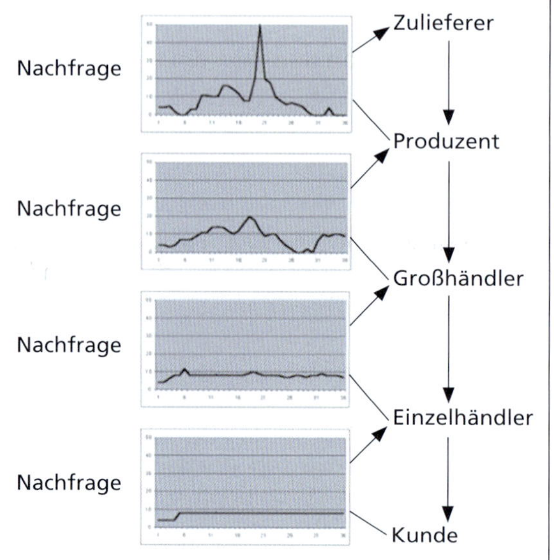

Die Auswirkungen von Nachfrageschwankungen auf Zulieferer und Produzenten

Die Ursachen dafür liegen in veralteten Prognosetechniken, zu hohen Bestellmengen und schwankenden Produktpreisen. Ein wesentlicher Grund liegt insbesondere darin, dass jeder Partner in der Lieferkette nur seine eigenen Bereiche sieht und Informationen nur unzureichend an andere Kettenmitglieder weitergegeben werden. Daraus resultieren eine auf die gesamte Lieferkette gesehen unnötig hohe Kapitalbindung und langsame Reaktionen auf Nachfrageänderungen.

Ziele und Maßnahmen von Supply Chain Management
[Goals and instruments of supply chain management]

Die wichtigsten Ziele von Supply Chain Management sind:

- **Verbesserung der Kundenbeziehungen**
  - Verbesserung des Lieferservices
  - Verbesserung der Qualität
  - Erhöhung der Termintreue
  - Erhöhung der Kundenzufriedenheit
- **Verbesserung der Wirtschaftlichkeit**
  - Verringerung der Kapitalbindung aufgrund geringerer Lagerbestände
  - Verbesserung der Auslastung aufgrund einer höheren Prognosegenauigkeit der Absatzmengen
- **Erhöhung der Geschwindigkeit**
  - Verbesserung der Durchlaufzeiten
  - rasche Entwicklung neuer Produkte („time to market")
  - rasche Anpassung an Nachfrageschwankungen

Um diese Ziele zu erreichen, müssen die beteiligten Unternehmen einer Supply Chain auf verschiedenen Ebenen intensiv zusammenarbeiten:

- **organisatorische Ebene**

  Die Organisation der Unternehmen muss eine unternehmensübergreifende Zusammenarbeit fördern:
  - Vereinbarung gemeinsamer Ziele
  - einheitliche Gestaltung der Bereiche Planen, Beschaffen, Herstellen und Liefern
- **technologische Ebene**

  Zur Sicherung der reibungslosen Abläufe müssen die Partner mit einheitlichen Informationssystemen vernetzt sein:
  - Nutzung von Internet und Extranet
  - Installation von Supply-Chain-Software zur Optimierung und Gleichschaltung der Logistik- und Produktionsprozesse
- **Beziehungsebene**

  Zur optimalen Ausnutzung einer Wertschöpfungspartnerschaft ist es nötig, vertrauensvoll zusammenzuarbeiten:
  - Kompromissbereitschaft/Akzeptanz
  - Austausch sensibler Informationen

Beispiele

- Ein internationaler Mobiltelefonhersteller hat ein Netzwerk von Lieferanten, Verkäufern und Zulieferern, die über ein Extranet miteinander verbunden sind. Mit dieser Verbindung wissen sämtliche Teilnehmer sofort über den aktuellen Auftragsbestand Bescheid. Damit ist es möglich, mit sehr geringen Lagerbeständen und ohne Papierbestellungen auszukommen. Außerdem wird die Supply Chain automatisch überall und gleichzeitig überwacht.
- Ein französischer Kosmetikproduzent betreibt zwei Versandlager zur Versorgung des Handels in Deutschland. Der Produzent erhält vom Handel Informationen über den Lagerbestand und befüllt die Lager aufgrund dieser Zahlen. Der Produzent kann durch die Kenntnis der Bestands- und Verkaufszahlen seine eigene Produktion besser planen, der Handel erspart sich für diese Produkte einen erheblichen Teil der Lagerhaltung.

SbX

Eine Linkliste, um selbständig weitere Informationen zum Thema Logistik zu sammeln, finden Sie unter der ID: 6011.

Üben – Anwenden

A B C D E

Ü 6.02: Logistik C

Ein Baustoffhändler wird von 52 Lieferanten aus 7 verschiedenen Ländern mit etwa 40 000 Artikeln beliefert. Im Wareneingang werden die Produkte manuell nach festgelegten Lagerplätzen kommissioniert und dann mit handgesteuerten Hubstaplern zu den Lagerplätzen des Zentrallagers befördert. Der durchschnittliche Lagerbestand der Produkte reicht in der Regel für mehrere Wochen bzw. Monate. Die Bedarfsermittlung erfolgt anhand einer Grobschätzung, die der Vertrieb durchführt. Diese Verkaufsprognosen werden der Einkaufsabteilung mittels händisch ausgefüllter Formulare mitgeteilt. Die Einkäufer bestellen dann bei den Herstellern. Die Lieferzeit beträgt im Durchschnitt ca. zwei Wochen. Ein konkreter Liefertermin konnte allerdings bisher kaum vorausgesagt werden. Eine Unterstützung der Geschäftsprozesse durch EDV-Systeme findet bisher nicht statt.

a) In welchen Bereichen kann die Logistik des Baustoffhändlers verbessert werden? Listen Sie alle Punkte auf und begründen Sie Ihre Ansicht.
b) Was könnte das Unternehmen tun, um seine Logistik zu verbessern?

Ü 6.03: Erhöhung der Lagerumschlagshäufigkeit C

Mit welcher Zinsersparnis kann ein Unternehmen rechnen, wenn sich die Lagerumschlagshäufigkeit von 8 auf 10 erhöht? Der durchschnittliche Lagerbestand beträgt € 400.000,–, Kalkulationszinsfuß 7 % p. a.

Ü 6.04: Supply Chain Management C

Die Julius Blum GmbH produziert unter anderem für Ikea verschiedene Scharnier- und Auszugssysteme sowie sonstige Beschläge. Die Zusammenarbeit wird in der folgenden Grafik dargestellt.

Grafik
Supply Chain Management

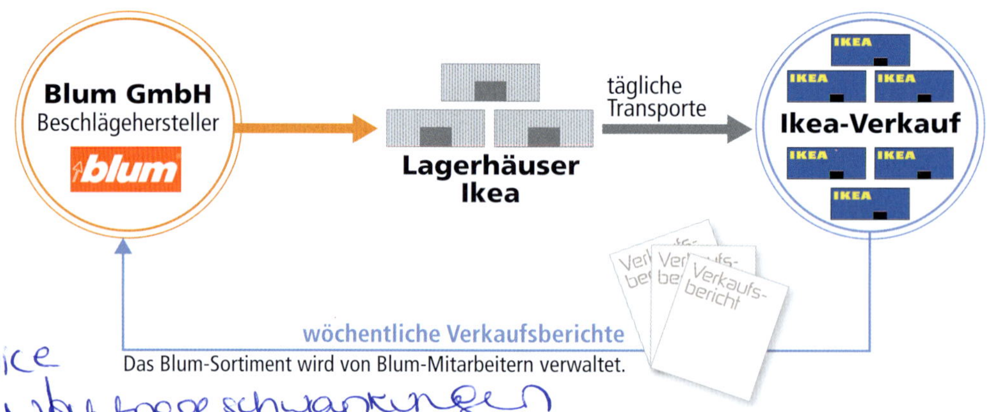

a) Erläutern Sie an diesem Beispiel, welche Ziele Supply Chain Management verfolgt.
b) Stellen Sie an diesem Beispiel dar, welche Maßnahmen ergriffen werden müssen, damit Supply Chain Management betrieben werden kann.
c) Zeigen Sie an diesem Beispiel auf, welche Schwierigkeiten es bei der Einführung von Supply Chain Management geben könnte.

Sichern

SbX ID: 6013

Logistik

Logistik soll sicherstellen, dass das richtige Material in der richtigen Menge möglichst kostensparend zur richtigen Zeit am richtigen Ort vorhanden ist.

Logistik umfasst die Bereiche Beschaffungs-, Fertigungs- und Absatzlogistik.

logistics

Logistics is responsible for ensuring that the right materials are made available in the right quantity, at the right time in the right place while keeping costs as low as possible.

Logistics includes the areas of purchasing, production and sales logistics.

Zielsetzungen

Die wichtigsten Zielsetzungen der Logistik sind: Verringerung der Durchlaufzeiten, Senkung der Lagerbestände, Erhöhung der Produktivität, Anpassung an Nachfrageschwankungen, Verbesserung der Qualität.

goals

The most important goals of logistics are: reducing through-put time, reducing stocks, increasing productivity, adapting to fluctuations in demand, improving quality.

Maßnahmen

Um diese Ziele zu erreichen, werden vor allem folgende Maßnahmen ergriffen: Just-in-time-Konzept, interner und externer EDV-Verbund, gesteigerte Kooperation und Koordination zwischen Zulieferern und Produktion bzw. Handel.

instruments

To reach these goals, the following instruments are mainly used: the just-in-time concept, internal and external EDP networks, increased cooperation and coordination between suppliers and production or sales.

Supply Chain

Die Supply Chain betrachtet alle an der Herstellung und am Absatz eines Erzeugnisses beteiligten Unternehmen.

supply chain

The supply chain includes all businesses involved in the production and selling of a product.

Supply Chain Management

Unter Supply Chain Management versteht man die Steuerung aller Material- und Informationsflüsse innerhalb einer Supply Chain.

supply chain management

Supply chain management is the management of all material and information streams within a supply chain.

Zielsetzungen

Die wichtigsten Zielsetzungen sind: Verbesserung der Kundenbeziehungen, Verbesserung der Wirtschaftlichkeit, Erhöhung der Geschwindigkeit.

goals

The most important goals are: improving customer relationships, improving cost effectiveness, increasing speed.

Maßnahmen

Um diese Ziele zu erreichen, werden folgende Maßnahmen ergriffen: Zusammenarbeit aller Unternehmen einer Supply Chain auf organisatorischer und technologischer Ebene sowie auf der Beziehungsebene.

measures

To reach these goals, the following measures are taken: cooperation of all businesses in a supply chain on the organisational and technological level, as well as on the relationship level.

SbX ID: 6013

Im SbX finden Sie die englische Zusammenfassung als Audio-Wiederholung sowie eine Bildschirmpräsentation mit den Grafiken dieser Lerneinheit.

Wissen

SbX ID: 6014

A B C D E

W 6.01: Logistik A

Was versteht man unter Logistik?

W 6.02: Wertkette A

Was versteht man unter der „Wertkette"?

W 6.03: Logistikbereiche A

Nennen Sie die wichtigsten Logistikbereiche.

W 6.04: Beschaffungslogistik A

Worin bestehen die wichtigsten Aufgaben der Beschaffungslogistik?

W 6.05: Ziele der Logistik A

Welche Ziele verfolgt die Logistik?

W 6.06: Maßnahmen zur Erreichung der Logistikziele A

Welche Maßnahmen werden zur Erreichung der Ziele der Logistik ergriffen?

W 6.07: Supply Chain A

Was versteht man unter der Supply Chain?

W 6.08: Supply Chain Management A

Was versteht man unter Supply Chain Management?

W 6.09: Ziele des Supply Chain Managements A

Welche Ziele verfolgt Supply Chain Management?

W 6.10: Ebenen der Zusammenarbeit A

Auf welchen Ebenen erfolgt die Zusammenarbeit bei Supply Chain Management?

SbX
W 6.11
mit automatischer Aufgabenkontrolle
ID: 6014

W 6.11: Bullwhip-Effekt B

Was versteht man unter dem Bullwhip-Effekt in der Supply Chain?

a) Nachfrageschwankungen wirken sich in der Supply Chain umso stärker aus, je weiter ein Zulieferer in der Supply Chain vom endgültigen Verbraucher entfernt ist.
b) Als Bullwhip-Effekt wird der Druck auf die Konditionen von kleineren Zulieferern durch Großverbraucher wie Baumärkte, Supermarktketten etc. bezeichnet.
c) Bullwhip ist der Effekt, der durch ständig steigende Preise beim Letztverbraucher entsteht, da dieser auf die billigsten Angebote ausweicht.

SbX
W 6.12–W 6.14
mit automatischer Aufgabenkontrolle
ID: 6014

Weitere Aufgaben zur Lernkontrolle im SbX

W 6.12: Logistik: Kreuzworträtsel B

W 6.13: Supply Chain Management: Kreuzworträtsel B

W 6.14: Test: Was heißt Logistik und Supply Chain Management? B

English questions

E 6.01: What three areas does logistics deal with?

E 6.02: What are the 5 main goals of logistics?

E 6.03: For each of the following production companies, answer the following questions:

Robert Riff	Doris Weasley	Bondryan Building
Robert Riff is a sole proprietor who owns a small company which produces crisps and other snacks (not fresh). He sells them in small shops in the area and one supermarket. He tries to find the outlets himself and doesn't employ anyone else. The factory where he produces the crisps is small and there is not much room for storage.	Doris Weasley owns a furniture company. She buys all kinds of furniture from Italy and Montenegro and sells them through large furniture chains in Austria. Each delivery takes 12 weeks. She also produces her own designs in her workshop in Austria. She needs wood on a regular basis to produce chairs and tables. At the moment, she rents a warehouse to store it.	Laura Bond and James Ryan run a building company called Bondryan Building. They build family houses to order from start (cellar, brick walls, etc.) to finish (including electrics, kitchen, etc.). They rent a piece of land to store bricks, drainpipes and other outdoor materials and have a small storeroom which they own for cement and other materials which need to be protected. They do not actually work on the building themselves. They employ several bricklayers, plasterers and a roofer to do the work. The electrics and plumbing are done by external companies.

a) There are several instruments used in logistics. Decide in each case how the just-in-time concept could be useful.

b) Describe the supply chain for each company and say who is involved in each case.

c) Put yourself in the owner's shoes. What goals are most important when managing the supply chain in each company?

Ein kurzer Kompetenz-Check, bevor's weitergeht!

Kompetenz-Check

	☺	😐	☹
Ich kann die Teilbereiche der Logistik voneinander abgrenzen.			
Ich kann den Begriff „Wertkette" erklären.			
Ich kann den Begriff „Supply Chain Management" erklären.			
Ich kann die Ziele und Maßnahmen von Supply Chain Management mithilfe von Beispielen erläutern.			

Lerneinheit 2

Welches Transportmittel ist passend?

SbX
Alle SbX-Inhalte zu dieser Lerneinheit finden Sie unter der ID: 6020.

Der Transport soll dafür sorgen, dass die Güter schnell und sicher ans Ziel gelangen. Andererseits sollen die Transportkosten nicht zu hoch sein. Die Wahl des richtigen Transportmittels ist daher eine wichtige Entscheidung bei Beschaffung und Absatz.

Schiffe sind langsam, aber preisgünstig, Flugzeuge schnell, aber teuer. Die beiden Konkurrenten Lkw und Bahn liegen dazwischen und liefern sich einen harten Konkurrenzkampf, in dem derzeit der Lkw-Transport klar voranliegt.

Je nach Transportaufgabe wird der Unternehmer unterschiedliche Transportwege wählen oder kombinieren, wobei das Verhältnis von Kosten und Schnelligkeit im Vordergrund steht und der Umweltschutz meist zu kurz kommt.

Lernen

SbX ID: 6021

A B C D E

1 Transportmittel und ihre Bedeutung
[Means of transportation and their importance]

Schnelligkeit und Kosten sind wichtige Auswahlkriterien.

Zur Abwicklung von Gütertransporten stehen unterschiedliche Transportmittel zur Verfügung.

Grafik
Transportmittel

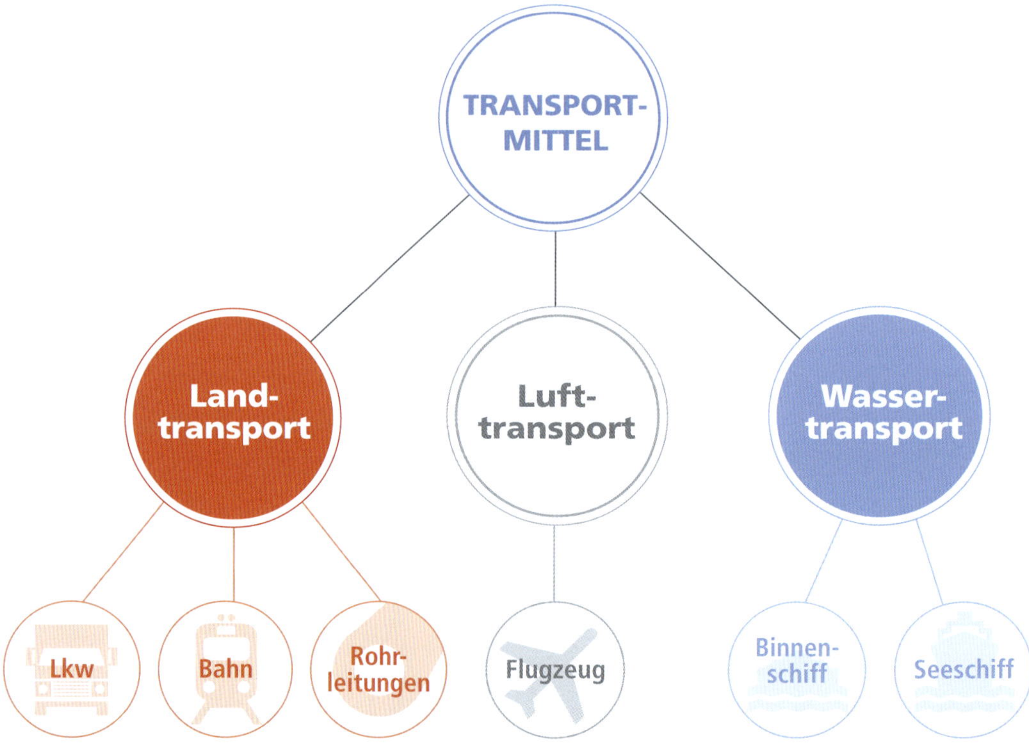

Die Statistik über den Güterverkehr in Österreich zeigt die Bedeutung der einzelnen Transportmittel am gesamten Güterverkehrsaufkommen:

Grafik
Der Güterverkehr in Österreich
Um die Jahrtausendwende wurden 200 internationale Experten über die mögliche Entwicklung des Gütertransports bis zum Jahr 2030 befragt. Ergebnis ist, dass der gesamte Güterverkehr um etwa 70 % zunehmen wird: Schienenverkehr um 25 %, Straßengüterverkehr um 60 % und Flugverkehr sogar um 80 %.

Verteilung des Güterverkehrs in Österreich auf die Verkehrsträger im Jahr 2013

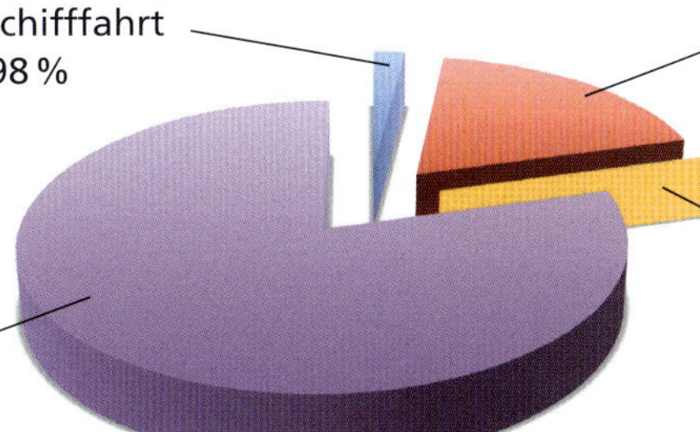

Basis der Berechnung: transportierte Tonnen

Kriterien für die Wahl eines Transportmittels sind Schnelligkeit, Preis, Pünktlichkeit, Sicherheit und die Eignung für den Massentransport.

Übungsbeispiel

Ü 6.05: Eigenschaften von verschiedenen Transportmitteln B

Versuchen Sie, für die einzelnen Eigenschaften eine Rangfolge aufzustellen. Vergeben Sie jeweils 1 für jenes Transportmittel, das am besten entspricht, 2 für das zweitbeste usw.

	Lkw	Eisenbahn	Flugzeug	Binnenschiff	Seeschiff
preisgünstig					
schnell					
sicher					
pünktlich					
für Massentransport geeignet					

2 Straßengüterverkehr [Road transport]

Auf der Straße wird ein Großteil der Güter transportiert.

Straßenfrächter sind die Stützen des modernen Güterverkehrs. Warum ist das so?

(1) Vor- und Nachteile des Straßengüterverkehrs

Der **Landgüterverkehr** mit Kraftfahrzeugen ist **in Österreich gesetzlich geregelt.** Außerdem gibt es das „Internationale Übereinkommen über den Beförderungsvertrag" (CMR).

- **Vorteile**

  Der Lkw ist sehr flexibel. Das dichte Straßennetz ermöglicht den Transport direkt vom Versender zum Empfänger (Haus-zu-Haus-Transport). Das spart Kosten, spart häufig auch Verpackung und vermindert das Risiko der Beschädigung.

  Heute ist es technisch möglich, jede Menge und Art von Gütern auf der Straße über beliebige Strecken zu transportieren. Moderne Lastwagen lassen sich vielfältig einsetzen. Sie können mit speziellen Längen, Aufbauten und Ausstattungen (z. B. Kühlaggregaten, Tanks) wechselweise versehen werden.

  Die Lkw-Fahrer können zusätzliche Aufgaben wie z. B. Kundendienst, Montagen, Inkasso übernehmen.

  Schließlich kann der Lkw noch als „rollendes Lager" dienen. Die Entscheidung vieler Produktionsbetriebe, die Lagerhaltung auf „Just-in-time-Lieferungen" umzustellen, trägt wesentlich zur führenden Stellung des Straßengüterverkehrs bei.

- **Nachteile**

  Der Straßengüterverkehr verursacht hohe Kosten für den Straßenbau und die Erhaltung der Straßen. Die Feinstaub- und CO_2-Belastung wird erhöht.

  Die Zunahme des Straßengüterverkehrs überlastet das Straßennetz und führt zu Staus.

Vergleichen Sie zur Umweltbelastung auch die Lerneinheit 3.

(2) Entwicklungen im Straßengüterverkehr

- Lkw-Fahrerhäuser werden zu Informations- und Kommunikationszentren. Häufig sind sie mit Mobilfunk, Bordcomputer und satellitengestützten Navigationssystemen ausgestattet.
- Auch die Einrichtungen zum Ein- und Ausladen werden so weit wie möglich automatisiert. Dadurch werden die Standzeiten und die Umschlagzeiten reduziert.
- Neue Lkw-Motoren werden immer emissionsärmer, sparsamer und leiser.
- Der internationale Straßengüterverkehr wird durch gesetzliche Vorschriften einzelner Staaten (Fahrverbote in der Nacht und am Wochenende, Lkw-Höchstausmaße und -Höchstgewichte) beschränkt.

3 Schienengüterverkehr [Rail transport]

Während der Industrialisierung im 19. Jahrhundert war die Eisenbahn das wichtigste öffentliche Verkehrs- und Transportmittel auf dem Festland. Derzeit steigert die Bahn zwar ihre Transportleistungen, ihr Marktanteil nimmt jedoch ab.

Österreich verfügt über ein dichtes Schienennetz. Im Vergleich zu anderen europäischen Ländern hat daher die Bahn in Österreich einen relativ hohen Anteil am Güterverkehrsaufkommen (ca. 19 %).

(1) Vor- und Nachteile des Schienengüterverkehrs

Die Bahn ist auf ein festes Schienennetz angewiesen. Dadurch kann sie in vieler Hinsicht nicht so flexibel sein wie der Lkw. Das Sammeln von Gütern, das Beladen der Einzelwagen, die Zugbildung, das Umstellen der Wagengruppen („Rangieren"), die Auflösung der Züge und die Führung der Wagen oder Ladungen bis zum Empfänger sind zeitaufwendig und teuer.

Die Vorteile des Schienengütertransports liegen im Bereich des Ganzzugverkehrs und bei der Nutzung ganzer Wagenladungen. Bei der Besorgung von Stück- oder Sammelgutsendungen, die schnell zugestellt werden müssen, ist der Schienengütertransport im Nachteil.

Andererseits ist die Bahn sehr umweltfreundlich und sparsam im Energieverbrauch. Außerdem ist die Bahn auf langen Strecken sehr schnell und unabhängig von Fahrverboten an Sonn- oder Feiertagen bzw. in der Nacht („Nachtsprung") und nicht betroffen von Verkehrsstaus.

(2) Entwicklungen im Schienengüterverkehr

- Der Einsatz von Spezialwagen (Kühlwagen, Kesselwagen, Erzwagen, Silowagen etc.) gewinnt zunehmend an Bedeutung.
- Durch den Ausbau von Schnellverkehrsverbindungen (z. B. in Frankreich oder in Deutschland) mit Geschwindigkeiten von über 200 km/h versucht die Eisenbahn, ihre Marktanteile im Fernverkehr zu verteidigen. Die hohen Kosten für den Ausbau fast gerader, kurvenfreier Trassen verzögern jedoch den europaweiten Ausbau.
- Trassenverlegungen rufen auch den Widerstand der Landschaftsschützer hervor.
- Die Bahn bemüht sich, ein umfassendes Dienstleistungsangebot zu bieten. Die Einrichtungen für eine schnelle Zugbildung und für die jederzeitige Verfolgung der Sendungen werden daher ausgebaut.
- Für die Bahn ist die Verbesserung der Zusammenarbeit mit anderen Transportmitteln, vor allem mit der Straße, entscheidend.

4 Luftfrachttransport [Air transport]

Im Luftverkehr gibt es wichtige internationale Zusammenschlüsse wie

- **IATA** (International Air Transport Association),
- **ICAO** (International Civil Aviation Organization).

Die Luftfracht spielt im Güterverkehr Österreichs eine untergeordnete Rolle (vgl. die Grafik zu Beginn dieser Lerneinheit). Für die nächsten Jahre ist in diesem Bereich prozentuell der größte Zuwachs zu erwarten.

Der Flugverkehr wird von Luftverkehrsgesellschaften besorgt. Fast jede größere Fluggesellschaft betreibt neben den Passagierflugzeugen auch Frachtflugzeuge. Ein Großteil der Frachttransporte wird jedoch im Laderaum der Passagierflugzeuge durchgeführt.

(1) Vor- und Nachteile des Luftfrachttransports

Der besondere Vorteil des Luftverkehrs liegt in der kurzen Transportdauer. Mit der kurzen Transportzeit sinkt die Kapitalbindung der Versender. Außerdem können die Güter meist schonend ohne häufiges Umladen transportiert werden.

Nachteile sind die relativ hohen Frachtkosten, die erhebliche Lärmbelästigung und die Umweltbelastung.

(2) Entwicklungen im Luftfrachttransport

- Mit Großraumflugzeugen wie „Beluga" oder der Frachtversion des A 380 der europäischen Airbus-Industrie sind auch die Transporte großvolumiger Teile möglich. Flugzeuge neueren Typs sind in der Regel lärmarm und sparsamer. Die Schadstoffemission wird laufend reduziert. Damit wird auch dem gesteigerten Umweltbewusstsein Rechnung getragen.
- Der Luftverkehr ist nur eine Airport-to-Airport-Leistung. Um die Zeitvorteile des Lufttransports nutzen zu können, spielen daher die vor- und nachgelagerten Tätigkeiten eine zentrale Rolle: der Güterumschlag am Boden, der Landtransport, die Bearbeitung der Handelsdokumente, Verwaltungsarbeiten, Zollformalitäten etc.
- Flughäfen liefern die nötige Infrastruktur für den Flugverkehr. Sie werden von eigenen Gesellschaften betrieben. An diese Flughafengesellschaften sind von den Fluggesellschaften Benützungsgebühren zu entrichten.

5 Schiffsgütertransport [Sea and inland waterway transport]

Die „Emma Maersk" (siehe Bild rechts) zählt zu den größten Hochseeschiffen der Welt. Sie ist fast 400 m lang und kann mit über 150 000 t Gewicht beladen werden.

Rund 90 % des EU-Außenhandels werden über die **Hochseeschifffahrt** abgewickelt. Besonderen Stellenwert hat diese Beförderungsart für nicht verderbliche Massengüter und große Stückgüter. Für Österreich ist die Bedeutung der Hochseeschifffahrt naturgemäß gering.

Innerhalb Europas spielt die **Binnenschifffahrt** eine Rolle. Ihr Anteil am gesamten Binnenverkehr innerhalb Europas beträgt etwa 7 %. Von besonderer Bedeutung ist der sogenannte Donaukorridor, der den Südosten Deutschlands mit Österreich, der Slowakei, Ungarn, Rumänien und Bulgarien verbindet.

(1) Vor- und Nachteile des Schiffsgütertransports

Der Schiffstransport lässt sich sehr gut planen, weil es weltweit feste Fahrpläne gibt.

Das Schiff ist kostengünstig, energiesparend und hervorragend geeignet für den Transport großer Mengen und Massengüter. Durch den Einsatz von Containern ist das Schiff auch ein wichtiges Element im Kombinierten Verkehr.

Allerdings ist der Schiffstransport langsam und witterungsabhängig. Zudem ist für die Seeschifffahrt eine seefeste, in jedem Fall aber stabile und somit teure Verpackung nötig. Da Schiffe auf dem Versandweg vom Absender zum Empfänger meist nur auf Teilstrecken einsetzbar sind, ist ein mehrmaliger und somit teurer Umschlag nötig.

(2) Entwicklungen im Schiffsgütertransport

- Die Entwicklung neuerer Schiffstypen zielt vor allem darauf ab, eine höhere Reisegeschwindigkeit durch den Einsatz moderner Technik zu erreichen.
- Außerdem werden zunehmend größere Schiffe konstruiert, z. B. Jumbo-Container-Vessels.
- Im Bereich der Hafenanlagen geht es darum, die Hafenliegezeiten durch Automatisation des Güterumschlags und Rationalisierung der Hafenanlagen durch EDV-Einsatz zu verkürzen.

6 Kombinierter Ladungsverkehr
[Combined freight transport]

Diese Form nützt die Vorteile und vermeidet die Nachteile verschiedener Transportmittel.

(1) Arten des Kombinierten Verkehrs

Beim Kombinierten Ladungsverkehr werden beim Gütertransport vom Versender zum Empfänger mindestens zwei Transportmittel miteinander verbunden.

Die Vorteile ergeben sich aus der Kombination der Stärken der beteiligten Transportmittel.

Grafik
Kombinierter Ladungsverkehr

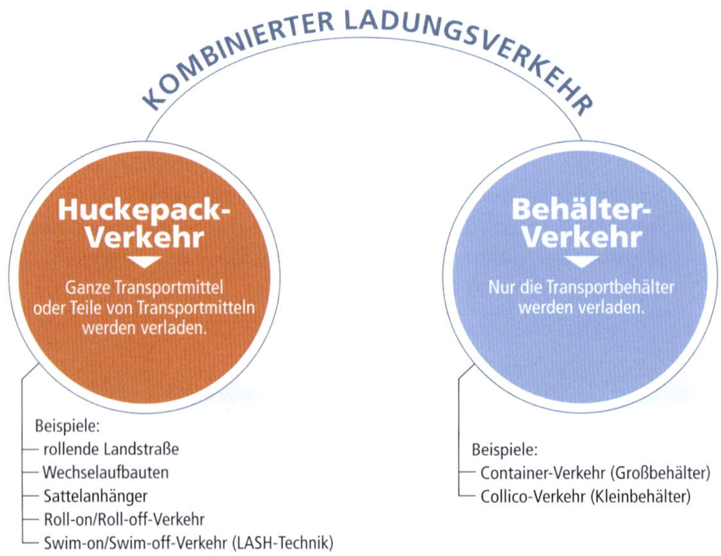

Die rollende Landstraße

Betreiberin der „rollenden Landstraße" ist in Österreich die ÖKOMBI GmbH.

- **rollende Landstraße**
  Der Lkw-Fahrer fährt sein Fahrzeug beim Versandbahnhof selbst auf einen Spezialwagen der Bahn. Er reist im mitgeführten Personenwaggon mit und fährt sein Fahrzeug ab dem Bestimmungsbahnhof selbst wieder weiter.
- **Wechselaufbauten**
  Wechselaufbauten sind spezielle Aufbauten, die vom Lkw abgehoben und auf einen Waggon der Bahn gestellt werden.
- **Sattelanhänger**
  Sattelanhänger sind spezielle Anhänger, die direkt auf einem Lkw aufliegen. Diese Sattelanhänger werden vom Lkw gelöst und auf einen Waggon der Bahn gehievt.
- **Roll-on/Roll-off-Verkehr**
  Ro/Ro-Schiffe (Roll-on/Roll-off) ermöglichen durch ihre von allen Behinderungen freien Decks eine optimale Beladung. Sie werden mithilfe eines Systems von Rampen, Hebebühnen, Aufzügen und Spezialfahrzeugen, die direkt in das Schiff fahren können, beladen und entladen.
- **Swim-on/Swim-off-Verkehr (LASH-Technik)**
  Mithilfe der LASH-Technik können Binnen- und Hochseeschifffahrt kombiniert werden: Die als „Leichter" bezeichneten Binnenschiffe werden mit voller Beladung von speziellen Hochseeschiffen aufgenommen und bis zu einem Bestimmungs-Seehafen befördert, von wo sie die Fahrt auf Binnenwasserstraßen fortsetzen.

Verladestelle für Großcontainer

- **Container-Verkehr (Großbehälter)**
  Die gebräuchlichste Form des Kombinierten Verkehrs sind Transporte mit Großcontainern (Intermodale Transporteinheiten – ITE). Das sind genormte Behälter, die per Lkw, Bahn, Schiff oder Flugzeug transportiert werden können. Sie ermöglichen es, einzelne Stückgüter schon im Betrieb des Absenders zu großen Ladeeinheiten zusammenzufassen.

  Großcontainer können vom Kunden selbst angeschafft werden, in der Regel aber werden sie gemietet.
- **Collico-Verkehr (Kleinbehälter)**
  Auch hier handelt es sich um einen genormten Behälter, der bei verschiedenen Transportmitteln benutzt werden kann.

(2) Vor- und Nachteile des Kombinierten Verkehrs

Vorteile:

- schnelle Beförderung, überwiegend durch „Nachtsprungverbindungen" zwischen Wirtschaftszentren
- Ersparnisse beim Verpackungsmaterial und bei der Lagerhaltung
- Verlagerung des Schwerverkehrs von der Straße auf die Schiene und damit Verminderung der Verkehrsüberlastung, Lärmbelästigung

Nachteile:

Bei der praktischen Durchführung des Kombinierten Verkehrs ergeben sich einige Nachteile. Diese verhindern, dass der Kombinierte Verkehr jene Bedeutung erlangt, die man erhofft hat.

Verladestationen verursachen Lärm. Die Errichtung neuer Verladestationen wird daher oft von Bürgerinitiativen bekämpft.

- Umladen und Verladen verursachen zusätzliche Kosten.
- Die Umlade- und Verladezeiten beim Wechsel des Transportmittels dauern zu lange, es kommt zu Wartezeiten. Auch diese Wartezeiten verursachen Kosten.

Um den Kombinierten Verkehr zu forcieren, müssten in Zukunft folgende Aspekte beachtet werden:

- noch stärkere Standardisierung der Behälter bzw. Container
- moderne Umschlagtechniken und eine hohe Automatisierung der Umschlaganlagen

7 Einrichtungen zur Vernetzung von Verkehrsträgern [Facilities enabling carriers to network]

(1) Güterverkehrszentren

Güterverkehrszentren sind Verkehrsdrehscheiben in verkehrsgünstiger Lage, an denen sich mindestens zwei unterschiedliche Verkehrsträger des Nah- und Fernverkehrs treffen. Ziel dieser Einrichtungen ist es, eine bessere Kooperation zwischen den einzelnen Verkehrsträgern, aber auch zwischen Handel und Industrie oder Produzenten und Verbrauchern zu ermöglichen.

Die Güterverkehrszentren sind mit den nötigen Transport-, Umschlag- und Lagereinrichtungen ausgestattet und werden in der Nähe von Ballungszentren angesiedelt, um Städte vom Schwerlastverkehr zu entlasten.

Beispiele

- Graz wird durch das Cargo Center Graz in Werndorf versorgt,
- Wien unter anderem durch das Güterverkehrszentrum Wiener Hafen.

Cargo Center Graz
www.cargo-center-graz.at

(2) Logistikzentren

Logistikzentren sind privatwirtschaftliche, zumeist von großen Speditionen oder großen Handelsunternehmen betriebene Güterverteilzentren. Ebenso wie die Güterverkehrszentren sind sie Schnittstellen des Nah-, Fern- oder City-Verkehrs. Hier werden Schwertransporte gebündelt, Waren gesammelt, gelagert, umgeschlagen und verteilt. Neue Transporte für den Schwertransport des Fernverkehrs werden zusammengestellt oder die Ballungsgebiete mit stadtverträglichen Kleintransportern versorgt.

(3) City-Logistik

Die City-Logistik umfasst die organisatorische und technische Gestaltung und Abwicklung der Ver- und Entsorgung von Ballungsgebieten mit Gütern.

Die Versorgung und Entsorgung von Großstädten entwickelt sich zu einem großen Problem. Die vorhandenen Verkehrsflächen werden vom Individualverkehr und vom Güterverkehr genutzt. Das führt zu starker Beanspruchung, Staus und Wartezeiten.

Lösungsansätze liegen in Kooperationen und Bündelung von Transporten zur Bewältigung der Güterströme, unterstützt von Warenwirtschaftssystemen zur Auftragsabwicklung. Das bedeutet die Ansiedlung von Versorgungslagern außerhalb der großstädtischen Gebiete und den Einsatz von stadtverträglichen Verteilerfahrzeugen oder die Nutzung von Kurier-, Express- und Paketdiensten (KEP-Dienste).

8 Dokumente im Frachtverkehr [Documents in freight transport]

Den Transportdokumenten kommt bei der Beförderung von Gütern große Bedeutung zu.

Grafik
Frachtdokumente

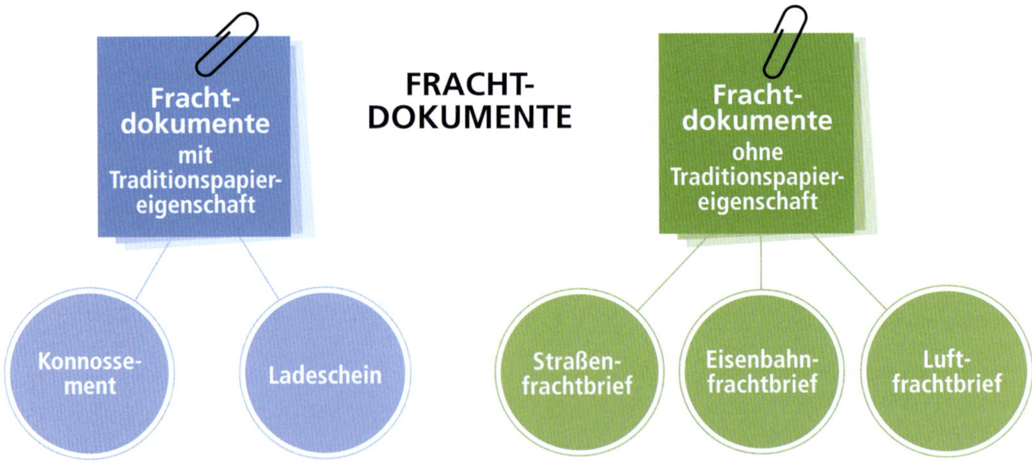

- Mit allen Frachtdokumenten kann man nachweisen, dass die Ware versandt worden ist.
- Traditionspapiere verbriefen die Ware selbst. Wer die Dokumente besitzt, kann über die Ware verfügen.

Vom **Konnossement** werden üblicherweise drei Originalexemplare ausgestellt. **Alle zusammen** bilden den **vollen Satz** (full set).

(1) Konnossement

Das Konnossement ist der zwischen dem Verlader der Ware und der Reederei abgeschlossene Seefrachtbrief über Stückgut.

Das Konnossement ist ein Traditionspapier. Da Traditionspapiere Wertpapiere sind, sollte man im Umgang mit diesen Frachtdokumenten folgende Punkte beachten:

- Die Reederei gibt das ihr übergebene Frachtgut nur gegen Vorlage eines Originalkonnossements heraus. Es ist jedoch gleichgültig, welches dieser Originale vorgelegt wird. Wer als Erster dieses Dokument präsentiert, bekommt die Ware. Gleichzeitig verlieren die beiden anderen Exemplare ihre Gültigkeit.
- Die Reederei prüft nicht die Rechtmäßigkeit des Besitzes des Konnossements. Daher wird für den Fall, dass die Ware als Sicherstellung dient oder die Dokumente der Abwicklung der Finanzierung dienen, immer der sogenannte „volle Satz an Dokumenten" verlangt, d. h., alle drei Originale müssen übergeben werden. So wird sichergestellt, dass die Ware nicht schon an eine andere Person ausgefolgt wurde.
- Wenn die Ware während des Transports verkauft wird, muss ebenfalls immer der volle Satz an Dokumenten übergeben werden.
- Der Versender muss dafür sorgen, dass der Empfänger das Konnossement rechtzeitig erhält, sodass er bei Ankunft des Schiffs mit den Dokumenten über die Ware verfügen kann, da eine Ausfolgung ohne den Besitz der Dokumente grundsätzlich nicht möglich ist.

Das Board Receipt wird häufig bei internationalen Lieferbedingungen verlangt.

Board Receipt (Mate's Receipt)

Das Board Receipt ist eine vorläufige Bestätigung, dass die Ware an Bord eines bestimmten Schiffs verladen wurde. Es stellt ein Zwischendokument zum Konnossement dar.

(2) Ladeschein

In der Binnenschifffahrt wird der Ladeschein, das Flusskonnossement, als Transportdokument verwendet. Der Ladeschein hat dieselben Eigenschaften wie in der Seeschifffahrt, wird jedoch nur in einfacher Ausfertigung (nur ein Originalexemplar) ausgestellt.

(3) Straßenfrachtbrief

Das Frachtdokument im internationalen Straßenverkehr ist der internationale Frachtbrief im Straßengüterverkehr (CMR-Frachtbrief). Der Frachtbrief stellt eine Beweisurkunde dar, die den Auftrag des Absenders an den Frachtführer gemäß Frachtvertrag bescheinigt, die Ware an den im Frachtbrief benannten Empfänger auszuliefern.

Der Frachtbrief wird in **vierfacher Ausfertigung** ausgestellt und vom Absender sowie vom Frachtführer unterzeichnet. Von den vier Ausfertigungen

- erhält eine der Absender (Frachtbriefduplikat, Frachtbriefdoppel),
- begleitet eine die Ware (Frachtbrieforiginal) und wird nach deren Ankunft dem Empfänger ausgehändigt, der die ordnungsgemäße Übernahme der Ladung bestätigt,
- verbleibt eine beim Frachtführer und
- dient eine der Tarifkontrolle.

Der Frachtbrief enthält ein Dispositionsrecht über die Ware, solange sie dem Empfänger noch nicht ausgefolgt ist. Der Absender kann gegen Vorlage des Frachtbriefdoppels

- die weitere Beförderung der Ware stoppen,
- die Rücksendung der Ware verlangen,
- die Auslieferung an den Empfänger untersagen bzw. einen neuen Empfänger benennen,
- den Bestimmungsort neu festlegen oder
- für den Weitertransport ein anderes Transportmittel festlegen.

Der Frachtbrief ist **kein Traditionspapier.**

Soll die Zahlung gegen Vorlage der Transportdokumente erfolgen, wird daher auch die Ausfolgung des Frachtbriefdoppels verlangt.

(4) Eisenbahnfrachtbrief

Im Inlandsverkehr wird der EBG-Frachtbrief, im internationalen Verkehr der CIM-Frachtbrief verwendet. Die Beförderungspapiere sind von den Beförderungsarten abhängig.

Der Eisenbahnfrachtbrief ist **kein Traditionspapier.**

Der Internationale Eisenbahnfrachtbrief (CIM-Frachtbrief) wird vom Absender ausgestellt. Es gibt dafür eigene Formulare der ÖBB in **fünffacher Ausfertigung.**

- Das Original begleitet die Sendung.
- Auf dem Frachtbriefdoppel bestätigt die Bahn dem Absender den Empfang der Ware. Das Frachtbriefdoppel gibt dem Absender die Möglichkeit, über die Ware zu verfügen (vgl. Straßenfrachtbrief). Diese Verfügungsmacht endet mit der Übernahme der Ware durch den Empfänger.
- Drei Durchschriften benötigt die Bahn für die Abwicklung des Transports. Der Frachtbrief ist ein Beweis für die Lieferung der Ware und den Abschluss des Frachtvertrags.

(5) Der e-frachtbrief@

Damit völlige Sicherheit garantiert werden kann, wurde für den e-frachtbrief@ ein komplexes Sicherheitskonzept entwickelt, das eine Verschlüsselung aller Daten beinhaltet und den Zugriff nur mittels Benutzer/innen-Identifikation und Passwort gestattet.

Der e-frachtbrief@ ermöglicht eine direkte, einfache und kostengünstige Eingabe von Versanddaten via Internet. Dies stellt eine wesentliche Vereinfachung dar, da es auch zu einer deutlichen Verkürzung und Vereinfachung des Prozesses der Frachtbrieferfassung kommt.

Vorteile des e-frachtbriefs@:

- kein Mehraufwand für die Kunden – Verringerung des administrativen Aufwands für die Kunden
- komfortable und einfache Lösung, um Frachtbriefdaten in eine elektronische Form zu bringen
- Erleichterung der Erfassung durch Such- und Filterfunktionen
- effizientes Arbeiten durch das Abspeichern von Vorlagen
- Verkürzung und Vereinfachung des Prozesses der Erfassung eines Frachtbriefs

Erfassung eines Transportauftrags (TPA) mit dem e-frachtbrief@ der ÖBB

Eine Darstellung des kompletten Eingabevorgangs finden Sie unter:
www.railcargo.at > E-SERVICES > e-Cargo > Handbücher > e-frachtbrief@.

Die Daten werden vom Transportunternehmen eingetragen.

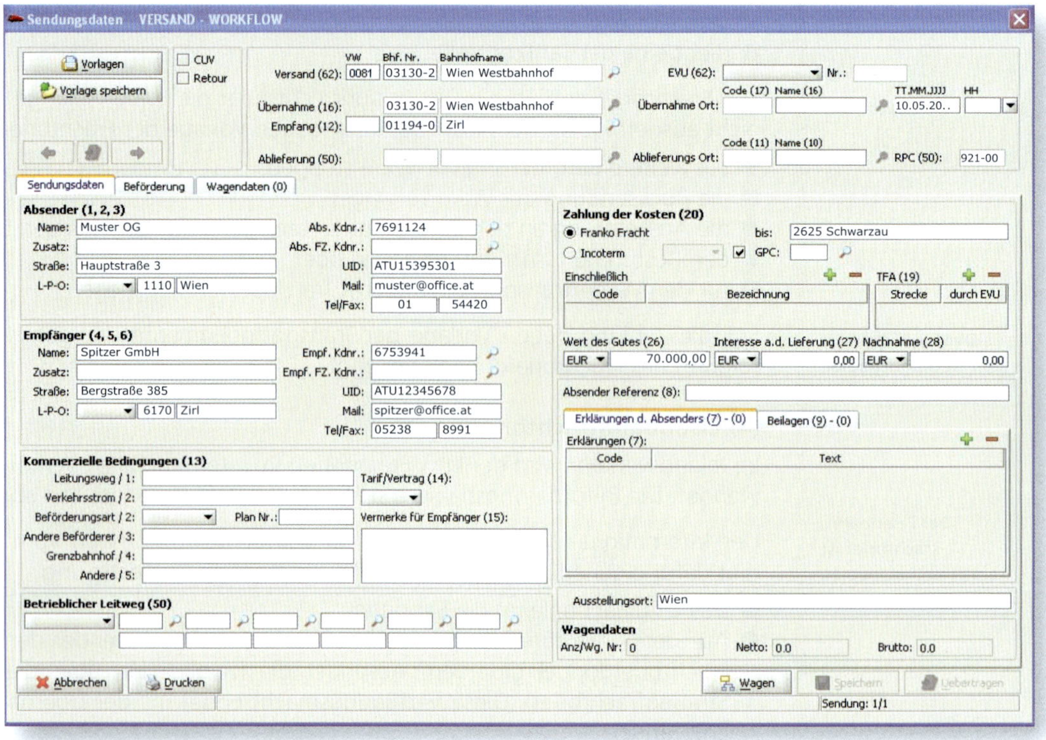

Ähnlich wie beim Frachtbriefdoppel kann der Absender beim Luftfrachtbrief gegen Vorlage seines Originals während des Transports über die Ware verfügen.

(6) Der Luftfrachtbrief

Der Luftfrachtbrief (Air Waybill) wird in **drei Originalen** ausgestellt.

- Das erste Original ist für den Frachtführer.
- Das zweite begleitet die Ware und wird dem Empfänger übergeben.
- Das dritte Original behält der Absender.

Der Luftfrachtbrief erfüllt eine Reihe von Aufgaben:

- Er gilt als Transportvertrag.
- Er ist gleichzeitig ein Versicherungszertifikat (falls eine Versicherung abgeschlossen wurde).
- Er dient als Zolldeklaration.
- Er dient als Grundlage für die Haftungshöhe der Fluggesellschaft im Schadensfall.
- Er bestätigt die Übergabe der Ware zum Versand und enthält Instruktionen für deren Behandlung.

Auch der Luftfrachtbrief ist **kein Traditionspapier.**

Üben – Anwenden

SbX ID: 6022

A B C D E

SbX

Ü 6.06–Ü 6.08, Ü 6.11 und Ü 6.12 mit automatischer Aufgabenkontrolle ID: 6022

Ü 6.06: Eigenschaften von Verkehrsmitteln A

Kreuzen Sie alle richtigen Aussagen über Verkehrsmittel an. (Mehrfachlösungen möglich!)

a) ☐ Lkw sind besonders gut für den Einsatz auf kurzen Strecken geeignet.
b) ☐ Eisenbahnen sind von allen Transportmitteln am besten für den Massentransport einsetzbar.
c) ☐ Sperrige Güter können am besten mit der Eisenbahn transportiert werden.
d) ☐ Lkw sind schneller als Eisenbahnen.
e) ☐ Das Flugzeug ist das sicherste Verkehrsmittel.

Ü 6.07: Wahl von Transport-(Verkehrs-)Mitteln C

Ein Erztransport von etwa 5000 Tonnen soll zunächst über Binnenwasserstraßen (Flüsse, Kanäle), dann über den Atlantischen Ozean und schließlich wieder über Binnenwasserstraßen zum Bestimmungsort transportiert werden.
Welche Transportmittel wird man wählen, wenn man die modernsten Entwicklungen nutzen und sich das oftmalige Umladen ersparen will? (Mehrfachlösungen möglich!)

a) ☐ Schleppschiff und Schleppkähne
b) ☐ Schubschiff und Schubleichter
c) ☐ Schubkoppelverband
d) ☐ Roll-on/Roll-off-Schiff
e) ☐ Swim-on/Swim-off-Technik
f) ☐ Huckepack-Verkehr
g) ☐ Container-Verkehr

Ü 6.08: Kombination von Straße und Schiene B

Geben Sie zwei Möglichkeiten an, wie durch eine Kombination von Straßen- und Schienentransport ein Haus-zu-Haus-Verkehr ohne Umladung möglich ist.

(1)

(2)

Ü 6.09: Transportmittelwahl C

Die Rostessa GmbH mit Sitz in Wien produziert Edelstahlplatten in drei Ausführungsvarianten:

- Stufe 1 – zugeschnitten und unpoliert
- Stufe 2 – zugeschnitten und poliert
- Stufe 3 – zugeschnitten, poliert und fein geschliffen

Aufgrund eines langfristigen Liefervertrags mit einem Abnehmer aus den USA werden einmal pro Woche 6 Großcontainer (je 2 Container pro Fertigungsstufe) von Wien nach Rotterdam und von dort mit einem Linienschiff, das einmal pro Woche fährt, nach New York transportiert.
Mit welchem Transportmittel sollen die Container transportiert werden? Begründen Sie Ihre Antwort ausführlich.

Ü 6.10: Erhebungsaufgabe Rail Cargo Austria D

Sammeln Sie Informationen über die Angebote der Rail Cargo Austria **(www.railcargo.at)** für die Zusammenarbeit mit den Betrieben des Straßengütertransports. Stellen Sie eventuell bei Betriebsbesichtigungen fest, welche Angebote von den Straßenfrächtern akzeptiert werden und welche nicht. Erheben Sie Gründe für die Ablehnung.

Ü 6.11: Frachtbrief B

Die Firma Kranzelmayer & Co, Bregenz, sendet Trachtenstoffe an Leibenfrost und Müllerberger, Salzburg. Der Versand erfolgt als Stückgut mit den ÖBB.
Welche der folgenden Aussagen über das Frachtbriefdoppel sind richtig? (Mehrfachlösungen möglich!)

a) ☐ Das Frachtbriefdoppel begleitet die Sendung von Bregenz nach Salzburg.
b) ☐ Leibenfrost und Müllerberger erhalten die Sendung in Salzburg nur gegen Vorlage des Frachtbriefdoppels ausgefolgt.
c) ☐ Kranzelmayer & Co können über die Sendung mithilfe des Frachtbriefdoppels so lange verfügen, als die Sendung Bregenz noch nicht verlassen hat.
d) ☐ Kranzelmayer & Co können über die Sendung mithilfe des Frachtbriefdoppels so lange verfügen, als die Sendung nicht in Salzburg eingelangt ist.
e) ☐ Kranzelmayer & Co können über die Sendung mithilfe des Frachtbriefdoppels so lange verfügen, als die Sendung noch nicht an Leibenfrost und Müllerberger ausgefolgt wurde.
f) ☐ Das Frachtbriefdoppel stellt nur die Bestätigung über die ordnungsgemäße Aufgabe der Sendung dar. Eine Verfügung über die Sendung ist mithilfe des Frachtbriefdoppels nicht möglich.

Ü 6.12: Konnossement B

Welche der folgenden Aussagen über das Konnossement treffen zu? (Mehrfachlösungen möglich!)

a) ☐ Die Fracht wird nur gegen Vorlage des Konnossements ausgefolgt.
b) ☐ Werden von einem Konnossement mehrere Originale ausgestellt, so wird die Fracht nur ausgefolgt, wenn alle Originale vorgelegt werden.
c) ☐ Mithilfe des Konnossements kann die schwimmende Ware verkauft oder belehnt werden.

Ü 6.13: Frachtbrief A

Warum verlangen Käufer häufig das Frachtbriefdoppel als Beweis der erfolgten Versendung?

Ü 6.14: Frachtbrief C

Ist es für den Käufer zweckmäßig, sich das Frachtbriefdoppel übergeben zu lassen, oder genügt das Vorzeigen? Bitte begründen Sie Ihre Antwort.

Sichern

SbX ID: 6023

Transportmittel

Die verschiedenen Transportmittel Lkw, Bahn, Flugzeug, Schiff sind unterschiedlich

- schnell,
- teuer,
- sicher,
- pünktlich

und werden daher auch unterschiedlich eingesetzt.

means of transportation

The different means of transport lorry, train, plane, ship vary in

- speed,
- expense,
- safety,
- punctuality

and are therefore used differently.

Lkw

Der Lkw ist im Landverkehr das wichtigste Transportmittel. Der Lkw ist flexibel einsetzbar, Haus-zu-Haus-Transport ist möglich. Allerdings ist der Straßengütertransport umweltbelastend (Abgase, Lärm) und überlastet die Verkehrswege (Stau).

lorry

Lorries are the most important means of road transport. A lorry can be used flexibly; door-to-door transport is possible. However road transport is harmful to the environment (pollution, noise) and results in overcrowded roads (traffic jams).

Bahn

Die Bahn ist auf langen Strecken sehr schnell, unabhängig von verschiedenen Fahrverboten und umweltschonend. Andererseits erfordert der Schienengütertransport Umladungen, die zeitaufwendig und teuer sind.

train

Trains are very fast over long distances, are independent of various driving restrictions and are environmentally friendly. On the other hand however, rail transport requires unloading and reloading, which is time consuming and expensive.

Flugzeug

Das Flugzeug ist schnell und sicher, jedoch teuer und umweltbelastend. Der mengenmäßige Anteil am Transport ist gering. Die Zuwachsraten sind jedoch hoch.

plane

Planes are fast and safe, but expensive and harmful to the environment. Their share of total transport is low. The growth rate however is high.

Schiff

Schiffstransporte sind kostengünstig und energiesparend. Schiffe sind aber langsam und witterungsabhängig.

ship

Transport by ship is low cost and energy saving. Ships are however slow and subject to changes in the weather.

Kombinierter Verkehr

Beim Kombinierten Verkehr werden mindestens zwei Transportmittel auf dem Transport vom Versender zum Empfänger miteinander verbunden. Dabei werden zwei Prinzipien unterschieden:

- Huckepack-Verkehr: Ganze Transportmittel oder Teile davon werden verladen (Roll on/Roll off, Rollende Landstraße etc.)
- Behälter-Verkehr (Container-Verkehr): Nur Transportbehälter werden verladen.

combined freight

With combined freight at least two means of transportation are used during the transport from the sender to the receiver. There are two principal forms:

- piggyback transport: entire transport units are loaded on another means of transport (roll-on/roll-off, rolling highway, etc.)
- container transport: only containers are loaded

Vernetzung von Transportsystemen

Um den Transport leistungsfähiger zu gestalten, wird die Kooperation zwischen den einzelnen Verkehrsträgern weiterentwickelt und verbessert.

Besondere Einrichtungen, die diesem Ziel entsprechen, sind Verkehrsdrehscheiben, wie Güterverkehrszentren, Logistikzentren und Einrichtungen für die City-Logistik. In diesen Zentren werden verschiedene Transportmittel gebündelt und die Frachten umgeschlagen, z. T. auch gelagert und verteilt.

networking of transportation systems

To make transport more efficient, cooperation between the individual freight carriers is further developed and improved.

Special facilities that serve these goals are transport hubs such as cargo transport centres, logistics centres and facilities for city logistics. Various means of transport are bundled in these centres and freight unloaded and reloaded, and in part also stored and distributed.

Frachtdokumente

Zur Abwicklung des Transports sind besondere Dokumente erforderlich. Zu unterscheiden sind Frachtdokumente

- mit Traditionspapiereigenschaft: Konnossement und Ladeschein
- ohne Traditionspapiereigenschaft: Straßenfrachtbrief, Eisenbahnfrachtbrief und Luftfrachtbrief

Traditionspapiereigenschaft bedeutet, dass das Dokument die Ware selbst verbrieft. Wer das Dokument besitzt, kann über die Ware verfügen.

freight documents

Special documents are required for transport. There are two basic types of transport documents:

- those which are a document of title: bill of lading, dock receipt
- those which are not a document of title: road consignment note, rail consignment note and air waybill

A document of title means that the document itself represents the goods. Whoever possesses the document has ownership rights to the goods.

SbX ID: 6023

Im SbX finden Sie die englische Zusammenfassung als Audio-Wiederholung sowie eine Bildschirmpräsentation mit den Grafiken dieser Lerneinheit.

Wissen

SbX ID: 6024

A B C D E

W 6.15: Transportmittel A

Welche Vor- und Nachteile sind mit den verschiedenen Transportmitteln verbunden?

W 6.16: Transportmittel, Tendenzen A

Welche Entwicklungstendenzen lassen sich bei den verschiedenen Transportmitteln feststellen?

W 6.17: Kombinierter Verkehr A

Was versteht man unter dem „Kombinierten Verkehr"?

W 6.18: Formen des Kombinierten Verkehrs A
Welche Formen des Kombinierten Verkehrs kann man unterscheiden?

W 6.19: Vor- und Nachteile des Kombinierten Verkehrs A
Welche Vor- und Nachteile sind mit dem Kombinierten Verkehr verbunden?

W 6.20: Logistikzentrum B
Welche Aufgaben erfüllen Güterverkehrszentren, Logistikzentren und die City-Logistik?

W 6.21: Konnossement A
Was ist ein Konnossement?

W 6.22: Konnossement B
Warum muss auf jedem Konnossement die Anzahl der ausgestellten Originale vermerkt werden?

W 6.23: Frachtbrief B
Welche Bedeutung hat das Frachtbriefdoppel?

SbX
W 6.24
mit automatischer Aufgabenkontrolle
ID: 6024

Weitere Aufgabe zur Lernkontrolle im SbX

W 6.24: Test: Welches Transportmittel ist passend? B
Überprüfen Sie mit diesem Test, ob Sie Ihr Wissen erfolgreich anwenden können!

English questions

E 6.04: Compare the following types of transport according to speed, cost, advantages and disadvantages:

	Lorry	Train	Plane	Ship
speed:				
cost:				
specific advantages:				
specific disadvantages:				

E 6.05: What is the difference between "piggyback transport" and "container transport"?

E 6.06: If Doris Weasley, who imports furniture from Italy and Montenegro, is holding a "document of title" in her hands, what does this mean to her?

E 6.07: Decide whether the following types of freight documents give title or not:

a) dock receipt
b) road consignment note
c) air waybill
d) bill of lading
e) rail consignment note

Ein kurzer Kompetenz-Check, bevor's weitergeht!

Kompetenz-Check

	☺	😐	☹
Ich kann die Vor- und Nachteile der verschiedenen Transportmittel nennen.			
Ich kann anhand von Beispielen für bestimmte Transportaufgaben die geeigneten Transportmittel auswählen.			
Ich kann die Bedeutung des Kombinierten Verkehrs erklären.			
Ich kann die für den Transport erforderlichen Dokumente nennen und beschreiben.			

Lerneinheit 3

Transportbetriebe und Nachhaltigkeit

SbX

Alle SbX-Inhalte zu dieser Lerneinheit finden Sie unter der ID: 6030.

Wir fliegen in den Urlaub und beschweren uns über den Fluglärm, wir fahren mit dem Pkw und beklagen uns über Feinstaubbelastung und Staus. Wird die Autobahngebühr erhöht oder gar eine Zufahrtsgebühr für die Ballungszentren diskutiert, bricht ein Entrüstungssturm los. Wir kaufen spanische Tomaten und türkische Weintrauben, verlangen aber eine Verringerung des Lkw-Verkehrs. Sollen Verladestationen für den Kombinierten Verkehr gebaut werden, protestieren die Anliegergemeinden, da sie Belastungen durch Zu- und Abfahrten befürchten.

In keinem anderen Bereich ist die Umweltschutzdiskussion so widersprüchlich wie beim Verkehr. Die Frage, wie man weltweite Mobilität und Umweltschutz in Einklang bringen kann, ist ungelöst.

Lernen

1 Die „externen Kosten" des Verkehrs [The "external costs" of transport]

Kosten, die die Unternehmen nicht selbst bezahlen müssen, sondern die auf die Allgemeinheit abgewälzt werden, bezeichnet man als **„externe Kosten"**.

Nach Einschätzung von Experten sterben bereits mehr Menschen durch die Luftverschmutzung als durch Verkehrsunfälle.

Der Transport verursacht eine Reihe von **volkswirtschaftlichen Kosten** („externen Kosten") und **ökologischen Problemen.** Viele dieser Kosten sind nicht in Zahlen zu bemessen oder werden sich erst in Zukunft zeigen (zum Beispiel beim Treibhauseffekt oder beim Ozonloch).

Diese volkswirtschaftlichen Kosten betreffen die Kalkulationen der Spediteure und Frächter nur zu einem geringen Teil. Steuern und Abgaben decken die volkswirtschaftlichen Kosten nicht ab. Daher können Transporte relativ preisgünstig angeboten werden.

In Europa ist der Transport von Gütern und Personen für **80 % der Luftverschmutzung** durch Stickoxide, Kohlenmonoxid, organische Bestandteile und krebserregende Partikel verantwortlich.

Jährlich ereignen sich in Europa (EU) etwa 28 000 tödliche Verkehrsunfälle. Bei etwa zehnmal so vielen Unfällen werden Menschen schwer verletzt und tragen oft dauerhafte Schäden davon.

Zwei Drittel der Bevölkerung geben an, unter Verkehrslärm zu leiden.

Verkehr belastet und zerstört die Umwelt durch Emissionen, durch den Bau von Verkehrswegen wie Straßen, Schienenstränge und Kanalbauten sowie durch Lärm.

Man muss bei dieser ökologischen Rechnung auch die für den Verkehr nötigen Bauten und Flächen berücksichtigen: **Tankstellen, Raststätten, Flug- und Seehäfen, Bahntrassen und Parkplätze** stellen ebenfalls eine enorme Umweltbelastung dar. Sie belasten die Umwelt mit Emissionen und gefährden durch ihre großen regenwasserundurchlässigen Flächen („Versiegelung" der Böden) den Grundwasserhaushalt.

Die Anstrengungen, Energie zu sparen und Emissionen zu reduzieren, werden durch den ständigen Zuwachs an Verkehr zunichte gemacht.

2 Umweltschäden durch verschiedene Verkehrsmittel
[Environmental damage caused by different means of transport]

(1) Straßentransport

Der steigende Lkw-Verkehr löst in der Öffentlichkeit die meisten Diskussionen aus. Er stellt für die Öffentlichkeit einen gut „sichtbaren" Teil des Transportproblems dar.

Die Situation wird zusätzlich durch den Transitverkehr verschärft. Die zunehmende wirtschaftliche Verflechtung innerhalb Europas führt dazu, dass der Transitverkehr jährlich um etwa 10 % ansteigt.

Auch der Personenverkehr durch Pkw verursacht erhebliche Umweltbelastungen durch Feinstaub- und CO_2-Emissionen.

Alle angeführten Gegenmaßnahmen führen zu Preiserhöhungen und damit teilweise zum Widerstand z. B. von Autofahrerverbänden.

Folgende **Gegenmaßnahmen** werden diskutiert und teilweise umgesetzt:

- Erhöhung der kilometerabhängigen Lkw-Maut auf Autobahnen
- Ausweitung der kilometerabhängigen Lkw-Maut auf alle Straßen
- Einführung einer kilometerabhängigen Autobahnmaut für Pkw (wie sie in einigen Ländern Europas bereits üblich ist – z. B. Frankreich, Italien)
- Ausbau des Kombiverkehrs Schiene – Straße
- Verschärfung der Vorschriften über den maximalen CO_2-Ausstoß
- Vorschriften zum Einbau von Rußpartikelfiltern in Dieselfahrzeuge
- Fahrverbote bei Überschreitung einer bestimmten Feinstaub- und CO_2-Belastung

(2) Schienentransport

Die Bahn schneidet bei der Umweltbelastung besser ab als der Lkw.

Die Bahn schneidet bei einem Vergleich mit dem Lkw in Bezug auf die Umweltbelastung weitaus besser ab. Der Schadstoffausstoß pro transportierte Tonne auf einer Strecke von einem Kilometer wird um das Zehn- bis Zwanzigfache geringer geschätzt.

Bei diesem Vergleich muss jedoch die Bauart (das Baujahr) und Größe des Lkw sowie die Bauart und Antriebsenergie der Lokomotive (Diesel oder Elektrizität) berücksichtigt werden.

Andererseits verursachen Bahnlinien, Verschub- und Verladebahnhöfe eine erhebliche Lärmbelästigung. Der Ausbau von Hochgeschwindigkeitsstrecken stößt ebenfalls auf Widerstand.

Umweltschützer protestieren auch gegen den Tunnelbau wegen der Gefahr der Grundwasserableitung und der Lärmbelästigung auf Zufahrtsstrecken (z. B. Semmeringbasistunnel, Lainzertunnel im Wiener Stadtgebiet im Zusammenhang mit der Errichtung des Wiener Zentralbahnhofs).

Die **tatsächliche Höhe der Budgetzuschüsse** ist umstritten, da sie sich auf mehrere Budgetpositionen verteilt. Sie werden auf insgesamt rund drei Milliarden Euro geschätzt.

Die Bahn benötigt erhebliche Zuschüsse aus Budgetmitteln, um

- den Pendlerverkehr (einschließlich der Schüler/innen und Studenten/Studentinnen) zu günstigen Preisen anbieten zu können,
- den Ausbau der Bahnlinien zu finanzieren,
- unrentable Nebenstrecken zumindest durch Autobuslinien („Bahnbus") zu betreiben,
- Verbindungen zu wenig frequentierten Zeiten aufrechtzuerhalten.

Diese Zuschüsse sind Gegenstand ständiger politischer Diskussionen.

(3) Lufttransport

Moderne Flugzeuge (z. B. Airbus 380) benötigen auf Langstrecken für 100 km rund **2 Tonnen Treibstoff,** das sind allerdings bei Vollauslastung nur etwa 3 Liter Kerosin pro 100 Passagierkilometer. Auf Kurzstrecken ist jedoch der Verbrauch wegen Start und Landung mehr als doppelt so hoch.

Der Gesamtenergieverbrauch des Flugverkehrs steigt stark an.

Die Hauptkritik trifft die **Lärmbelästigung** im Umfeld der Flughäfen und die **Abgasbelastung** in hohen Luftschichten.

Der Ausbau der Flughäfen (weitere Start- und Landepisten) wird von Umweltschützern daher ebenfalls bekämpft.

Diskutiert wird die stärkere Besteuerung des Flugzeugtreibstoffs Kerosin. Dies würde jedoch die Flugpreise erhöhen und vermutlich würden die Fluggesellschaften so weit wie möglich in außereuropäischen Flughäfen tanken.

Mit einer weltweiten Regelung ist jedoch in absehbarer Zeit nicht zu rechnen.

(4) Schiffstransport

Die Schifffahrt, insbesondere der Seetransport, gilt in der Regel als energiesparend und umweltschonend. Allerdings führen zahlreiche Nebenerscheinungen zu einer intensiven Diskussion:

- Tankerunfälle verschmutzen weite Küstenstriche und gefährden Landwirtschaft, Tourismus und Fischerei. Die verursachten Schäden bei Tankerunfällen erreichen Beträge von 10 Milliarden Euro und mehr.
- Auf offener See ist kaum eine Kontrolle der Abfallbeseitigung möglich. Oft werden verseuchtes Wasser, gefährliche Chemikalien, giftige Industrieabfälle und sogar Atommüll ins Meer entsorgt. Da es sich meist um internationale Gewässer handelt, fühlt sich kein Land für diese Missstände bzw. deren Beseitigung zuständig. Die Folgekosten materieller und immaterieller Art sind hier unabsehbar.

Bei Transporten von lebenden Rindern aus Übersee werden z. B. die Ausscheidungen ins Meer entsorgt.

Üben – Anwenden

A B C D E

Ü 6.15: **ÖBB-Budget** D

Erheben Sie den derzeitigen Budgetzuschuss für die Österreichischen Bundesbahnen.

Ü 6.16: **Maut** D

Erheben Sie den aktuellen Stand über die Lkw-Maut auf Autobahnen, die Kosten für die Vignette für Privatautos und die Ausweitung der Mautpflicht.

Ü 6.17: **Kerosin-Besteuerung** D

Stellen Sie den derzeitigen Stand der Diskussion über die Besteuerung des Kerosins und über eine Sondersteuer für Flugtickets für den Luftverkehr fest.

Ü 6.18: **Rollenspiel** C

Diskussion um Beschränkung und höhere Besteuerung des Lkw-Transports:

- **Lkw-Frächter:** weist auf die Vorteile des Lkw-Transportes hin; argumentiert mit der Nahversorgung, die nur mit dem Lkw möglich ist; weist darauf hin, dass ein Großteil der Straßenkosten und der Umweltbelastung von den Pkws und nicht von den Lkws verursacht wird
- **Umweltschützer:** verwendet vor allem Zahlen der Umweltbelastung und die Vorteile des Schienenverkehrs; ist gegen den weiteren Straßenausbau und für gesetzliche Regelungen zur Beschränkung des Straßengütertransports
- **Bürgermeister einer Transitgemeinde:** ist für den Bau einer Umfahrung, auch wenn ein Waldstück geopfert werden muss; ist jedoch gegen den Bau einer Verladestation in der Nähe seiner Gemeinde, da dies den Lkw-Verkehr erhöhen würde

Diskutieren Sie die Problematik mit verteilten Rollen. Verwenden Sie dabei die Informationen und Argumente aus dieser Lerneinheit.

Ü 6.19: **Megaliner** D

In der EU wird über die Straßenzulassung sogenannter Megaliner (Lkw bis 60 Tonnen Gesamtgewicht) diskutiert. Erheben Sie den Diskussionsstand.

Sichern

SbX ID: 6033

Verkehr in Diskussion

Der Verkehr verursacht eine Reihe volkswirtschaftlicher Kosten und belastet die Umwelt. Diskutiert werden diese Kosten und die Maßnahmen, die gegen die Umweltbelastung ergriffen werden können.

Die entstehenden Kosten werden als „externe Kosten" bezeichnet, da sie nicht von den Unternehmen bezahlt, sondern von der Allgemeinheit getragen werden.

transport under discussion

Transport creates a series of economic costs and pollutes the environment. These costs and the measures to be taken to reduce pollution are being discussed.

The costs associated with these facts are referred to as 'external costs', because they are not paid by the businesses, but instead by the general public.

Lkw- und Pkw-Verkehr

Zahlreiche Berechnungen zeigen, dass der Transport mit dem Lkw die Kosten für Straßenbau und Umweltverschmutzung nicht vollständig trägt.

Auch der private Pkw-Verkehr soll eingeschränkt und gleichzeitig umweltfreundlicher gemacht werden.

Beides bedeutet Kostenerhöhungen, wobei die Kosten für den Transport weitgehend auf die Konsumenten der transportierten Güter abgewälzt würden.

Die verschiedenen Verkehrsmittel sind unterschiedlich umweltbelastend.

transport by lorry and car

Numerous calculations show that lorry transport does not fully bear the cost of building roads and polluting the environment.

Use of cars also needs to be restricted and made more environmentally friendly.

Both of these mean an increase in costs, which is largely passed on to the consumers of goods transported.

The different means of transport pollute the environment to a greater or lesser extent.

Bahn

Die Bahn ist energiesparend, aber laut. Zusätzlich belastet die Bahn das Bundesbudget in einem erheblichen Ausmaß.

train

Trains are energy saving, but loud. Furthermore the trains account for a large portion of the federal budget.

Flugzeug

Abgasemission und Treibstoffverbrauch der Flugzeuge werden ständig verringert. Die Lärmbelästigung durch Flughäfen ist jedoch hoch. Der Flugverkehr hat die höchsten Zuwächse, sodass die Belastung zukünftig noch steigen wird.

plane

Exhaust emissions and fuel consumption of planes are constantly being reduced. However, the noise pollution caused by airports is high. Air transport is the fastest growing transport sector, meaning that this pollution will continue to increase.

Schiff

Der Schiffsverkehr ist energiesparend, jedoch entsteht Umweltbelastung durch Entsorgung von Giftmüll und anderen Abfällen auf hoher See sowie eine Verschmutzung durch Tankerunfälle.

ship

Sea and inland waterway transport is energy saving, but disposing toxic waste and other waste at sea causes environmental pollution as well as pollution due to tanker accidents.

SbX ID: 6033

Im SbX finden Sie die englische Zusammenfassung als Audio-Wiederholung sowie eine Bildschirmpräsentation mit den Grafiken dieser Lerneinheit.

Wissen

SbX ID: 6034

A B C D E

W 6.25: Externe Kosten A
Was versteht man unter externen Kosten?

W 6.26: Umweltprobleme durch den Transport A
Welche Umweltprobleme verursachen die verschiedenen Transportmittel?

W 6.27: Maßnahmen gegen Verkehrsprobleme A
Welche Maßnahmen gegen die Verkehrsprobleme sind in Diskussion?

SbX
W 6.28
mit automatischer Aufgabenkontrolle
ID: 6034

Weitere Aufgabe zur Lernkontrolle im SbX

W 6.28: Test: Transportbetriebe und Nachhaltigkeit A
Überprüfen Sie mit diesem Test, ob Sie Ihr Wissen erfolgreich anwenden können!

English questions

E 6.08: What type of economic costs can you think of that are caused by various forms of transport such as lorries, trains, planes and ships?

E 6.09: What are these costs called and who pays for them?

E 6.10: What measures do you know that are being taken in transport to reduce pollution?

Ein kurzer Kompetenz-Check, bevor's weitergeht!

Kompetenz-Check

	☺	😐	☹
Ich kann die Problematik der „externen Kosten" des Verkehrs erklären.			
Ich kann die unterschiedliche Verträglichkeit bzw. Schädlichkeit der verschiedenen Transportmittel für die Umwelt erläutern.			
Ich kann über ökologische Fragen im Zusammenhang mit dem Verkehr diskutieren.			
Ich kann eine Übersicht über die wirtschaftlichen Auswirkungen einer Kostenerhöhung für Transporte geben.			

SbX
Alle SbX-Inhalte zu dieser Lerneinheit finden Sie unter der ID: 6040.

Lerneinheit 4
Zustelldienste

Der Informations- und Kommunikationsbedarf der Wirtschaft wird immer größer. Schnelligkeit, Pünktlichkeit, Lieferzuverlässigkeit werden immer wichtiger. In diesem Wettbewerbsumfeld spielen spezialisierte Dienstleistungsbetriebe eine große Rolle.

- Postdienstleister sind in Österreich die Österreichische Post AG sowie weitere private Postdienstleister v. a. für den Zeitschriftenversand und für Massensendungen.
- Kurier-, Express- und Paketdienste – KEP – bieten schnelle Transporte und Pakettransporte v. a. für Unternehmen an.

Lernen

SbX ID: 6041

1 Postdienstleister [Postal services]

Das Monopol der österreichischen Post gibt es nicht mehr.

Ursprünglich war die Postzustellung in vielen Ländern ein Monopol des Staats. Durch die Liberalisierungsvorschriften der EU entwickelten sich jedoch eine Reihe weiterer Postdienstleister.

Post

(1) Die österreichische Post AG

Die österreichische Post AG ist in drei Bereichen tätig:

- Kommunikationsmarkt
- Logistikmarkt
- Markt für Finanzdienstleistungen

Grafik
Tätigkeitsbereiche der österreichischen Post AG

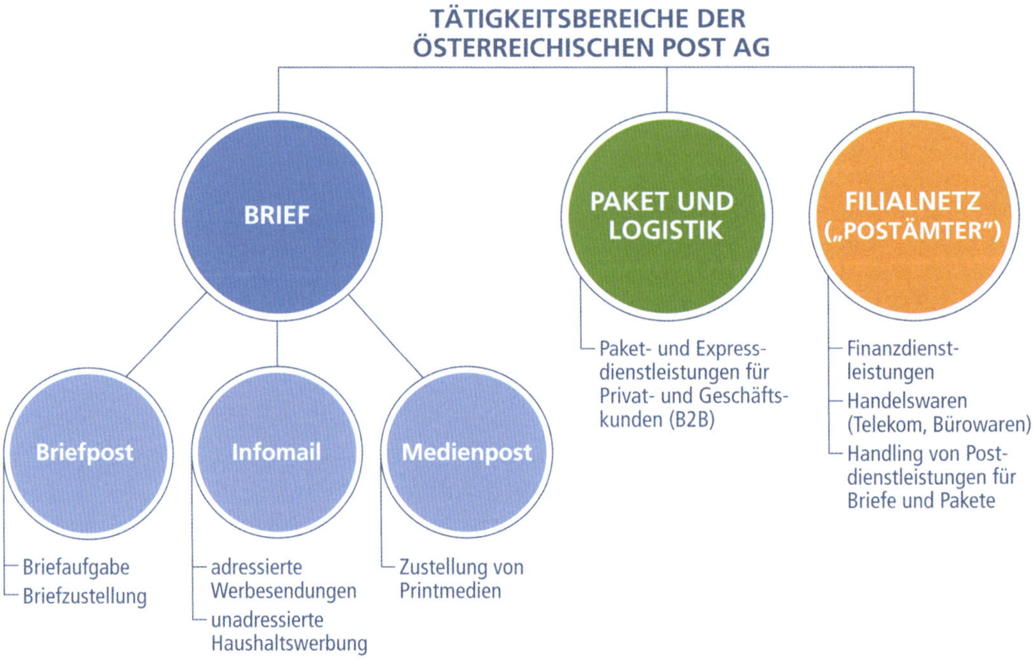

Vgl. z. B. „Red Mail“ **www.redmail.at.**

(2) Weitere Postdienstleister

Da Zustellungsdienste ein hohes Marktwachstum aufweisen, sind diese Dienstleistungen auch für weitere Anbieter interessant. Wichtig sind vor allem der Zeitschriftenversand und die Massensendungen.

2 Kurier-, Express- und Paketdienste
[Courier, express and parcel services]

Privatanbieter sind im Vormarsch.

Es handelt sich in der Regel um große internationale Konzerne.

Sie bieten vor allem schnelle Transporte für wichtige Sendungen (z. B. Ersatzteile, wichtige Dokumente, Medikamente) und Transporte für große Firmen an.

Im kommerziellen Pakettransport haben sie die Postdienstleister bereits überflügelt (vgl. z. B. **www.ups.com, www.hermespaketshop.at, www.dhl.at).**

Üben – Anwenden

A B C D E

Ü 6.20: Tarifvergleich D

Versuchen Sie, Tarife von privaten Paketdiensten im Internet zu erheben, und vergleichen Sie die Tarife mit den Tarifen der Post.

Ü 6.21: Konkurrenz der Post D

Erheben Sie, welche private Konkurrenz zur Briefbeförderung der Post entstanden ist und welche Tarife angeboten werden.

Sichern

SbX ID: 6043

Privatisierung der Zustelldienste

Durch den Bedarf der Wirtschaft und die Liberalisierungsvorschriften der EU haben sich in den letzten Jahren im Bereich der Zustelldienste Veränderungen ergeben. Neben der österreichischen Post gibt es auch private Postdienstleister sowie verschiedene Kurier-, Express- und Paketdienste (KEP).

privatisation of delivery services

There have been changes in area of delivery services over the past few years due to the needs of business and the deregulation measures of the EU. Along with the "Österreichische Post" (Austrian Postal Service) there are also private postal service providers as well as various courier, express and parcel services.

Österreichische Post AG

Die Österreichische Post ist in drei Geschäftsbereichen tätig (Kommunikation – Briefe, Infomail, Medienpost; Paketdienst und Logistik; Finanzdienstleistung über ihr Filialnetz).

Österreichische Post AG

The "Österreichische Post" offers three distinct services (communication – letters, info mail, delivery of newspapers and journals; parcel services and logistics; financial services via their network of branches).

KEP-Dienste

Weitere Postdienstleister sowie verschiedene KEP-Dienstleister (Kurier-, Express- und Paketdienste) sind Konkurrenten der Österreichischen Post, vor allem im Bereich Infomail, Medienpost und Paketzustellung.

courier, express and parcel services

Further postal service providers as well as various courier, express and parcel service providers are competitors of the "Österreichische Post", in particular in the field of info mail, newspaper and parcel delivery.

SbX ID: 6043

Im SbX finden Sie eine Audio-Wiederholung der englischen Beiträge sowie eine Bildschirmpräsentation mit den Grafiken dieser Lerneinheit.

Wissen

A B C D E

W 6.29: **Tätigkeitsbereiche der Österreichischen Post AG** A

In welchen Bereichen arbeitet die Österreichische Post?

W 6.30: **Briefbeförderung** A

Dürfen Briefe nur über die Österreichische Post befördert werden?

W 6.31: **KEP-Dienstleister** A

Was bieten KEP-Dienstleister an?

English questions

E 6.11: **Many other delivery services exist apart from the "Österreichische Post". Can you name one?**

E 6.12: **Use the internet to find out what they offer, name their products and compare them to those of the "Österreichische Post".**

Ein kurzer Kompetenz-Check, bevor's weitergeht!

Kompetenz-Check

	☺	😐	☹
Ich kann die verschiedenen Zustelldienste beschreiben.			
Ich kenne die Tätigkeitsbereiche der Österreichischen Post AG.			
Ich kann die Veränderungen im Bereich der Zustelldienste durch das Entstehen privater Post- und Paketdienste in den letzten Jahren beschreiben und darüber diskutieren.			

Lerneinheit 5

Spediteure organisieren den Transport

SbX
Alle SbX-Inhalte zu dieser Lerneinheit finden Sie unter der ID: 6050.

Wie kommt ein wichtiges Ersatzteil am schnellsten von Bludenz nach Shanghai? Ist es wirtschaftlich, frische Edelfische von Hamburg nach Wien mit dem Flugzeug zu versenden? Wie transportiert man eine Turbine aus der Steiermark nach Namibia?

Effizient durchgeführte Transporte sind wichtig für den Erfolg von Unternehmen. Die Vielzahl der Möglichkeiten und Tarife macht den Transportmarkt jedoch ziemlich unübersichtlich. Daher gibt es Spezialisten für Transportfragen – die Spediteure.

Lernen

SbX ID: 6051

1 Das Leistungsangebot der Spediteure

[The service offering of forwarding agents]

Speditionsbetriebe organisieren Transporte. Sie erbringen häufig zahlreiche Zusatzleistungen. Vor allem große Speditionen verstehen sich zunehmend als Logistikpartner von Unternehmen.

Grafik
Das Leistungsangebot der Speditionsbetriebe

Gemessen am Umsatz sind die drei wichtigsten Speditionen in Österreich: Rail Cargo, Schenker & Co AG, LKW WALTER AG.

Zum Leistungsumfang vgl. z. B. www. railcargo.com.

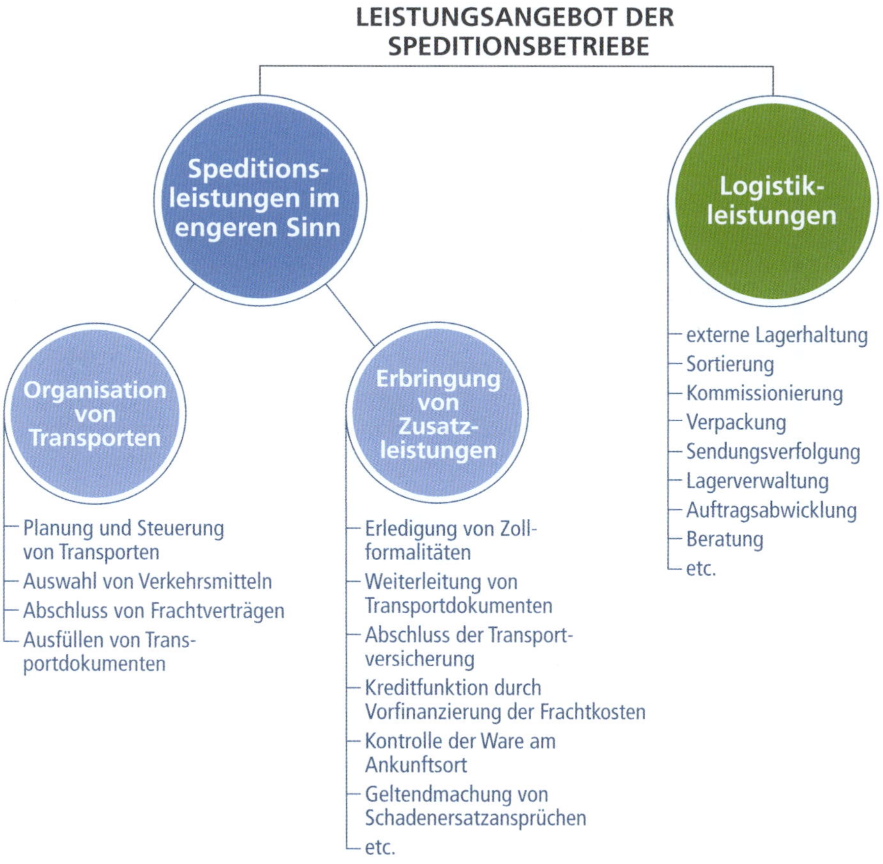

Spediteure sind **keine Straßenfrächter.** Nur in der Umgangssprache bezeichnet man Straßenfrächter als Spediteure.

(1) Speditionsleistungen im engeren Sinn

Spediteure im engeren Sinn vermitteln und besorgen Transportleistungen für Dritte. Sie sind daher Vermittler zwischen den Transportbetrieben und deren Kunden.

Spediteure organisieren den Transport und erbringen viele Nebenleistungen.

Die Besorgung der Beförderung

Der Spediteur

- wählt das geeignete Transportmittel aus,
- schließt den Frachtvertrag ab,
- füllt die Frachtpapiere aus,
- sorgt für die Umladung, falls eine solche notwendig ist (z.B. haben Seehafenspediteure häufig eigene Ladevorrichtungen wie Kräne etc.; Bahnspediteure verfügen über eigene Laderampen, Hubstapler etc.).

(2) Zusatzleistungen

Der Spediteur kann folgende Nebenleistungen übernehmen:

- Verpacken einschließlich aller Nebenleistungen, wie Wiegen, Zählen, Kontrollieren der Ware; Auswählen der geeigneten Verpackung; leihweise Beistellung (z.B. von Containern) oder Verkauf von Verpackungen (z.B. seetüchtige Kisten); Signieren der Verpackungen
- Versichern (Abschluss der Transportversicherung)
- Verzollen
- Weiterleitung der Frachtdokumente
- Inkasso (z.B. durch Vorlage der Dokumente bei der auszahlenden Bank, Inkasso von Nachnahmen) und Weiterleitung des inkassierten Betrags an den Auftraggeber
- Vorfinanzierung der Frachtkosten
- Kontrolle der Ware am Ankunftsort (kann auch im Auftrag des Empfängers erfolgen, der z.B. die Ware im Ankunftshafen übernehmen muss)
- Reklamationen im Auftrag des Empfängers beim Absender bzw. beim Spediteur des Absenders
- Geltendmachen von Schadenersatzansprüchen beim Frachtführer oder bei Versicherungen

Beispiel

Leistung eines Speditionsbetriebs

- Ein Industrieunternehmen in Oberösterreich verkauft landwirtschaftliche Maschinen nach Tunesien.
  1. Die Maschinen werden zunächst mittels Lastkraftwagen zur nächsten Bahnstation gebracht.
  2. Dann werden die Maschinen mit der Bahn nach Triest befördert.
  3. In Triest werden die Maschinen auf ein Schiff verladen.
  4. In Tunis werden die Maschinen ausgeladen und mittels Lkw an den Bestimmungsort gebracht.

  Der Spediteur muss nun
  - den Transportweg nach Kosten und Zeit auswählen,
  - die Frachtpapiere (Eisenbahnfrachtbrief, Konnossement) besorgen,
  - den Lkw-Transport bis zum Bahnhof selbst vornehmen („Selbsteintritt"),
  - Versicherungen abschließen,
  - die mehrmalige Umladung veranlassen,
  - einen Zwischenspediteur mit dem Umschlag in Triest beauftragen,
  - für die Zustellung in Tunis sorgen,
  - eventuell das Inkasso übernehmen (Vorlage der Dokumente etc.),
  - einen Unterspediteur mit den Einfuhrformalitäten, der Zustellung und dem Inkasso in Tunis beauftragen
  - usw.

(3) „Der Sammelladeverkehr"

Der Spediteur sammelt Güter verschiedener oder gleicher Art, die

- von verschiedenen Versendern stammen,
- an verschiedene Empfänger gehen,
- jedoch die gleiche Beförderungsrichtung haben.

Grafik
Der Sammelladeverkehr

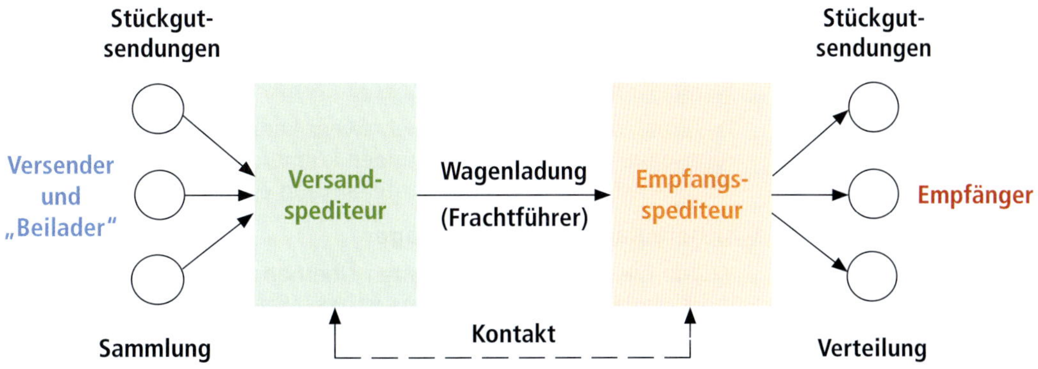

Die Versendung erfolgt dann aufgrund **eines** Frachtvertrags als Wagenladung, Schiffsladung etc. zu einem günstigeren Tarif.

Der Sammelladeverkehr hat für alle Beteiligten Vorteile:

- Die Versender erhalten günstigere Tarife.
- Der Spediteur wird konkurrenzfähiger, da er auch für Stückgüter billigere Tarife anbieten kann.
- Der Frachtführer hat Vorteile aus der besseren Auslastung der Beförderungsmittel.

Der **Selbsteintritt des Spediteurs** ist in der Praxis nicht sehr häufig. Nur wenige Spediteure haben einen eigenen Fuhrpark.

(4) Der „Selbsteintritt" des Spediteurs

Wird im Speditionsvertrag nichts anderes bestimmt, darf der Spediteur die Beförderung des Guts selbst ausführen. Der Spediteur ist dann zugleich Frachtführer bzw. Verfrachter.

Einige Speditionsunternehmen besitzen daher einen eigenen Wagenpark zur Beförderung der Speditionsgüter. Manche mieten auch bei stoßweise auftretenden Aufträgen Beförderungsmittel anderer Transportbetriebe an.

(5) Der Spediteur als Logistikpartner

Speditionen treten zunehmend als Dienstleister im Bereich Logistik auf. Sie übernehmen Logistikaktivitäten von Unternehmen ganz oder teilweise, und zwar:

- externe Lagerhaltung
- Sortierung
- Kommissionierung
- Verpackung
- Sendungsverfolgung (Tracking und Tracing)
- Lagerverwaltung
- Auftragsabwicklung
- Beratung

Beispiel

- Die Spedition Schenker betreut die Logistik eines Herstellers von Aufzugkomponenten und übernimmt dabei die Zwischenlagerung, die Kommissionierung und die Zustellung just in time.

2 Die wirtschaftliche Bedeutung der Spediteure
[The economic significance of forwarding agents]

Für den internationalen und interkontinentalen Verkehr ist der Spediteur unbedingt erforderlich.

Die Inanspruchnahme der Dienste eines Spediteurs kann folgende Vorteile bringen:

- **Zeit- und Kostenersparnis**

  Arbeitsvereinfachung, da komplizierte Verkehrsfragen vom Fachmann gelöst werden. Der Spediteur kennt die Tarife, das Zoll- und Versicherungswesen. Er übernimmt Nebenarbeiten wie z. B. Verpacken, Umpacken, Verzollen und den Abschluss von Versicherungen. Er übernimmt die Beschaffung der Begleitpapiere, die Besorgung von Frachtkrediten und den Einzug von Nachnahmen (vgl. Leistungsangebot der Spediteure).

- **Ausnützung von Versandvorteilen**

  Versandvorteile ergeben sich durch den Abschluss günstiger Verträge und durch Bildung von Sammelladungen.

  Die Wahl des günstigsten Verkehrswegs kann das Transportrisiko verringern und die Beförderungsdauer verkürzen. Umladungen können vermieden werden, wenn der Spediteur Container bereitstellt. Verpackungsmaterial kann eingespart werden.

- **sichere Kalkulationsgrundlage**

  Wurde die Beförderung zu festen Übernahmesätzen vereinbart, so wird dem Unternehmer die Kalkulation erleichtert. Dies ist vor allem bei komplizierten internationalen Transporten von Bedeutung.

- **Erleichterung der betrieblichen Disposition beim Handel**

  Da Güter während der Transportdauer vorübergehend gelagert werden müssen, kann der Spediteur diese in eigenen Lagerräumen einlagern. Der handeltreibende Unternehmer braucht keine eigenen großen Lagerräume. Der Spediteur übernimmt die Funktion eines Lagerhalters.

- **Vorteile im Zusammenhang mit der Finanzierung und dem Zahlungsausgleich**

  Der Spediteur legt verschiedene Kosten im Voraus aus (er zahlt z. B. die Fracht, Zölle). Er führt das Inkasso durch.

- In Österreich werden **85 % der von den Spediteuren manipulierten Güter mit der Bahn befördert.**

Üben – Anwenden

A B C D E

Ü 6.22: Aufgaben eines Spediteurs B

Ein vorbeifahrender Lastwagenzug trägt die Aufschrift „Paneuropa – Speditions AG". Ist die Beförderung von Gütern mit Lastwagenzügen eine typische Tätigkeit für einen Speditionsbetrieb?

Ü 6.23: Funktionen des Spediteurs C

Eine österreichische Besteckfabrik will eine größere Sendung von ihrem Werk in Niederösterreich nach Chicago befördern. Es wird folgender Transportweg gewählt:
Berndorf – Wien-Westbahnhof mit dem Lkw,
Wien-West – Hamburg mit der Bahn,
Hamburg – New York mit dem Schiff,
New York – Chicago mit der Bahn.
Erklären Sie anhand dieses Beispiels, welche Funktionen ein Spediteur übernehmen könnte.

Ü 6.24: Sammelladungen B

Können nur Stückgüter, die den gleichen Bestimmungsort haben, zu einer Sammelladung zusammengefasst werden?

Ü 6.25: Sammelladeverkehr B

Bringt der Sammelladeverkehr nur dem Versender Vorteile oder auch dem Spediteur und dem Frachtführer?

Ü 6.26: Logistikleistungen des Spediteurs C

Sie sind Mitarbeiter/in einer großen österreichischen Spedition. In Kürze wird Ihr Unternehmen im Süden Wiens ein Logistikzentrum eröffnen. Sie sollen die künftigen Kunden von den Vorteilen der Logistikleistungen Ihres Unternehmens überzeugen.
Mit welchen Argumenten kann sich die Spedition als Logistikpartner präsentieren?

Sichern

SbX ID: 6053

Spediteure

Spediteure organisieren Transporte.

Außerdem besorgen sie zahlreiche Nebenleistungen, wie

- Verpacken, Versichern, Verzollen, Kassieren, Finanzieren der Frachtkosten und des Zolls, Kontrollieren am Ankunftsort, Reklamieren etc.

Spediteure können auch als Frachtführer „selbst eintreten".

Zunehmend etablieren sich Spediteure auch als Logistikpartner von Unternehmen.

forwarding agents

Forwarding agents organise transport.

They also offer numerous additional services such as

- packing, insurance, customs clearance, collecting payment for transport, financing freight costs and customs duty, inspection at the arrival destination, handling complaints, etc.

Forwarding agents can also act as freight carriers.

Forwarding agents are also increasingly establishing themselves as logistics partners for businesses.

wirtschaftliche Vorteile

Speditionsbetriebe bringen eine Reihe von wirtschaftlichen Vorteilen für Handels- und Produktionsbetriebe durch

- Zeit- und Kostenersparnis,
- Ausnützung von Versandvorteilen,
- Sicherheit bei der Kalkulation des Transports,
- Erleichterung der betrieblichen Disposition beim Handel,
- Vorteile im Zusammenhang mit der Finanzierung.

economic benefits

Forwarding agents offer a number of economic benefits for trading and manufacturing businesses by

- saving time and money,
- making use of better shipping arrangements,
- offering guaranteed prices for transport,
- providing logistical support for trading businesses,
- advantages in terms of financing.

wirtschaftliche Bedeutung

Da die Abwicklung von Transporten umfangreiche Spezialkenntnisse erfordert, haben Spediteure große Bedeutung.

economic significance

As arranging transport requires extensive specialist knowledge, forwarding agents are very important.

SbX ID: 6053

Im SbX finden Sie die englische Zusammenfassung als Audio-Wiederholung sowie eine Bildschirmpräsentation mit den Grafiken dieser Lerneinheit.

Wissen

SbX ID: 6054

A B C D E

W 6.32: Frachtführer und Spediteur A

Was ist der rechtliche Unterschied zwischen einem Frachtführer und einem Spediteur?
Besteht dieser rechtliche Unterschied auch aus betriebswirtschaftlicher Sicht?

SbX
W 6.34
mit automatischer Aufgabenkontrolle
ID: 6054

W 6.33: Speditionsbetriebe A

Geben Sie eine Übersicht über die Leistungen der Speditionsbetriebe.

W 6.34: Transport von Werkzeugmaschinen C

Die Speditionsfirma „Intersped AG" erhält den Auftrag, den Transport von Werkzeugmaschinen von Linz nach Klagenfurt zu besorgen. Die Intersped AG führt diesen Transport mit einem eigenen Lkw-Zug durch.
Welche der folgenden Aussagen sind richtig?

a) Die Intersped AG ist ohne weitere Vereinbarung berechtigt, den Transport mit eigenen Fahrzeugen durchzuführen.

☐ Richtig ☐ Falsch, richtig ist:

b) Die Intersped AG handelt bei der Durchführung des Transports mit eigenem Lkw als Spediteur.

☐ Richtig ☐ Falsch, richtig ist:

c) Die Durchführung von Transporten mit eigenem Lkw zählt in Österreich zu einem der Hauptaufgabenbereiche der Speditionsbetriebe.

☐ Richtig ☐ Falsch, richtig ist:

SbX
W 6.35
mit automatischer Aufgabenkontrolle
ID: 6054

Weitere Aufgabe zur Lernkontrolle im SbX

W 6.35: Transportarten B

Stellen Sie sich einem Quiz mit fünf Fragen zum Thema Transportarten!

English questions

E 6.13: What is the main service offered by a forwarding agent?

E 6.14: What other services does a forwarding agent often offer?

E 6.15: Doris Weasley orders furniture from Italy and Montenegro regularly to be resold in furniture shops in Austria. The seller is not responsible for transporting the furniture to Austria because Doris agrees to organise it. She uses a forwarding agent to do this. It is transported to Austria using lorries and trains.

a) What services do you think she needs from the forwarding agent?

b) What benefits does Doris Weasley have by using a forwarding agent?

Ein kurzer Kompetenz-Check, bevor's weitergeht!

Kompetenz-Check

	☺	😐	☹
Ich kenne das Leistungsangebot von Speditionsbetrieben.			
Ich kann Spediteure und Frachtführer und ihr Leistungen und Funktionen unterscheiden.			
Ich kann die wirtschaftliche Bedeutung der Speditionsbetriebe erläutern.			

Lerneinheit 6
Fallbeispiel

Üben – Anwenden

Ü 6.27: Fallbeispiel Wild GmbH: Logistikkonzept eines Hightech-Unternehmens D

A B C D E

Im Jahr 2013 wurde die österreichische Wild GmbH in der Kategorie „Beste innovative Logistik-Lösung" mit dem Logistik-Preis des Vereins Netzwerk Logistik ausgezeichnet.

Aufgaben

1. Klären Sie alle Begriffe aus der anschließenden Fallbeschreibung, die Ihnen unbekannt sind.
2. Entwickeln Sie ein Bewertungsschema, mit dem Sie die Qualität des Logistikkonzepts der Wild GmbH beurteilen können. Begründen Sie Ihr Bewertungsschema Punkt für Punkt.
3. Nehmen Sie eine Beurteilung des Logistikkonzepts der Wild GmbH mithilfe Ihres Bewertungsschemas vor. Begründen Sie Ihre Ansicht.

Fallbeschreibung

WILD

Bei der Wild GmbH werden Feinmechanik, Optik und Elektronik zu komplexen Baugruppen, Systemen und Geräten entwickelt und verbaut. Die Geschäftsbereiche sind die Medizintechnik und die Technische Optik. Der Markt für diese Produkte ist hochgradig innovativ und von kurzen Zyklen begleitet. Das erforderte die Entwicklung einer flexiblen Logistik. Die bisherige Arbeitsweise, vor allem die Maschinen maximal auszulasten, war überholt. Aufträge wurden laufend neu eingeplant, um Liefertermine möglichst einzuhalten. Erhöhte Lagerbestände, Fehlteile in der Montage und lange Durchlaufzeiten innerhalb der Fertigung waren die Folge.

Für die Entwicklung einer neuen Logistiklösung gab es folgende Zielvorgaben:

- Einhaltung der bestätigten Liefertermine
- Verbesserung der Betriebsleistung je Mitarbeiter
- Reduktion der Montagefehlteile

Zur Zielerreichung werden Kundenbedürfnisse an Mengen- und Terminschwankungen quantifiziert. Eine regelmäßige Simulationsplanung der Kundenaufträge liefert Daten mit einem Zeithorizont, der über die erforderlichen Reaktionsfristen hinausragt. Das zeigt, wie viel Reservekapazität in der Beschaffungskette vorliegen muss.

Ein innovativer Make-or-Buy-Prozess ist die Basis für die Entscheidung, in welchem Verhältnis die internen Ressourcen in Kombination mit externen genutzt werden. Preis- und Eignungsindex definieren die Outsourcebarkeit der Artikel.

Die Entscheidung, ob das Teil zugekauft wird, hängt stark von der tatsächlichen Auslastung der eigenen Fertigung ab. Visualisierte Auslastungsgrade ermöglichen operativen Mitarbeitern, diese Entscheidungen selbständig durchzuführen – dies mit genügend Zeit zur Kapazitätsanpassung; Planungsänderungen nach Auftragsstart werden vermieden.

Die Pufferlager vor der Maschine sind räumlich begrenzt definiert und folgen physisch dem FiFo-Prinzip. Entsprechend der Vorgabe, dass kein Teil länger als 24 Stunden im Puffer bleiben darf, diese aber auch nicht leer sein dürfen, steuert der Teamleiter kurzfristig den Mitarbeitereinsatz. Das Steuerungssystem „Tragbares Loch" definiert die Arbeitsmengen zwischen den Arbeitsplätzen. Operative Mitarbeiter werden über den Produktionsfortschritt real am Arbeitsplatz einbezogen.

Neben der Reduzierung des Materials in der Vorfertigung und der Reduzierung der Durchlaufzeiten, der verbesserten Materialverfügbarkeit für die Montage und der Steigerung der Termintreue ist die starke Einbeziehung der Mitarbeiter für ein gesamtheitliches Prozessverständnis hervorzuheben.

Quelle: Verein Netzwerk Logistik, VNL Österreich, www.vnl.at, www.wild.at, http://diepresse.com

7 OHNE HANDEL KEINE VERSORGUNG?

Worum geht's in diesem Kapitel?

Wer verdient wie viel an einem Sportschuh, der € 100,– kostet?

Eine Studie der Clean Clothes Kampagne zeigt, dass der Lohn für Arbeitskräfte in den Entwicklungsländern nur 0,4 % vom Endverkaufspreis ausmacht. Die Preisanteile der am Endprodukt Beteiligten betragen im Einzelnen: 33 % Markenunternehmen, 30 % Einzelhandel, 20 % USt, 12 % Herstellungskosten – davon 0,4 % Löhne – und 5 % Transport.

Durch Rationalisierung der Produktion wird der Anteil der Produktionskosten am Endpreis des Produkts immer geringer und die Kosten der Verteilung der Waren – des Handels einschließlich des Transports – haben einen immer größeren Anteil.

Worin besteht aber die Leistung des Handels, welche Aufgaben erfüllt er für die Produzenten und die Konsumenten? Ist es berechtigt, dass sein Anteil am Endpreis der Produkte so groß ist?

Wenn Sie dieses Kapitel bearbeiten, erwerben Sie die folgenden in der Bildungs- und Lehraufgabe des Lehrplans angeführten Kompetenzen:

Sie können aus dem Bereich Handel

- **die verschiedenen Funktionsbereiche des Handels darstellen,**
- **die verschiedenen Betriebsformen im Handel und ihre Unterscheidungsmerkmale erläutern,**
- **die Bedeutung des Handels im ökonomischen, ökologischen und sozialen Kontext einschätzen,**
- **Entwicklungstendenzen im Handel beschreiben.**

Sie können durch den Einsatz von Fallstudien

- **Ihre erworbenen Fach-, Methoden-, Sozial- und Selbstkompetenzen vernetzt anwenden.**

A B C D E

In diesem Kapitel finden Sie Übungsaufgaben, praxisbezogene Fallbeispiele und Aufgaben zur Lernkontrolle zur Überprüfung Ihrer Kompetenzen auf den Handlungsebenen A **Wiedergeben,** B **Verstehen,** C **Anwenden** und D **Analysieren & Interpretieren.**

Dieses Kapitel umfasst folgende Lerneinheiten:

Quick-Check zum Thema:

Handel

A B C D E

Die folgenden Aufgaben können Sie schon jetzt bearbeiten.

Ü 7.01: Leistungserstellung im Einzelhandel B

a) Worin besteht der Input im Wertschöpfungsprozess von Handelsbetrieben?

b) Worin besteht der Output im Wertschöpfungsprozess von Handelsbetrieben?

Ü 7.02: Marketing im Einzelhandel B

Krawatten werden in den verschiedensten Geschäften angeboten. Ordnen Sie den abgebildeten Geschäften typische Merkmale zu. (Mehrere Antworten können richtig sein.)

A – Das Fachgeschäft

MILANO Männermode, Innsbruck

B – Der Online-Handel

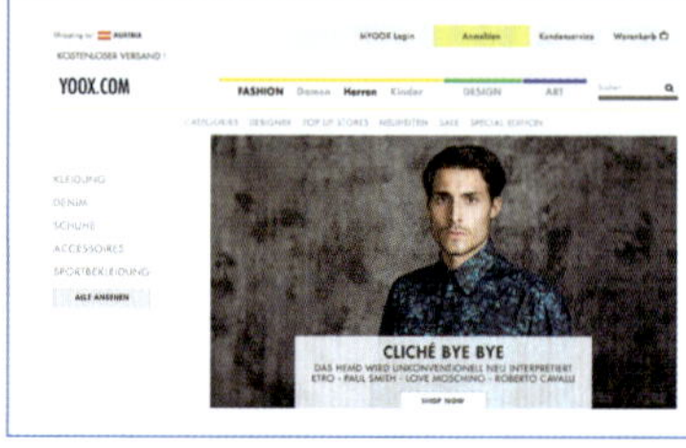

YOOX Group

C – Der Spezialist

Mens Silk Tie Shop, Deutschland

D – Der Generalist

Peek&Cloppenburg

Merkmale	Geschäftstypen			
	A	B	C	D
a) Das Geschäft hat ein sehr tiefes Sortiment.				
b) Mit seinem Angebot spricht das Geschäft viele verschiedene Zielgruppen an.				
c) In der Regel gibt es viele Filialen.				
d) Die persönliche Beratung steht im Mittelpunkt des Verkaufsgesprächs.				
e) Die Preise sind eher exklusiv.				
f) Der Kauf auf Probe ist üblich.				

Ü 7.03: Materialwirtschaft im Einzelhandel B

Wie hoch ist die durchschnittliche Materialintensität im Einzelhandel? (Kreuzen Sie an.)

a) ☐ etwa 20 %

b) ☐ etwa 50 %

c) ☐ etwa 80 %

d) ☐ etwa 100 %

Lerneinheit 1

Welche Funktionen erfüllt der Handel?

SbX
Alle SbX-Inhalte zu dieser Lerneinheit finden Sie unter der ID: 7010.

Der Handel ist für Produzenten und für Konsumenten wichtig. Er erfüllt zahlreiche Funktionen, die zum reibungslosen Ablauf der Wirtschaft beitragen.

Folgende Zahlen (für 2013) zeigen die große wirtschaftliche Bedeutung des Handels:

- In Österreich gibt es rund 75 429 Betriebe, die dem Handel zuzurechnen sind.
- Diese Handelsbetriebe stellen rund 646 041 Arbeitsplätze zur Verfügung.
- Etwa 24 % aller unselbständig Erwerbstätigen in Österreich sind im Handel beschäftigt.
- Die Handelsbetriebe bilden etwa 16 745 Lehrlinge aus, das sind 14,6 % aller Auszubildenden.
- Der gesamte Handel macht einen Umsatz von ca. € 241 Milliarden pro Jahr.

Quelle (Daten): Statistik Austria 2015 (Auswertung 2013)

Lernen

SbX ID: 7011

A B C D E

Die Funktionen des Einzelhandels
[The functions of the retail trade]

Grafik
Funktionen der Handelsbetriebe

1 Der Handel überbrückt Räume durch Transport (räumliche Funktion)
[Retailers bridge distances using transport]

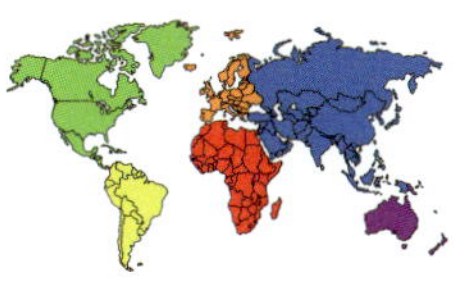

Durch den Handel werden Produkte weltweit verfügbar.

Der Handel stellt die Ware am richtigen Ort (in der Nähe des Konsumenten bzw. Verwenders) bereit. Ohne Handel müsste jeder Produzent entweder seine eigene Vertriebsorganisation schaffen (dies wäre sehr teuer und nur für sehr große Produzenten möglich) oder er könnte nur in unmittelbarer Umgebung seines Standorts verkaufen. Ebenso wäre der Verbraucher oder Verwender nicht in der Lage, Produkte aus der ganzen Welt zu erwerben, wie dies mithilfe des Handels der Fall ist.

Beispiele

- Frischen Meeresfisch gibt es nur in Küstennähe – Fischhändler und große Supermärkte verkaufen Meeresfisch aber auch in Binnenländern wie Österreich.
- Große Spielwarenproduzenten (wie z. B. Lego oder Hasbro) haben keine eigenen Verkaufsfilialen, sondern vertreiben ihre Produkte über den Spielwareneinzelhandel und über Spielwarenabteilungen in Warenhäusern.

2 Der Handel überbrückt zeitliche Schwankungen durch Lagerhaltung (zeitliche Funktion) [Retailers bridge fluctuations over time by storing goods]

Auch kurzfristige Bedarfsschwankungen werden vom Handel überbrückt (z. B. stärkere Nachfrage am Wochenende oder vor Feiertagen).

Zwischen der Leistungserstellung und der Leistungsverwertung ergeben sich zeitliche Unterschiede, da

- die Produktion gleichmäßig erfolgt und der Bedarf starken Schwankungen unterliegt (z. B. bei Bademoden oder Schi) oder
- der Verbrauch gleichmäßig erfolgt, aber nur zu bestimmten Jahreszeiten produziert wird (z. B. bei Gemüse- und Obstkonserven bzw. tiefgekühltem Gemüse und Obst).

Diese Zeitüberbrückung wird durch die Lagerhaltung bewirkt, die entweder vom Produzenten oder aber vom Handel vorgenommen wird.

3 Der Handel verteilt die Waren (Quantitätsfunktion) [Retailers distribute goods]

Manchmal erfüllt der Handel auch **Sammelfunktionen** (z. B. Aufkaufen landwirtschaftlicher Produkte von vielen Bauern, Aufkaufen von Altwaren – **„Aufkaufhandel"**).

Zwischen den Mengen, die der einzelne Produzent erzeugt, und den Mengen, die der Verbraucher oder Verwender benötigt, bestehen erhebliche Unterschiede.

Der Handel übernimmt es, die benötigten Teilmengen bereitzustellen.

Im Regelfall übernimmt der Handel größere Mengen und gibt sie in kleineren Teilmengen ab **(„verteilender Handel").**

4 Der Handel stellt Sortimente zusammen (Qualitätsfunktion) [Retailers put together sales mixes]

Da der Handel ganze Sortimente anbietet, können sich die Produzenten auf bestimmte Produkte spezialisieren und diese rationell herstellen.

Handelsbetriebe be- und verarbeiten die Waren zwar nicht, können jedoch die Qualität auf andere Art verändern:

- Der Handelsbetrieb stellt bestimmte Sortimente zusammen.

Beispiele

- Das Einrichtungshaus bietet dem Kunden Möbel verschiedener Produzenten zur Auswahl.
- Das Textilgeschäft bietet aufeinander abgestimmte Kleidungsstücke (Hemden und Krawatten, Shirts und dazu passende Accessoires wie Ketten, Tücher etc.) an.
- Der Baustoffhandel bietet ein Sortiment von Baustoffen verschiedener Produzenten (Fliesen, Fenster und Türen, Ziegel, Isoliermaterial etc.).

- Ferner übernimmt der Handel manchmal auch die **Veredlung** der Waren.

Beispiele

- Lagerung von Weinen (Dadurch steigt häufig die Qualität.)
- Mischen, Mahlen, Rösten von Kaffee
- Sortieren von Obst (z. B. nach Handelsklassen)

5 Der Handel berät Kunden und bietet Serviceleistungen nach dem Verkauf an (Servicefunktion) [Retailers advise customers and provide after-sales service]

Die **Beratungs- und Informationsleistung des Handels** erleichtert den Absatz bzw. macht ihn oft erst möglich.

Der Handel informiert über das Angebot und erleichtert dem Abnehmer die Marktübersicht. Der Handel berät (z. B. bei Modeartikeln, bei komplizierten technischen Geräten).

Der Handel hilft durch seine Marktkenntnis auch den Produzenten, die richtigen Absatzmärkte zu finden und zu erschließen, da er die Wünsche und Vorstellungen der lokalen Kunden gut kennt.

Der Handel bietet oft folgende zusätzlichen Leistungen:

Zustellung, Installation, Reparatur, Änderung, Umtausch, Beschaffung von Ersatzteilen etc.

6 Der Handel finanziert auch die Käufe seiner Kunden (Kreditfunktion) [Retailers finance the purchases of their customers]

Die **Kreditfunktion** spielt vor allem dann eine Rolle, wenn an andere Unternehmen abgesetzt wird, d. h. vor allem im Großhandel.

Die bisher beschriebenen Funktionen werden von den meisten Handelsbetrieben wahrgenommen. Zusätzlich kann der Handelsbetrieb auch die Kreditfunktion erfüllen, wenn er Waren gegen spätere Zahlung („auf Ziel") verkauft. Allerdings berechnet er dafür in der Regel ein gesondertes Entgelt (meist in Form eines höheren Zielpreises oder dadurch, dass kein Skontoabzug gewährt wird). Großbetriebe des Einzelhandels (z. B. Warenhäuser, Versandhändler) gewähren auch Ratenkredite an Konsumenten.

Übungsbeispiele

Ü 7.04: Funktionen des Einzelhandels B

Stellen Sie anhand eines Händlers für Hi-Fi-Geräte dar, wie dieser die unterschiedlichen Funktionen wahrnimmt.
Zeigen Sie dabei auch, welche Unterschiede es bei verschiedenen Kundengruppen gibt, z.B. bei Konsumenten oder einem Hotel, das die Zimmer mit Stereoanlagen ausstatten will.

Ü 7.05: Funktionen des Einzelhandels B

Überlegen Sie, welche der genannten Funktionen des Handels Sie selbst schon in Anspruch genommen haben.

Üben – Anwenden

SbX ID: 7012

A B C D E

Ü 7.06: Funktionen des Handels für die Produzenten C

Überlegen Sie für jede angeführte Funktion des Handels, was es für den Produzenten bedeuten würde, wenn er diese Aufgabe selbst wahrnehmen müsste. Gehen Sie dabei auf Kosten, organisatorischen bzw. administrativen Aufwand und benötigtes Personal ein.

Ü 7.07: Funktionen des Online-Handels C

Der Online-Handel ist zu einem bedeutenden Distributionskanal geworden. Etwa 10 % des gesamten Handelsumsatzes werden über das Internet erzielt. Welche der oben genannten Funktionen sind auch bei Internetkäufen und -verkäufen wichtig und welche nicht? Betrachten Sie diese Fragestellung sowohl aus der Sicht des Handelsbetriebs als auch aus der des Kunden.

SbX
Ü 7.08
Rechercheaufgabe
ID: 7012

Weitere Übungsaufgabe im SbX

Ü 7.08: Funktionen des Handels am Beispiel der Spar AG C

Finden Sie Beispiele zu den Funktionen des Handels bei der Spar AG unter Zuhilfenahme des Internets!

Sichern

SbX ID: 7013

Funktionen von Handelsbetrieben

Die Handelsbetriebe erfüllen für Produzenten und Konsumenten folgende wichtige Funktionen:

- Überbrückung von räumlichen Distanzen und zeitlichen Schwankungen zwischen Produktion und Absatz
- Zusammenstellung von bedarfsgerechten Sortimenten
- Teilen oder Sammeln von produzierten Mengen
- Beratung und Information von Kunden sowie Serviceleistungen nach dem Verkauf
- eventuell auch die Kreditfunktion

functions of retailers

Retailers fulfil the following important functions for producers and consumers:

- bridging of distances and fluctuations over time between production and sales
- putting together sales mixes to suit the needs of the market
- dividing up and collecting the amounts produced by their suppliers
- advising and providing information to customers as well as after-sales service
- possibly also providing financing

SbX
ID: 7013

Im SbX finden Sie die englische Zusammenfassung als Audio-Wiederholung sowie eine Bildschirmpräsentation mit den Grafiken dieser Lerneinheit.

Wissen

SbX ID: 7014

A B C D E

SbX
W 7.01–W 7.04 mit automatischer Aufgabenkontrolle
ID: 7014

Welche Funktionen des Handelsbetriebs werden in den folgenden Fällen erfüllt? Geben Sie nur jene Funktionen an, die aus den Angaben unmittelbar ersichtlich sind.

W 7.01: Funktionen des Handels B

Die Stoffhändlerin Maier importiert 5 Ballen indische Seidenstoffe und verkauft Frau Bergmann 3 m Stoff für ein Kleid.

1. Funktion:

2. Funktion:

W 7.02: Funktionen des Handels B

Frau Bergmann geht mit dem Stoff in eine Boutique und sucht sich aus dem Sortiment passende Handschuhe, Modeschmuck und einen Hut aus. Die Verkäuferin zeigt ihr Modeartikel, die besonders gut zum Muster des Stoffs passen.

1. Funktion:

2. Funktion:

W 7.03: Funktionen des Handels B

Eva Berger bestellt bei einem Internethändler einen in Taiwan erzeugten Computer. Sie leistet eine Anzahlung von 20 % und bezahlt den Rest in 6 Monatsraten.

1. Funktion:

2. Funktion:

W 7.04: Funktionen des Handels A

Welche Funktion des Handels wurde in den Fällen der Aufgaben **W 7.01** bis **W 7.03** nicht ausdrücklich angesprochen?

Funktion:

English questions

E 7.01: Find a retailer near you which is:

- **a supermarket (offers only a traditional range of food)**
- **a boutique**
- **a specialised computer shop**

a) What functions does each of your chosen retailers fulfil?
b) What functions (if any) are not fulfilled? Why not?

Ein kurzer Kompetenz-Check, bevor's weitergeht!

Kompetenz-Check

	☺	😐	☹
Ich kann die Funktionen des Handelsbetriebs beschreiben.			
Ich kann die Bedeutung der Funktionen der Handelsbetriebe durch Beispiele illustrieren.			

Lerneinheit 2
Entscheidungen im Einzelhandel

SbX
Alle SbX-Inhalte zu dieser Lerneinheit finden Sie unter der ID: 7020.

Handelsbetriebe, die an Konsumenten absetzen, bezeichnet man als „Einzelhandelsbetriebe". Ihre Wertschöpfung stammt nicht aus der Be- und Verarbeitung von Waren, sondern aus anderen Leistungen für den Konsumenten:

Handelsbetriebe führen in ihrem Sortiment viele unterschiedliche Produkte. So werden zum Beispiel im Lebensmittelhandel neben inländischen Produkten italienische Teigwaren, Feigen aus der Türkei, Bananen aus Brasilien, Kiwis aus Neuseeland, Weine aus Australien und Fleisch aus Argentinien angeboten. Modeboutiquen und Schuhgeschäfte bieten eine Vielzahl ausländischer Modelle, die auf der ganzen Welt produziert werden.

Einzelhandelsbetriebe müssen in verschiedenen Bereichen Entscheidungen treffen, die zu unterschiedlichen Betriebsformen führen.

Lernen

SbX ID: 7021

A B C D E

1 Unterscheidungsmerkmale von Einzelhandelsbetrieben
[Distinguishing characteristics of retail businesses]

Einzelhandelsbetriebe unterscheiden sich voneinander durch folgende Merkmale:

Grafik
Unterscheidungsmerkmale im Einzelhandel

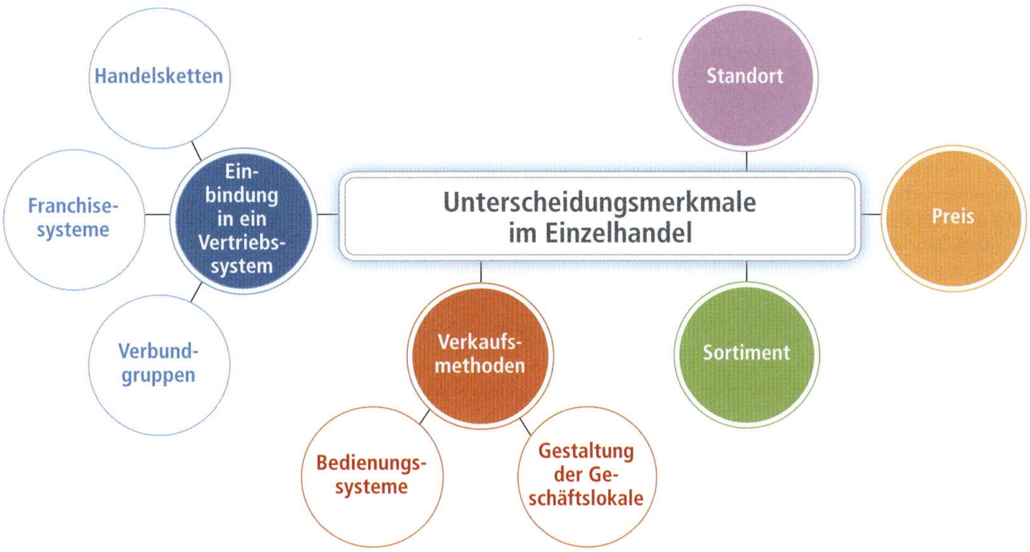

2 Einbindung in ein Vertriebssystem
[Integration in a distribution system]

Die Anzahl der Einzelhandelsbetriebe, die unabhängig geführt werden, verringert sich ständig. Die meisten schließen sich größeren Vertriebssystemen an.

Für den Kunden ist es oft nicht ersichtlich, ob es sich bei einem Geschäft um die Filiale einer Handelskette oder um einen Franchisenehmer handelt. So werden z. B. viele Spar-Geschäfte nicht als Eigenfilialen von Spar, sondern von selbständigen Spar-Kaufleuten geführt.

Die wesentlichen Formen größerer Vertriebssysteme sind:

- **Handelsketten**
  Ein Eigentümer errichtet Filialen, besorgt die Verwaltung und große Teile des Einkaufs zentral (z. B. Billa, Hofer, Baumax, die Spar-Gruppe).
- **Franchisesysteme**
  Die einzelnen Betriebe werden zwar vom jeweiligen Eigentümer geführt, der Franchisegeber schreibt jedoch die Sortimentsgestaltung, das Shop-Design, die Art der Warenpräsentation vor und besorgt häufig auch den Einkauf bzw. die Produktion (z. B. Palmers, Benetton, Obi-Baumärkte, Markentankstellen).
- **Verbundgruppen**
  Rechtlich selbständige Unternehmer schließen sich zu gemeinsamen Aktivitäten, wie Einkauf oder Kommunikationspolitik, zusammen (z. B. Intersport, Salamander-Schuhe).

Übungsbeispiel

Ü 7.09: Einbindung in ein Vertriebssystem C

Informieren Sie sich (z. B. im Internet) über die folgenden Unternehmen und ordnen Sie ihnen die Begriffe Handelskette, Franchisesystem oder Verbundgruppe zu.

a) EP: ElectronicPartner:

b) DM:

c) McDonald's:

3 Verkaufsmethoden [Sales methods]

Bedienungssysteme im Einzelhandel [Service systems in retail]

Hinweis: Betriebe des Fernhandels (Versandhandel, E-Business) werden in anderen Abschnitten besprochen.

Jeder Einzelhändler muss sich – passend zu seinem Sortiment – für ein Bedienungssystem entscheiden.

Fremdbedienung

Der Kunde wird nach seinen Wünschen gefragt, die Ware wird ihm vorgelegt und – wenn notwendig – erklärt. Meist wird die Ware vom Verkäufer bis zur Kassa befördert und erst nach Bezahlung dem Kunden übergeben. Reine Fremdbedienung gibt es meistens nur noch in kleinen, spezialisierten Einzelhandelsgeschäften (Handschuhe, Fleischhauer etc.).

Unterschiede bei der Selbstbedienung ergeben sich vor allem aus der **Zahl der Berater** (z. B. sehr wenige im Lebensmittelhandel, mehr im Schuheinzelhandel mit Vorwahlsystem).

Selbstbedienung

Die Ware ist frei zugänglich und kann vom Kunden ohne Mitwirkung des Verkäufers ausgewählt werden. Der Grad der Selbstbedienung ist unterschiedlich:

In vielen Bereichen ist Selbstbedienung die Regel.

- **Vorwahl**
  Der Kunde informiert sich selbst. Erst wenn der Kunde es wünscht, wird er vom Verkäufer beraten und bedient.

Beispiel

- Typisch für das Vorwahlsystem sind Großbetriebe des Textileinzelhandels, des Schuheinzelhandels, des Elektrohandels und Baumärkte. Der Kunde wählt selbst aus, kann die Waren auch in voller Selbstbedienung kaufen, er kann jedoch auch Beratung anfordern.

- **volle Selbstbedienung**
  Bei voller Selbstbedienung wählt der Kunde die Ware selbst aus und bringt sie ohne Mithilfe eines Verkäufers zur Kasse. Volle Selbstbedienung für das gesamte Sortiment ist selten. Meist werden gewisse Sortimentsteile in Selbstbedienung, andere mit Vorwahl und bestimmte Sortimentsteile mit Bedienung verkauft.

Beispiel

- In Großbetrieben des Lebensmitteleinzelhandels werden häufig alle fabriksverpackten Waren in voller Selbstbedienung verkauft; Frischfleisch und Brot zum Teil im Bedienungssystem und zum Teil mittels Selbstbedienung.

Heute werden **viele Waren in Selbstbedienung verkauft,** die früher als beratungsbedürftig galten (z. B. Kleinmöbel, Textilien, Elektrogeräte).

Voraussetzungen für die volle Selbstbedienung sind:

- weitgehend beratungsfreie Waren
- selbstbedienungsgerechte Verpackung
- höhere Anforderungen an Verkaufsfläche und Einrichtung

Auswirkungen für den Einzelhandelsbetrieb:

- Einsparen vor allem qualifizierter Arbeitskräfte und damit
- Senkung der Kosten
- Schaffung eines erhöhten Kaufanreizes für den Kunden

Übungsbeispiel

Ü 7.10: **Bedienungssysteme** C

Frau Beier führt einen Einzelhandelsbetrieb (Papierwaren und Büroartikel). Sie überlegt, ob sie von der Fremdbedienung zur Selbstbedienung übergehen soll.
Stellen Sie eine Liste mit den Vor- und Nachteilen von Fremd- und Selbstbedienung für diesen Betrieb zusammen. Wovon hängt die Entscheidung ab?

Die Gestaltung der Geschäftslokale

[The design and layout of business premises]

Shop-Design in einer Kosmetikabteilung

(1) Shop-Design

Bei der Entscheidung über das Shop-Design geht es um

- die Aufstellung der Regale,
- die Beleuchtung,
- die Platzierung der Ware (nahe beim Eingang, nahe bei der Kasse, in den oberen, den mittleren und den unteren Regalen etc.),
- die Platzierung der Kassen.

Das Shop-Design hilft dem Kunden bei der Orientierung und schafft Kaufanreize.

Hersteller bieten Shop-Design für die verschiedensten Ansprüche. Beispiele finden Sie etwa auf www.umdasch-shopfitting.com.

Beispiele

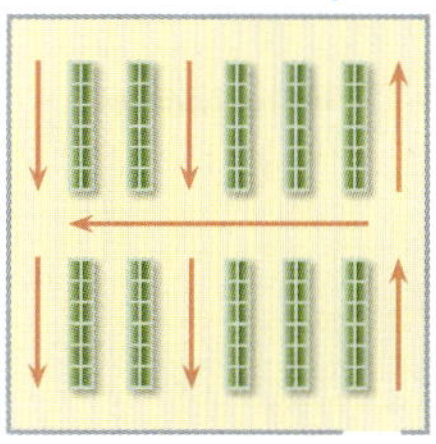

Längs-Regalierung (Der Eingangsbereich wird bei den Skizzen jeweils rechts unten angenommen.)

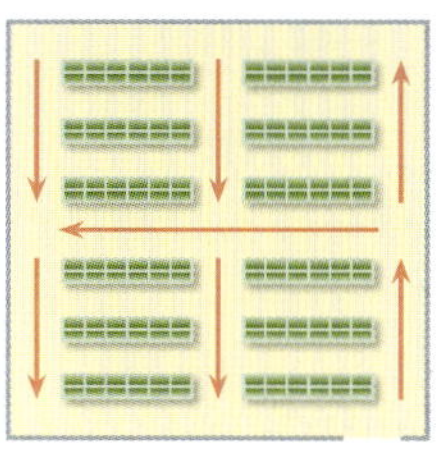

Quer-Regalierung

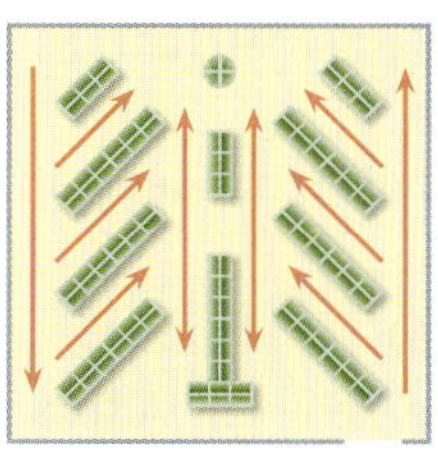

Diagonal-Regalierung

Regalierungsformen im Lebensmitteleinzelhandel

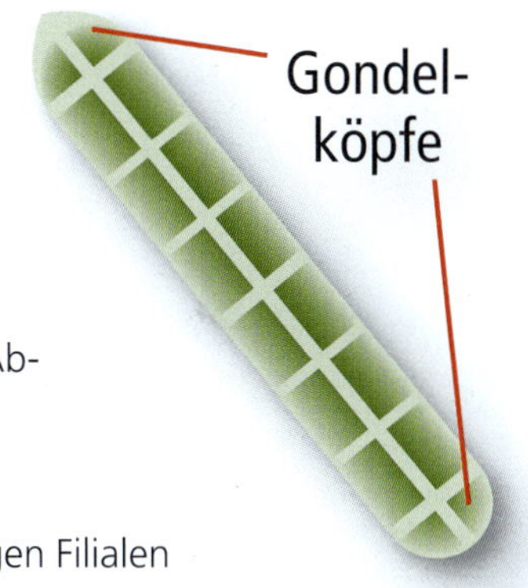

- **Längs-Regalierung:**

  Die Regale stehen parallel zur Hauptlaufrichtung.

  Vorteil für den Lebensmitteleinzelhändler:
  - einfache Grundrissplanung

  Nachteile für den Lebensmitteleinzelhändler:
  - Mittelbereich ist eher schwach frequentiert, weil es kaum Abbiegemöglichkeiten gibt.
  - hoher Laufanteil, wenn Kunden nur wenige Artikel suchen
  - langweilige, abwechslungsarme Verkaufsfläche
  - wenig Orientierungspunkte für den Kunden bei großflächigen Filialen

- **Quer-Regalierung:**

  Die Regale stehen im 90°-Winkel zur Hauptlaufrichtung.

  Vorteile für den Lebensmitteleinzelhändler:
  - einfache Grundrissplanung
  - liefert bessere Orientierungsmöglichkeiten für den Kunden (Ware kann an den sogenannten „Gondelköpfen" als Leitsystem eingesetzt werden.)
  - besserer Einblick in die Regalreihen (damit Unterstützung des Erinnerungskaufs)

  Nachteil für den Lebensmitteleinzelhändler:
  - langweilige, abwechslungsarme Verkaufsfläche

- **Diagonal-Regalierung:**

  Die Regale stehen im 45°-Winkel zur Hauptlaufrichtung.

  Vorteile für den Lebensmitteleinzelhändler:
  - Der Kunde wird an allen wichtigen Warengruppen vorbeigeführt (Blickkontakt).
  - abwechslungsreiche Verkaufsfläche mit Orientierungspunkten für den Kunden
  - Die Mittelzone wird besser frequentiert.
  - Der Kunde kann den für ihn kürzesten Weg wählen.

Nachteile für den Lebensmitteleinzelhändler:
- aufwendigere Grundrissplanung
- höherer Platzbedarf
- unübersichtlicher

Die Anordnung der Regale und die Platzierung der Waren haben Auswirkungen auf die Kaufentscheidung.

Grundsätzlich sind in den oberen Regalbereichen eher die qualitativ hochwertigen und teureren Artikel, in den unteren Regalbereichen die qualitativ minderwertigen und billigeren Artikel zu finden. Die mittleren Preislagen sind meistens in der Sichtzone platziert.

(2) Warenpräsentation (Space Management)

Die Platzierung der Waren soll maximalen Umsatz erwirtschaften, indem sie folgende Funktionen erfüllt:

- **Zeitersparnis** bei der Suche
- **Erinnerung** an Artikel, die sonst leicht vergessen werden
- **Anregung** zum Kauf wenig bekannter oder unbekannter Artikel
- **Vergleichsmöglichkeit** zwischen Produkten verschiedener Hersteller

Untersuchungen brachten folgende Ergebnisse:

Verkaufsaktive Ladenzonen sind rechte Seiten, Kopfseiten von Gondeln, Gangkreuzungen, vorspringende Flächen, Bedienungsabteilungen und die Kassenzone für bestimmte Artikel (Süßigkeiten, Eis etc.).

Verkaufsschwache Ladenzonen sind linke Seiten, Mittelgänge, Ecken, die Eingangszone, zurückspringende Flächen und das Umfeld von Bedienungsabteilungen (bei Hochbetrieb) und der Bereich vor und nach Rolltreppen.

Innerhalb eines Regals sind

- die **Sicht-** (120 bis 170 cm) und **Griffzonen** (80 bis 120 cm) die besten Zonen. Hier finden Sie neue und trendige Artikel, Waren, die gerade intensiv beworben werden, sowie Ladenhüter, deren Absatz man ankurbeln will.
- Die unteren Regalbereiche („**Bückzone**" von 0 bis 80 cm) sind problematischer, da sie nicht leicht sichtbar sind. Hier werden die sogenannten Suchsortimente platziert, also Waren, nach denen der Kunde aktiv sucht, weil er sie täglich benötigt (wie z. B. Mehl, Zucker etc.).
- Die oberen Regalbereiche („**Reckzone**" über 170 cm) sind eher verkaufsschwache Zonen. Sie werden häufig als kleines Warenlager genutzt.

Übungsbeispiel

Ü 7.11: Shop-Design und Space Management C

Untersuchen Sie bei Ihrem nächsten Lebensmitteleinkauf folgende Gestaltungsmerkmale:

- Regalisierungsform
- Platzierung von Markenartikeln und Eigenmarken

4 Die Sortimentsgestaltung [Putting together a sales mix]

Das Sortiment bestimmt den „Charakter" des Handelsbetriebs.

Eine der wichtigsten Entscheidungen im Einzelhandel ist die Entscheidung über das Sortiment. Unter **Sortiment** versteht man die Gesamtheit der vom Einzelhandelsbetrieb angebotenen Waren. Durch das Sortiment wird der Charakter des Betriebs weitgehend bestimmt.

Entschieden werden muss über

- **die artmäßige Zusammensetzung (welche Warengruppen)**

  Die Orientierung kann dabei erfolgen:
  - am Material (Lederwaren)
  - an der Art der Güter (Textileinzelhändler, Buchhandlung)
  - an Bedarfskreisen der Konsumenten (Einrichtungshaus, Tierbedarf, Baumarkt)

- **die Sortimentsbreite (wie viele Warengruppen)**

  Breite Sortimente umfassen eine große Zahl von Warengruppen (z. B. Bastlergeschäft, Einrichtungshäuser oder die Warenhäuser).

  Enge Sortimente umfassen nur eine geringe Zahl von Warengruppen (z. B. Schuhgeschäft, Tapetengeschäft).

- **die Sortimentstiefe (wie viele Artikel innerhalb einer Warengruppe)**

  Tiefe Sortimente umfassen innerhalb einer Warengruppe eine größere Zahl von Artikeln (z. B. bei Spezialgeschäften, wie Handschuhgeschäfte, Optiker, Spielwarengeschäfte).

Flache Sortimente umfassen in einer Warengruppe nur wenige Varianten (meist bei Zusatzartikeln, z. B. Drogeriewaren oder Kochgeschirr im Lebensmitteleinzelhandel, oder bei Kleinbetrieben des Einzelhandels, wie z. B. Tankstellenshops oder kleinen Lebensmitteleinzelhändlern, die nur der Nahversorgung dienen).

- **Nebenleistungen**

Grafik
Nebenleistungen im Einzelhandel

Beratung

Beim Kauf hochwertiger technischer Geräte sind die Kunden oft auf eine qualifizierte Beratung angewiesen.

Man kann zwar die Waren grundsätzlich in **beratungsfreie** und **beratungsbedürftige** Waren einteilen, jedoch hat sich gezeigt, dass auch bei beratungsfreien Waren Beratung möglich ist bzw. dass beratungsbedürftige Waren auch weitgehend beratungsfrei verkauft werden können.

Beispiele

- Beratungsfrei sind Güter des täglichen Bedarfs (z. B. Waschmittel, Seifen), dennoch kann Beratung nötig sein oder geboten werden (z. B. über die Hautverträglichkeit bestimmter Seifen, Gewebeverträglichkeit von Waschmitteln).
- Als beratungsbedürftig gelten z. B. technische Geräte, wie Navigationssysteme, Ceranherde etc. Dennoch werden auch solche Geräte nicht nur im Fachgeschäft, sondern auch weitgehend beratungsfrei in Warenhäusern und im Selbstbedienungssystem verkauft. Der Kunde informiert sich aus Prospekten, auf Messen, im Internet etc.

Übungsbeispiel

Ü 7.12: Diskussionsaufgabe: Beratungsfreie oder beratungsbedürftige Waren? D

Überlegen Sie: Für welche Produkte nehmen Sie selbst Beratung durch den Handel in Anspruch? Bei welchen Produkten verwenden Sie andere Informationsquellen? Welche sind das? Welche Artikel kaufen Sie vollkommen ohne Beratung? Vergleichen Sie Ihre Ergebnisse in der Klasse.

Herstellermarken versus Eigenmarken

Ergänzend zu dem von Markenartikelherstellern zugekauften Sortiment bieten Einzelhandelsbetriebe aller Branchen zunehmend sogenannte Eigenmarken („retail brands") an. Damit wollen sie ihre Handelsspanne sichern und sich profilieren. Derzeit werden im Einzelhandel bereits mehr als 30 % über Eigenmarken verkauft.

Beispiele

- „Ja! Natürlich" von Billa, „Crane Sport" von Hofer, „TCM" von Tchibo/Eduscho, „Balea" von DM, „Zign" von Zalando

Diese Eigenmarken befinden sich nicht nur im Billigsegment, sondern decken inzwischen alle Preislagen ab, um alle Kundensegmente zu erreichen (z.B. „Despar" in der konventionellen Preislage und „Spar Premium" im exklusiven Segment).

Verpackung

Entscheidungen über die Verpackung kann der Einzelhändler kaum mehr treffen, da bei den im Einzelhandel angebotenen Waren die fabriksverpackte Ware vorherrscht (vgl. Band I).

Der Kunde vergleicht oft zunächst nur den **Preis** (z. B. im Internet oder in Katalogen). Deshalb ist es schwierig, allzu viele **Nebenleistungen** anzubieten. Dies gilt besonders, wenn der Preisvergleich leicht möglich ist, wie z. B. bei Markenartikeln.

Zustellung, Aufstellung und Einschulung

Vor allem bei technischen Geräten ist es wichtig, zu entscheiden, ob diese Nebenleistungen überhaupt angeboten werden sollen bzw. ob sie gegen gesondertes Entgelt oder im Rahmen des Verkaufspreises angeboten werden sollen.

Nebenleistungen erhöhen selbstverständlich die Kosten und führen daher in der Regel zu einem höheren Preis.

Nebenleistungen sind dann wesentlich, wenn die Ware für den Kunden individuell ausgewählt und zusammengestellt werden soll.

Beispiele

- Montieren von SAT-Anlagen
- individuelle Planung und Aufstellung einer Kücheneinrichtung
- Anschließen von Waschmaschinen

Übungsbeispiel

Ü 7.13: Nebenleistungen C

Welche Nebenleistungen können bei folgenden Waren angeboten werden?

- Elektrogeräte
- Möbel
- Handtaschen

Können diese Waren nur mit diesen Nebenleistungen verkauft werden?

5 Der Preis [The price]

Der Preis ist Verkaufsargument, aber auch Qualitätsmaßstab.

Grundsätzliche Möglichkeiten der Preispolitik

Eine der grundsätzlichen Entscheidungen eines Handelsbetriebs ist die Festlegung der Preispolitik. Dazu gibt es drei Möglichkeiten:

„Geiz ist geil" (Saturn) und „Großer Wert und kleiner Preis" (bauMax) sind zwei Beispiele für eine Positionierung über die Niedrigpreispolitik.

- **Diskontpreise („Economy-Segment")**
  Die Waren werden überwiegend oder ständig zu Preisen verkauft, die erheblich unter den üblichen Einzelhandelspreisen liegen.
  Diese Niedrigpreispolitik wird durch Einkauf in großen Mengen (Mengenrabatte) möglich gemacht und führt zu einem insgesamt höheren Umsatz. Dadurch kann auch bei geringen Gewinnspannen ein höherer Gesamtgewinn als z. B. bei konventioneller Preispolitik erwirtschaftet werden.
- **konventionelle Preise („Standard-Segment")**
  Die Preise werden durch einen Aufschlag von etwa 33 % bis 50 % auf den Einstandspreis berechnet. Die Handelsbetriebe betreiben keine Preiskonkurrenz.
- **exklusive Preise („Premium-Segment")**
  Die Waren werden überwiegend oder ständig zu Preisen verkauft, die erheblich über den üblichen Einzelhandelspreisen liegen. Dies ist nur möglich, wenn eine oder mehrere der folgenden Bedingungen gegeben sind:
  - Nebenleistungen wie exklusive Beratung etc.
  - außergewöhnlich tiefes Sortiment innerhalb bestimmter Warengruppen
  - besonders ausgesuchtes, nicht bei der Konkurrenz erhältliches Sortiment
  - Standortvorteil, z. B. noble Lage und Geschäftsausstattung

Der Wiener Kohlmarkt, früher Handelsplatz für Holzkohle, ist heute die vornehmste und teuerste Geschäftsstraße Österreichs.

Gemischte Preispolitik

In vielen Handelsbetrieben ist heute eine „gemischte Preispolitik" üblich. Einige Sortimentsteile werden zu Diskontpreisen und andere zu konventionellen Preisen angeboten. Große Warenhäuser haben oft auch Abteilungen, in denen Waren des exklusiven Segments (z. B. Premium-Marken im Modebereich) angeboten werden.

Grafik
Preislagenstruktur unterschiedlicher Betriebsformen

Die Grafik zeigt, dass die obere Preislage eines Diskonters der unteren Preislage eines Fachgeschäftes entsprechen kann.

Die Preislagenstruktur in unterschiedlichen Betriebsformen zeigt die folgende Grafik:

Diskonter	Warenhaus	Fachgeschäft
		obere Preislage
	obere Preislage	mittlere Preislage
obere Preislage	mittlere Preislage	untere Preislage
mittlere Preislage	untere Preislage	
untere Preislage		

Verkauft z. B. ein Textildiskonter eine bestimmte Markenunterwäsche neben seinen namenlosen Produkten in der oberen Preislage, könnte dieselbe „Billigmarke" im Fachgeschäft in der unteren Preislage eingeordnet sein, obwohl sie in beiden Geschäften gleich teuer verkauft wird.

Bei Sonderangeboten hofft man, dass „Schnäppchenjäger" (sogenannte „Smart Shopper") auch andere, normal kalkulierte Artikel erwerben.

Sonderangebotspolitik

Bei der „Sonderangebotspolitik" werden kombiniert:

- Preis
- Platzierung im Verkaufslokal (bzw. im Schaufenster)
- Werbung

Hauptziel der Sonderangebotspolitik ist es, die Kundenfrequenz zu erhöhen.

Lockangebote

Sind **Lockangebote** nur in beschränkter Menge verfügbar, muss darauf hingewiesen werden (z. B. „nur 150 Stück").

Preisauszeichnung

Die Preisauszeichnung erfolgt heute fast in allen Bereichen mit „gebrochenen Preisen" (z. B. € 9,90).

Übungsbeispiele

Ü 7.14: Beschränkte Abgabe von Sonderangeboten C

Die Inhaberin eines kleinen Schreibwarengeschäfts legt bei einem Diskonter 100 Füllfedern in ihren Einkaufskorb, da diese als Sonderangebot unter dem Einkaufspreis angeboten werden. Der Geschäftsführer des Diskonters will dies nicht zulassen, da Sonderangebote nur in Haushaltsmengen abgegeben würden.

Ist dies rechtlich zulässig?

Ü 7.15: Preispolitik mit hohen Preisen B

Ein Bekleidungsgeschäft verkauft Waren dauernd zu Preisen, die über dem ortsüblichen Preisniveau liegen.

- Wie nennt man diese Preispolitik?
- Wieso ist diese Preispolitik überhaupt möglich?

6 Die Standortwahl [Choosing the location]

Die Mariahilfer Straße in Wien ist die größte Einkaufsstraße Österreichs und hat eine sehr hohe Fußgängerdichte.

Der Einzelhändler wird den Standort in der Regel so wählen, dass mit einem möglichst hohen „Kundenverkehr" gerechnet werden kann. Kriterien sind daher

- Nähe der Abnehmer,
- Konkurrenz,
- Verkehr.

Zusätzlich spielen bei der Standortwahl die **Raumkosten** (z. B. die Höhe der Miete) eine Rolle.

(1) Nähe der Abnehmer

Große Einwohnerzahl oder große Fußgängerdichte sind entscheidende Faktoren.

Einzelhandelsbetriebe, die Waren des täglichen Bedarfs führen, suchen daher Standorte in der Nähe dicht besiedelter Gebiete (z. B. in der Nähe großer Wohnblocks) oder in der Nähe von Gebieten mit dichtem Fußgängerverkehr (Straßenbahnhaltestellen, Bahnhöfe, Fußgängerzonen).

(2) Konkurrenz als Standortfaktor

Konkurrenz kann negative oder positive Auswirkungen haben:

- **Konkurrenz als negativer Standortfaktor**

  Einzelhandelsbetriebe, die Waren des täglichen Bedarfs anbieten (z.B. kleine Lebensmitteleinzelhandelsbetriebe, Fleischhauer, Trafiken, Parfümerien), meiden die Nähe gleichartiger Betriebe.

- **Konkurrenz als positiver Standortfaktor – Agglomeration (= Häufung)**

  Bei Waren des längerfristigen Bedarfs (z.B. Möbel, Kleidung, Schuhe) kommt es durch räumliche Konzentration (Agglomeration) in bestimmten Straßenzügen oder Stadtvierteln zu einer größeren Auswahlbreite, die Kunden anzieht und den Umsatz erhöht. Die „Agglomeration" kann „branchengleich" (z.B. viele Möbelgeschäfte in einer Straße) oder „branchenverschieden" (z.B. Shoppingcenter, typische Einkaufsstraßen in Fußgängerzonen) sein.

Beispiel für Agglomeration: In der Wiener Innenstadt, rund um Graben und Kohlmarkt, haben sich zahlreiche Designermodeboutiquen angesiedelt.

(3) Verkehr

Die zunehmende Motorisierung und der Parkplatzmangel in den Stadtzentren veranlassen Großbetriebe des Einzelhandels, ihren Standort in verkehrsgünstig gelegenen Stadtrandlagen mit ausreichend Parkflächen zu suchen.

Viele Shoppingcenter am Stadtrand werben mit kostenlosen Parkmöglichkeiten.

In Shoppingcentern siedeln sich auch Kleinbetriebe des Einzelhandels an (z.B. Schreibwarenhandel, Trafiken, Geschenkartikel), um den dichten Kundenverkehr zu nützen.

(4) Raumkosten

Raumkosten sind ein weiterer Faktor der Standortentscheidung.

In den sogenannten Nobelmeilen großer Städte werden Quadratmetermieten von € 250,– bis € 500,– pro Monat bezahlt. In Stadtrandlagen oder in dörflichen Lagen betragen die Mieten oft nur € 5,– bis € 8,– pro Quadratmeter und Monat.

In London und New York können die Mieten noch höher sein (bis zu € 3.000,– pro Quadratmeter und Monat).

Übungsbeispiele

Ü 7.16: Konkurrenz als Standortfaktor A

Warum findet man in bestimmten Stadtteilen gelegentlich mehrere Geschäfte einer bestimmten Branche nebeneinander?

Ü 7.17: Standortwahl C

Welche Standortüberlegungen werden folgende Geschäfte anstellen?

a) kleiner Obst- und Gemüsehändler
b) Papier- und Schreibwarengeschäft
c) Möbelgeschäft
d) Boutique für Bademoden

Üben – Anwenden

SbX ID: 7022

A B C D E

Ü 7.18: Vergleich unterschiedlicher Betriebsformen des Einzelhandels C

Besuchen Sie nach Möglichkeit einen Elektrodiskonter oder einen Möbeldiskonter und einen Fachmarkt der gleichen Branche und erheben Sie Unterschiede bei der Art der Verkaufsraumgestaltung, bei der Warenpräsentation und bei der Beratung. Soweit vergleichbare Markenwaren angeboten werden, machen Sie auch Preisvergleiche.

Ü 7.19: Preispolitik C

Vergleichen Sie die Preispolitik verschiedener Lebensmittelsupermärkte bzw. -verbrauchermärkte. Zu welchem Preis werden vergleichbare Waren angeboten (z.B. Tee, Kaffee, Süßigkeiten, Knabbergebäck, antialkoholische Getränke)?
Finden sich Anzeichen für eine gemischte Preispolitik? Wie sieht der Preisvergleich bei Lockartikeln aus, die im Konkurrenzbetrieb nicht als Lockartikel ausgezeichnet sind?

Ü 7.20: Standortwahl C

Kreuzen Sie in der Tabelle an, nach welchen Faktoren sich die folgenden Einzelhandelsbetriebe bei ihrer Standortwahl vermutlich besonders orientieren werden, und begründen Sie Ihre Wahl (Mehrfachauswahl möglich):

Einzelhandelsbetrieb	Nähe der Abnehmer	Konkurrenz vermeiden	Agglomeration	Verkehr	Raumkosten	Begründung
Trafik						
Buchhandlung						
großer Lebensmitteleinzelhändler						
kleiner, exquisiter Juwelier						
Fotohändler						

SbX
Ü 7.21
Rechercheaufgabe
ID: 7022

Weitere Aufgabe zur Lernkontrolle im SbX

Ü 7.21: Entscheidungen im Einzelhandel C

Beantworten Sie Fragen zum Thema Entscheidungen im Einzelhandel durch Recherche bei Handelsbetrieben in Ihrer Umgebung!

Sichern

SbX ID: 7023

Einzelhandelsbetriebe
retail businesses

Einzelhandelsbetriebe verkaufen direkt an den Konsumenten.

Retail businesses sell directly to the consumer.

Unterscheidungsmerkmale – Betriebsformen

Nach den folgenden Merkmalen lassen sich verschiedene Betriebsformen unterscheiden:

Einbindung in ein Vertriebssystem
- unabhängiger Einzelhändler
- Teil einer Handelskette
- Franchisenehmer
- Mitglied eines Verbundsystems

Verkaufsmethode
- Selbst- oder Fremdbedienung

Shop-Design und Space Management
- Art der Anordnung der Regale (Regalierung)
- Anordnung der Waren auf der Geschäftsfläche

Sortimentsgestaltung
- tief oder flach
- breit oder eng
- Umfang der Nebenleistungen (Beratung, Zustellung, Montage, Einschulung, Service)

Preislagenstruktur
- Welche Waren werden in der oberen, der mittleren und der unteren Preislage angeboten?

Preispolitik
- Diskontpreise
- konventionelle Preise
- exklusive Preise

Viele Handelsbetriebe betreiben eine gemischte Preispolitik.

distinguishing characteristics – types of businesses

Retail businesses can be classified according to the following characteristics:

Integration in a distribution system
- independent retailers
- part of a retail chain
- franchisee
- member of an associate system

Sales methods
- self- or full service

Shop design and space management
- how the shelves are arranged
- how the products are arranged in the sales area

Nature of the sales mix
- deep or flat
- broad or narrow
- extent of additional services (advice, delivery, assembly, training, service)

Pricing structure
- Which products are sold in high, medium or low price categories?

Price policy
- discount pricing
- conventional pricing
- exclusive pricing

Many retail businesses use a mixed price policy.

SbX ID: 7023

Im SbX finden Sie die englische Zusammenfassung als Audio-Wiederholung sowie eine Bildschirmpräsentation mit den Grafiken dieser Lerneinheit.

Wissen

SbX ID: 7024

A B C D E

SbX W 7.06–W 7.08 mit automatischer Aufgabenkontrolle ID: 7024

W 7.05: Unterscheidungsmerkmale von Einzelhandelsbetrieben A

Nach welchen Merkmalen kann man Einzelhandelsbetriebe einteilen?

W 7.06: Preispolitik im Lebensmitteleinzelhandel A

Welche Aussagen bezüglich der Preispolitik im Lebensmitteleinzelhandel treffen auf Großbetriebe des Lebensmitteleinzelhandels zu und welche Aussagen beziehen sich eher auf Kleinbetriebe des Lebensmitteleinzelhandels?

	Großbetrieb	Kleinbetrieb
a) Die Preise für Waren des täglichen Bedarfs (Butter, Zucker etc.) werden häufig geändert.		
b) Die Preise werden, soweit es die Konkurrenz erlaubt, gleich gehalten.		
c) Einer Preiskonkurrenz wird soweit wie möglich ausgewichen.		
d) Preiskonkurrenz ist eine wesentliche Maßnahme der Absatzpolitik.		

W 7.07: Standortfaktoren im Einzelhandel A

Welche der folgenden Standortfaktoren sind für Einzelhandelsbetriebe wichtig? (Mehrfachlösungen möglich!)

a) ☐ Nähe der Beschaffungsmärkte
b) ☐ Energieversorgung
c) ☐ Arbeitskräfte
d) ☐ Nähe zu den Abnehmern
e) ☐ Ausmaß der Steuerbelastung
f) ☐ Agglomeration
g) ☐ Entfernung zur Konkurrenz

W 7.08: Bedienungssysteme A

Häufig teilt man Waren in beratungsfreie und beratungsbedürftige Waren ein.
Welche Aussage bezüglich dieser Einteilung ist richtig?

a) ☐ Diese Einteilung ist grundsätzlich richtig. Jedoch zeigt sich, dass beratungsbedürftige Waren auch ohne Beratung verkauft werden können.
b) ☐ Diese Einteilung ist richtig. Beratungsbedürftige Waren können erfahrungsgemäß ohne Beratung nicht verkauft werden.
c) ☐ Diese Einteilung ist grundsätzlich falsch, da alle Waren mit oder ohne Beratung verkauft werden können.

English questions

E 7.02: Use the internet to identify different types of companies. Find one example for each of the following:

a) a company which uses a franchise system
b) an independent retailer
c) a shop which is part of a retail chain
d) a shop which is a member of an associate system

E 7.03: Choose two different supermarkets near you. Compare them and report back to your class on similarities and differences on the following topics:

a) How are the shelves organised?
b) How are the goods sold?
c) How would you describe the range of products in the shop?
d) Can you identify a price policy?

Ein kurzer Kompetenz-Check, bevor's weitergeht!

Kompetenz-Check

	☺	😐	☹
Ich kann die Unterscheidungsmerkmale von Handelsbetrieben beschreiben.			
Ich kann die verschiedenen Vertriebssysteme im Einzelhandel unterscheiden.			
Ich kann beurteilen, welche Bedienungssysteme für welche Sortimentsteile sinnvoll sind.			
Ich kann unterschiedliche Varianten des Shop-Designs erkennen und die Vor- und Nachteile angeben.			
Ich kann die Varianten des Space Managements beschreiben und ihre Funktionen schildern.			
Ich kann die Vor- und Nachteile von breiten oder engen bzw. flachen oder tiefen Sortimenten beschreiben.			
Ich kann die Bedeutung von Nebenleistungen im Handel charakterisieren.			
Ich kann die Bedeutung der Preisentscheidung, insbesondere der Preislagenentscheidung, beschreiben.			
Ich kann Standortentscheidungen von Handelsbetrieben nachvollziehen bzw. überprüfen.			

Lerneinheit 3

Betriebsformen des Einzelhandels

SbX
Alle SbX-Inhalte zu dieser Lerneinheit finden Sie unter der ID: 7030.

Die wirtschaftliche Entwicklung hat dazu geführt, dass die in Lerneinheit 2 behandelten Unterscheidungsmerkmale des Einzelhandels auf viele verschiedene Arten kombiniert werden. Große Warenhäuser haben in unterschiedlichen Abteilungen flachere oder tiefere Sortimente und verschiedene Preislagen, verkaufen teilweise in Selbstbedienung, häufig mit Vorwahl. Manche haben auch eine Lebensmittelabteilung, andere nicht. Großbetriebe des Lebensmittelhandels bieten neben einem tiefen Lebensmittelsortiment zahlreiche flache Ergänzungssortimente (z. B. Drogeriewaren, Geschirr, Spielzeug, Textilien). Diskonter versuchen, Teile ihres Sortiments zu konventionellen Preisen zu verkaufen, d. h., sie betreiben keine reine Diskontpreispolitik. Kleinbetriebe des Einzelhandels locken Kunden mit Sonderangeboten zu Diskontpreisen in ihre Geschäfte und bieten wesentliche Teile des Sortiments in voller Selbstbedienung oder mit Vorwahl an.

Von den vielen Möglichkeiten werden nun einige ausgewählte Formen des Einzelhandels besprochen.

Lernen

SbX ID: 7031

A B C D E

1 Die wichtigsten Betriebsformen in der Praxis
[The most important types of business in practice]

In der Praxis wird zunächst unterschieden, ob überwiegend Lebensmittel geführt werden („Food-Bereich“) oder andere Sortimente („Non-Food-Bereich“).

Grafik
Betriebsformen des Einzelhandels

Betriebsformen mit tiefen Sortimenten im Non-Food-Bereich
[Types of businesses with deep sales mixes in the non-food sector]

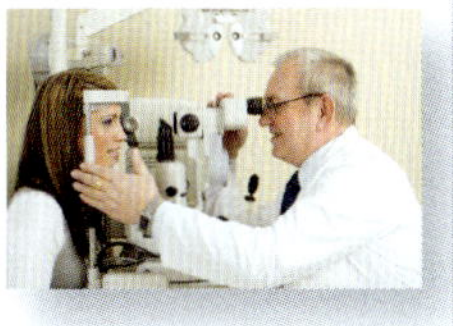

Typische Spezialgeschäfte mit individueller Beratung, Verkauf und gewerblicher Tätigkeit sind Optiker-Fachgeschäfte.

Je nach der Betriebsgröße spricht man von **Spezialgeschäften, Fachgeschäften, Kaufhäusern, Fachmärkten.** Diese Betriebe führen ein tiefes Sortiment in der Hauptartikelgruppe.

Als **Kleinbetriebe** führen sie oft nur eine schmale Hauptartikelgruppe mit geringem Zusatzangebot (z. B. **Spezialgeschäfte** für Schuhe, Blumen). Häufig werden die Leistungen im Zusammenhang mit gewerblichen Tätigkeiten angeboten (Optiker, Uhrmacher, Juwelier).

Die Preise sind konventionell oder exklusiv. Fremdbedienung, eventuell mit Vorwahl durch die Kunden, herrscht vor. Sonderangebote mit Diskontpreisen dienen lediglich als Lockartikel oder werden in Ausverkaufsperioden angeboten.

Mittelbetriebe spezialisieren sich meist auf einen **Bedarfskreis** (z. B. **Fachgeschäfte** für Autozubehör, Einrichtung, Bekleidung, Sportartikel).

Großbetriebe werden als **Fachmärkte** bezeichnet (z. B. Baumarkt, Fliesenmarkt, Elektrogerätemarkt) und haben meist umfangreiche Zusatzsortimente (z. B. Gartencenter bei Baumärkten oder Sanitäreinrichtungen bei Fliesenmärkten). Je größer die Betriebe, desto größer wird in der Regel der Anteil der Zusatzsortimente, der Selbstbedienung und die Bedeutung der Diskontpreispolitik.

Einzelne Großbetriebe bewerben nur den Preisvorteil (reine Diskonter). Sie verstärken den Eindruck des Preisvorteils durch sparsame Ausstattung der Verkaufsräume (lagerhallenartige Präsentation), durch das Angebot von Bestpreisgarantien und durch geringeres Serviceangebot (z. B. keine Zustellung, keine Montage). Typische Beispiele sind Möbel- und Elektrogerätediskonter.

Betriebsformen mit Lebensmitteln als Hauptsortiment
[Types of businesses with food as the core range]

Kleinbetriebe des Lebensmittelhandels dienen entweder ausschließlich der Nahversorgung und haben breite und flache Sortimente oder versuchen, durch tiefe Sortimentsteile und flache Zusatzangebote gegen die Großbetriebe zu bestehen.

Beispiel

- Delikatessenhändler mit tiefem Käse- und Wurstsortiment und Partyservice, jedoch mit geringer Breite bei alkoholischen Getränken und im Süßwarenbereich.

Fremdbedienung und konventionelle bis exklusive Preispolitik herrschen vor.

In der Fachsprache bezeichnet man Betriebe von 400 bis 1000 m² als **Supermärkte,** Betriebe über 1000 m² als **Verbrauchermärkte.**

Je größer die Betriebe werden, desto umfangreicher wird das Zusatzangebot (Parfumeriewaren, Waschmittel, ergänzt durch flache Sortimente im Textil-, im Geschirr- und im Elektrogerätebereich).

Großbetriebe verkaufen fast nur im Selbstbedienungssystem (Ausnahmen sind jene Teile des Fleisch-, Wurst-, Käse- und Brotsortiments, die nicht fertig abgepackt sind). Meist wird gemischte Preispolitik mit zahlreichen Lockartikeln betrieben.

Reine Lebensmitteldiskonter bieten ein schmales und flaches Sortiment zu „Dauertiefpreisen" an und ergänzen es durch wechselnde Lockartikel aus dem „Non-Food-Bereich" (z. B. Kleidung, Geschirr, Elektrogeräte, DVDs).

Der Anteil der „Handelsmarken" nimmt stark zu (derzeit ca. 35 %).

Der Preisvergleich wird meist dadurch erschwert, dass markenlose Produkte („generics") oder eigene Handelsmarken (z. B. bei Kaffee, Marmelade, Süßwaren, Softdrinks) angeboten werden.

Warenhäuser [Department stores]

Warenhäuser sind Großbetriebe des Einzelhandels. Sie bieten eine Vielzahl von Sortimentsteilen im Non-Food-Bereich an, die an Bedarfskreisen orientiert sind: Kleidung, Einrichtung, Haushalt, Textilien etc. Die Sortimentsteile sind teils tief und teils flach. Sie werden manchmal durch Lebensmittelabteilungen (meist im Untergeschoß) ergänzt, die für einen höheren Kundenverkehr sorgen sollen.

In Warenhäusern werden häufig einzelne Verkaufsbereiche oder ganze Stockwerke an Dritte vermietet, um das Zusatzangebot ohne Risiko zu erhöhen. Diese Maßnahme nennt man **Shop-in-Shop-Konzept** (z. B. Markentextilien, Fotoartikel, Parfums, Brillen).

Einkaufszentren und Shopping Citys
[Shopping centres and shopping malls]

Weitere Beispiele für Einkaufszentren:
Shopping City Süd (bei Wien)
Einkaufspark Sillpark (Innsbruck)
Europark (Salzburg)
Shoppingcity Wels
Shopping City Seiersberg (bei Graz)

Diese Zentren werden als Einheit geplant, gebaut und verwaltet. Wesentliche Merkmale sind eine gemeinsame Überdachung, die es ermöglicht, witterungsunabhängig einzukaufen, und Parkflächen, die den Großeinkauf und den Familieneinkauf mit Pkw gestatten.

Die Vermietung der Flächen erfolgt gezielt, sodass
- möglichst alle Branchen vertreten sind und
- zu jeder Branche mindestens ein Konkurrenzbetrieb vorhanden ist.

In Einkaufszentren und Shopping Citys finden sich alle bereits in der 2. Lerneinheit angeführten Betriebsformen.

Einkaufszentren und Shopping Citys betonen den **Erlebniseinkauf** durch folgende Maßnahmen:
- angenehme Raumgestaltung durch Palmen, Blumen, Springbrunnen, Hintergrundmusik
- Zusatzangebote, die die Verweildauer erhöhen sollen, wie Kinos, Gastronomiebetriebe, Kinderbetreuungsangebote, Fitnessstudios etc.
- Veranstaltungen, wie Shows, Konzerte, Wettbewerbe für Kinder etc.

Einkaufsstraßen [Shopping streets]

Da Einkaufszentren meist am Stadtrand errichtet werden, werden als Gegenbewegung in den Innenstädten die „Einkaufsstraßen" entwickelt. Die Kaufleute von Straßen mit hoher Geschäftsdichte versuchen durch gemeinsame Werbung, Flohmärkte, Events aller Art die Attraktivität zu erhöhen.

Online-Handel und Versandhandel [Online commerce and mail order trade]

Online-Händler sind Einzelhandelsbetriebe, die ihre Angebote vor allem über Websites (oder im Falle von Versandhändlern über Kataloge) unterbreiten.

Betriebswirtschaftliche Vorteile des Online-Handels:

Die Lieferung erfolgt im Online- und im Versandhandel zunehmend nicht mehr mit der Post, sondern mit privaten Paketdiensten.

Nicht alle Bestellungen führen zu einer Lieferung (nur ca. 70 %), da viele Waren bei Bestellung nicht mehr lieferbar sind.

- Er kann seinen Standort unabhängig von den Abnehmern wählen und daher Standorte aufsuchen, wo Grundstücke billig und Arbeitskräfte leicht zu bekommen sind. Darüber hinaus kann der Unternehmenssitz so gewählt werden, dass möglichst geringe unternehmensbezogene Steuern gezahlt werden müssen.
- Der Online-Händler kann in größerem Umfang mit Hilfskräften arbeiten, da kein unmittelbarer Kontakt mit dem Kunden erforderlich ist und viele manipulative Tätigkeiten anfallen (z. B. Verpackung, Lagerarbeiten).
- Der Online-Händler benötigt keine Verkaufsräume, die Waren werden auf der Website (oder im Falle des Versandhandels in einem Katalog) präsentiert.
- Der Online-Händler muss nicht alle Waren sofort verfügbar auf Lager haben. Kunden werden über die Website über den voraussichtlichen Lieferzeitpunkt informiert.

Probleme des Online-Handels:

Rund 25 % der zugesandten Waren werden zurückgesandt.

Der Internetanteil im Versandhandel steigt ständig an. Er beträgt derzeit ca. 70 %.

- Da der Kunde aufgrund der Angebote auf der Website kauft und die Ware erst bei Erhalt persönlich prüfen kann, gibt es im Online-Handel eine gesetzliche Rücknahmefrist (auf Kosten des Käufers, andere vertragliche Vereinbarungen möglich) von 14 Tagen nach Erhalt der Ware.
- Neben zusätzlichen Transportkosten (alle Waren müssen zugestellt werden, meistens frei Haus) fallen auch Verwaltungs- und Verpackungskosten an.
- Versandhändler bieten viele ihrer Waren auch gegen Ratenzahlung an. Sie haben daher ein gewisses Dubiosenrisiko. Diese Kreditfunktion ist im Online-Handel nicht so verbreitet.
- Die Erstellung eines Onlineshops ist kostenaufwendig, allerdings sind Wartung und Anpassung wesentlich einfacher als z. B. im Falle eines Katalogs. Es entstehen keinerlei Druck- und Versandkosten wie beim Versandhandel.

Die größten Kostenpositionen für einen Online-Händler sind:
- Logistikkosten (Einkauf, Lager, Warenrücksendungen, Aufbereitung der zurückgesandten Waren für den Wiederverkauf etc.)
- Kosten für das Shop-System (Kauf bzw. Miete des Shop-Systems, Server-Wartung, Software-Wartung, Updates etc.)
- Kosten für die Content-Pflege (Einstellen neuer Artikel, Produktfotos und -beschreibungen etc.)

- Marketing-Kosten (Suchmaschinen-Marketing, Direktmarketing, Web 2.0 und Social-Media-Marketing, Newsletter etc.)
- Kosten für die Kaufabwicklung (Zahlungsabwicklung (z. B. über PayPal oder ein ähnliches System), Zahlungsausfälle, Versand- und Retourenkosten, Steuerberater, Buchhaltung etc.)

Vor allem konventionelle Versandhändler führen viele **markenlose Produkte** und Handelsmarken, um den **Preisvergleich** zu erschweren.

Vorteile des Versandhandels für den Konsumenten:

- Die Waren können rund um die Uhr in Ruhe von zu Hause ausgesucht werden.
- Preisvergleiche (z. B. auch über Vergleichsplattformen wie **www.geizhals.at**) sind möglich.

Probleme des Online-Handels für den Konsumenten

- Die Ware kann nicht vor dem Kauf geprüft werden.

Teleshopping

Eigene Fernsehkanäle dienen nur dem Zweck der Warenpräsentation. Es wird der Eindruck erweckt, dass die angebotenen Artikel nur über diesen Vertriebskanal zu erhalten sind. Bestellt wird meist telefonisch oder per E-Mail.

Designer Outlet Parndorf

Direkte Vertriebswege von Herstellern
[Direct channels of distribution of producers]

Factory Outlets

Ein **Factory Outlet** ist ein von einem Produzenten betriebener Einzelhandelsbetrieb. Der Hersteller vertreibt hier seine eigene Ware (2. Wahl, Retourware oder Ware aus der Vorsaison) zu Diskontpreisen. Die Produzenten erreichen über diesen Distributionskanal höhere Handelsspannen als über den traditionellen Einzelhandel.

Factory-Outlet-Center werden meist in größerer Entfernung von Ballungsgebieten errichtet, um den Vertrieb der regulären Ware nicht allzu sehr zu konkurrieren.

Factory-Outlet-Center

In einem Factory-Outlet-Center betreiben mehrere Produzenten ihre Factory Outlets in einem gemeinsamen Einkaufszentrum (wie z. B. in Parndorf/Burgenland).

Direktvertrieb

Diese Vertriebsmethode ist unter den Begriffen Direktvertrieb, Multilevel-Marketing, Strukturvertrieb und Netzwerkmarketing bekannt. Grundsätzlich gilt:

Das Beratungs- und Verkaufsgespräch findet beim Kunden im Bereich der Wohnung statt.

Angestellte oder freiberufliche Mitarbeiter verkaufen die Produkte an Haus- und Wohnungstüren (z. B. Zeitschriftenabonnements, Haustrockenlegung, Fenstertausch, Versicherungen, Finanzdienstleistungen).

Diese Form des Direktvertriebs wird auch als **„Tür-zu-Tür-Verkauf"** bezeichnet.

Häufig wird versucht, die Konsumenten (z. B. durch Postwurfsendungen oder Zeitschrifteninserate) zu veranlassen, den Besuch des Verkäufers selbst anzufordern, da dann die strengen Bestimmungen des Konsumentenschutzgesetzes nicht gelten.

Nach dem **Konsumentenschutzgesetz** kann der Käufer beim **Haustürgeschäft** vom Vertrag zurücktreten, wenn er nicht selbst einen Vertreter zu sich bestellt hat. Näheres dazu finden Sie im **Band I, Kapitel 7, Lerneinheit 3 „Kaufverträge abschließen"**.

In vielen Fällen wird der Strukturvertrieb als **„Partyvertrieb"** organisiert. Verkauft wird bei Partys in Privatwohnungen (z. B. Tupperware – Geschirr, Amway – Kosmetik, Unterwäsche, Schmuck).

In der familiären Atmosphäre entsteht auch sozialer Druck, etwas zu kaufen. Gleichzeitig werden weitere Mitarbeiter angeworben, die wieder Einladungen von Bekannten organisieren sollen.

Tankstellenshops [Petrol station shops]

Tankstellenshops dienten ursprünglich nur der Versorgung der Autofahrer. Da Tankstellenshops längere Öffnungszeiten haben (Sonn- und Feiertage, nachts), entwickelten sie sich zu einer Art Gemischtwarenhändler mit einem sehr breiten, aber flachen Lebensmittel- und teilweise auch Non-Food-Sortiment (Hygieneartikel, Tierfutter etc.).

Da dies ein sehr lukrativer Bereich des Handels ist (die Waren werden mit entsprechend höheren Aufschlägen als im traditionellen Lebensmitteleinzelhandel verkauft), kam es in den letzten Jahren zu Kooperationen mit großen Ketten des Lebensmitteleinzelhandels (z. B. „Merkur inside", „Billa stop & shop").

Ähnliches gilt für die Filialen großer Lebensmittelketten auf Flughäfen, Bahnhöfen und in Tourismusgebieten.

Übungsbeispiel

Ü 7.22: Tankstellenshops C

Erheben Sie bei Ihrem nächsten Tankstellenbesuch, wie sich das Sortiment zusammensetzt (Breite, Tiefe, welche Warengruppen). Falls möglich, interviewen Sie den Tankstellenpächter, wer seine Hauptzielgruppe ist, zu welchen Zeiten er mit welchen Sortimentsbestandteilen seine Hauptumsätze macht. Diskutieren Sie Ihre Ergebnisse in der Klasse.

2 Trends im Einzelhandel [Trends in retail]

Nicht nur durch die Entwicklungen im Bereich der IT und Social Media ist der Handel in einem sehr starken Wandel begriffen.

In folgenden Bereichen gibt es derzeit die stärksten Veränderungen:

Grafik
Aktuelle Trends im Einzelhandel

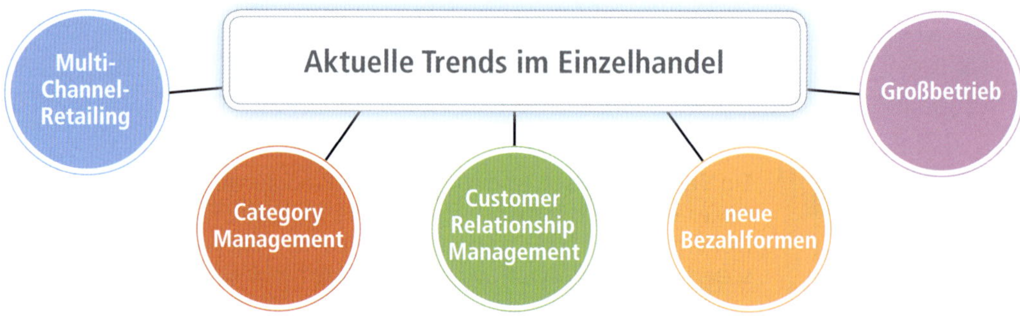

Multi-Channel-Retailing

Erfolgreiche Einzelhändler nutzen mehrere Vertriebskanäle, um möglichst viele Kunden anzusprechen.

Kunden nutzen für die Suche nach Waren häufig das Internet, kaufen dann aber im stationären Handel ein. Manche Kunden lassen sich in einem stationären Handelsbetrieb beraten, kaufen aber dann per Internet ein.

Erfolgreiches Multi-Channel-Marketing kombiniert diese Vertriebskanäle, um einen optimalen Umsatz zu erzielen.

Beispiel

IKEA

- Ikea hat große stationäre Filialen, versendet seinen Katalog an viele Haushalte und betreibt eine Website, auf der man sowohl online einkaufen kann als auch überprüfen, ob eine gewünschte Ware in einer Filiale in der Nähe erhältlich ist und vom Kunden dort persönlich abgeholt werden kann. So werden Daten aus allen Vertriebssystemen gut zur Optimierung des Umsatzes genutzt.

Category Management

Bei dieser Kooperation versuchen Hersteller und Händler gemeinsam, Produktionsprogramm und Sortiment auf die Bedürfnisse des Kunden abzustimmen. Die Zusammenarbeit betrifft vor allem folgende Bereiche:

- Sortimentszusammensetzung
- Beschaffungsmarketing
- Space Management
- Preispolitik
- Verkaufsförderung
- Logistik

Customer Relationship Management (CRM)

Unter CRM versteht man die Pflege und Nutzung von kundenbezogenen Daten zur Optimierung der Kundenbeziehungsprozesse und des Umsatzes. Dazu gehören Kundenbindungsprogramme (wie z. B. Kundenkarten und Kundenzeitschriften), Direktmarketing mit Newslettern, Nutzung von Social Media wie Facebook oder Twitter und professionelles Beschwerdemanagement. Ziel ist es, die Beziehung zum Kunden zu vertiefen und die Kundenloyalität zu erhöhen.

W 7.11: Einkaufszentren und Shopping Citys A

Wieso gelingt es Einkaufszentren bzw. Shopping Citys, die am Stadtrand liegen, so große Kundenströme anzuziehen?

W 7.12: Konkurrenz Einkaufszentren – Einkaufsstraßen B

Durch welche Maßnahmen wird versucht, die Kaufkraft in den innerstädtischen Gebieten zu halten?

W 7.13: Diskonter B

Wodurch betonen reine Diskonter zusätzlich den Eindruck der „Preiswürdigkeit"?

W 7.14: Online-Handel A

Welche betriebswirtschaftlichen Vor- und Nachteile hat der Online-Handel?

W 7.15: Trends im Einzelhandel B

Bitte kreuzen Sie nur jene Vorgänge an, die für die derzeitige Entwicklung im Einzelhandel typisch sind. Schreiben Sie daneben, welche Tendenzen beschrieben werden.

	Tendenz
a) Die Firma Reiberger & Himmelmann beschließt, die Fläche ihres Supermarkts von 1500 m² auf 400 m² zu verringern.	
b) In einem Supermarkt kann man jetzt auch kontaktlos mit Kreditkarte, Bankomatkarte oder Mobiltelefon bezahlen.	
c) Ein Textileinzelhändler entwickelt eine Kundenkarte für seine Stammkunden, mit denen sie am Jahresende einen Umsatzbonus erhalten. Darüber hinaus bekommen die Kundenkartenbesitzer auch einen monatlichen Newsletter mit den aktuellen Design-Trends.	
d) Ein Möbeleinzelhändler hat nur stationäre Filialen. Andere Vertriebskanäle werden nicht genutzt.	
e) Ein Supermarkt arbeitet mit dem Produzenten von Tierfutter zusammen, um das Angebot zu optimieren, den Regalplatz optimal auszunutzen und die Preispolitik adäquat zu gestalten.	

English questions

E 7.04: Rachel designs clothes and accessories and has won several awards for her work. She has opened a shop to sell her exclusive designs. She also sells shoes and some jewellery which match her outfits from other selected suppliers.

You have been looking at the characteristics of different types of retailers.

a) Is this a small, medium or large business?
b) What typical characteristics for this type of business can you see in Rachel's shop?

E 7.05: Ask your grandparents (or the oldest people you can find) to describe the following businesses the way they were about 40 years ago:

a) a petrol station
b) a shoe shop
c) a department store
d) a book shop

You have discussed trends in retailing. Find the same shops today in the nearest town or city and compare them to your research. Describe any trends you see.

Ein kurzer Kompetenz-Check, bevor's weitergeht!

Kompetenz-Check

	☺	😐	☹
Ich kann die verschiedenen Betriebsformen des Einzelhandels nach unterschiedlichen Merkmalen einteilen.			
Ich kann Betriebsformen mit Lebensmitteln als Hauptsortiment von Betriebsformen mit geringem oder keinem Lebensmittelanteil im Sortiment unterscheiden.			
Ich kann die Besonderheiten von Einkaufszentren und Shopping Citys sowie Einkaufsstraßen charakterisieren.			
Ich kann die betriebswirtschaftlichen Vor- und Nachteile des Versandhandels beschreiben.			
Ich kann die Besonderheiten von Teleshopping, Outlet-Centern und Direktvertrieb charakterisieren.			
Ich kann die Tendenzen im Einzelhandel beschreiben.			
Ich kann in konkreten Fällen feststellen, welche Tendenzen vorliegen.			

Lerneinheit 4
Was kennzeichnet Großhändler?

SbX
Alle SbX-Inhalte zu dieser Lerneinheit finden Sie unter der ID: 7040.

Setzt ein Handelsbetrieb an andere Unternehmer ab, spricht man von einem Großhändler. Kunden des Großhändlers sind daher:

- Einzelhändler
- andere Großhändler
- Weiterverarbeiter (z. B. Industrie und Handwerk)
- gewerbliche Weiterverwender (vor allem Dienstleistungsbetriebe, wie Gastwirte, Friseure etc., aber auch freie Berufe, wie Rechtsanwälte, Wirtschaftstreuhänder, Großbetriebe wie Post oder Bahn etc.)

Da Großhändler ihre Geschäfte mit anderen Unternehmern abwickeln, sind die Kaufverträge meist standardisiert und der Handel erfolgt nach Mustern, Typen, Standards (vgl. Band I).

Lernen

A B C D E

1 Funktionen und Arten des Großhandels [Functions and types of wholesalers]

Großhändler erfüllen im Handel wichtige Funktionen.

Wie alle Handelsbetriebe kaufen auch Großhändler Waren und setzen sie unverändert oder nach geringfügiger Bearbeitung (z. B. durch Sortieren, Umpacken, Nachreifen, Abfüllen) wieder ab.

Die **Quantitätsfunktion** steht beim
- Aufkaufgroßhandel und beim
- Verteilungsgroßhandel

im Vordergrund.

Sie erfüllen dabei die räumliche und die zeitliche Funktion, die Quantitäts-, die Qualitäts-, die Beratungs- und die Kreditfunktion in unterschiedlichem Ausmaß (vgl. Lerneinheit 1).

- **Aufkaufgroßhändler (Sammelgroßhändler)** kaufen die in kleinen Mengen anfallenden Erzeugnisse von vielen einzelnen Produzenten und verkaufen sie im Großen an Produktionsbetriebe oder an Wiederverkäufer.

Beispiel

- Landwirtschaftliche Produkte (Obst, Gemüse) bzw. Felle, Häute etc. werden in kleinen Mengen angekauft, meist sortiert und gereinigt („Qualitätsfunktion") und weiterverkauft.

- **Verteilungsgroßhändler** kaufen vom Produzenten Waren in großen Mengen und geben sie in kleinen Mengen weiter. Auch der Verteilungsgroßhändler kann die Qualitätsfunktion wahrnehmen (Umfüllen, Sortieren, Nachreifen etc.).
- **Sortimentsgroßhändler** bieten ihren Abnehmern ein Sortiment von großer Breite und mittlerer Tiefe, aus dem sich der Einzelhändler sein eigenes Sortiment zusammenstellen kann (z. B. Lebensmittelgroßhändler oder Spielwarengroßhändler).
- **Spezialgroßhändler** führen ein Sortiment mit geringer Breite, jedoch mit sehr großer Tiefe (z. B. Großhandel mit Mineralölen oder Großhandel mit Möbelbeschlägen).

Die **Qualitätsfunktion** ist das wesentliche Merkmal des
- Sortimentsgroßhändlers und des
- Spezialgroßhändlers.

Der **internationale Rohstoffhandel** wird fast ausschließlich durch Großhändler abgewickelt.

Alle Großhandelsbetriebe erfüllen die **räumliche** Funktion zumindest in organisatorischer Hinsicht. Nur sehr große Produktionsbetriebe können ohne Hilfe des Großhandels und mit einer eigenen Verkaufsorganisation direkt an den Einzelhandel absetzen. Der Großhandel hat daher **vor allem im internationalen Handelsverkehr** große Bedeutung.

- **„Streckengroßhändler"** verzichten auf eine eigene Lagerhaltung. Ihre Funktion ist es, die Partner zu finden. Sie veranlassen nach Kaufabschluss die Lieferung vom Lager des Produzenten oder eines anderen Großhändlers zum Abnehmer. Sie erfüllen sozusagen die „räumliche Funktion" nur in organisatorischer Hinsicht.

Viele Großhändler erfüllen auch die **zeitliche Funktion** und haben eine umfangreiche Lagerhaltung.

Großhandelsbetriebe erfüllen häufig auch die **Kreditfunktion,** da die Mehrzahl der Großhandelslieferungen gegen spätere Zahlung durchgeführt wird.

Großhändler lassen sich auch nach der **Art der Warenabgabe an den Kunden** unterscheiden:

- **Zustellgroßhändler** liefern den Kunden die Ware.
- **Abholgroßhändler,** sogenannte Cash-and-Carry-Betriebe, funktionieren wie ein Einzelhändler. Der Kunde holt die Ware selbst ab.
- **Regal-Großhändler** („Rack Jobber") übernehmen in Einzelhandelsbetrieben die Regalauffüllung und Regalverwaltung bestimmter Produktgruppen (z. B. Tchibo).

Übungsbeispiel

Ü 7.31: Unterschiede zwischen Groß- und Einzelhandel B

Versuchen Sie, die wesentlichen Unterschiede zwischen den Leistungsbereichen eines Großhändlers und eines Einzelhändlers herauszuarbeiten.

2 Tendenzen im Großhandel
[Trends in wholesaling]

Die Grenzen zwischen Einzel- und Großhandel sind teilweise fließend.

- Tendenz zur Ausschaltung des Großhandels

  Vor allem im Binnenhandel wird versucht, den Großhandel immer mehr auszuschalten. Die wachsenden Betriebsgrößen des Einzelhandels (Großdiskonterketten, Warenhausketten) begünstigen diese Entwicklung.

- Tendenz zu gemischten Groß- und Einzelhändlern

  Viele Einzelhändler erfüllen auch Großhandelsfunktion (z. B. große Elektroeinzelhändler, Eisenwarenhändler).

  Cash-and-Carry-Großhändler verkaufen auch an Konsumenten, soweit diese Großpackungen abnehmen.

Im Großhandel werden von Kunden zwar oft „Berechtigungskarten" verlangt, diese werden jedoch häufig an Bekannte und Verwandte weitergegeben.

Der Internetvertrieb dürfte beide Tendenzen verstärken.

Üben – Anwenden

A B C D E

Ü 7.32: Vergleich Groß- und Einzelhandel B

Gibt es im Bedienungssystem Unterschiede zwischen Groß- und Einzelhandel?

Ü 7.33: Marketing im Groß- und Einzelhandel C

Sie wollen Bauzubehör (Tür- und Fensterstöcke, Beschläge etc.) verkaufen. Gehen Sie die einzelnen Punkte eines Werbeplans durch und überlegen Sie, welche Unterschiede auftreten, wenn Sie als Einzelhändler oder als Großhändler auftreten.

Ü 7.34: Marketing im Lebensmittelgroßhandel C

Sie führen einen Lebensmittelgroßhandel. Wie könnten Sie Ihre Kunden veranlassen, ihren Bedarf ausschließlich oder überwiegend bei Ihnen zu decken?

Ü 7.35: Erhebungsaufgabe Großhandel D

Erkunden Sie in Ihrem Bekanntenkreis, wer über Einkaufsberechtigungen in Großhandelsmärkten verfügt. Versuchen Sie festzustellen, wie leicht oder schwer es ist, als Konsument in diesen Großmärkten einzukaufen.
Machen Sie Preisvergleiche mit „Einzelhandelsdiskontern" (achten Sie vor allem auch auf die unterschiedlichen Verpackungsgrößen).

Sichern

SbX ID: 7043

Großhandelsbetriebe

Großhandelsbetriebe setzen an andere Unternehmer ab (Einzelhändler, Weiterverarbeiter, Weiterverwender, Dienstleistungsbetriebe).

wholesale businesses

Wholesale businesses sell to other businesses (retailers, processing firms, users, service businesses).

allgemeine Merkmale

Sie sind durch folgende Merkmale gekennzeichnet:

- einheitliche Usancen
- meist standardisierte Kaufverträge
- Handel nach Mustern und Katalogen
- häufig langfristige Geschäftsbeziehungen mit den Kunden

general characteristics

They are characterised by the following:

- uniform practices
- usually standardised contracts of sale
- sales using samples and catalogues
- often long-standing business relationships with customers

unterschiedliche Arten

Anhand der Sortimente und Leistungen lassen sich unterschiedliche Arten von Großhändlern unterscheiden:

- Ankauf- und Verteilungsgroßhändler
- Sortimentsgroßhändler (mit sehr breitem und sehr tiefem Sortiment, z. B. Lebensmittelhandel)
- Spezialgroßhändler (tiefes Sortiment mit geringer Breite)

Anhand der Warenabgabe an den Kunden unterscheidet man:

- Zustellgroßhändler
- Abholgroßhändler (mit sehr breitem und sehr tiefem Sortiment, z. B. Lebensmittelhandel)
- Regal-Großhändler (tiefes Sortiment mit geringer Breite)

different types

Wholesalers can be classified according to the range of products and services provided:

- purchase and distribution wholesalers
- product range wholesalers (with very wide and deep product ranges, e.g.: food wholesalers)
- specialist wholesalers (deep but not wide range of products)

Wholesalers can be classified according to the way the goods are supplied to the customers:

- wholesalers which deliver
- cash-and-carry wholesalers (with very broad and very deep ranges, e.g.: food sector)
- rack jobber wholesalers (deep but narrow ranges)

Tendenzen

Vor allem zwei Entwicklungen sind erkennbar:

- Ausschaltung des Großhandels durch Großbetriebe des Einzelhandels
- Einzelhandelsumsätze auch bei Großhandelsbetrieben

trends

Two developments in particular stand out:

- elimination of wholesalers by large retailers
- retail sales also by wholesale businesses

SbX ID: 7043

Im SbX finden Sie die englische Zusammenfassung als Audio-Wiederholung.

Wissen

SbX ID: 7044

A B C D E

SbX
W 7.16–W 7.17
mit automatischer Aufgabenkontrolle
ID: 7044

W 7.16: Absatzpolitik im Groß- und Einzelhandel B

Ordnen Sie die folgenden absatzpolitischen Maßnahmen jenem Bereich zu, für den sie die größere Bedeutung haben.

	Größere Bedeutung im	
	Großhandel	Einzelhandel
a) Beratung als Nebenleistung		
b) Zustellung als Nebenleistung		
c) Rabattgewährung		
d) Lockpreise		
e) Selbstbedienung		
f) direkte Werbung (Werbegespräch, Zusendung von Mustern, Werbebriefen etc.)		

W 7.17: Tendenzen im Großhandel A

Welche der folgenden Tendenzen treffen auf den Großhandel zu? (Mehrfachlösung möglich)

a) ☐ Ausweitung der Bedeutung des Großhandels im Rahmen der EU
b) ☐ Ausschaltung des Großhandels durch Großbetriebe des Einzelhandels
c) ☐ Zunahme jener Betriebe, die sowohl Groß- als auch Einzelhandelsfunktionen erfüllen
d) ☐ Verstärkung der Trennung von Groß- und Einzelhandelsbetrieben

SbX
W 7.18
mit automatischer Aufgabenkontrolle
ID: 7044

Weitere Aufgabe zur Lernkontrolle im SbX

W 7.18: Einzel- und Großhandel A

Lösen Sie ein Kreuzworträtsel mit sieben Begriffen zum Thema Einzel- und Großhandel!

English questions

E 7.06: Bob and Joanne are planning to set up business as a small convenience store in their local town. Due to the size of their business, it is hard for them to find suppliers willing to give good prices on the small quantities they need. They are looking at the wholesalers in the area in the hope of finding a solution.

Barbara and Gavin are planning to set up business as a specialist store for water sports equipment near their local lake. They are also considering a wholesaler as a supplier at least in the initial phase of their business.

a) What characteristics of wholesalers should both pairs be aware of?
b) Bob and Joanne have found a cash-and-carry wholesaler in a town about 25 km away. Why would a cash-and-carry wholesaler be a good solution for them in their present situation?
c) Barbara and Gavin have started negotiations with a specialist wholesaler in the nearest big city although this is 100 km away. Why would this be a good solution for them?

E 7.07: Elizabeth Morton's family have been in food wholesaling for 60 years, but recently profits have fallen, and Elizabeth has decided to talk to her father, the managing director of the business, about what they could do to modernise their business. What trends should they be aware of and consider in their future planning?

Ein kurzer Kompetenz-Check, bevor's weitergeht!

Kompetenz-Check

	☺	😐	☹
Ich kann die Funktionen des Großhandels charakterisieren.			
Ich kann die Unterschiede zwischen Groß- und Einzelhandel anführen.			
Ich kann die Tendenzen im Großhandel beschreiben.			

Lerneinheit 5
Fallbeispiel

Üben – Anwenden

A B C D E

Ü 7.36: Unternehmensgründung im Buchhandel D

Das Unternehmen

Elisabeth Koch, eine Bewohnerin einer großen Wohnanlage am Stadtrand von Wien, will ihren großen Traum von der Selbständigkeit verwirklichen – sie möchte einen kleinen Buchladen direkt in dieser Wohnanlage eröffnen.

Frau Koch ist 45 Jahre alt, hat eine Lehre als Buchhändlerin abgeschlossen und, bevor ihre beiden Kinder auf die Welt kamen, 10 Jahre in einer großen Buchhandlung in der Wiener Innenstadt gearbeitet. Nach ihrer Scheidung will sie wieder auf eigenen Beinen stehen. Sie hat eine kleine Erbschaft gemacht, die sie für ihr Vorhaben verwenden will. Sie lebt seit vielen Jahren hier und glaubt die Struktur der Bewohnerinnen und Bewohner und ihre Bedürfnisse gut zu kennen.

Der Standort

Im kleinen Einkaufszentrum, das der Wohnanlage angeschlossen ist, wurde gerade ein kleines Geschäftslokal (80 m^2 Verkaufsraum und 20 m^2 Nebenräume wie Lager, Toilette etc.) frei. Dieses kann angemietet werden. In diesem Einkaufszentrum gibt es ein Reisebüro, mehrere Textileinzelhändler, einen Optiker, ein Papierwarengeschäft, einen Drogeriemarkt und mehrere Geschäfte des Lebensmitteleinzelhandels. In Gehweite befindet sich eine Filiale der Kette „Libro", die auch ein kleines Büchersortiment hat.

In der Wohnanlage leben in 3000 Wohneinheiten ca. 7500 Personen. Das Durchschnittsalter beträgt 46 Jahre. Nach und nach ziehen auch wieder Jungfamilien zu. Das Bildungsniveau der Bewohner/innen liegt etwas über dem Wiener Durchschnitt, d.h. der Anteil an Maturantinnen und Maturanten sowie Akademikerinnen und Akademikern ist höher als in der Wiener Gesamtbevölkerung.

Direkt in der Wohnanlage gibt es einen Kindergarten, eine Volksschule und einen Polytechnischen Lehrgang. Im weiteren Umkreis liegen eine weitere Volksschule sowie ein Gymnasium.

Im selben Geschäftslokal wurden bereits zwei Buchhandlungen betrieben. Die letzte Besitzerin hat das Unternehmen wegen Erreichung des Pensionsalters aufgelöst. Das Sortiment war bisher eher breit (aktuelle Belletristik, Reiseführer zu einigen gängigen Destinationen, populärwissenschaftliche Bücher, österreichische Gegenwartsliteratur), einzig im Bereich Kinderbücher war das Sortiment auch etwas tiefer.

Die Branche – Entwicklungen und Trends

Nach jahrelangen Einbußen im stationären Buchhandel, verursacht durch das Aufkommen von elektronischen Büchern und neuen Vertriebswegen für den Buchhandel wie Amazon, steigen die Umsätze der österreichischen Buchhändler wieder. in den 80er- und 90er-Jahren wurden sehr viele kleine Buchhändler von großen Ketten (wie Thalia) verdrängt. Derzeit betrifft die Marktbereinigung eher die großen Ketten. Generell kann man sagen, dass die wirtschaftliche Situation bei kleinen, unternehmergeführten Buchhandlungen lange nicht so problematisch ist wie bei den großen Filialisten.

Österreicher/innen geben im Jahr derzeit ca. 800 Mio. Euro für Lesestoff (d.h. für Bücher einschließlich Lehrbücher, Zeitschriften und Zeitungen) aus. Die Zuwachsraten betragen im Moment 2 % pro Jahr. Fast 20 % der Bücher werden in Österreich im Internet bestellt. Dafür sind die Zuwachsraten derzeit zweistellig. Experten gehen davon aus, dass das Potenzial für den Online-Handel bei Büchern bei ca. 25 % ausgeschöpft sein wird. Viele – auch kleinere – Händler nutzen bereits diesen Vertriebskanal neben ihren Filialen.

Für den deutschen Buchhandel – der gewisse Ähnlichkeiten mit dem österreichischen aufweist – wurden folgende Daten über die Vertriebskanäle erhoben:

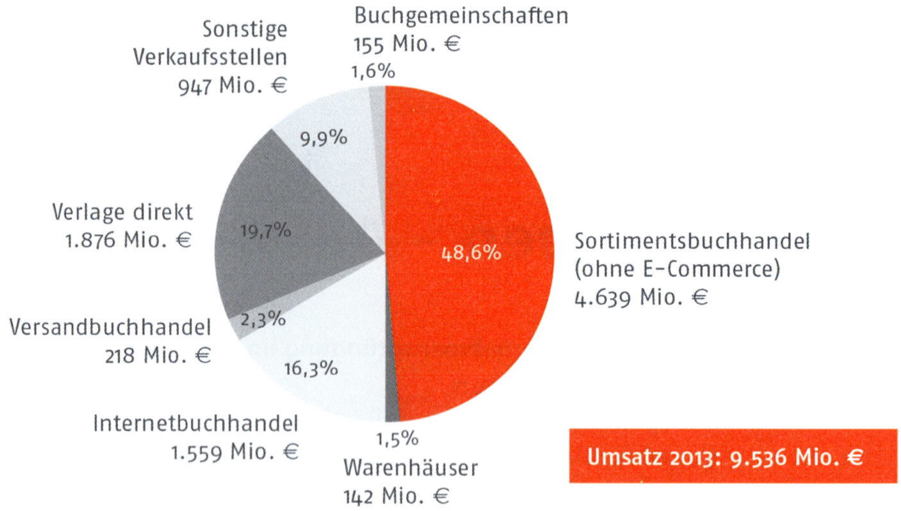

Quelle: Börsenverein des Deutschen Buchhandels, 2014

Sortimentszusammensetzung von Buchhandlungen in Deutschland 2013:

- Belletristik: 33,8 %
- Reise: 6,3 %
- Wissenschaften: 11,3 %
- Sachbuch: 9,3 %
- Kinder- und Jugendbuch: 15,8 %
- Ratgeber: 14,5 %
- Schule und Lernen: 9,0%

Bislang versuchte der österreichische Buchhandel, die bis zum Jahr 2013 sinkenden Umsätze bei Büchern durch andere Artikel – wie Papier- und Schreibwaren, Spielzeug und Geschenkartikel – aufzufangen.

Die E-Book-Studie

Ca. zwei Drittel der Verlage bieten E-Books an, die meisten von ihnen mehr als 10 Titel. Bei ca. der Hälfte der Verlage beträgt der Anteil der Neuerscheinungen bei den E-Books mehr als 25 %. Die meisten E-Books werden nicht über die Verlagswebsites, sondern über Online-Buchhandlungen vertrieben.
2013 betrug der Umsatzanteil von E-Books im deutschsprachigen Raum ca. 3,9 % des Gesamtumsatzes der Branche. Schätzungen gehen davon aus, dass sich dieser Anteil bis 2016 auf über 4 % des Gesamtumsatzes steigern wird.

Quellen:
„Buchhandel erlebt frischen Aufwind", derStandard.at, 9.8.2013
„Die E-Book-Studie 2014", www.boersenverein.de
„Buchhandel im Umbruch, Verlage im Aufbruch", WKO, 19.12.2013
Grafik und Zahlen zum deutschen Buchhandel: www.boersenverein.de

Aufgaben

1. Analysieren Sie – über die Beschreibung in der Fallstudie hinaus – die wirtschaftlichen Entwicklungen im Umfeld der Buchhändlerin und die Bedeutung dieser Entwicklungen für die Entscheidungen der Unternehmerin. Führen Sie eventuell weitere Recherchen durch.
2. Beurteilen Sie die Standortwahl für diesen Betrieb.
3. Was sollte die Buchhändlerin in der beschriebenen Situation tun? Entwickeln Sie einen mittelfristigen bis langfristigen Maßnahmenkatalog. Gehen Sie dabei insbesondere auf die sortiments- und preispolitischen Entscheidungen ein. Geben Sie eine Empfehlung zur Gestaltung der Vertriebswege.
4. Wie würden Sie die Beschaffung für das Sortiment der Buchhändlerin organisieren? Entwickeln Sie Ideen und Konzepte für die Bereiche Bestellsysteme und Lagerorganisation.

SbX
Download der Ergänzungs-Lerneinheit 6:
Handelsvermittler unterstützen den Handel
ID: 7065

8 ERSTE SCHRITTE ZUM BUSINESSPLAN

Worum geht's in diesem Kapitel?

Um ein Unternehmen erfolgreich gründen zu können, ist eine gute Idee für ein marktfähiges Produkt wichtig. Aber die Idee allein ist nicht ausreichend, man braucht auch einen Plan, wie man die Idee umsetzen kann: woher man zum Beispiel die notwendigen Ressourcen (Material, Know-how etc.) bekommt, wie man dafür bezahlt, welches Produkt man wo zu welchem Preis anbietet usw. Ein zentraler Baustein auf dem Weg zum erfolgreichen Unternehmersein ist der Businessplan, dessen Bestandteile eine wichtige Unterstützung für die schrittweise Umsetzung einer Geschäftsidee darstellen.

Wenn Sie dieses Kapitel bearbeiten, erwerben Sie die folgenden in der Bildungs- und Lehraufgabe des Lehrplans angeführten Kompetenzen:

Sie können aus dem Bereich Businessplan

- **auf der Basis einer Geschäftsidee die Bereiche Materialwirtschaft, Leistungserstellung und Marketing für einen konkreten Businessplan unter Berücksichtigung der Standortfaktoren für einen Handels- oder Fertigungsbetrieb ausarbeiten.**

Sie können durch den Einsatz von Fallstudien

- **Ihre erworbenen Fach-, Methoden-, Sozial- und Selbstkompetenzen vernetzt anwenden.**

A B C D E

In diesem Kapitel finden Sie Übungsaufgaben, praxisbezogene Fallbeispiele und Aufgaben zur Lernkontrolle zur Überprüfung Ihrer Kompetenzen auf den Handlungsebenen A **Wiedergeben,** B **Verstehen,** C **Anwenden** und D **Analysieren & Interpretieren.**

Dieses Kapitel umfasst folgende Lerneinheiten:

Quick-Check zum Thema:

Unternehmensgründung und Businessplan

A B C D E

Das folgende Fallbeispiel können Sie schon jetzt bearbeiten.

Zur Erinnerung: Was Sie zur Beantwortung der nebenstehenden Fragen brauchen, haben Sie bereits im Band I, Kapitel 3 „Entrepreneurship" sowie in diesem Band in den Kapiteln 1 „Rechtsgrundlagen der Unternehmen", 4 „Marketing" und 5 „Materialwirtschaft" gelernt.

Ü 8.01: Fallbeispiel: Eissalon C

Ihre Freunde Alina und Georg haben die Handelsakademie abgeschlossen und dann gemeinsam in ihrem Wohnort den Eissalon von Alinas Tante übernommen. Bitte überlegen Sie sich zu diesem Eissalon die folgenden betriebswirtschaftlichen Fragen:

1. Welche persönlichen Voraussetzungen sollten die beiden erfüllen, wenn sie selbständig als Unternehmer tätig sind?
2. Welche wesentlichen Fragen mussten sich die beiden stellen, um bei der Übernahme einen Marketing-Mix für ihr Unternehmen zu entwickeln?
3. Beide arbeiten im Unternehmen mit und teilen sich die Unternehmensführung. Welche Rechtsformen kommen für diese Organisationsform infrage?
4. Das Eis wird im Eissalon selbst produziert, andere Produkte (Getränke, Waffeln etc.) werden zugekauft. Welche wesentlichen Fragen müssen die beiden im Bereich der Beschaffung beantworten?
5. Wozu benötigt man einen Businessplan und welche Überlegungen beinhaltet er?

Lerneinheit 1

Der Businessplan im Überblick

SbX
Alle SbX-Inhalte zu dieser Lerneinheit finden Sie unter der ID: 8010.

Eine Unternehmensgründung muss sorgfältig vorbereitet und geplant werden, damit sie ein Erfolg werden kann.

Die häufigsten Ursachen für Misserfolge bei Neugründungen sind: fehlende Planung im Produktions- und Absatzbereich und mangelnde Kapitalausstattung. Weitaus seltener führen plötzliche Änderungen der Marktverhältnisse oder zu hohe Privatentnahmen zu Misserfolgen.

Ein Businessplan kann helfen, wesentliche Fehler zu vermeiden.

Lernen

SbX ID: 8011

1 Businessplan und Unternehmensgründung [The business plan and starting a business]

Haben Sie die Absicht, sich selbständig zu machen, wollen Sie ein eigenes Unternehmen gründen oder ein bestehendes Unternehmen übernehmen, ist es wichtig, sich über die Möglichkeiten und Rahmenbedingungen, an die Sie sich halten müssen, möglichst gut zu informieren. Verschiedene Institutionen wie die Wirtschaftskammer Österreich, die meisten Kreditinstitute und regionale Gründerzentren bieten Informationen zur Unternehmensgründung. Im Internet finden Sie Informationen über das Suchwort „Unternehmensgründung".

SbX
Linkliste und Hinweise zu Websites mit Informationen zur Unternehmensgründung: ID: 8011

Über die Linkliste zu dieser Lerneinheit **(ID: 8011)** finden Sie auch viele ausgefeilte Ideen für einen Businessplan. Die meisten sind für Jungunternehmer zu aufwendig, da diese z. B. über keine Daten einer umfangreichen Marktforschung verfügen.

Beispiel für einen Businessplan

Die folgenden 9 Punkte zeigen ein **Beispiel für einen Businessplan,** das Ihnen als Anregung dienen kann. In der Randspalte finden Sie Fragen im Sinn einer Checkliste, in der Textspalte Hinweise für die Praxis. Diese Checkliste wurde auf Anregung eines Gründerzentrums entwickelt. Das Konzept wird anhand einer Dienstleistung gezeigt, für die keine umfangreichen Vorkenntnisse benötigt werden.

Was wollen Sie eigentlich tun?

1 Die Unternehmensidee [The business idea]

Beschreiben Sie kurz Ihre Unternehmensidee.

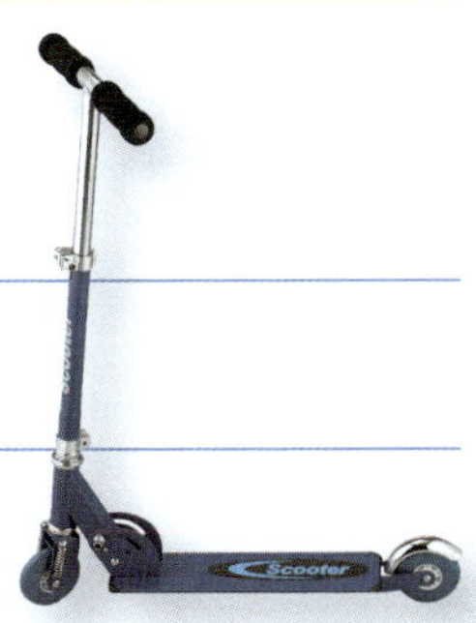

Beispiel

Scooterverleih

- Scooterverleih in Innenstädten mit strikter Parkraumbewirtschaftung

Hinweise zur Unternehmensidee:

Haben Sie ein neues Produkt, prüfen Sie, ob es tatsächlich Kunden für dieses Produkt geben könnte. Wenn möglich, machen Sie einen Pilotversuch, um festzustellen, ob das Produkt oder die Dienstleistung wirklich nachgefragt wird.

Überlegen Sie den spezifischen Nutzen des neuen Produkts für Ihre Kunden.

Überlegen Sie, durch welche Zusatzprodukte das Hauptprodukt ergänzt werden soll.

Wollen Sie in einem bestehenden Markt tätig werden (z. B. Pizzaflitzer, Fahrradbotendienst, Bierbeisl), überlegen Sie, wodurch sich Ihr Angebot von der Konkurrenz abheben könnte und warum die Kunden von der Konkurrenz zu Ihnen abwandern sollten (besseres Produkt, zuverlässigere Leistung, besserer Service, schnellere Lieferung etc.).

Welche Haupt- und Zusatzangebote bieten Sie?

2 Das Produkt, die Dienstleistung [The product, the service]

Präzisieren Sie Ihre Produkte und Dienstleistungen.

Trennen Sie in Hauptangebote und Zusatzangebote.

Beispiel

Haupt- und Zusatzangebote, Scooterverleih

- Hauptangebot: Scooterverleih
- Zusatzangebote: Verleih von Knie- und Ellbogenschutz, Verleih von Rucksäcken für Einkaufstouren, Depotservice für Einkäufe als Zusatzleistung gratis bei Scooter- und Rucksackmiete, geführte Scootertouren zu den Sehenswürdigkeiten der Stadt, eventuell mit Besuch von typischen Lokalen

Wie nahe müssen Sie beim Kunden sein?

3 Standort und Absatzgebiet [Location and market]

Wollen Sie die Kunden beliefern oder sollen die Kunden das Produkt bei Ihnen abholen?

Beispiel

Standort Scooterverleih

- Innenstadt mit strikter Parkraumbewirtschaftung, in der Nähe von U-Bahn-Stationen oder Parkgaragen

Besonders wichtig ist der Standort bei Dienstleistungen (siehe dazu auch die Lerneinheit 2).

Warum sollen welche Kunden bei Ihnen kaufen?

4 Kunden und Kundennutzen [Customers and customer benefits]

Beschreiben Sie den Kundenkreis, der Ihr Produkt bzw. Ihre Dienstleistung kaufen soll. Beschreiben Sie den „Kundennutzen", d. h., warum die Kunden gerade Ihr Produkt kaufen sollen.

Beispiele

Kunden und Kundennutzen für Scooterverleih

- Kunden
  junge Touristen und Shoppingpendler bis ca. 35 Jahre, jung gebliebene, sportliche Ältere und sportliche Senioren
- Kundennutzen
  - Scooter können zusammengelegt, in Geschäfte oder Lokale mitgenommen und leicht in öffentlichen Verkehrsmitteln transportiert werden.
  - Sportliche Kleidung ist nicht unbedingt erforderlich.
  - Auch Kinder können ohne Altersbeschränkung mit den Scootern fahren.
  - Scooter werden in der Regel auf Gehwegen toleriert.
  - Besonderes Fahrkönnen ist nicht erforderlich.
  - Verletzungs- und Unfallgefahr ist im Vergleich zum Fahrrad geringer.
  - Mietkosten sind geringer als bei Fahrrädern.

Wer bietet bereits ähnliche Produkte oder Dienstleistungen an?

5 Konkurrenzanalyse [Competitor analysis]

Prüfen Sie, welche Konkurrenten gleichartige Produkte bzw. Dienstleistungen anbieten. Welche Ersatzprodukte könnten dieselben Bedürfnisse befriedigen?

Beispiele

Konkurrenzprodukte für Scooterverleih

- Gratisfahrradangebot: Dieses ist jedoch nicht immer verfügbar.
- Fahrradverleih: Derzeit ist kein Verleih in der Innenstadt. Nachteile des Fahrrads: siehe Kundennutzen des Scooters
- Rollerskateverleih: In der Innenstadt ist derzeit kein Verleih vorhanden. Schuhwechsel behindert die Mobilität beim Einkaufen, in Lokalen, in öffentlichen Verkehrsmitteln.

Wie viel kann bzw. muss ich absetzen?

6 Absatzplanung [Sales planning]

Versuchen Sie, den Absatz für das erste Jahr zu schätzen. Dies ist vor allem bei einer neuen Geschäftsidee sehr schwierig. Aber auch bei bekannten Produkten ist es nicht leicht, im Voraus zu schätzen, wie viele Kunden von der Konkurrenz zuwandern bzw. wie viele Kunden für das Produkt neu gewonnen werden können.

Geplant werden Absatzmenge und Preise.

Beispiel
Das Beispiel zeigt, wie schwierig die Absatzplanung bei einer Neugründung ist.

Absatzplanung – Scooterverleih

- Der Scooterverleih soll von Mitte April bis Mitte Oktober (6 Monate im Jahr) betrieben werden. Im langjährigen Durchschnitt müssen Sie mit 24 Regentagen rechnen, an denen keine Scooter gemietet werden.
  Am Sonntag wollen Sie geschlossen halten, da die Innenstadt wegen der Sonntagssperre der Geschäfte zu wenig Kundenverkehr aufweist.
  Es stehen Ihnen daher ca. 130 Tage zur Verfügung. Öffnungszeit von 10 Uhr bis 19 Uhr, Montag bis Samstag
  Wie im Verleih üblich, sollen die Mieten je nach Nutzungszeit gestaffelt werden.
  Sie denken an € 2,– für die erste Stunde, € 1,– ab der zweiten Stunde und € 5,– pro Tag.
  Eine Garnitur Ellbogen- und Knieschutz verleihen Sie um € 1,– für maximal 3 Stunden oder um € 2,– pro Tag.
  Ebenso wollen Sie die Rucksäcke um den gleichen Preis verleihen.
  Montag bis Mittwoch rechnen Sie mit einer Auslastung von 40 Vermietungen à € 5,– pro Tag und € 40,– aus dem Zusatzgeschäft.
  Donnerstag bis Samstag wollen Sie im Schnitt 50 Scooter à € 5,– verleihen und € 70,– aus dem Zusatzgeschäft erzielen.
  Die geführten Touren wollen Sie um € 10,– pro Person (einstündig, zusätzlich zum Scooterverleih) anbieten, wissen aber noch nicht, ob man sie wirklich verkaufen kann. Sie berücksichtigen diese Umsätze daher nicht.
  Der durchschnittliche Tagesumsatz wird daher mit € 280,– (jeweils drei Tage zu € 240,– und drei Tage zu € 320,–) geplant.

Wie erfahren die Kunden von meinem Angebot?

7 Werbeplanung [Advertising planning]

Zu planen ist, in welchen Medien, in welchem Umfang und wie lange Sie zunächst werben wollen. Zu überlegen ist, wie Sie das Angebot wirkungsvoll, aber preisgünstig bekanntmachen können.

Bei der Eröffnungswerbung ist auch zu planen, wie lange vor der Eröffnung mit der Werbung begonnen werden soll.

Beispiel

Werbeplanung – Scooterverleih

- Die Eröffnungswerbung soll vor allem durch redaktionelle Berichte in Bezirksjournalen und Tageszeitungen erfolgen.
  Dazu ist ein Eröffnungsevent notwendig (z. B. mit Scootergeschicklichkeitsfahren, Scooterstaffelwettbewerb für Kinder etc.). Der Eröffnungsevent soll zusätzlich zu einem billigen Medienecho (z. B. in privaten Radiostationen, Bezirkszeitungen, Gratiszeitungen) führen.
  Eine gemeinnützige Organisation (Kinderdorf, Altstadterhaltungsverein etc.) soll als Partner für den Eröffnungsevent gewonnen werden und gleichzeitig für die eigenen Zwecke sammeln.
  Zu überlegen ist auch eine Eröffnung im Rahmen des jährlichen Stadtfests.
  Werbeplakate sollen selbst entworfen und gedruckt werden. Der Aushang soll kostenlos in Geschäften erfolgen.
  Eventuell soll zusätzlich durch Inserate in den Gratisjournalen der Bezirke geworben werden.

Wie viele Mittel werden benötigt, wie kann man sie aufbringen?

8 Beschaffungs- und Finanzplanung [Purchasing and cash budgeting]

Natürlich muss man auch planen, was man für die Gründung beschaffen muss und was das kostet.

Die Finanzplanung wird zweckmäßigerweise in den Finanzbedarf bei der Gründung und in den laufenden Finanzbedarf für das erste Jahr zerlegt.

8 Businessplan

a) Beschaffungs- und Finanzbedarf bei Gründung

Beispiel

Finanzierungsbedarf bei der Gründung besteht in dem Beispiel nicht nur für Scooter, Rucksäcke und andere Zusatzangebote, sondern u. a. auch für Sanierungskosten und Mietvorauszahlungen für ein Lokal. Dazu kommt im Weiteren noch der Finanzierungsbedarf für die Kosten der 1. Saison, siehe b).

Scooterverleih

60 Scooter à € 50,– =	€ 3.000,–
40 Rucksäcke à € 20,– =	€ 800,–
50 Garnituren Kopf-, Ellbogen- und Knieschutz à € 12,– =	€ 600,–
Adaptierungskosten für ein Lokal im Tiefparterre eines Althauses (Fußboden sanieren, ausmalen, Elektroinstallationen überarbeiten, Eingang samt Schloss sanieren, sanitäre Anlage sanieren)	€ 3.000,–
Werbetafeln anfertigen	€ 400,–
Eröffnungswerbung (Flugzettel, Plakate in Geschäften mit Lageplan, Preisangaben, Öffnungszeiten)	€ 500,–
Mietvorauszahlung und Kaution	€ 1.500,–
Unvorhergesehenes	€ 1.000,–
Erstinvestition insgesamt	€ 10.800,–
Finanzierung durch Eigenmittel und Verwandte	€ 3.800,–
Bankkredit (3 Jahre, Rückzahlung inkl. Zinsen pro Monat € 220,–)	€ 7.000,–

Hinweise für die Planung der Gründungskosten:

Als Jungunternehmer/in sollten Sie die Erstinvestitionen so gering wie möglich halten, da sie damit rechnen müssen, dass sich Ihre Geschäftsidee nicht bewährt und Sie Ihr Unternehmen wieder schließen müssen.

Beispiele

Wie kann man Erstinvestitionen gering halten?

- Scooter am Gebrauchtwarenmarkt (z. B. in Schulen, auf Flohmärkten) günstig einkaufen,
- Werberucksäcke einer Textilkette verwenden,
- die Sanierung des Geschäftslokals, soweit es sich um einfache Arbeiten wie Ausmalen, Sanieren des Fußbodens usw. handelt, selbst durchführen etc.

Hinweise zur Finanzierung der Gründungskosten:

- Mindestens ein Drittel sollte mit Eigenmitteln finanziert werden.
- Mindestens 10 % sollten für Unvorhergesehenes eingeplant werden.
- Gründungsberatungsstellen helfen bei der Fremdfinanzierung.

Bei Neugründungen wird ein Großteil der Nebenkosten für Eintragungen etc. erlassen (vgl. **www.gruenderservice.net**).

Beachten Sie:

Es gelten begünstigte Mindestsätze für die gewerbliche Kranken- und Sozialversicherung.

Ferner verringern sich die Lohnnebenkosten um 7 Prozentpunkte, wenn der Jungunternehmer bereits im 1. Jahr Mitarbeiter/innen anstellt.

b) Laufende Finanzplanung für die erste Saison

Beispiel

Scooterverleih

- Der Jungunternehmer beabsichtigt, im Winter als Fahrradbote oder als Pizzazusteller zu arbeiten, und will den Verleih nur im Sommer führen.

Teilzeitangestellter, mit allen Nebenkosten für 6 Monate	€ 10.800,–
Miete für das Geschäftslokal (12 Monate)	€ 3.600,–
Beleuchtung, Versicherung etc.	€ 1.000,–
Reparaturen, Ersatz von Kleinteilen etc.	€ 1.000,–
Kreditrückzahlung und Verzinsung (12 Monate)	€ 2.640,–
Privatentnahmen für die private Lebensführung (6 Monate) einschließlich gewerblicher Sozialversicherung und Einkommensteuervorauszahlung	€ 9.000,–
Unvorhergesehenes	€ 1.000,–
insgesamt	€ 29.040,–
geplanter Umsatz € 280,– pro Tag x 130 Tage	€ 36.400,–
abzüglich Umsatzsteuer 20 % a. h. ca.	€ 6.070,–
Umsatz nach Umsatzsteuer	€ 30.330,–
finanzieller Überschuss	€ 1.290,–

Mit den Privatentnahmen muss auch die gewerbliche Sozialversicherung bezahlt werden (aktuelle Angaben finden Sie unter **www.gruenderservice.net**). Die Zahlungen mindern allerdings den einkommensteuerpflichtigen Gewinn.

Hinweise zur laufenden Finanzplanung:

- Beachten Sie, dass viele Auszahlungen (Miete, Gehälter für Angestellte, Kreditrückzahlungen und selbstverständlich auch die Privatentnahmen) fix sind, d.h., sie fallen auch bei schlechtem Geschäftsgang an.
- Bei einem Saisongeschäft wie dieser Scootervermietung laufen viele fixe Auszahlungen (Miete, Kreditraten) auch in der „toten" Saison weiter.
- Einen Posten für Unvorhergesehenes sollten Sie auch in der laufenden Planung ansetzen (er ist im vorliegenden Plan sehr klein).
- Die Einnahmen sind sehr unsicher. Schon eine geringe Absenkung des Umsatzes würde dazu führen, dass der Finanzplan nicht ausgeglichen ist.

Welche Rechtsform ist sinnvoll?

Siehe dazu auch Kapitel 1 in diesem Band.

9 Die Planung der Rechtsform [Planning the legal form]

Bei geringem Umfang des Geschäfts werden Sie vermutlich als nicht eingetragener Unternehmer tätig werden.

Wollen Sie mit Partnern arbeiten, z.B. weil Sie an mehreren Standorten gleichzeitig beginnen wollen, eignet sich vor allem die Offene Gesellschaft, da Sie im Vergleich zur GmbH kein Mindestkapital einzahlen müssen, die Gründungskosten sehr gering sind und bei geringen Gewinnen auch die Besteuerungssituation weitaus günstiger ist.

2 Erwerb oder Franchising statt Neugründung [Buying or franchising instead of starting a new business]

(1) Erwerb bestehender Unternehmen

Vor allem bei Kleinunternehmen hängt der Absatz häufig von der Persönlichkeit des Unternehmers ab.

Vorteile beim Erwerb eines bestehenden Unternehmens:

- Die Kosten des Erwerbs sind genauer bestimmbar als die Kosten einer Neugründung.
- Die Absatzsituation ist bekannt (allerdings kann sich der Kundenkreis durch die Übernahme stark verändern).
- Es sind weniger rechtliche Hindernisse zu überwinden (z.B. Standortgenehmigung etc.).
- Eingeschultes Personal und eine funktionierende Organisation können übernommen werden.

Risiken beim Erwerb eines bestehenden Unternehmens:

- Überschätzung des Firmenwerts
- Übernahme von überaltertem oder schlecht qualifiziertem Personal
- Übernahme von veralteten Maschinen

Hinweis:

In einigen Bundesländern bestehen sogenannte „Unternehmensbörsen" oder „Nachfolgebörsen" (vgl. **www.nachfolgeboerse.at**). Sie sollen es verkaufswilligen Unternehmern (z.B. solchen, die in Pension gehen wollen) ermöglichen, Nachfolger zu finden.

(2) Franchising als Gründungsalternative

Detaillierte Informationen zum Franchising finden Sie unter **www.franchiseboerse.at**.

Beim **Franchising** räumt ein **Franchisegeber** dem **Franchisenehmer** gegen Bezahlung einer **Franchisegebühr** das Recht ein, seinen Markennamen und sein Produktions- und Vertriebs-Know-how zu verwenden.

Die Franchisegebühr zerfällt meistens in einen Fixbetrag pro Jahr und in eine umsatzabhängige Gebühr.

Im Franchisevertrag finden sich meist genaue Vorschriften über das Erscheinungsbild (z.B. Gestaltung der Geschäftsräume, Kleidung der Verkäufer), über das Sortiment und die Preis- und Konditionenpolitik.

Der Franchisenehmer bleibt jedoch wirtschaftlich und rechtlich selbständig und trägt das gesamte Unternehmerrisiko.

Beispiele

- McDonald's
- Obi-Baumärkte
- viele Palmers-Vertriebsstellen (Manche sind jedoch auch eigene Filialen.)

8 Businessplan

Üben – Anwenden

A B C D E

Ü 8.02: Überarbeitung eines Unternehmenskonzepts C

Nehmen Sie an, die Umsatzprognosen unseres Scooterverleihs sind um 20 % zu niedrig, um einen finanziellen Überschuss zu erzielen. Welche Maßnahmen könnte der Jungunternehmer setzen, um sein Unternehmenskonzept doch noch umsetzen zu können?

Ü 8.03: Einflüsse auf die Gründungsentscheidung B

Franz Huber erbt ein Haus mit einem bestehenden Geschäftslokal. Das Geschäftslokal ist derzeit leer, es hat ca. 80 m^2. Franz Huber ist als Vertreter in der Elektroindustrie tätig. Huber überlegt, ob er nicht ein Unternehmen gründen soll.
Zeigen Sie an diesem Beispiel, wie die Gründungsentscheidung durch die persönlichen Lebensumstände von Herrn Huber und durch seine Neigungen und Fähigkeiten beeinflusst werden kann.

Ü 8.04: Finanzkonzept bei der Gründung C

Katharina Moser hat die Handelsakademie absolviert und von ihren Großeltern ein Haus mit einem Geschäftslokal geerbt. Ihre Freundin Lisa hat eine Modeschule absolviert und die Meisterprüfung als Schneiderin abgelegt.
Beide überlegen, ob sie nicht in diesem Geschäftslokal eine Boutique einrichten sollen. Sie besitzen keine Eigenmittel. Ein Jungunternehmerkredit von € 80.000,– könnte aufgenommen werden.

Die beiden stellen Folgendes fest:

- Das Geschäftslokal ist zu klein, es müssten die angrenzenden Abstellräume dazugenommen werden. Der Umbau würde etwa € 50.000,– kosten.
- Weitere Investitionen würden etwa € 30.000,– erfordern.
- Die monatliche Kreditrate würde eine Belastung von rund € 1.500,– über 5 Jahre bedeuten.
- Die Lage des Lokals ist für eine Boutique nicht sehr günstig. Sie rechnen daher mit einem Umsatz (ohne USt) von € 160.000,– pro Jahr. Die Handelsspanne beträgt (ohne USt) 50 % der Verkaufspreise.

Aufgabe 1:

Welche Probleme könnten sich im Verlauf der Gründung ergeben? Welche Unsicherheiten und welche rechtlichen Schwierigkeiten etc. sind mit den gegebenen Informationen verbunden?

Aufgabe 2:

Welche Überlegungen können die beiden Damen anstellen, um die Situation zu verbessern? Überlegen Sie bei jedem Punkt (nicht nur bei den Zahlenangaben), welche Veränderungen möglich wären.

Ü 8.05: Erhebungsaufgabe: Unternehmenserwerb im Internet C

Welche Angebote zum Unternehmenserwerb finden Sie im Internet? Welche Qualifikationen sind notwendig, um diese Unternehmen zu übernehmen?
Stellen Sie fest, ob es auch Angaben über die finanziellen Anforderungen gibt.

Ü 8.06: Erhebungsaufgabe: Franchisingangebote im Internet C

Welche Franchiseangebote finden Sie im Internet? Welche fachlichen Qualifikationen werden verlangt? Welche finanziellen Anforderungen werden gestellt?

Ü 8.07: Erhebungsaufgabe: Rahmenbedingungen der Unternehmensgründung D

Erheben Sie, ob Sie in Ihrem Bekanntenkreis Unternehmer/innen haben, die sich erst in den letzten Jahren selbständig gemacht haben.

a) Wie sind diese Unternehmer/innen zur Geschäftsidee gekommen?
b) Welche Qualifikationsanforderungen waren erforderlich?
c) Wie wurde die Gründung finanziert?
d) Wie sehen die wöchentlichen Arbeitszeiten aus?
e) Wie viel Urlaub haben diese Unternehmer/innen in den letzten Jahren gemacht?

Sichern

SbX ID: 8013

erfolgreiche Unternehmensgründung

Um bei einer Unternehmensgründung erfolgreich zu sein, sind persönliche Voraussetzungen abzuklären und ein genauer Businessplan zu erstellen.

a successful business start-up

To start up a business successfully, it is important to be aware of the personal requirements and to create a detailed business plan.

Businessplan

Der Businessplan soll enthalten:

Unternehmensidee, genaue Beschreibung des Produkts bzw. der Dienstleistung, Standort und Absatzgebiet, Kunden und Kundennutzen, Konkurrenzanalyse, Absatzplan (Menge und Wert), Werbeplanung, Finanzplanung einschließlich Planung der Finanzierung (Finanzbedarf für die Gründung, laufender Finanzbedarf für die ersten Jahre), Planung der Rechtsform (Einzelunternehmen – eingetragen oder nicht eingetragen).

business plan

A business plan should contain:

business idea, a detailed description of the product or service, location and market, customers and customer benefits, competitor analysis, sales plan (amount and value), advertising plan, cash budget, including sources of financing (financing needed for the start up, financing needed to cover running expenses for the first few years), planning the legal form (sole proprietorship – registered or not registered).

Alternativen zur Unternehmensgründung

Alternativen zur Gründung eines Unternehmens sind:

- Erwerb von Unternehmen (Folgen oft besser abschätzbar)
- Franchising: Nutzung des Know-hows des Franchisegebers gegen eine Franchisegebühr (meist zeit- und umsatzabhängig); enge Bindung an Sortiment und Konditionen des Franchisegebers

alternatives to starting a business

Alternatives to starting a business are:

- buying an existing business (consequences often easier to foresee)
- franchising: use of the franchisor's know-how in exchange for a franchise fee (often dependent on time and turnover); restricted to using the franchisor's range of products and conditions

SbX ID: 8013

Im SbX finden Sie die englische Zusammenfassung als Audio-Wiederholung.

Wissen

SbX ID: 8014

A B C D E

W 8.01: Betrieb von geringem Umfang A

Welche Rechtsformen kommen für Jungunternehmer/innen infrage, wenn sie zunächst nur einen Betrieb von geringem Umfang planen?

W 8.02: Ausgabeposten bei der Gründungsplanung A

Welche wichtigsten Ausgabeposten müssen Sie bei der Gründungsplanung berücksichtigen?

W 8.03: Beschaffungs- und Finanzplanung eines Handels- oder Produktionsbetriebs A

Was sind die größten Posten bei der Beschaffungs- und Finanzplanung, wenn Sie keine Dienstleistung anbieten, sondern einen Handels- oder einen Produktionsbetrieb gründen wollen?

W 8.04: Hilfe bei der Gründung A

Welche Hilfen können Sie bei der Gründung eines Unternehmens in Anspruch nehmen?

W 8.05: Erwerb bestehender Unternehmen A

Welche Vorteile und welche Risiken sind mit dem Erwerb bestehender Unternehmen verbunden?

W 8.06: **Vor- und Nachteile des Franchisings** A

Was versteht man unter Franchising, welche Vor- und Nachteile sind mit Franchising verbunden?

SbX
W 8.07 mit automatischer Aufgabenkontrolle ID: 8014

Weitere Aufgabe zur Lernkontrolle im SbX

W 8.07: **Unternehmensgründung** B

Stellen Sie sich einem Quiz mit Fragen zur Unternehmensgründung!

English questions

E 8.01: **Marcel is thinking about setting up a stand outside his school or in the school yard selling fresh wraps as an alternative to the food offered in school. Prepare a rough draft of a basic business plan for him including a rough estimate of his costs and how he could finance them.**

Ein kurzer Kompetenz-Check, bevor's weitergeht!

Kompetenz-Check

	☺	😐	☹
Ich kann eine Geschäftsidee entwickeln und die Realisierbarkeit überprüfen.			
Ich kann die einzelnen Teile eines Businessplans für ein einfaches Produkt entwickeln.			
Ich kann eine Absatz- und eine Finanzplanung durchführen und diese aufeinander abstimmen.			
Ich kann den Erwerb eines bestehenden Unternehmens bzw. das Franchising in meine Gründungsüberlegungen einbeziehen.			

Lerneinheit 2
Die Standortentscheidung

SbX
Alle SbX-Inhalte zu dieser Lerneinheit finden Sie unter der ID: 8020.

Die Wahl eines geeigneten Standorts entscheidet wesentlich über Erfolg oder Misserfolg einer Gründung. Falsche Standortentscheidungen sind meist schwer rückgängig zu machen, da

- oft hohe Investitionen getätigt wurden, die nur für den speziellen Unternehmensgegenstand verwendbar sind (Spezialmaschinen, Fertigungshallen in einer bestimmten Größe etc.),
- Arbeitskräfte ausgebildet wurden, die das Gebiet nicht verlassen wollen.

Lernen

SbX ID: 8021

1 Kann ich den Standort frei wählen?
[Do I have a free choice of location?]

Zunächst ist zu unterscheiden, ob ein Betrieb den Standort frei wählen kann oder ob er an einen bestimmten Standort gebunden ist.

Grafik
Freie und gebundene Standortwahl

Eine völlig freie Standortwahl ist heute kaum mehr möglich.

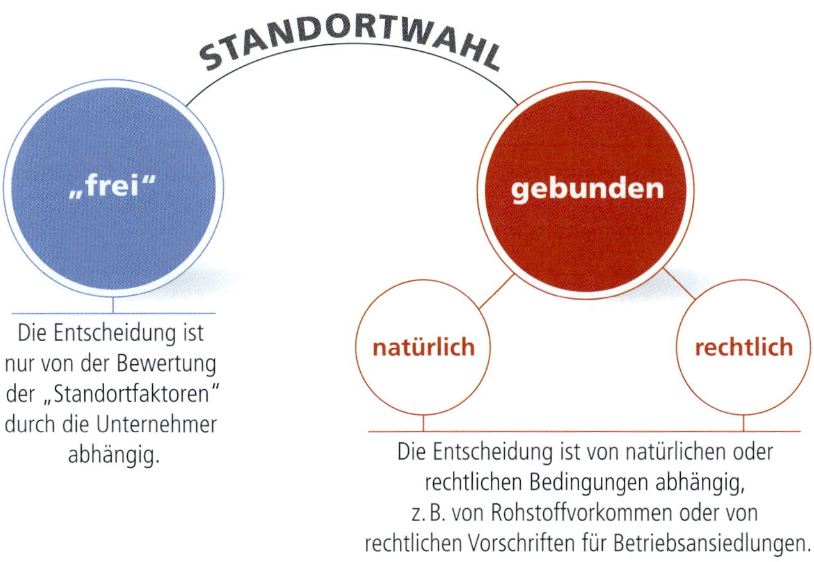

Natürlich gebundene Standorte findet man vor allem bei Betrieben der Urproduktion (Bergbau, Erdölförderung, Landwirtschaft).

Wesentlich wichtiger ist die **rechtliche Standortbindung.** Rechtlich gesehen gibt es heute kaum mehr eine freie Standortwahl. Jede Niederlassung eines Unternehmens ist an rechtliche Vorschriften und Bedingungen gebunden (Flächenwidmung, Vorschriften gegen Lärmbelästigung, Abgasvorschriften, Abwasserbeseitigung, Zustimmung der Anrainer etc.).

Die langfristige Wirkung der Standortentscheidung macht es erforderlich, die Einflussgrößen genau zu kennen, die bei der Wahl des Standorts zu beachten sind. Diese Einflussgrößen werden **Standortfaktoren** genannt.

2 Welche Standortfaktoren gibt es?
[What location factors are there?]

Standortfaktoren haben je nach Wirtschaftssektor unterschiedliche Bedeutung.

Grafik
Standortfaktoren

Standortfaktoren sind Vorteile, die ein bestimmter Ort für die Leistungserstellung (Produktion) und für die Leistungsverwertung (Absatz) bietet.

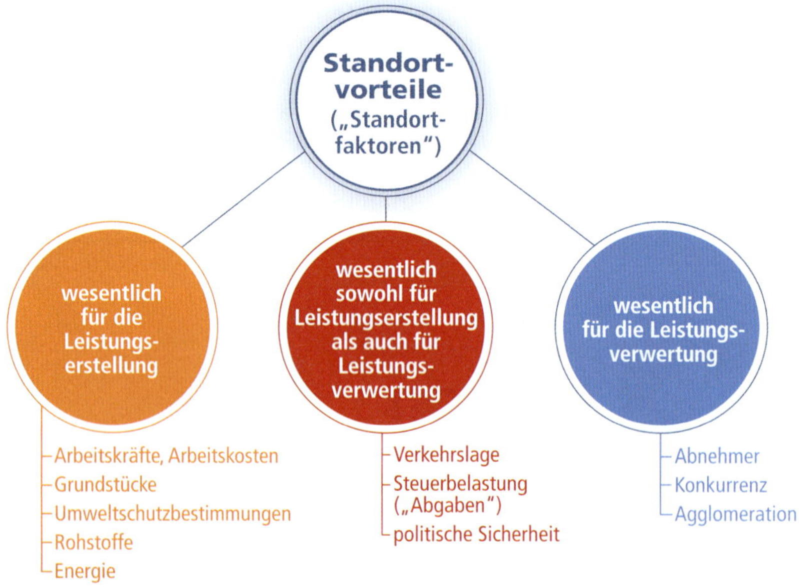

Arbeitskräfte [Workforce]

Aktuelle Fälle für die Auslagerung der Produktion in Österreich sind z. B. die Verlagerung eines Teils der **Schiproduktion** nach Slowenien, Verlagerung der **Autoreifenproduktion** nach Tschechien, Auslagerung von **Softwareentwicklungen** nach Indien.

In Zeiten der Globalisierung spielt vor allem die Orientierung an den **Lohnkosten** eine Rolle. Dies führt zur **Auslagerung der Produktion** in die Länder des ehemaligen Ostblocks (z. B. Ungarn, Tschechien, Slowakei, Slowenien, Bulgarien, Rumänien) und nach Asien (z. B. China, Malaysia, Indonesien, Indien, Vietnam, Südkorea).

Diese Auslagerung wird für Mittel- und Westeuropa immer bedrohlicher, da die genannten osteuropäischen und asiatischen Staaten auch zunehmend über hochqualifizierte Arbeitskräfte (z. B. Ingenieure, EDV-Spezialisten) verfügen, die unter Berücksichtigung der Lohnnebenkosten ihre Arbeitskraft zu etwa 5 bis 15 % der Kosten in Mittel- und Westeuropa anbieten.

Beispiel

Kosten pro Industriearbeitsstunde (2013)

- Die durchschnittlichen Kosten von Industriearbeitern inklusive aller Nebenkosten betragen in
  - Deutschland ca. € 34,30,
  - Österreich ca. € 31,–,
  - Rumänien ca. € 3,70,
  - Bulgarien ca. € 2,80,
  - China etc. weniger als € 1,–.

Im Internet finden Sie mit dem Suchwort „Arbeitskosten" zahlreiche Studien.

Grundstücke [Land available]

Mit zunehmender Industrialisierung wird es immer schwieriger, die notwendigen Grundstücke zu einem angemessenen Preis zu erhalten.

Die hohen Grundstückspreise je m² in den Ballungszentren (etwa € 400,– bis € 1.200,– in guten Stadtlagen, rund € 150,– bis € 300,– in guten Stadtrandlagen) haben dazu geführt, dass neue Industriegebiete aufgeschlossen wurden. In der Regel handelt es sich um Gebiete, die früher landwirtschaftlich genutzt wurden und weit von Energieanschlüssen, von den Arbeitskräften und von den Verkehrsverbindungen entfernt lagen.

Zu beachten ist, dass Grundstücke auch für zukünftige Erweiterungen zur Verfügung stehen sollen.

Eigene Gesellschaften haben sich darauf spezialisiert, solche Gebiete zu erschließen (vor allem Verkehr und Energieanschlüsse) und an Interessenten zu verkaufen oder zu vermieten („Industriezonen").

Umweltschutzbestimmungen [Environmental protection regulations]

Gerade die zunehmende industrielle Erschließung von Gebieten, die bisher nur durch die Landwirtschaft genutzt wurden oder als Erholungsräume dienten, führte zu verschärften Umweltschutzbestimmungen.

Beispiele

- Bauvorschriften (z. B. Beschränkung der Bauhöhe und der Bebauungsdichte, Vorschriften über Bauformen, wie Fassaden- und Dachgestaltung)
- Abgasvorschriften
- Vorschriften über die Abwasserreinigung

Wird die Industrieproduktion verlagert, um Umweltschutzbestimmungen auszuweichen, führt dies oft zur Verschmutzung weiterer Erholungsräume. Dies kann wiederum eine Verschärfung von Umweltschutzbestimmungen zur Folge haben.

Diese Umweltschutzbestimmungen führen oft zu erheblichen Kosten. Viele Unternehmen weichen daher in Länder aus, in denen die Umweltschutzbestimmungen noch nicht so streng sind oder nicht so streng gehandhabt werden.

Rohstoffe [Raw materials]

Die Standorte der Eisen- und Stahlindustrie orientieren sich an Rohstoffvorkommen und Transportmöglichkeiten.

Der Standort wird sich an den Rohstoffvorkommen orientieren, wenn

- Materialien verarbeitet werden, die im Produktionsprozess stark an Gewicht verlieren, da der Transport des leichteren Endprodukts billiger ist als der Transport der schweren Rohstoffe.
- Materialien verarbeitet werden, die im Rohzustand leicht verderblich sind.

Beispiele

- Eisenindustrie in der Nähe des Eisenerzes, da das Eisenerz wesentlich schwerer ist als Roheisen oder gar Halb- und Fertigprodukte (Ausnahme: Wenn die Anlieferung des Erzes auf dem Wasserweg relativ billig erfolgen kann, sind auch andere Standorte denkbar – z. B. in Seehäfen, Orte an schiffbaren Flüssen.)
- Zuckerindustrie in Rübenanbaugebieten
- Konservenindustrie und Tiefkühlindustrie in der Nähe der Anbaugebiete, da Gemüse verderblich ist

Energie [Energy]

Energiepreise werden wesentlich durch Steuern und Abgaben beeinflusst (z. B. Mineralölsteuer).

Die Energieorientierung spielte in der Vergangenheit eine wichtige Rolle (z. B. Mühlen am Wasser, Stahlwerke in der Nähe von Kohlevorkommen).

Heute ist Energie in Form von elektrischem Strom, Erdöl und Erdgas leicht und billig zu transportieren. Die Bedeutung der Energieorientierung nimmt daher etwas ab, jedoch spielt der Energiepreis eine Rolle.

Absatz [Sales]

Vor allem der konventionelle Einzelhandel wählt seinen Standort in der Nähe der Abnehmer.

Beispiele

- Papierwaren in der Nähe von Schulen
- Lebensmittelhändler in Wohngegenden
- Imbissstuben bei Bahnhöfen, Sportplätzen, Straßenbahn- und Autobusumsteigestellen etc.

Dabei sind zwei Erscheinungen zu beobachten:

- **Agglomerationsorientierung:** Betriebe einer bestimmten Branche häufen sich in einem bestimmten Gebiet. Häufig ist die Agglomerationsorientierung bei Gütern des mittel- und längerfristigen Bedarfs.

Beispiele

Branchengleiche Betriebe in einem Gebiet verbessern vor allem bei langfristigen Konsumgütern den Absatz trotz der größeren Konkurrenz.

- Möbelgeschäfte häufen sich in bestimmten Straßenzügen.
- Autogeschäfte liegen oft nebeneinander.

Da den Kunden bekannt ist, dass es in diesem Gebiet eine gute Übersicht über ein bestimmtes Warenangebot gibt, reisen sie aus einem weiten Umkreis an und es kommt zu einer größeren Käuferdichte.

- Als Gegenteil der Agglomeration findet man vor allem im Einzelhandel die **Vermeidung von Konkurrenz.** Der Standort wird so gewählt, dass kein Konkurrenzbetrieb in der Nähe ist.

  Die Standortberatungsstellen der Kammern geben Auskunft, in welchen Gebieten Betriebe fehlen (z. B. Installationsbetriebe, Schuhgeschäfte, Papierwarengeschäfte, Bastlerwaren etc.).

Verkehrslage und Transportkosten [Infrastructure and transport costs]

Sowohl bei der Leistungserstellung als auch bei der Leistungsverwertung spielen Verkehrslage und Transportkosten eine große Rolle.

Beispiele

- Sowohl in Europa als auch in Übersee wurden neue Stahlwerke unabhängig von Rohstoff- oder Energiebasen an der Meeresküste errichtet. So können hochwertige Erze und billige Kohle aus Übersee auf dem Wasserweg günstig bezogen werden.
  Andererseits können die Endprodukte ebenfalls auf dem Wasserweg in die Abnehmerstaaten transportiert werden.
- Die zunehmende Motorisierung und der Mangel an Parkplätzen führen zur Gründung von Einkaufszentren am Stadtrand, obwohl sich diese Zentren weit weg von den Abnehmern befinden.

Steuerbelastung und Subventionen [Taxation and subsidies]

Die EU strebt seit Jahren vergeblich eine Vereinheitlichung der Gewinnbesteuerung an. Jedoch verschärfen vor allem die neuen Mitgliedsländer den Steuerwettbewerb.

Die unterschiedliche Besteuerung von Umsatz, Gewinn und Vermögen in den einzelnen Ländern spielt vor allem bei der Standortwahl internationaler Unternehmen eine Rolle. Manche Länder bieten bei Neugründungen Steuerfreiheit oder Steuerermäßigung für viele Jahre an, um zusätzliche Arbeitsplätze zu schaffen oder um die Wirtschaftsstruktur des Landes bzw. einer bestimmten Region zu verbessern.

Eine große Rolle bei der Standortentscheidung spielt die Unterstützung privater Unternehmensgründungen durch die öffentliche Hand.

Beispiele

- Gemeinden stellen Grundstücke kostenlos oder gegen geringes Entgelt zur Verfügung.
- Gemeinden sorgen für die Aufschließung des Grundstücks (Verkehrsanschluss, Energieanschluss).
- Bund und Länder gewähren Investitions- oder Zinsenzuschüsse bei Gründung arbeitsintensiver Industrien.

Solche Förderungen sind allerdings laut EU-Recht aus Wettbewerbsgründen beschränkt.

Politische Sicherheit [Political security]

Die Orientierung großer Unternehmen an der politischen Sicherheit verlangsamt vor allem die Industrialisierung der Entwicklungsländer.

Bei internationalen Konzernen spielt bei Betriebsgründungen die politische Sicherheit eine immer größere Rolle.

Vermieden werden sollten vor allem:

- die Gefahr der Verstaatlichung
- die Gefahr, dass ein Gewinntransfer durch Änderung der Devisenbestimmungen verhindert wird
- zusätzliche Kosten durch Korruption

Privatwirtschaftlich orientierte Unternehmen („kapitalistische Unternehmen") wählen daher vor allem Staaten mit stabilen Regierungsformen.

3 Die Standortwahl [Choosing a location]

Die Standortwahl erfordert einen komplizierten Entscheidungsprozess.

Bei der Wahl des Standorts müssen die verschiedenen Faktoren einander systematisch gegenübergestellt werden.

Die Bewertbarkeit der Informationen

Zu beachten ist, ob die Informationen nur in Geld oder nicht nur in Geld zu bewerten sind.

Beispiele

Bewertbarkeit von Standortfaktoren

- In Geld zu bewerten sind:
  - Investitionskosten (Grundstücke, Baukosten etc.)
  - Transportkosten
  - Energiekosten
  - Arbeitslöhne
- Nicht nur in Geld zu bewerten sind:
  - Zuverlässigkeit der Arbeitskräfte
  - Vorschriften über die Mitbestimmung der Arbeitnehmer
  - Kooperationsbereitschaft der Standortgemeinde

Die Sicherheit der Informationen

Beispiele

- Unsicher sind häufig:
  - die zukünftige Entwicklung der Energiepreise in einem Land
  - die politische Entwicklung (z. B. die Besteuerung)
  - die Entwicklung der Inflationsrate

Information und Beratung bei der Standortwahl erfolgen durch:

- Standortberatungsinstitute
- Wirtschaftskammern (einschließlich der Wirtschaftsförderungsinstitute)
- private Beratungsgesellschaften

Viele Entwicklungen lassen sich zwar kurz- bzw. mittelfristig mit einiger Wahrscheinlichkeit prognostizieren (Entwicklung der Energiepreise, der Transportkosten, der Arbeitslöhne etc.). Standortentscheidungen sind jedoch meist langfristig. Sie hängen daher auch entscheidend von der Risikofreudigkeit des Unternehmens ab.

Besonders zu beachten ist, dass gerade bei der Standortwahl viele Bedingungen verändert werden können.

Beispiele

Mittel- und langfristige Verbesserung von Standortfaktoren

- Die Verkehrslage wird durch ein Straßenprojekt des Bundeslandes ohne Mehrkosten für das Unternehmen entscheidend verbessert.
- Die Arbeitskräftesituation wird durch die Schließung anderer Betriebe in der gleichen Region verändert.
- Die Investitionskosten werden durch langfristige Mietverträge wesentlich reduziert.
- Wenig geeignete Arbeitskräfte werden mit öffentlicher Förderung umgeschult.

Andererseits können sich Standortfaktoren während der Planungs- und Bauzeit auch ungünstig entwickeln.

Beispiele

Verschlechterung von Standortfaktoren

- Umweltschutzaktionen können den Bau auch bei Einhaltung aller rechtlichen Vorschriften verhindern oder verzögern (z. B. den Bau eines Einkaufszentrums, den Bau einer Zufahrtsstraße).
- Eine öffentliche Verkehrsverbindung (z. B. eine Bahnlinie) kann wegen mangelnder Rentabilität eingestellt werden.
- Günstig gelegene Zulieferbetriebe können in Konkurs gehen.
- Zugesagte öffentliche Fördermaßnahmen können aus politischen Gründen (z. B. Einspruch der EU) oder aus Gründen der Budgetlage nicht eingehalten werden.

Üben – Anwenden

A B C D E

Ü 8.08: Standortfaktoren für einen Wirtschaftsprüfer C

Sie wollen sich als Wirtschaftsprüfer niederlassen. Welche der im Schritt „Lernen" angeführten Standortfaktoren werden für Sie eine Rolle spielen?

Ü 8.09: Standortfaktoren, Beispiele C

Welche Standortfaktoren sind für folgende Unternehmen von Bedeutung?

a) Erzeugung von Herren- und Damenoberbekleidung in industrieller Form
b) Baumarkt

Ü 8.10: Auswahl von Grundstücken C

Ein Unternehmen der Elektronikbranche will seine Produktion ausweiten und ein Zweigwerk gründen. Als wesentliche Standortfaktoren werden festgestellt:

- Grundstücksgröße mindestens 15 000 m², Erweiterungsmöglichkeiten auf das Doppelte erwünscht
- Verkehrsaufschließung durch eine Straße
- Kanalanschluss
- Elektrizitätsanschluss mindestens 10 000 kW
- Nähe zu einer allgemeinbildenden und/oder berufsbildenden höheren Schule und selbstverständlich zu einer Volksschule (Entfernung mit öffentlichen Verkehrsmitteln höchstens 45 min), da sonst kein qualifiziertes Personal zu bekommen ist
- Benötigt werden ca. 300 Arbeitskräfte zum Anlernen und 150 Facharbeiter mit elektronischer Grundausbildung.
- Benötigt werden auch 30 Diplomingenieure und 40 Personen für die kaufmännische Verwaltung (5 Akademiker, 15 Handelsakademiker, 20 Personen sonstiges kaufmännisches Personal)

Mehrere Grundstücke stehen zur Wahl:

- *Grundstück 1:*
  13 000 m², voll aufgeschlossen, am Rande einer Großstadt
  Preis pro m² € 130,–, kaum Erweiterungsmöglichkeiten
- *Grundstück 2:*
  30 Autominuten von einer kleineren Schulstadt mit 12 000 Einwohnern entfernt
  Ländliche Umgebung mit einem großen Reservoir an Arbeitskräften für Anlernberufe, jedoch mit schlechten öffentlichen Verkehrsverbindungen
  Stromanschluss vorhanden bzw. günstig herstellbar, Kanalanschluss detto
  Erweiterungsmöglichkeiten durch ungünstige Bauklasse beschränkt
  Preis pro m² € 30,–
- *Grundstück 3:*
  Am Rande einer Industriestadt mit 30 000 Einwohnern. Industriezone, die soeben vom Land in Zusammenarbeit mit der Gemeinde aufgeschlossen wird
  Durch umfangreiche Industrieansiedlung steigen die Löhne. Facharbeiter sind knapp. Alle Aufschließungen sind vorhanden.
  Preis pro m² € 80,–
  Erweiterungsmöglichkeiten nur gegeben, wenn man die Gründe sofort ankauft

a) Welche Überlegungen wird man anstellen, bevor man sich entscheidet?
b) Wofür würden Sie sich entscheiden und warum?

Sichern

SbX ID: 8023

Standortentscheidung

Eine wichtige Entscheidung bei der Unternehmensgründung ist die Standortwahl, da sie nur mit großen Kosten rückgängig gemacht werden kann und ein geeigneter Standort daher langfristig für den Unternehmenserfolg wichtig ist.

deciding on the location

An important decision when starting a business is where it should be located, as this decision is costly to reverse and a suitable location is important for the success of a business in the long run.

Standortfaktoren

Folgende Faktoren sind bei der Standortwahl ausschlaggebend:

Rohstoffe, Energiepreise, Arbeitskräfte (Kosten und Qualifikationen), Grundstücke (Preise, Aufschließung, Erweiterungsmöglichkeiten), Umweltschutzbestimmungen, Absatznähe (heute meist nur mehr beim konventionellen Einzelhandel von Bedeutung), Verkehrslage und Transportkosten, Steuerbelastung und Subventionen, politische Sicherheit.

location factors

The following factors are critical when choosing a location:

raw materials, energy prices, workforce (costs and qualifications), land availability (prices, utilities already available, expansion possibilities), environmental protection regulations, proximity to market (today usually only relevant for conventional retailers), traffic infrastructure and transport costs, taxation and subsidies, political security.

Standortwahl

Bei der Standortwahl müssen die verschiedenen Faktoren bewertet und einander gegenübergestellt werden. Eine Rolle spielen dabei sowohl in Geld bewertbare Faktoren (wie Grundstücke, Energie- und Arbeitskosten) als auch nicht unmittelbar in Geld bewertbare Faktoren, wie politische Sicherheit, Zuverlässigkeit der Arbeitskräfte, arbeitsrechtliche Vorschriften. Wichtig ist auch, die langfristige Entwicklung dieser Standortfaktoren zu beachten.

Die Standortwahl wird von Raumplanungsinstituten unterstützt.

choosing a location

When choosing a location the various factors involved need to be evaluated and compared to each other. Both the factors that can be evaluated in terms of money (such as land, energy and labour costs), and those that can't be directly evaluated in terms of money, such as political security, reliability of the workforce and labour laws, need to be considered. Taking the long-term development of these factors into account is also very important.

Town and country planning organisations support the choice of location.

SbX ID: 8023

Im SbX finden Sie die englische Zusammenfassung als Audio-Wiederholung sowie eine Bildschirmpräsentation mit den Grafiken dieser Lerneinheit.

Wissen

SbX ID: 8024

A B C D E

W 8.08: Standortwahl B

Warum ist die Standwahl eine der wichtigsten Entscheidungen bei der Unternehmensgründung?

W 8.09: Standortfaktoren A

Welche Faktoren beeinflussen die Standortwahl?

SbX W 8.10 mit automatischer Aufgabenkontrolle ID: 8024

Weitere Aufgabe zur Lernkontrolle im SbX

W 8.10: Standortfaktoren A

Lösen Sie ein Kreuzworträtsel mit neun Begriffen zum Thema Standortfaktoren!

8 Businessplan

English questions

E 8.02: Take three businesses in your area and analyse why they have chosen their current locations:

Business No. 1: an up-market clothing store	Business No. 2: a business which mainly sells to other businesses (B2B)	Business No. 3: a family restaurant
Name:	Name:	Name:
Location:	Location:	Location:
Advantages:	Advantages:	Advantages:
Disadvantages:	Disadvantages:	Disadvantages:

Ein kurzer Kompetenz-Check, bevor's weitergeht!

Kompetenz-Check

	☺	😐	☹
Ich kann die Bedeutung der Standortwahl für die Unternehmensgründung erläutern.			
Ich kann die Bedeutung verschiedener Standortfaktoren für unterschiedliche Branchen beschreiben.			
Ich kann Standortfaktoren bei der Ausarbeitung eines Businessplans berücksichtigen.			

Lerneinheit 3

Fallbeispiel

Üben – Anwenden

A B C D E

Ü 8.11: Fallbeispiel: Businessplan für Frozen Yogurt Shop D

Sachverhalt

Freunde von Ihnen, Alina und Georg, betreiben im Zentrum Ihres Wohnorts einen Eissalon. Sie haben dort während Ihrer Schulzeit in den Ferien mehrmals gejobbt. Alina und Georg wollen nun als Ergänzung zu ihrem Eissalon auch einen Frozen Yogurt Shop im städtischen Freibad eröffnen. Sie wollen den Trend für dieses neue Produkt nützen und erwarten sich eine gute Erweiterungsmöglichkeit für ihr bisheriges Unternehmen.

Für ein Erstgespräch bei der Hausbank soll ein Businessplan erstellt werden, der einen Überblick über die Geschäftsidee gibt.

Alina und Georg haben bereits ein Grobkonzept für ihren Businessplan ausgearbeitet und die wichtigsten Punkte und Fragen zusammengeschrieben.

Ihre Freunde bitten Sie, ihnen bei der Ausarbeitung der Checkliste für Punkt **(9) Leistungserstellung & Materialwirtschaft sowie (10) Standort – Beurteilung und Alternativen** zu helfen, damit sie dann darauf aufbauend die Finanzplanung erstellen können.

Unterlagen und Aufgaben

(1) Kurzübersicht – Business-Konzept inklusive Rechtsform

Das bereits bestehende Unternehmen Eissalon Reder & Stummer GmbH soll um einen weiteren Standort im Freibad erweitert werden, in dem Frozen Yogurt angeboten werden soll.

(2) Persönlichkeiten des Gründers/der Gründerin

Alina Reder und Georg Stummer, beide Absolventen der Handelsakademie
Unternehmerin und Unternehmer durch Übernahme des bestehenden Eissalons nach Schulabschluss

(3) Geschäftsidee und Produkt

Frozen Yogurt ist nichts anderes, als der Name sagt: eisgekühltes Joghurt – genauso leicht, genauso gesund wie Joghurt und eine perfekte Alternative zu herkömmlichem, oft stark zuckerhaltigem und künstlich aromatisiertem Speiseeis.
Und es ist auch für Personen geeignet, die unter Laktoseintoleranz leiden.

Frozen Yogurt wird ohne künstliche Aromen, Farb- oder Konservierungsstoffe und ohne Süßstoffe hergestellt. Alle Zutaten stammen aus biologischer Landwirtschaft von Milchbauern und Molkereien aus der Region, die ausschließlich nach ganzheitlichen, nachhaltigen und naturnahen Verfahren arbeiten.

Qualitativ hochwertige Toppings komplettieren das Frozen Yogurt.

(4) Zielgruppe – Kunden und Kundennutzen

Mit Frozen Yogurt sollen gesundheits- und figurbewusste Besucherinnen und Besucher des Freibads angesprochen werden, die in der warmen Jahreszeit Eisspezialitäten genießen möchten und eine Alternative zu herkömmlichem Speiseeis suchen.

(5) Marktumfeld und Konkurrenz

Im Freibad gibt es einen Speise- und Getränkekiosk, in dem auch Speiseeis eines bekannten Markenherstellers angeboten wird. Im näheren Umfeld des Freibads gibt es Lebensmittelketten, die Speiseeis anbieten!

(6) Standort

Städtisches Freibad mit 153 Öffnungstagen (1. Mai bis 30. September), einem Sportbecken, zwei Freizeitbecken und einem Kinderbecken, mit zahlreichen Möglichkeiten für Sport- und Freizeitaktivitäten, außerdem mit einem Kinderspielplatz, einer Liegewiese und einem Beachvolleyball-Platz

(7) Werbeplanung

Die Eröffnungswerbung erfolgt durch Werbeannoncen in regionalen Tageszeitungen und Bezirksjournalen. Weiters ist am 1. Mai ein großes Eröffnungsevent im Freibad geplant, an dem gratis Frozen Yogurt ausgegeben wird.

Außerdem werden im Eissalon im Zentrum, der am 1. März für die Sommersaison eröffnet, Eröffnungsflyer aufgelegt und Plakate aufgehängt, die auf den neuen Frozen Yogurt Shop aufmerksam machen sollen.

(8) Absatzplanung

Aufgrund der Erfahrungswerte im eigenen Eissalon und weiterer Marktforschungsaktivitäten, wie beispielsweise der Berücksichtigung von Wetterdaten der Region und der Auswertung aktueller Besucherzahlen im Freibad, wird mit den folgenden Absatzzahlen gerechnet:

Monat	Durchschnittlicher Absatz je Monat	Durchschnittlicher Preis je Portion inkl. 10 % USt in Euro
Mai	1300 Portionen	2,20
Juni	1650 Portionen	
Juli	2500 Portionen	
August	2350 Portionen	
September	950 Portionen	

(9) Leistungserstellung & Materialwirtschaft

(10) Standort – Beurteilung und Alternativen

An den Punkten (9) und (10) haben wir noch nicht viel gearbeitet. Wir haben uns nur einmal die grundlegenden Fragen aufgeschrieben. Vielleicht könntest du dir diese Fragen anschauen und aus deiner Sicht beantworten. Toll wäre es auch, wenn du noch Punkte findest, die ebenfalls wichtig sind und die wir noch nicht auf unserer Liste haben. Was davon sollten wir deiner Meinung nach in den Businessplan schreiben?

Vielen Dank für deine Hilfe!

Alina und Georg

Checkliste: Fragen zu Leistungserstellung & Materialwirtschaft und zum Standort

1. Welche Leistungsfaktoren kommen zum Einsatz? Was beinhalten diese?
2. Welche Wertschöpfungsprozesse laufen in unserem Unternehmen ab?
3. Welche betrieblichen Funktionen sind zur Leistungserstellung erforderlich? Welche Aufgaben kommen bei den einzelnen Funktionen auf uns zu?
4. Aus welchen Teilen besteht der Geschäftsprozess bei der Erstellung von Frozen Yogurt?
5. Wie könnten wir Nachhaltigkeit in unserem Unternehmen umsetzen?
6. Welche grundlegenden Aufgabenbereiche kommen im Bereich Materialwirtschaft auf uns zu?
7. Welche grundlegenden Aufgabenbereiche kommen im Bereich der Beschaffung auf uns zu?
8. Welche Bereiche des Beschaffungsmarketings könnten wir von unserem bestehenden Unternehmen in unseren neu gegründeten Frozen Yogurt Shop sinnvoll übernehmen?
9. Welches Beschaffungsprinzip können wir in unserem Unternehmen einführen?
10. Wie sollen wir den Ablauf der Bestellungen regeln? Wie kommen wir auf den richtigen Bestellzeitpunkt? Im bestehenden Eissalon haben wir ein Bestellpunktsystem bei Erreichen eines Sicherheitsbestands. Wie funktioniert dieses System und können wir dieses System auch für unseren Frozen Yogurt Shop übernehmen?
11. Wie ist der neue Standort im Freibad zu beurteilen? Welche Alternativen hätten wir, unser Geschäft zu erweitern und auszubauen?
12. Welche weiteren Fragen könnten für uns im Bereich Leistungserstellung & Materialwirtschaft sowie bezüglich des Standorts von Interesse sein?

Bildnachweis

Seite 1, 4 (2 Bilder), 5 (2 Bilder), 14, 16, 17, 23, 33 (2 Bilder), 34, 35, 42, 43, 49, 55, 56 (unten), 57, 59, 98 (unten), 111, 123 (Mitte), 139, 142, 149 (2 Bilder), 192, 229 (oben), 273, 313 (oben), 337 (3 Bilder), 340, 353 (unten): **Fotolia LLC**

Seite 12, 27, 36, 51 (2 Bilder), 56 (oben), 64, 65, 110, 138 (oben), 145, 146, 177, 185 (oben), 187, 202, 239, 242, 244, 262 (2 Bilder), 272, 285 (oben), 290, 303, 307, 310, 312, 329, 336, 345, 353 (oben), 354: **Shutterstock Inc.**

Seite 32 (Randspalte unten), 98 (oben, Foto: H. Weihe), 275: **Wikipedia**

Seite 71 (oben), 94, 116, 123 (oben), 138 (unten), 185 (unten), 186 (3 Bilder), 191, 221, 229 (Mitte), 231, 235, 240, 257 (2 Bilder), 258, 276 (unten), 285 (Mitte), 309, 319, 349: **iStock International Inc.**

Seite 40: **EDHAR/Shutterstock**

Seite 71 (unten), 274 (oben), 286: **ÖBB**

Seite 151, 320: **MANZ Verlag Schulbuch/Ries**

Seite 158: **Presseservice Swarovski Crystal Online AG, www.swarovski.com**

Seite 160, 166 (Bild 3): **EDUSCHO (Austria) GmbH, www.tchibo.com**

Seite 166 (Bild 1): **Almdudler Limonade A. & S. Klein GmbH & Co KG, www2.almdudler.com**

Seite 166 (Bild 2): **www.janatürlich.at**

Seite 166 (Bild 4), 322: **Pressestelle IKEA Möbelvertrieb OHG, www.ikea.com/at**

Seite 166 (Bild 5): **Wiener Städtische Versicherung**

Seite 167, 320 (Mitte): **www.neubaugasse.at**

Seite 168 (oben): **Presseservice Römerquelle Trading GmbH, www.roemerquelle.at**

Seite 168 (unten): **Wiener Linien, www.bildstrecke.at**

Seite 215 (u. a.): **Presseservice Hewlett Packard**

Seite 274 (unten): **Deutsche Post AG**

Seite 276 (oben): **www.oekombi.at, ÖKOMBI GmbH**

Seite 285 (unten): **ÖAMTC**

Seite 302 (Bild 1): **MILANO Männermode, Innsbruck, www.milano.at**

Seite 302 (Bild 2): **YOOX Group, http://www.yoox.com/at**

Seite 302 (Bild 3): **Mens Silk Tie Shop, www.exclusivemensneckties.com/deutschland**

Seite 302 (Bild 4): **Peek&Cloppenburg, www.peek-cloppenburg.at**

Seite 313 (unten): **www.einkaufsstrassen.at**

Seite 321: **www.designeroutletparndorf.at**

Seite 333: **(FREELENS Pool) Boris Lehner/Fotolia**

Info- und Übersichtsgrafiken, illustrative Grafiken, fiktive Logos:

Seite 6, 25, 40, 49, 77, 79, 83, 90, 95, 103, 111, 112, 113, 114, 115, 121, 122, 125, 141, 147, 148, 158, 159, 165, 167, 203, 207, 208, 211, 213, 221, 222, 252, 257, 259, 263, 264, 266, 268, 272, 276, 278, 290, 293, 303, 307, 318, 345, 346: **Noa Croitoru-Weissman**

Seite 14, 15, 23, 24, 32, 35, 73, 74, 95, 96, 97, 99, 127, 140, 202, 220, 230, 240, 241, 295, 309, 311, 322: **MANZ Verlag Schulbuch**

Wir haben uns bemüht, alle Inhaber/innen von Bildrechten ausfindig zu machen. Sollten dennoch Urheberrechte verletzt worden sein, bitten wir um Kontaktaufnahme mit uns.